国家哲学社会科学成果文库

NATIONAL ACHIEVEMENTS LIBRARY
OF PHILOSOPHY AND SOCIAL SCIENCES

公共预算：比较研究

马骏　赵早早　著

中央编译出版社
Central Compilation & Translation Press

作者简介

马骏，1969年4月生，籍贯贵州毕节，武汉大学法学学士（1990），中国人民大学法学硕士（1995），美国内布纳斯加大学公共行政学博士（2002）。现为中山大学政治与公共事务与管理学院教授、院长，教育部人文社科重点研究基地中山大学中国公共管理研究中心主任。香港城市大学社会与公共行政学系客座教授。中文期刊《公共行政评论》主编，《中国行政管理》、《中山大学学报》、《公共事务评论》（台湾）、*Public Administration & Development* 等杂志编委，*Australia Journal of Public Administration* 国际学术顾问委员会委员、《法国公共财政》（法国）顾问委员会委员。2002年以来，在《中国社会科学》、《经济研究》、《公共行政评论》等杂志发表中文论文30篇，在 *Public Administration Review, Public Administration & Development, Australia Journal of Public Administration, Public Budgeting, Accounting & Financial Management* 等杂志发表英文论文10篇。主要研究领域是公共预算、公共管理、财政史。

作者简介

赵早早，1978年6月生，籍贯河南许昌，郑州大学管理学学士（2001），中山大学行政管理学硕士（2004），中山大学行政管理学博士（2007）。2006年美国乔治亚大学访问学者。现为中国发展研究基金会项目官员、助理研究员。2007年以来，先后承担和参与了世界银行、亚洲基金会、加拿大国际发展研究中心资助研究项目和多家地方政府委托项目，编译《渐进预算理论》。主要研究领域是公共预算和公共管理。

《国家哲学社会科学成果文库》
出版说明

  为充分发挥哲学社会科学研究优秀成果和优秀人才的示范带动作用，促进我国哲学社会科学繁荣发展，全国哲学社会科学规划领导小组决定自2010年始，设立《国家哲学社会科学成果文库》，每年评审一次。入选成果经过了同行专家严格评审，代表当前相关领域学术研究的前沿水平，体现我国哲学社会科学界的学术创造力，按照"统一标识、统一封面、统一版式、统一标准"的总体要求组织出版。

全国哲学社会科学规划办公室
2011年3月

目 录

前　言 ……………………………………………………………… (1)

导　论

第一章　现代公共预算 ………………………………………… (3)
　　一、预算发展史 ……………………………………………… (3)
　　二、经典的预算原则 ………………………………………… (9)
　　三、现代公共预算：控制、管理与计划 …………………… (15)
　　四、公共预算的基本目标 …………………………………… (20)

第一篇　预算制度

第二章　预算过程与制度 ……………………………………… (31)
　　一、预算基本要素与预算参加者 …………………………… (32)
　　二、理解预算制度 …………………………………………… (34)
　　三、预算制度中的结构 ……………………………………… (41)
　　四、预算程序 ………………………………………………… (45)

五、预算规则 ………………………………………………… (50)

第三章　政府部门 ………………………………………………… (52)
　　一、以部门为基础的财政问责体制 ………………………… (52)
　　二、部门预算的范围 ………………………………………… (55)
　　三、预算分类体系 …………………………………………… (61)
　　四、部门预算的构成 ………………………………………… (66)
　　五、部门的预算决策与财政管理 …………………………… (68)
　　六、部门的预算行为与策略 ………………………………… (77)

第四章　核心预算机构 …………………………………………… (90)
　　一、核心预算机构的历史 …………………………………… (91)
　　二、预算权的分配：集中/分散 …………………………… (95)
　　三、核心预算机构与支出机构之间的关系 ………………… (98)
　　四、核心预算机构的预算决策 ……………………………… (112)
　　五、中立性问题与政治化的预算机构 ……………………… (121)

第五章　政府首脑 ………………………………………………… (124)
　　一、行政预算体制的建立 …………………………………… (124)
　　二、行政预算体制类型与政府首脑的角色 ………………… (131)
　　三、政府首脑的预算权力与责任 …………………………… (135)
　　四、整合计划、政策与预算 ………………………………… (145)

第六章　预算过程中的议会 ……………………………………… (147)
　　一、"钱袋子"的权力的兴衰 ……………………………… (148)
　　二、现代议会的预算监督 …………………………………… (155)
　　三、对议会预算权力的限制及其争论 ……………………… (165)
　　四、各国议会的预算监督能力 ……………………………… (170)
　　五、预算修正权 ……………………………………………… (174)
　　六、议会内的委员会 ………………………………………… (178)

七、议会内部的运作程序 …………………………………………（194）
　　八、预算监督与信息 ………………………………………………（206）

第二篇　总额控制

第七章　总额控制 ……………………………………………………（219）
　　一、总额控制的兴衰 ………………………………………………（219）
　　二、为什么需要建立总额控制？ …………………………………（225）
　　三、总额控制的基本制度 …………………………………………（232）
　　四、中期支出框架 …………………………………………………（245）
　　五、控制"难以控制或不可控制"的因素 ………………………（252）

第八章　政府债务与财政风险 ………………………………………（255）
　　一、政府债务的类型及其特点 ……………………………………（256）
　　二、财政风险及其管理 ……………………………………………（261）
　　三、或有负债及其管理 ……………………………………………（269）

第九章　赋权型预算 …………………………………………………（273）
　　一、赋权型预算的产生及其发展 …………………………………（274）
　　二、为什么需要赋权型预算？ ……………………………………（276）
　　三、赋权型预算带来的挑战 ………………………………………（278）
　　四、控制赋权型支出 ………………………………………………（285）

第三篇　配置效率

第十章　传统预算 ……………………………………………………（291）

一、分项列支预算 ………………………………………………… (292)
二、渐进预算 ……………………………………………………… (295)
三、分项列支预算的优点、问题与前景 ………………………… (299)
四、理性预算改革 ………………………………………………… (302)

第十一章 绩效预算 ………………………………………………… (308)
一、绩效预算及其特点 …………………………………………… (308)
二、绩效预算的程序 ……………………………………………… (313)
三、绩效预算实施及其影响 ……………………………………… (316)

第十二章 计划项目预算 …………………………………………… (320)
一、计划项目预算及其特征 ……………………………………… (320)
二、计划项目预算的程序 ………………………………………… (325)
三、实施情况及其影响 …………………………………………… (330)

第十三章 零基预算 ………………………………………………… (339)
一、零基预算及其特征 …………………………………………… (340)
二、零基预算的程序 ……………………………………………… (342)
三、零基预算的实施及其问题 …………………………………… (345)

第十四章 新绩效预算 ……………………………………………… (352)
一、新绩效预算的兴起与发展 …………………………………… (353)
二、新绩效预算的特征与优点 …………………………………… (368)
三、新绩效预算的基本框架 ……………………………………… (380)
四、绩效合同：合同预算 ………………………………………… (391)
五、实施的进展与面临的挑战 …………………………………… (400)

第十五章 资本预算 ………………………………………………… (416)
一、资本性支出的定义 …………………………………………… (416)
二、资本预算的争论 ……………………………………………… (419)

三、资本预算的实践 ……………………………………（422）
四、资本预算过程 …………………………………………（429）

第四篇　运作效率

第十六章　预算执行 ……………………………………（445）
一、预算执行的性质与目标 ………………………………（446）
二、预算执行的内容及主要阶段 …………………………（451）
三、预算执行中的控制 ……………………………………（463）
四、灵活性 …………………………………………………（483）
五、预算执行中常见的问题 ………………………………（498）

第十七章　现金管理 ……………………………………（508）
一、现金管理：财政管理的核心与基础 …………………（508）
二、现金管理体系的目标 …………………………………（512）
三、现金管理的基本框架 …………………………………（516）
四、现金流量分析与管理 …………………………………（527）
五、最佳现金水平的确定 …………………………………（531）
六、投资政策、工具与风险 ………………………………（536）

第十八章　债务管理 ……………………………………（549）
一、政府债务管理及其发展 ………………………………（550）
二、政府债务管理的法律框架 ……………………………（552）
三、政府债务管理的组织结构 ……………………………（555）
四、政府债务管理目标 ……………………………………（558）
五、政府债务管理战略及其内容 …………………………（560）
六、审计与报告 ……………………………………………（568）

第十九章　政府会计 (569)

　　一、政府会计及其演变 (569)
　　二、四大会计模式与政府会计 (575)
　　三、政府会计准则 (577)
　　四、政府会计基础及会计模式演变 (581)
　　五、政府财务报告 (587)
　　六、预算会计 (590)

第二十章　政府审计 (592)

　　一、政府审计的法律基础和基本原则 (593)
　　二、政府审计的基本模式 (595)
　　三、政府审计的独立性 (602)
　　四、外部审计：审计与外部控制 (604)
　　五、内部审计：审计与内部控制 (608)
　　六、政府审计的范围 (610)

第五篇　财政问责

第二十一章　财政问责 (619)

　　一、公共预算与政治问责 (619)
　　二、财政问责的历史阶段 (622)
　　三、财政问责的主要工具 (625)
　　四、财政透明 (633)
　　五、阻碍财政问责的因素 (639)

第二十二章　公民参与预算 (643)

　　一、为什么会出现和需要公民参与预算？ (644)
　　二、公民参与预算的兴起 (650)

三、公民参与的领域、阶段与方式 …………………………（653）
四、美国的公民参与预算 ……………………………………（660）
五、巴西的公民参与预算及其国际影响 ……………………（666）
六、成效与挑战 ………………………………………………（673）

参考文献 ………………………………………………………（676）
后　　记 ………………………………………………………（708）

Contents

Preface ·· 1

Introduction

Chapter 1 Modern Public Budgeting ··· 3
   The History of Public Budgeting ··· 3
   Classical Principles of Public Budgeting ······································ 9
   Modern Public Budgeting: Control, Management, and Plan ················ 15
   Basic Goals of Public Budgeting ·· 20

Part I Budgetary Institutions

Chapter 2 Budgetary Process and Institutions ···································· 31
   Basic Elements of Budgeting and Budgetary Participants ················· 32
   Understanding Budgetary Institutions ······································· 34
   Budgetary Structure ··· 41
   Budgetary Procedure ·· 45
   Budgetary Rule ··· 50

Chapter 3　Governmental Departments ············· 52
　Financial Accountability System upon Governmental Departments ········· 52
　Scope of Departmental Budgeting ················· 55
　Budget Classification ················· 61
　Composition of Departmental Budgeting ················· 66
　Budgetary Decision and Financial Management of Departments ············ 68
　Budgetary Actions and Strategies of Departments ·················· 77

Chapter 4　the Central Budget office ················· 90
　The History of Central Budget Office ················· 91
　The Allocation of Budgetary Authority: Centralized /Decentralized ······ 95
　The Relationship of Central Budget Office and Spending Agencies ······ 98
　Budget Decisions of Central Budget Office ················· 112
　The Neutrality Problem and Politicized Central Budget Office ············ 121

Chapter 5　Head of Government ················· 124
　The Establishment of Executive Budgeting System ·················· 124
　Patterns of Executive Budgeting System and the Role of
　　Chief Executive ················· 131
　Budgetary Authority and Responsibility of Chief Executive ·············· 135
　Integrating Plan, Policy, and Budget ················· 145

Chapter 6　Congress in Budgetary Process ················· 147
　The Rise and Fall of the Power of Purse ················· 148
　Budget Oversight of the Modern Legislature ················· 155
　Restrictions and Debates on the Legislative Budgetary Power ············ 165
　Legislative Budget Oversight in All Countries ················· 170
　Budget Revision Power ················· 174
　Legislative Committees ················· 178

Operational Procedures in the Legislature ·· 194
Budget Oversight and Information ·· 206

Part Ⅱ Totals Control

Chapter 7 the Control of Budget Totals ·· 219
    The Rise and Fall of Aggregate Control ··· 219
    Why is Aggregate Control Established? ··· 225
    The Basic Institution of Aggregate Control ··· 232
    The Medium-term Expenditure Framework ··· 245
    Controlling those Factors Difficult to Control or Uncontrollable ·········· 252

Chapter 8 Government Debt and Financial Management ················· 255
    Types and Characteristics of Government Debt Financial ················· 256
    Risk and Management ·· 261
    Contingent Liability and Management ·· 269

Chapter 9 Entitlement Budgeting ··· 273
    The Development of Entitlement Budgeting ······································ 274
    Why Entitlement Budgeting is Needed? ·· 276
    The Challenge of Entitlement Budgeting ·· 278
    Controlling Entitlement Expenditures ·· 285

Part Ⅲ Allocative Efficiency

Chapter 10 Traditional Budgeting ·· 291
    Line-item Budgeting ··· 292
    Incremental Budgeting ·· 295

Advantages, Problems and Prospects of the Line-item Budgeting ……… 299
　　　Rational Budget Reforms ……………………………………………… 302

Chapter 11　Performance Budgeting ……………………………………… 308
　　　Characteristics of Performance Budgeting ………………………………… 308
　　　The Procedure of Performance Budgeting ………………………………… 313
　　　The Implementation of Performance Budgeting and its Influences ……… 316

Chapter 12　Program-Planning Budgeting ……………………………… 320
　　　Characteristics of Program-Planning Budgeting ………………………… 320
　　　The Procedure of Program-Planning Budgeting ………………………… 325
　　　The Implementation of Program-Planning Budgeting and its Influences ……
　　　　………………………………………………………………………… 330

Chapter 13　Zero-Based Budgeting ……………………………………… 339
　　　Characteristics of Zero-Based Budgeting ………………………………… 340
　　　The Procedure of Zero-Based Budgeting ………………………………… 342
　　　The Implementation of Zero-Based Budgeting and its Influences ……… 345

Chapter 14　New Performance Budgeting ……………………………… 352
　　　The Rise and Development of New Performance Budgeting …………… 353
　　　Characteristics and Advantages of New Performance Budgeting ……… 368
　　　The Basic Framework of New Performance Budgeting ………………… 380
　　　Performance Contract: Contract Budgeting ……………………………… 391
　　　Progresses and Challenges ………………………………………………… 400

Chapter 15　Capital Budgeting …………………………………………… 416
　　　The Concept of Capital Budgeting ………………………………………… 416
　　　The Debate on Capital Budgeting ………………………………………… 419
　　　Practices of Capital Budgeting …………………………………………… 422

The Procedure of Capital Budgeting ·· 429

Part Ⅳ Management Efficiency

Chapter 16 Budget Execution ·· 445
    The Nature and Goals of Budget Execution ······························· 446
    Main Contents and Stages of Budget Execution ·························· 451
    Controlling in the Process of Budget Execution ·························· 463
    Budgetary Flexibility ·· 483
    Common Problems in the Process of Budget Execution ·················· 498

Chapter 17 Cash Management ·· 508
    The Concept and Function of Cash Management ·························· 508
    The Goal of Cash Management ··· 512
    Basic Principles of Cash Management ··· 516
    Cash Flow Analysis and Management ··· 527
    Setting the Optimal Cash Balance ·· 531
    Investment Policy, Tools, and Fisks ·· 536

Chapter 18 Debt Management ·· 549
    The Evolution of Government Debt Management ························· 550
    Legal Structure of Government Debt Management ······················· 552
    Organizational Structure of Government Debt Management ············ 555
    The Goals of Government Debt Management ······························· 558
    Government Debt Management Strategies and Contents ·················· 560
    Auditing and Reporting ·· 568

Chapter 19 Government Accounting ·· 569
    The Evolution of Government Accounting ··································· 569

  Four Models of Accounting and Government Accounting 575
  The Principles of Government Accounting 577
  The Basis of Government Accounting and the Evolution of
    Accounting Model 581
  Governmental Financial Report 587
  Budget Accounting 590

Chapter 20 Government Audit 592
  The Legal Foundation and Basic Principles of Government Audit 593
  The Basic Models of Government Audit 595
  Independence of Government Audit 602
  External Audit: Audit and External Control 604
  Internal Audit: Audit and Internal Control 608
  The Scope of Government Audit 610

Part V Financial Accountability

Chapter 21 Financial Accountability 619
  Public Budgeting and Political Accountability 619
  Historical Stages of Financial Accountability 622
  Main Instruments of Financial Accountability 625
  Financial Transparency 633
  Impediments for Financial Accountability 639

Chapter 22 Participatory Budgeting 643
  Why Has Citizen Participatory Budgeting Emerged and been
    Desirable? 644
  The Rise of Citizen Participatory Budgeting 650
  Fields, Stages and Approaches for Citizen Participation 653

Citizen Participatory Budgeting in U. S. A ················· 660
Citizen Participatory Budgeting in Brazil and its International
　　Influences ··· 666
Effectiveness and Challenge ································· 673

Reference ··· 676
Acknowledgments ··· 708

前　言

公共预算从来都不是一个简单的技术性问题，而是一个国家重大的政治问题。从本质上看，公共预算过程就是一个政治过程。自现代公共预算诞生之日起，它就一直处于国家治理的核心，是现代国家治国的基本制度框架。在现实中，尽管现代国家都在运用公共预算制度来治理，但是，各国的实践存在着不同。然而，学术界一直没有一本书全面、系统地介绍各国的公共预算实践的著作。本书希望提供这样一种视角和思路，帮助学者和实践者了解各国的预算实践。本书首先介绍了现代公共预算制度。随后，本书构建了一个初步的关于公共预算制度的比较分析框架，并运用这个框架来分析和比较了各国的预算制度。在此基础上，本书分析和比较了各国在总额控制、配置效率和管理效率方面的预算实践，以及财政问责方面的实践。在此过程中，我们尽可能全面、系统地总结和比较各国在这些领域的制度与行为，同时也兼顾这些制度和行为的历史演变。然而，由于各国的预算实践丰富多彩，资料也非常匮乏和零散，加之语言、研究时间以及篇幅方面的限制，尽管我们已经尽了最大努力，本书的比较研究仍然存在许多缺陷。例如，本书的比较研究主要是围绕西方国家的实践展开的。当然，由于现代公共预算制度最早确立于西方国家，并在20世纪影响到发展中国家，在很大程度上，发展中国家的预算实践并未形成独立的、新的预算模式，因此，这在一定程度上是可以接受的。不过，为了更全面地反映各国的预算实践，在必要时，本书也介绍了发展中国家的预算实践。

本书共分六部分二十二章。导论部分，即第一章，从历史的角度分析了现代公共预算的产生、发展和变化过程，以及现代公共预算制度的基本原则、主要职能、基本目标或基本问题等。第一篇对预算制度进行比较分析。这一篇包括五章。第一章建构了一个预算制度理论。本书认为，预算制度的目的是将预算过程中利益不一定相同的行动者——政府部门、核心预算机构、政府首脑和议会——有意义地联系起来，让它们在一定的约束下开展行动。预算制度包括结构、程序和规则三大要素。换言之，预算制度就是指那些约束和规范预算过程中各个参与者预算行为的预算结构、预算程序与预算规则。预算结构决定了预算过程中参与者之间的权力与责任关系，对于参与者来说，预算结构确立了基本的行动框架。预算程序决定了预算活动的顺序，决定了在预算过程中先做什么后做什么，什么时间做什么。预算规则明确规定哪些行动是不允许的，哪些行为是允许的。预算结构、程序和规则将影响预算参与者的角色与动机，以及它们对信息的使用，进而影响预算行为。这些制度可以是正式的也可以是非正式的。随后的四章，分别分析和比较了各国政府部门、核心预算机构、政府首脑和议会的预算行为，尤其是与这些行动者相关的预算制度。

从第二至第五篇，分别从总额控制、配置效率、管理效率和财政问责四个方面分析和比较了各国的预算制度与行为。第二篇是总额控制。总额控制涉及的内容很多。本书在介绍了总额控制的基本框架之后，主要分析和比较了各国在管理财政风险和赋权型预算方面的实践。由于公共预算是一个规则驱动的过程，在此过程中，各种各样的规则约束着政府筹集公共资金并进行支出的行为，其中对财政收支总额进行控制的规则是最基本的。20世纪80年代以前，由于各国放松了总额控制，导致赤字和债务激增，财政可持续性严重受损，财政风险越来越大。从80年代开始，总额控制重新受到西方主要发达国家的重视。其中，最大的挑战是控制各种或有负债和赋权型预算。2008年以来，随着金融危机的爆发，西方国家在总额控制方面大都面临着巨大的挑战。一些国家还爆发了财政危机，欧美国家的债务和赤字整体上都超过了警戒线。在很大程度上，这些问题都与或有负债和赋权型预算有关。这充分说明，在现代社会中，进行总额控制非常必要，又无比艰难。

第三篇是配置效率，包括六章，关注的核心问题是各国是采取何种模式将稀缺的资金配置到各种活动。本篇依循两百年预算史上资源分配模式的演进脉络，按照历史发展的先后顺序，分别对传统预算、绩效预算、计划项目预算、零基预算、新绩效预算的特点、程序、实施状况、面临的问题与挑战等进行了分析和比较。在很大程度上，两百年的预算史就是一个不断地改革预算资金分配模式，寻求更加理性和负责的预算资金分配模式的历史。目前已经实践了30年的新绩效预算是一个最佳的预算模式，也许能够将现代预算推进到一个新的预算阶段。然而，目前这个预算模式仍未定型，而且面临着许多挑战。与大多数公共预算的著作不同，本书将资本预算也看成一种资金分配模式。这是因为，资本预算是专门针对公共支出中非常特殊的支出（即资本性支出）的一种资金分配模式。

第四篇是管理效率，包括五章内容，关注的核心问题是预算资金分配之后，各国是采用何种模式来组织和管理财政交易，确保已经安排的预算资金的确被用于事前同意的活动，或者已经同意的活动能够及时获得资金，在防止违规和减少浪费的同时，如何赋予支出部门必要的灵活性。其中一章介绍预算执行的基本框架以及各国的实践，另有四章介绍和比较预算执行的核心内容，即现金管理、债务管理、政府会计和政府审计。本书认为，尽管预算执行或者财政管理似乎更多地涉及管理与技术，但是这个过程同样受政治因素的影响。

第五篇是财政问责。在一定程度上，第二十一章与第一章遥相呼应，也是对前面各章的一个总结。这一章首先阐述了预算与问责的关系以及财政问责的重要性，随之总结和比较了各国的预算制度如何在总额控制、资金分配和预算执行三大环节落实财政问责。由于长期以来我们对于财政问责的讨论主要集中在代议制的框架下，因此，在这一篇的第二十二章，本书单独介绍和比较了主要是在过去20多年逐步兴盛起来的公民参与预算。在我们看来，这是一种新的财政民主形式，它能够很好地弥补代议制财政民主的不足。

导 论

第 一 章

现代公共预算

预算是政府为所有人实现一个更好的生活的一个执行方案，它规定了人们应该缴纳多少税收，政府如何花钱，要实现什么目标。它是所有政府政策的概括。

——国际人权组织，布莱博格[①]

一、预算发展史

自有国家之日起，就有国家财政。然而，在19世纪以前，尽管国家也在收钱、花钱，但是，财政资金的使用效率比较低，国家财政收支对社会的负责程度也不高。19世纪，现代公共预算制度开始在欧洲国家诞生，并逐渐发展成为现代国家进行治理的基本制度。随着现代预算制度的建立，现代国家开始以一种"前所未有的方式"从公民那里汲取财政收入，并将之用于公共的目的或"集体目标"。这些现代民主国家终于发展出一种"被广泛视为有效率的、有生产率的，而且比以前更加公正的"财政制度。[②] 现代预算制度的建立，使得国家汲取和支出财政资源的方式发生了根本性的转变。

---

① [美]安·布莱博格：《政府预算：实现权利的一个关键工具》，《权利与公共政策》2005年6月号（天则经济研究所），第2页。

② Webber, Carolyn, & Aaron Wildavsky. 1986. *A history of taxation and expenditure in the western world.* New York: Simon and Schuster. pp. 300 – 301.

因此，公共预算专家凯顿将中世纪后期一直到 19 世纪以前的财政史称为"前预算时代"，而将现代预算制度成型的 19 世纪视为"预算时代"的开始。① 进入 20 世纪，尤其是 20 世纪 50 年代以来，随着国家开始运用财政政策调节宏观经济，以及许多国家都开始开展福利国家的建设，19 世纪形成的一些经典原则开始受到挑战。同时，为了改进资源配置效率，20 世纪 50 年代以来，出现了一次又一次的理性预算改革。随着各国不断地总结这些预算改革的经验与教训，在过去的 30 年中，结果导向的预算模式越来越成熟。这似乎标志着现代预算将发展到一个新的阶段。总而言之，现代公共预算体制只有两百年的历史，这两百年在很大程度上是一个预算体系不断实现理性化和民主化的过程。因此，只有将政府预算放进一个历史演变的时间框架内，我们才能真正理解现代政府的公共预算。正如凯顿指出的，政府预算是一个历史现象，与特定的时间和地点相联系，而不是某种一成不变的制度。② 在不同的发展阶段，预算体制面临的最紧迫的问题是不同的，预算改革的目标和重点也应不同。

1978 年，凯顿在《公共行政评论》上发表了《预算模式》一文。在该文中，她运用以下三个变量来分析和鉴别预算模式：（1）收入汲取（revenue mobilization），即一个预算体制从社会中汲取资源的能力；（2）公共责任（accountability），即一个预算体制对社会公众是否承担一种政治责任；（3）行政控制（administrative control），即在政府内部是否有严格的财政控制。由于公共责任强调的是议会从外部对政府预算进行的一种政治控制，进而通过这种政治控制来确保政府预算履行其对公众的公共责任，所以，公共责任这个变量也可以理解为政治控制。根据这三个标准，凯顿将预算史划分成三大时期：前预算时代（prebudgeting era）、预算时代（budgeting era）和超预算时代（super-budgeting era）。③ 这三种预算模式分别代表预算发展的

---

① Caiden, Naomi. 1989. A new perspective on budgetary reform. *Australia Journal of Public Administration* Vol. 48, No. 1: 51 - 58.

② Ibid.

③ Caiden, Naomi. 1988. Shaping things to come: Super-budgeters as heros (heorines) in the late-twentieth century. In Irene Rubin. Eds. *New directions in budget history*. New York: State University of New York Press.

三大时期。表1-1概括了这三种预算模式的基本特征。

表1-1 预算模式

	收入汲取	负责程度	行政控制
前预算时代	高	低	低
预算时代	高	高	高
超预算时代	高	高	低

资料来源：Caiden, Naomi. 1989. A new perspective on budgetary reform. *Australia Journal of Caiden*, Naomi. 1989. A new perspective on budgetary reform. *Australia Journal of Public Administration* Vol. 48, No. 1: 51 – 58。

根据凯顿的分析，19世纪以前的君主专制政治下的政府财政管理都处于"前预算时代"。随着现代公共预算体制在19世纪的确立，预算史开始进入"预算时代"。20世纪70年代，随着各国的政府预算实践开始偏离19世纪形成的现代公共预算体制的一些基本原则，预算史进入"超预算时代"。尽管"前预算时代"的政府能够从社会中汲取许多资源，但是，这一时期的政府财政存在两大问题：一是在政府内部缺乏集中统一的行政控制；二是没有一个机构从外部监督约束着政府的财政活动，政府财政活动对社会的负责程度比较低。在"预算时代"，现代公共预算体制将一系列预算控制植入政府的财政活动，一方面在政府内部建立集中统一的行政控制，另一方面立法机构从外部监督着政府的财政活动，促使政府对议会负责，进而对纳税人负责。在"超预算时代"，财政实践出现了一些弱化行政控制的做法，"预算时代"形成的公共预算面临新的挑战。

（一）前预算时代

"前预算时代"主要是指19世纪现代公共预算体制产生以前的专制君主制时期（介于中世纪后期和19世纪初以前）。前预算时代政府财政以最大限度地汲取收入为目的，然而，它却缺乏对社会的公共责任，而且在政府内部缺乏集中的行政控制。凯顿指出，前预算时代的政府财政管理有以下五个特征：（1）连续性（continuousness），即没有年度预算的概念，政府根据资金流量和资金的可获得性来进行预算。（2）分权（decentralization），即在政府内部没有集中的财政控制，无论是收入还是支出都是非常分散的。通常情况下，收入由各种不同的收入征收者征收，这些收入的征收者既包括政府的官僚机构，也包括一些私人的包税商。征收后的财政收入也不会像现代国家的预算体制那样先集中缴纳进国库再集中进行分配，在很多情况下，资金的支付是由收入的征收者直接支付到支出者那里，而且，对于支出者的支出行为也没有财政控制。（3）私有化（privatization），即大部分政府财政管理由许多私人商人承担，许多私人商人既作为包税商为政府征收税收，又帮助政府管理这些征收来的收入并进行支付，因此，在很多情况下，私人账户和国家账户经常是混淆在一起的。（4）权宜性（expediency），即由于政府经常陷于资金短缺的状况，加上人们对于政府的收入汲取行为常常不合作，所以，各种各样的权宜手段经常被用来筹集收入，例如，短期债务、卖官等。（5）各种各样的腐败盛行于前预算模式中，而且，在某种程度上，前预算模式就是依靠国家对于腐败的默许才能够维持下来的，没有这些我们现在看来是腐败的机制，前预算模式是无法运作的。私有化的财政管理方式和权宜性是前预算模式的两大重要特征，然而两者都是滋生腐败的温床。①

总之，在"前预算时代"，一方面没有一个机构从外部对政府的收支活动进行政治控制；另一方面，没有一个机构能够在政府内部实行集中统一的行政控制，或者，即使有这样的机构，它也常常形同虚设，不能有效地监督政府各个部门的收支活动。其结果，政府可以随意地征税和支出，政府各个部门也可以随意地筹集收入和进行支出。此外，由于财政管理私有化的存在，许多财政活动常常在政府财政管理的控制之外。

"前预算时代"的政府之所以采取该种预算模式，主要是因为：（1）政治上的原因。这一时期的政治体制都是前民主政体，对于君主政府的收支活动缺乏有效的制约，君主制政府的预算也不用对公众负责。（2）经济和技术发展水平。19世纪以前的经济和技术发展水平比较低，在财政管理领域实行严格的行政控制的交易费用（信息成本、协调成本和测量成本）就非常高。例如，在没有发达的金融信贷体系的情况下实行集中型的财政控制是非常困难的，在交通和通讯落后的情况下实行严格的预算控制也将面临很高

---

① Caiden, Naomi. 1989. A new perspective on budgetary reform. *Australia Journal of Public Administration* Vol. 48, No. 1: 51 – 58.

的信息成本和协调成本。

（二）预算时代

针对"前预算时代"财政管理中存在的各种问题，19世纪的改革者建立了现代公共预算制度。19世纪的预算改革浪潮主要致力于：（1）建立对政府预算的外部政治控制——即议会监督，将政治问责落实进预算过程；（2）在政府内部建立集中统一的财政控制，将行政控制引入政府预算过程。随着现代公共预算制度的确立，现代国家进入"预算时代"。在欧洲，第一次真正意义的现代预算实践是1814年的法国政府预算。该预算宣布将根据政府部门的需要每年度对它们进行拨款。从此，政府财政管理就变成是周期性而不是连续性的。① 凯顿将此后的预算活动纳入"预算时代"，即通常所说的传统预算时期。②

凯顿认为，"预算时代"的政府预算具有斯脱姆（Stourm, 1909）所概括的四大要素③：（1）年度性（annuality），即预算决策必须每年进行一次；（2）一致性（unity），即所有的预算决策必须放在一起，同时，所有的资源必须集中在一起，从而，所有的关于资源的预算要求才能获得公平的考虑；（3）拨款性（appropriation），即预算是公共的和公开的并且是经过议会同意的，只有那些预算拨付的资金才能够合法地进行支出；（4）审计要求（audit），即政府部门的收支必须受到审计监督。

19世纪初形成的这些预算要素很快演变成经典的预算原则，并在20世纪初得到进一步的发展，年度性和内在一致的预算被视为实现经济和效率的必要条件。例如，在美国，1921年的预算和会计法在联邦政府中建立了行

---

① 当然，在此之前还存在一些先驱性的实践，例如中世纪末期的一些欧洲城市国家和建立君主立宪制后的英国。在前者，实行了严格的基金会计；在后者，政府每年都要向议会提交预算估计。

② Caiden, Naomi. 1988. Shaping things to come: Super-budgeters as heros (heorines) in the late-twentieth century. In Irene Rubin. Eds. *New directions in budget history*. New York: State University of New York Press. Caiden, Naomi. 1989. A new perspective on budgetary reform. *Australia Journal of Public Administration* Vol. 48, No. 1: 539–543.

③ Caiden, Naomi. 1989. A new perspective on budgetary reform. *Australia Journal of   lic Administration* Vol. 48, No. 1: 51–58.

政预算体制，在没有削弱国会的预算权力的同时，该体制增强了总统在预算领域的控制权。行政预算体制强调总统应该负责准备一个"内在一致的行政预算"。[1]

由于19世纪预算改革的重点是将政治控制和行政控制纳入预算过程，所以，这一时期形成的现代公共预算制度是一种"控制取向"。政治控制和行政控制之所以成为"预算时代"的重点主要基于两方面的原因。

首先，在19世纪，越来越多的欧洲国家开始从君主专制体制过渡到民主政治体制，建立一种对公民负责的预算体制的要求也越来越强烈。随着这些欧洲国家的政治体制从君主制过渡到民主制，它们都建立了议会民主制度，并发展出了所谓的"议会至上"原则。在这种制度下，议会逐渐发展成为一个通过对政府进行政治控制来确保政府负责的机构，而议会对政府进行政治控制的一个主要方面是控制政府的收支活动。具体地，从收入汲取的角度来看，国家财政资源不再是由君主或某一政治团体垄断，政府预算收入的筹集必须获得纳税人的代议机构的同意。而且，在许多国家，议会也是债权人的政治机构。这意味着政府的债务政策也必须获得议会的审批。从预算支出的角度看，政府的预算支出不能再像以前那样主要用于满足君主的需求，民主制度要求政府预算履行对公民的责任，将纳税人缴纳的税金主要用来生产纳税人所需要的公共服务。因此，各国的议会都开始通过审查和批准政府的预算来控制政府，如果没有议会的同意，政府就不能进行开支。在这种情况下，就不难理解19世纪欧洲国家的预算改革者为什么要建立一种控制取向的预算制度，将政治控制纳入政府预算过程。

其次，为了更好地实现议会对政府的预算控制，也有必要加强政府内部的预算控制。因为，如果政府内部的预算和财政管理是缺乏行政控制的，政府内部各个部门的开支就会非常随意，浪费与腐败就会盛行。如果这样的话，议会对政府的控制就会大大地削弱。当然，19世纪的工业革命和经济发展所带来的金融和技术上的进步也大大地降低了实行这样一种严格的预算

---

[1] Caiden, Naomi. 1989. A new perspective on budgetary reform. *Australia Journal of Public Administration* Vol. 48, No. 1: 51–58. Lynch, Thomas. 1990. *Public Budgeting in America*. New Jersey: Prentice Hall. pp. 40–42, 46–47.

控制所面临的交易费用。所以，正是在这样一种新的需要和条件下，控制取向的现代公共预算体制就逐渐发展起来。

（三）超预算时代

19 世纪形成的各种经典的预算原则在 20 世纪 70 年代以来逐渐受到挑战。首先，虽然传统预算原则强调预算的非连续性或年度性，但是，70 年代以来，预算越来越具有连续性。过去形成的对于某一团体的预算承诺常常不能随意终止，因此，许多预算决策就变成自动的而非年度性的。凯顿将其概括为"预算的非弹性"（budgetary inflexibility）。其次，由于长期性的预算承诺所导致的支出每年都在变化，并取决于不可改变的去年的决策、涉及的受益人数和部门、经济波动等不可控制的因素，因此，预算变得越来越不可预测。凯顿将其概括为"预算的不可预测性"（budgetary unpredictability）。第三，虽然传统预算原则强调预算的全面性或完整性，即使是 60 年代实行的计划项目预算体制也强调这种完整性，但 70 年代以来，预算常常被各种隐蔽的方法拆散，某些领域逐渐形成自己自由支配的资金，预算外活动逐渐出现。凯顿将其概括为"预算的零碎化"（budgetary fragmentation）。第四，由于公共和私人部门之间的区别越来越模糊，并且各种准政府组织被允许提供公共服务，一些私人部门和准政府组织实际上介入了政府收支活动，但是却常常不受政府预算控制。凯顿将其概括为"预算的私有化"（budgetary privatization）。[①]

从表面上看，这些发展趋势表明公共预算正在复活某些"前预算时代"的预算方式，但是，这种发展变化的原因和背景是非常特殊的，公共预算正在进入一个新的时期，凯顿将这一时期概括为"超预算时代"。[②]

二、经典的预算原则

根据 19 世纪现代公共预算实践，学者和实践者总结了一些经典的预算

[①] Caiden, Naomi. 1989. A new perspective on budgetary reform. *Australia Journal of Public Administration* Vol. 48, No. 1: 51 – 58.

[②] Ibid.

原则。所谓经典的预算原则是指预算制度必须根据这些原则来设计才是最佳的。理解这些经典的预算原则,有助于我们更好地理解现代公共预算的精髓。由于经典的预算原则主要形成于19世纪的欧洲,因此,欧洲学者的研究占有相当重要的地位。[①] 在讨论预算程序时,法国学者杰塞探讨了如下的预算原则:预算全面性、一致性、清楚、准确和诚实。德国学者纽玛克划分了静态和动态的预算原则,前者包括预算处在均衡状态下的预算原则,后者包括程序原则、批准和执行预算的原则。具体地,纽玛克的静态原则包括实质性和形式性的两类原则。实质性的预算原则包括全面性原则(comprehensiveness)和收入的非专用原则(non-assignment of revenue)。形式性的原则包括一致性(unity)和清楚性原则(clarity)。动态的预算原则包括在准备和批准预算的过程中的准确性原则(accuracy)和事前批准原则(prior authorization),预算执行阶段的严格性原则(specification),以及在所有预算过程中的公开性原则(publicity)。另一位德国学者舍德将预算原则重新进行了分类。他认为,预算原则有四个基本问题,作为对这些问题的回答,每个问题下又分别形成了一些预算原则。第一个问题是:什么应该被纳入预算?从范围的角度来看,有"全面性原则"(comprehensive principle),从特点来讲的话,有"准确性原则"(accuracy principle)。第二个问题是:预算将通过何种方式展示它所包含的支出和收入项目?针对这一问题,发展出"一致性"、"清楚性"、"公开性"、"可比性"等原则。第三个问题是:何时提交预算?对此,发展出了"事前批准原则"。最后一个问题是:预算规定在何种程度上约束着各个政府部门的行动?在此,发展出了"严格性原则"。桑德森[②]认为以上这些预算原则的分类都没有回答各种人为分类的目的,也没有发展出一个新的分类框架。桑德森将预算原则归纳为三大类。第一类预算原则涉及预算体系和政治单位的财政活动,包括全面性原则和排他性原则(exclusiveness)。第二类预算原则涉及预算机制如何对待和处理包括

[①] 以下关于欧洲学者的研究全部引自 Sundelson, Wilner. 1935. Budgetary principles. *Political Science Quarterly* Vol. 1, No. 2: 236 – 263。

[②] Sundelson, Wilner. 1935. Budgetary principles. *Political Science Quarterly* Vol. 1, No. 2: 236 – 263。

进体系内的要素，包括一致性、严格性、年度性和准确性原则。第三类预算原则涉及提交预算内容的形式和技术，包括清晰性和公共性原则。

虽然不同的理论家有不同的侧重点，但是某些预算原则却是基本的，如全面性和一致性。由于某些原则（如清楚性和公开性等）的含义是一目了然的，因此，我们主要详细介绍以下四个基本的预算原则：全面性原则、一致性原则、年度性原则和严格性原则。

（一）全面性原则

全面性原则强调所有政府收支必须纳入预算，进入预算程序，受预算机制的约束。[①] 这就是说，不得在预算之外存在政府的收支活动，不得有预算外财政活动。不过，在以下两种情况下运用该原则将面临一些困难：[②] 一是总值概念的预算和净值概念的预算。全面性原则对于总值概念的强调使得运用这一原则有时比较困难，因为许多政府活动的财政独立性（如政府企业）使得公共预算很难"全面地"计算收入与支出并将其纳入政府预算。二是某些财政交易很难明确地定义为收入或支出，或者某些项目很难准确地用货币来测量，例如卖出或转移政府资产、贷款、实物支付、为其他人支付等情形。

与此原则相联系的是预算的排他性原则。该原则关注于哪些收支不能被纳入预算。换言之，预算必须完全集中在财政事务上。[③] 这一原则的主要目的是防止决策者将公共资金用于各种非公共的目的，尤其是用于各种私人目的。

（二）一致性原则

一致性原则强调所有的政府收入和支出应该被同等对待，同时，预算的

[①] Sundelson, Wilner. 1935. Budgetary principles. *Political Science Quarterly* Vol. 1, No. 2: 236 – 263. Thompson, Fred. 1996. Reforming the federal budgetary process. *Policy Science* Vol. 29, No. 3: 167 – 170. Meyers, Roys. 1996. Is there a key to the normative budgeting lock? *Policy Science* Vol. 29: 171 – 188.

[②] Sundelson, Wilner. 1935. Budgetary principles. *Political Science Quarterly* Vol. 1, No. 2: 236 – 263.

[③] Thompson, Fred. 1996. Reforming the federal budgetary process. *Policy Science* Vol. 29, No. 3: 167 – 170.

各部分应该恰当地联系起来。① 此原则关注的是，对于所有的收支来说，是用一种预算方法还是多种预算方法来处理。② 多种预算方法的存在意味着某些收支是用一种预算方法来处理，而另一些收支则是用另一种方法来处理，这就意味着某些收入和支出获得了特殊待遇，从而违反了一致性原则所要求的同等对待。

一致性原则经常挑起关于特殊预算的讨论，如额外预算、紧急预算等。德国学者瓦格纳认为，一种"一般性基金"（general fund）应是预算一致性的必不可少的条件。③ 这意味着专用基金是与一致性原则相冲突的。与此相联系，纽玛克提出了所谓的"收入的非专用性原则"。④ 在一定程度上，收入的非专用性原则可以视为达成预算一致性原则的途径之一。因为，收入的非专用性原则强调应该从"一般性收入"（general revenue）来为各种支出提供资金，而不能将某项收入变成某项支出的专项收入。如果收入是不能专用的，那么，预算的一致性就得到了保证。

对于那些在财政管理上追求秩序和健康财政的理论家和实践者来说，一致性原则是至高无上的原则。⑤ 在一致性原则之下，运用一种模式处理和管理所有的收入和支出，则所有的收入决策和支出决策都要放在一起进行比较，这就有助于改进预算管理。

正如桑德森指出，许多研究者常常将全面性原则与一致性原则混为一谈，某些研究者甚至认为全面性原则和一致性原则必须放在一起才有价值。⑥ 但是，正如桑德森指出的那样，这种观点是站不住脚的。只要所有的收支都放进预算中，并受预算程序的制约，它们就满足了全面性原则。但是，从全面性原则的角度出发，并不一定需要把它们都放进"一个预算"（a budget）。一

---

① Sundelson, Wilner. 1935. Budgetary principles. *Political Science Quarterly* Vol. 1, No. 2: 236 – 263. Thompson, Fred. 1996. Reforming the federal budgetary process. *Policy Science* Vol. 29, No. 3: 167 – 170.

② Sundelson, Wilner. 1935. Budgetary principles. *Political Science Quarterly* Vol. 1, No. 2: 236 – 263.

③ Ibid.

④ Ibid.

⑤ Ibid.

⑥ Ibid.

个存在多个预算（multiple budgets）的预算体系，虽然违反了预算的一致性原则，但是，只要所有的收入和支出都受预算程序的约束，那么，它们就是满足全面性原则的。

（三）年度性原则

年度性原则意味着预算每年都必须重新做一次并只能覆盖某一个特定的时期。[①] 在过去将近一个世纪的时间里，这个原则变得越来越不受欢迎。许多国家都开始实行两年或多年预算。年度性原则无疑增加了预算官员的决策成本，而且不能满足那些跨年度的支出项目的需要。此外，公共预算理论无法很好地回答为什么要采取一年作为基本的预算单位。[②]

其实，年度概念是一个非常误导人的概念。年度性原则的基本精神是预算的非连续性。只要预算是非连续性，一年做一次或两年做一次预算在本质上都达到了非连续的目的。在19世纪只是为了方便，同时根据习惯选择了年度预算。

与此相联系的是预算的"事前批准原则"，即在进行支出前，必须确保所有的支出——有时也包括收入——必须通过投票并获得批准。显然，与年度性原则一样，事前批准原则也是要确保没有任何政府支出是连续性的，因而是无法控制的。

（四）严格性原则

严格性原则强调预算一经做出后就必须被严格执行，并能有效地约束各个政府部门的行动。该原则又包括定性和定量两个层面的内容。在定性层面上，预算拨款只能用于预先规定在预算中的目的，将拨款从某一个项目（或部门）转移到另一个项目（或部门）常常被禁止。在定量层面上，该原则规定只有当政府决定在预算中提供某笔资金后才允许进行支出，同时支出

[①] Sundelson, Wilner. 1935. Budgetary principles. *Political Science Quarterly* Vol.1, No.2: 236–263.

[②] Ibid.

不得超过批准的预算额度。①

为了落实这一原则,现代公共预算体制的早期一般都在预算执行中实行了外部控制这样一种公共支出控制模式。在该模式下,核心预算机构或财政部门从外部对各个支出部门的支出决策和支出行为进行事前审计,而且,各个部门支出决策和支出行为是否合理与合法是由这个外部控制机构作出最终决策的。②

(五) 预算平衡原则

预算平衡原则要求,某个财政年度内的支出不能超过当年的收入。不过,在实践中,各国的实施方式有所不同。在一些国家这一原则只适用于经常性收支,而另一些国家则包括资本性支出。在当时,这一原则没有考虑经济的周期,也没有考虑跨年度的问题。因此,在实践中,常常难以在年度内真正做到预算平衡。尽管如此,各国基本都尊重这一原则,并用之来约束支出要求和控制赤字。③ 正如加尔布雷思指出的,预算平衡原则最初是为了约束君主不负责的财政行为而建立起来的,"王子和政府的挥霍习性受制于这一规则,他们收入多少就支出多少"。④

(六) 审计原则

政府部门的收支活动与预算执行必须受到审计监督。早期审计的重点是政府各个部门的收支行为是否与通过的预算保持一致,是否遵守政府的各种规章制度,例如采购制度、会计制度等。20世纪80年代以来,审计的重点开始转向绩效审计。

---

① Sundelson, Wilner. 1935. Budgetary principles. *Political Science Quarterly* Vol. 1, No. 2: 236–263.

② [美]艾伦·希克:《当代公共支出管理方法》,王卫星译,经济管理出版社2000年版,第114—115页。

③ Schick, Allen. 2003. The role of fiscal rules in budgeting. *OECD Journal of Budgeting* Vol. 3, No. 3: 8–34.

④ 转引自[美]维托·坦齐、[德]卢德格尔·舒克内希特:《20世纪的公共支出》,胡家勇译,商务印书馆2005年版,第77页。

（七）公开、透明原则

政府预算的制定过程是透明的、受公众监督的。政府预算作为公开性的法律文件，其内容必须真实、详细和准确，以便于公民及其代表能理解和审查。同时，政府预算的执行、审计以及决算也须向公众全面公开。

三、现代公共预算：控制、管理与计划

希克指出，任何公共预算体系都包括计划、管理和控制三个过程。[①] 计划过程涉及确立目标，评估替代的行动方案和批准选择的项目。计划更多地是与预算准备联系在一起。当然，其他的预算过程也涉及计划问题，预算的准备也要涉及管理与控制。管理涉及将确定的目标具体化为行动，设计所需的组织结构，并配备所需的人员和其他所需的资源。在目标确定后，管理过程就起着举足轻重的作用。控制过程涉及确保执行官僚的行动与所决定的政策和计划保持一致。在预算执行和审计阶段，控制起着举足轻重的作用。希克进一步指出，由于预算机构的时间有限，这三种预算过程常常又需要不同的技能和不同的工作方式，现实中的预算体系不可能同时赋予这三种预算功能同等重要的地位。所以，有的预算体制的重心在控制，有的重心在管理或计划。希克进一步指出，不同取向的预算体系在以下这些方面存在不同的特征：信息焦点、人员技能、管理责任、计划责任、控制责任和预算与拨款分类（如表1-2）。

表1-2 预算体制的职能取向

特征	控制取向	管理取向	计划取向
人员技能	会计	行政	行政经济学
信息焦点	支出目标	行动	目的
关键预算阶段	预算执行	预算准备	预算准备之前

---

① Schick, Allen. 1966. The road to PPB: The stages of budget reform. *Public Administration Review* Vol. 26 (December): 243-258.

(续表)

特征	控制取向	管理取向	计划取向
测量范围	零散的	零散的/行动为主	全面的
预算机构的作用	受托的	效率	政策
决策流	向上/加总	向上/加总	向上/加总
选择的类型	渐进的	渐进的	非渐进的
控制责任	核心预算机构	操作机构	操作机构
管理责任	分散的	核心预算机构	监督机构
计划责任	分散的	分散的	核心预算机构
预算与拨款分类	相同	相同	不同
拨款—组织的联系	直接的	直接的	交叉的

资料来源：Schick, Allen. 1966. The road to PPB: The stages of budget reform. *Public Administration Review* Vol. 26 (December): 243–258。

尽管，所有的预算体系都可能具有控制、管理和计划三种职能。但是，不同国家的预算体系，或者处于不同发展阶段的预算体系，可能会更加侧重于其中的某一种职能。从表1-2可以清楚看到，不同职能取向的预算体系将会呈现很大的区别。一个计划取向的预算体系将会主要关注一些范围广泛的问题：如什么是政府长期的目标与政策，它们如何与具体的支出目标联系在一起？应该运用什么样的标准来评估政府机构的资金需求？什么项目应该支持，什么项目应该取消？一个管理取向的预算体系将会关注这样一些相对不那么基本性的问题：什么是达成规定目标的最好方法？提出的各种资助提议，哪一种应该被批准？一个控制取向的预算体系则关注于更加狭窄的问题：如何确保支出机构遵守支出上限？为确保支出机构的支出行为符合规定，应该实施什么样的报告程序？对于各机构的人员和设备支出应该设置什么样的限制？

两百年的预算历史也可以从这三种职能取向上来理解。19世纪形成的现代公共预算制度是控制取向的。从19世纪到20世纪30年代是预算体制的控制阶段。这一时期现在一般被称为传统预算时期。从20世纪30年代至50年代，预算体制开始关注管理职能。20世纪60年代，计划职能开始被引入预算体制。20 世纪 80 年代以来是一个综合的时期，计划和管理的职能都得到重视。

（一）传统预算模式：控制取向

19 世纪建立起来的现代公共预算制度是"控制取向"的。[①] 预算改革者希望通过建立各种预算控制约束政治家、官员以及每个公共管理者的活动，确保公共资金全部被用于公共目的，防止决策者将公共资金用于私人目的，进而使得政府是负责的。

传统预算模式的这种控制导向最充分地体现在这一时期发展起来的各种经典预算原则。年度性原则意味着政府每年都要到议会去争取政治支持，从而为议会控制政府的预算创造了条件。在政府内部，年度性原则意味着各个政府机构每年都必须接受预算办公室或财政部门的审查，从而加强了政府内部的预算控制。但是，仅仅年度性原则并不能保证议会能够有效地控制政府的预算，也不能保证财政部门能有效地控制各个政府机构的预算。如果政府或政府各部门有其独立的不受议会或财政部门监督的预算外资金来源，而且它们的支出也没有包括在预算内，那么，议会对政府的预算控制和财政部门对于各个政府部门的预算控制就会形同虚设。所以，全面性原则要求所有的政府收支都必须放进预算内，以实现预算控制的目的。同样地，一致性原则的目的也是预算控制。因为，如果预算体系内有某些收入或支出是按某种不同于其他收入和支出的方式来处理的，那么，即使它们已经被放进预算内，对它们的预算控制也会相对弱化。最后，严格性原则的控制导向就更加明显了。正如著名公共预算专家瓦达沃夫斯基指出的那样，一个预算可以视为一个预算合同，预算办公室作为政治家的代表承诺在某一条件下提供资金，而支出机构承诺按照预先规定的方式和目的来使用资金。[②] 同样地，这种预算合同也可以存在于议会和政府之间。但是，政府或者支出机构常常会"违

[①] Lynch, Thomas. 1990. *Public budgeting in America*. New Jersey: Prentice Hall. p. 40. Sundelson, Wilner. 1935. Budgetary principles. *Political Science Quarterly* Vol.1, No.2: 236 – 263. Premchand, A. 1993. *Public expenditure management*. Washington, D.C.: IMF Publisher.

[②] Wildavsky, Aaron. 1964. *The Politics of the budgetary process* (1st). Boston: Little Brown. p. 2.

约",即不按规定的目的和方式使用资金。① 为了控制政府或支出机构的这种机会主义行为,就逐渐发展出了预算的严格性原则。因此,根据这些经典的预算原则建立起来的现代公共预算制度就是控制取向的。

传统预算模式的控制取向还体现在它采取的"分项列支预算"(line-item budgeting)的预算报表格式上。从预算技术的角度来讲,"分项列支预算"首先将财政信息按照主要的组织单位(如农业部)分类,然后再按其内部的组织单位(如农业部下的各个部门)分类,在这下面,支出通常按会计项目分解,常常包括人员经费、公务费、各种职能性支出等。分项列支预算详细地罗列了政府花钱的所有项目,提供了关于谁在政府做事和做什么事的大量详细的信息,以及生产公共服务的各种投入的详细信息,所以,这种预算模式非常有助于支出上的预算控制。② 同时,这种预算格式也为预算执行中加强支出控制提供了方便。财政部门可以根据这个详细的预算,在每个支出科目的基础上,对部门的支出行为进行监督控制,而且是一种事前控制。③

(二) 管理取向和计划取向的兴起

从 20 世纪 30 年代开始,各国都在 19 世纪形成的现代公共预算制度的基础上不断地改革预算制度,尤其是预算编制方法。这些预算改革都期望将预算理性引入预算过程中,以期在预算投入和产出或结果之间建立紧密的联系。这就使得预算体系的重心开始从强调支出控制转变到关注管理和计划功能。④ 在这个过程中,出现了一些新的预算模式,包括绩效预算、计划项目预算、零基预算和新绩效预算。

绩效预算萌芽于 20 世纪 30 年代,50 年代开始在美国联邦政府层面全

---

① Bartle, John, & Jun Ma. 2001. Applying transaction cost theory to public budgeting and finance. In John Bartle Eds. *Evolving theories of public budgeting*. New York: JAI Press.

② Bland, Robert L., & Irene Rubin. 1997. *Budgeting: A guide for local governments*. Washington, D. C.: ICMA. p. 12. Kettl, D. 1992. *Deficit politics*. New York: Macmillan Publishing Company. pp. 69 – 70.

③ [美]艾伦·希克:《当代公共支出管理方法》,王卫星译,经济管理出版社 2000 年版,第 112 页。

④ Kettl, D. 1992. *Deficit politics*. New York: Macmillan Publishing Company. p. 70.

面推广。绩效预算的重点是关注政府在做什么而不再是谁在做，它关注的是政府部门的产出而不再是预算投入。① 这种预算模式的目的是提高预算项目的效率，更好地评估预算项目的结果，为决策者提供关于公共服务的更好的信息。② 虽然绩效预算没有在政府范围内广泛地运用，但是，它在预算史上的意义是十分重大的，因为它标志着政府预算首次从支出控制开始转向重视管理。

不过，绩效预算的重心是完成了什么工作，还不是支出的目标本身是否有用。③ 随后出现的计划项目预算模式弥补了绩效预算的这一不足，它着重分析支出目标的价值。从技术的角度来讲，计划项目预算不再将财政信息按照组织单位分类，而是按项目分类。这就意味着计划项目预算在预算格式上是跨组织的，某一项支出项目常常会涉及多个政府部门。④ 如果说绩效预算将政府机构的目标视为既定的，因而主要关注投入的资金是否实现了该目标，那么计划项目预算则将政府机构的目标当成一个"变量"。计划项目预算区别于以前的控制取向和管理取向的预算之处是，一旦成功实施，它将从根本上影响资源配置过程，而不仅仅是一个管理系统。⑤ 此外，它还是预算史上第一个强调计划性的预算模式。

20世纪70年代零基预算开始被引入政府预算。对于传统预算来说，零基预算是一种颠覆性的预算模式。传统预算模式下资金分配的基础是上一个预算年度形成的预算基数。然而，零基预算的基本逻辑是，对于任何机构的项目来说，不能因为它上一年获得了一定数量的预算资金，就因此赋予它继

---

① Kettl, D. 1992. *Deficit politics.* New York: Macmillan Publishing Company. p. 74.

② Bland, Robert L., & Irene Rubin. 1997. *Budgeting: A guide for local governments.* Washington D. C.: ICMA. p. 12. Joyce, Philip. 1998. Budget reform. In Jay Shafritz. Eds. *International encyclopedia of public policy and administration.* Colorado: Westview Press. p. 278.

③ Joyce, Philip. 1998. Budget reform. In Jay Shafritz. Eds. *International encyclopedia of public policy and administration.* Colorado: Westview Press. p. 278.

④ MacManus, Susan. 1998. Budget format. In Jay Shafritz. Eds. *International encyclopedia of public policy and administration.* Colorado: Westview Press.

⑤ Joyce, Philip. 1998. Budget reform. In Jay Shafritz. Eds. *International encyclopedia of public policy and administration.* Colorado: Westview Press. pp. 278–279.

续获得预算资金的权利，预算决策必须从零基础开始。① 零基预算将计划与目标设定、预算、运行决策整合成一个过程。② 当然，零基预算中计划并不一定是计划项目预算中强调的中长期计划。

20世纪80年代，随着新公共管理的产生，新绩效预算开始兴起。这种预算模式将集权与分权整合进一个制度框架中。首先，这种预算模式强调运用战略计划引导资金分配，强调资金的分配应该是结果导向的，并制定一个非常具有约束力的中长期支出框架。在部门编制预算之前，政策制定者对支出总额和目标进行集中控制。其次，在预算执行中放松各种支出控制，赋予各个部门及其管理者使用资金的自主权和自由度。这是一种希望将中、长期计划与管理职能融合进一个预算体制中的预算模式。表1-3总结了不同预算模式的职能取向。

表1-3 预算模式的职能取向

	控制	管理	计划
传统预算模式	✓		
绩效预算模式		✓	
计划项目预算模式			✓
零基预算	✓		✓
新绩效预算		✓	✓

资料来源：作者自制。

四、公共预算的基本目标

无论是哪个国家的公共预算，在实践活动中，它都需要解决一些预算体制必须解决的问题。公共预算应该追求的基本目标也和这些基本问题相对应。所谓基本目标就是在解决这些基本问题时应达到的理想状态。在过去的

---

① Kettl, D. 1992. *Deficit politics*. New York: Macmillan Publishing Company. p. 81.
② Miller, Gerald. 1996. Productivity and the budget process. In Jack Rabin, W. Bartley Hildreth & Gerald Miller. Eds., *Budgeting: Formulation and execution*. Georgia: Carl Vinson Institute of Government, The University of Georgia.

一百年中,公共预算学者从不同的角度与层次分析了公共预算的基本问题。1940年,政治学家科依(Key)指出,虽然积累了大量的数据、假设、解释和案例研究,政治科学的一个问题是它没有一个关于预算的理论。[①] 在他看来,公共预算理论必须回答的一个基本问题是:在什么基础上作出这样一个决定将某一数量的资金配置给活动 A 而不是活动 B?这就是公共预算研究中非常有名的"科依问题"。科依的问题本质上是一个规范性的问题。科依之所以提出这样一个问题,是因为经济学不能提供一个在竞争的项目之间进行决策的有说服力的工具。[②]

然而,希克认为,"科依问题"不是一个公共预算本身所能回答的问题。[③] 因为,这是一个规范性问题,而不是一个经验性问题。作为一个规范性问题,它的答案主要取决于政治体系的核心价值。他指出,一个能够回答这个问题的公共预算理论必然是一个能够配置权力和体现政治价值的理论。[④] 而且,正如科依自己意识的那样,这实际上是一个政治哲学的问题。虽然公共预算并不否定规范问题的必要性和重要性,但现在的问题是,无论谁回答了科依的这个预算问题都会受到质疑。处于不同的制度环境和制度安排下的人们,一般都会从不同的文化和意识形态角度,为科依提出的预算问题给出不同的答案,持有不同的价值取向的预算决策者也会对"科依问题"做出不同的回答。一个坚信社会公平的预算决策者可能会赞同将某一数量的财政资金配置给一些能够促进社会公平的支出项目;然而,一个信奉自由竞争的预算决策者则会对此表示质疑甚至反对。这就说明,最重要的问题是探究决定预算的制度基础和文化背景。正如斯特劳斯曼指出的,科依希望从理性选择的角度寻找一个资源配置的标准,以使得预算决策更加理性,然而这

[①] Key, O. 1940. The lack of budgetary theory. *American Political Science Review* Vol. 34, No. 12: 1137 – 1144.

[②] Straussman, Jeffrey. 1988. Right – based budgeting. In Irene Rubin. Eds. *New directions in budget history*. Albany: State University of New York Press. p. 112.

[③] Schick, Allen. 1988. An inquiry into the possibility of a budgetary theory. In Irene Rubin. Eds. *New directions in budget history*. New York: State University of New York Press.

[④] Ibid.

种做法是误导性的。① 科依最后也暗示说这个问题是一个政治哲学问题，而这是与他倡导的理性分析不相吻合的。②

不过，尽管有这些批评，主流的公共预算理论基本上还是将科依（1940）所提出的这个问题作为公共预算的基本问题。在过去的几十年中，一次又一次的预算改革都希望通过重构预算编制模式来为"科依问题"寻找一个理性的解决方案。这些改革所倡导的预算模式都希望将某种预算理性引入预算决策过程中，都希望为公共预算提供一个理想的、最佳的预算模式来"科学地"将有限的财政资金配置向最有价值的方向或活动，使得预算决策不再像现实世界中存在的那样主要取决于各种政治势力之间的讨价还价。也就是说，这些改革者都希望公共预算决策主要取决于理性的预算分析而不是政治判断。

针对科依问题存在的问题，希克指出，③ 对于公共预算理论来说，预算的基本问题必须是描述性的。在此基础上，希克将"科依问题"改为：在什么基础上决定了把某一数量的资金配置给活动 A 而不是活动。④ 这可以称为公共预算中的"希克问题"。显然地，"希克问题"要建立的是一个关于公共预算的经验理论而不是规范理论。不过，虽然"希克问题"比"科依问题"更加合理，但是它也存在着局限性。与科依提出的预算问题一样，"希克问题"关注的焦点也是在竞争性的支出项目之间分配资金的活动。也就是说，它们所关注的都只是预算资金的分配问题。毫无疑问，这是公共预算的一个重要问题，但这只是公共预算的一个方面。首先，在分配财政资源之前，必须有可供分配的资源。收支之间的联系是公共预算必须有效解决的问题。其次，对于预算执行问题的忽视是"希克问题"和"科依问题"共

---

① Straussman, Jeffrey. 1988. Right-based budgeting. In Irene Rubin. Eds. *New directions in budget history*. Albany: State University of New York.

② Key, O. 1940. The lack of budgetary theory. *American Political Science Review* Vol. 34, No. 12: 1137 – 1144.

③ Schick, Allen. 1988. An inquiry into the possibility of a budgetary theory. In Irene Rubin. Eds. *New directions in budget history*. New York: State University of New York Press.

④ Schick, Allen. 1986. *Crisis in the budget process: Exercising political choice*. Washington, D. C.: American Enterprise Institute.

同的缺陷。

过去 200 年的现代政府的预算历史表明，公共预算在三个层次上影响着公共部门的运作：宏观层次上公共预算的规则或者程序对于决策者来说将形成一种总财力约束；在中观的层次上公共预算的规则或程序将影响以战略重点为基础的资源配置和利用；在微观层次上公共预算的规则或者程序将影响生产和供给公共服务的效率。[1] 换言之，公共预算的规则或者程序将影响财政收支的总额、财政资源的分配效率（公共支出的内部结构）和公共部门的运作效率。因此，公共预算主要有三个基本问题：（1）如何确定财政收支总额？这涉及到有多少钱可以用来分配，涉及在某一特定时期准备开展多少活动，进而需要从社会汲取多少资源？（2）如何在不同的活动之间分配资源？（3）如何在预算执行过程中有效率地组织和管理财政交易，确保预算顺利执行，实现预期的政策目标？与此相对应，公共预算有三个层次的基本职能和基本目标：财政总额控制、资源配置效率、运作效率。[2]

（一）总额控制

总额控制是指对财政收支总额的控制。对于公共预算来说，控制预算总额是非常重要的。因为，一方面，无论是政治家还是支出机构都有支出冲动，他们都希望从公共资金中得到尽可能多的预算拨款。政治家主要用这些支出向他或她的政治支持者提供各种好处，从而确保再次当选。为了满足他们自己的目的，支出部门同样也会要求增加预算。[3] 而且，正如希克所说的：

> 由于支出项目的好处往往是集中体现，而税收负担往往是分散性

---

[1] Schick, A. 1998. *A contemporary approach of public expenditure management*. World Bank: Washington, D. C. 同时参见中译本［美］艾伦·希克：《当代公共支出管理方法》，王卫星译，经济管理出版社 2000 年版，第 112 页。

[2] ［美］艾伦·希克：《当代公共支出管理方法》，王卫星译，经济管理出版社 2000 年版，第 11—12 页。［美］孙克姆·霍姆斯：《公共支出管理手册》，王卫星译，经济管理出版社 2002 年版，第 12 页。

[3] Niskanen, William A. 1971. *Bureaucracy and representative government*. Chicago: Aldine Atherton.

的，因此，通过要求追加开支，特定的受益者可以获得比主张预算约束更多的收益。这些没有理性的动机驱使自私的申请者向政府提出比政府可支出的资源更多的资源要求。①

对于预算申请者来说，公共资金是一种公共资源，每个申请者都希望从中获得更多的份额。因为，每个人都预期，如果他不从这个公共资源中要求更多的预算拨款，其他预算申请者就可能获得比自己多的拨款份额。在这种预期的指引下，每个预算申请者都会尽量要求更多的预算拨款。换言之，对于公共资金来说，同样存在一个"公用地悲剧"的现象。而且，当公共支出的经费主要来源于政府借债并且政府可以将成本在代际之间进行转嫁时，公共预算中的"公用地悲剧"就会变本加厉。②

总额控制问题涉及这样一些问题：在某个预算时期（比如一个预算年度）根据什么确定了可供分配的财力？换言之，在某一个预算时期，根据什么作出了收入决策，即从社会中汲取多少的资源来进行预算分配。作为一个基本目标的总额控制是指，对于政治家决定在某一时期准备开展的活动，可以通过一个预先确定财政收支总额来进行约束，进而将公共支出、赤字、债务的比率控制在一个可以承受的水平，最终使得财政是可持续的。

（二）配置效率

公共预算就是将资金分配给某些用途而非其他用途来配置资源。正如希克所说，"配置效率指的是政府根据公共项目实现其战略目标的效果的基础上对资源进行分配的能力。它要求政府具有将资源从旧有的优先项目转移到新的优先项目以及从效果差的项目转移到效果好的项目的能力"。他进一步指出，"配置效率要求政府建立目标并区分其优先次序，而且它要求政府评估公共支出对于这些目标的实际或者预期的贡献"。③ 科依问题实际上就是

---

① [美] 艾伦·希克：《当代公共支出管理方法》，王卫星译，经济管理出版社 2000 年版，第 47 页。

② 同上书，第 48 页。

③ Schick, A. 1998. *A contemporary approach of public expenditure management.* World Bank：Washington, D. C. p. 89.

一个关于资源配置效率的问题。

由于以下两方面的原因,无论怎么强调配置效率也不为过。首先,对于现代税收国家来说,公共支出的来源都是纳税人所缴纳的税金,纳税人交纳税金的目的是为了获得政府提供的一定数量和质量的公共服务。因此,配置效率是实现政府公共责任的关键所在。其次,预算资金相对于预算要求来说总是处于短缺状态,预算决策之所以必要,原因也在于此。如果资金充足到这样的程度,即它可以满足所有的预算要求,那么,预算就是不必要的。① 对于财政资金极端短缺的贫穷的发展中国家来说,提高配置效率更是意义重大。因为,正如希克指出的,改进贫穷的发展中国家的预算分配所取得的效益要大于富裕国家,"改进富裕国家的预算分配可能会使人均收入上升几个百分点,而在穷国,它可能意味着从一贫如洗到满足基本需求之间的区别"。②

配置效率问题涉及这样一个核心的问题:在什么基础上决定了把某一数量的资金配置给活动 A 而不是活动 B?③ 显然,这是一个希克改进后的科依问题。这一问题关注的核心是现实中的财政资源配置模式是否能够有效率地在公共部门中配置稀缺资源。

(三) 管理效率

管理效率是指政府能够有效率地组织和管理财政交易。在预算执行过程中,充满了一笔笔的财政交易。例如,在政府采购时,政府获得某一商品或服务并根据预算支付一定数量的资金,相应的财政交易就发生了。如何组织和管理这些财政交易是至关重要的。组织和管理财政交易的不同方式将会导致不同的结果。在组织和管理财政交易时,需要考虑这样四个问题:控制、

---

① Schick, Allen. 1988. An inquiry into the possibility of a budgetary theory. In Irene Rubin. Eds. *New directions in budget history*. New York: State University of New York Press.

② [美] 艾伦·希克:《当代公共支出管理方法》,王卫星译,经济管理出版社 2000 年版,第 37 页。

③ Schick, Allen. 1988. An inquiry into the possibility of a budgetary theory. In Irene Rubin. Eds. *New directions in budget history*. New York: State University of New York Press.

灵活性、协调与激励。① 在预算执行中，基本的控制机制是必要的。否则，就会出现贪污、挪用与浪费。不过，在控制的同时，必须确保各个部门拥有一定的灵活性，否则就会失去效率。同时，也必须考虑将节约与创新的激励植入对各种财政交易的管理中。在某些情况下，过分的控制可能会产生负激励。最后，在预算执行过程中，还必须考虑协调问题。这种协调既包括负责控制的预算机构与支出部门和收入征收部门之间的沟通协调，包括现金流入和现金流出之间的协调，也包括政府与立法机构之间的沟通协调。

在希克的分析中，管理效率被称为运作效率。不过，希克对运作效率的界定比较窄。在他看来，运作效率是政府机构运作的效率，即政府机构所花费的资源与这些资源形成的产出之间的比率。② 资源可以体现为货币，也可以体现为工作投入数量。产出不仅包括产出的数量，也包括产出的质量（例如服务的态度、服务的及时性、服务接受者的满意程度等）。运营成本影响着政府的运作效率，要提高运行效率必须降低运营成本，但是，运行效率并不仅仅包括运营成本。在发达国家，尽管运营成本只占中央预算的10%，但是，它没有包括许多重要的运作支出，例如给监狱囚犯提供食物所需支付的费用等。在发展中国家，由于公共部门膨胀而且生产效率低，所以，运营成本是非常高的。③ 除了运营成本之外，运作效率还涉及公共部门在预算执行中服务供给模式、公共部门职员的服务态度、资金是否按照规定使用到正确的方向上去，即是否有挪用资金等问题，是否存在浪费、腐败等情况。正如希克所说的，"无论预算是如何构成的，运作效率是非常重要的，因为它影响了可以用于社会发展的资源、国民对政府的态度、政府和市场提供的商品和服务的相对价格、政府的可信度、在公共和私营部门之间资源的分配以及与公共财政和项目有关的信息的可靠性"。④

---

① Bartle, John, & Jun Ma. 2004. Managing financial transactions efficiently. In Aman Khan & W. Bartley Hildreth. Eds. *Financial management theory in the public sector*. Westport, CT: Greenwood Publishing Group Inc.

② ［美］艾伦·希克：《当代公共支出管理方法》，王卫星译，经济管理出版社 2000 年版，第 5 章。

③ 同上书，第 111—112 页。

④ 同上书，第 111 页。

管理效率问题涉及这样几个问题：在预算执行中，根据什么对财政交易进行组织和管理？这一问题关注的是，现实中的预算管理模式或治理结构能否有效率地组织和管理财政交易，包括能否为资金的使用者提供充足的激励，能否有效地进行协调，能否有效地控制和约束各种财政机会主义行为。

（四）财政问责

归根到底，公共预算必须对公民负责。这是现代公共预算的基本要求，也是公共预算需要实现的目标。对于建立一个负责任的政府这一目标来说，财政问责是最核心的。政治问责在很多情况下主要关注的是财政问责。这涉及这样的问题，政治家和管理者分别是按什么方式履行其对公民的财政责任？在很大程度上，如果预算制度能够很好地实现前面提到的三大目标，那么，它在财政责任方面负责的程度就比较高（图1-1）。

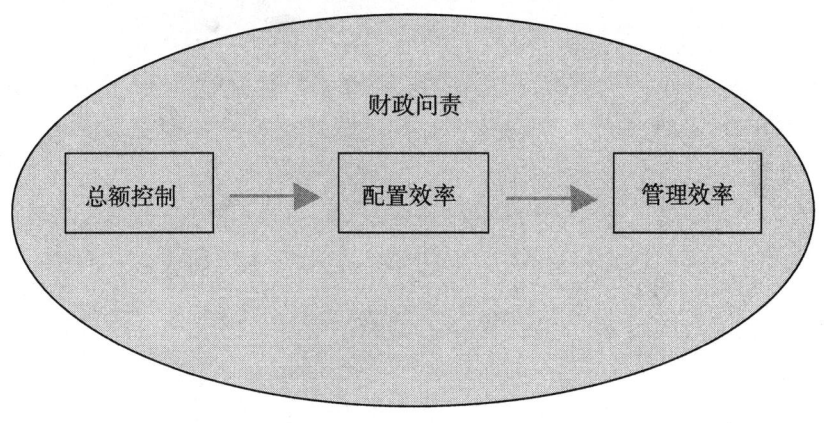

图1-1　财政问责

第一篇

预算制度

第 二 章

预算过程与制度

  从它诞生之日起,预算就被一系列年复一年很少或者不会变动的程序所界定的,通过这些程序,政府在各个机构之间配给资源并控制它们的支出。预算是程序化的选择,这是预算区别于其他政府行动之处。

——A. Schick[①]

  公共预算是一个汲取和使用财政资源的过程。在这个过程中,有各种各样的预算参与者参与预算活动。不同的参与者有着不同的利益需求,因此,需要建立各种制度来规范参与者之间的关系,约束参与者的行为。在现代公共预算产生的19世纪,各个国家的公共支出规模都比较小,但是,各个国家都致力于通过制定各种法律来规范与引导预算行为,各种正式的预算程序和规则也被发展出来规范资金的分配和使用、控制政府支出,这些程序和规则最后都被逐渐完善和规范化为预算制度。总之,进入"预算时代"以来,资金的分配与管理一直是在一系列相对稳定的预算制度的规范下进行的。年复一年,议会就是根据这些制度来审查政府的预算,政府也是根据这些制度在各个部门之间分配资金并控制部门的支出行为。[②] 在过去的200年中,预算制度经历了许多变化。现在的预算制度与19世纪的预算制度相比,在许

---

  ① Schick, A. 1998. *A contemporary approach of public expenditure management.* Washington, D. C.: World Bank. p. 4.

  ② [美]艾伦·希克:《当代公共支出管理方法》,王卫星译,经济管理出版社2000年版,第3—4页。

多方面体现出明显的不同。但是，许多基本的东西仍然被保留下来。例如，强调预算的全面性原则、预算的透明度并将之制度化。

一、预算基本要素与预算参加者

正如艾伦·希克指出的，理解预算制度，必须先理解预算的基本要素。他认为，预算至少包括两个基本要素：申请资源（claiming resources）和配置资源（allocating resources）。[1] 如果没有这两个要素，预算就不存在。预算过程可以看成一个申请资源和配置资源的过程。资源不仅包括资金，而且也包括物质资源。在现代社会中，预算过程不是唯一的配置资源的机制，市场也是一种配置资源的机制。预算过程和其他资源配置机制的主要区别在于资源申请或预算申请以及资源配置是根据一些专门为此目的而建立的程序与规则进行的。预算过程规定了如何、什么时候、谁来申请资源和配置资源。而市场并没有类似的资源配置的规则，市场交易仅仅以参加者的同意为原则。

资源申请是指根据预算过程的程序和规则形成的关于资源的请求。在预算文献中，这一般称为预算申请（budgetary request）。资源申请是预算过程中最容易识别的要素。一般的，资源申请是由政府机构提出的。无论如何设计预算过程，必须有资源申请。如果没有人需要资源，没有人申请，也就没有必要建立预算过程来配置资源。资源配置是指根据预算过程的特定程序与规则，将资源配置到提出资源申请的政府机构或者项目。资源配置活动之所以必须，是因为各个政府机构的资源申请加总之后经常超过可供分配的资源。如果资金是充裕的，所有的预算要求都可以满足，那么，预算过程就没有存在的必要。预算本身就意味着某些预算要求会得到满足，有些则没有。所以，在预算申请和资源配置之间存在着另一个预算活动。希克将这种居于资源申请和资源配置之间的预算活动称为资源保护（conserving resources）。[2] 资源保护的主要功能是对于各个支出机构的预算要求进行评估和筛选，同意某些预算要求而拒绝另一些预算要求，支持那些有生产效率的资源申请而抵

---

[1] Schick, Allen. 1988. An inquiry into the possibility of a budgetary theory. In Irene Rubin. Eds. *New directions in budget history.* New York：State University of New York Press.

[2] Ibid.

制那些没有效率的资源申请。

预算的三要素意味着预算参加者主要有三类：资源申请者、资源保护者、资源配置者。在希克看来，资源申请和资源保护是最一般性的预算功能，它们通常与预算过程参加者的特殊角色相区别。[①] 支出机构通常是资源申请者。不过，在一个比较成熟的预算体系中，大多数支出机构都要遵循一些程序来保护它们所获得的资源。具体地说，这些程序使得支出机构能够拒绝它的下级机构或者外部机构的一些资源要求。希克指出，政府内部的核心预算机构的主要功能是资源保护。但是，在某些情况下，它也会是资源申请者，即核心预算机构在支出上具有自己的偏好。在某些情况下，它也会要求为某些它偏好的项目配置更多的资源。或者它甚至可以成为某些支出项目的创议者。[②] 不过，本书以为，核心预算机构实际上还承担着另一个非常重要的功能，即资源配置。由于行政预算体制的建立，核心预算机构实际上在行使着两个非常重要的功能：一是资源配置，二是资源保护。也就是说，至少在政府内部，核心预算机构是一个非常重要的资源配置机构。在行政预算体制下，政府首脑作为政府的总负责人，可以是资源申请者（相对于议会来说），也可以是资源配置者和资源保护者（相对于政府各个支出机构来说）。希克最后指出，在现代公共预算中，议会是资源配置的最终决策者。但是，它也可以是资源申请者，即议会也可以形成反映自己偏好的支出动议。[③]

在其《预算能力》（1990）一书中，希克进一步完善了他的预算要素理论。他对预算三要素进行了修改，新的预算三要素包括资源生产（generating）、资源申请（claiming）、资源配给（rationing）。[④] 与 1988 年的分析相比，资源生产是一个新要素。这一要素的增加使得希克关于预算要素的分析更加完善，因为，这一新的要素将收入决策也整合进了预算要素分析，从而使得在此基础上进行的预算分析既可以包括支出决策也可以包括收入决策。

[①] Schick, Allen. 1988. An inquiry into the possibility of a budgetary theory. In Irene Rubin. Eds. *New directions in budget history*. New York: State University of New York Press.

[②] Ibid.

[③] Ibid.

[④] Schick, Allen. 1990. *Capacity to budget*. Washington, D. C.: The Urban Institute Press.

资源配给是一个综合了资源配置和保护的新概念。不过，在此我们选择使用资源配置和资源保护这两个概念。因为，虽然资源配给意味着拒绝某些资源申请进而可以保护资源，但是，它不能概括资源保护的全部内容。而且，在预算执行中，资源保护则是一个非常重要的概念，其所包含的内容远非资源配给所能包容的。当然，在预算执行的拨款过程中也存在配给制。

希克的基本要素可以进一步推广到预算执行过程。在预算执行中，预算有两个基本要素：资源使用和资源保护。在预算执行过程中，资源申请者（支出机构）就是资源的使用者。核心预算机构、政府首脑和议会则在预算执行过程中继续发挥资源保护的作用，监督支出部门的支出行为，防止资金被滥用、挪用和贪污等。在预算执行中，资源保护还要求政府能够有效率地组织和管理财政交易。因此，对于整个预算过程来说，预算过程包括五大基本要素：资源生产、资源申请、资源保护、资源配置、资源使用（图2-1）。

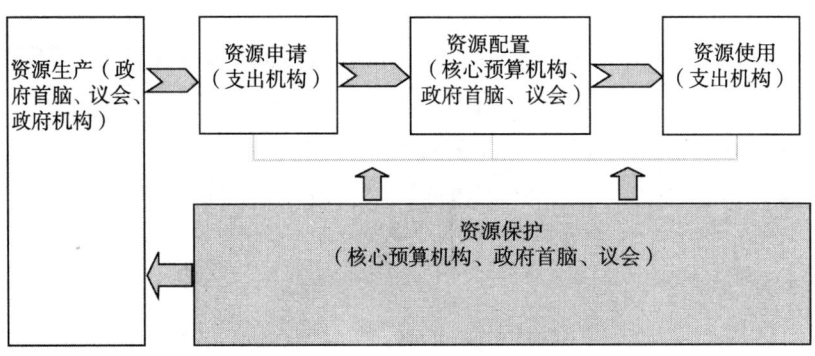

图2-1 预算五要素与参加者

二、理解预算制度

在分析了预算的基本要素进而明确了预算活动的主要参与者之后，一个非常关键的问题是如何在这些预算参与者之间建立起一种合理的联系，如何将各种要素链接起来，如何组织、引导和规范这些预算参与者的预算行为。正如希克所说的，预算过程就是要在资源申请、资源保护和资源配置之间建立联系。① 在做出资源生产的决策时,谁有权作出收入决策(税收、债务、收费等)? 谁来审查? 谁作出最后的决策? 形成收入政策需要经过什么程序? 收入决策面临哪些限制? 在形成资源申请的过程中,谁有权提出预算? 何时可以并应该提出预算? 应该按照什么程序形成预算? 应该按照什么格式编制预算? 预算应该包括哪些内容? 在资源配置和保护的过程中,谁有权审查预算? 如何审查? 运用什么标准? 采取什么程序? 在预算执行中,如何征收收入? 如何管理收入? 何时拨款? 如何拨款? 如何购买? 如何支付? 谁可以开具支付命令? 资金的使用必须遵循什么程序? 遵守什么规则? 谁有权判断支出行为的合理与合法? 等等。这些问题都是预算制度设计中的根本性问题。这些制度既关乎政治制度也关乎预算领域的治理结构或管理模式。

在预算过程中,所有的预算参与者都会为自己的利益而争斗,预算过程因此充满了竞争与冲突。希克在描述美国预算时说,"预算就是美国政治一个长年不断的战场"。② 在这个战场上,支出机构想争取更多的预算,核心预算机构则希望控制支出。政府首脑提出一个预算的优先顺序,而国会则可能实施另外一个。在国会内部,众议院和参议院、授权委员会和拨款委员会、支出者和节约者之间都可能在预算上存在冲突。地方政府也会介入预算,争取更多的联邦补助并在分配中互相对抗。利益集团也会为了自己的利益而影响预算,纳税人则会希望少收税但是获得更多的公共福利③。这意味着,在预算过程中必须设计各种预算制度来对预算行为进行规范。19 世纪建立起来的现代公共预算制度的一个典型特征就是,运用一些仔细设计的制度来规范政府的收支行为以及具体的财政管理。正如韦贝尔和瓦尔达沃夫斯基指出的,经过 19 世纪前半期的改革,一种规则约束的政府预算和财政管理活动取代了以前的那种无规则约束的机会主义政策和实践。④ 一方面,预

---

① Schick, Allen. 1988. An inquiry into the possibility of a budgetary theory. In Irene Rubin. Eds. *New directions in budget history.* New York: State University of New York Press.
② Schick, Allen. 1980. *Congress and money: Budgeting, taxing and spending.* Washington, D. C.: The Urban Institute Press. p. 18.
③ Ibid., pp. 18–19.
④ Webber, Carolyn, & Aaron Wildavsky. 1986. *A history of taxation and expenditure in the western world.* New York: Simon and Schuster. p. 303.

算制度要能够约束各种掠夺性的支出行为,保护公共资金。另一方面,预算制度还必须能够解决预算冲突。正如希克指出的,"预算实践本身主要与限制和解决冲突有关"。[1] 预算冲突的产生主要是因为预算的一个非常重要的特征是:(1)不能运用一种机制来压制某些不处于劣势的利益要求;(2)没有足够的资源来满足所有政治上有吸引力的资源申请。[2] 当然,在现实中,我们经常看到制度设计者通过设计结构、程序和规则来限制甚至遏制某些利益要求进入预算过程,进而降低预算冲突。但是,这样设计的预算制度将面临制度是否具备公平性和合法性的诘问。

总之,公共预算制度非常重要。如果没有一种合理设计的预算制度,预算过程就不能有效地运行,预算活动就无法有效地组织起来。公共预算制度的重要性主要体现在以下几方面。首先,预算原则就是通过具体的预算结构、程序和规则来贯彻落实的。实际上,每一条预算原则都有正式的预算制度支持。如果没有制度支持,各个预算参与者是不会主动遵守这些原则的。[3] 其次,如果预算过程在预算制度的约束下得到规范,那么,这就为在政府内部进行财政控制奠定了基础,预算行为就可能在一个规范的框架内进行;反之则无法进行有效的财政控制。[4] 其三,在预算制度下,规范化的预算过程有助于确保财政信息的准确性、统一性和及时性。[5] 如果一个国家没有完善的预算制度或者它的预算制度遭到严重的破坏,政府就无法有效地对公共支出进行管理[6]。

正是由于预算制度的重要性,所以,长期以来,无论是理论界还是实践者都坚信预算过程决定预算结果,只要有一设计良好的预算过程,就可以得

---

[1] Schick, Allen. 1980. *Congress and money: Budgeting, taxing and spending*. Washington, D. C. : The Urban Institute Press. p. 19.
[2] Ibid.
[3] [美]艾伦·希克:《当代公共支出管理方法》,王卫星译,经济管理出版社2000年版,第4页。
[4] 同上书,第6页。
[5] 同上。
[6] 同上。

到预期的预算结果;或者,"如果预算程序是合理的,那么其结果也是正确的"。① 在过去的几十年中,联合国、世界银行、国际货币基金组织等国际机构一直都在帮助发展中国家建立完善的预算制度。不过,发达国家和发展中国家的实践都表明,"规范的预算程序也不能为公共支出管理提供充分的基础,因为正常预算程序也会从体制上导致人们不希望的财政结果"。② 但是,这并不意味着预算制度不重要。实际上,希克在分析健全的预算程序为什么不能产生满意的结果时指出,传统的预算程序有确定的预算决策时间、方法,预算编制的结构和形式以及预算涵盖的范围。但是,"这些规则并未对预算参与各方利益的分配行为给予充分的考虑",因此,"表面上良好的规则完全可以导致出现不正当的动机并产生人们不希望出现的结果"。③ 因此,希克一方面主张将预算程序与预算结果分开来考虑,另一方面提出了他的公共支出管理模式。希克的公共支出管理模式主张"通过加强预算的目标管理,即预算的非正式程序,来弥补传统预算的不足"。④ 明显的,在希克看来不能实现希望的预算结果的预算程序是传统的预算程序而不是预算制度本身。实际上,传统的预算程序不能实现希望的预算结果,正好表明传统的公共预算制度存在问题,因而需要对这一预算制度进行改革。另外,希克的公共支出管理模式强调在非正式预算程序上寻找突破口和出路本身也表明预算制度的重要性。其实,希克提出的公共支出管理模式本身就意味着要建立一种新的公共预算制度,在总额控制、配置效率和运行效率领域实现满意的预算结果。

如果预算制度是非常重要的,那么,如何理解公共预算制度呢?图2-2描述了一个理解公共预算制度的分析框架。这个框架是一般性的,在这个框架中,公共预算制度就是指那些规范预算过程中各个参与者预算行为的预算结构、预算程序与预算规则。预算结构决定了预算过程中参与者之间的关系,确立了参与者行动的基本框架。预算程序决定了预算活动的顺序,决定

---

① [美]艾伦·希克:《当代公共支出管理方法》,王卫星译,经济管理出版社2000年版,第4页。
② 同上书,第6页。
③ 同上书,第8页。
④ 同上。

了在预算活动中先做什么后做什么。预算规则明确规定哪些行动是不允许的，哪些行为是允许的。预算结构、程序和规则将影响预算参与者的角色与动机、信息，进而影响预算行为。

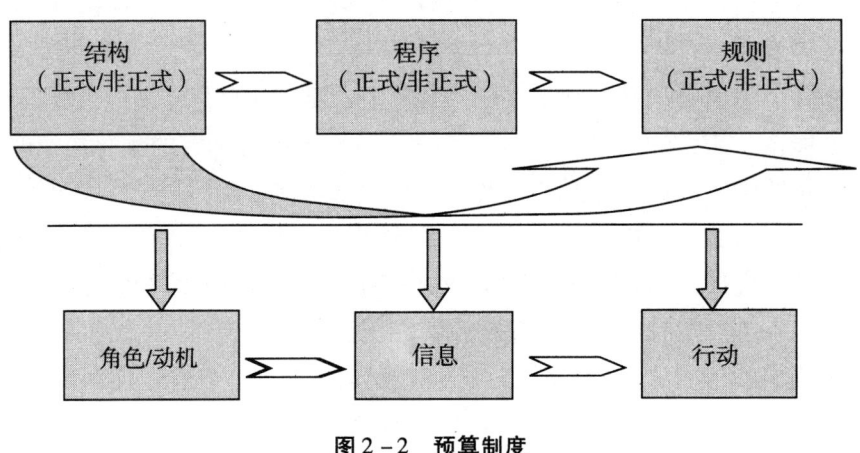

图 2-2 预算制度

● 预算结构

预算结构规定各个预算参加者的预算权力与责任。预算结构的首要问题是分配权力。在预算编制环节，预算结构需要解决的主要问题包括：预算权力应该如何在政府和议会之间分配，如何在议会内部进行分配，如何在政府内部进行分配，等等。在预算执行环节，也有权力分配的问题，例如议会应该赋予政府多大的灵活性和自由度，财政部门应该赋予支出部门多大的灵活性，审计部门的独立性应该多大，等等。对于预算制度来说，预算权力的分配是最基本性的。不同的预算权力分配将会形成不同的预算制度。其次，预算结构要明确责任。也就是说，在赋予参与者预算权力的同时，要明确相应的预算责任。

● 预算程序

正如希克所说的，"程序是预算的基础"。[①] 预算程序通常涉及两个非常基本的问题：（1）行动顺序。行动顺序涉及行动的先后顺序以及将各种活

---

① Schick, Allen. 1980. *Congress and money: Budgeting, taxing and spending*. Washington, D. C.: The Urban Institute Press. p. 10.

动有序地联系起来的方式。它要解决以下问题：什么时候做出生产资源的决策、什么时候做出申请资源的决策、什么时候做出配置资源的决策、什么时候做出使用资源的决策？这即是通常所说的预算周期。在编制和审批预算时，也有相应的预算程序，例如，从部门申请预算到议会审批，然后财政部门将预算批复给部门这个程序。在预算执行中，也有行动顺序的问题，例如，支出周期就是用来确定支出过程中的行动顺序。（2）预算程序的集权与分权程度。在预算编制环节，主要涉及这样一个问题，是使用"自上而下"还是"自下而上"的预算程序来将资源申请、资源保护和资源配置联系起来。在预算执行环节，主要涉及是选择外部控制还是内部控制。在自上而下的预算程序中，部门的支出决策需要经过财政部门的事前审查才能有效；而在自下而上的预算程序中，财政部门的审查是事后的。

● 预算规则

预算规则是指各个环节明确规定预算参与者必须遵守的行为准则。这些环节主要指资源生产、资源申请、资源保护、资源配置和资源使用。预算规则的设定，主要涉及哪些行为是被允许的，哪些行为是制度期望的，哪些行为是严格禁止的。与此相联系，预算规则还包括相应的奖惩规定。

这些制度可以是正式的也可以是非正式的。正式制度是由法律和法规明确规定了的预算制度，而非正式制度在法律和法规中没有任何规定。虽然非正式制度没有任何法律和法规支持，但是，在某些时期或者某些预算体系中，它们可能是最关键的预算制度。不同的预算制度对预算参与者的行动的影响是不同的。具体地，公共预算制度将会影响预算参与者的角色定位和动机结构，影响预算参与者能够获得的信息，进而影响到他们的行动选择。

● 角色与动机

在预算过程中，某个预算参与者具体扮演一个什么角色是由预算制度决定的。从根本上讲，预算参与者的角色是由预算结构决定的。预算结构决定了不同的预算参与者所享有的预算权力和相应的预算责任，以及参与者之间的关系。因此，不同的预算结构对于预算角色的规定是不同的。例如，如果预算结构的设计将绝大部分预算权力赋予了政府首脑而不是议会（例如，在很多发展中国家），那么，政府首脑将在预算过程中扮演最主要的角色，而议会则可能变成一个次要的角色。反之，如果预算结构赋予议会很大的预算权力（例如美国），那么，议会将是预算过程中最主要的角色。预算程序和规则可以进一步影响预算参与者的角色定位。虽然预算结构将特定的预算权力赋予了某个预算参与者，但是，预算制度可以通过制定预算程序和规则来进一步扩张或限制该预算参与者的预算权力与责任，从而改变预算参与者的角色。角色定位的过程，同时也是参与者的动机的塑造过程。不同的角色定位，一般会形成不同的动机。例如，在现代公共预算中，由于核心预算机构在预算过程中的角色被定位成监督者或者公共资金的看守者，核心预算机构就会形成比较强的削减支出的动机。

- 信息

信息是预算决策的基础，也是监督控制的基础，更是实现财政问责的基础。在不同的预算制度中，形成的信息是不同的，信息的流动方向和对信息的使用方式也不同。权力结构会影响信息的流动方向。在一个行政主导的预算过程中，预算信息主要在政府内部流动，而很少流向议会，这就不利于议会监督政府的预算；如果议会拥有的权力较强，那么，信息将会更多地向议会流动，那么，预算信息就可以被议会使用来加强对政府的监督。不同的预算程序也会影响预算信息的流动。在一个自下而上的预算程序中，预算信息主要自下而上地流动，而在一个自上而下的预算程序中，则会出现相反的信息流动方向。预算规则也会影响预算信息。例如，不同的预算编制模式最后会形成不同类型的预算信息，以及不同的信息流动方向。信息如何在各个参与者之间共享也是预算制度必须考虑的问题。有些预算制度使得各个参与者之间都能够比较容易地获得其他参与者所掌握的预算信息，这有利于预算监督控制，也有利于提高预算决策质量以及预算的顺利执行。在另一些预算制度中，信息的分享则很困难。例如，斯基亚沃-坎波和托马西指出，"在许多发展中国家以及绝大多数经济转型国家，各个机构之间缺乏交流，缺乏共享信息的激励（信息通常被视为个人财产），这种状况导致了四分五裂的政策执行过程以及各自为政的决策过程"。[①]

---

① （亚洲开发银行）萨尔瓦特罗·斯基亚沃-坎波、丹尼尔·托马西：《公共支出管理》，张通译，中国财政经济出版社2001年版，第342页。

● *行动*

各个参与者的行动选择不仅受他们固有的利益影响，也受预算制度影响。预算权力结构确定了各个参与者的角色，影响了他们动机，这就会影响到他们最后的行动选择。在很多情况下，预算程序与规则，直接规定了什么时候可以而且必须采取什么行动，什么时候不能，以及哪些行动是被允许的，哪些行动是不允许的。这就直接地影响参与者的行动选择。另外，预算程序与规则影响着信息的形成、流向和使用，而信息是参与者做出行动选择的条件，因此，这些程序与规则通过影响信息进而影响着参与者的行动选择。

三、预算制度中的结构

预算结构主要关于预算参加者之间权力与责任的分配。在预算编制的过程中，它主要涉及这样一些问题：公民和利益团体能否方便地介入预算过程？如何在议会和政府之间分配预算权力？在政府内部，如何分配预算权力？在议会内部，如何分配预算权力？图2-3展示了在预算编制环节，分配预算权力必须考虑的问题。

预算权力结构涉及的都是一些基本性的问题，很多还是宪政层面的问题。首先是政府和议会之间的权力分配。在现代公共预算中，基本都是政府编制预算，然后提交给议会来审查批准。为什么要这样设计预算制度？希克的预算基本要素，有助于我们理解这种制度安排背后的道理。

资源申请和资源保护是两个不同的活动，也是两种不同的预算权力。从保护资源的角度看，这两个权力不能同时属于一个机构。否则就会出现这样的局面：自己申请自己审批，公共支出肯定就会失去控制。由于公共服务是由政府供给和生产的，因此，由政府来规划活动，并提出资源申请比较合适。但是，政府既然已是资源申请者，就不能同时是审批者。议会作为人民的代表是预算的最终审批者，所以这个审批者就不能同时是资源申请者。如果允许议会自己提出资源申请，那么，支出的控制也比较困难。此外，议会必须有预算修正权。但是，议会是否可以拥有无限制的预算修正权，例如可以在修正的过程中提出新项目，通过增加某个项目的支出变相地提出新项目？从申请者和审批者这个角度出发，答案是否定的。当然，现实中的预算制度并不完全是理性分析的结果。有些国家的议会的预算权力很大，可以自己提出新的项目，可以有无限制的预算修正权，有些国家则比较小。

---

1. 公民与利益团体是否可以方便地进入预算过程？
   - 预算是否公开？
   - 公民是否可以参与预算过程？
   - 利益团体是否可以进入预算过程？是否受到公平的对待？
2. 如何在议会与政府之间分配预算权力？
   - 议会提议支出的权力？
   - 议会修改预算案的权力？
   - 议会对支出的单项投票/整体投票？
   - 议会是否可以在下面这些领域施加限制：支出、赤字、借债以及将今年的预算拨款转到下一年使用？
   - 政府首脑是否有权将支出限制在预算拨款之下？
   - 政府首脑是否可以否决议会批准的预算中的某个项目？
3. 如何在政府内部分配预算权力？
   - 涉及的机构数目？谁做什么？
   - 是否有多个预算机构？
   - 预算协商的日程是如何决定的？
   - 预算协商的结构——谁有否决权？
   - 政策制定是集中的还是碎片化的？即在政府内部是否有多个政府首脑拥有预算权力？
4. 如何在议会内部分配预算权力？
   - 在议会内部预算权力是分散的还是集中的？
   - 议会内部的预算委员会和其他的政策委员会之间的关系是如何处理的？

图 2-3　预算编制中的预算权力结构

资料来源：第一点引自 Rubin, Irene. 1997. *The politics of public budgeting* (3th). Chatham: Chatham House Publishers, Inc. p. 85。第二、三点来自 Potter, B. H., & Diamond, Jack. 1999. Guidelines for public expenditure management, Washington, D. C.: IMF. p. 16。本书作者进行了修改。

由于议会通常是各种政治力量汇聚、竞争的地方，如何在议会内部分配预算权力就非常重要。尤其当议会在预算过程中拥有实质性的权力时，这个问题的重要性就更加明显。这主要涉及预算权力集中与分散的问题。在议会内部，预算过程一般都是围绕着委员会展开的。如何在各个委员会之间分配预算权力，就是一个非常重要的问题。例如，各个拥有授权权力的专业委员会是否也可以拥有拨款权？答案是否定的。如果这样，议会内部就会出现预算权力的分散。授权委员会一般与作为资源申请者的部门之间具有同样的利益，因此，如果它们拥有拨款权，那么，支出就容易失去控制。不过，在现实中，在某些时候或者某些国家，授权委员会也会拥有拨款权。

　　预算制度设计时必须考虑的另一问题是，如何在政府内部分配预算权力。在这个问题上，最大的权衡也是集中与分散之间进行选择。在集中型模式下，在政府内部所有的预算分配权都被集中到一个机构，由这个机构在政府内部实施集中统一的行政控制。这个机构一般被称为核心预算机构。在分散型模式下，预算分配权被分散到多个机构手中。通常，尽管存在一个核心预算机构，但是，仍然有其他的机构掌握着某一资金的分配权。[1] 在有一些国家，政府内部的预算资金分配权是集中在一个具有很大独立性和权力的核心预算机构手中的，例如20世纪70年代后，美国联邦预算的预算权就集中到总统的管理与预算办公室。但是，在一些发展中国家，除了名义上的核心预算机构之外，还有另外一个机构承担着核心预算机构的作用，即所谓的双轨模式。核心预算机构（例如财政部）主要负责经常性预算的分配，而资本预算通常是由一个计划部或者发展部来分配的。[2] 在一些预算体制非常落后的国家，整个预算体系则呈现出一种碎片化的格局，预算资金的分配权是极度分散的，不仅存在多个预算机构（两个以上），而且，由于预算外财政的膨胀，几乎所有的部门都拥有一些自主分配的资金。

　　从预算过程对外部环境的开放程度来看，预算过程有两种：开放的预算过程和封闭的预算过程。在最开放的预算过程中，预算决策过程是对所有公

---

[1] Rubin, Irene. 1997. *The politics of public budgeting* (3th). Chatham: Chatham House Publishers, Inc. pp. 83-84.

[2] Potter, Barry H., & Jack Diamond. 1999. *Guidelines for public expenditure management*. Washington, D.C.: IMF. p. 16.

众、新闻媒体和利益集团开放的。这种预算过程对于公众来说是负责程度最高的,但是,它也使得预算过程容易屈服于利益集团的压力。在封闭的预算过程,预算决策不对公众、新闻媒体、利益集团开放。虽然它使得预算过程免受利益集团控制,但是,它是一种负责程度很低的预算过程。[①] 不过,即使是一个开放的预算体系,预算各个阶段的开放程度也是不一样的。一般的,预算起草阶段(尤其是政府内部的预算编制过程)的开放程度就要比议会审批阶段的开放程度低。预算体系的开放性涉及一个很重要的问题,即公民能否参与预算过程,影响预算决策。在一个封闭的预算体系中,公民是无法参与预算过程,影响预算决策的。在一个开放的预算体系中,公民参与的程度也会有所不同。一般的,存在有两种形式:积极参与与被动参与。被动参与是指公民可以获得关于政府预算的各种信息,也可以向政治家和政府官员传达他们的意见与诉求(例如通过回答政府的问卷,向政治家写信等),但是,公民并未直接地介入预算过程。积极参与是指公民直接参与了预算过程,并能影响预算决策。各种公民参与预算(例如20世纪80年代以来巴西的公民参与预算)就是这种积极的参与。

在预算执行中,同样也有一个权力与责任如何在各个预算参与者之间分配的问题。当然,在此主要涉及议会和政府之间,以及政府内部各个部门之间(图2-4)。在这一阶段,权力的分配实质上都涉及控制与灵活性之间的权衡。在预算执行中,政府和部门都必须严格执行议会批准的预算,若需改变预算,须经一定程序审批。如此,才能确保预算能够约束政府及其各个部门的活动,才能落实财政问责。但是,为了让政府及其部门更好地履行财政责任,也必须赋予它们一定的灵活性。缺乏灵活性的政府及其部门也不可能是负责的。然而,赋予政府及其部门预算执行的灵活性也是有限度的。如果赋予政府及其部门的灵活性过多,它们就可以不受约束地开展活动,议会通过的预算就无法有效地约束政府的活动。因此,尽管在预算执行中需要将一定的灵活性赋予政府及其部门,但是,在制度设计上必须考虑:赋予政府及其部门多大的灵活性?哪些对预算的改变可以授权给部门,哪些只能授予政

[①] Potter, Barry H., & Jack Diamond. 1999. *Guidelines for Public Expenditure Management*. Washington, D. C.: IMF. p. 16.

府（尤其是其预算机构），哪些则必须报议会审批方能实施？

> 1. 议会与政府
>   - 议会可以在多大程度上介入预算执行？或者政府应有多大的自由度？
>   - 政府首脑是否可以扣押议会批准的预算？
>   - 哪些预算改变需要获得议会同意？哪些则不用？
>   - 政府是否可以不经议会同意增加支出？
>   - 政府部门的节余是否可以结转到下一个年度，是否需要议会批准？
>   - 审计结果是否要报议会审批？
> 2. 政府内部
>   - 应该赋予支出机构多大的支出自由度，例如，部门在预算科目、项目之间进行调整是否需要获得财政部门同意，哪些需要征求同意？哪些不需要？
>   - 部门节余如何处理？
>   - 应该赋予财政部门多大的控制权力？

图 2-4　预算执行中的权力分配

资料来源：本书作者绘制。

四、预算程序

　　预算程序首先涉及的是一个基本性的问题，即行动顺序。行动顺序主要考虑什么时候生产资源、申请资源、配置资源、开始使用资源和对整个预算执行进行评估，以及先开展哪个活动，再开展哪一个活动。这即是通常所说的预算周期。当然，在议会内部也有一套预算程序，确定先从事哪个活动，再从事哪一活动。在预算执行中，也有一个行动顺序问题，这通常体现在所谓的支出周期中。预算程序还涉及另一个问题，即集中与分权的问题。这体现在预算编制环节中的程序设计上，即所谓的自上而下或自下而上的预算程序。在后面的章节中，我们将详细地分析议会内部的程序设计和预算执行中的支出周期。在此，主要分析预算周期。相对于议会内的程序以及预算执行中的支出周期而言，预算周期是最基本的。一个好的预算周期能够将整个预算过程有秩序而且理性地联系起来。实质上，整个预算活动就是在预算周期的约束下展开的。

（一）预算周期

在绝大多数工业国家，预算周期在 12 个月内。但在一些国家则比较长。在一些发达国家，一旦上一个财政年度完成，政府就开始起草下一个财政年度的预算准备指南。如此，预算编制在提交立法机构审议之前的 9—10 个月内就已经开始。在美国，由于国会的地位非常重要，预算周期长达 18 个月，比许多国家都长。而在澳大利亚，只用 7 个月来准备预算和批准预算。[①] 在发展中国家，例如拉美国家，预算周期尤其是预算准备阶段的结构性比较弱。经济不稳定通常要求采取某种应急手段来解决问题，这增加了不可预测的因素，使得预算充满不确定性，难以按照既定的时间进度完成预算的编制、审批和执行。政治不稳定经常改变预算，这也增加了各种不确定性因素。不过，最近这些年，许多发展中国家都在努力进行规范，努力遵守预算的时间安排。例如，阿根廷在 1991 年以前，有 30 多年，从来没有按时批准过预算。不过，从 1991 年以来，它做到了这一点。在一些发展中国家，有时预算编制开始得很早，但是，对主管部门的最高限额指标却很晚才发布，全面的削减和权衡通常要到最后阶段才能做出。[②] 应该承认，很难确定一个理想的预算周期。

为了使得议会有充足的时间讨论预算，预算应该及时地提交给议会进行审查。一般的，大多数国家都规定预算应该在财政年度开始前 2—4 个月提交给议会。不过，在现实中，由于种种原因，例如编制过程中出现延误、内阁人员变动等原因，经常是很晚才将预算提交议会审批，甚至在财政年度开始后才提交议会。在许多发展中国家，这种延误甚至已经制度化。例如，在尼泊尔，预算通常是在离财政年度开始只有几天的情况下才提交给议会，在这种情况下，议会不得不立即通过预算，立即向政府提供六分之一的拨款。在中国，每年 1 月 1 日，新的财政年度已经开始，而全国人大要在 3 月才开

[①] Petrei, Humbreto. 1998. *Budegt and control: Reforming the public sector in Latin American.* Washington, D. C.: Inter-Americian Development Bank. p. 197. 亚洲开发银行：《政府支出管理》，财政部财政科学研究所译，人民出版社 2002 年版，第 137 页。

[②] Ibid., p. 335.

会。最后,全国人大批准的预算已经是实施中的预算。① 在一些工业化国家,议会有充足的时间来分析预算细节,例如美国和瑞典等国。在另一些国家,议会审查预算的时间则比较短,例如,澳大利亚和西班牙。② 在拉美国家,虽然各国议会的截止时间不同,但是,议会一般都有足够的时间来分析政府的预算提案。③ 图 2-5 描述了美国联邦层面的预算周期。

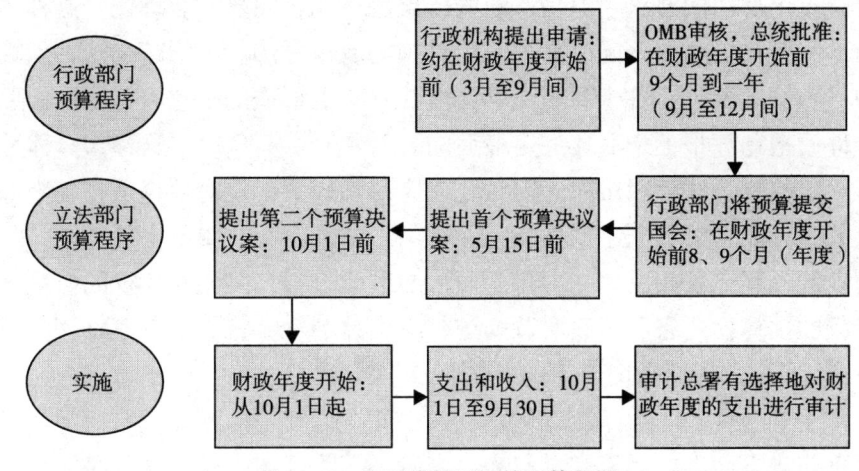

图 2-5　美国联邦层面的预算周期

资料来源:[美] 斯蒂芬·施密特、马克·谢利、芭芭拉·巴迪斯:《美国政府与政治》,梅然译,北京大学出版社 2004 年版,第 260 页。

(二)集权与分权:"自上而下"与"自下而上"

在预算编制环节,预算程序的设计涉及一个最基本的选择,即预算过程应该是"自上而下"还是"自下而上"。在一个自下而上的预算过程中,预算编制是从每个机构的预算请求开始的,然后由政府首脑及其预算部门或者议会审查。然而,无论是由何种机构审查,在这种预算中,行政机构的预算

---

① (亚洲开发银行)萨尔瓦特罗·斯基亚沃-坎波、丹尼尔·托马西:《公共支出管理》,张通译,中国财政经济出版社 2001 年版,第 123 页。

② Petrei, Humbreto. 1998. *Budegt and control*: *Reforming the public sector in Latin American*. Washington, D. C.: Inter-Americian Development Bank. p. 198.

③ Ibid., p. 335.

请求奠定了预算决策的基本框架。在自上而下的预算过程中，各个支出机构通常没有任何影响。政府首脑可能不会要求各个支出机构提出预算要求。很可能地，政府首脑及其预算部门会发布关于如何形成预算要求的指示，要求这些支出机构遵守。①

自下而上的预算过程的优点是这种预算过程最后形成的预算可以比较好地反映支出部门的要求。但是，它的缺点也是比较明显的。首先，这种预算过程不利于在资金的分配中贯彻政府首脑的政策意图。因为，在这种预算体系中，预算主要是在各个部门预算要求的基础上形成的，政府首脑通常要等各个部门把预算报上来后才决定最后的政府预算。其次，在这种预算体系下进行支出控制是比较困难的。因为，在这种模式下，政府预算是在各个部门形成的预算要求的基础上产生的，而部门通常都会有扩张支出的冲动。与自下而上的预算体系相反，一种自上而下的预算过程将是相对集权的。这种相对集权的预算模式有利于政府首脑进行支出控制，并将其政策偏好落实到预算上来。不过，它不利于反映支出部门的实际需要。

由于这两种预算程序各有优缺点，因此，现实中的预算体系通常都将自上而下与自下而上的因素综合起来。当然，尽管现实中的预算程序同时兼有自上而下和自下而上两种因素，但是，这两种因素的影响仍然有一个程度上的差异。在某些预算程序中，自下而上的成分会多一些；而在另一些预算程序中，自上而下的成分会多一些。另外，这两种因素的影响，在时间上也会出现差异。即使在同一个国家，也许会在某些情况下，加强自上而下的因素，而在另一些情况下，加强自下而上的因素。正如鲁宾指出的：

> 在面临收入问题或者明显的预算危机因而需要削减支出时，预算就倾向于是自上而下的。自上而下的预算是与支出控制和政策取向的预算相联系的。也就是说，如果政府首脑对于实现某些目标有明显的偏好，他或她就很可能采用一种自上而下的过程来选择一些项目和拒绝其他的

---

① Rubin, Irene. 1997. *The politics of public budgeting* (3th). Chatham: Chatham House Publishers, Inc. pp. 84－85.

项目，从而保证目标的实现。①

20世纪80年代中期，希克研究了五个工业化国家，发现资金的短缺使得这些国家越来越倾向于集中型的自上而下的预算。② 到90年代，为了更好地控制资源的再分配，许多工业化国家的政府也开始集中预算决策权。③

在不同的预算决策模式下，预算程序也是不同的。在传统预算模式下，预算过程是自下而上的。20世纪30年代到50年代出现的绩效预算将预算的重点从控制转到了管理，但是，在预算程序上，绩效预算仍然是自下而上的。60年代出现的计划项目预算则将预算程序转变成自上而下的。不过，70年代出现的零基预算则是一种自下而上的预算编制程序。80年代以来的新绩效预算整体上看非常强调运用战略计划引导资金分配，强调总额约束控制，因此，自上而下的特征非常明显。但是，这种预算模式也包含有自下而上的特征。在高层确定了政策重点和支出重点后，在选择具体的活动、形成活动预算以及绩效评估方面，每个基层单位乃至项目管理者都有很高的参与度。因此，这是一种在顶层控制的基本框架内将自上而下与自下而上的因素综合起来的预算决策模式。表2-1总结了这些预算决策模式下的预算程序。

表2-1 预算决策模式中的预算程序

	自下而上	自上而下
传统预算模式	✓	
绩效预算模式	✓	
计划项目预算模式		✓
零基预算	✓	
新绩效预算	✓	✓

资料来源：本书作者绘制。

---

① Rubin, Irene. 1997. *The politics of public budgeting* (3th). Chatham: Chatham House Publishers, Inc. p. 84.

② Schick, Allen. 1986. *Crisis in the budget process: Exercising political choice*. Washington, D. C.: American Enterprise Institute.

③ Schick, Allen. 1990. Budgeting for results: Recent development in five industrialized countries. *Public Administration Review* Vol. 50 (January/Feburary): 26-34.

五、预算规则

现代公共预算的一个基本特征是规则导向的,公共预算是在各种规则的约束下展开的。在一定程度上,现代公共管理之所以是规则驱动的主要就是因为现代公共预算是规则导向的。各国的预算制度均包括各种预算方面的规则。这些规则主要有三类。一类是与预算结构相关的规则,这类规则主要用来规范预算参与者之间的关系,明确各自的权力与责任。另一类是与预算程序有关的规则,这类规则主要用来规定参与者之间行动的先后顺序,活动时间上的规定或者限制,以及信息应该如何分享,等等。第三类规则是直接对预算编制、预算执行以及执行后的审计评价过程中出现的预算行为进行规定的各种行为准则。我们在这里讨论的主要是第三类规则。

这些直接的行为准则非常多,包括期望相应的预算参与者在某个环节必须采取的行为,允许采取的行为以及禁止采取的行为。在预算编制环节,各个部门在编制预算、提出部门的资源申请时必须遵循以下这些方面的规则:(1)预算范围。这主要涉及哪些收支必须纳入预算,哪些活动绝对不能纳入预算;(2)预算分类体系。这主要涉及财政收支应该按照何种方式编制进预算;(3)编制预算的模式。这主要涉及按照什么方式做出预算决策,按照什么方式汇总、呈现预算信息。在不同的预算编制模式下,例如零基预算、绩效预算等,要求部门采取的预算决策模式是不同的。相应的,核心预算机构在审查部门的预算时,也应考虑部门是否遵循了相应的行为准则,是否出现了不符合规定的行为,等等。当然,在这个过程中,核心预算机构常常也必须遵守一些施加于它们之上的行为准则。议会在审查、批准政府的预算时,也必须遵守各种用来规范议会、议会中各个委员会以及议员的预算行为的各种规则。例如,议员在行使预算修正权的过程中必须遵守预算修正程序的各种规则。

在预算执行过程中,同样有各种针对收入和支出行为的行为准则。而且,在一定意义上,这个环节的行为准则可能是最多的。这主要是因为,在预算执行环节,各个部门将开始筹集资金、使用资金,进行政策执行。若无

控制或对行为缺乏规范,各种浪费和腐败就会出现。在现代公共预算制度下,各个部门在使用资金时必须遵循各种规则,包括采购、支付、人事、会计、审计等方面的规则,以及关于预算调整方面的规则等。

第 三 章

政府部门

财政问责最终应落实到部门层面，应该建立起以部门问责为基础的财政问责体制。

——本书作者

在现代公共预算中，政府预算是以部门为基础编制的。在预算编制的过程中，部门一般是扮演资源申请者的角色。各个官僚部门根据预算制度的一些基本规定（例如预算的范围、科目体系、预算周期等），政府首脑（有时包括议会）的政策意图，预算机构对未来预算年度预算编制的规定，以及部门的政策设想或者活动计划等编制部门的预算，在部门预算的基础上，预算机构编制出整体的政府预算草案。部门预算实质上就是部门在未来财政年度的工作计划，同时也是一个财务计划。在预算执行中，部门也是实际上的资金使用者，即部门根据议会批准的预算，将资金使用到各个项目，供给各种公共服务。总之，官僚部门是预算过程中极其重要的一个预算参与者。

一、以部门为基础的财政问责体制

对于实现预算民主来说，需要政府首脑在预算上直接对议会负责，这要求建立起一种"水平问责"（horizontal accountability）。但是，这首先需要在政府内部建立一种"自上而下的垂直问责"（top-down vertical accountability），即各个部门的负责人必须对政府首脑负责，此外，也必须明确部门内部纵向的权力与责任。如果政府内部缺乏一种集中统一的财政问责体制，那么，政府首脑也无法有效地对议会负责，甚至根本无法提交一个关于政府全部活动的整体性预算。例如美国进步时代改革之前的预算体制就充分地说明了这一点。①

在19世纪建立现代预算的过程中，也同步建立起行政预算体制，赋予政府首脑在编制和执行预算中的决定权。在这一体制下，一个整体的政府预算应该由政府内部各部门的预算组成，各部门的预算是整体预算的有机组成部分，各个部门的负责人（例如中央政府各个部的部长）都必须在预算上对政府首脑负责。当然，各个部的部长也需要对议会负责。一般有两种负责方式：集体责任和个人责任。在一些国家——主要是议会内阁制国家，例如加拿大、日本等，一般都在宪法中明确了部长内阁的责任。在这种体制下，行政权是授予内阁的，内阁集体向议会负责，向议会提交预算，如果议会不通过，则是对内阁不信任。在另一些国家，根据有关法律规定，部长需在年度预算领域就其行动对议会承担个人责任。在北欧国家，宪法专门对各个部的部长提出了很强的问责要求。不过，瑞典同时强调集体责任和个人责任。瑞典议会的宪法委员会可以审查部长在任期内的绩效，可以查阅政府内部的所有决策记录。在法国，议会根据法律建立了"预算和财经纪律法庭"，负责稽核任何资金挪用或者资金使用不当的情况。不过，由于议会成员和市长等可以不出庭，这种做法的效果比较有限。②

在不同的国家，建立部委并确定其角色的方式是不同的。在一些国家，政府建立一个部委必须有议会通过的法律作为依据。例如，美国就非常强调这一点。美国法典明确规定，如果没有国会明确的批准，政府不得建立任何行政机构。日本1948年的《国家组织法》也明确做了这方面的规定。在欧洲大陆国家和北欧国家，建立和合并部委主要是政府内部的事务。当然，也

---

① Ma, Jun, & Yilin Hou. 2009. Budgeting for accountability. *Public Administration Review*, Supplement (Dec.): 53-59.

② Lienert, Ian, & Moo-Kyung Jung. 2004. The legal framework for budget system. *OECD Journal of Budgeting* Vol. 4, No. 3: 1-479. pp. 77-78.

有一些国家，例如英国，某些部委的建立是以法律为依据的。[1]

在预算执行的机构方面，在极少数国家，例如瑞典，存在一些具有拥有宪法权力和自主权的执行预算的机构，宪法不允许议会和政府在具体的事例上规定这些行政机构如何行使公共权力。在其他国家，建立一个公共机构或许需要一个法律。在欧洲大陆国家，有两种不同的机构，即根据公法和私法建立的公共机构，后者是企业化运作的，较少受部委的监督。不过，总体来说，不是所有机构的建立都需要专门的法案，因而具有相对的独立性，多数机构一般都视为部委下面的一个职能机构，对部委的负责人负责。例如，在英国，雇佣了超过75%公务员的执行机构都是这种类型的。少数国家采用一个法律框架并按功能、独立程度或者治理结构来对机构进行分类。[2]

要建立以部门为基础的问责体系，还必须在部门内部规范部门领导与部门内各个机构之间的关系，明确问责链条。在许多国家，宪法要求关于公务员的行政体制应以法律的形式表述。因此，在一些国家，专门的公务员法一般都规定了部门内部所有公务员的职能与责任。大部分国家则通过政府法令的方式规定部门内部各个机构负责人对部门负责人的责任。在少数国家，例如美国，部门内部财政管理的责任是以法律的形式规定的。这主要是因为议会希望能够对预算执行进行控制。而在大多数国家，议会授权政府来发布各种关于财政控制程序的法令。[3] 不过，新西兰的模式比较独特，它采用一种合同关系来规范部门内各个机构与部长之间的问责关系（专栏3-1）。

---

[1] Lienert, Ian, & Moo-Kyung Jung. 2004. The legal framework for budget system. *OECD Journal of Budgeting* Vol. 4, No. 3: 1-479. p. 78.

[2] Ibid.

[3] Ibid.

> **专栏 3-1　合同化的部门内部问责关系**
>
> 　　1988 年，新西兰实施了《国家部门法案》，以清楚地界定内阁部长（政治性的）与负责提供公共服务的高级公务员（非政治性的）之间的问责关系。这个法案从根本上改变了部门内部各个机构负责人的角色。首先，这个法案将预算权力赋予了各个机构的负责人，使得他们成为负责管理投入的行政主管，将他们转变成为分配给他们的预算的真正的管理者。其次，明确了这些行政主管在生产高质量的产出上的个人责任。第三，用一种合同关系来处理各个预算管理者与部长之间的关系，前者是服务的供给者，后者是服务的购买者。部长与每个行政主管签订一个购买合同，该合同明确规定并说明各个机构最后递交给部长的产出和结果包括哪些内容。这些产出包括服务的质量、数量、供给时间以及价格等。此外，部长与每个行政主管之间还有一个绩效合同。
>
> 　　资料来源：Lienert, Ian, & Jung, Moo-Kyung. 2004. The legal framework for budget system. *OECD Journal of Budgeting* Vol. 4, No. 3: 1-479. p. 78。

二、部门预算的范围

在编制部门预算时，需要首先明确一个问题，即哪些收支根据制度规定必须编进部门预算。现代公共预算强调预算的全面性。但是，这并不意味着所有的收支都应该按照同样的程序来管理。在实践中，无论发达国家还是发展中国家，都未能将所有收支全部纳入预算，这就使得预算呈现碎片化的特征。[1] 目前，所有的 OECD 国家都建立了各种预算外运作的收支，例如政府拥有的养老金、其他社保基金，以及其他预算外基金。这些基金大部分是由某个部门管理，但是不一定编制进部门预算。[2] 在发达国家，在预算之外

---

[1] Caiden, Naomi. 1989. A new perspective on budgetary reform. *Australia Journal of Public Administration* Vol. 48, No. 1: 51-58.

[2] Lienert, Ian & Moo-Kyung Jung. 2004. The legal framework for budget system. *OECD Journal of Budgeting* Vol. 4, No. 3: 1-479. p. 87.

运作的职能平均起来占政府支出的三分之一，绝大部分是社会保障基金——大约占预算外支出的90%。在发展中国家，社会保障支出占政府支出的比重比较小，但是，其他预算外资金的比重却比较高。[①]

在实践中，即使预算制度比较成熟的OECD国家，也几乎没有哪个国家明确在法律上禁止预算外收支活动。在这一方面，唯一的例外是芬兰（专栏3-2）。在很多情况下，这些预算外基金都是根据议会通过的专门法律而建立起来的。在法律中，具体规定了基金的目的、收入来源、治理结构等。威斯敏斯特国家在法律上采用了"统一收入基金"（consolidated revenue fund）。这种规定可以追溯到1866年的"国库与审计部门法案"（Exchequer and Audit Departments Act）。根据该法案，将所有的收入都缴纳进这个统一基金，然后所有的支出都必须从其中拨付，这被视为一个宪法要求。但是，除此之外，与所有OECD国家一样，某些支出所得到的议会授权并不在这一统一基金内。当然，与那些没有明确在法律上规定采用统一基金的国家相比，威斯敏斯特国家的预算所涵盖的收支要全面得多。[②]

专栏3-2 芬兰对预算外基金的法律规定

芬兰专门在宪法中对预算外基金进行规定。宪法第87条规定，预算外基金只能通过法律的形式建立，而且必须是议会以一个绝大多数的同意票（至少三分之二的同意票）通过议案才能建立。根据宪法，建立一个新的预算外基金必须有一个强有力的理由：只有当建立基金对履行国家根本性的、永久性的职责是必须的情况下，预算外基金才被允许建立。

资料来源：Lienert, Ian, & Jung, Moo-Kyung. 2004. The legal framework for budget system. *OECD Journal of Budgeting* Vol. 4, No. 3: 1-479. p. 87。

[①] Schiavo-Campo, S., & D. Tommasi. 1999. *Managing Government Expenditure*. Asian Development Bank. chap. 3.

[②] Lienert, Ian, & Jung, Moo-Kyung. 2004. The legal framework for budget system. *OECD Journal of Budgeting* Vol. 4, No. 3: 1-479. p. 87.

通常，预算外支出的原因有四种，或者是因为政府需要某种支出的灵活性，或者是因为政治上需要确保某些支出不被削减和取消，或者是为了回避预算准备过程中过度的讨价还价，更有甚者是为了使得某些支出可以逃避公众或者议会的监督。而且，其中的不少预算外支出都是固定地与某些收入挂钩的专项基金，也就是说，是一些不需要与其他的活动进行竞争比较的支出。在大多数情况下，这些预算外支出都是通过一些特殊的制度安排而形成的。这些特殊程序包括①：

- 周转基金。为了在预算执行中回避预算控制，同时也为了赋予政府支出一定的灵活性，许多国家都在预算之外建立了周转基金。
- 贸易基金。在一些国家，为了方便属于某些部门的企业运作或者从其他的商业活动（例如出售资产）中获得收入满足支出，在预算之外建立了专门的贸易基金。
- 紧急基金。在绝大部分国家，一般都设置有应对紧急情况并赋予政府及其部门一定的支出灵活性的紧急基金。不过，有些国家将之完全置于预算之外。
- 特殊目的基金。为确保某些特定的支出目的不受影响，许多国家都建立了一些由特定部门管理的服务于这些特殊目的的基金，这些基金一般都与特定的收入挂钩，专款专用，例如道路基金和卫生基金。发达国家，最重要的特殊目的基金就是各种与社会保障（社会保险、对特定群体提供的服务或现金、社会援助）相关的基金。这一类支出主要是一种法定的赋权型支出，一般都在预算之外与特定的收入挂钩，并实行专款专用。许多发展中国家都建立了专门的道路基金，根据受益原则将一些税收（例如燃油税）独立出来建立道路基金，专门用于道路的维护和建设。但是，运作后的效果都不是很理想。
- 外部资源支持的预算外支出。70 年代以来，许多发展中国家的很多

---

① Schiavo-Campo, S., & D. Tommasi. 1999. *Managing government expenditure*. Asian Development Bank. chap. 3.

支出都依赖外债和外国或者国际组织的财政援助，但是，这些支出通常都是在预算之外的。
- 自主性机构或者获得放权的机构的预算。在许多国家，都有一些自主性较大的机构，尤其是高等教育和卫生部门，它们的支出大部分是在预算之外。这在一定程度上是与服务收费有关的。在高等教育和卫生领域，如果不允许大学和医院具有一定的支出上的自主权，那么，这些机构就没有足够的积极性来提高效率。此外，一些实行新公共管理改革的国家，采用政策制定与执行分离的制度设计，促使国内出现了很多获得放权的机构。
- 财政部的特殊账户。许多国家的财政部（例如日本、韩国、印度和印度尼西亚）都有一个特殊账户。其中一些账户专门用来管理财政部或者其他各个部门的预算外资金。在某些情况下，通过这些账户处理的交易主要是关于政府的内部财务转账，而不是真实的支出。这就类似于单独记录内部交易的一个共同的国库账户。但是，它经常是不透明的。
- "黑箱"预算和平行预算。在一些国家，从自然资源中获得的收入通常不纳入预算，而被看成是总统或者其他政治家的小金库。例如，在一些发展中国家，从70年代以来，来源于商品贸易领域的收入通常都被用来建立一个秘密的平行预算，由某些政治家在预算之外决定如何支出。其中，最典型的是来自石油收入的基金。

这些预算外支出给预算管理带来了巨大的挑战。这一方面导致预算碎片化，使得政府无法从整体上进行政策制定，也难以对大量的支出进行控制。这些年来，对于其中的一些基金，将其纳入预算或者至少纳入统一的控制程序的呼声越来越高。例如，由于社会保障基金形成的支出具有极大的社会、经济和财政影响，尤其是难以控制其支出的增长，因此，这些年来，在许多国家，要求将其纳入预算的呼声一直很高。由于不是所有的支出都是由政府负担的（例如，在养老金中，雇主和雇员也提供了资金），因此，将其纳入预算的确存在着困难。然而，即使这样，也应该将社会保障基金作为附录写进政府预算，并纳入政府的财务报告。① 专栏 3-3 介绍了泰国的预算外财政及其存在的问题。

> **专栏 3-3　泰国的预算外财政**
>
> 在泰国，政府首脑控制着三大类不纳入预算的基金：预算外基金（extra-budgetary funds）、周转基金（revolving funds）和特殊基金（special funds）。这些基金都不受预算约束，进而也不受议会监督。这使得一大部分政府支出都处于议会的监督之外，进而引起了许多关注。
>
> 预算外基金包括：为了满足紧急支出的储备基金；法律授权政府可以提前支出的资金；财政部为了特殊目的而预留的资金；政府机构在国库的暂时存款；政府机构获得的捐赠；国外资助和贷款；公共服务机构（例如医院、学校和其他福利机构）的收益；对政府财产损失的补贴。
>
> 周转基金是根据某些机构的需要专门从正规的预算中分离出来并由这些机构运作的基金。其目的是在资金的使用上为政府提供更多的灵活性，而这种灵活性可能在预算程序中不存在或受到限制。而且，对于这一类基金并没有规定它们什么时候必须用完。大约有 80 个这样的基金。特殊基金包括用于石油产品价格的石油基金、农户帮助基金、农业发展基金、土地改革基金、橡胶援助基金。
>
> 资料来源：Schiavo-Campo, S., & D. Tommasi. 1999. *Managing government expenditure.* Asian Development Bank. chap. 3, Box 13。

不管出于什么理由将某些支出置于预算之外，至少都必须建立一些最低程度的预算规则对这些基金进行约束。一般的，如果现有的预算程序对于管理某些活动不恰当，最佳的办法是改进预算程序或者对这些活动设置特殊的预算程序，而不是将这些活动置于预算之外。建立预算程序是要加强支出控制，提高资源配置效率和运作效率。这三个目标同样适用于建立特殊的预算程序来管理某些支出。即使在某些情况下，应赋予某些活动一定的灵活性和

---

① Schiavo-Campo, S., & D. Tommasi. 1999. *Managing government expenditure.* Asian Development Bank. chap. 3.

自主性，以提高支出效率，但是，如果这样的做法会导致无法进行支出控制或者资源配置的低效率，那就是得不偿失的。对于那些根据特殊程序或者制度安排进行管理的支出，对于它们的审查标准和问责要求绝不能比预算内支出低。因此，无论是哪一种类型的管理模式——预算程序和特殊程序，都必须遵循一些最起码的管理原则[①]：

- 不论是哪种立法授权形式，收支估计或者测算应该以总量的科目形式合并到预算中去，而不能漏掉；
- 与总体预算一样，收支都应该是在相同的分类体系基础上进行分类；
- 自主性基金和特殊账户的会计必须由一个外部机构进行定期审计；
- 政府财务报告必须包括自主性基金的运作以及有其他运作的机构。

前面分析的预算外活动都是和直接支出相关的。但是，在直接支出之外，还有一些其他的更加复杂的预算外活动：（1）准财政活动。这是中央银行或者国有金融机构为了实现某个政策目标而采取的财政交易，例如利息率补贴、为金融机构和企业提供支持、支付政府债务以及为政府导致外汇损失提供资助等。其实，通过预算直接补贴同样可以实现目标，而且，央行应将精力集中于货币政策，而一般不应介入这些准财政活动。如果出现这些准财政活动，应和预算中的其他项目一起接受审查监督。最低限度上，应在预算中附一份准财政活动报告。（2）政府的债务尤其是或有负债。长期以来，各国在编制预算和进行预算决策时，都将重点放在支出项目上以及部分地考虑多年的法律承诺（例如债务支出）。但是，很少考虑那些长期的、隐性的负债尤其是或有负债。这使得这些债务不能纳入预算约束。其中贷款担保就是一种典型的或有负债，长期以来一直在预算之外运作。目前，在大部分国家都仍然是这样的。只有个别开始编制权责发生制预算的国家，例如新西兰，开始将这些或有负债纳入预算。（3）税式支出，例如税收减免、税收优惠等。这是一种重要的财政政策工具。在不少国家，税式支出是完全不在

---

① Schiavo-Campo, S., & D. Tommasi. 1999. *Managing government expenditure.* Asian Development Bank. chap. 3.

预算约束之内的。在一些国家，税式支出是根据税法而采取的政策工具，并与支出预算一起提交，但是，它不受那些审批其他支出的预算程序约束。从理想的情况看，税式支出的直接影响都应同时反映在预算的收支两方面。但是，只有当税式支出比较容易测量和监督时才可行，例如在退税。然而，不少税式支出是很难测量和监督的。因此，必须特殊处理。即使这样，应在预算中包括一个税式支出报告，以便在预算决策时充分考虑其对预算收支的影响，并在税式支出和直接支出之间进行权衡。目前，一些发达国家，例如比利时、法国和美国已经这样处理税式支出。①

三、预算分类体系

部门预算编制时需要遵循特定的预算收支分类体系。一个全面的、前后一致的、统一的预算分类体系是有效的计划、预算和管理的前提条件，它有助于形成一个清楚的、有条理的预算，帮助部门决策者、政府首脑以及议会做出决策、明确责任，也有助于追踪拨款、监督预算执行。对于规范部门的预算编制来说，支出分类至关重要。支出分类为政策制定和问责提供了一个规范性的框架。在预算中，支出必须根据不同的目的而分类，例如，为政策制定者、公众和管理者准备各种所需的报告，向政府首脑和议会提交一个有意义的能够反映政府功能或者活动的预算，管理预算执行和预算会计，等等。支出分类有助于决策者和公众确定资源在各个职能领域和部门之间的分配，确定政府的活动及其绩效水平（在实行绩效预算时）。支出分类也为预算决策提供一个基础和框架，确保部门在预算执行中不随意改变议会已通过的预算及其资金的用途和数量，对支出进行有效的会计监督。不同的预算模式会对支出分类产生不同的影响，例如分项列支预算与绩效预算中的支出分类就不同。但是，预算模式常常处于不断的改革中。为了给政策制定提供一个相对稳定的基础，我们需要一个最基本的支出分类体系。根据政策制定，

---

① Schiavo-Campo, S., & D. Tommasi. 1999. *Managing government expenditure*. Asian Development Bank. chap. 3.

报告和预算管理的不同需要,支出一般可以分为以下主要类型[①]:

- 功能分类,适应历史分析和政策制定的需要(例如联合国的分类体系);
- 组织分类,适应问责和预算分配的需要;
- 基金分类(财政资金的来源,以及预算外基金);
- 为了预算分配或者其他的特殊需要而进行的分类;
- 经济分类,适应统计或者支出目标以及服从控制和经济分析的需要(例如国际货币基金组织的分类);
- 项目/活动/产出,适应政策制定和绩效问责的需要。

尽管一些预算模式,例如计划项目预算,特别强调跨组织的资源配置,将预算管理置于项目之上,但是,根据行政组织类型及其层级对支出进行分类仍然是需要的也是最基本的。因为,这有助于确定活动主体,进而有助于明确支出管理的责任。因此,支出必须能够在政府内部的各个组织之间、各个组织内部的各级和各类机构之间做出区分,以明确政府内部的自上而下的垂直问责关系,以及各个部门占用的资源。不过,在一些国家,尽管也可以根据组织对支出进行分类,但是,具体分类方法却不完全一样。例如人员经费是按部委组织起来的,其他的经常性支出则按较低一层的组织单位来分类。为了提高预算决策、强化预算控制、提高预算透明度,需要同时从功能和经济两方面对部门支出进行分类。功能分类告诉我们支出用于实现什么目的,而经济分类则告诉我们资金使用到什么具体的用途。目前,最流行的支出分类体系是联合国的"政府功能分类"和国际货币基金组织的《政府财政统计》采用的分类体系。

(一) 功能分类

联合国的功能分类将政府的活动按照它们的目的进行分类,这种分类独立于组织结构之外,它对于分析资金在各个主要领域之间的分配情况非常有用,而且有助于进行历史分析。这个分类体系包括 14 个大的功能分类,其

---

① Schiavo-Campo, S., & D. Tommasi. 1999. *Managing government expenditure*. Asian Development Bank. chap. 3.

下又包括 61 类及 127 个次级分类。工业化国家也有类似的分类体系，有的包括 10—15 个功能，有的则更加详细。对于发展中国家来说，采用这个分类体系是有许多好处的，例如提高透明度，改进预算决策的质量。[①] 一般的功能支出分类主要包括[②]：（1）经济服务支出，即政府为了使商业活动更为有效地运行而对之进行管理导致的支出；（2）社会服务支出，即政府直接向社会或者家庭提供服务而导致的支出；（3）一般政府服务支出，即政府在一般性公共管理、国防、公共秩序与安全等领域提供服务导致的支出；（4）其他支出。图 3-1 描述了联合国的功能分类体系。

编码	功能
	一般公共服务和公共秩序
1	一般公共服务
2	公共秩序和安全事务
2	**国防**
	社会服务
3	教育事务和服务（学前和初等教育、中等教育、高等教育，其他）
4	卫生事务和服务（医院、诊所、医生，其他）
5	社会保障和福利
6	住房、供水；清洁卫生
7	文化和娱乐活动
	经济服务
8	燃料和能源
9	农业、森林、渔业、狩猎
10	采矿—制造—建筑
11	交通和通讯（道路、其他交通、通讯）
12	其他经济事务和服务
13	**其他支出**
	利息
	政府间转移支付

图 3-1 联合国的功能分类体系

资料来源：Schiavo-Campo, S., & D. Tommasi. 1999. *Managing government expenditure.* Asian Development Bank. chap. 3, Box 13。

---

① Schiavo-Campo, S., & D. Tommasi. 1999. *Managing government expenditure.* Asian Development Bank. chap. 3.

② ［美］S. 普拉丹：《公共支出分析的基本方法》，蒋洪等译，中国财政经济出版社 2002 年版，第 58 页。

（二）经济分类

国际货币基金组织《政府财政统计》采用的支出分类体系是按经济性质对支出进行分类。对于预算分析来说，这也是非常需要的。这种分类实质上是按经费性质——即资金使用到什么具体的方向——来对支出进行分类。它有助于说明支出交易对象的经济性质和资金的具体用途，例如多少资金用于经常性支出（例如工资），多少用于资本性支出。目前，国际货币基金组织的《政府财政统计》正在迈向采用权责发生制的方式来报告政府支出与负债。[①] 图3-2描述了国际货币基金组织的经济分类。

```
商品和服务支出
    工资和薪水
    雇主缴款（养老金、社会保障）
    其他商品和服务支出
补助
经常性转移支付
利息支付
资本性支出
    资本性支出
    资本转移
借贷减去偿还
    贷款
    偿还贷款
    资产售出
    其他
```

图3-2 国际货币基金组织的经济分类

资料来源：Schiavo-Campo, S., & D. Tommasi. 1999. *Managing government expenditure*. Asian Development Bank. chap. 3, Box 14。

---

① Schiavo-Campo, S., & D. Tommasi. 1999. *Managing government expenditure*. Asian Development Bank. chap. 3. ［美］S. 普拉丹：《公共支出分析的基本方法》，蒋洪等译，中国财政经济出版社2002年版，第58—59页。

分项列支预算采用的支出分类是以投入为核心，它分行列出各项资金的使用方向。因此，在一定程度上就是一种经济分类。这种分类有助于监督与控制。不过，在有些发展中国家，它们的投入分类与经济分类有一定的区别。有些国家缺乏一个统一的经济分类——要求将经常性支出和资本性支出作出区分。另外，在许多情况下，它们的经常性支出和资本性支出是互相混淆的。例如，所有的发展性支出都划分为资本性支出，但是，其中常常又包括商品和服务支出；同时，经常性支出中又包括有资本性支出。这就不利于准确地反映资金的支出方向。将支出按照支出用途或支出方向进行分类非常有助于事前详细地控制。不过，这些年来，由于各种理性预算改革的出现，这种投入控制的问题已经被广泛认识。尽管存在各种问题，但对于任何管理系统来说，这种分类仍然是必要的。

（三）其他分类

预算模式会影响着支出的分类。20 世纪 60 年代在美国兴起的计划项目预算发展出一种项目分类，即将支出按照项目进行分类。项目是一个"活动集"，包括多个实现同一个目标的活动。活动是部门赖以申请资源并获得预算的基础和依据。通过项目分类，我们可以进一步了解各个部门希望实现的主要政策目标以及支持这些目标的活动。项目分类与功能分类有一些联系，但是，项目分类更具体考虑了一个国家在若干年度（包括该预算年度）的政策目标。一些发展中国家在 60 年代和 80 年代推行计划项目预算，已经能够将支出按照项目来分类。不过，在某些国家，项目通常只不过是组织的另一个昵称，或者只是功能分类下的一类支出。项目分类经常会涉及多个组织，这也是计划项目预算一直以来最有争议的方面，也是导致其失败的原因之一。解决这一问题，既不是取消跨组织的项目，也不是将整个预算分类完全按照某一部分跨组织的项目需要进行重组。一个解决办法是，仍然主要以组织为基本单位组织预算，但是，在预算之后用一个附表说明哪些活动是属于这些跨组织的项目。此外，新西兰实行产出导向的绩效预算后也发展出一种新的分类，将形成产出的支出单列出来。在一些发展中国家，还需要将支出按照收入来源进行分类。①

四、部门预算的构成

长期以来,在预算研究中,我们一般都倾向于隐蔽地假定所有的政府部门都是一样的。这阻碍了对政府部门的预算构成进行深入的分析。1991年,英国政治学家唐莱威在其构建的"官僚重塑模型"中深入分析了官僚部门的预算构成(图3-3),并在此基础上对官僚部门进行了分类。他指出,公共官僚组织的支出预算包括四大成分:核心预算(core budget, CB)、官僚机构预算(bureau budget, BB)、项目预算(program budget, PB)、超项目预算(super-program budget, SPB)。核心预算是指用于官僚机构自身的活动支出,它包括工资成本、设备和物资成本以及重置成本等。这一概念类似于常用的"运营成本"。官僚机构预算包括核心预算,再加上官僚机构支付给个人和私人部门的任何资金。在这些资金到达私人部门之前官僚机构保留完全的权力和控制。项目预算包括官僚机构预算,再加上其支付给其他公共部门并由他们来支出的资金。这些预算是由该官僚机构监督运用的,但是具体的项目执行则已经赋予了其他的官僚机构。超项目预算包括官僚机构的项目预算,再加上其他机构用他们自己的资源来支持的任何支出。该机构并没有为这些新的支出提供资金,但是,却对这些机构的活动拥有某些政策责任,或可以在计划的意义上对其进行扩大和限制,或因此而获得政治奖赏或政治责难。最后这种预算对于联邦国家并不适用,但是对于分析单一制国家则很有用。此外,对于大多数官僚机构来说,通常只有前三种预算而没有超项目预算。②

这一支出分类有助于我们理解政府部门的支出特点,以及官僚部门的预算动机与行为。在分析了官僚机构预算构成的基础上,唐莱威指出,对于不

---

① Schiavo-Campo, S., & D. Tommasi. 1999. *Managing government expenditure*. Asian Development Bank. chap. 3.

② Dunlevy, P. 1991. *Democracy, bureaucracy and public choice*. New York: Prentice Hall. pp. 181–183.

同的官僚机构来说，核心预算、官僚预算和项目预算的相对规模都是不同的。① 根据各个部门预算构成的不同，唐莱威对各个部门进行了分类，包括：供给或生产机构（delivery agencies）、管制机构（regulatory agencies）、转移支付机构（transfer agencies）、合同机构（contracts agencies）、控制机构（control agencies）。此外，还包括税收机构（taxing agencies）、贸易机构（trading agencies）、服务机构（service agencies）。

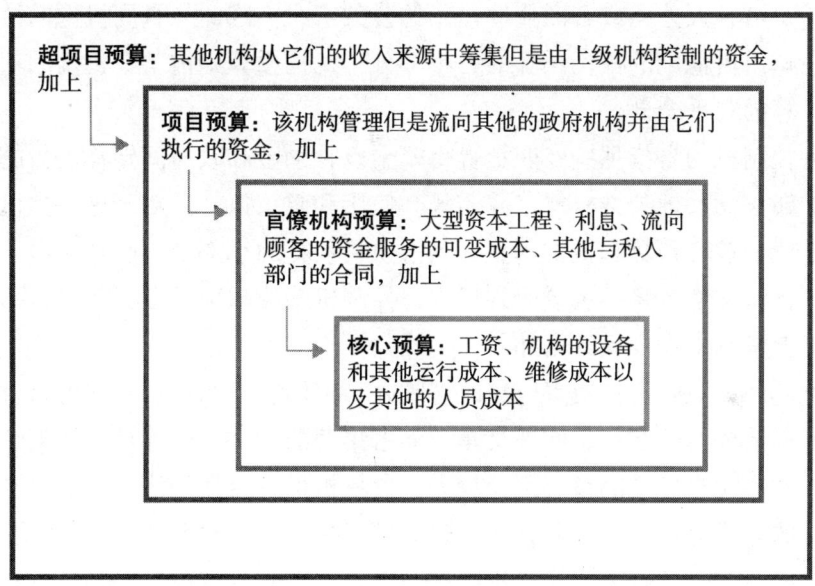

图 3-3　部门预算构成

- 供给或生产机构即是马克斯·韦伯理论和传统官僚经济模型中分析的线性官僚机构，这种机构直接生产和供给公共服务，并用其自身的人员来负责大多数的政策执行，因而是劳动密集型的。这种机构的预算相对于其职能来说较大，核心预算（CB）占用了其官僚机构预算（BB）和项目预算（PB）的很大部分。
- 管制机构的 CB/PB 和 BB/PB 曲线与生产机构相同，但是它的预算规

---

① Dunlevy, P. 1991. *Democracy, bureaucracy and public choice*. New York：Prentice Hall. p. 183.

模相对要小，从预算的角度来讲，管制机构的营运相对较廉价。
- 转移支付机构是一个将资金以补贴等形式转移到私人部门和个人的机构，其核心预算只占机构预算的很小部分，而且核心预算并不总是随着项目预算的扩张而扩张。此外，一旦基本的行政设施已经具备，机构预算和项目预算的增加或许并不会对营运成本产生影响。
- 合同机构负责发展服务规定或者资本规划以供投标之用，然后将合同交给私人公司或者商业性运作的公共组织。因此，合同机构的核心预算只占他们的机构预算的一小部分，机构预算则占整个机构的项目预算的几乎全部。
- 控制机构是指那些专职负责将资金以补助金和政府间转移支付的形式转移到其他公共机构，并监督其使用和政策执行。对于这一类机构来说，核心预算和机构预算都只占项目预算的小部分。此外，由于这类机构常常监督下级政府和机构，控制机构的超项目预算在项目预算之上呈现出大规模的增加。
- 此外，税收机构负责筹集政府收入，它们和管制机构一样可以将部分行政成本外在化，此外又是劳动密集型的和公文处理较多的组织。因此，税收机构的核心预算较大。贸易机构直接在经济市场上以准商业的方式运作，当它向其他的公共部门提供服务时会收取费用。服务机构为其他的政府机构提供服务和设施，有时收取费用但是没有私人消费者和价格。

五、部门的预算决策与财政管理

在预算过程之初，各个部门要根据预算机构的预算编制指南形成部门的工作计划，编制部门预算。在形成部门预算要求的过程中，部门需要考虑：（1）政府的政策目标，在议会影响比较大的体系中，还包括议会的目标；（2）部门的目标，这些目标或者是部门将政府目标落实进部门的结果或者是部门根据自己的职能确定的本部门在未来年度内要实现的目标；（3）实现这些目标需要采取的活动或者包括多个活动的项目；（4）预算机构可能给部门的预算总量，这个总量可能是一个预算上限，也可能是相对于上一年的最大增加比例；（5）活动成本的测算。当然，在编制部门预算时，部门还需要遵守统一的各种关于预算编制的程序和规则，例如预算范围、预算科目体系、预算程序的时间限制等等。在预算编制出来之后，部门要为自己的预算申请进行辩护，尤其是在预算机构对预算有质疑时，更是如此。实际上，在编制预算的过程中，部门就要考虑如何为自己的资金申请进行辩护。这些辩护可以有形式上的，例如预算格式的规范性、准确性等。但是，最重要的是，要对预算的内容进行辩护。无论采取什么样的预算模式，例如绩效预算和零基预算，最基本的辩护都是围绕活动和成本的。部门必须明白自己申请资金去开展什么活动，必须能够清楚地说明每个活动的必要性。然后需要为自己对成本的测算进行辩护。

当然，更具体的预算决策——形成预算申请和辩护，取决于预算模式。在不同的模式下，部门预算决策的重点是不同的，为自己的预算进行辩护的方式也是不同的。在传统的预算模式下，基数既是部门形成预算要求的基础，也是它们为自己进行辩护的基础。在绩效预算下，部门预算决策的重点转到了产出，部门必须根据产出以效率为目标形成预算要求，在辩护中也必须以此为中心，例如，活动是生产该产出必须的，成本的测算是以可以接受的单位产出的平均成本测算出来的。在计划项目预算中，部门必须形成跨年度的战略目标，然后在此基础上形成项目。因此，形成预算要求和预算辩护的焦点就是跨年度的目标的合理性，项目与预期目标之间的关联程度，项目的成本与收益，等等。而在零基预算下，部门预算决策及其辩护的重点是项目对于实现部门的目标来说是重要的，排序是合理的，等等。在新绩效预算下，部门预算决策及其辩护的重点是资金是否与特定的绩效目标紧密联系，绩效目标是否合理，测量是否可接受，成本测算是否基于一个可以接受的单位成本，等等。这实际上意味着，尽管有一些基本的预算程序和规则，但是，在不同的预算模式下，部门的预算决策是不同的，最后编制出来的部门预算也是不同的。

长期以来，大致从 19 世纪现代公共预算建立一直到 20 世纪 50 年代，部门的预算决策都是以基数为基础的，采取的是一种基数加增长的预算决策模式。在这种预算模式下，在预算过程，官僚机构内部的各个部门及其负责人一般都不审查所有的支出要求，而只是分析今年的预算要求和去年实际的预算基数之间的差别。在形成预算拨款要求时，去年的预算基数是一个非常有参考价值的基础。在形成预算要求时，各个支出部门通常是在去年的预算基数的基础上加上一个支出的增加数。官僚机构的预算决策主要集中在预算的增加或减少部分。当然，对于预算基数，不同的时间或不同的机构会有不同的定义。关于支出机构的预算基数的传统定义是去年的预算拨款数。目前，很多的支出机构仍然是这样来理解预算基数的。然而，有些机构开始更加精明地理解和定义预算基数。例如，在美国的联邦政府和一些地方政府，支出机构就将"目前的服务底线"（current service baseline）作为预算基数。这种底线是指继续供给目前的服务必需的资金，它因此是指能够弥补服务生产成本的资金，从而就将通货膨胀对于服务供给成本的影响等因素考虑进去了。① 50年代以来的理性预算改革都希望用一个更加理性的预算模式来取代基数加增长这种预算决策模式。毫无疑问，经过这些年的改革，在许多国家，尤其是一直在领导理性预算改革的发达国家，各个部门的预算决策已不再像从前那样完全是基数加增长的模式。然而，基数加增长仍然是一种生命力极其顽强的预算决策模式。其中的道理是，这种模式简单，比较符合人的有限理性，而且它导致预算冲突的可能性比较小。

从部门的角度来看，预算执行就是各个部门开始运用获得的预算资金，实施项目，提供服务的过程。在这个过程中，部门需要建立有效的财政管理体制，确保资金按照批准的预算用于事前确定的项目和活动，而且资金的使用是经济的、有效率的，也不会出现资金的挪用或者贪污等现象。19世纪建立的现代公共预算在很长一段时期都通过一种外部控制来确保预算执行实现这些目标，即由财政部门从外部对部门的支出进行事前审计来控制部门的支出行为。不过，即使如此，在部门内部建立有效的内部控制体制也是非常必要的。而且，20世纪50年代开始，发达国家都开始放松外部控制，转而

---

① Clynch, Edward J. 1998. Budget Theory. In Jay M. Shafritz. Eds. *International encyclopedia of public policy and administration*. Colorado: Westview Press.

主要依赖内部控制体制——即主要由部门控制自己——来进行支出控制。放松外部控制的前提条件是，实施了若干年的外部控制已经将法治原则植根于政府的运作过程中，而且各个部门的内部控制体制已经相当完善。80年代以来的新绩效预算改革，则将更大的支出自主权下放给各个部门，由部门根据环境的变化，决定如何使用资金。不过，赋予部门支出灵活性是有前提的，即部门的项目管理者必须完成事前承诺的绩效目标。在这种财政管理模式下，各个部门还必须在预算执行后汇报自己部门绩效的完成情况。[1]

部门的预算决策和财政管理是在特定的制度环境中展开的，必然会涉及部门与其他预算参与者之间的互动。不过，在不同的预算体系中，这种互动是不同的，部门的权力与角色也不同。在行政主导的预算体系中，例如英联邦国家，议会在预算领域的影响比较小，政府首脑对预算和财政管理有决定性的影响。在政府准备年度预算和年度财务报告的过程中，财政部常常要和各部委秘密磋商。在编制预算的过程中，各个部委一般会提前从财政部那里获得各种决定来年预算的关键性指标的信息，最后形成的预算估计能够反映政府对经济以及中短期财政状况的预测。目前，一些国家的议会建立了咨询委员会或者常设委员会来专门审查政府部门的预算申请，并将意见提交大会以供议会决策之用。但是，议会讨论每个部门预算的时间是非常有限的，因此，对部门影响不大。预算通过后，拨款要么是按年，要么是按月授权的，或者是通过财政部的支付主计长（Paymaster General）的委托书进行开支。在支出过程中，部门要遵守各种财政管理规则，并定期和财政部沟通。不过，预算追加必须每年三次提交议会。在这种模式下，尽管议会的影响仍然是存在的，但是，对于部门来说，在制订预算和进行财政管理时，最需要考虑的是政府首脑及其核心预算机构的意见。[2]

---

[1] Schick, Allen. 1998. *A contemporary approach of public expenditure management.* Washington, D. C.: World Bank. chap. 5.

[2] Premchand, A. 2000. *Control of public money: The fiscal machinery in developing countries.* New York: Oxford University Press. pp. 323-324.

在议会预算体系下,议会积极地介入部门的预算编制与执行,并发挥着决定性的影响。尽管在预算编制的过程中,政府的预算机构发挥着重要的影响,它在政府内部控制和引导着各个部门的预算决策。但是,预算机构与各个支出部门之间的互动只是第一步。这种预算体系的一个重要特征就是议会和部门之间存在着直接的互动关系。其后,在各个部门和议会(主要相关的议员)之间还有更加详细的讨论。在这个讨论中,部门的预算申请可能会被增加、否决或削减。这种直接的互动可以提高部门预算的负责程度,也可能增加部门的拨款,但是如果部门的活动与议会相冲突时,则存在着预算被削减甚至否决的风险。因此,在这种体系中,部门必须认真对待与议会的关系。① 在这一模式中,美国是最典型的。在1921年以前,美国国会的影响是最大的。部门预算编制乃至财务管理都深受议会的影响,在预算编制中,部门常常绕过总统直接和议会各个委员会直接打交道,同时,议会通过详细的拨款控制部门的支出。1921年改革后,政府内部的预算控制加强了,预算必须先提交总统审查,再由总统提交议会。不过,国会的影响仍然非常大,部门在预算编制中必须考虑国会的意图。预算通过后,由预算局将预算按季度分配到各个部门,各个部门具体管理其支出。但是,最后阶段的支付是由属于财政部控制的官员负责的。②

在转型国家,尽管这些国家已经开始放弃中央计划体制,但是,这一体制的许多因素仍然影响着部门的行为。人们常常以为,在计划经济体制下,部门除了听从命令之外是没有任何自由度的。然而,实际情况完全与此相反。像许多国家一样,在这些国家,预算的编制同样涉及核心预算机构——原来常常是计划部门,现在是财政部这样的机构——之间的讨论和磋商,此外,各个部门也要和政治体系中的其他机构沟通。预算制定以及基本的目标确定之后,预算目标就是命令性的,各个执行层级都要负责实现这些命令。在计划经济时期,预算和年度计划或多或少都要经过执政党会议的同意。不

---

① Premchand, A. 2000. *Control of public money: The fiscal machinery in developing countries.* New York: Oxford University Press. p. 324.

② Ibid., pp. 330–331.

过，在预算执行过程中，与议会预算体系和行政主导的预算体系国家相比，这些国家的部门要拥有更多的灵活性。预算资金一般通过在专业银行为各个主要的经济部门开设的账户直接拨付到各个部门的户头。各个部门需要每月提交三个财务报告，核心预算机构偶尔会进行检查。除此之外，既然资金已经拨付到部门的账户，部门就可以灵活地使用。目前，这一体制正在改革中，这些国家开始借鉴西方国家预算和财政管理的一些经验。在一些国家，部门的专业银行账户已被取消，政府交易开始通过一个开设在中央银行的单一银行账户来处理，支付系统也在开始集中。[①]

最后的一个问题是，在部门内部如何合理地分配权力和责任。一般的，我们可以假定，部门的负责人以及部门内部各个机构的负责人应该在形成部门预算以及执行预算的过程中发挥最重要的影响。但是，在有些情况下，部门的负责人可能对预算缺乏兴趣，也可能缺乏专业知识，因而只是在征求了各个机构的意见之后，将预算编制的权力交给部门的财务官员来负责。如果部门完全缺乏预算和财政管理的能力，例如在一些发展中国家，那么，部门负责人就会完全依赖预算机构的指示编制预算。在发达国家，一般的，在部门内部都有一个很强势的、地位也比较高的预算办公室。这个机构的负责人或者是直接对部门负责人负责，或者是对部门内专门管理财务的一位高级官员负责，或者像英国那样对部门内部专门监督人事服务和运作机构的常务秘书长负责。[②] 不过，在许多情况下，这一机构在各个部门内部的角色取决于政府的核心预算机构如何确定其与各个部门之间的关系。英国各个部门内部的财务主计长角色演变就充分地说明了这一点（专栏3-4）。

[①] Premchand, A. 2000. *Control of public money: The fiscal machinery in developing countries.* New York: Oxford University Press. pp. 324-325.

[②] Axelrod, Donald. 1988. *Budgeting for modern government.* New York: St. Martins Press. pp. 45-47.

专栏3-4 英国各个部门内部的财务主计长

自公务员制度建立以后,财政部和各个部门负责财政管理的官员之间的职责就开始划分得很清楚。各个部门涉及预算和财政管理的官员是财务主计长(Principal Finance Officer)。他们要么是财政部任命的,要么是征求了财政部的意见的。财务主计长的工作是协助部门的常务秘书长(Permanent Secretary)组织和管理部门的预算。然而,很快地,财务主计长的运作碰到了一些问题。部门常常将其视为是财政部安插进部门来控制部门的外人,而不是帮助部门的自己人,而财政部认为,财务主计长的级别太低,权力太小,使得他不能发挥有效的作用。"一战"以后,财政部曾有提高其地位的想法。但这并不能真正解决问题。因为,问题的根源是部门和财政部之间目标是不同的。部门更多地考虑实现他们自己的政策目标,而不管这些政策的财政影响,财政部则更多地关心财政影响。财政部因此认识到,最需要做的事情是将一种财政意识灌输进每个部门。于是,财政部将预算和财政管理的权限赋予各个部门的负责人,而财务主计长则变成他的助手。这个模式一直沿用至今,并存在于其他英联邦国家。以前,财务主计长是财政部下属的公务员部门任命的。90年代初期,这一部门取消。

在这一新的制度安排下,财务主计长就变成部门的一个部分,他能够帮助部门理解财政部的各种政策和信息,也能理解部门的政策和项目。不过,这也使得财务主计长处于冲突的核心。部门需要扩张预算,但是财政部可能希望控制支出。如果反对部门的某些预算,就会被部门视为障碍,因此,财务主计长常常屈服于部门的短期考虑。然而,这又将在长期中削弱自己的影响。在财政部看来,财务主计长的作用是协助政策制定,以实现项目的经济、效率和效果,将一种财政意识植入部门,而不仅仅是控制部门的支付。

实行新绩效预算改革以来,财政部和支出部门之间的关系出现了重大的变化。首先,财政部认识到它不可能(没有能力也没有相应的手段)直接管理各个部门的财务。可行的办法是与各个部门建立伙伴关系,

> 并将自己的角色确定为制定预算上限，确定绩效目标与资源之间的关系，监督执行过程。其次，这一改革将政策和财政管理在部门的顶层整合起来，并赋予部门很大的管理自己支出的灵活性，前提是部门对绩效负责。在此背景下，部门的财务主计长的角色也开始发生变化。在这一新的制度下，他开始处于部门的预算和财政管理的核心位置，在形成部门的中期计划、编制预算、执行预算以及控制成本方面他都发挥着巨大的作用。
>
> 资料来源：Premchand, A. 2000. *Control of public money: The fiscal machinery in developing countries.* New York: Oxford University Press. pp. 326–329。

在西欧国家，例如法国，各个部委内部都有一个非常发达的预算机构，而且，责任分工的稳定性和持续性比较强。不过，在这些国家，预算编制和执行的责任是分开的。根据习惯，这一机构属于部门负责行政、财务和人事的秘书长体系的一部分，它主要在部门内部协调整个预算准备过程，在部门的政策制定过程中影响很小。在制定政策和预算方面，部长主要依赖他们自己的内阁，尤其是其主要负责人。[①] 在预算执行方面，法国将行政阶段与会计阶段分开。各个部门的负责人是能进行授权的官员，负责将人和物授权给下级机构，同时将预算资金分配给这些机构，启动行政活动过程。然后，是一个单独的会计过程，行政过程中发生的各种与财务会计有关的文件和凭证都送交各个部门内部的会计官员（Accounting Officers）审查，不过这些官员是财政部控制的，实际上是财政部派驻各个机构的监督者。它们负责会计、报告和支付，后者负责审查各种文件和凭证，确认其准确性以及是否遵守预算和规章制度，然后授权进行支付。部门内部的各个机构在做出支出承诺之前一般都会征求会计官员的意见，并需获得其认可。在预算年度末期，会计官员负责准备年度会计报告。这种由财政部直接控制会计、报告和支付的模

---

① Axelrod, Donald. 1988. *Budgeting for modern government.* New York: St. Martins Press. pp. 47–48. Premchand, A. 2000. *Control of public money: The fiscal machinery in developing countries.* New York: Oxford University Press. p. 335.

式，在其他的欧洲国家也存在。不过，瑞典的管理体制相对分权一些，部门自己负责其中某些的业务。①

与法国等欧洲国家相比，美国的部门预算和财政管理体制则变动性很强。这主要是因为，一方面议会的影响很大，另一方面也因为政府内部不断进行改革。1921年改革后，在每个部门都有一个机构专门负责预算、会计和事前审计。这个机构一般是在助理秘书长的监督下工作的。"二战"后，美国开始重新建构部门内部的财政管理。主要受私人企业的会计稽核体制的影响，开始在各个部门内部建立会计稽核官员办公室（Comptroller's Office）。这一机构最早是在国防部内部建立起来的。不过，这一体制的效果似乎不理想。每年国会审计署都会揭露出各种问题，这些问题都反映出各个部门内部的内控体制仍然不完善。80年代开始，美国又进一步完善部门内部的预算和财政管理体制。由此一直到90年代，通过了一系列法案，例如《联邦管理者财政诚实法案》（1982）、《单个审计法案》（1984）、《财务主任官员法案》（1990）、《政府绩效与效果法案》（1993）、《政府管理改革法案》（1994）以及《联邦财政管理改进法案》（1996）。这些改革都影响着部门的预算和财政管理改革，使得部门能够有效地承担起计划、预算、执行和会计的职能，并希望在部门的项目管理者和财政管理者之间建立一种合作的伙伴关系，进而将部门活动的项目与财政两方面结合起来。其中，1990年的《财务主任官员法案》至为重要。除了加强政府的核心预算机构——管理与预算办公室在总统办公室的角色之外，这一法案的另外一项目标就是加强各个部门内部的财政管理。在各个部门，财务主任官员以及（Chief Financial Officers）负责保留一个整体性的会计和财政管理体系以及内部控制、资产管理系统，形成成本信息和绩效信息，此外，负责一些人事管理工作，准备年度财务报告。不过，关于财务主任官员在预算制定领域的角色，这些法案似乎没有明确下来。在实际中，在一些部门，财务主任官员在部门的预算和政策形成中是有影响的。不过，整体来说，他们的影响仍然是不确定并受一

---

① Premchand, A. 2000. *Control of public money: The fiscal machinery in developing countries*. New York: Oxford University Press. pp. 335–336.

些限制的。[1]

六、部门的预算行为与策略

预算过程充满着参与者之间的博弈,在其中,策略性行为是非常普遍的。部门的预算行为和策略选择在各种预算行为和策略中是最基本的。在多数情况下,部门的行为是最先发动的,进而激发出其他预算参与者的行为与策略。在部门的预算行为及策略方面,最流行的是尼斯坎南(Niskanen)在1971年提出了官僚预算最大化理论。不过,这一理论究竟在多大程度是符合现实的,最近这些年一直是一个充满争议的问题。

(一) 官僚预算最大化理论

尼斯坎南(1971)将复杂的预算政治简化为官僚机构和议会资助者之间的预算交易,并认为它们之间的关系是一种双边垄断。在这种双边垄断关系中,官僚机构作为唯一的公共服务的供给者[2],它垄断了关于生产的真实成本的信息。因此,官僚机构可以强迫议会接受一个过分大的预算,而将剩余留在官僚机构内部,由官僚机构自行支出。显然,在尼斯坎南看来,官僚机构是追求总产出和总预算最大化的。尼斯坎南的官僚预算最大化假设在理论上受到了很多批评和反对。其中米格和贝伦格的批评和修正应该是最有影响的。他们指出,官僚希望最大化的是"有自由裁量权的预算"而非总预算[3]。所谓的"有自由裁量权的预算"是指总预算和最小生产成本之间的差额。1991年,尼斯坎南在重新反思他的官僚预算最大化理论时,也认为"有自由裁量权的预算"比"总预算"概念更恰当。当然,他仍然认为他的

---

[1] Premchand, A. 2000. *Control of public money*: *The fiscal machinery in developing countries*. New York: Oxford University Press. pp. 331 – 335. Axelrod, Donald. 1988. *Budgeting for modern government*. New York: St. Martins Press. p. 48.

[2] Niskanen, William A. 1971. *Bureaucracy and representative government*. Chicago: Aldine Atherton.

[3] Migue, Jean-Luc, & Gerard Belanger. 1974. Towards a general theory of managerial discretion. *Public Choice* Vol. 17: 27 – 43.

理论基本上是正确的。① 在公共预算中,很多重要的研究实际上都和尼斯坎南一样假设官僚部门是追求预算最大化的。早在尼斯坎南的官僚预算化理论出现之前,公共预算研究已经持有和运用了这样的假设。瓦尔达沃斯基的"预算过程的政治"实际上就是假设官僚机构是追求预算最大化的。在以后的公共预算的文献中,许多研究都是直接或间接地运用这一假设的:寇沃特等人在研究挪威的预算②,诺得在研究法国预算过程③,克雷森在研究美国城市政府预算④,夏坎斯基在研究美国的州政府预算时⑤,都假设官僚及官僚机构会运用各种策略来追求预算最大化。

30多年来,很多研究从经验上检验了原始的尼斯坎南的预算最大化模型,绝大部分的经验事实都没有为这个模型提供支持。尼斯坎南模型假定官僚是预算最大化的理由是,官僚的效用函数中的关键性因素是和预算规模成正相关关系的,即预算规模增加之后,官僚能够从中获得经济上的满足,进而增加个人效用。但是,来自经验研究的结果并不支持这一假设。这些经验研究都发现从经济上来讲,官僚没有从机构预算的增加中获益。彼特斯的经验研究发现,在很多国家,人事成本在公共支出和国内生产总值中的份额都是在下降的。⑥ 而且,在公共部门内部,工资的差别是很小的。高级公务员的工资实际上落后于整个经济。考森诺和基若德也发现在公共部门,公务员

---

① Niskanen, William A. 1991. A reflection on bureaucracy and representative government. In Blais, Andre, & Stephane Dion. Eds. *The budget-maximizing bureaucrat: Appraisals and evidence*. Pittsburgh: University of Pittsburgh Press.

② Cowart, Andrew, Tore Hansen, & Karl Erik Brofoss. 1975. Budgetary strategies and success at multiple decision levels in the Norwegian urban setting. *American Political Science Review* LXIX: 543-557.

③ Lord, Guy. 1973. *The French budgetary process*. Berkeley: University of California Press.

④ Crecine, John. 1969. *Government problem-solving*. Chicago: Rand McNally.

⑤ Sharkansky, Ira. 1968. Agency requests, gubernational support, and budget success in state legislatures. *American Political Science Review* LXII: 1220-1231.

⑥ 转引自 Young, Robert A. 1991. Budget size and bureaucratic careers. In Blais, Andre & Stephane Dion. Eds. *The budget-maximizing bureaucrat: Appraisals and evidence*. Pittsburgh: University of Pittsburgh Press。

工会在工资领域的影响是比较小的。[1] 此前的许多经验研究也发现[2]，官僚机构增长和官僚的工资之间没有关系。[3] 尼斯坎南模型的另一个假设是，预算的增加或许会为官僚的提升提供更多的机会。因为，预算增长后机构的规模就会增加，机构内部的层级也会相应地增加，从而为官僚提供更多的升职的机会。但是，正如容格的文献评估表明的，许多经验证据都没有为这一假设提供支持。[4] 它们都发现，在官僚机构的顶端，正常的升职很多都是取决于政治家的任命，而与机构的预算规模无关。1996 年，巴特尔和科塞克运用美国城市经理在私有化中的行为检验了改进的尼斯坎南模型。[5] 他们的检验指出，改进后的尼斯坎南模型仍然缺乏足够的经验事实的支持。当然，和传统的尼斯坎南模型不一样，关于改进后的尼斯坎南模型的经验检验仍然还很少。所以，改进后的尼斯坎南是否正确仍然需要更多的经验检验才能得出结论。

当然，官僚个人在经济上不能从官僚机构的预算增长中获益这一事实并不足以推翻官僚预算最大化理论。因为，在现实中，的确存在官僚机构及其官僚追求更大的预算的例子，正如我们同样可以找到官僚机构对于预算的增长缺乏兴趣的例子。真正的问题是，为什么不能从预算增长中获益的官僚会要求预算的增加？这意味着，即使预算最大化的假设在某些情况下是关于经验事实的一个准确描述，尼斯坎南模型对于产生这种官僚行为的原因的分析

---

[1] 转引自 Young, Robert A. 1991. Budget size and bureaucratic careers. In Blais, Andre & Stephane Dion. Eds. *The budget-maximizing bureaucrat: Appraisals and evidence*. Pittsburgh: University of Pittsburgh Press。

[2] 转引自 Young, Robert A. 1991. Budget size and bureaucratic careers.

[3] Dunsire, Andrew. 1987. Testing theories: The contribution of bureaumetrics. In Lane, Jan-Reik. Eds. *Bureaucracy and public choice*. London: Sage Publication, Inc. Grandjean, Burke D. 1981. History and career in a bureaucratic labor market. *American Journal of Sociology* Vol. 86, No. 5: 1057 – 1092. Johnson, Ronald N., & Gary D. Libecap. 1989. Agency growth, salaries and the protected bureaucrat. *Economic Inquiry* Vol. 27 (July): 431 – 451.

[4] Young, Robert A. 1991. Budget size and bureaucratic careers. Blais, Andre, & Stephane Dion. Eds. *The Budget-maximizing bureaucrat: Appraisals and evidence*. Pittsburgh: University of Pittsburgh Press。

[5] Bartle, John R., & R. L. Korosec. 1996. Are city managers greedy bureaucrats?. *Public Administration Quarterly* (Spring): 89 – 102.

是不准确的。布莱斯和戴恩认为，在预算和官僚的工资之间没有关系的情况下，官僚仍然追求更多的预算可能是因为以下三个原因[①]：（1）官僚追求更多的预算是因为他们坚信的价值而不是基于任何"自利"的考虑。正如林[②]与堪姆佩尔和诺尔斯[③]的经验研究发现的，许多公务员都是任务－导向的，他们都致力于提高提供公民服务的质量。因此，如果更多的预算能够保证他们更好地完成他们的这一任务，他们就会取追求更多的预算。（2）对于高级官僚来说，虽然他们的兴趣不是在经济收益上，而是在权力、名誉和提升上，他们也会追求预算最大化，因为，一个机构提供的权力、名誉和提升上的满足是和一个机构的预算紧密相关的。不过，正如上面的分析已经指出的，官僚的升职或许与预算是无关的。（3）许多官僚错误地相信增加预算是他们的利益所在。

（二）唐莱威的"官僚重塑模型"

唐莱威分析和比较了唐斯（Downs）和尼斯坎南（Niskanen）的官僚模型。他指出，尽管他们在分析方法上不同，但是，唐斯和尼斯坎南模型在以下四方面都是失败的[④]：（1）他们都将官僚组织视为相同的层级组织。（2）他们对于官僚效用函数的组成成分的定义都过于广泛。（3）他们都认为所有官僚行为都是相同的，因而不能解释官僚机构的目标和策略的变化。（4）他们都将对某一官僚机构的分析简单地扩大为对整个官僚系统的分析。唐莱威重点批评了尼斯坎南的官僚预算最大化模型。他指出，由于以下四个原

---

① Blais, Andre, & Stephane Dion. 1991. Eds. *The Budget-maximizing bureaucrat: Appraisals and evidence.* Pittsburgh: University of Pittsburgh Press. p. 357.

② Lynn, Laurence. 1991. *The budget-maximizing bureaucrat: Is there a case?* In Andre Blais & Stephane Dion. Eds. *The budget-maximizing bureaucrats: Appraisals and evidences.* Pittsburgh: University of Pittsburgh Press.

③ Campbell, Colin, & Ronald Naulls. 1991. The limits of the budget-maximizing theory: Some evidences from officials's views of their roles and careers. In Andre Blais & Stephane Dion. Eds. 1991. *The budget-maximizing bureaucrats: Appraisals and evidences.* Pittsburgh: University of Pittsburgh Press.

④ Dunlevy, P. 1991. *Democracy, bureaucracy and public choice.* New York: Prentice Hall. p. 162.

因，理性的官僚不会去追求预算最大化。这些原因包括：①

- 官僚组织内部存在集体行动问题，即官僚们可能会在追求预算最大化上采取搭便车的策略，这种集体行动问题会对整体的官僚行为产生重要的影响。
- 官僚的效用和预算增长相联系的程度取决于预算的不同组成成分，这意味着不是所有的预算成分都可以被用来增加官僚的效用。官僚的效用和预算增长相联系的程度还随官僚机构的不同而变化，其中的一个非常重要的原因就是不同的官僚机构有着不同的预算组成。
- 即使某些理性的官僚仍然追求预算最大化，但是，他们也仅仅在一个内部最优化的水平上追求预算最大化。
- 资深的高级官僚更可能追求与工作相关的而不是与金钱相关的效用。在这种情况下，采取集体策略将他们的官僚组织塑造成不同的机构类型或许更能提高这些高级的官僚的利益。

唐莱威指出，官僚是否追求预算最大化取决于三个条件：官僚的等级和预算的类型、涉及的机构类型、时间上的变化。② 唐莱威认为，总预算中各个组成部分的增长对于官僚的效用影响并不完全一样。他指出，"从预算增长中获得的最基本的个人效用的收益都与核心预算有关，它们对于低层和中层的官员来说是最重要的。相反，从预算扩张中获得的比较分散的效用收益主要与官僚预算相联系，它们对于高级官员最重要"。③ 对于高级官员来说，核心预算扩张的唯一好处在于缓解管理中的冲突。项目预算的扩张也能够帮助高级管理者建立可以用来对付紧急事态的"宽松的资源"，然而，由于大多数的项目预算最后都要转到其他的机构，所以，对于高级管理者获得管理中的弹性来说，在官僚机构自己控制的官僚预算中保留"宽松的资源"更有用。同时，虽然预算扩张的收益主要与核心预算与官僚预算相联系，预算

---

① Dunlevy, P. 1991. *Democracy, bureaucracy and public choice*. New York：Prentice Hall.
② Ibid., p. 191.
③ Ibid., p. 192.

扩张的倡议成本（所花费的时间、资源、努力等）很可能主要与项目预算相联系。①

对于官僚机构来说，最主要的是核心预算（低层和中层官僚）和官僚预算（高层官僚）。然而，即使理性官僚主要关心最大化他们的核心预算和官僚预算，这种动机也主要体现在那些核心预算、官僚预算和项目预算之间存在着紧密联系的组织中。供给机构就是最大的这种组织。在这种组织里，高级和低级官僚的福利都会与项目预算的增加形成最紧密的联系。这种模式也存在于管制机构，不过，管制机构的规模很小，而且对于这种机构的官僚来说，预算扩张只是增加效用的各种手段中的一种，因为他们可以用将成本外在化的方式来增加效用。对于税收机构来说，预算最大化的压力是存在的，因为这种机构一般规模很大，而且它的大部分预算都是花费在运行成本上。对于贸易机构来说，市场机会、竞争压力以及要求它们产生利润回报的规则限制了机构的扩张。服务机构一般比较小，而且它们的预算扩张是受到限制的，因为对于它们服务的需求依赖于其他的机构。对于某些合同和转移机构来说，高级官僚有动机去追求"官僚预算"最大化。这些机构的核心预算一般只占项目预算的一个非常小的部分，因此，低层官僚只有很弱的动机去追求项目预算的扩张。然而，在某些条件下，高级官僚则有很强的动机去追求官僚预算（此时，几乎与项目预算相同）最大化，因为他们可以从中获益。然而，对于所有的控制机构以及那些与零散的多个顾客打交道的合同和转移机构来说，官僚预算和项目预算最大化的动机则不存在。因为，对于这些机构来说，核心预算只占项目预算的一个很小的部分，而且，即使项目预算和官僚预算增加了，高级官僚也不会因此而获益。② 此外，唐莱威还认为，官僚的预算行为会随着时间而变化。

在此基础上，唐莱威认为，尼斯坎南模型是一个不准确的关于官僚机构的预算决策的模型，该模型没有分析官僚机构预算构成的复杂性，也没有分析官僚机构的复杂性，从而将官僚（高级和低级的官僚）的预算决策简单

---

① Dunlevy, P. 1991. *Democracy, bureaucracy and public choice*. New York: Prentice Hall. p. 192.

② Ibid., p. 193.

化了。此外，唐莱威特别强调在官僚寻求预算最大化的过程中存在着"集体行动"的问题。在存在集体行动问题时，虽然低层官僚可以从预算扩张中获益最多，他们知道该种增加的实现对他们个人的倡议是不敏感的，所以，即使他们的倡议成本很低，他们也会认为致力于预算的扩张不会有助于他们个人效用的增加。同时，虽然高级官僚意识到他们的努力对于预算的增加是非常重要的，但是，他们从预算增加之中只能获得很小的收益而他们倡议增加机构的预算基数的成本是很高的。因此，官僚尤其是高级官僚并不一定去追求预算最大化。① 那么，高级官僚追求什么？唐莱威进一步建立了他的"官僚重塑模型"。该模型认为，公共部门的雇佣体系使得高级官僚的福利主要紧密地与他们的工作特征而不是经济上的效用联系在一起。在"官僚重塑模型"中，高级官僚最感兴趣的是将他们的地位和工作的质量最大化。具体地说，高级官僚最感兴趣的是他们的政策咨询功能。所以，当他们面临大范围的支出削减时，为了保护他们自己和他们的机构，也为了使他们自己能够将精力集中到他们所偏好的政策咨询功能，他们会将他们的官僚机构重塑成为人员较小的机构。这就意味着，在某些情况下，高级官僚会主动选择预算最小化而不是预算最大化。总之，在唐莱威看来，追求个人效用最大化的高级官僚可以通过改变他们的机构的性质来实现效用的最大化，即通过官僚机构重新塑造而不是预算最大化来实现个人效用最大化。唐莱威总结了五种高级官僚用来在集体层面上实现官僚机构重新塑造的方法：发动或鼓励比较大的内部重新组织；转变内部工作实践；重新界定官僚机构和外部伙伴的关系；管理和其他的机构的竞争；将低层繁琐的工作承包出去。通过这些重新塑造，高级官僚不仅保护了机构和他们自己，而且还能帮助他们自己从许多的管理活动中脱身出来，专心于他们偏好的政策制定功能。在此基础上，唐莱威认为，这就是为什么理性的高级官僚愿意接受预算削减和将他们的某些部门私有化的原因。②

---

① Dunlevy, P. 1991. *Democracy, bureaucracy and public choice*. New York: Prentice Hall. p. 208.

② 参见 Marsh, David, M. J. Smith & D. Richards. 2000. Bureaucrats, politicans and reforms in Whitehall: Analysing the bureau-shaping model. *British Journal of Political Studies* Vol. 30: 461-482

(三) 部门的预算策略

公共预算研究中最盛行的一个概念恐怕要数"策略"一词。不过，在策略上，存在着两派完全不同甚至对立的观点：机会主义策略和诚实策略。机会主义策略的文献认为，官僚部门为了实现预算最大化会采取一些机会主义的策略，包括对预算审查和评估的部门（预算机构或者议会）隐瞒那些将会损害它们预算要求的信息、在向高级官员提供事实或数据时有意扭曲信息、只向预算审查的预算机构提供有利于官僚机构扩张预算的"客观的"研究。此时，官僚被描述成经典的"马基雅夫利"预算者。尼斯坎南模型实际上就是假定官僚部门会采取机会主义行为来实现预算最大化。诚实策略的文献则认为，从长期来说，诚实和正直的预算策略更能成功地为自己部门的预算要求辩护并获得拨款。因为，不诚实的机会主义策略会在预算审查机构及其预算官员的心目中损害该支出机构的形象，使得预算机构倾向于认为该支出机构是不诚实和不可靠的。[1]

在很长时期，人们都倾向于相信部门会采取机会主义的策略。这在一定程度上也许可以归功于尼斯坎南官僚预算最大化的流行。不少研究都发现，在预算过程中采用"贪婪的"策略是收获最大的。寇沃特等人早期对于官僚机构的预算数据的时间序列分析发现，从机构预算的长期增长率来看，大胆的和富于进取的预算策略将会有相当可观的报酬。[2] 因为，虽然大胆的和富于进取的预算策略很可能会碰到预算审查机构的大幅度的预算削减，但是，由于大胆的和富于进取的预算策略所要的预算拨款的增加通常是非常大的，预算削减并不能真正有效地阻止大胆的和富于进取的预算策略实现其增加预算拨款的目标。其他的早期研究也发现，在预算过程中，虽然预算机构通常会大幅度地削减那些要求非常高的预算增加率的官僚机构的预算要求，

---

[1] Cowart, Andrew. 1989. The Machiavellian budgeter. *British Journal of Political Studies* Vol. 6: 33–41.

[2] Cowart, Andrew, Tore Hansen & Karl-Erik Brofoss. 1975. Budgetary strategies and success at multiple decision levels in the Norwegian urban setting. *American Political Science Review* LXIX: 543–557.

但是，这些机构最后都能比那些比较诚实的官僚机构获得更多的预算增加。① 其后的研究也发现（例如 Cowart，1989），这种预算策略在 20 世纪 80 年代仍然大行其道。一些研究者还极其形象地总结了部门采取的各种具有机会主义特征的预算策略。例如，伦纳德·里德汇编了这一方面的资料，风趣地分析了各种支出机构用来扩大其预算的策略。例如，仿效君主抵押品拍卖、玩弄资金缺口把戏、施展筹建华盛顿纪念碑时的手段。② 托马斯·林奇教授更加全面地探讨和总结了支出机构的各种预算策略③：

- 仿效君主抵押品拍卖。即有意过高估计某项支出计划的费用；
- 玩弄资金缺口把戏。即有意过低估计"不规定具体用途的"支出部分的费用，转移资金，并通过追加拨款方式来补足差额；
- 施展筹建华盛顿纪念碑时的手段。即通过威胁取消原计划项目的办法来阻止削减所在的机构的经费；
- 取整的策略。由于预算中的数字经常根据百、千甚至百万来取整，所以，在一些小的但是在政治上非常重要的支出项目来说，这种策略就会非常有收获。

然而，无论是机会主义策略还是诚实策略都过于绝对。假定官僚是机会主义的过于悲观，假定官僚是绝对诚实的则过于理想化。更加准确的理论应该将官僚的机会主义动机假设成为一个变量而不是常数。换言之，官僚机构的行为倾向处于这样一个区域：从机会主义盛行到机会主义为零。④ 正如寇沃特指出的，很少有预算研究者认为这两种极端的策略是最成功的。⑤ 瓦尔

---

① Cowart, Andrew, & Karl-Erik Brofoss. 1979. *Decisions, politics, and change: A study of Norwegian urban budgeting.* Oslo: The University Press.

② ［美］杰克·瑞宾、托马斯·林奇：《国家预算和财政管理》，丁学东等译，中国财政经济出版社 1989 年版，第 92 页。

③ 同上。

④ Bartle, John, & Jun Ma. 2001. Applying transaction cost theory to public budgeting and finance. In John Bartle Eds. *Evolving theories of public budgeting.* New York: JAI Press.

⑤ Cowart, Andrew. 1989. The Machiavellian budgeter. *British Journal of Political Studies* Vol. 6: 33 – 41.

达沃斯基对美国联邦预算过程中预算策略的研究也倾向于暗示，更好的预算策略或许介于这两者之间。① 渐进主义的奠基人林德布鲁姆描述了一个竞争的参加者在两者之间互相调整（mutual adjustment）的过程，并指出这种互相调整会产生一种适度（moderate）行为。不过，他并没有进一步说明如何才是一种适度策略。瓦尔达沃夫斯基及其追随者在预算领域明确地描述了这样一种适度的预算策略。在其名著《预算过程的政治中》，瓦尔达沃夫斯基这样描写了机构的适度策略：

> 机构通常不会申请他们感觉到他们能从中获益的所有资金。在很大程度上……理由是策略。如果一个机构持续不断地递交远远超出它实际能够获得的数量的申请，预算局和拨款委员会就会对它失去信任，就会在审查预算的细节之前自动地削减一大块。即使项目是非常重要的也会变得很难进行辩护，因为没有人会相信一个不断地要这么多钱的机构。②

一些较新的研究也支持这一分析。寇沃特在挪威的调查研究发现，存在机会主义程度不同的支出机构预算者：低程度的"马基雅夫利"预算者、中等程度的"马基雅夫利"预算者和高程度的"马基雅夫利"预算者。③ 低程度的"马基雅夫利"机构追求"较软的"策略。例如在1974年的挪威行政预算中，这类机构平均只要求在去年的预算拨款的基础上增加10%左右的预算，而中等程度的"马基雅夫利"机构则要求两倍半的增长。最后的结果是，前者平均获得了大约8%的增加，而后者获得了大约22%的增加。寇沃特认为，根据各个机构的总预算在前一年的拨款的基础上增加的百分比，低程度的"马基雅夫利"机构相对于中等程度的"马基雅夫利"机构

---

① Wildavsky, Aaron. 1964. *The politics of the budgetary process* (1st). Boston: Little Brown. chap. 2, 3.
② Ibid., p. 21.
③ Cowart, Andrew. 1989. The Machiavellian budgeter. *British Journal of Political Studies* Vol. 6: 33 – 41.

和高程度的"马基雅夫利"机构来说是比较不成功的。① 中等程度的"马基雅夫利"机构最后获得的预算拨款的增加几乎是低程度的"马基雅夫利"机构的三倍。这是因为，低程度的"马基雅夫利"机构在预算策略上过于胆小，它们只要求在前一年的预算拨款的基础上增加一个很小的百分比。在预算机构看来，如果一个机构只要求很小的预算拨款，那么这就意味着该机构不需要更多的拨款。正如寇沃特指出的，"既然很少有机构获得他没有要求的东西，它们的总的百分比增长就是低的"。② 而中等程度的"马基雅夫利"机构和高程度的"马基雅夫利"机构由于采取了大胆而富于进取的预算策略，因而获得了增长幅度相当大的预算拨款。寇沃特1989年的这个发现从某种程度上支持了他在1975年完成的经验研究的结论。③

寇沃特还发现，预算机构并不是没有意识到支出机构的这些预算策略。④ 他发现，各个层级的预算机构，马基雅夫利主义程度和预算成功之间都存在某种"轻微但是一致"的负向关系。预算审查或评估过程的净效果是降低马基雅夫利策略的成功率。寇沃特发现，低程度的"马基雅夫利"预算者、中等程度的"马基雅夫利"预算者和高程度的"马基雅夫利"预算者预期到在预算审查的过程中他们要求的预算增加分别将会被降低2%、5%和7%。⑤ 这一发现表明，马基雅夫利预算策略所能达到的成功程度并不像心理学中的马基雅夫利博弈的实验研究中估计的那样高。一个原因是这些实验研究没有考虑政治和社会制度。一旦我们考虑了政治和社会制度的影响，马基雅夫利预算策略达到效果的可能性和程度都会小得多。因为，预算机构或上级机构会预期到出现这种扩张性的、进取性的和掠夺性的马基雅夫利预算策略，从而就会对其进行约束。但是，寇沃特认为这并不意味着对于

---

① Cowart, Andrew. 1989. The Machiavellian budgeter. *British Journal of Political Studies* Vol. 6: 33 – 41.

② Ibid.

③ Cowart, Andrew, Tore Hansen, & Karl-Erik Brofoss. 1975. Budgetary strategies and success at multiple decision levels in the Norwegian urban setting. *American Political Science Review* LXIX: 543 – 557.

④ Ibid.

⑤ Cowart, Andrew. 1989. The Machiavellian budgeter. *British Journal of Political Studies* Vol. 6: 33 – 41.

支出机构来说"非马基雅夫利预算策略"或"低程度的马基雅夫利预算策略"是最好的预算策略。① 因为，虽然在预算审查的过程中"非马基雅夫利预算策略"会在短期内从预算机构和上级获得奖励或报酬。但是，从长期来看的话，由于它采取了胆小的预算策略，在预算要求中只要求很小的预算拨款的增加，采取"非马基雅夫利预算策略"的支出机构将会受到损失。所以，某些机构仍然会采取"马基雅夫利预算策略"，在预算要求中采取扩张性的和掠夺性的策略。虽然中等程度和高程度的寇沃特要求的预算增加会被预算机构削减策略所限制，但是，从长期来看的话，预算审查过程所施加的约束并没有充分到能够使"马基雅夫利预算策略"的总体优势消失。② 所以，寇沃特最后结论说：对于支出机构来说，"似乎，策略决定了结果"。③

官僚机构所运用的预算策略在很大程度上受制于预算过程中的各种约束与规则。90年代以来，许多西方国家都在不同程度上实施了所谓的"企业型预算"。这种预算模式的一个特点是将预算形成过程由原来的自下而上的过程转变成了自上而下的预算过程，从而使得政府部门及其预算控制机构可以在支出部门形成其预算要求之前确定一个支出总额。这种自上而下的预算过程的目的之一是控制官僚机构的支出扩张，使得政府不再像传统预算下那样根据支出部门的预算要求来形成预算，从而不再像以前受制于支出部门的种种预算策略。那么，一个经验性的问题就是，这种新的预算模式能否限制官僚机构对于预算策略的运用。根据他1990—1991年在挪威全国范围内对地方政府的调查，梭伦森发现，虽然挪威的地方政府已经实行了一些企业型预算的措施，例如自上而下的支出限制、绩效测量和非边际的成本和收益分析，但是，"在管理风格上的这些改革并没有同时在实际的预算行为上出现相应的变化"，公共部门的组织文化仍然是扩张主义的。④ 测量一个机构的成功仍然是该机构扩张其雇员和支出的能力，而不是效率的提高与公民的满

---

① Cowart, Andrew. 1989. The Machiavellian budgeter. *British Journal of Political Studies* Vol. 6: 33-41.

② Ibid.

③ Ibid., p. 40.

④ Sorensen, Rune. 1994. Improving government resource allocation: The impact of alternative budgetary methods. *International Review of Administrative Science* Vol. 60: 5-22. p. 20.

意。在预算竞争中,"进攻的"(offensive)或"贪婪的"(acquisitive)的支出机构常常要占有很大的优势,而那些致力于改进效率的支出机构则得不到奖赏。根据对挪威地方政府官员(机构负责人和行政主管)的一项调查,表3-1/2展示了"贪婪性策略"的预算影响和效率提高的预算影响。

表3-1 挪威地方政府中贪婪性策略的影响

问题	回答	机构负责人 0%(人数)	行政主管 %(人数)
贪婪策略的预算影响	(1)引起拨款的增加	55.4(212)	41.3(38)
	(2)无影响	27.9(107)	46.7(43)
	(3)引起预算拨款的减少	1.6(6)	0
	(4)遗漏	15.1(58)	12.0(11)
		100.0(383)	100.0(92)

表3-2 挪威地方政府效率提高后的预算影响

问题	回答	%(人数)
效率提高后的预算影响	(1)降低预算拨款(惩罚)	21.3(82)
	(2)无影响	46.2(178)
	(3)增加预算拨款(奖励)	20.3(78)
	(4)遗漏	12.2(47)
		100.0(385)

数据来源:Sorensen, Rune. 1994. Improving government resource allocation: The impact of alternative budgetary methods. *International Review of Administrative Science* Vol. 60: 5-22。

第 四 章
核心预算机构

　　夸张地说，各个部门把预算办公室看作是穿着整齐套装的官僚；而预算办公室则认为各个部门不了解全局。事实比这个要缓和得多……有段时间我们像猫狗那样打斗。我们为预算的"缩减"而战。

——美国菲尼克斯市一位消防官员①

　　由于行政预算体制的建立，政府首脑有权向议会提出政府预算。现在的问题是，在政府内部，预算决策是在何处作出的？政府首脑是如何审查各个部门提出的预算要求，从而进行预算分配？从法律上讲，在政府内部，政府首脑是政府预算的最后决策者，政府预算就是政府首脑的政策和财政计划。然而，政府首脑不可能直接面对所有的政府部门，评估和审查它们的预算要求，并监督其预算执行。一般的，各国政府内部都设置一个专门的核心预算机构，协助政府首脑评估和审查支出机构的预算要求，监督预算执行。核心预算机构在政府预算的形成及其执行过程中所起的作用是非常大的，它是宏观预算和微观预算的连接点，是支出部门和政府首脑之间的中介。② 所以，

---

① 转引自 Rubin, Irene. 1997. *The politics of public budgeting* (3th). Chatham: Chatham House Publishers, Inc. p. 29。

② Gosling, James J. 1985. Patterns of influence and choice in the Wisconsin budgetary process. *Legislative Studies Quarterly* Vol. 10 (November): 457 – 482. Gosling, James J. 1987. The state budget office and policy making. *Public Budgeting & Finance* Vol. 7 (Spring): 51 – 65. Thurmaier, Kurt. 1993. Decisive decision making in the executive budget process: Analyzing the political and economic propensities of central budegt bureau analysts. *Public Administration Review* Vol. 55, No. 5: 448 – 460. Thurmaier, Kurt. 1995. Execution phase budgeting in local governments: It's not just for control anymore! *State and Local Government Review* Vol. 27, No. 2: 102 – 117.

如果我们未能充分理解核心预算机构的角色和功能、它的内部决策过程的性质、它在预算决策中与政府首脑及各个部门的关系，那么，我们就不可能真正理解预算过程（Axelrod，1988，p.64）。

一、核心预算机构的历史

在历史上，财政或国库机构只履行很少的职能。在欧洲大陆以及斯堪的纳维亚国家，它们最初只是政府财政的会计机构，负责管理皇家国库和财政。它们的主要角色是记录收到的支付要求，协调王室的账簿，告诉国王可以用来支付的收入。它们很少介入其他部门的政策领地，这些部门通常在安排收支上有比较大的自主权。总之，传统的部门自主性一直制约着财政部门权力和责任的扩张。19世纪政治民主化以来，这些机构开始向一个选举产生的政府首脑报告财政情况。但是，其履行的仍然是原来的那种会计功能。随着财政问责的要求越来越强烈，这些机构开始向议会报告财政情况，以使得议员们能够审查政府的财政。从19世纪中期开始直到第二次世界大战期间，这些机构逐渐演变成公共资金的控制者，对支出进行事前控制以及实施一系列财政管理程序。在这一时期，预算机构开始在支出控制中发挥重要的作用。它在预算编制的环节通过详细的预算科目体系对各个部门的预算进行控制，在预算执行中对各个部门的支出是否与预算保持一致、是否与政府的各种规则和程序保持一致进行事前控制。但是，它们仍然没有被看成一个政治上非常重要或者是具有很高地位的机构。在英国，即使到20世纪，曾有首相将财政部部长排除在内阁之外。不过，从整体来看，在这一时期，这些财政机构逐渐成长为我们现在通常所说的核心预算机构（central budget agency）。政府首脑主要依赖这一机构来运作整个预算程序，审查各个部门的预算，形成支出计划，管理各种财政事务，监督政府的收支。控制了资源就获得了权力，控制了预算程序也意味着一种权力。这一机构依赖其对资源的控制，逐渐发展成为政府内部权力非常大的一个强势机构。在许多现代预算体制发达的国家，这类机构一般都被描绘成一个通过控制钱袋子进而能够影响政策和服务供给的权力巨大的核心机构。例如，英国的财政部被称为"内阁中的上帝"。英国的财政部的一位常任部长曾经夸口说，英国的财政部是"部门中的部门"和"我们行政系统的心脏"。①

　　从20世纪中期开始，核心预算机构的权力和责任进一步得到扩张，角色也开始发生变化，从传统的公共财政的监督者转变成一个同时还承担宏观经济管理、政策分析和绩效管理的机构，它们不仅具有传统的资源配置或者预算角色，还承担了政策审查和制定的角色。② 核心预算机构在这一时期权力与责任的扩张是在一些经济和政治因素的推动之下出现的。从20世纪70年代直到90年代初，许多发达国家的经济增长都开始放缓，同时支出压力越来越大。因此，削减支出、控制赤字与债务就成为一个非常迫切的问题。这种财政状况就为财政机构在支出水平和资源配置的决策中扩大其影响创造了条件。在这种背景下，随着财经纪律的重要性越来越突出，核心预算机构也越来越认为自己应该在这种财政状况中发挥公共资金看守者的角色，应该在削减支出、实现节约中发挥应有的作用，核心预算机构的权力和责任也就越来越大。同时，政府及政府首脑也越来越倾向于发挥核心预算机构的作用，这主要是因为，预算机构与各个部门的根本不同之处在于，它不是一个资源申请者，因此，在预算决策中它更能够提供必需的同时也比较客观的政策意见。而且，核心预算机构的这种权力的上升是与其传统的"负责的管家"的角色一致的，其他各个部门也很难反对。自从80年代以来，预算机构开始介入总额控制目标的设定，中期支出框架的制定，审查现有政策和新政策的预算影响。不过，90年代后期开始，随着一些国家的财政开始出现盈余，各种扩大支出的要求又开始获得越来越大的支持。这对预算机构的权力形成了挑战。面对这些要求放松支出约束的压力，各国的预算机构采取了一些比较有效的策略来捍卫其对支出和总额进行控制的权力。其中最重要的一个策略是，强调财政可持续性的重要性或者呼吁一种坚实持久的财政管理。③

---

① 转引自 Wanna, John. 2003. Introduction: The Changing role of central budgeting agencies. In Wanna, John, Lotte Jensen, & Jouke de Vries. Eds. *Controlling public expenditure: The changing roles of central budget agencies-better guardians*? Edward Elgar Publishing Ltd。

② Ibid.

③ Jensen, Lotte, & John Wanna. 2003. Conclusion: Better guardians? In Wanna, John, Lotte Jensen & Jouke de Vries. Eds. *Controlling public expenditure: The changing roles of central budget agencies-better guardians*? Edward Elgar Publishing Ltd.

20世纪80年代开始实行的结果导向的预算对核心预算机构的作用产生了双向的影响。一方面，这一改革通过协商绩效合同的方式将核心预算机构与各个部门之间的关系从传统的控制与被控制的层级制关系转变成一种平等的合同关系，同时在预算执行中要求核心预算机构放松控制，让各个部门乃至项目管理者在支出上拥有较大的灵活性。这显然削弱了核心预算机构的职责与权力。但是，在另一方面，这一改革要求在资金与结果之间建立联系，提高资源配置效率。这要求核心预算机构重塑自己的职能和角色，从而发挥更重要的超越传统的投入控制的角色，而在设定战略目标和政策重点领域发挥更大的作用。实际上，进入21世纪，为了进一步完善结果导向的绩效预算，一些OECD国家的预算改革都在加强核心预算机构在政策和项目审查方面的权力。[1] 例如，英国财政部从2001年到2004年启动公共服务合同，与各个部门协商其绩效目标。正如帕雷和德肯指出的，这表明英国财政部开始超越其传统的组织定位，雄心勃勃地进入政策领域，并使得各个部门不得不考虑财政部，尤其是财政部长，关于政策或者支出重点的考虑。[2]

尽管在公共预算中，这类机构一般通称核心预算机构（central budget agency），但是，在不同的国家，它们的具体名称是不同的，各自所承担的功能也有所不同。最通常的一个名字是"财政部"，此外，也被称为"国库部门"、"预算管理办公室"（美国）、"计划与预算部"（韩国）。而且，即使名称相同，各国的预算机构具体行使的权力及履行的职能都不尽相同。而且，在有些国家，预算权并不都是集中在一个机构。尽管有这些差异性，但是，经过将近两百年的现代公共预算实践，核心预算机构在各国的预算过程和政策过程中都已经是一个居于核心地位的强有力的机构。而且，一个国家的预算制度越发达，其核心预算机构的权力也越大。不过，正如最近关于核心预算机构的比较研究发现的，核心预算机构的权力及其强势地位也不是绝

---

[1] OECD. 2007. *Performance budgeting in OECD countries.* Paris：OECD Publishing.

[2] Parry, Richgard, & Nicholas Deakin. 2003. Control through negotiated agreements：The chanaging role of the treasury in controlling public expenditures in Britain. In Wanna, John, Lotte Jensen & Jouke de Vries. Eds. *Controlling public expenditure：The changing roles of central budget agencies-better guardians*? Edward Elgar Publishing Ltd.

对的。① 归根到底，核心预算机构的权力是在其与其他各个预算参与者互动的过程中形成的，并不断地在重构中。核心预算机构也必须不断适应这些环境因素的变化而不断地重塑自己的角色。汤姆肯在其对美国管理与预算办公室详细的研究中，则是这样描绘该机构的：它"处于联邦政府神经中心的一个关键点，能够对公共政策的结果产生显著的影响"。② 但是，正如希克指出的，OMB 的权力主要是一种"配给功能"（rationing function），但是，即使这一权力也因为预算环境及某些预算外程序的影响而受到削弱。而且，随着 OMB 适应环境而将自己的角色从一个主要负责审查进而配给资金的机构转变成一个具有"申请功能"的机构，它的这一配给权力也进一步削弱。③ 同样地，帕雷和德肯对于英国财政部的研究也发现，尽管财政部仍然是英国政府内部权力无比巨大的机构，但是，最近这一机构也适应绩效预算改革的需要重塑了自己的角色，放弃了原来的那种站在各个部门对立面进行单边控制的角色，而开始与部门开展互惠的协商。④

不过，现在核心预算机构的角色及其职责已经越来越具有弹性，甚至从某种程度上来讲，现在越来越难以像以前那样准确地定位核心预算机构的角色。这主要是因为，它运作的环境以及它所管理的支出也越来越复杂和不同。或许借用凯顿的话，现在的核心预算机构是处于"超预算时代"的核心预算机构，面临着一些前所未有的新挑战。⑤ 现在，各国面临的情况基本相同，即支出要求越来越强，而且随着政府承担的福利责任越来越多，支出的性质和形式也发生了根本性的变化。在各国的支出中，强制性的法定支出

---

① Wanna, John, Lotte Jensen, & Jouke de Vries. 2003. Eds. *Controlling public expenditure*: *The changing roles of central budget agencies-better guardians*? Edward Elgar Publishing Ltd.

② Tomkin, Shelly Lynne. 1998. *Inside OMB*. Armonk, NY: M. E. Share. p. xi.

③ Schick, Allen. 2001. The changing role of the central budget office. *OECD Journal of Budgeting* Vol. 1, No. 1: 9–26.

④ Parry, Richgard, & Nicholas Deakin. 2003. Control through negotiated agreements: The changing role of the treasury in controlling public expenditures in Britain. In Wanna, John, Lotte Jensen & Jouke de Vries. Eds. *Controlling public expenditure*: *The changing roles of central budget agencies-better guardians*? Edward Elgar Publishing Ltd.

⑤ Caiden, Naomi. 1989. A new perspective on budgetary reform. *Australia Journal of Public Administration* Vol. 48, No. 1: 51–58.

（mandatory payments）、赋权型支出（entitlements）以及税式支出（tax expenditures）所占的比重越来越大，这些都对核心预算机构的传统角色构成了巨大的挑战。一方面，这使得核心预算机构的支出控制范围越来越大；另一方面这也使得它的影响能力越来越小。在这种情况下，一些国家的核心预算机构开始介入部门的政策特权，影响政策重点的确定，例如英国、美国等；另一些国家的核心预算机构则退缩到主要成为一个强大的监督者和信息收集者的角色。[1] 在这种情况下，核心预算机构的角色变得越来越不清晰，它对治理的贡献也是如此。[2]

二、预算权的分配：集中/分散

在行政预算体制内部，一个关键的制度问题是，预算权应该是集中的还是分散的（图4-1）。目前，预算制度发达的国家主要都是采取集中型的核心预算机构模式，而预算制度不太成熟的国家通常都或多或少地采取分散模式。不过，也有预算制度成熟的国家采取分散模式。

（一）集中型

在集中型模式下，在每级政府内部将预算权集中到一个核心预算机构，并由它在政府内部实施集中统一的控制。在许多国家，核心预算机构就是财政部门或者设在财政部内部（例如英国和法国的财政部），而某些国家则设置了专门的预算机构来承担预算审查的任务（例如美国的OMB）。在一些国家，核心预算机构或者是放在政府首脑的办公室之下的（美国），或者在总理办公室之下的（泰国），或者在计划机构之下（如韩国），或者组织成一个独立的机构（如澳大利亚），或者是一个独立的部（法国）。[3]

---

[1] Wanna, John. 2003. Introduction: The Chanaging role of central budgeting agecneis. In Wanna, John, Lotte Jensen, & Jouke de Vries. Eds. *Controlling public expenditure: The changing roles of central budget agencies-better guardians*? Edward Elgar Publishing Ltd.

[2] Schick, Allen. 2001. The changing role of the central budget office. *OECD Journal of Budgeting* Vol. 1, No. 1: 9–26.

[3] Premchand, A. 1993. *Public expenditure management*. Washington, D. C.: IMF Publisher.

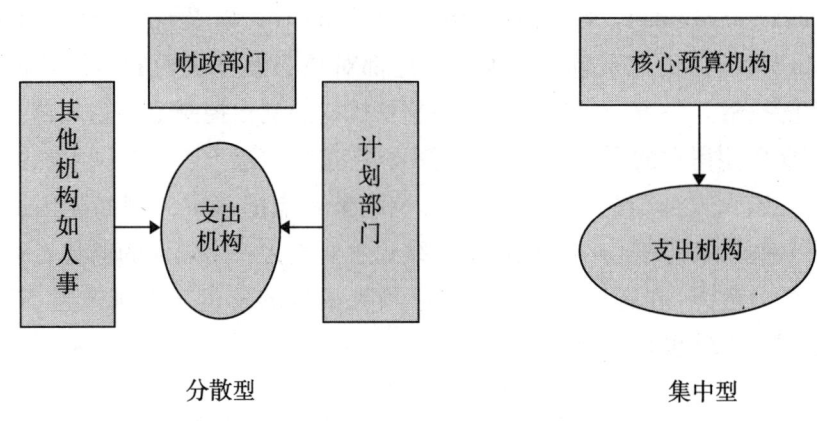

图 4-1 预算分配权的分布

在一些实行总统制的国家，例如美国、菲律宾、墨西哥和巴西等，存在一个统一、完整的核心预算机构，而且该预算机构具有非常广泛的权力，除了预算审查之外，它们还具有项目评估、项目管理、经济管理等职能。核心预算机构是政府首脑（总统）的强有力的助手。而在议会制的体系中，如英国、法国和德国，财政部拥有广泛的财政和经济职能，但是以预算审查为主。然而，在这些国家，财政部作为核心预算机构一般不拥有政策发展、项目评估与管理的职能。在这两类体系中，预算审查权都是集中在一个预算机构，只不过在议会体制中，该核心预算机构就是财政部，而在总统制中，有些国家在财政部之外设立了专门的核心预算机构（如美国的 OMB）。另外，总统制赋予了核心预算机构更加广泛的权力，而议会制主要是将预算审查权赋予了核心预算机构。[①]

这种模式有助于在政府内部实行集中统一的财政控制，比较有利于进行总额控制，也比较有助于改进资源配置效率，因为，这有助于将稀缺的资源统筹起来根据轻重缓急进行分配。当然，要实现这些目标，仅仅集中资金分配权仍然是不够的。

---

① Axelrod, Donald. 1988. *Budgeting for modern government*. New York: St. Martins Press. pp. 69-70.

（二）分散型

在很多发展中国家，财政部可以进行预算审查，但是仅仅局限于收入和现有的预算，而外国援助、相关的外来资源或者发展支出都在计划部门的控制之下。"在许多发展中国家，预算过程是零碎的，两个或者更多平等的机构对预算的不同部分负责"。① 换言之，在行政预算体制内部，预算审查权和预算资金的分配权是由多个权力相等的预算机构所分享的。最典型的是一种"双轨预算"（dual budget），即一个负责社会与经济发展的计划委员会或计划机构负责资本预算或投资预算，而财政部负责经常性或运营预算。在有些国家（如印度尼西亚和埃及），预算审查权和分配权的分配则更加零碎。一个名义上的中央预算办公室负责运营预算，计划机构负责资本预算，人事机构负责决定雇员数量与雇佣方式，财政部门下面的一个专门机构负责收入预测。② 不过，分散型的核心预算机构模式在发达国家也存在。例如，加拿大就有两个资金看守者，也即两个核心预算机构。财政部主要负责经济和财政政策，以及税收政策、债务管理、政府间财政关系，确定支出总水平，但是，与其他同属富裕国家的 G-7 国家不同的是，它不详细地审查各个部门的预算。国库委员会及其总负责人负责管理政府的支出，编制支出预算。③

这种模式使得资金分配权分散，有时容易弱化财经纪律，也不利于实现资源配置效率。此外，在某些情况下还必须建立相应的协调机制。④ 然而，这种协调不是免费的，核心预算机构越多，协调成本也越高。例如，在那些预算分配权极端分散和零碎的国家（如印度尼西亚和埃及），为了在多个都拥有预算分配权的机构之间进行协调，政府不得不建立一个委员会，所有的这些拥有预算分配权的机构都参与这个委员会，并在这个委员会中就预算问

---

① Axelrod, Donald. 1988. *Budgeting for modern government.* New York: St. Martins Press. p. 70.

② Ibid.

③ Wanna, John. 2003. Introduction: The Changing role of central budgeting agencies. In Wanna, John, Lotte Jensen, & Jouke de Vries. Eds. *Controlling public expenditure: The changing roles of central budget agencies-better guardians?* Edward Elgar Publishing Ltd.

④ Axelrod, Donald. 1988. *Budgeting for modern government.* New York: St. Martins Press. p. 70.

题达成一致和共识，最后再由名义上的核心预算机构将这些"预算"汇总到一起。然而，名义上的核心预算机构对于预算中的许多重要的部分都没有实质意义的影响。①

（三）预算执行中的财政管理权

在预算执行过程中，财政管理权也是一种非常重要的管理权。这里需要考虑的问题是，是否将财政管理权也集中到一个负责预算编制的核心预算机构。一般的，各国都有国库部门，这一部门一般也都属于财政部。在大部分国家，财政管理权力一般都在财政部，由财政部下面的一个专门机构负责，同时，财政部另有一个专门的机构负责预算编制。例如，在澳大利亚，财政与行政司主要负责支出预算、项目支出审查以及财政控制的机构，但是，国库司既承担财政管理职责，同时，它也为经济政策制定提供建议。②

然而，美国的财政部，与英国、新西兰、澳大利亚等的财政部相比，则只有很有限的角色和政策范围，它主要负责预算执行，预算编制是由总统办公室的管理与预算办公室（Office of Management and Budget，OMB）负责的。③ 这种将资金分配权与财政管理权相分离的模式虽然有助于获得专业性分工的好处，但是，也带来了一定的协调成本。

三、核心预算机构与支出机构之间的关系

在预算过程中，核心预算机构与支出机构之间的关系是非常重要的，也是最基本的预算关系。从制度上来讲，核心预算机构只是政府首脑在预算领域的代理人。但是，由于核心预算机构控制着资源分配，在政府内部的预算决策中，它就占据了重要地位，无形中获得了一种比其他部门更高的地位。

---

① Axelrod, Donald. 1988. *Budgeting for modern government*. New York: St. Martins Press. p. 70.

② Ibid.

③ Wanna, John. 2003. Introduction: The Changing role of central budgeting agencies. In Wanna, John, Lotte Jensen, & Jouke de Vries. Eds. *Controlling public expenditure: The changing roles of central budget agencies-better guardians?* Edward Elgar Publishing Ltd.

沃肯甚至认为，预算决策中真正的动态过程是发生在支出机构（spender）和预算保护机构（guardians）之间，而不是在政治家和官僚之间。[①] 在支出机构和预算保护机构之间的委托—代理关系中，预算机构是委托人，而各个支出机构是代理人。传统上，这主要是一种资金守护者和支出者之间的关系，或者是一种申请者和审查者之间的关系。不过，随着不断的预算改革，双方之间的关系也出现了变化，甚至是根本性的变化。在这个过程中，核心预算机构的角色也出现了根本性的转变。

（一）从层级制到市场制

现代公共预算是一种控制型的预算体制，它在政府内部建立起集中统一的预算控制。制定并实施这些预算控制的机构就是核心预算机构。这就将核心预算机构与各个部门之间的关系转变成一种层级制关系。在这种模式中，核心预算机构与支出机构之间不是平等的合同双方的关系，而是某种以命令与服从为特征的等级制关系。[②] 在这种传统的预算模式下，核心预算机构主要是一个支出控制者。它一般通过两种方式对各个部门的支出进行控制：（1）事前详细规定支出的细目；（2）配置增量。自传统预算模式建立一直到二战后的很大一部分时间里，核心预算机构主要通过事前详细规定支出细目来事前详细地控制部门的活动，随后在预算执行中监督各个部门是否按照事前规定的支出细目进行支出，进而确保支出总额不致失控。通过对增量进行分配，核心预算机构就能够影响政府的支出重点，因为，核心预算机构可以在不引起较大预算冲突的情况下，决定哪些项目的资金可以增加，哪些活动可以开展。[③] 20世纪50年以来直到80年代的历次预算改革，都想改变这种预算模式，但是，都没有取得成功。所以，总体上看，核心预算机构与支

[①] Aucoin, Peters. 1991. The politics and management of restraint budgeting. In Andre Blais and Stephane Dion. Eds. *The budgeting maximizing bureaucrat*. Pittsburgh: University of Pittsburgh.

[②] Smith, Robert, & Mark Bertozzi. 1998. Principals and agents: An explanatory model for Public budegting. *Journal of Public Budgeting, Accounting & Financial Management* Vol. 10, No. 3: 325 – 351.

[③] Schick, Allen. 2001. The changing role of the central budget office. *OECD Journal of Budgeting* Vol. 1, No. 1: 9 – 26.

出部门之间关系仍然未出现根本性的改变。各种预算改革充其量只是为核心预算机构的支出控制提供了新的工具和手段,并使得这种层级制关系更加复杂和精致。概括地说,在这种等级制的预算模式下,核心预算机构主要依赖行为和结果进行测量,全面的监督和评估,标准化的运行程序来约束各个部门的行为,同时,通过设计组织结构来影响预算过程。[1]

进入20世纪80年代,对于预算机构来说,传统的支出控制方式已经越来越不能再有效地控制支出总额和影响政府的支出重点。由于各国的公共支出的总规模越来越大,通过控制细目来控制总额的方法已经越来越没有效果。因为支出总额太大,而各个细目太小,而且,各种赋权型支出根本不受细目控制的影响。同时,由于西方各国的经济增长开始放缓,支出压力越来越大,赋权型支出也变得越来越难以控制,而政治家又不愿意增加税收,基数加增长可以依赖的增量收入变得越来越少,这也使得增量配置这种方式也无法有效地用来确定政府的支出重点。[2] 在这种情况下,新绩效预算在80年代兴起。这种新的预算模式使得核心预算机构与支出部门之间的关系发生了一个根本性的转变——从层级制关系转向合同制关系。其实,即使在传统预算模式下,预算在本质上也是一种合同。不过,在传统预算下,这种合同是隐性的,预算机构承诺在需要的时候向部门提供一定数量的资金,而部门承诺将按照预先规定的支出用途进行支出。[3] 20世纪80年代的新绩效预算,通过签订绩效合同的方式并在预算执行中放权的,将核心预算机构与支出部门之间的关系从一种层级制的关系转变成一种合同关系。在编制预算的过程中,核心预算机构与支出部门的负责人以一种平等的方式就部门的支出重点、活动选择、绩效测量以及所需的预算等进行磋商,最后围绕项目形成的绩效预算实质上就是一种显性的合同。在一些国家,这种预算合同化的色彩

---

[1] Smith, Robert, & Mark Bertozzi. 1998. Principals and agents: An explanatory model for Public budegting. *Journal of Public Budgeting, Accounting & Financial Management* Vol. 10, No. 3: 325-351.

[2] Schick, Allen. 2001. The changing role of the central budget office. *OECD Journal of Budgeting* Vol. 1, No. 1: 9-26.

[3] Wildavsky, Aaron. 1964. *The Politics of the budgetary process* (1st). Boston: Little Brown. p. 2.

已经非常强烈。例如，英国的公共服务合同，新西兰各部部长和部门内各个机构的负责人签订的产出合同，美国得克萨斯州的预算编制甚至采用了"采购"的逻辑，即核心预算机构运用公共资金向部门采购所需的产出和结果。克雷斯腾森在研究了丹麦的预算改革后也认为，将预算看成一系列的合同安排能够为预算改革提供一个有用的基础。① 他批评说，丹麦的预算改革是一种宏观层次的改革，未能成功地改进丹麦的预算体系。因为，这些预算改革忽略了运用激励合同。虽然在丹麦的预算体系下，在确定的预算目标之下，特定的支出机构拥有一定的灵活性，但是，丹麦的预算体系并没有为预算制定者提供恰当的动机来遵守该预算目标。预算最大化的支出机构存在强烈的动机去故意模糊支出机构的财政状况来保留它的灵活性。为了使得各个部门更加关心绩效，应该运用合同体系来取代传统的等级制预算体系。②

（二）核心预算机构的角色变化

在过去两百年中，随着预算模式的变化，核心预算机构与部门之间的关系也在变化。在这个过程中，核心预算机构的角色也在变化。塞缪尔和魏劳比认为，希克所说的预算的四种预算取向也适用于核心预算机构。因此，主要有四种取向的核心预算机构：③ 控制、管理、计划和政策。④ 控制取向的核心预算机构主要致力于削减支出机构的支出，以及限制它们在内部重新配置资源的能力。管理取向的核心预算机构主要致力于促进支出机构改善管理。计划取向的核心预算机构主要致力于帮助支出机构进行预测，建立多年期的项目计划。政策取向的核心预算机构的关注点则从支出转移到了政策变化，它主要致力于鼓励支出部门在它们的支出项目之间进行权衡，而且这种权衡已经成为预算决策的焦点。⑤

---

① Christensen, J. G. 1992. Hierarchical and contractual approaches to budgetary reform. *Journal of Theoretical Politics* Vol. 4, No. 1: 67 – 91.

② Ibid.

③ Thurmaier, Kurt, & K. Willoughby. 2001. *Policy and politics in state budgeting*. New York: M. E. Sharpe. p. 63.

④ Ibid., p. 129.

⑤ Ibid., p. 130.

控制职能是预算机构最早的职能，它产生于现代公共预算形成之时。所以，长期以来，在预算研究中，核心预算机构都是被看做是支出的"削减者"和"财政资金的看守者"。① 例如安东认为，无论支出机构在准备预算时是否真的是扩张性的，预算审查者都认为它们是这样的，从而，预算审查者都会很自然地将自己视为支出削减者。② 然而，很多研究者都已经对此提出了质疑。例如，阿泼比就指出，在有些情况下，支出的节约可以通过支出得更多来实现。③ 这种观点无疑是很有启发性的。在很多情况下，削减现在的支出或许会带来公共服务质量的进一步恶化，从而增加未来的支出需求。在这些情况下，不对支出机构的预算要求进行削减反而会在将来节约预算支出。

从20世纪50年代开始，许多国家的预算取向逐步转向复杂的组合，已经将管理、计划和政策包括在内。与此同时，核心预算机构也开始逐步地摆脱完全以控制为主的模式，强调其他职能。从70年代开始，伴随着计划项目预算模式的产生及其在各国的推广，核心预算机构开始在政策过程中发挥着越来越大的作用，核心预算机构的官僚也变得越来越像政策分析家。汤姆肯在研究了美国联邦的管理和预算办公室（OMB）之后发现，该机构已经从控制取向转向了政策取向。④ 在州一级，美国的核心预算机构也逐渐放弃了它们传统的预算控制的职能，而更多地转向了管理和政策分析。1971年，希克调查的17位州预算负责人更希望他们自己被称着"政策人员"，7个州的预算负责人称他们自己的办公室为"管理协助机构"，没有一个州的预算

---

① Sharkansky, Ira. 1968. Agency requests, gubernational support, and budget success in state legislatures. *American Political Science Review* LXII: 1220 – 1231. Sharkansky, Ira. 1968. *Spending in the American states*. Chicago: Rand McNally. Anton, Thomas. 1966. *The politics of state expenditure in Illinois*. Urbana: University of Illinois Press. Appleby, Paul. 1957. The role of the budegt division. *Public Administration Review* Vol. 17 (Summer): 156 – 158. Howard, Kenneth. 1973. *Changing state budgeting*. Lexington: Council of State Government.

② Anton, Thomas. 1966. *The politics of state expenditure in Illinois*. Urbana: University of Illinois Press. p. 122.

③ Appleby, Paul. 1957. The role of the budegt division. *Public Administration Review* Vol. 17 (Summer): 156 – 158.

④ Tomkin, Shelly Lynne. 1998. *Inside OMB*. Armonk, NY: M. E. Share.

负责人认为他们的机构主要是在进行"支出控制"。① 显然,这些预算人员都自视为政策制定者,都在回避传统的财政控制的角色定位。古斯林调查了美国中西部三个州的预算机构后发现,爱荷华州的预算机构仍然是控制取向的,威斯康星州的预算机构则已经是政策取向的,明尼苏达州的预算机构则处在向政策取向的转变中。② 和塞缪尔一起,古斯林在1997年重新调查了他10年前调查过的三个州,他们发现这三个州的预算机构基本上已经完成了向政策取向的转变。在他们调查的三个州,没有证据表明预算机构具有任何显著的管理和计划取向。③ 此外,这些发现都表明,州一级的预算机构及其预算人员必须和各个支出部门一起将各个部门的项目活动和预算优先项目与政府首脑(州长)的政策和支出的优先项目保持一致。

塞缪尔和魏劳比分析了两类预算机构:政策取向和控制取向的预算机构。④ 他们发现,在控制取向的预算机构,预算官员的主要作用是在预算执行中控制支出机构和为它们提供帮助。虽然预算机构的官员也评估和分析支出机构的预算要求来为他们的预算建议提供支持,但是,这只是他们主要从事的预算控制工作的一个方面,他们主要是和各个支出机构而不是政策制定者打交道。因此,这种预算机构和政策制定者之间的"政策距离"是很大的。控制取向的预算机构主要是一个信息提供者和一个支出的监督者。作为一个信息的供给者,它负责向支出机构传达政策制定者决定的政策和预算安排的信息,并把支出机构的支出信息及其绩效传达给政策制定者。在预算形成的过程中,控制主导型的预算机构主要起一个将支出机构的预算汇总成政府总预算的角色。作为一个监督者,它最主要的精力都集中在预算执行过程中对支出进行检查、监督和协调,以确保支出机构的支出行为是符合法律和

---

① Schick, Allen. 1971. *Budget innovation in the states.* Washington, D. C.: The Brookings Institution.

② Gosling, James J. 1987. The state budget office and policy making. *Public Budgeting & Finance* Vol. 7 (Spring): 51 – 65.

③ Thurmaier, Kurt, & James Golsing. 1997. The Shifting roles of budget offices in the midwest: Gosling revisted. *Public Budgeting and Finance* Vol. 17, No. 4: 48 – 70.

④ Thurmaier, Kurt. 2001. Budgeting rationality in Midwest state budget offices. *International Journal of Organization Theory and Behavior* Vo. 4 (1&2): 133 – 161. Thurmaier, Kurt & K. Willoughby. 2001. *Policy and politics in state budgeting.* New York: M. E. Sharpe. chap. 6 – 7.

技术理性，而并不关心支出机构的活动及支出的政治理性和社会理性。即使这种预算机构也会评估和分析支出机构的预算，但是，它关心的是预算要求涉及的数目的准确性（过去和预计的支出的准确性、每个支出细目的准确性等）、格式上的规范性，等等。它审查的重点是项目的投入，而不是产出或结果。它一般先审查预算的连续情况（或预算基数），然后，集中分析每一个项目下新的预算要求和上一个预算年度相比发生了重大变化的部分。可见，控制取向的预算机构的预算评估过程比较倾向于传统的分项列支和渐进预算。

政策取向的预算机构既不做完全技术性的分析，也不做完全政治性的分析。这种预算机构中的官员主要是根据问题的以下几个特征，来选择分析支出机构的预算问题。这些特征包括：哪一方面是最迫切的，他们处在预算过程的哪个阶段，以及是否有迹象表明某个问题或支出是或不是州长的优先安排。这种政策取向的预算机构和政策制定者之间的"政策距离"是很短的。当资金宽裕而且财政约束放松的时候，边际效用分析就会被用来将多余的资金分配到某个机构项目而将其他的项目保持在现有的水平。在出现财政紧张的情况下，他们就会要求将资金从重要程度较低的活动重新配置到重要程度较高的活动上去，或者配置到和支出机构的任务至关重要的项目上去。他们发现，政策取向的预算机构会根据州长的政策目标和优先安排，一般会推荐这样的预算，即满足管理良好（技术理性）、有可获得的资源（经济理性）、法律约束（法律理性）、充分考虑政治压力（政治理性）以及支出机构活动的合理性（社会理性）的预算。显然，为了解决所面对的复杂的政策问题，预算审查者不得不运用传统预算官员常用的技术和政治理性之外的各种理性。实际上，塞缪尔和魏劳比就是主张用一种"多理性"预算理论来研究预算问题。总之，随着预算机构开始在政策过程中发挥越来越大的作用，预算审查者就开始扮演政策分析者的角色。

核心预算机构在职能取向上的变化会直接影响到它在预算决策中的角色定位。在过去的几十年中，预算机构的角色越来越趋于复杂，除了传统的支出削减和信息传递的角色之外，它还具有了政策分析、政策支持的角色。实际上，核心预算机构在角色定位上的复杂化反映了在过去几十年中预算体系在取向上发生了巨大的变化。由于预算体系在取向上逐渐从传统的控制转向一个复杂的混合体，核心预算机构的职能也就逐步复杂起来。以美国为例，在60年代，核心预算机构在角色选择上还是以中立为主的。1969年，戴维斯和莱普里发现，在美国联邦政府各个支出机构预算官员的眼里，管理和预算办公室（OMB）对于支出机构项目的态度有支持（advocacy）、中立（neutrality）和敌意（hostility），其中中立是常态。① 但是，将近30年后，汤姆肯发现，从支出机构的角度来看，美国联邦政府的管理和预算办公室承担着更加复杂的角色，它最少履行着四种不同的角色②：

- 支出削减者（cutter）。在不存在政治迫切性的情况下，核心预算机构的主要职责是通过削减各个支持支出机构的预算要求来控制其扩张的冲动。
- 中立的政策分析家（neutral policy analyst）。核心预算机构的主要角色是为政府首脑将预算决策进行简化，从而提高行政决策的质量和理性水平。
- 信息管道（conduit）。核心预算机构是连接政府首脑和各个支出机构的纽带，它负责将支出机构的预算要求、生产成本的信息、绩效的信息汇总、分析，然后传送给政府首脑，同时，它也负责将政府首脑对于支出机构预算的要求向各个支出机构传达。
- 政策支持者（advocate）。核心预算机构不再是中立的政策分析家。它有着自己的政策偏好，并根据这种政策偏好来进行预算决策。核心预算机构的这种新角色被一些人认为是将预算机构的角色"政治化"，从而损害了它在履行政策分析者和信息管道时所具有的"中立"。

塞缪尔和魏劳比研究了美国州政府的核心预算机构后也发现，核心预算

---

① Davis, James, & Randal Ripley. 1969. The bureau of the budget and executive branch agencies: Notes on their interaction. In James Davis. Eds. 1969. *Politics, Programs, and Budgets: A reader in government budgeting*. Englewood Cliffs: Prentice-Hall.

② Tomkin, Shelly Lynne. 1998. *Inside OMB*. Armonk, NY: M. E. Share.

机构和预算审查者承担着多种角色[①]：反对者（adversary）、信息管道（conduit）、协助者（facilitator）、政策分析者（policy analyst）和支持者（advocate）。

●反对者

这是核心预算机构的传统角色。作为支出机构预算要求（项目及其数额）的反对者，核心预算机构一般对支出机构的支出估计及其提供的成本信息不是很信任，所以，它们倾向于对支出机构的预算要求持否定的态度，从而在预算评估中会削减支出机构的预算要求。为什么核心预算机构会明显地对支出机构的预算要求持有否定的态度呢？正如安东指出的，对于核心预算机构的这种削减支出的偏好，不能仅仅从核心预算机构对于支出机构的不信任来解释，而应该考虑核心预算机构这样行动的个人和政治利害。他指出，自现代预算体系产生以来，人们都期望核心预算机构能够有效地削减支出机构的支出，因此，如果核心预算机构没有能够有效地削减支出机构的支出，这就会动摇它们作为一个专业化的预算评估、审查机构存在的基础，从而危及核心预算机构本身以及预算官员的工作。[②] 尽管核心预算机构现在承担做越来越多的新角色，许多研究都发现，核心预算机构仍然保留着这个传统角色。[③]

●信息管道

有些核心预算机构的审查者认为他们自己是中立的信息管道，他们认为自己既不是支出机构的反对者，也不是支出机构的支持者。当然，他们也意识到在预算过程中维持这种中立是非常困难的。

●协助者

和那些将核心预算机构视为信息管道的预算官员相比，那些当自己是协助者的核心预算机构的官员一般比较积极地帮助他们管辖之下的支出机构形成技术上合理的预算要求。不过，这并不意味着他们是支出机构的支持者。

[①] 以下参见 Thurmaier, Kurt, & K. Willoughby. 2001. *Policy and politics in state budgeting*. New York: M. E. Sharpe. pp. 274-294, 122, 18, 36-42, 49。

[②] Ibid., p. 122.

[③] Tomkin, Shelly Lynne. 1998. *Inside OMB*. Armonk, NY: M. E. Share.

因为，他们仍然十分看重自己在预算过程中的"中立"地位。他们会以一种积极的、正面的态度而不是敌对和不信任的态度去建立与支出机构的关系。他们并不认为他们是来帮助支出机构通过预算要求的，他们也不会帮助支出机构推销其预算要求。他们主要致力于在技术上帮助支出机构形成预算要求，帮助支出机构评估它们的预算，帮助支出机构以一种比较客观的方式提交预算要求。当然，采取协助者角色的预算官员常常会面临角色冲突。因为，无论如何，他们都会发现自己必须履行核心预算机构传统的"看门人"的角色。

● 政策分析者

现在，很多预算审查者都将政策分析引入了预算决策，尤其在那些政策取向的核心预算机构中。然而，分析政策导向型的核心预算机构及其官僚所面临的一个困难是：不是只有一种政策分析，也不是只有一种政策分析者。梅尔茨纳识别了三种政策分析者：技术员型的、政治家型的、企业家型的政策分析者。技术型的政策分析者的主要活动是研究，严格遵循某种内在的质量标准。他们一般认为政治是非理性的，因而在政策分析中会忽略政治因素。政治家型的政策分析者关心的是取悦他们的政治上的客户，他们一般不像技术型分析者那样掌握分析技术，他们主要依赖于沟通和协调的技术。企业家型的政策分析者实际上（或者企图）综合前两种政策分析者的技能和取向。一方面，由于他们有着一种知识是一种权力的信念，他们不会让他们的直接客户约束自己，他们在很多情况下是将公共利益当成他们的客户。但是，他们也不像技术型的政策分析者那样视政治为政策约束，他们常常将这些政治约束转化为政治机会。他们的长远目标是和客户建立长期的良好关系，而不是事事顺从政策客户。虽然在预算决策中政策分析型的预算审查者扮演者复杂的角色，但是，他们的主要特征是"价值客观"和"客户服务"。实际上，这些预算审查者承担的角色与客户取向的政策分析者最接近，尤其与"客户顾问"型的政策分析者最接近。他们一方面非常看重自己的客观中立，但在另一方面他们也充分意识到他们自己的合法性来源于他们的客户或政治委托人。他们的成功主要是看他们为政治委托人提供的政策建议是否有助于政治委托人在预算交易中增加自身的讨价还价的权力。最后，这一类的预算官员常常发现，他们在从事政策分析的同时，也承担着敌对者和协助者的角色。

● 支持者

在调查中,许多预算官员都指出,在过去他们主要是支出机构的敌对者,但现在他们重新调整了自己的角色,变得越来越像一个支出机构的支持者。当然,这并不等于说他们不再对支出机构的预算要求说"不",而是说他们尽可能地采取合作的方式来与支出机构一起发展它们的预算要求。许多研究都表明,核心预算机构能否真正履行支出项目支持者的角色在很大程度上取决于核心预算机构及其预算审查者与支出机构之间是否形成了某种良好的、互相信任的工作关系。

(三) 建立合作与互信

尽管职能分工不同,但是,支出机构与预算机构都是公共机构,它们共同构成了政府本身。无论是预算编制还是预算执行,都有赖于两者密切合作。完全依赖核心预算机构单方面的控制,不仅成本极高,而且效果不佳。正如美国某州政府的预算官员所说的:"我们非常地依赖机构来提供准确的信息。如果它们选择不合作的话,任何一个机构都可以使我们的工作陷入绝境。"① 同时,许多研究都发现,在预算机构与支出机构之间的互相信任是非常重要的。②

然而,两百年的预算史表明,要在两者之间建立合作与信任是十分艰难的。在预算制度上,支出机构被设定为资源申请者,核心预算机构被设定为审查者。因此,在预算过程中,它们之间常常在目标上存在着冲突。支出机构常常希望增加支出,而核心预算机构主要关注于控制支出。此外,核心预算机构和支出机构在达成目标的手段上也存在着差异,这会导致它们之间出

---

① Thurmaier, Kurt & K. Willoughby. 2001. *Policy and politics in state budgeting.* New York: M. E. Sharpe. p. 270.

② Howard, Kenneth. 1973. *Changing state budgeting.* Lexington: Council of State Government. Duncombe, Sydney, & Richard Kinney. 1987. Agency budget success: How it is defined by budget officials in five western states. *Public Budgeting and Finance* Vol. 7: 24 – 37. Thurmaier, Kurt, & James Golsing. 1997. The Shifting roles of budget offices in the midwest: Gosling revisted. *Public Budgeting and Finance* Vol. 17, No. 4: 48 – 70. Thurmaier, Kurt, & K. Willoughby. 2001. *Policy and politics in state budgeting.* New York: M. E. Sharpe. pp. 270 – 271.

现利益冲突。① 同时，两者之间存在着信息不对称。在通常情况下，支出机构作为公共服务的生产者对于真实的生产成本在信息方面的确拥有先天的优势。支出机构经常利用自身的这种信息优势来实现扩张本部门的预算，而核心预算机构则通过在事前详细地审查部门的预算（例如，挤"水分"）来加强对支出机构的控制。长期以来，核心预算机构与支出机构之间的控制和反控制的"战争"，都是围绕着信息展开的。这些年来，在各国国家，核心预算机构都在努力地提高自己收集和分析预算信息的能力。同时，在长期的与支出机构讨价还价的预算交易过程中，核心预算机构也累积了关于各个支出机构活动及其成本的"历史信息"。但是，这充其量只能缩小核心预算机构与支出机构之间存在的信息不对称，而不能消灭这种不对称。

在传统预算模式，核心预算机构一般采取事前详细审查部门各项支出的方式来实施控制，其职能主要都是削减支出。核心预算机构的这种职能定位实质上反映了核心预算机构对支出机构的不信任，而这又进一步激发支出机构的对策性行为。此外，核心预算机构采取的详细的事前审查方式使得预算官员必须与部门详细地讨论每个投入的具体内容。然而，这不仅使得核心预算机构面临的信息不对称更加明显，而且使得核心预算机构被淹没到部门提供的各种对策性的细节之中，而无精力关注整体性的、宏观性的大问题。② 总之，长期以来，双方之间的关系常常就是一种围绕着支出细目的"猫和老鼠"的关系，相互间的合作与互信程度很低。

当然，并不是在预算周期的所有时间内，核心预算机构与支出机构都是敌对的。在预算刚刚制定之时，支出机构尤其是那些预算要求没有得到很好满足的支出机构就会将核心预算机构视为敌对的，因为，它们可能会认为预算的削减是核心预算机构向政府首脑建议的。然而，如果支出机构接受了政府首脑的预算方案后，它们就可能会与核心预算机构紧密合作来为它们的支

---

① Smith, Robert, & Mark Bertozzi. 1998. Principals and agents: An explanatory model for Public budegting. *Journal of Public Budgeting, Accounting & Financial Management* Vol. 10, No. 3: 325 – 351.

② Jensen, Lotte & John Wanna. 2003. Conclusion: Better guardians? In Wanna, John, Lotte Jensen & Jouke de Vries. Eds. *Controlling public expenditure: The changing roles of central budget agencies-better guardians?* Edward Elgar Publishing Ltd.

出进行辩护，例如，在议会内部为它们的支出进行辩护。在预算末期，支出机构可能就会比较主动地与核心预算机构进行合作。它们这样做是为了在下一个预算年度获得核心预算机构的支持。①

20世纪50年代以来，尽管一些国家的核心预算机构都已经开始向计划或政策导向的核心预算机构转型，但是，它们都仍然履行着"财政资金保护者"和"看守者"的角色，经常不得不削减支出机构的预算要求，尤其在资金紧张是更是如此。尽管支出机构在某些条件下也会接受甚至主动选择支出削减，但是，支出机构仍然存在着相当大的支出扩张（至少维持现有支出水平）的动机。总体上，这些改革未能从根本上改变核心预算机构与支出机构之间的紧张关系。而且，80年代以前的预算改革主要是核心预算机构施加于支出机构的，缺乏支出机构的参与，进而未得到赢得各个支出机构的支持与合作。实际上，这些改革未能成功的一个原因就是缺乏支出机构的合作。

80年代以来实行的新绩效预算改革，重构了预算模式，也重构了核心预算机构与支出机构之间的关系。与以前的预算模式相比，这种预算模式也许更能激励合作，并在核心预算机构与支出机构之间建立一定的信任。在这一预算模式下，核心预算机构放弃原来的那种详细的事前控制。这使得核心预算机构从各种细节中跳出来，更多地关注于帮助支出机构确定支出重点以及总额。同时，在这种预算模式下，核心预算机构与支出机构之间不再是一种控制与被控制的不信任关系。在编制预算的过程中，双方在一种平等的协商关系中讨论部门的支出及其绩效以及如何不断地改进绩效，而不再是原来的那种支出增加与削减支出的博弈。在预算执行中，核心预算机构将支出控制的权力下放到各个部门。这种放权显然就是基于一种信任，也将信任植入核心预算机构与支出机构的关系之中。不过，这并不等于说核心预算机构完全放弃了控制。一方面，核心预算机构只不过选择了新的控制方式——控制部门的总额，控制部门支出的产出和结果；另一方面，需要的时候，核心预

---

① Thurmaier, Kurt, & K. Willoughby. 2001. *Policy and politics in state budgeting*. New York: M. E. Sharpe. pp. 278-279.

算机构可以很方便地回到以前的那种事前对部门支出进行详细的控制。① 例如，新西兰在实行了这一预算模式后，信任变成了预算过程的一个"不可缺少的组成部分"，核心预算机构的组织文化也发生了根本性的变化。许多财政部长都鼓励预算官员和各个部门建立公开的、良好的、建设性的关系，通过提高预算官员的职业主义，尤其是预算官员的预算分析和政策分析水平，为各个部门提供有价值的建议。在这种新的关系中，"预算决策的基础从财政部形成秘密和规则转变成一个良好的管理必须具备的公开和商业标准"。这使得核心预算机构失去了以前的那种建立在控制之上的权威和特权，在这种新的组织文化中，核心预算机构的管理者开始意识到，他们权力的合法性"更多的是来源于他们的分析能力以及为各个部长提供各种解决问题的合意的办法之能力"。②

当然，核心预算机构与支出机构之间的关系还受预算环境影响，主要包括环境的确定性和财政资金的宽裕程度。当预算环境充满不确定性或者财政资金非常紧张时，核心预算机构和支出机构之间的关系就会比较紧张。在经济贫穷或者经济处于萧条时期，财政资金都会比较紧张，支出机构会发现它们的许多预算要求都得不到满足，核心预算机构也不得不进行更大幅度的预算削减。此时，核心预算机构与支出机构之间的关系就会比较紧张。在预算环境充满不确定性时，即使支出机构能够成功地在预算制定的过程中获得一笔预算，但是，预算承诺很难兑现。在这种预算环境中，支出机构与核心预算机构之间的合作与信任就会下降。正如韦伯和瓦尔达沃斯基指出的，"确定性将激励机构与核心控制者合作……因为，财政部承诺支付预算中通过的

---

① Jensen, Lotte, & John Wanna. 2003. Conclusion: Better Guardians? In Wanna, John, Lotte Jensen & Jouke de Vries. Eds. *Controlling public expenditure: The changing roles of central budget agencies-better guardians?* Edward Elgar Publishing Ltd. Jensen, Gwenda. 2003. Zen and art in financial management: The New Zealand treasury. In Wanna, John, Lotte Jensen & Jouke de Vries. Eds. *Controlling public expenditure: The changing roles of central budget agencies-better guardians?* Edward Elgar Publishing Ltd.

② Jensen, Gwenda. 2003. Zen and art in financial management: The Newaealand treasury. In Wanna, John, Lotte Jensen & Jouke de Vries. Eds. *Controlling public expenditure: The changing roles of central budget agencies-better guardians?* Edward Elgar Publishing Ltd. p. 53.

数量，支出机构会限制它们的预算要求和努力在拨款之内安排活动"。① 但是，他们进一步指出，当环境出现不确定性时，支出机构就会变得不愿意和预算机构进行合作，因为在这种情况下，核心预算机构与支出机构之间的隐性合同就很难维持，核心预算机构一般很难履行它对支出机构的预算承诺。韦伯和瓦尔达沃斯基这样写道：

> 一旦隐性合同破裂，一系列的结果就会出现。因为财政部不能确保同意配置的数量，支出机构的政治活动就会增加，不仅是为了获得所要求的东西，而且是将它保持住。如果预算的信号是"如果你能够的话，抓住它"，那么，提前适应就是不明智的，这就导致延迟的决策，也增加了不确定性。一旦这种不确定性出现，感到无法容忍的支出机构就会通过要求更多的拨款（以保证削减之后仍然有更多的拨款留下来）来企图逃避事前的约束。于是，最初的投标（initial bids）作为一个测量机构预期的标准就变得很不可靠。②

面对这种环境不确定性，支出机构与预算机构合作的动机就会削弱，从而就会试图绕开这个充满相当多的不确定性的"拨款过程"，例如运用预算外、"后门支出"（backdoor spending）或者赋权型预算（entitlements）等方式来保障自己部门的预算需求。

四、核心预算机构的预算决策

许多研究都发现，核心预算机构在预算决策中有着非常重要的影响，有时，这种影响甚至是决定性的。首先，核心预算机构推荐的预算在通常情况下都会被政府首脑接受。例如在美国的州政府一级，在核心预算机构推荐的

---

① Webber, Carolyn, & Aaron Wildavsky. 1986. *A history of taxation and expenditure in the western world*. New York: Simon and Schuster. p. 604.

② Ibid.

预算方案中,大约95%的方案都被州长接受了。① 在美国的州以下的地方政府,塞缪尔也发现预算机构推荐的预算平均有95%都被城市经理接受了。② 其次,即使将议会的影响也考虑进去,预算机构的影响仍然是不可低估的。在某些情况下,尤其在存在非常强的行政预算体系的预算过程中,核心预算机构的影响甚至可以是非常大的。例如,史密斯和柏多茨在研究纽约市核心预算机构与支出机构(主要包括税收与财政局和精神障碍与发展缺陷办公室两个支出机构)之间的关系后发现,该市的核心预算机构推荐的预算拨款与最后议会通过的实际预算拨款之间只出现很小的变化,如表4-1。③

表4-1 纽约市预算机构的推荐拨款和议会实际拨款

拨款单位:百万美元

	精神障碍和发展缺陷办公室			税收和财政局		
	推荐拨款	实际拨款	变化(%)	推荐拨款	实际拨款	变化(%)
1987	821.7	810.3	-1.39%	184	184.7	0.38%
1988	855.7	851.2	-0.53%	204.3	203.7	-0.29%
1989	894	891.8	-0.25%	216.3	213.9	-1.11%
1990	983.6	966	-1.79%	234.8	231.5	-1.41%
1991	1020.9	1006.9	-1.37%	259.8	256	-1.46%
1992	998.5	977.5	-2.10%	252.4	238.2	-5.63%
1993	938.2	932.8	-0.58%	251.7	251	-0.28%
1994	951.9	947.5	-0.46%	260.6	263	0.92%

---

① Gosling, James J. 1985. Patterns of influence and choice in the Wisconsin budgetary process. *Legislative Studies Quarterly* Vol. 10 (November): 457 - 482. Thurmaier, Kurt. 1993. Decisive decision making in the executive budget process: Analyzing the political and economic propensities of central budegt bureau analysts. *Public Administration Review* Vol. 55, No. 5: 448 - 460.

② Thurmaier, Kurt. 1995. Execution phase budgeting in local governments: It's not just for control anymore! *State and Local Government Review* Vol. 27, No. 2: 102 - 117.

③ Smith, Robert, & Mark Bertozzi. 1998. Principals and agents: An explanatory model for Public budgeting. *Journal of Public Budgeting, Accounting & Financial Management* Vol. 10, No. 3: 325 - 351.

(续表)

	精神障碍和发展缺陷办公室			税收和财政局		
	推荐拨款	实际拨款	变化（%）	推荐拨款	实际拨款	变化（%）
1995	1016.1	1011.7	-0.43%	279.7	277.6	-0.75%
1996	1094.3	1092.1	-0.20%	279.3	274.9	-1.58%
1997	929.8	1012	8.84%	309.9	272.9	-11.94%

数据来源：Smith, Robert & Mark Bertozzi. 1998. Principals and agents: An explanatory model for Public budgeting. *Journal of Public Budgeting, Accounting & Financial Management* Vol. 10, No. 3: 325 – 351。

在制定预算的过程中，公共预算决策包括三个层次的预算决策。[①] 在不同层次的决策中，核心预算机构发挥着不同的作用。

第一层次的预算决策主要涉及调整支出机构的预算基数，因此它将影响很大数量的支出。它的目标是确定"连续的预算"（continuation budget））或继续为某一机构提供预算资金的成本，即是否接受现在拨给官僚机构的支出水平作为预算基数来形成下一年的预算。这一层次的预算决策主要关心，在没有出现政策变化的情况下，是否允许某个支出机构继续提供现有的公共服务水平。一般的，核心预算机构的预算审查将影响着这个领域的大多数决策。[②] 虽然渐进预算模型假定机构的预算基数通常会被接受，但是，在以下几种情况下，官僚机构现在的预算支出会被拒绝成为下一年的预算的基础，而在这些情况下核心预算机构都会起着非常重要的作用[③]：

- 官僚机构现在获得的支出可能是一次性的支出。在这种情况下，核心预算机构及其预算审查者就会（而且也必须）重新审查这种一次性的支出是否仍然是必要的。通常情况下，这种支出应该从预算基数中

[①] Gosling, James J. 1985. Patterns of influence and choice in the Wisconsin budgetary process. *Legislative Studies Quarterly* Vol. 10 (November): 457 – 482.

[②] Thurmaier, Kurt, & K. Willoughby. 2001. *Policy and politics in state budgeting.* New York: M. E. Sharpe. p. 63.

[③] Ibid., pp. 63 – 64.

剔除。核心预算机构及其预算审查者必须确保在测算某一机构明年的预算时已经将这种支出从连续的预算基数中剔除了。
- 在某些情况下，政府首脑可能会决定一个支出削减水平。此时，核心预算机构就会根据政府首脑的要求制定和发布预算指示，要求官僚机构提交一个预算基数削减的方案，即将现在的预算拨款削减比如3%到5%。在财政资金紧张的情况下，这就可以达到削减总支出的目的或者将从某一个机构节约下来的资金转到另一个机构去。核心预算机构还要负责分析和调查削减官僚机构的预算对于机构运行的影响。由于后一项工作主要是由核心预算机构的预算审查者承担的，所以，官僚机构对付这种支出削减的最佳办法是与预算审查者结成联盟。因为，没有他们的支持，支出机构逃避支出削减的难度就会很大。另外，即使不存在财政资金紧张，政府首脑也会采用支出削减来迫使支出机构显示它们的支出的优先顺序。在这个过程中，核心预算机构同样起着非常重要的作用。

第二层次的预算决策涉及微小的政策和预算调节，它常常涉及这样一些决策，如在支出项目中加入一个人事职位或者为大型的设备和建筑的改建增加资金投入。这一类预算决策通常称为"预算改进"（budget enhancement）的决策，因为它增加或改变了一个机构支出或服务的水平。[1] 在这一领域，核心预算机构及其预算审查者仍然有着非常大的影响。因为，核心预算机构及其预算审查者关于政策和预算变化如何影响支出机构的信息和分析对于政府首脑来说是至关重要的，核心预算机构在这一方面的建议对于政府首脑的预算决策将会产生重要的影响。另外，大部分预算决策都是发生在这一领域，因为支出机构总是倾向于要求增加预算拨款。此时，核心预算机构就承担起非常重要的看门人的角色：仔细地分析支出机构的预算要求，确定它们

---

[1] Gosling, James J. 1985. Patterns of influence and choice in the Wisconsin budgetary process. *Legislative Studies Quarterly* Vol. 10 (November): 457–482.

是否有内在的价值，是否值得纳入预算日程。①

在古斯林的预算发展模型中，第三层次的预算决策包括重大的而且显著地改变预算基数的政策决策。② 在这个层次的预算决策中，核心预算机构所起的作用一般比较小。③ 这或许是因为，这一层次的预算决策实际上已经是政策决策，主要是由政治家控制的。在面临重大的政策转型时，这种预算决策就会变成最主要的预算决策。此时，常常需要剧烈地调整既得利益的分配格局，因而导致的预算冲突和政治冲突都是非常大的。此外，正如凯顿和瓦尔达沃夫斯基的研究指出的，各个政治力量之间在根本性问题上达不成共识时——例如美好的社会应是如何的？政府应该发挥何种作用？——预算决策常常就是这种类型的决策。④

决策者对待风险的态度将会影响到决策本身。现有的预算文献都认为，像核心预算机构这样的预算控制机构一般都是高度风险回避的，特别是在支出的估计上。⑤ 在这些研究者看来，核心预算机构的风险回避倾向是因为它们所面临的激励结构和各种制度约束，而不是因为它们是内在地风险回避的。他们认为，在现有的制度下，成功地在收入和支出之间形成某种配置，并能实现预算平衡的预算控制者就会得到奖励。这种倾向最集中地反应在预算执行过程中的这样一些倾向：形成一定的剩余以便运用到不可预测的事件上去；将财政责任转移到其他层级的政府或私人部门或者将来的政府；过分强调支出预测的确定性而不是服务或产出的数量和质量。⑥ 由于核心预算机构及其预算官员的风险回避偏好，所以，核心预算机构及其预算官员常常会过度容忍

---

① Thurmaier, Kurt, & K. Willoughby. 2001. *Policy and politics in state budgeting*. New York: M. E. Sharpe. p. 65.

② Gosling, James J. 1985. Patterns of influence and choice in the Wisconsin budgetary process. *Legislative Studies Quarterly* Vol. 10 (November): 457-482.

③ Thurmaier, Kurt & K. Willoughby. 2001. *Policy and politics in state budgeting*. New York: M. E. Sharpe. p. 66.

④ Wildavsky, Aaron & Naomi Caiden. 2001. *The new politics of budgetary process*. Pearson Education, Inc.

⑤ Jones, Laurence. R. 1992. Public budget execution and control. In Jack Rabin. Eds. *Handbook of public budgeting*. New York: Marcel Dekker, Inc.

⑥ Ibid.

技术上的低效率和支出机构在预算要求中放进的宽松的预算。正如琼斯指出的，由于预测未来存在高成本和不确定性，因此，宽松的预算是一种非常经济的手段，它也能降低组织及时应付变化的环境的成本。① 从这个意义上说，宽松的预算并不一定是浪费。然而，这里面的问题是，由于存在风险回避的倾向，核心预算机构常常会容忍过度的宽松的预算，进而容易容忍某些浪费。

正如支出机构在编制预算的过程中存在一个策略的选择问题一样，核心预算机构在预算决策中也会发展出各种策略。有一些预算策略是相当标准化的，而另一些策略则是为了对付支出机构的预算策略而发展出来的"反策略"。正如林奇教授指出的，对于核心预算机构来说，最安全的预算策略包括：降低预算增加、质疑隐藏的收入、削减不重要的项目、采用延期的办法。② 虽然在预算过程中存在各种各样的增加预算拨款的压力，而且某些项目的政治支持是相当强的，但是，如果预算体系允许公开讨论预算增长的合理性，那么，对预算增加的要求进行削减是可以达成的。质疑隐藏的收入是指尽力地调查和识别出隐藏的收入，例如运用前一年的财政拨款或者使用现在的政府资产而不是购买新的资产。这种方法将发现一些可以运用的节余，从而可以用来抵制支出机构增加预算的要求。③

不过，古斯林的预算发展模型忽略了另一层次的预算决策，即预算执行阶段的预算决策。④ 在这个层次的预算决策中，核心预算机构也起着非常重要的作用。⑤ 尤其是在传统的外部控制模式更是如此。在传统的外部控制体系中，尽管部门已经获得授权使用预算中安排的某一数量的资金开展某项活动，但是，支出部门的负责人作出的支出决策还不是最终有效的，这一决策必须经核心预算机构相应的预算官员审查同意后，实际的支出才能发生。在这种情况下，核心预算机构在预算执行过程中还要做出大量的预算决策，进

---

① Jones, Laurence. R. 1992. Public budget execution and control. In Jack Rabin. Eds. *Handbook of Public Budgeting*. New York: Marcel Dekker, Inc.

② Lynch, Thomas. 1990. *Public budgeting in America*. New Jersey: Prentice Hall. p. 100.

③ Ibid., pp. 100 – 101.

④ Gosling, James J. 1985. Patterns of influence and choice in the Wisconsin budgetary process. *Legislative Studies Quarterly* Vol. 10 (November): 457 – 482.

⑤ Ibid.

一步审查支出部门的支出决策是否符合详细地分解了的预算,是否合理合法,是否符合政府各种规章制度的规定,进而决定是否同意支出部门开始支出。不过,20世纪50年代以来,随着支出控制主要依赖内部控制,核心预算机构对预算执行过程的介入开始减少。80年代以来的新绩效预算使得核心预算机构在预算执行过程中的介入程度进一步下降。

核心预算机构在预算决策中能够发挥多大的作用取决于它在预算过程中拥有的权力。自现代预算确立以来,核心预算机构一直处于现代预算的命令与控制体系的中心,这使得它获得了一种正式的制度权力,而且控制资金这一点也使得它获得了更大的权力。此外,这个机构尤其是其负责人常常会获得非正式的权威。这主要是因为这个机构的负责人常常是政府首脑最亲信的人。正如国会议员约翰·南切·加纳(John Nance Garner)在1921年《预算和会计法案》颁布前夕所说的:"预算行政官员可能并不优秀,但他是总统的手下。(核心预算机构)也许绩效并不理想,但只要(总统)下决心任用一个人,这个人又尽职行事,那么他就会成为政府行政部门的二把手。"[①] 美国预算局的一位负责人是这样描述核心预算机构负责人的:这个人"在总统的助理当中是独一无二的";他是"总统潜在的一位极其重要的助手";并且这个人是"根据法令和行政命令并基于非正式关系来发挥其职能作用的,而这在很大程度上依赖于这个人本身特有的个性,一些负责人自身表现非常杰出并成为对总统极其重要的人物"。[②] 不过,核心预算机构在预算决策中发挥多大的作用还取决于它是否有足够的专业人员。如果它只有很少的雇员,那么,它就不可能发挥很大的作用;反之则能发挥很大的作用。表4-2提供了一些国家核心预算机构的人员编制情况。

其中,最重要的是专门从事预算的人员,尤其是从事预算分析人员的人数及其在机构总人数中的比重。这类人员越多,他们在机构总人数中的比重越高,核心预算机构在预算决策中发挥的影响越大(表4-3)。

[①] 转引自侯一麟、马骏、吴建南:《中国试行绩效预算过程中预算机构的角色转换》,见刘昆主编《绩效预算》,中国财政经济出版社2007年版。

[②] 同上。

表4-2 各国核心预算机构的人员编制（2001年）

	总人口（百万）	GDP（10亿美元）	核心预算机构的人员编制
美国	275	10 143	520
德国	80	1 846	2 100
英国	60	1 424	1 500
加拿大	31	695	800
荷兰	16	380	2 000
澳大利亚	19	366	500
瑞典	9	210	420
丹麦	5	162	850
新西兰	4	50	300
中国	1 272	1 158	610

资料来源：Wanna, John. 2003. Introduction: The Changing role of central budgeting agencies. In Wanna, John, Lotte Jensen, & Jouke de Vries. Eds. *Controlling public expenditure: The changing roles of central budget agencies-better guardians?* Edward Elgar Publishing Ltd. xxxviii。

表4-3 美国各州核心预算机构的人数及其构成

州	总职位		人数		
	机构	预算岗位	预算分析人员	技术或计算机	辅助人员
Alabama	12	9	8	1	1
Alaska	18	12	8	2	2
Arizona	24	22	15	2	2
Arkansas	289	27	20	2	4
California	383	190	120	31	18
Colorado	20	18	16	—	2
Connecticut	203	41	35	3	3
Delaware	47	37	11	3	5
Florida	144	101	51	40	21
Georgia	75	31	22	1	11
Hawaii	267	35	23	—	12
Idaho	25	8	7	2	2

（续表）

州	总职位		人数		
	机构	预算岗位	预算分析人员	技术或计算机	辅助人员
Illinois	53	53	35	2	9
Indiana	35	35	19	2	6
Iowa	31	12	11	1	3
Kansas	894	22	16	—	3
Kentucky	35	35	15	4	10
Louisiana	41	36	28	—	5
Maine	11	9	7	—	1
Maryland	514	49	31	3	7
Massachusetts	38	28	14	9	3
Michigan	216	40	27	1	7
Minnesota	189	33	20	3	13
Mississippi	367	7	5	—	1
Missouri	33	22	12	1	5
Montana	17	16	10	3	1
Nebraska	699	12	8	—	2
Nevada	23	14	11	2	3
New Hampshire	170	9	6	—	1
New Jersey	207	81	43	8	17
New Mexico	151	20	18	1	3
New York	354	354	260	43	22
North Carolina	52	18	18	3	
North Dakota	132	5	4		13
Ohio	116	23	18		2
Oklahoma	140	12	10		1
Oregon	39	30	13	7	5
Pennsylvania	1079	26	18	2	3
Rhode Island	27	27	18	1	5

（续表）

州	总职位		人数		
	机构	预算岗位	预算分析人员	技术或计算机	辅助人员
South Carolina	26	26	14	2	6
South Dakota	26.5	9	5	1	2
Tennessee	25	25	17	2	2
Texas	30	26	16	—	4
Utah	48	14	11	5	1
Vermont	34	11	6	0	2
Virginia	74	40	32	6	5
Washington	207	33	31	—	2
West Virginia	46	10	3	1	1
Wisconsin	1117	34	26	1	3
Wyoming	400	9	8	—	1

资料来源：NASBO，Budget processes in the states（January，2002），转引自侯一麟、马骏、吴建南：《中国试行绩效预算过程中预算机构的角色转换》，见刘昆主编《绩效预算》，中国财政经济出版社2007年版。

五、中立性问题与政治化的预算机构

　　核心预算机构及其预算审查者的角色从控制者转变到计划者再到政策分析者的过程，尤其是核心预算机构成为支出机构项目的支持者，引起了很大的争议。其中，最大的一个争议就是中立性和政治化之间的争议。在这个过程中，核心预算机构开始被"政治化"，从而偏离了它早期的中立地位。

　　在许多国家（包括发达的工业国家和许多发展中国家）的早期，核心预算机构都主要是政治中立的。公务员制度更进一步为核心预算机构的这种政治中立的角色提供了强大的制度支持。在公务员制度下，核心预算机构的预算官员主要都是由职业性公务员而不是政治任命的官员组成。在这样一种制度结构下，由于在核心预算机构工作的预算官员的职业生涯都是不受党派变动影响的，因此，在预算审查中，他们在一定程度上都能够提供独立的、比较客观的专业判断，尤其当他们能够广泛地运用专业的分析手段来进行预算审查时，更加如此。预算官员从而也成为一群具有"中立的能力"的技术精英。

但是，在许多国家，20世纪中期以来，在核心预算机构逐步成长为预算过程中最主要的角色的同时，它的这种政治中立性也在逐渐地被侵蚀。主要是由于两大原因，各国的核心预算机构都逐渐地被政治化：（1）核心预算机构开始被越来越多的政治任命的官员而非公务员所充斥；（2）随着各种理性预算改革的实施，核心预算机构越来越多地卷入政策制定。[①]专栏4-1介绍了美国联邦预算机构在这方面的情况。

核心预算机构的政治化使得核心预算机构的高级官员经常在预算过程中处于两难的境地：一方面，他们要利用核心预算机构独特的专业资源为政府首脑以及其他的政策制定者提供客观、中立的专业性分析；另一方面，他们必须保持政治敏感和政治忠诚。而这两种价值观之间经常会存在冲突。[②]

专栏4-1 美国联邦预算机构

在美国，从1921年到1971年，总体上来讲，尽管预算局（Bureau of Budget，BOB）——管理与预算办公室（Office of Management and Budgeting，OMB）的前身——经常为总统办公室提供各种关于敏感的政治问题的建议和分析，它基本上是政治中立的。因为，在该机构的高级官员中，只有三到四个是政治任命的。不过，在20世纪50年代开始，预算局的这种政治中立地位就开始受到怀疑，一些总统（如艾森豪威尔、肯尼迪、约翰逊）开始质疑预算局的官员是否真的是政治中立的，他们感到这些预算官员与以前的政府的政策联系非常紧密而对新总统的政策提议没有回应。他们于是开始在预算局中安排自己信得过的人员，从而开始了将预算机构政治化的过程。在1971年，尼克松总统将预算局

---

① Axelrod, Donald. 1988. *Budgeting for modern government*. New York: St. Martins Press. pp. 72-74.

② Ibid., p. 74.

正式地改为管理与预算局（OMB）。虽然尼克松总统强调管理与预算局的主要工作是管理和执行项目而不是制定政策——这似乎是强调预算机构的政治中立，但是，他同时将许多非职业性的政治任命的官员安排到该机构各个项目部门的领导职位，从而进一步正式地将该预算机构政治化。

资料来源：Axelrod, Donald. 1988. *Budgeting for modern government*. New York: St. Martins Press. pp. 72–74。

第 五 章
政府首脑

> 总统是国家这条船的船长，要使得他是对人民负责的，人民以及人民的代表必须控制燃料。
>
> ——Cleveland[①]

政府首脑是行政预算体制中最终的决策者。在现代预算中，政府预算是由政府首脑向议会提出的，在预算批准后，由政府首脑负责预算执行。不过，政府首脑在预算过程中的作用既取决于政治体制，尤其取决于立法和行政之间的权力分配，也取决于具体的预算体制，例如是否建立了行政预算体制，预算体制的职能取向，实行何种预算资金分配模式，等等。随着各国的预算改革越来越强调整合计划、政策与预算，政府首脑在预算过程中的作用变得越来越重要，其介入影响预算资金分配的方式也开始发生巨大的变化。

一、行政预算体制的建立

由于资金相对于支出要求来说总是短缺的，因此，在预算过程中，必须设置一个程序来对各个支出机构的预算要求进行评估和筛选，同意某些预算要求并拒绝另一些预算要求。换言之，必须对官僚部门的预算要求进行审查。在现代公共预算中，由于议会是人民的代议机构，因此，无论是总统制

---

① Cleveland, Frederick A. 1919. Popular control of government. *Political Science Quarterly* Vol. 34, No. 2: 237 – 261.

国家还是议会内阁制国家，都强调议会在预算中拥有最终的审查和批准权力。然而，一个关键的问题是，谁可以向议会提出政府预算？这不仅是一个预算制度问题，也是一个关键性的宪政问题。在一些议会拥有非常大的预算权力的国家，例如美国，议会可以自己提出预算，但是，即使在这些国家，提出预算要求的主体仍然是政府。然而，这又进一步带来一个问题：在政府内部，是由各个部门分别向议会提出预算要求，还是由政府首脑提出一个整体的政府预算？如果采用前一种模式，那就是一种分散型或碎片化的预算形成机制，如果采用后者，那就是一个集中型的预算形成机制。

目前通行的做法是一种集中型的预算形成机制。在各个国家，政府各个部门的预算在提交议会进行审查之前都要由政府首脑在核心预算机构的协助下进行审查，然后汇总成一个整体的政府预算由政府首脑或者以政府首脑的名义提交给议会审查、批准。在议会通过预算后，政府首脑负责执行预算。这即是所谓的行政预算体制。行政预算体制赋予政府首脑审查并提出整体的政府预算的权力与责任以及执行议会通过的政府预算的权力与责任。正如罗伯特·李和约翰逊2002指出的，行政预算体制是一种保障政府责任的预算体制。这种预算体制在赋予政府首脑预算权力的同时也要求政府首脑在预算过程中承担起对公众的受托责任。[①]

这种保障政府责任的预算体制是逐渐发展起来的。其起源可以追溯到英国的《大宪章》时代。不过，在当时，责任和预算的重点是在税收权上。诚如罗伯特·李和约翰逊2002所说的，《大宪章》并没有制定完备的预算，它的重点是确保握有行政权的王权在税收行为上是负责的。1787年，英国国会制定《英国统一基金法案》，初步确立了一个相对完整的预算体系。1822年，政府第一次向议会提交了一份完整的收入和支出报告。这一做法反映了对于预算过程中行政责任的关注。[②] 19世纪，当现代公共预算在欧洲大陆形成时，各个欧洲国家都建立起了行政预算体制，明确赋予政府首脑编制一个全面反映政府活动及其成本的政府预算，并向议会提交。在当时的改

---

① [美] 罗伯特. D. 李、罗纳德·约翰逊：《公共预算系统》，曹峰、慕玲、张玉坤译，清华大学出版社2002年，第7—8页。

② 同上。

革者看来，这就使得政府首脑可以履行他对公民和议会的责任。[①] 可见，建立行政预算体制是公共预算制度的一个主流趋势。不过，18世纪至19世纪的美国是一个例外。

美国在18世纪末建立国家基本政治制度时，也对政府的行政责任非常关注。不过，美国公共预算早期的重点主要集中在税收方面，对于支出程序的规定则比较含糊。关键地，美国宪法并没有正式赋予总统在收入和支出上的权力。这使得美国未能建立起行政预算体制。当然，在宪法实施的最初十年美国是有机会建立行政预算体制的。但是，由于一些特殊的事件，行政预算体制最终未能建立起来。1789年的财政法案在联邦政府内部建立了财政部，并授予财政部长"整理并准备增加收入计划……（及）准备并报告公共收入和支出评估"的权力。而且，当时的财政部长汉密尔顿也是一位非常强势的政治家，在政府预算中发挥着极其重要的领导作用。虽然法律并未赋予财政部长在准备预算时推荐项目和否决项目的权力，但是，汉密尔顿事实上行使了这些权力。汉密尔顿的强势引起了美国国会加强对预算的控制。为了减少政府尤其是财政部门的自由度，美国国会采取了分项列支的拨款模式，对各个支出的资金用途进行了非常详细的规定。而且，国会开始绕开财政部直接与各个部门协商预算。其结果，预算编制就成为立法机构的专有职能，并且，这种情况持续了一个多世纪。直到1921年以前，议会都是美国预算过程中最有权力的机构，总统并没有在预算过程中发挥直接的作用。他不能审查各个部门的预算，进而不能审查各个部门的活动选择及活动成本的估算，不能将他的政策意图完整地贯彻进预算资金的分配，不能将所有的政府部门按照一个有机联系的系统那样管理起来。在这种议会支配型的预算过程中，议会就非常偏好一种对它来说直接和简单的预算审查模式，它要求政府的各个支出机构直接将预算要求提交到议会而不用经过政府首脑审核。在这种情况下，尽管美国财政部表面上看像一个预算机构，但是，它实际上只是一个预算传达室，负责将各个部门提出的请求拨款的预算申请汇总后提交议会审批，而不能进行任何修改。总之，在这种模式下，政府首脑（总统

[①] Webber, Carolyn, & Aaron Wildavsky. 1986. *A history of taxation and expenditure in the western world*. New York: Simon and Schuster. chap 6.

或州长）及其财政部门根本无法在政府内部进行预算控制，进而使得各个部门对政府首脑负责。这种将预算审查权完全交给议会并排除政府首脑的预算审查模式充分反映了美国政治文化对于强大的行政权所持有的一种强烈的怀疑，也源于美国人对选举制度的迷信。美国人倾向于认为，既然美国没有君主而且选举制度运转正常，那么，美国就不需要欧洲的那种行政预算体制。①

20世纪初，行政预算体制越来越成为主流的行政预算形成模式。当时，欧洲的英国、法国和德国，政府首脑（如首相或总理）在议会制度之下对于预算拥有非常大的控制权。而在同一时期，美国的预算过程仍然是从19世纪继承下来的议会主导的预算模式。随着城市化和政府规模的扩大，越来越明显的情况是，仅仅依靠选举制度已经不能确保官员会对人民负责，还需要一个控制制度来控制官员的活动，以使得他们对权力的使用是负责的。而这需要在政府内部建立集中的预算控制。由于没有行政预算体制，美国实际上没有预算，没有一个能够全面而详细地反映政府活动的预算，政府进而就是一个"看不见的政府"。② 所以，在20世纪初，进步时代的改革者纷纷呼吁进行预算改革。其中，最重要的一个内容就是建立行政预算体制。这一改革最初在纽约市开始，很快在其他的美国城市推开，进而影响了州一级的预算改革，最后这一改革毕其功于20世纪20年代。1921年，美国国会通过了《1921年预算和会计法》，赋予总统在预算制定方面的权力与责任，使得总统可以直接影响政府支出决策，从而在美国联邦政府建立了行政预算体制。在1921年的预算改革中，总统获得了对于政府各个支出机构的预算要求的

---

① Cleveland, Frederick A. 1919. Popular control of government. *Political Science Quarterly* Vol. 34, No. 2: 237 – 261. Khan, Jonathan. 1997. *Budgeting democracy*. Ithaca: Cornell University Press. Fleischman, Richard & Marquette, R. Penny. 1986. The origins of public budgeting. *Public Budgeting & Finance* Vol. 6, No. 1: 71 – 77. Forrest, John. 2002. The principal-agent model and budget theory. In A. Khan & W. Bartley Hildreth. Eds. *Budget theory in the public sector*. Westport, CT: Quorum Books. ［美］罗伯特. D. 李、罗纳德·约翰逊：《公共预算系统》，曹峰、慕玲、张玉坤译，清华大学出版社2002年版，第8—9页。

② Cleveland, Frederick A. 1916. Budget making and the increased cost of government. *The American Economic Review* Vol. 6, No. 1: 50 – 70. Cleveland, Frederick A. 1919. Popular control of government. *Political Science Quarterly* Vol. 34, No. 2: 237 – 261.

审批权，所有支出机构的预算要求必须先在政府内部由政府首脑批准之后才能提交议会进一步审查。在 20 年代末期，大多数的州政府也建立了行政预算体制。① 当然，并不是所有州政府都实行了行政预算体制。一项关于美国州一级公共预算的研究发现，在某些州，并没有建立行政预算体制，立法机构仍然继续主宰着预算决策过程。②

行政预算体制的建立极大地扩大了政府首脑的预算权力，使得政府首脑可以通过行政预算体制将自己的政策目标贯彻到预算资金的分配上去，同时也使得政府首脑可以控制各个支出机构的支出决策。行政预算体制的建立也在政府内部扩大了核心预算机构的权力，该机构主要在政府内部协助政府首脑审查各个支出机构的预算。行政预算体制的建立，既有助于在政府内部建立起一种纵向的问责机制——这是政府对议会负责的基础，又有助于提高预算体制的理性化程度。③ 现在结合美国进步时代改革前后的经验，对此进行分析。

首先，在议会直接审批部门预算的预算体制下，预算过程是碎片化的，而行政预算体制结束了这种碎片化，增强了预算过程的理性程度。在以前议会主导型的预算体系中，各个政府部门直接将预算要求提交给议会，通常情况下，政府部门向议会提交一个预算总额，然后和议会的各个委员会以及拨款委员会进行讨价还价。议会对于每个机构的预算要求逐一审批，有时甚至对于每个项目进行逐个审批，而不是对一个统一的预算进行投票。此外，政府各个部门不是同时将它们的预算估计提交给议会的，它们在不同的时候将预算估计提交给议会。而且，预算格式也不统一，预算科目体系也没有一个

---

① ［美］艾伦·鲁宾：《公共预算中的政治》，叶娟丽等译，中国人民大学出版社 2001 年版，第 117 页。［美］杰克·瑞宾、托马斯·林奇：《国家预算和财政管理》，丁学东等译，中国财政经济出版社 1989 年版，第 88—89 页。

② Clynch, E. J. & T. P. Lauth. 1991. Eds. *Governors, legislature, and budgets: Diversity across the American states*. New York: Greenwood Press. Khan, Jonathan. 1997. *Budgeting democracy*. Ithaca: Cornell University Press.

③ Ma. Jun. 2009. The dilemma of developing financial accountability without election. *Australia Journal of Public Administration* Vol. 68, 2009: 62 – 72. Ma, Jun, & Yilin Hou. 2009. Budgeting for accountability. *Public Administration Review* Supplement (Dec.): 53 – 59.

统一的分类。① 显然，这是一种非常碎片化的预算过程，这样一种预算审批的过程涉及非常高的交易费用。而且，在这种预算模式下，收入和支出经常无法衔接起来。所以，以美国为例，当时的许多预算改革者都将这样一种预算过程视为低效率的。然而，在行政预算体制下，各个支出机构的预算要求在经过政府首脑的审批之后，就会汇编成一个统一的政府预算，议会只需对这个政府总预算进行表决，因此大大地提高了效率，也有利将收入和支出总额衔接起来。

在美国建立行政预算体制的时期，也是美国公共行政学诞生的时期。在这一时期，以效率为核心的行政价值逐渐取代以权力制衡为核心的政治价值。在一定程度上，行政预算体制的建立获得了这种行政价值的支持。正如希克所说的：

> 行政战胜政治使得公共预算获得了一个一致的价值结构。行政预算被作为一个改进政府效率而不是一个将权力从议会重新分配到政府首脑的东西而被提倡。事实上，行政价值是如此地占有主导地位，以至于美国各级政府的议员都自愿地放弃了权力，将预算过程中的权力赋予了政府首脑。②

其次，行政预算体制有助于约束议会机会主义。在一种议会绝对主导的预算体系中，预算审批权完全垄断在立法部门手中。预算审批权的垄断使得政府首脑无法约束议会在预算审批上的机会主义行为。议会在预算上的机会主义行为主要体现在它不能很好地自我约束，从而导致支出的不断膨胀。因为，议员的一个主要动机是再次当选，为此，他们就必须能在任期内为他们的选区和政治支持者提供某种好处。因此，议员们就会互相为对方的支出项目提供政治支持，从而导致政府支出的增加。因此，这并不是一种最优的预

---

① Clynch, Edward J. & Thomas P. Lauth. 1991. Eds. *Governs, legislature, and budgets*. Westport, CT: Greenwood Press. p. 1

② Schick, Allen. 1987. Budgeting as an administrative process. In Allen Schick. Eds. *Perspectives on budgeting*. Washington, D. C.: The American Society for Public Administration. p. 7.

算制度。以美国为例，实行国会主导型的预算体系的一个结果是支出的不断增长。在 19 世纪最后 1/3 的时间中，政府支出介于 2 亿美元和 4 亿美元。然而从 1899 年到 1912 年，年度的政府支出已经高达 5 亿至 7 亿美元。所以，1921 年建立行政预算体制的一个目标就是通过扩大行政首脑在预算审批上的权力来控制开支。[①] 行政预算体制的建立将提出政府预算的权力——实质上是提出活动的权力——赋予政府首脑，从而使得议员不能再像以前那样通过政府部门提出自己希望开展的活动再自己批准。这就有助于控制支出的增长。

第三，行政预算体制的建立使得政府首脑获得了在政府内部形成和协调预算要求的控制权，并可以将政策目标与预算决策结合起来。[②] 在议会各个委员会逐一审查、批准各个政府部门预算的预算体制中，议会控制了预算过程，政府首脑被排除在预算过程之外。政府首脑不能在各个部门提出的预算之间进行协调，不能在它们之间进行比较，也不能修改这些部门提出的预算，因而无法将自己的政策意图贯彻于各个部门的预算，不能将各个部门的支出汇总后与可获得的收入进行比较以确保预算平衡。[③] 相应地，即使在政府内部设置了预算机构（或者财政部门），它也没有真正的预算审查的权力。预算信息是从支出机构直接流向议会，议会可以通过对预算信息的内容、格式和流程进行规定来控制预算过程，进而控制预算决策。因此，在这种模式下，政府首脑的政策目标根本无法融入预算，政府也就无法形成一种整体的政策并获得预算支持，整体性的政府预算实际上是不存在的，只存在一系列代表部门利益的、零碎的预算要求，所谓"政府预算"不过是部门利益的堆积。这就是说，在这种模式下，整体上，根本不可能制定战略计划、确定政策目标并用之来引导资源配置，从而就不能实现资源配置效率。而行政预算体制的建立，为政府首脑将自己的战略意图和政策贯彻到预算进

---

① ［美］艾伦·鲁宾：《公共预算中的政治》，叶娟丽等译，中国人民大学出版社 2001 年版，第 117 页。

② 同上书，第 116 页。［美］杰克·瑞宾、托马斯·林奇：《国家预算和财政管理》，丁学东等译，中国财政经济出版社 1989 年版，第 88—89 页。

③ Clynch, Edward J., & Thomas P. Lauth. 1991. Eds. *Governs, legislature, and budgets*. Westport, CT: Greenwood Press. p. 1.

而将政策与预算整合起来创造了条件。当然，这只是一种可能。因为，最后能否运用战略计划引导资金分配还取决于其他因素。

最后，行政预算体制有助于在政府内部建立集中统一的行政控制。行政预算体制的核心是一个责任问题，它是一种确保政府在收支中履行公共责任的一种机制。现代公共预算的一个主要目标是在政府内部建立集中的财政控制以确保政府预算履行公共责任。为此，预算体制就必须赋予政府首脑在政府内部进行集中的行政控制的权力。对于总统制国家，建立行政预算体制更是必要。

在总统制国家，政府首脑是选民直接选举产生的，代表着全体选民，因此，他应该在政府预算的形成过程中拥有最高的权力，否则，他将无法有效地履行自己对选民的受托责任。在美国进步时代改革时期，许多预算改革者（例如 A. R. Hatton 和 William Willoughby）都强调说，民主回应支持赋予政府首脑更大的预算权力，行政预算体制是落实政府责任（gonvermental accountability）的一个工具。在他们看来，只有当选民选举产生的政府首脑能够运用预算来影响公共资源的支出，能够组织公共利益的分配时，多数选举意义上的民众控制才能得到保证。[1] 而且，在总统制下，政府首脑的代表性可能比议会的议员还要广泛，因此，更应该将预算权力赋予政府首脑。对此，旨在联邦层面推行行政预算体制的1921年美国国会报告中反映得最直接："他［总统］是代表整体而不是部分的唯一官员。他是唯一由人民选举产生的行政官员，因此，他在政治上对他的行动负责。"[2] 即使政府首脑是由议会间接选举产生的，他仍然需要承担对公众的受托责任，因此也需要拥有预算权力。不过，在议会内阁制国家，政府首脑通常是议会中多数党领袖，因此，他通常会拥有这种权力。

二、行政预算体制类型与政府首脑的角色

由于行政预算体制的建立，政府首脑在预算过程中将发挥两个非常重要

---

[1] Clynch, Edward J., & Thomas P. Lauth. 1991. Eds. *Governs, legislature, and budgets*. Westport, CT: Greenwood Press. pp. 1–2.

[2] Ibid.

的作用。首先，政府首脑在资源申请中扮演最终的决策者，负责准备年度预算，并以其名义向议会提交政府预算。其次，负责执行议会批准的预算，并就预算执行及其结果向议会报告。① 艾伦·希克指出，任何公共预算体系都包括计划、管理和控制三个过程，但是不同的预算体系侧重不同，有的侧重控制，有的侧重管理，有的侧重计划。② 希克进一步指出，尽管行政预算体制是现代预算的重要特征，但是，它们之间也有所不同，有的行政预算体制侧重于控制，有的侧重于管理，有的侧重于计划。20 世纪 20—30 年代美国行政预算体制改革的支持者分别从不同的角度来理解行政预算体制，强调行政预算体制的不同的预算功能。③ 米勒也认为，控制计划可以视为行政预算体制所包括的三个方面的内容。④ 在不同类型的行政预算体制中，政府首脑能够发挥的影响是不同的，作为其助手的核心预算机构的角色和作用也是不同的。

（一）计划型的行政预算体制

美国行政预算体制改革的主要代表人物，例如克利夫兰（Frederick Cleveland）、古德诺（Frank Goodnow）和威劳比（William Willoughby），就非常强调预算过程的计划功能。所以，克利夫兰德等人认为政府首脑应该是预算政策的主要制定者。政府首脑不应该只是一个将各个部门的预算汇总起来再转给议会的传输者，它应该对所有的政府支出实施一个全面和一致的判断。政府首脑提出的预算不应只是一个对各个部门预算进行加加减减之后汇总的结果，而应该是一个政府首脑关于政策重点和项目优先顺序的权威判断。为了保证政府首脑能够在预算过程中发挥计划的作用，他们还主张，政府首脑提交的预算应该具有某种特殊地位。具体地，他们主张通过限制议会

---

① Lienert, Ian, & Moo-Kyung Jung. 2004. The legal framework for budget system. *OECD Journal of Budgeting* Vol. 4, No. 3: 1 –479. p. 73.

② Schick, Allen. 1966. The road to PPB: The stages of budget reform. *Public Administration Review* Vol. 26 (December): 243 –258.

③ Schick, Allen. 1971. *Budget innovation in the states*. Washington, D. C.: The Brookings Institution. p. 15.

④ ［美］杰尔拉德·J. 米勒：《政府财政管理学》，谭新娇译，经济科学出版社 2004 年版，第 90 页。

的支出动议权来保证政府首脑提交的预算的完整性。也就是说,虽然议会可以削减和取消政府首脑提交的预算中的某些项目,但是,议会不能将任何支出增加到政府首脑提交的预算中去。因为,如果允许议会这样做,各个支出部门就会绕开政府首脑直接和议会进行讨价还价,从而就会破坏政府首脑提交的预算的完整性,使得政府首脑无法对整个政府的活动进行计划。①

(二)管理型的行政预算体制

另一些行政预算体制改革者则强调行政预算体制的管理功能。这些改革者强调预算的效率。在他们看来,通过行政预算体制改革,加强政府首脑对于各个部门预算的影响之后,行政预算就可以变成一个政府首脑用来协调和重组政府各种活动的工具。具体地说,政府首脑可以通过预算工具在政府内部重组和协调各种活动。例如,终止某些活动,支持某些活动,将某些活动与另一些活动合并,来实现管理效率。在这种行政预算体制下,政府首脑的主要工作就是将各个部门的预算估计标准化并整合起来实现效率目标。②

(三)控制型的行政预算体制

对于行政预算体制的第三种理解就是一种控制型的行政预算体制,即通过建立行政预算体制,在政府内部建立一种集中控制,以此来约束浪费与非法的行政行为。在这种模式下,政府首脑是最主要的支出控制者,他将运用行政权力来防止各个部门的不当行为,避免这种不当行为对公众利益的侵犯,防止在预算过程中出现滥用权力的情况。控制型的行政预算体制将会把重点放在建立统一的会计程序、集中采购、人员编制控制、支出审计等。③

针对美国的经验,希克指出,关于行政预算体制的三种主张分别与三种不同的"预算理念"相联系。计划型行政预算体制主要和关于民主政府的理念、立法和行政之间的权力恰当配置以及维持公共问责有关。管理型行政预算体制主要和20世纪初刚刚在美国诞生的公共行政学紧密联系在一起。

---

① Schick, Allen. 1971. *Budget innovation in the states*. Washington, D.C.: The Brookings Institution. pp. 15–16.

② Ibid., p. 16.

③ Ibid.

控制型行政预算体制则与经济与效率紧密相关。① 尽管这三种行政预算理念各有侧重，但它们都推动了行政预算改革的进程，都强调加强政府首脑在预算中的影响。

在实践中，很难同时兼顾这三种理念。例如，美国20世纪初的预算改革，最后是控制取向的行政预算模式占了上风。纵而观之，在不同的预算发展阶段，行政预算体制所呈现出来的特征也是不同的，政府首脑在其中的作用也是不同的。从19世纪到20世纪50年代，各国行政预算体制的主要特征都是控制型的。从50年代开始，行政预算体制开始呈现出管理型和计划型的特征，有时偏重管理，有时偏重计划。各个国家究竟属于哪种行政预算体制，关键取决于各国具体实行的预算模式。实行产出导向的绩效预算者就会偏重管理，实行计划项目预算者就会偏重计划。不过，自20世纪80年代新绩效预算兴起以来，似乎一种新的行政预算体制正在出现，即计划、管理和控制这三者似乎正在被结合起来，至少很多国家正明显地将计划与管理的功能结合起来。当然，这三种取向的行政预算体制之间并非完全不兼容。计划型行政预算体制也需要进行管理和控制，管理型的行政预算体制也需要有计划和控制，控制型的行政预算体制也需要考虑计划问题和管理问题。

在不同类型的行政预算体制中，政府首脑及其预算机构主要扮演的角色是不同的，在预算决策中关注的重点也是不同的。在控制型行政预算体制中，政府首脑及其核心预算机构极可能将预算的重点放在投入控制，尤其是支出削减上；在管理型行政预算体制中，政府首脑及其核心预算机构则会将预算决策的重点放在产出，关注各个部门项目的投入—产出关系上；在计划型行政预算体制中，政府首脑及其核心预算机构关注的重点则转变成目标的选择以及实现目标的活动选择。因此，在控制型行政预算体制中，政府首脑的角色是被动的，即使他/她有自己的政策意图，也很难将政策意图整体而且全面地贯彻进资金分配领域。管理型预算体制使得政府首脑开始运用预算来将政府各个部门的活动协调起来进行管理，提高资金效率，因而其角色开始变得主动。不过，只有在计划型行政预算体制中，政府首脑才能真正地将

---

① Schick, Allen. 1971. *Budget innovation in the states*. Washington, D. C.：The Brookings Institution. pp. 16-17.

预算变成一个最重要的治理工具。

三、政府首脑的预算权力与责任

在现代公共预算中,政府首脑的预算权力取决于政治体制。在不同的政治体制下,政府首脑在预算过程中的影响是不同的,他们的预算权力以及履行责任的方式也是不同的。在总统制下,例如美国,所有的行政权都是属于总统的。总统在预算方面的权力和责任包括准备年度预算、向议会提交年度预算、签署议会通过的预算使之成为法律、(全部或者部分地)否决议会通过的预算、执行预算以及就预算执行向议会报告。此外,还包括起草与预算体制相关的法律以及提出预算追加草案。在总统制下,总统是以个人的名义负责准备和提交预算,并对此进行负责。不过,在个别的总统制国家,例如,韩国,宪法并未要求总统以个人的名义提交预算并对之负责,而是以行政系统集体的名义来提交预算并对之负责。在半总统制国家,例如法国和芬兰,总统在预算领域的责任主要是通过总统是部长内阁的领导者这一宪法规定来行使的。在芬兰,根据宪法第58条规定,"共和国总统在政府提出的决策建议的基础上在政府内部做出决策"。当然,芬兰总统的权力比法国总统要小。在法国,如果部长内阁的部长与总统是同一政党,那么,总统在内阁的预算决策上就可以发挥巨大的影响。[1] 不过,在这些国家,除了总统之外,还有一个首相,履行着政府首脑的角色。例如,法国1958年宪法规定,首相是政府的负责人,负责执行法律包括预算,而且对政府的项目负责。当然,宪法也规定,首相可以将某些职能授权给部长。因此,财政部长通常代表政府向议会提交预算。不过,首相对于财政部长提交给议会的预算拥有最后的决定权。[2]

不过,即使在总统的个人权力很大的国家,重要的预算决策——形成详细的预算并报告预算执行——也通常是授权给政府内部的一个集体机构的。君主制国家的情况也是如此。在一些立宪君主制国家,例如丹麦、挪威、西

---

[1] Lienert, Ian, & Moo-Kyung Jung. 2004. The legal framework for budget system. *OECD Journal of Budgeting* Vol. 4, No. 3: 1 – 479. p. 74.

[2] Ibid., p. 75.

班牙，表面上，宪法赋予了君主很大权力。但是，宪法同时限制了君主的权力，例如规定"君主必须通过部长们来行使其至高的权力"，"部长们应该负责政府的活动"。目前，在OECD国家，没有任何国家的君主在预算过程中发挥着影响。①

在议会制国家，首相通常是政府首脑。一些国家通过宪法和法律明确规定首相的权力与责任，例如，德国。在另一些国家，主要是实行威斯敏斯特体制的国家，虽然没有法律对首相在预算中的权力与责任明确地进行规定，但是，首相在预算中的权力是非常大的。例如，在加拿大，首相不仅有权任命内阁部长，而且可以任命参议员。在所有的威斯敏斯特国家，首相有权决定政府整体的政策重点进而决定支出重点，他或她在内阁和本党的高层会议上拥有否决权。首相在决定政府的预算政策和年度预算的过程中都有举足轻重的影响。但这取决于首相对财政部长的信任程度以及授权程度。②

在议会制国家，政府首脑的权力有时也受制于部长内阁。一般的，在这些国家，部长内阁的影响也是非常大的，并以内阁的名义对议会承担集体责任。在一些实行议会制的国家，在宪法中明确规定了部长内阁的责任。例如，日本宪法第65条规定，"行政权授予内阁"，而且是由内阁集体对议会负责。预算是由内阁准备并提交给议会的，如果议会不通过就相当于对内阁投了不信任票。在威斯敏斯特国家，尽管部长内阁没有法律上的地位，它是一个法律之外的组织，但是，内阁的决策具有很大的约束力，这个机构控制着政府的各个部门，包括它们的预算。③

通常情况下，政府首脑都拥有准备预算和向议会提交预算并就预算执行情况及其结果向议会报告的权力及责任。但是，由于政治体制的不同，政府首脑是否拥有其他的权力并承担相应的责任就呈现出不同的局面，例如，政府首脑是否应该有否决议会通过的预算的权力，包括整体否决和单项否决？政府首脑是否可以在预算执行中拥有扣押权、取消权？在议会制下，由于政

---

① Lienert, Ian, & Moo-Kyung Jung. 2004. The legal framework for budget system. *OECD Journal of Budgeting* Vol. 4, No. 3: 1–479. p. 74.

② Ibid., p. 75.

③ Ibid., p. 76.

府首脑通常是议会中多数党的领袖,所以,他或她提交的预算在议会中一般都能够获得足够的政治支持。因此,在议会制下,政府首脑似乎并不特别渴求这些权力。但是,在总统制国家,政府首脑通常希望获得其中的某些权力。这主要是因为,在总统制国家,议会的预算权力一般都比较大,甚至可以在总统提交的预算中加入一些新的内容。在这种情况下,总统就会感到有必要获得一些否决议会通过的预算的权力。

(一) 准备和提出预算案的权力

由于行政预算体制的确立,在所有国家,预算提案权都是由政府首脑行使的。各个部门不得自行向议会申请预算拨款,部门的预算要先由政府首脑审查,然后编制成整体的政府预算,由政府首脑或以其名义向议会提交。从议会审查监督的角度出发,政府预算提交的时间越早,议会越能有效地进行审查监督。在 OECD 国家,政府预算一般在新的财政年度开始前三个月提交议会审查,提交时间最早的是美国,总统在财政年度开始前八个月就向国会提交预算,最短的是新西兰,在新的财政年度开始后一个月向议会提交政府预算。在某几个国家,提交政府预算的时间是一种宪法规定,不过,在另一些国家则是用其他的方式进行规定的,例如瑞典的《议会法案》、日本的《公共财政法案》都对此进行了规定,挪威则由议会的规章对此进行规定。[1]表 5 – 1 描述这方面各国的实践。

表 5 – 1　政府首脑提交预算的时间

	法律要求			无法律要求,认可的一种实践
	宪法	法律	议会规章	
财政年度之前 6 个月以上		美国 (8 个月)		
财政年度之前 4 – 6 个月	丹麦 (4 个月);芬兰 (要求提早,一般大约 4 个月前)	德国 (4 个月)	挪威 (4 个月)	

---

[1] Lienert, Ian, & Moo-Kyung Jung. 2004. The legal framework for budget system. *OECD Journal of Budgeting* Vol. 4, No. 3: 1 – 479. p. 91.

(续表)

	法律要求			无法律要求,认可的一种实践
	宪法	法律	议会规章	
财政年度之前2–4个月	法国、西班牙(3个月);韩国(90天)	日本(2–3个月)瑞典(3+1/3个月)		
财政年度之前0–2个月			加拿大	
财政年度开始之后		新西兰(财政年度开始后不迟于1个月)		英国

资料来源:Lienert, Ian & Moo-Kyung Jung. 2004. The legal framework for budget system. *OECD Journal of Budgeting* Vol. 4, No. 3: 1–479. p. 91。

(二) 整体否决权

在议会内阁制国家,由于控制政府的执政党是议会的多数党,政府提交的预算一般容易获得议会的支持,所以,在这些国家,政府首脑一般是不需要整体否决权的。在另一些国家,主要是总统制国家,例如美国、意大利以及一定程度上包括1991年以后的俄罗斯,国会在预算中发挥着非常巨大的作用,国会可以推翻政府首脑提交的预算提案并起草新的法案,提交给政府首脑通过或否决。但是,国会通过的拨款法案需要总统签署才能生效。[①] 因此,在这些国家,虽然国会的权力非常巨大,政府首脑可以整体否决国会通过的拨款法案。

现在以美国为例进行分析。从制度上讲,美国总统可以对国会通过的拨款法案行使否决权,而获得三分之二的多数支持的国会才可以推翻总统的否决。不过,在现实中,国会要获得三分之二的多数支持通常很难,也就是说,一旦总统否决国会通过的拨款法案之后,国会就很难推翻总统的否决。不过,总统对于采用否决权通常是非常慎重的,总统一般会事先就他所反对

---

① Premchand, A. 2000. *Control of public money: The fiscal machinery in developing countries*. New York: Oxford University Press.

的支出项目给国会发出信号，以免事情弄到不可收拾的地步。这主要是因为，运用否决权是有成本的，它会推迟一些将要实施的项目，更关键的是，国会再次提供的预算最多也只会比总统否决的预算稍有改进。在美国的州一级，几乎所有的州长都拥有否决权。①

（三）分项否决权

分项否决权是指政府首脑不是整体否决议会批准的预算或拨款法案，而是对拨款法案中自己不赞同的部分进行否决。虽然这种否决权一般不会对预算产生很大的影响，也不可能大幅度削减支出，但是，这种否决权的确使得政府首脑的权力得到增大，使得政府首脑可以利用这种否决权来"对立法机关施加政策控制力"，尤其当议会是由反对党控制时更是这样。② 但是，并不是所有赋予政府首脑否决权的国家都同时赋予政府首脑分项否决的权力。即使在一个国家，在中央和地方层面的制度安排也不同。

在美国联邦预算史上，总统们很早就希望能获得这一权力。从格兰特总统（Ulysses S. Grant）开始，美国总统都希望在立法权之外获得对国会通过的预算分项否决的权力。支持赋予总统分项否决权的一个理由是，这种权力有助于总统控制议员为讨好选民而提出的各种不负责任的支出议案，有利于削减和控制赤字。具体地，这项权力使得总统不必对一个支出法案做一种"要么全有，要么全无"的艰难选择：议员们会将一些他们自己的支出塞进拨款法案中，给总统一个要么全要么全不要的选择。这就使得总统可以制约议员们在拨款法案中的"政党分肥"。由于运用整体否决带来的政治冲突过大，所以，在没有分项否决权力的情况下，如果总统希望自己的支出方案通过，他经常也必须接受议员们塞进拨款法案中的支出。但是，直到1996年，美国国会才通过分项否决法案，正式将这一权力赋予总统，并于1997

---

① McCaffery, Jerry. 1999. Features of budgetary process. In Roy Meyers. Eds. *Handbook of government budgeting*. San Fransico, CA: Jossey-Bass Publishers.

② Rubin, Irene. 1999. *The politics of public budgeting* (4th). Seven Bridges Press, LLC. p. 28.

年1月1日生效①。

1996年的分项否决权法案允许总统废除：（1）每个拨款法案中能够发现的任何可自由支配的个人开支；（2）任何一项新的直接支出，例如，与权利相关的立法，诸如医疗保险和公共医疗补助；（3）任何有限的税收优惠，其受益者在100或100人以下。不过，分项否决权不能够适用于未经总统签署而成为法律的支出或税收法案，也不适用于那些越过总统否决而成为法律的法案。即使在拨款法案中没有明确某项支出的金额，但是，只要这些支出可以在相应的委员会报告中可以识别出来或者是授权立法中指定用途的款项，总统都可以运用分项否决权废除那些包含在一次性拨款目录中的条款。若国会想阻止总统的废除，就必须想办法否决总统的否决。在总统分项否决之后，除非国会在30天之内经由两院开会通过一项不赞成案，否则废除就会生效。然而，总统还可以否决国会的不赞成案。如果国会不同意，它必须以三分之二的反对票才能使得总统的否决无效。这一法案极大地加强了总统对于国会的制约能力。赋予总统如此大的否决权的理由是：通过分项否决而节约下来的资金将被用于削减赤字，而不能用于其他的支出目的。②

然而，一些国会议员开始对总统分项否决权的合宪性提出了挑战。他们的挑战最初得到了一个地方法院的支持。然而，当最高法院以国会议员不具备该诉讼的起诉权为由驳回地方法院的判决之后，总统克林顿就非常大胆地使用了这一新权力。他废除了1998财政年度预算调停法案中的一项支出和两项税收条款，成为美国历史上首位使用分项否决权的总统。随后，他又在1998财政年度13个拨款法案的9个当中否决了79项拨款。但是，1998年6月25日，美国最高法院宣布分项否决权违宪。③

---

① Rubin, Irene. 1999. *The politics of public budgeting* (4th). Seven Bridges Press, LLC. Lauth, Thomas. 2002. The separation of powers principle and budgetary decision making. In Aman Khan, & Hildreth, W. Bartley. Eds. *Budget theory in the public cector*. Westport：Quorum Books.

② Ibid.

③ Lauth, Thomas. 2002. The separation of powers principle and budgetary decision making. In Aman Khan, & Hildreth, W. Bartley. Eds. *Budget theory in the public sector*. Westport：Quorum Books.

在美国的 50 个州，有 43 个州的州长拥有分项否决权。① 从理论上讲，这种制度安排可以防止不合理的支出发生。不过，在现实中，正如艾伯尼和劳斯发现的，州长通常是因为政治原因而不是为了加强财政约束而使用这一权力，例如，为自己选区的政治支持者而使用这一权力。② 总统分项否决权的支持者们常常引用州实行分项否决权的经验来支持授予总统该权力。在州一级，43 位州长拥有分项否决的权力。州长分项否决权之所以发展起来部分是因为既有的行政性否决权很难有效地制约拨款法案中存在的议员在支出中"分猪肉"以及其他不经济的支出。分项否决旨在通过使政府首脑有权否决由立法机关增加到拨款法案中的不适当项目来重建政府首脑维护行政预算的能力。③

在美国，尽管州的经验常常被用来支持赋予总统分项否决权，但是，总统的分项否决权和州长们所拥有的不同形式的分项否决权之间存在着许多差别。首先，总统的分项否决权使得总统能够在一项法律制定和签署之后还可以对它做出实质性的修改，然而州长们则通常被要求在签署拨款法案并使之成为法律的过程中否决某些项目。其次，总统无权减少某项支出。不过，在州一级，有 12 个州的州长有权削减和取消某项支出。第三，总统无权否决与拨款法案相关的政策条款或者对资金如何使用进行限制，然而，州长们则经常否决上述事项。第四，总统可以否决税收优惠和新增的直接支出款项，而州长们却没有这个权力。最后，总统的分项否决权并不是州长们所拥有的分项否决权的宪法化，而是对总统既有的否决拨款资金的权力的强化。④

---

① McCaffery, Jerry. 1999. Features of budgetary process. In Roy Meyers. Eds. *Handbook of government budgeting*. San Fransico, CA: Jossey-Bass Publishers.

② Abney, Glenn, & Lauth, Thomas P. 1985. The Line Item Veto in the States: An Instrument for Fiscal Restraint or an Instrument for Partisanship? *Public Administration Review* Vol. 45 (May/June): 372–377.

③ McCaffery, Jerry. 1999. Features of budgetary process. In Roy Meyers. Eds. *Handbook of government budgeting*. San Fransico, CA: Jossey-Bass Publishers.

④ Lauth, Thomas. 2002. The separation of powers principle and budgetary decision making. In Aman Khan & W. Bartley Hildreth. Eds. *Budget theory in the public sector*. Westport: Quorum Books.

（四）取消或者推迟权

大约一半的 OECD 国家的议会允许政府首脑取消或者推迟议会通过的预算拨款。但是，一般都有一些限制。例如，法国的《预算组织法》规定政府首脑可以通过法令的形式取消拨款，但不能超过 1.5%，而且在法令颁布之前必须告知议会的相关委员会。不过，美国 1974 年的《扣押控制法案》则对总统的这一权力进行了全面而且严格的约束。对于各种法定支出，OECD 各国的政府首脑几乎都不能取消和限制其支出。对于自由裁量的支出，三分之二的 OECD 国家不允许政府首脑扣留议会通过的支出。[1]

在总统制国家，政府首脑是否应该有取消拨款或者推迟拨款支出这一权力以及应该如何使用这一权力常常是一个充满争议和冲突的事情。在这一方面，美国的经验最能说明问题（专栏 5-2）。

专栏 5-2　美国总统的扣押权

从杰弗逊总统开始，美国总统一直都在预算执行中扣押某些国会已经通过的预算拨款，不过，数量比较小，因此，国会一般都默许总统使用这一权力。然而，没有哪一个总统像尼克松那样广泛地采用扣押权，而且将总统的扣押权变成一种改变国会的支出重点的政策工具。在 1973 年，根据尼克松总统的决定，总统的管理与预算办公室扣押了超过 180 亿美元的对州和地方的联邦补助，涉及水污染控制、公共交通、住房、教育、农村地区发展等。作为应对，州和地方政府向联邦法院提出了超过一百份诉讼，联邦法院裁决了其中的 60 份，大部分否定了政府的做法。在国会看来，尼克松如此悍然地使用扣押权是在挑战国会的传统权力，是在通过使用扣押权来拒绝向那些在预算制定过程中总统反对但是国会通过了的项目提供拨款。

---

[1] Lienert, Ian, & Moo-Kyung Jung. 2004. The legal framework for budget system. *OECD Journal of Budgeting* Vol. 4, No. 3: 1-479. pp. 109-110.

1974年，国会通过《扣押控制法案》，对总统的扣押权进行了全面的限制。同时，该法案对取消与推迟进行了区分。对于前者，如果总统认为某些拨款的部分或者全部资金不需要，需向国会提交取消提案，必须经过议会同意才能有效。推迟支出也必须向国会提交议案，如果国会两院中的任何一院通过一个决议对此进行反对，那么，总统就不能将本年度的支出推迟到下一个年度，只有当国会没有反对时，总统才能推迟支出。

在80年代后期，国会又进一步限制了总统推迟支出的权力。这主要源于1987年美国法院审理哥伦比亚特区持续使用推迟支出一案时指出，除非国会保留立法否决权，否则国会不应赋予总统推迟支出的权力。随后，审计长向国会提交了一份建议，指出里根时期的25项"政策推迟"是非法的。里根政府也未向最法院提起诉讼。其后，所有的推迟支出，像取消支出一样，也必须国会同意。

资料来源：Gosling, James. 2002. *Budgetary politics in American governments*. Routledge, Inc. pp. 198-199. Lee, Robert, Johnson Ronald W., & Philip Joyce. 2004. *Public budgeting* (7th). Sudbury, MA: Jones & Bartlett Publisher. p. 206。

尽管对总统的扣押权进行了限制，主要限制总统取消拨款的权力，但是，总统仍然经常使用扣押权。如表5-2显示的，尽管对总统取消支出的权力有严格的限制，但是，几乎所有的总统都使用过取消权，而且，在绝大部分年份，都是用过这一权力。尤其在里根时期，总统更是极其频繁地使用这一权力。

表5-2 1974—2000财政年度，由总统提出的取消项

总统	财政年度	提议的取消项	提议的金额（百万美元）	国会批准的取消项	取消的金额（百万美元计）
福特	1974	2	496	0	0
	1975	87	2 722	38	386
	1976	50	3 582	7	148

（续表）

总统	财政年度	提议的取消项	提议的金额（百万美元）	国会批准的取消项	取消的金额（百万美元计）
	1977	13	1 135	7	718
卡特	1977	7	792	2	96
	1978	12	1 290	5	519
	1979	11	909	9	724
	1980	59	1 618	34	778
	1981*	33	1 142	0	0
里根	1981	133	15 362	101	10 881
	1982	32	7 907	5	4 365
	1983	21	1 569	0	0
	1984	9	636	3	55
	1985	245	1 856	98	174
	1986	83	10 127	4	143
	1987	73	5 836	2	36
	1988	0	0	0	0
	1989	6	143	1	2
布什	1989	0	0	0	0
	1990	11	554	0	0
	1991	30	4 859	8	286
	1992	128	7 880	26	2 068
	1993	0	0	0	0
克林顿	1993	7	356	4	206
	1994	65	3 172	45	1 278
	1995	28	1 200	24	846
	1996	24	1 426	8	963
	1997	10	407	7	347
	1998	25	25	21	17
	1999	3	35	2	17
	2000	3	128	0	0

＊卡特总统于1981年的财政年度提出的33个取消项，在里根政府期间被转变成延期项，因此没有被包含在总数中。该表并没有包含由国会发起的取消项。

资料来源：Gosling, James. 2002. *Budgetary politics in American governments*. Routledge, Inc. p. 201。

四、整合计划、政策与预算

由于行政预算体制的确立,在所有国家,预算提案权都是属于政府首脑的。但是,在不同的预算模式下,政府首脑影响预算资金分配的方式是不同的,最后的影响程度也不同。在相当长的时期,预算程序主要是自下而上的,政府首脑一般都是等各个部门编制了部门的预算后在核心预算机构的帮助下对各个部门的预算要求进行审查。通常地,政府首脑是这样影响预算的——在部门编制的预算中挤压掉某些"水分"后或者否决掉一些部门的开支项目之后,再加入自己希望开展的一些项目,进而形成整体的政府预算。在这种模式下,尽管部门在编制其预算时也会考虑政府首脑的政策意图,政府首脑也可以事先告知部门相关的政策意图,但是,政府首脑在预算编制或资源分配中的作用是比较消极的、被动的,政府预算经常变成部门利益的堆积。

20世纪80年代开始,一些西方国家,例如英国、澳大利亚、新西兰、西班牙和瑞典等,开始将预算流程颠倒过来,即从传统的"自下而上"模式转为"自上而下"模式。在这种新模式下,预算程序是这样的——政府首脑先明确基本的政策框架及支出重点,然后,部门才开始在核心预算机构的指导下编制预算。而且,随着新绩效预算的推广,这种预算模式越来越具有吸引力。这种新模式的一个主要特点就是强调运用战略计划引导资源分配。因此,在这种预算模式下,预算编制要求政府首脑首先形成一个中长期的战略计划,明确政府在未来某个时期的政策重点,进而明确支出重点,并制定中长期的支出框架,然后部门才开始在这个框架内确定部门的战略计划并编制预算。在这种预算模式下,政府首脑在资源配置的过程中发挥着非常重要的影响。政府首脑需要将计划、政策与预算整合起来,战略性地确定支出重点,运用战略计划引导政策制定和资金分配,在此框架下,既要确保计划与预算的衔接,以及确保政策制定是与战略计划相一致,又要保证政策能有效地引导资金分配,以及预算过程能够有效地约束政策制定,将各种政策的中长期成本纳入预算决策。同时,在这种新的预算模式中,政府首脑不仅会在确定收支总额、战略目标和政策重点的过程中发挥着重要的影响,而且也需要在预算决策过程中确保事前制定的总额、目标和政策重点能够有效地约束预算决策。总而言之，这种预算模式使得政府首脑开始在预算过程中扮演一个积极、主动的角色，将自己的战略和政策意图贯彻进预算资金的分配和政府活动的规划。①

在这一转变的过程中，如何实现政策协调就是一个至关重要的问题。政策协调涉及政府首脑、内阁以及各部部长。在 OECD 国家，尤其是议会制国家，自从预算程序变成自上而下后，内阁在政策协调中的作用就变得非常重要。通常的办法是在内阁内部建立各种委员会，由一些相关的部长参与。在这种模式下，部长们参与预算的方式，以及他们与政府首脑的互动方式都发生了变化。原来，常常是各个部门的部长和政府首脑一对一的互动、协商，现在政策协调变成一种集体活动或者多边协商，每个部长都要与其他部长一起，在一个事前设定的总体限制下讨论战略目标、政策重点、具体的政策以及项目和预算，各个部长不仅要对他/她所管理的部门的支出负责，也需要在一个整体设计的框架下对不同领域的支出负责。②

---

① ［美］孙克姆·霍姆斯：《公共支出管理手册》，王卫星译，经济管理出版社 2002 年版，第三章。Petrei, Humbreto. 1998. *Budget and control*: *Reforming the public sector in Latin American*. Washington, D. C.: Inter-Americian Development Bank. p. 192.

② Ibid.

第 六 章

预算过程中的议会

事实上,钱袋子的权力或许可以被看成是最全面和最有效的武器,通过运用它,任何宪法都可以将人民代表武装起来纠正各种痛苦,有效地实施各种公正的和值得尊敬的措施。

——詹姆斯·麦迪逊[①]

现代公共预算的一个特点是政府的预算必须提交议会批准。这主要是由现代政府的性质决定的。现代公共预算确立的18世纪末和19世纪初正是政治体制从君主制向民主制过渡的时期,也是宪政体制建立的时期。民主制和宪政体制的建立意味着人民和国家之间的关系出现了一个根本性的调整,"人民主权"取代了传统的"君权神授",人民成为国家权力的最终所有者和国家权力的最终源泉。"人民主权"作为一个理念,需要落实到具体的政治制度设计上,需要有相应的制度保证。议会制就是这样一种政治安排和制度保证。作为人民的代表,议会及议员从外部监督着政府的预算,促使其对议会进而对人民负责。为了履行这一职能,议会内部也必须发展出一系列的预算结构、程序与规则。正如政府之所以需要预算是因为对于资源的申请总是超过可用的资源一样,议会面临的也是同样的问题。议会内部的预算活动

---

① 参见 Hamilton, John, Jay John, & James Madison. 1937. The federalist: A commentary on the constitution of the United States. New York: The Modern Library. p. 380。同时参见中译本〔美〕亚历山大·汉密尔顿、约翰·杰伊、詹姆斯·麦迪逊:《联邦党人文集》,No. 58,程逢如等译,商务印书馆1980年版。

同样也要涉及资源生产、资源申请、资源配置、资源保护，也需要设计预算制度以在这些要素之间建立一个合理的联系。①

一、"钱袋子"的权力的兴衰

议会的预算权力是议会最基本、最重要的权力。这个权力一般被称为"钱袋子"（the power of purse）的权力。在政治史和财政史上，议会最先获得的权力就是财政方面的权力，正是围绕这一权力才逐渐形成宪政体制。而且，议会是在获得"钱袋子"的权力之后，才获得了其他权力的，例如立法权和人事任命权。② 正如英国和法国这两个最早发展出现代民主制国家的经验所表明的那样，议会最初获得的财政权力体现于税收，然后才逐步扩展到支出方面。③ 现在以英国和美国为例，说明议会是如何获得这一重要权力的。

（一）英国

预算权是英国议会最先获得的权力，甚至比立法权还早。英国政治史在很大程度上是一个国王和国会争夺国家控制权的历史。与其他欧洲的封建王国相比，1066年建立的英格兰诺曼王国更加强调国王凌驾于其他一切（包括贵族）的权力，大量控制土地的领主仅仅是国王的"佃户"而非财产的实际所有者。1215年，征服者威廉的后裔约翰王统治了这个王国。约翰发动了一场与其他领主和贵族之间的内战。这场战争没有出现一方消灭另一方的结果，所以，作为妥协，国王被迫签订了著名的"大宪章"（magna carta）。大宪章宣告了国王无权擅自征税的原则。该宪章的第十二款规定：除

---

① Schick, Allen. 1980. *Congress and money: Budgeting, taxing and spending*. Washington D. C., the Urban Institute. p. 13.

② Stapenhurst, Rick. 2008. The legislature and budget. In Rick Stapenhurst, Riccardo Pelizzo, David M. Olson & Lisa von Trapp. Eds. *Legislative oversight and budgeting: A world perspective*. Washington, D. C.: The World Bank.

③ North, Douglass, & Barry Weingast. 1989. Constitutions and Commitment: The Evolution of Institutional Governing Public Choice in Seventeenth-Century England. *The Journal of Economic History* Vol. 49, No. 4: 803-832.

了传统封建捐税之外，任何赋税都必须经过"全国人民普遍同意"才能征收。所谓"全国人民普遍同意"即是指大会议同意。随着大会议逐渐演变成议会，这一原则也成为议会征税权的法律依据。① 14世纪后期，英国议会开始控制了国家的征税权。1333年，由于拨给羊毛业的一笔补助金被全部挪用于战争支出，所以，1340年，议会指派了一个委员会调查最后一笔补助金的账目，从而开创了议会委员会财政监督的权力。从14世纪40年代开始，议会在通过征税法案的同时，明确规定了税收的使用范围。②

不过，在很多情况下，国王并不完全遵守大宪章第十二款的规定。在16和17世纪这一条款更是被忽视。③ 1603年，英格兰王国政府从都铎王朝进入斯图亚特王朝。斯图亚特王朝一直面临着财政困难。例如，1617年就存在36 000英镑的赤字。在这一时期，随着君主政府不断出售土地而弥补支出不足，斯图亚特王朝政府已经不可能像中世纪传统所要求的那样"靠自己的收入来生存"，君主政府经常利用各种手段来筹集收入。根据14世纪形成的制度传统，议会对政府的影响主要在于向政府提供税收的权力，这些税收通常用于战争等特别目的。虽然议会也负责向君主政府拨付其他的收入，例如关税，但是，斯图亚特王朝政府，尤其是查理一世，继续在没有得到议会同意的情况下筹集收入。而且，在这一时期，公共法律的执行和开支没有经过一个公共预算程序，议会在决定支出方面仅仅有很小的影响，君主政府在支出方面有着非常大的自行决定权。④ 17世纪初期以来，斯图亚特王朝政府一直在寻找新的财政收入。君主政府所运用的手段包括⑤：（1）通过

---

① 程汉大：《英国政治制度史》，中国社会科学出版社1995年版，第80页。[美] 托马斯·林奇：《美国公共预算》（第四版），苟燕楠、董静译，中国财政经济出版社2002年版，第30页。

② 周伟：《各国立法机关委员会制度比较研究》，山东人民出版社2005年版，第52—54页。

③ [美] 威廉·C. 加纳：《学校财政：战略规划和管理》，孙志军等译，中国轻工业出版社2005年版，第73页。

④ North, Douglass, & Weingast, Barry. 1989. Constitutions and commitment: The evolution of institutional governing public choice in seventeenth-century england. *The Journal of Economic History* Vol. 49, No. 4: 803 – 832.

⑤ Ibid.

新的"征税"来提高税收收入，这导致了君主和议会之间的冲突。（2）借债。在 17 世纪早期，君主政府借债存在的一个问题是，君主政府偿还债务的承诺经常是不可靠的。例如，1617 年的借债直到 1628 年都没有偿还。虽然这些借债越来越像税收，但是，由于它们在名义上是借债，所以不需要议会同意。借债似乎使得政府可以不依赖议会而生存。然而，这种没有承诺可靠性机制的借债严重地侵犯了私人的财产。（3）出售专营权。专营权授权实质上像税收一样，它没收了现有投资的价值和未来利润。（4）征募权，即君主政府的代理人为了"公共目的"向民间征收各种物资，而其所支付的价格远远低于市场。（5）君主政府还利用政府权力或者巧妙或者赤裸裸地掠夺公民的财产。

君主政府的这种无限制的收入汲取行为侵犯了公民的财产权，议会和普通法院都做出了许多努力来反对王国政府的这种行为。议会定期向国王呈递请愿书，议会也期望以拨款作为交换来限制国王利用其权力对私人财产的侵犯。但是，国王不愿意接受这种限制。因此，国王和议会之间经常发生冲突，议会常常还未与国王达成一致就被解散，君主政府因此常常得不到议会的拨款。这进一步使得政府的财政状况恶化，迫使它加紧寻找新的收入来源，这常常更进一步造成对私人财产的侵犯，使得议会和有产者更加不满。对于君主政府的不满者最后结成了反对国王的联盟，最后，由于双方都不妥协，终于导致了英国议会和保皇党人之间的内战（1642 – 1646 和 1648 – 1652）。内战以议会的胜利告终，克伦威尔执政，成为英伦三岛的领袖。在他逝世后，1660 年君主政体复辟。但是，国王和议会之间的矛盾继续存在。[①]

1688 年的光荣革命终于在英国确立了宪政制度，开启了议会至上的时代，国王变成"议会中的国王"。议会恢复和巩固了对政府税收的控制权，尤其是对新税收的否定权。同时，政府独立的收入来源（例如借债）也受到了议会的限制。1777 年，国王甚至接受了一笔由议会控制的年金。这意

---

① North, Douglass, & Barry Weingast. 1989. Constitutions and commitment: The evolution of institutional governing public choice in seventeenth-century england. *The Journal of Economic History* Vol. 49, No. 4: 803 – 832.

味着，国王或政府要实现自己的目标就必须与议会建立良好的关系或者获得议会的支持。此外，光荣革命后不久，议会对政府开支的否决权被制度化。议会还获得了对政府已开支款项的审计权。这是一个前所未有的权力。随着议会取得对支出的否决权，并能对其表决通过的支出款项如何使用进行监督，议会将把君主政府置于约束之下。① 总而言之，17世纪，随着英国建立君主立宪制度，近代预算与财政管理制度开始在英国确立下来。在这种制度下，政府预算必须先经过议会审查、批准后才能生效，而且，预算案一经通过后国王不得随意改动和挪用款项，同时，国会要对上一年度的预算执行情况进行检查。1690年，下议院审查了前两年的政府军费收支账目，次年又进行了同样的检查。而且，下议院拒绝了上议院议员的参与。② 所以，正如哈维茨指出的，"在1691—1697年间，君主政府被迫生活在相继数个议会委员会的监督之下"。③ 18世纪中叶以后，英国议会建立了正式的制度化的预算制度。在每年议会大会上，都确定某一天专门讨论财政预算，先由政府的财政大臣向全院会议作详细预算报告，再由下议院各个委员会对报告内容分别进行审查。18世纪，国会开始对政府支出进行特别拨款。1780年，议员们批评王室财政管理不善，浪费巨大，国王滥用年金收买议员，威胁了议会的独立性，最后迫使当时的诺思政府同意议会成立专门委员会对国王的年金收支进行审查。④ 不过，直到1822年才第一次由财政大臣向国会提出一个完整的政府预算，直到19世纪60年代，国会才建立了独立的政府决算审计。⑤

（二）美国

在殖民时期的美国，英国国王的代表管理着政府，但是，各州议院控制

---

① North, Douglass, & Barry Weingast. 1989. Constitutions and commitment: The evolution of institutional governing public choice in seventeenth-century england. *The Journal of Economic History* Vol. 49, No. 4: 803-832.

② 周伟:《各国立法机关委员会制度比较研究》，山东人民出版社2005年版，第53页。

③ 同上。

④ 同上书，第53—54页。

⑤ ［美］杰克·瑞宾、托马斯·林奇:《国家预算和财政管理》，丁学东等译，中国财政经济出版社1989年版，第490页。

着政府的收支。在一定程度上,美国革命就是由公共预算问题引起的,例如,英国决定对殖民地征税。所以,1789年宪法第一款第九节规定,所有与收入有关的事务都必须源自国会。① 正如林奇教授指出的,美国的建国者们不愿意说,国会必须解决有关收入的问题,正如一个世纪以前的英国《人权宣言》对议会要求要求的那样。他们只是宣称这些问题必须来自代表人民的国会。② 宪法第一款第七节还规定,"除法定拨款外,不得从国库提取任何资金"。在这种规定之下,首先,政府必须向国会提交预算。1789年,极其崇拜英国政治体制的第一任财政部长汉密尔顿按照和他的英国同行一样的方式向美国国会提交了第一份预算申请并请求通过。其次,拨款一般以预算的形式呈现,拨款必须由国会通过拨款法案。一旦一项拨款预算经过选举产生的议员通过后,它就变成了法律。③ 一言之,1789年宪法确立了这样一种制度:凡与收入和拨款有关的问题,国会都是主导机构。④

不过,议会和政府之间的制约与争斗同样是美国公共预算最重要的一个特征。1776年美国革命时期确立了立法部门(议会)至高无上的权力,行政权因而应该控制在一个恰当政府的范围内。从革命结束到1789年,美国是由联邦宪章建立起来的一个弱行政体系来管理的。1789年宪法通过后,"恰当政府的含义从弱中央政府、弱行政权转变向一个强大的行政权威和国家政府"。在联邦政府成立的最初几年,汉密尔顿是一个非常强势的财政部长。他有效地偿还了革命战争时期的借债。同时,他作为联邦党人的领袖,强烈要求增加政府的行政权力。他认为,强有力的行政权是重要的,政府预算和财政管理则是这一权力的首要工具。⑤ 但是,以杰斐逊为首的反联邦党人反对汉密尔顿的这种主张。他们认为,分权是必要的,包括预算在内的所

---

① [美]托马斯·林奇:《美国公共预算》(第四版),苟燕楠、董静译,中国财政经济出版社2002年版,第31页。

② 同上。

③ [美]威廉·C.加纳:《学校财政:战略规划和管理》,孙志军等译,中国轻工业出版社2005年版,第73—74页。

④ [美]托马斯·林奇:《美国公共预算》(第四版),苟燕楠、董静译,中国财政经济出版社2002年版,第31页。

⑤ 同上书,第31—32页。

有政治问题都应该在国会的决策范围内。而且，一些总统也认为，由政府对所有的预算问题行使领导权是不恰当的。①

在建国的早期，国会就开始采用规范和全面的办法来管理预算。国会筹款委员的权力是非常大的，它负责在收入和拨款问题上做出决策。与此同时，政府并没有相应的预算管理办法。财政部负责收集了各个部门的支出估算，但是，它从来没有分析和审查这些估算。这些活动很自然地被认为是国会的权力范围。进入19世纪，国会弱化了它对预算的规范化管理，但是，政府也没有起而有所作为。② 不过，从19世纪60年代开始，虽然步伐一直比较慢，但是，国会开始逐渐地加强对政府的预算控制。正如美国总统加菲尔德指出的，拨款的历史表明，"一直有一种愈来愈明显的倾向——要求限制行政部门的处理权，并将开支细目更快地置于国会年会的监督之下"，而且，这种倾向在南北战争结束之后变得更加明显。③ 1865年，国会建立了一个独立的拨款委员会，将支出决策分开来考虑。到1885年，国会建立了八个独立的委员会来推荐拨款。④

进入20世纪20年代，随着进步时代预算改革的推进，政府的预算权力开始上升。以1921年《预算与会计法》的通过为标志，美国联邦政府建立了行政预算体制。在提高公共预算效率和理性的旗帜下，行政预算体制将主要的预算权力集中到总统手中。不过，进入20世纪70年代，美国国会又开始夺回预算权力，将一部分预算权重新收回国会。1974年，国会《预算改革法案》通过，它限制了总统在预算上的一些自由裁量权并加强了国会检查政府进行预测和经济调控的能力。1985年，国会通过《格拉姆－拉德曼－霍林斯法案》来控制预算赤字。几经反复，该法案被1990年的《预算执行法》所代替，以进一步强化预算平衡标准。1996年，一部分授权再次返

---

① ［美］托马斯·林奇：《美国公共预算》（第四版），荀燕楠、董静译，中国财政经济出版社2002年版，第31—32页。

② 同上书，第32页。

③ 转引自［美］伍德罗·威尔逊：《国会政体》，熊希龄、吕德本译，商务印书馆1986年版，第83页。

④ ［美］托马斯·林奇：《美国公共预算》（第四版），荀燕楠、董静译，中国财政经济出版社2002年版，第32页。

还给总统，国会给了总统更大的减少国会批准的预算支出的权力。这主要是因为 1996 年美国国会通过了分项否决法案，赋予总统分项否决的权力。这使得总统可以在一个特定的拨款法案内取消国会批准的某些项目的支出的数额。不过，随后，总统的这一权力被宣布违宪。20 世纪 80、90 年代，预算权力常常沿着党派路线在国会和总统之间更加平等地分配，这使得双方经常需要就预算进行协商。①

总而言之，19 世纪是现代议会开始掌握并行使"钱袋子"权力的时代。正如韦伯尔和瓦尔达沃夫斯基在他们的巨著《西方世界的税收和支出史》中总结的，在公共预算的发展史上，19 世纪是预算权力从君主转向人民及其议会的时期。② 在这一时期，议会为了更好地监督政府的收支，建立了一系列监督审查政府预算的程序与规则。在现代民主政治中，议会的事务很大一部分是"通过预算程序来批准政府开支，并为政府的各项计划筹集款项"。③ 然而，进入 20 世纪以来，19 世纪形成的议会至上的原则受到了一些挑战，许多民主国家都出现了行政权力膨胀的现象，在公共预算领域亦然。在这些最早建立议会的预算监督的国家，都出现了议会的监督能力下降的趋势。④ 不过，最近十多年，一些国家已开始重新加强议会的预算监督。在许多发展中国家和转型国家，随着民主化进程的推进，议会的预算监督能力也在逐步加强。⑤

---

① Rubin, Irene. 1999. *The politics of public budgeting* (4th). Seven Bridges Press, LLC. [美] 艾伦·鲁宾：《公共预算中的政治》，叶娟丽等译，中国人民大学出版社 2001 年版，第 116 页。

② Webber, Carolyn, & Wildavsky, Aaron. 1986. *A history of taxation and expenditure in the western world.* New York: Simon and Schuster. pp. 300 – 327.

③ [美] 斯蒂芬·施密特、马克·谢利、芭芭拉·巴迪斯：《美国政府与政治》，梅然译，北京大学出版社 2004 年版，第 258 页。

④ Schick, Allen. 2002. Can national legislatures regain an effective voice in budget policy. *OECD Journal of Budgeting* Vol. 1, No. 3: 15 – 42.

⑤ Stapenhurst, Rick. 2008. The legislature and budget. In Rick Stapenhurst, Riccardo Pelizzo, David M. Olson & Lisa von Trapp. Eds. *Legislative oversight and budgeting: A world perspective.* Washington, D. C.: The World Bank.

二、现代议会的预算监督

在现代公共预算中，为了使得政府更加负责，议会需在整个预算过程中行使各种预算权力，通过监督政府的预算进而监督政府的活动。议会对政府的监督包括很多方面，但是，预算监督是最基本、最重要，也是最有效的。只有通过对政府预算进行监督，才能更好地监督政府的收支，也才能更好地监督政府的活动，进而使得政府更加负责。议会的预算监督包括：审查、批准政府预算；在预算执行过程中，议会监督着政府是否按照通过的预算执行政府预算；在预算执行后，议会也要对预算执行结果进行监督。正是在这一监督过程中，议会的"钱袋子"的权力才得以落实。从预算过程来看，议会对政府的预算监督包括事前监督和事后监督。事前监督主要是指议会通过审查、批准预算对政府预算进行监督，事后监督是指议会在预算执行过程中以及预算执行后对政府的预算执行进行监督。

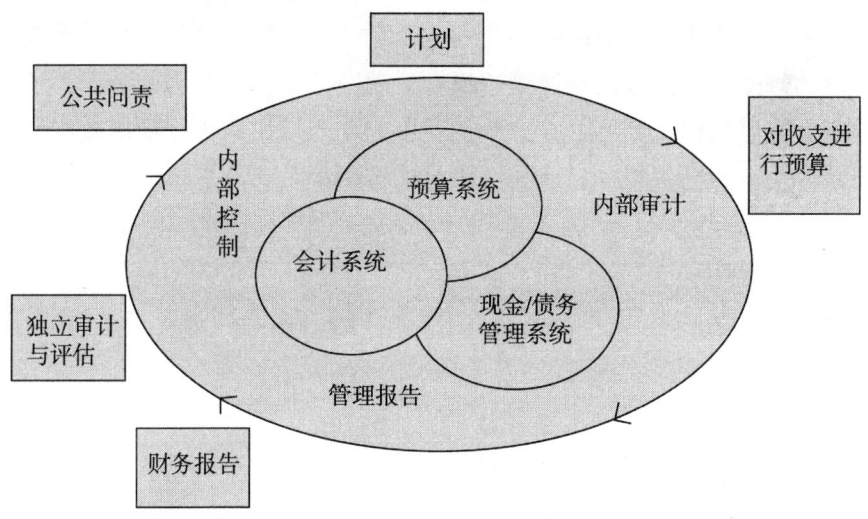

图 6-1 预算周期过程中的议会监督

资料来源：Stapenhurst, Rick. 2008. The legislature and budget. In Rick Stapenhurst, Riccardo Pelizzo, David M. Olson & Lisa von Trapp. Eds. *Legislative oversight and budgeting: A world perspective*. Washington, D. C.: The World Bank. p. 53。

当然，尽管议会要在预算全过程中对政府预算进行监督，但这并不意味着议会要监督所有的与预算相关的事情。一是需要给政府一定的灵活性，以使其更好地履行责任，二是议会也没有那么多的时间和人力陷入各种细节性的监督。正如一些研究者指出的，如果将预算视为一个"预算周期过程"的话，那么，其中的某些内部职能主要应由政府负责承担，议会一般不介入干预，但是，为了使得整个预算过程运作得透明、公开和负责，议会需要从外部监督政府的预算。现以图6-1进行说明：圈内的功能主要政府自行负责，例如政府会计、管理报告和内部审计，但是，议会需要在圈外功能的实现中发挥重要的作用，包括计划、收支预算、政府财务报告、独立审计与评估、问责。①

（一）审查、批准预算：事前监督

审查和批准政府预算是议会对政府的事前监督。这个过程实际上是对政府的政策与活动进行事前审查、批准，与之相联系的是一种对于政府政策和活动的事前批准与授权。这种监督对于议会监督来说意义重大，通过这种监督可以将政府的政策与活动全部纳入议会的授权范围。目前，许多国家的议会都在这一阶段审查政府的收支计划，并在这个过程中对政府的预算进行不同程度的修改，以使政府的政策选择和活动安排更符合议会的意图，进而确保政府对公民负责。此外，在这一过程中确立的授权原则，使得政府的活动越来越依法治原则进行。正如斯达彭赫斯特所说的，"正是议会批准预算这一过程将法治原则带进了预算过程"（p.52）。不过，在实践中，各国对于这一权力的使用程度是不一样的。

在现代民主国家，一般都以宪法或法律的形式明确规定了议会在审查、批准预算的过程中具有的一系列预算权力，包括：

● 税收、举债审批权

国家的收入汲取行为通常会侵犯私人财产，尤其在国家的收入汲取行为不面临任何约束的情况下更是如此。所以，在现代民主制度建立之时，赋予议会在收入政策上的最后决定权。正如布伦南和布坎南指出的，对国家的控

---

① Stapenhurst, Rick. 2008. The legislature and budget. In Rick Stapenhurst, Riccardo Pelizzo, David M. Olson & Lisa von Trapp. Eds. *Legislative oversight and budgeting: A world perspective.* Washington, D. C.: The World Bank.

制，一直是通过对征税权的约束来实现的，而在非立宪主义的政治过程中，一般"不存在正式或法定的、使得人们免于遭受国家财政剥夺或任何其他自由裁量行为的侵害的保护"。① 因此，在民主国家，征税和举债的权力都是掌握在议会手中的。非经议会批准，政府是不能自行征收税收和发行债务的。例如，瑞典宪法规定："未经议会授权，内阁不得以国家名义进行任何借款或承担任何财政义务。"

● 支出决定权

现代民主政治的一个特点是政府支出必须经过议会审批。只有通过对支出（用途、数额等）进行控制，议会才能有效地监督和约束政府，确保政府对议会进而对公民负责。因为，政府无论制定什么政策、开展什么活动，都必须有经费支持。如果没有经费，政策就是不可能付诸实施，政府也无法做任何事情。控制了政府的经费就控制了政府的政策与活动。正如美国公共预算学者克里夫兰在"民众控制的政府"一文中所说的，如果国家是一条船，政府首脑是船长，那么，要控制政府首脑，只有通过控制"燃料"才能实现，而"燃料"就是资金。②

现代公共预算的一个基本原则就是"事前批准原则"。在支出上，这条原则要求，非经议会同意，政府不得进行任何开支。这在许多国家都是写进宪法或者法律的。实际上，对政府支出进行审查、批准就是在对政府的政策和活动进行审查、批准。

● 审批政府预算

审查、批准政府的收支结合起来就是审查、批准政府的预算。议会预算监督的核心就是审查、批准政府预算。在议会内阁制国家，如果议会不批准、通过政府的预算就等于对政府投了不信任票。而在总统制国家，如果议会不批准、通过政府的预算，就意味着政府既不能征税或举债，也不能开支，就宣布政府关门。

---

① ［澳］杰佛瑞·布伦南、［美］詹姆斯·布坎南：《宪政经济学》，冯克利等译，中国社会科学出版社2003年版，第10—11页。

② Cleveland, Frederick A. 1919. Popular control of government. *Political Science Quarterly* Vol. 34, No. 2: 237-261.

19世纪是议会进行预算监督的黄金时代，这一时期的预算监督最集中地体现在审查、批准政府预算。20世纪以来，从长期来看，在许多国家，议会在这一领域的监督都在下降，议会对政府预算政策的影响一直在下降。其原因包括两个方面，一是议会最初在支出，后来又在收入领域将权力授权或下放给政府，二是赋权型预算和政府债务的扩张。[1] 这在英国表现得最突出。这些年来，英国议会几乎已经很少影响政府的预算政策（Davey，2000）。最近这些年，一些OECD国家开始重新加强议会在审查批准预算中的作用。例如，法国最近的预算改革一方面对预算重新分类来加强议会的监督，另一方面扩大了议会在支出上修改预算的权力（Chabert，2001）。[2] 表6-1总结了七个发达工业国家和六个拉美国家的议会在审查、批准政府预算过程中的监督。

表6-1 议会在审查批准预算过程中的监督

国家	审批预算中的监督
美国	政府首脑提出预算。国会能够在法律规定的某种一般限制内对政府预算提出建议和修正
加拿大	政府首脑提出预算。议会或许进行修正
英国	政府首脑提出预算。在议会制程序下，立法机构可以削减但是不能增加税收和支出
瑞典	政府首脑提出预算。立法机构有权提出建议和修正，而且没有限制
澳大利亚	只有政府首脑可以提交支出提议。只要税收负担不会上升，议会上议院或许修正新项目
新西兰	政府首脑提出预算。立法机构无权提出在支出上进行提议，根据传统，立法机构可以减少但是不能增加支出
西班牙	政府首脑提出预算。立法机构可以修正或拒绝政府预算

---

[1] Schick, Allen. 2002. Can national legislatures regain an effective voice in budget policy. *OECD Journal of Budgeting* Vol. 1, No. 3: 15–42.

[2] 以上文献转引自 Stapenhurst, Rick. 2004. *The leigsture and the budget*. Washington, D. C.: The International Bank for Reconstruction and Development /The World Bank。

（续表）

国家	审批预算中的监督
阿根廷	内阁首脑向国会提交预算案。如果不通过，则实施前一年的预算；同时行政部门根据需要进行调整，但是要和《财政管理法案》保持一致
巴西	总统提交多年期计划、预算指导方针法和预算法案。国会两院对此进行讨论。政府必须每两个月发布一个报告，对预算执行进行总结
智利	在预算年度开始前3个月，总统提交预算。如果国会不能在60天内通过预算，则总统的预算提议进入实施
哥伦比亚	政府提交预算。如果国会未能对于政府的预算提议发布一个规则，政府的预算提议进入实施。如果政府没有提交任何提议，那么就实施去年的预算。不过，如果新财政年度的收入需要，政府就可以削减支出
墨西哥	政府提交预算之后，预算由下院（the chamber of delegates）审批
委内瑞拉	政府提交预算。国会进行审查。如果在11月30日前预算还没有获得通过，前一年的预算自动更新。当然，政府会进行一些必需的调整以确保预算平衡

资料来源：Petrei, Humbreto. 1998. *Budegt and control: Reforming the public sector in Latin American.* Washington, D. C.: Inter-Americian Development Bank. pp. 190-191。

在某些情况下，或者是因为政府与议会之间在预算上无法达成一致，或者是因为议会内部无法达成一致，使得预算审批面临一个难题，即虽然财政年度已经开始，但是预算还没有获得议会批准。根据现代公共预算的事前批准原则，非经议会批准，任何支出都是违法的。然而，如果没有经费，政府部门就无法正常运作，无法为公民提供服务。因此，必须有一些措施来解决这一问题。在大多数国家，预算法都规定，如果预算不能在规定的时间内获得通过，可以启动自动更新拨款，即允许政府根据去年同期的拨款进行开支。但是，在有一些国家，例如美国，议会可以不给政府任何资金，从而使得政府关门。[1] 根据世界银行和OECD在2003年的调查，表6-2总结了世界各个主要国家在这种情况下采取的措施。

---

[1] Petrei, Humbreto. 1998. *Budegt and control: Reforming the public sector in Latin American.* Washington, D. C.: Inter-Americian Development Bank. p. 191.

表6-2 财政年度开始前预算未通过而采取的措施（%）

	国家数	非 OECD 国家	OECD 国家
政府首脑的预算生效	16	31	15
前一年的预算生效	41	62	23
议会必须投票采取其他措施	26	-	38
政府倒台，举行新的选举	3	-	4
其他（包括没有任何对策）	13	8	19

资料来源：Dorotinsky, Bill. 2008. A note on what happens if no budget is passed before the fiscal year begins. In Rick Stapenhurst, Riccardo Pelizzo, David M. Olson & Lisa von Trapp. Eds. *Legislative oversight and budgeting: A world Perspective*. Washington, D. C.: The World Bank. table 7-1。

在审批年度预算的过程中，由于议会内部存在一院制和两院制的区别，所以，如何处理这两者之间的关系就是非常重要的。在 OECD 国家，主要有一下四种模式①：

- 模式一。在直接和分别选举两院的国家（例如美国）上下两院都有平等的预算权力。而且，在这些国家，在议会内部就预算达成共识就比较复杂，通常需要在两院之间建立某种协商程序。尤其当两院由不同的政党控制时是更是如此。
- 模式二。在两院由直选（例如日本）、间接选举（例如德国）或通过一定程序指定产生（例如法国和西班牙）的国家，两院都有一定的预算权力，但是，通常有一院是强势的。在审查政府预算时，两院都可以审查，但是，通常都是由直接选择产生的下院先开始审查。当两院在预算上达不成共识时，就需要有一个协商调解程序。不过，通常是由选举产生的下院做出最后决策。
- 模式三。在上院由政府指定（例如加拿大参议院）或者由贵族组成（例如英国），上院没有或者只有很小的预算权力。例如，英国上院基本被排除在年度预算审查之外，加拿大的参议院在被禁止提出资金议案。

---

① Lienert, Ian & Moo-Kyung Jung. 2004. The legal framework for budget system. *OECD Journal of Budgeting* Vol. 4, No. 3: 1-479. pp. 70-71.

- 模式四。在实行一院制的国家，直接选举产生的唯一的议会独立行使预算权力。例如韩国、改革后的新西兰和斯堪的纳维亚国家。

（二）预算监督预算执行中的监督

现代公共预算强调预算执行的严格性原则，因此，在预算执行中议会仍然需要进行预算监督，以确保议会通过的预算得到严格而且有效的执行。不过，在编制预算时，无论是政府还是议会都很难完全准确地预测未来可能出现的变化，所以，在预算执行中，预算变更经常会出现的，也是必要的。毫无疑问，议会需要对预算变更进行监督。如果将变更预算的权力过多地赋予政府，那么，议会审查批准预算就会失去意义，这也意味着议会放弃了对预算执行的监督，容易导致政府的行为偏离财政问责的轨道。但是，如果事事都纳入议会的预算监督，既限制了政府的灵活性，也会使得议会的工作量无比大，反而不利于加强预算监督。这就是说，在预算监督中，需要将一定的改变预算的自主性和灵活性赋予政府。

总之，议会在预算执行过程中开展预算监督面临的最大难题是，既要赋予政府一定的预算执行的灵活性，尤其是在必要时改变预算的自主性，又要防止授权过多，弱化议会的预算监督。议会应该授予政府多大的灵活性呢？这在不同的国家是不同的。在议会监督能力强的国家，许多重大的或者层级比较高的预算变更一般都要经过议会同意。在议会边缘化甚至是橡皮图章的国家，政府随意地改变预算，而不需经过议会，甚至事后也不告知议会。在制度设计上，关键的问题是，政府可以在多大程度上自由决定在预算科目、项目或部门之间转移资金（调剂或调整），政府是否可以扣押议会通过的预算，政府是否可以不经议会同意增加支出。如果政府在这方面拥有巨大的权力，那么，政府实际上就拥有了修改议会通过的预算的权力，进而就能够通过预算执行了否定议会的政策选择。所以，在大多数民主国家，议会一方面将一些影响较小的或者层级比较低的改变预算的自主权授予政府，例如预算调剂甚至调整，但是，对于影响较大的改变预算的行为，则严格加强预算监督，要么禁止（例如，扣押），要么设置严格的程序由议会进行审批（例如，比较大跨项目和跨部门的预算调整，安排新支出等）。可见，在预算执行中，议会监督的重点是对政府改变预算的行为进行监督控制。当然，这也涉及在多大程度上，议会可以改变预算。表6-3总结了七个发达工业国家和六个拉美国家议会在预算执行过程中的预算监督。

表6-3 议会在预算执行过程中的预算监督

国家	预算执行中的监督
美国	从一个账户向另一个账户转移资金一般需要国会同意
加拿大	在预算年度中，改变预算或进行额外支出一般会获得同意，不需要经过一个事前确立的规则
英国	在主要科目上的改变必须经过议会授权，在次级科目上的改变由财政部授权
瑞典	在科目之间和科目内转移资金是允许的，但是，需要财政部的同意。预算调整报告每年两次报送议会
澳大利亚	需要遵守一些规则，这些规则不是以法规的形式确立的，而是以规章和指示的形式确立的。不过，近年来，这些约束正在变得越来越灵活
新西兰	政府可以在项目或拨款之间转移资金，只要后者的增加不超过5%
西班牙	在经济和财政部长的提议下，部长会议可以在不同管辖权的项目之间转移资金，只要转移后不改变它们的功能。在一个机构内的项目改变需要经济和财政部长的同意。在不同项目之间转移资金需要议会的同意
阿根廷	国会有权修改总支出和债务数量，并在涉及改变资金用途的事宜上做出决策。如果国会增加政府提出的预算，它必须明确相应的资金来源
巴西	预算修正要提交一个两院的混合委员会，该委员会在讨论后发布一个意见。然后，两院会议对此进行讨论。只有当修正案是和多年期计划和预算指导方针法相容时，它才可能被通过
智利	如果不明确恰当的资金来源，国会不能通过新的支出。如果资金来源不足，总统必须成比例地削减所有支出。政府拥有很大的自由度在机构之间改变资源配置，但是，不能在部委之间进行改变。部委之间的改变需要一个法律来支持
哥伦比亚	如果没有拨款部长的授权，国会不能增加支出或将一个新的预算项目包括进来。除了与债务利息、合同责任、行政服务和投资有关的支出外，国会可以取消或削减支出。在预算年度中的任何月份，由于资金减少或宏观经济不平衡，政府都可以削减或推迟预算拨款
墨西哥	如果认为急需，政府可以超过项目的预算数配置资金，除非那些划分为额外收入（来自借债）的资金
委内瑞拉	国会可以改变预算科目，但是不能授权超过预算法案中的总估计收入的支出。在预算执行中，当收入低于预期数时，政府可以调整预算拨款，也可以在项目、计划和预算科目之间转移资金

资料来源：Petrei, Humbreto. 1998. *Budegt and control: Reforming the public sector in Latin American*. Washington, D. C.: Inter-Americian Development Bank. pp. 330-331。

从预算发展的过程来看，一般在预算制度发展的早期，议会在预算执行中赋予政府的灵活性比较少。在最近实行新绩效预算改革之前，由于各国都主要实行一种以详细的预算科目体系为基础的投入控制，因此，在预算执行中，议会也严格地按照这个科目体系来严格监督政府的预算执行，较少赋予政府预算执行的灵活性。新绩效预算改革在这方面引起了一些改变。议会赋予政府在一个总额限制内改变预算的自由度，而把监督的重点转移到控制总支出和净负债。①

（三）预算执行结果监督

现代公共预算强调对预算执行及其结果进行审计，并将审计结果报告议会。在此基础上，就发展出议会对预算执行结果的监督。议会对预算执行结果的监督是一种事后监督。在大多数国家，预算执行后，政府的账户和财政说明都要提交给一个独立的审计机构进行审计，而且，审计结果要提交议会审查。在审查审计结果的基础上，议会一般会就预算编制和执行形成意见，并向政府提出一些建议。这些建议通常会反映到来年的政府预算，以不断提高财政问责程度。最近的一项关于民主国家议会的研究发现，总的来说，政府财务报告和议会对公共账户的审查在议会内阁制和准总统制国家比在总统制国家更普遍。不过，即使在总统制国家，有84%的国家，议会要对政府的财务报告进行分析和审查。②

许多国家的议会都设有专门负责审查、监督政府预算执行结果的委员会，专门负责审查对政府预算执行的审计结果。这个委员会形成的报告通常要提交议会，并在议会进行表决。议会进行决算审查的目的是分析政府在执行预算的过程中是否偏离议会同意的资金用途，是否有违规行为，是否很好地履行了公共责任。具体地，在许多民主国家，都有一个审计机构对政府各个部门进行审计。这个机构或者属于议会，或者依赖于议会，并且通常都要

---

① Petrei, Humbreto. 1998. *Budegt and control: Reforming the public sector in Latin American.* Washington, D. C.: Inter-Americian Development Bank. p. 192.

② Stapenhurst, Rick. 2008. The legislature and budget. In Rick Stapenhurst, Riccardo Pelizzo, David M. Olson & Lisa von Trapp. Eds. *Legislative oversight and budgeting: A world perspective.* Washington, D. C.: The World Bank.

向议会报告对政府预算执行的审计。① 虽然各有不同，目前，在这些国家，这种外部控制都从凭单审计转向抽样审计，审计的目标主要是识别存在风险的领域，以提高资源管理的效率和效果。当然，这种外部审计的一个主要目标仍然是很传统的，即确保政府各个部门在支出过程中遵守法律和程序上的要求。在某些情况下，这些承担外部审计的机构在推动法律修改和行政实践中发挥着非常重要的作用，而在另一些情况下，它只是为立法机构提供信息。这些审计机构形成的报告不仅提交给议会，而且要向公众公开。在某些国家，例如美国、加拿大和英国，这个外部审计机构在议会有一个体系，负责监督从前一年的财政年度中得出的建议。② 表 6-4 总结了发达工业国家议会对政府预算执行结果的事后控制。

表 6-4 发达工业国家议会在预算执行后的监督

国家	议会对预算执行结果的监督
美国	国会的审计署（GAO）对联邦政府的预算执行进行审计。从 1997 年开始，政府要提供一个详细的财政审计报告。2004 年，该署更名为政府问责署
加拿大	总审计长办公室（OAG）作为一个独立的向议会报告的机构对中央政府部门进行审计。最近，大量的资源被用于货币价值的研究
英国	在对政府的外部控制方面，国家审计办公室（NAO）负有最高的责任。它确认近 500 个部委和机构的账户并根据"三 E"（经济、效率、效果）标准向议会准备报告。另一个机构，即审计委员会，单独对卫生服务进行控制并向地方政府委派审计人员
瑞典	国家审计办公室和议会的审计人员负责外部控制，主要关注分析效率和效果。不过，2003 年以前，外部控制机构的归属不是特别清楚
澳大利亚	审计长负责外部控制，他负责领导国家审计办公室。每年，这个办公室都要就各个部门和机构的账户和记录向议会提交一个财政审计报告。它主要是关心效率问题

---

① Petrei, Humbreto. 1998. *Budegt and control: Reforming the public sector in Latin American*. Washington, D. C.: Inter-Americian Development Bank. p. 199.
② Ibid., p. 200.

（续表）

国家	议会对预算执行结果的监督
新西兰	控制和审计长办公室（The Office of the Controllers and Auditor-General）负责外部控制，每一个季度都要根据部委和财政部准备的报告向议会提交一个审计报告。各个政府机构也可以使用这个机构或私人审计公司来准备报告
西班牙	会计法庭（The Court of Accounts）负责对中央政府、自主实体或自主社区进行控制并向议会报告。外部控制主要针对合法性和合规性

资料来源：Petrei, Humbreto. 1998. *Budegt and control*：*Reforming the public sector in Latin American*. Washington, D. C.：Inter-Americian Development Bank. p. 201。

三、对议会预算权力的限制及其争论

20世纪90年代以来，在议会对预算的影响力已经下降的背景下，关于议会的预算权力开始出现了一些争论。这一争论主要是集中在议会审查、批准政府预算的权力上。相对而言，对于议会的事后监督权力，争论则比较少。[1] 一方面，议会的影响力下降对传统的议会监督产生了巨大的负面影响，严重削弱了传统的以议会的预算监督为核心的水平问责（horizontal accountability）机制的效果。另一方面，尽管议会是政府预算的最终审批者，但是，这并不意味着应该赋予议会绝对的、不受制约的预算权力。其中的道理非常简单，不仅政府官员喜欢花钱，议员也喜欢花钱。而且，由于议会是一个权力相对分散的机构，因此，如果赋予议会绝对的预算权力，那么，对公共资金进行掠夺的预算决策者将会更多。那么，究竟应该赋予议会多大的权力呢？这不仅是关乎议会制度命运的重要问题，也是一个国家宪政制度的头等大事。

---

[1] Stapenhurst, Rick. 2008. The legislature and budget. In Rick Stapenhurst, Riccardo Pelizzo, David M. Olson & Lisa von Trapp. Eds. *Legislative oversight and budgeting*：*A world perspective*. Washington, D. C.：The World Bank.

（一）议会机会主义

在公共预算中充满着各种预算机会主义行为。最流行的当数官僚机会主义，尼斯坎南的官僚预算最大化理论就是一个关于官僚机会主义行为的理论。不过，除此之外，议会也可能在预算领域采取机会主义行为。① 议会在预算上的机会主义行为主要体现在，议会及议员不能很好地自我约束，从而导致支出的不断膨胀。这主要是因为，议员的一个主要动机是再次当选，为此，他们就必须能在任期内为他们的选区和政治支持者提供某种好处。由于每个议员都有相同的动机，因此，对于他们来说，最好的策略就是互相为对方的支出项目提供政治支持，从而就容易在议会的预算交易中形成某种"互惠"规则，如瓦尔达沃夫斯基所形容的，议员之间互相"你给我搔痒，我给你搔痒"。② 这种互相帮忙的结果就是公共支出的膨胀。③

当然，对这种典型的公共选择分析，公共预算学者提出了质疑。例如，鲁宾教授就指出，再次当选对于某些议员来说并不是最主要的，在他们看来，为社区服务是最主要的，他们还非常关心公共和社会利益。另外，即使议员的主要动机是追求再次当选，他们也不一定非要用增加支出来实现这一目标，因为减税同样也可以达到目的。最后，某些议员并不担心落选，因而比较能够独立于选区的压力。④ 然而，即使鲁宾教授也并不否认议员之间存在互相为对方的支出项目提供支持的现象，只不过她认为这种互惠交易导致的支出的增加正在减少。如果不能否定互惠交易存在于议会内部，那么，可以推导出这样的假设，互惠交易将会导致支出的膨胀。

在议会支配型预算模式下，议会机会主义造成的影响最为严重。从表面上看，议会支配型预算模式似乎是一种最能够确保公共预算实现财政问责的

---

① Bartle, John, & Jun Ma. 2001. Applying Transaction Cost Theory to Public Budgeting and Finance. In John Bartle Eds. *Evolving theories of public budgeting* (New York: JAI Press).

② Wildavsky, Aaron. 1964. *The politics of the budgetary process* (1st). Boston: Little Brown.

③ Dixit, A. 1996. *The making of economic policy*. Cambridge: The MIT Press. pp. 119 – 120.

④ Rubin, Irene. 1997. *The politics of public budgeting* (3th). Chatham: Chatham House Publishers, Inc. p. 13.

预算制度，但是，这种模式所伴随的议会机会主义最后将损害财政责任。在议会支配型的预算体系中，议会不仅控制了预算审批权，而且可以自己提出资金申请或者与部门联合起来提出资金申请，这就为议员无节制的开支创造了条件，也使得政府无法约束议会在预算审批上的机会主义行为，最终导致支出失控。美国的预算史就充分地说明了这一点（专栏6-1）。

> **专栏6-1 美国的预算史**
>
> 在1921年建立行政预算体制之前，美国各级议会在预算中的权力都是支配性的。在进步时代预算改革前，州政府的各个部门准备自己的预算，然后直接提交给州议会的拨款委员会，最后，由议会直接给各个机构分别拨一笔预算，在预算执行中，各个机构在没有任何监督与审计的情况下把钱花完。同时，这种议会支配型的预算模式也使得政府各个官僚部门的预算行为不受约束。官僚部门通常都是追求预算最大化的，因为充裕的经费不仅可以帮助机构改进机构整体的福利（包括办公条件等），而且有助于机构的负责人运用经费来消除和缓解结构内部的各种冲突和矛盾。议会支配模式下，支出过程是碎片化的，无论是政府还是议会都没有一个核心的预算审查机构来审查机构的预算。因此，这种模式使得美国州政府的支出在20年的时间内增长了650%。联邦政府一级也是一种国会支配型的预算体制，总统在预算领域几乎没有发言权，各个政府部门之间和议会中的各个委员会讨价还价，确定预算拨款。这种分散和碎片化的预算过程也使得联邦政府的支出不断膨胀。在19世纪最后1/3的时间中，政府支出介于2亿美元和4亿美元。然而，从1899年到1912年，年度的政府支出已经高达5亿至7亿美元。
>
> 1921年建立行政预算体制的一个目标就是通过扩大行政首脑在预算审批上的权力来控制开支。在1921年的预算改革中，总统获得了对于政府各个支出机构的预算要求的审批权，所有的支出机构的预算要求必须先在行政部门内部由行政首脑批准之后才能提交议会进一步审查。在美国州政府层面，20世纪20年代开始的行政预算体制改革主要也是针对议会支配预算模式中存在的问题。行政预算体制的建立增强了政府首脑

在预算领域的权力，限制了议会在预算申请中的权力，从而限制了议员的机会主义行为。

资料来源：[美] 怀特·L. D.：《行政学导论》，商务印书馆1947年版，第 207—208 页。Schick, Allen. 1971. *Budget Innovation in the States*. Washington, D. C.: The Brookings Institution. p. 15. [美] 艾伦·鲁宾：《公共预算中的政治》，叶娟丽等译，中国人民大学出版社2001年版，第117页。

（二）争论

1992 年，经济学家冯·哈根（Von Hagen）研究了西方国家控制支出和赤字的绩效之后，得出如下结论：议会在预算审批阶段的权力及影响较大将会弱化财政纪律。[①] 具体地，那些支出和赤字控制比较好的国家都具有两个基本特征：预算机构的独立性较高、议会在预算中的权力受到约束。其后的研究将更多的 OECD 国家纳入分析，也得出了同样的结论，并且都在不同程度上对许多国家的改革产生了很大的影响。这些研究实际上都持有一种议会机会主义的假设。在这些研究者者眼里，为了强化财经纪律，控制支出和赤字，似乎就需要限制议会在审查批准预算中的权力和影响。

最近，魏纳对此观点进行了批评和反驳。他指出，议会并不是唯一的推动支出增长的力量，而且，在某些情况下，议会能够在控制政府不负责任的支出方面发挥作用。魏纳进一步指出说，即使在某些情况下，议会在预算形成的过程扮演的角色过于积极的，也确实导致了财政状况的恶化，从吸纳更多公众的意见和需求以达成全社会的共识这一角度来看，这种代价也许是值得付出的。议会是一个从公民社会中吸取各种积极的意见的重要渠道，它为各种商业组织、学术界、公民组织和政策群体进入预算过程提供了一个"进口"。实际上，如果一个国家已经将总额控制或加强财经纪律确定为预

---

① Von Hagen, Jorgen. 1992. Budgeting procedures and fiscal performance in the European Community. Economic papers 96, Commission of the European Communities.

算管理的重要目标,那么,议会也可以在加强财经纪律上发挥积极的作用。①

(三) 受限制的预算权力

过度限制议会的预算权是错误的,这样做违背现代民主制度的原则。然而,议会机会主义的确也是存在的。一个好的制度设计不能将不受限制的预算权力赋予任何一个预算参与者,无论是政府还是议会。在现实中,的确也存在着一些必要的对议会预算权的限制。不过,其中某些限制一直都充满了争议,而且没有一个最佳的理论来解释。

首先,在现代公共预算制度中,政府编制预算、议会审批预算的分工明确地将资金申请权主要赋予了政府而不是议会,这实质上就限制了议会的资金申请权,即提出支出议案的权力。进行这种限制是很有必要的。因为,议会已经是最终的审批者,若再赋予它资金申请权,就容易形成"自己申请,自己审批",则支出将失去控制。

其次,预算修正权是议会最重要的权力,是议会有效地行使其各项基本权力的基本手段。但是,在现实中,大部分国家都只赋予了议会有限制的预算修正权,对议员提出预算议案(申请资金)和增加支出的权力进行限制。根据国际议会联盟1986年对82个国家的调查,尽管有32个国家的议员是可以提出增加支出的预算修正议案而不受任何限制,但是,有34个国家要么禁止议员提出增加支出的预算修正案,要么设置了一些限制条件(详见后)。

再次,政府首脑对议会通过的预算的否决权也对议会的预算权构成了一种制约。不过,这种限制并不是很普遍。在一些总统制国家,总统可以整体否决议会通过的预算,而议会必须以绝对多数的多数票才能否决总统的否决。在一些国家,政府首脑还可以对议会通过的预算采取单项否决,即不是整体否决议会通过的预算,而是对其中的某些的项目进行否决。② 不过,在国家这一层面,只有极少的国家赋予政府首脑这一权力。一项研究发现,在

---

① Wehner, Joachim. 2008. Assessing the power of purse: An index of legislative budget institutions. In Rick Stapenhurst, Riccardo Pelizzo, David M. Olson & Lisa von Trapp. Eds. *Legislative oversight and budgeting: A world perspective*. Washington, D. C.: The World Bank.

② Ibid.

23个总统制国家中，只有2个国家（阿根廷和菲律宾）赋予了总统这一权力，而议会必须以绝大多数的票数才能进行再否决。①

此外，还有其他一些限制，包括在议会的内部程序上设置一些限制。例如，1959年，法国宪法限制了议会在预算程序中的权力，比如，限制了议会对预算进行辩论的时间。②

四、各国议会的预算监督能力

尽管各个民主国家都在宪法和法律中规定了议会的预算权，但是，在现实中，是否使用这些权力，能否有效地使用这些权力则是另外一个问题。在各个国家，议会在预算过程中实际扮演的角色是不同的。即使在民主国家，我们也可以看到两个极端。一个极端，是美国国会这种在预算过程中权力非常大的议会，它实际上有权抛开政府预算另外提出一个预算，尽管它不一定这么做；另一个极端，议会在预算决策中的影响越来越小，并开始呈现出边缘化的趋势，例如英国、法国。③ 根据议会在预算中的重要性，艾克斯罗德定性地划分了四种类型的议会：相对积极的议会预算、反应型的议会预算、边缘化的议会预算和橡皮图章议会预算。④ 最近，一些研究者开始运用跨国定量测量的方式，比较研究各国议会在预算决策中的影响力。例如，艾利斯廷纳等人运用测量政府与议会的10个变量来建立测量预算程序的指数，其中的四个变量是直接和议会的预算监督能力直接相关的，例如议会的预算修正权、议会没有通过预算时政府的权力、政府可以在多大程度上修改议会通

---

① Shugart, M. S. & S. Haggard. 2001. Institutions and public policy in presidential systems. In S. Haggard & M. D. McCubbins. Eds. *Presidents, parliaments and policy*. Cambridge：Cambridge Unversity Press.

② ［美］杰克·瑞宾、托马斯·林奇：《国家预算和财政管理》，丁学东等译，中国财政经济出版社1989年版，第218页。

③ 转引自 Wehner, Joachim. 2008. Assessing the power of purse：An index of legislative budget institutions. In Rick Stapenhurst, Riccardo Pelizzo, David M. Olson & Lisa von Trapp. Eds. *Legislative oversight and budgeting：A world perspective*. Washington, D. C.：The World Bank。

④ Axelrod, Donald. 1988. *Budgeting for modern government*. New York：St. Martins Press. p. 133.

过的预算、政府是否可以削减议会通过的预算。① 赖纳特则更广泛地测量了议会的预算权。他运用5个变量建立了一个议会权力指数,包括:议会在批准中期支出参数中的角色、议会的修正权、议会审批预算的时间、议会所得到的技术支持、在预算执行过程中对行政灵活性的限制。② 最近,在这些研究的基础上,魏纳测量了各个国家的议会的制度能力,这些制度能力是议会在预算领域监督和控制政府的前提条件,它们决定着议会的预算监督能力。魏纳主要运用六个变量来测量并计算议会监督预算的制度能力指数,这些变量分别测量议会的预算监督制度能力的两大方面,一类是正式的权力,另一类是组织特征或能力。③ 这六大变量及其测量如下:

● 修正权

即议会具有的修正政府预算草案中的某些内容的权力,它决定议会改变政府提出的预算政策的潜在可能。在问卷中,答卷者有四个选择:(1) 议会只是接受或者拒绝预算(分值0);(2) 只能削减现有的科目(分值3.3);(3) 在总额不变的情况下,议会可以在科目或项目之间调整资金(分值6.7);(4) 议会拥有不受限制的修正权(分值10)。

● 救济性预算(reversionary budget)

这是用来定义议会不批准预算的成本。如果政府的预算在财政年度开始时没有获得批准,答卷者根据自己国家的情况在四种可能的结果中进行选择:(1) 采用政府的预算进行执行(分值0);(2) 表决一个临时预算(分值3.3);(3) 执行去年的预算(分值6.7);(4) 不能进行支出(分值10)。

● 在预算执行中允许政府拥有灵活性的相关规定

这种灵活性是指政府可以在预算通过后改变支出的选择。这主要通过三

---

① Alesina, Alberto, Ricardo Hausmann, Rudolf Hommes, & Ernesto Stein. 1999. Budget institutions and fiscal performance in Latin America. *Journal of Development Economics* Vol. 59, No. 2: 253-273.

② Lienert, Ian. 2005. Who controls the budget: The iegislature or the executive? IMF working paper N0. 05/115.

③ Wehner, Joachim. 2008. Assessing the power of purse: An index of legislative budget institutions. In Rick Stapenhurst, Riccardo Pelizzo, David M. Olson & Lisa von Trapp. Eds. *Legislative oversight and budgeting: A world perspective.* Washington, D. C.: The World Bank.

个方面来进行测量,即政府是否可以扣押议会批准的支出而不经议会同意,是否可以在项目之间调剂资金而不经议会同意,政府是否有储备金来应付预算年度中出现的未预见的支出。如果回答是否定的,则赋予分值3.3,如果回答是肯定的则赋予分值0。加总后得出该国议会赋予政府的灵活性。

● 审查时间

时间是一种稀缺的资源。由于议会开会时要处理的事务非常多而且时间紧,因此,审查预算的时间多少影响着议会预算监督的质量。国际经验表明,为了确保议会能否有效地审查政府预算,应该至少在财政年度开始前三个月将预算提交议会审查。在问卷中,有四个选择:(1)预算提前2个月提交议会审查(分值0);(2) 2—4个月(分值3.3);(3) 4—6个月(分值6.7);(4) 6个月以上(分值10)。

● 委员会的能力

健全的委员会体系是议会在政策和预算制定领域有效监督政府的一个必要条件。委员会的能力主要通过两方面来测量,一是介入预算审查的委员会,包括预算委员会和其他的专业委员会,二是审计结果是否在议会内公布和讨论。每一类委员会的介入分别得3.3的分值,不过,只有当它介入是有权影响部门预算时,专业委员会的介入才能获得3.3的分值。如果预算委员会、各个专业委员会和审计委员会都介入了某个国家的议会的预算监督,那么,它得到分值10,如果没有任何委员会介入,那么,分值为0。加总各个类别的分值后,就获得委员会能力的分值。

● 获得预算信息

预算监督需要获得全面的、准确的、及时的信息。在提交政府预算时,需要政府提交全面的而且有一定深度的支持文件,对预算执行的监督也需要及时获得财政收支的信息以及审计报告等。不过,政府可能会操纵这些信息。因此,议会需要专门的预算分析机构来对这些信息进行分析,以帮助议会更好地审查各种预算信息来提高政府负责程度。在此,议会的研究能力被用来测量议会获得信息的能力,而这主要用议会预算办公室的专业人员数量来测量。没有这种研究能力的议会被赋予一个分值0,有10个专业分析人员的议会获得一个分值25,有10—25人的议会获得一个分值5,有26—50人的获得一个分值75,有50人以上的获得最高分值10。

运用这一测量,将各个变量的分值加总后就得出各国议会在预算领域的制度能力,这也可以用来测量各个国家议会的预算监督能力。如图6-2显示的,预算监督能力最高的是美国以及斯堪的纳维亚国家的议会,其中美国最高。议会预算监督能力最低的是以英国为代表的实行威斯敏斯特体制的国家。其他国家的议会处于美国国会和英国式的威斯敏斯特体制议会之间,其中欧洲大陆国家议会的预算监督能力处于中等水平。

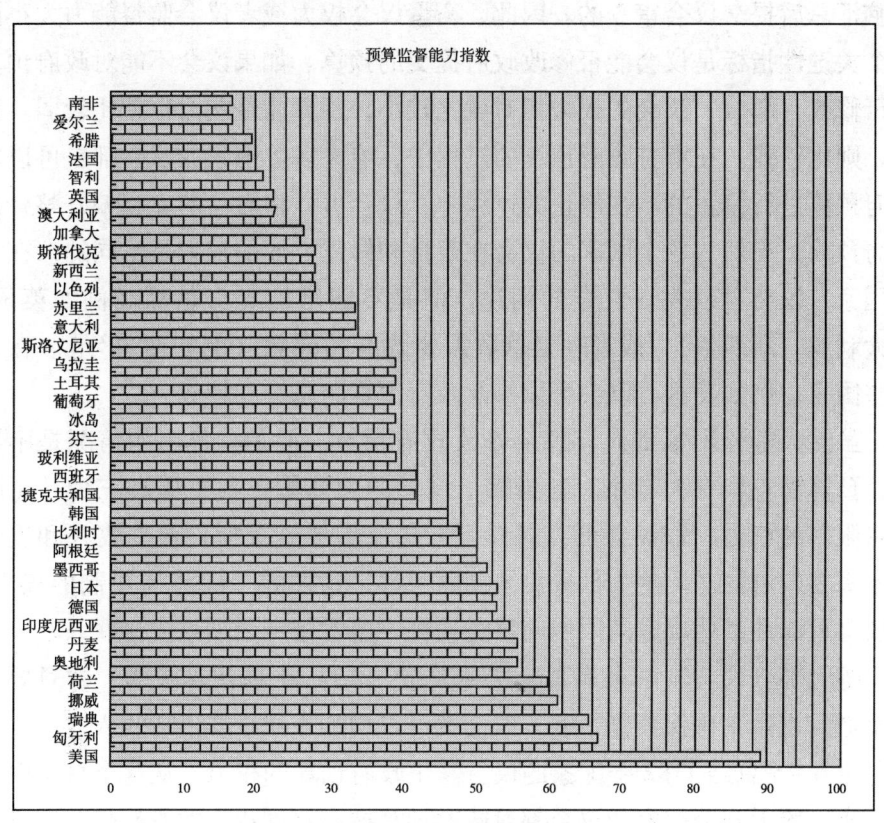

图6-2 各国议会的预算监督能力指数

数据来源:Wehner, Joachim. 2008. Assessing the power of purse: An index of legislative budget institutions. In Rick Stapenhurst, Riccardo Pelizzo, David M. Olson & Lisa von Trapp. Eds. *Legislative oversight and budgeting: A world perspective*. Washington, D. C.: The World Bank。

魏纳的研究以及其他研究都表明,议会的预算修正权、委员会的能力以及信息的获取是非常重要的影响议会预算监督能力的因素。[①] 随后的几节将对这三个因素进行分析。

五、预算修正权

在现代公共预算中，预算准备权是由政府首脑掌握的，预算都是由政府首脑汇总后提交议会审查的。因此，衡量议会权力或者议会监督能力大小的一个关键性指标是议会能否修改政府提交的预算。如果议会不能对政府预算进行修改，那么，议会的权力相对就比较小，预算监督能力也就比较弱。反之，则比较强。在审查政府预算的过程中，绝大多数国家的议会都是可以对政府预算进行修正的。在修正的过程中，议会可以将自己的支出偏好整合进政府预算。当然，各个国家的议会在审批和修正方面的权力是不同的。在一些国家，议会可以改变资金的用途，但是不能增加支出总额（例如英国、澳大利亚、新西兰），或者改变总数需要政府的同意（例如西班牙）。在另一些国家，例如美国，议会可以修改政府预算的总数和构成。[②]

虽然大部分国家都允许议会修改政府预算，但是，各国的情况是不同的，预算修正权有大有小。各国赋予议会的预算修正权主要有三种：（1）没有限制的权力，即议会可以向任何方向（增加或减少）改变收入和支出而不需要政府同意。绝大部分总统制国家都是这样的。（2）有限制的权力，即议会可以在某些确定的限制内修正预算，通常是和增加总支出联系在一起的。绝大部分议会制国家都属于这种类型。（3）平衡预算权力，即只要有一个制衡机制来确保预算平衡，议会就可以增加或减少支出或收入。[③]

表6-5总结了82个国家的议员修正政府预算的权力。从这个总结中可以看出，绝大部分国家的议会都对政府预算拥有不同程度的修改权。

---

① Krafchik, Warren, & Joachim Wehner. 1999. *The role of parliament in the budgetary process*. Budget Information Service (The Institute for Democracy, South Africa, Idasa).

② Petrei, Humbreto. 1998. *Budegt and control*: Reforming the public sector in Latin American. Washington, D. C.: Inter-Americian Development Bank. p. 189.

③ Krafchik, Warren, & Joachim Wehner. 1999. *The role of parliament in the budgetary process*. Budget Information Service (The Institute for Democracy, South Africa, Idasa).

表6-5 议员在预算中的修正权力

议员的权力	国家数
可以削减和增加收入与支出	32
可以削减但是不能增加支出	17
可以削减支出,但是只有在政府同意时才可以增加支出	4
如果在其他方面采取替代性措施,可以削减或增加支出	13
无具体规定	15
不适用	1
合计	82

资料来源:Inter-Parliamentary Union (IPU). 1986. *Parliaments of the World. A Comparative reference compendium* (2nd Edition). Aldershot (Gower). table 38A。

首先,议会制和总统制国家之间存在着很大的差别。一般的,总统制国家赋予议会很大的修改预算的权力。在一定程度上,这一权力几乎是无限制的权力。当然,这种修改权通常要受行政权否决的制约。例如,美国、菲律宾等。在美国,国会能够在法律规定的某种一般限制内对政府预算提出建议和修正。绝大多数议会制国家允许议会拥有这种修改权。但是,这一权力并没有对议会制构成普遍的、实质性的影响。例如,在英国和澳大利亚,预算修正案通过的情况是极少的而且影响相对比较小。[①]

这表明,政治制度影响着议会预算权力。议会制国家的政治权力的组织方式是一种多层委托—代理的模式,即是由选民(委托人)选举议员(代理人)形成议会,再由议会中的多数党或政党联盟组建政府,这就在议会和政府之间形成新一级的委托—代理:议会是委托人,政府部门是代理人。而且,这种政治制度强调一种立法和行政的融合。在议会制下,政府内阁一般是由议会中多数党的议员组成的,从而,立法和行政之间的区别就较小。因此,虽然议会作为选民代表有权对于政府的收支行为进行审查,但是,这种体制并不要求议会对政府施加一种非常强的制约。而在总统制国家,政府

[①] Krafchik, Warren, & Joachim Wehner. 1999. *The role of parliament in the budgetary process*. Budget Information Service (The Institute for Democracy, South Africa, Idasa).

首脑和议会都是选民选举产生的代理人，因此，从选民的角度来说，是一种多头代理模式。这种多头代理模式实际上是在代理人之间形成一种竞争，以更好地保护委托人（选民）的利益。在总统制下，当立法权和行政权由不同的两个政党控制时，议会和政府之间的竞争和冲突就会比较大。总而言之，由于这种模式特别强调一种立法权和行政权之间的互相制约，所以，赋予议会比较大的预算权就是十分自然而然的。

其次，虽然绝大部分议会制国家的议会都是拥有一种有限制的预算修正权，但是，在不同的议会制国家，这一权力的大小是不同的。在此，我们可以看到两个极端。在议会体制的一端，议会的预算修正权力比较大。例如，在德国，如果议会的修正是增加收入或减少支出，那么就不需要政府同意；如果是减少收入或增加支出则需要政府同意。而且，议会修正案对于收支规模的影响是非常巨大的。例如，1988年，议会的预算委员会将总支出削减了42亿马克，同时，在法案间转移了超过170亿马克的支出。[①] 同样，印度的议员可以减少支出和改变收入，但是，增加支出则需要总统的推荐。

在议会体制的另一端，议会的权力则相对比较小。例如，在英国和澳大利亚，不仅议会修正案很少获得通过，而且修正案导致巨大改变的情况也是罕见的。在英国，下议院不能增加支出，比较奇怪地，它也不能增加收入。议会唯一合法的修正权力是减少支出或取消一项税收或关税。英国议会的这种"只能减少"的权力主要是来源一种历史传统而不是某种理性的设计。要理解这种制度安排的产生必须追溯到英国下议院早期的实践，即下议院开始考虑国王提出的补贴需要时。在当时，议会的主要工作是决定是否满足国王的需求，如果决定满足国王的需求，那么，必须考虑在什么限制内满足，用什么方式满足。由于议会早期的任务是限制国王，因此就形成了一种"只能减少"而不增加的传统。对于这一传统，英国议会一直恪守不变。因此，它一般不会通过一个超过政府预算的预算总额，唯一的修正就是以削减总额为目标的提议。英国议会这种"只能减少"的权力的作法也被其他也是实行威斯敏斯特体制的国家借鉴了。在英国，只要执政党能在下议院中保

[①] Krafchik, Warren, & Joachim Wehner. 1999. *The role of parliament in the budgetary process*. Budget Information Service（The Institute for Democracy, South Africa, Idasa）.

持一个（哪怕是较小的）大多数，税率的改变很少与政府的意愿相冲突。在近些年来，唯一的一次改变是在 1994 年 12 月。当时，保守党提交的预算提案将国内消费汽油和燃料的增值税税率从 8% 提高到 17.5%。工党反对派在预算决议中加入了一个修正案。该修正案以 319 比 311 的表决获得通过。同日，政府表示遵从议会的修正。这反映了当时政府的执政党在议会内部越来越危险的地位。不过，在绝大多数情况下，这是很难发生的。在通常情况下，执政党在下院中控制了绝大部分席位。在澳大利亚，议员可以减少支出或收入。但是，只有政府才能增加支出或收入。澳大利亚最大的一次修正案发生在 1995 年。该修正案导致了 250 000 澳元的资本性支出削减。尽管存在这些不同，绝大部分议会制国家都允许议会拥有修正权。虽然通常都会对增加支出进行限制，但是，减少支出是所有议会制国家都普遍采用的一种制度安排。而且，虽然存在各种不同的限制，改变税收通常也是允许的。①

议会制国家议会的权力主要取决于两个因素：议会获得的实际权力、委员会在预算过程中的作用。正是由于不同的议会制国家在这两方面的制度设计不同，它们议会的预算权力才呈现差异。在议会制国家，不同国家在改变预算方面赋予议会的权力是不同的。如果一个国家的议会制度赋予了议会很大的修改政府预算的权力，那么，这个国家的议会改变政府预算的能力就比较大。当然，在现实中，即使各个国家的议会在法律上都有改变政府预算的权力，但是，各个国家在运用这一权力的程度上存在着巨大的差异。议会改变政府预算的能力受议会内部委员会的地位影响很大。议会内的委员会在预算过程中的作用取决于以下几方面的因素：(1) 委员会（或者下院本身）是否有修改预算的权力；(2) 委员会内辩论的时间；(3) 哪些委员会介入，以及它们之间的关系；(4) 委员会获得独立研究能力的机会；(5) 委员会接触政府部门信息的机会。一个有效的预算修正体系必须能够在预算过程中将赋予议会的权力和委员会的地位结合起来。在一个议会拥有预算修正权力但是委员会不能发挥有效作用的议会体系中，议会改变政府预算的能力也是有限的，例如澳大利亚。然而，如果议会不仅有预算修正权而且它的委员会也在

---

① Krafchik, Warren, & Joachim Wehner. 1999. *The role of parliament in the budgetary process*. Budget Information Service (The Institute for Democracy, South Africa, Idasa).

预算过程中发挥着积极的作用，那么，议会改变政府预算的能力就很强，例如德国。总体来讲，在下列条件下，议会改变政府预算的能力将是最大的：(1) 议会拥有一些改变政府预算的权力；(2) 委员会有权向议会（下院）提出修正政府预算的建议；(3) 委员会有充足的时间来审查预算；(4) 有一个协调委员会来综合财政委员会和其他专业机构的投入；(5) 涉及的委员会有渠道获得独立研究能力；(6) 会内相关的委员会有渠道接触政府部门信息。[①]

六、议会内的委员会

议会在预算审查、监督中的作用在很大程度上取决于议会本身能否发展出相应的组织能力来监督政府的预算，而这取决于议会内部的委员会体系是如何建立的。委员会体系能在议会内部建立起一种专业分工，并雇用专业人员为议会的预算监督提供服务，这有助于议会形成和发展出专长；[②] 它也使得议会可以同时处理很多不同的事务，这就极大地提高了议会的生产率；它也有助于提高议会的信息收集和分析能力。因此，有效的委员会体系使得议会能够对预算进行实质性的审查。此外，专门承担监督职能的委员会，尤其是审计委员会，有助于提高议会对预算执行的监督能力，发现其中的问题，强化政府对议会的服从。[③]

（一）议会内的委员会：预算审查、批准

在 OECD 国家，委员会在议会审查和批准预算中的作用是不同的，主要

---

① Krafchik, Warren, & Joachim Wehner. 1999. *The role of parliament in the budgetary process*. Budget Information Service (The Institute for Democracy, South Africa, Idasa).

② 例如，在美国，从 1946 年通过"议会重组法"开始，国会已经建立了一个庞大的议会官僚机构来帮助它自己履行立法职能（包括预算）。1986 年 1 月，议会委员会、议员个人和议会的各种支持机构（一般会计办公室、国会预算办公室等）总共雇佣了 23 000 个职员。在 1983 年，仅仅是各种常设委员会（批准和财政委员会）就在众议院雇佣了 1 919 名职员，在参议院雇佣了 973 名职员。Axelrod, Donald. 1988. *Budgeting for modern government*. New York: St. Martin's Press. p. 135。

③ Wehner, Joachim. 2008. Assessing the power of purse: An index of legislative budget institutions. In Rick Stapenhurst, Riccardo Pelizzo, David M. Olson & Lisa von Trapp. Eds. *Legislative oversight and budgeting: A world perspective*. Washington, D. C.: The World Bank.

有四种模式①：

- 模式一

在议会内部，没有专门的委员会来事前审查政府预算。实行这种模式的国家比较少，英国就是其中最典型的。英国下院的公共审计委员会仅仅只审查预算执行，而不审查政府预算草案，它的税收委员会（即筹款委员会）在1967年被取消了。这在很大程度上是因为英国议会存在一个很强的"议会的权力属于所有议员"的政治传统。

- 模式二

议会内部有一个专门的预算委员会或财政委员会，但是，这个委员会要和其他的部门委员会分享预算权力。例如，在加拿大和新西兰，就设置专门的财政委员会来事前审查预算。不过，由于没有预算修正权，该财政委员会的权力和作用就相对比较小。而瑞典议会的财政委员会（建立于1974年）则拥有很大的权力，并发挥很大的作用。该委员会负责在20多个支出领域建立支出上限，并进行监督；随后，其他的部门委员会在这些上限内负责分配资金。日本和韩国的议会则设置专门的预算委员会，其权力不仅包括事前审查政府预算草案，而且包括对预算执行进行监督。

- 模式三

在议会内部存在多个与预算有关的专门委员会，同时，这些委员会又和其他的委员会分享权力。美国国会内部就是这样一种非常复杂而且独特的委员会体制。在其内部，不仅有专门的筹款委员会、拨款委员会，而且，其他的各个专业委员会也在预算监督中发挥着重要的作用。此外，1974年预算法案在国会参、众两院内部都设置了预算委员会，负责起草国会的年度预算计划并监督联邦政府的预算执行。

- 模式四

在议会内部设置一个拥有广泛预算权力的预算委员会。例如，法国议会内部参、众两院都设置了一个财政委员会（Commission des Finances），负责审查政府预算草案的收入和支出。西班牙议会两院也都设置一个专门的预算

---

① Lienert, Ian, & Moo-Kyung Jung. 2004. The legal framework for budget system. *OECD Journal of Budgeting* Vol. 4, No. 3: 1-479. pp. 71-72.

委员会来审查政府预算草案，修改政府预算。德国的联邦议会（Bundesrat）设置一个财政委员会来审查政府预算草案，不过它的下院［Bundestag：（前联邦德国的）下院］则设置了一个专门的预算委员会来审查支出概算，另设一个财政委员会来审查税收立法草案。

表6-6展示了各国国家议会的委员会在预算中的作用。

表6-6 预算决策中的议会结构（%）

	所有国家（40）	OECD国家（26）	总统制国家（14）	议会制国家（26）
一个单独的预算委员会处理所有与预算相关的事项，其他委员会没有正式的投入。其他专业委员会可能提出建议，但是预算委员会可以不理	48	46	50	46
一个单独的预算委员会处理预算，但是，当预算委员会讨论与其他专门委员会的管辖领域相关的支出时，这些专门委员会的议员可以参加预算委员会的会议	15	15	21	12
一个单独的预算委员会处理预算总额（收入的总水平及其各个领域之间的分配），专门委员会负责在各个拨款水平处理支出。例如预算委员会决定教育的总拨款，而教育委员会在教育领域将这一总额分配到各个具体的拨款	18	15	14	19
各个专门委员会分别在各自不同的领域处理拨款问题，没有一个预算委员会，或者即使有也只是提供技术支持	18	15	14	19
其他	15	15	14	15

资料来源：Barraclough, Katherine, & Bill Dorotinsky. 2008. The role of the legislature in the budget drafting process: A comparative review. In Rick Stapenhurst, Riccardo Pelizzo, David M. Olson & Lisa von Trapp. Eds. 2008. *Legislative oversight and budgeting: A world perspective*. Washington, D.C.: The World Bank。

可见，63%的国家由一个预算委员会（或者财政委员会）来单独处理所有的预算事务，其他专门委员会的委员有时也就一些专门的议题参与预算讨论，但没有实质性的预算权；有18%的国家预算委员会的主要权力是决定收支总额以及分类总额，而各个专门委员会在各自管辖的领域内具体拥有资金分配权；有15%的国家，没有预算委员会，预算权分散在各个专门委员会中。①

（二）委员会间的权力分配：预算审查、批准

在审查、批准预算的过程中，绝大部分国家都有专门的委员会来审查预算。那么，如何在议会内的各个委员会之间的分配预算权是非常关键的。从以上的分析可以看出，在大部分国家，预算权都集中在一个独立的预算委员会，在绝大部分国家，都设置有预算委员会；只是在一小部分国家，各个专门委员会拥有预算权。这是否具有某种理性的理由？在具体就此分析之前，需要明白一点，尽管在制度设计上，议会是公共资金的看门人，但是，议会也是由一些并不在道德上比政府官员更加高尚的人组成的，议员也会在预算上采取机会主义行为。

分析议会内的预算权力分配，需要先明确议会在审查、批准预算时需要做出哪些最基本的决策。理论上讲，议会内部的预算决策一般包括宏观决策和微观决策。宏观决策主要是一种总额决策，具体包括财政收支总额决策，以及一种财政平衡方面的决策。而微观决策主要包括两种决策：支出决策和收入决策，而前者又包括授权决策和拨款决策。总体来说，议会内部的决策包括四种决策：（1）总额决策，即对于财政收支的总额以及收支平衡进行决策。在实行年度预算的情况下，主要是对未来一个财政年度内的财政收支总额进行决策。在实行中长期支出框架的情况，则需要对多年期的财政收支总额进行决策。（2）授权决策，即对于政府（具体是政府某个部门）提出的项目进行必要性审查，然后决定是否同意政府及其具体的部门实施该项目。由于政府预算中的项目在绝大部分情况下是政府即将开展的活动，因

---

① Barraclough, Katherine, & Bill Dorotinsky. 2008. The role of the legislature in the budget drafting process: A comparative review. In Rick Stapenhurst, Riccardo Pelizzo, David M. Olson & Lisa von Trapp. Eds. 2008. *Legislative oversight and budgeting: A world perspective*. Washington, D. C.: The World Bank.

此,在项目上的授权决策是对政府部门提议要开展的某一活动进行授权。在做出授权决策时,议会审查的重心是,政府计划从事的某一活动是否有必要。(3) 拨款决策,即在授权决策之后对于同意政府开展的活动决定给予多少资金。(4) 筹款决策,即对于政府提出的各种税收、收费或债务提议进行审查然后做出同意与否的决策(图6-3)。

对于议会来说,这是四种最基本的决策,也是议会在预算审查中必须开展的四种基本活动,他们分别代表着议会的四种预算权。因此,如何在议会内部各个委员会之间分配预算权,必须考虑以下三个基本的问题:(1) 在支出决策中,授权决策与拨款决策是应该集中还是分开?(2) 收入决策与支出决策是应该集中还是分开?(3) 在进行微观决策前是否需要进行总额决策?

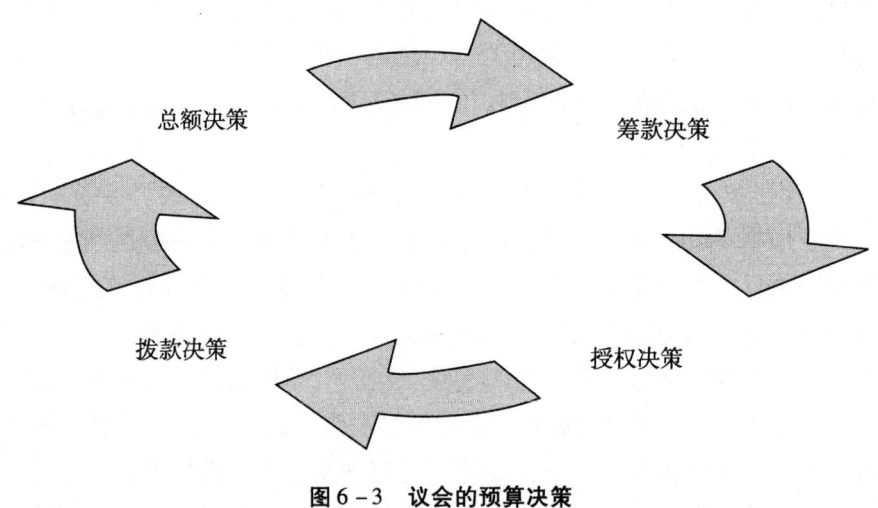

图6-3 议会的预算决策

- 授权决策与拨款决策:集中与分散的权衡

在支出决策方面,一个非常关键的问题是,关于支出的决策应该集中还是分散?这个问题之所以提出是因为,支出决策实际上可以细分为两部分:一是某件事该不该做?二是如果这件事值得做,那么,应该给它多少拨款?现在的问题是,在议会内部,这两个决策是应该交给一个委员会还是多个委员会去做?这个实际上涉及是否应该赋予其他专门委员会预算权?从上面的分析看到,目前,大部分国家都没有将拨款权赋予这些委员会。其中是否有理性的成分？在回答这一问题之前，我们需明确议会内的这一类专业委员会或者部门委员会和专门负责预算事务的委员会的性质以及它们之间的差别。

在议会内部，各个专业委员会或部门委员会都是授权委员会。在一定程度上，如果换一个角度看，它们实质上是议会内部的资源申请者，尤其是那些对于政府的项目和机构拥有管辖权的授权委员会（authorizing committees）。一般的，它们与自己管辖范围内的政府部门之间在利益上是很容易出现一致的，例如教育委员会通常和政府的教育部门一样对于增加教育支出同样有兴趣。围绕着这些授权委员会的是一个授权过程，通过授权过程，这些授权委员会推荐和审批各种对特定公共项目进行授权的实质性立法和政策。① 正如鲁宾指出的，研究议会预算而不涉及拨款机构和政策授权机构之间的关系就不可能真正理解议会预算的本质。因为，在议会内部，这两个过程是互相区别又互相联系的。议会的各种授权委员会负责设计、批准和监督政策立法。而拨款委员会负责决定政府各个部门可以支出的资金。因此，它们在主要职能上是互相区别的。但是，这两个决策过程又是互相联系的。因为，一般的，政策或立法授权必须在议会拨款之前，是议会拨款的前提和依据；而政策或立法的授权常常有预算的含义。②

关于拨款机构和政策授权机构之间的关系主要有两种理论：竞争理论和程序理论。竞争理论认为这两种类型的议会委员会之间存在着竞争，它们都在利用各种各样的机会来扩大它们在预算上的权力范围。但是，正如鲁宾指出的，这种理论不能解释为什么在美国的预算政治中，政策授权委员在很多年的时间里常常不提出预算建议，然后又突然致力于增加它们在拨款水平上的影响。此外，这种"权力贪婪"理论也不能解释为什么有时政策授权委员会会自动地取消它们在拨款上的权力。③ 在程序理论看来，拨款委员会负责处理日常的、程序性的关于资金的决策，而政策授权委员会负责非日常性

---

① Schick, Allen. 1980. *Congress and money: Budgeting, taxing and spending*. Washington D. C., the Urban Institute. p. 13.

② Rubin, Irene. 1988. Introduction. In Irene Rubin Eds. *New directions in budget theory*. Albany: State University of New York Press. p. 124.

③ Ibid.

和非程序性的政策决定。正常情况下，特别是在它们的支出项目运作得很好时，政策授权委员会不关心支出水平。但是，如果拨款过程的决策涉及某些重大的政策或者行政部门并不是像议会中的政策授权委员会期望的那样执行支出项目时，政策授权委员会就会运用预算作为一个加强对预算控制的手段。显然，在程序理论中，政策授权委员会对于预算水平的兴趣是有选择的，某个政策授权委员会可能会在某个时候对于某一领域的预算比其他领域更有兴趣。而在大多数情况下，预算决策都是在某种程序性的过程中进行的，并主要由拨款委员会来承担。同时，拨款委员会的预算是一种程序性的决策，而且是渐进性的——主要关注年与年之间的变化、不重新考虑预算基数、也不比较主要的政策替代方案。[①]

与程序理论一样，鲁宾将政策授权委员会在拨款决策中的影响概括为"周期性影响模型"，即政策授权委员会周期性地影响着预算拨款过程。[②] 在分析了三个政策授权委员会在预算拨款中的作用后，鲁宾指出，当议会对于政策的兴趣很高时，政策授权委员就会在预算拨款上发挥很大的影响。这些情况主要发生在：（1）议会的大多数与政府行政部门在意识形态上存在很大的差异，（2）政府部门没有执行议会的意图，（3）政府部门超过了拨款活动的限制。在这些情况下，议会内的政策授权委员会就会开始介入拨款过程。它们的策略包括：（1）影响着特定支出项目的资金底线和上线；（2）限制项目重组以保证当它们与行政部门和预算机构发生冲突时，它们能够确保议会的最优先项目得到履行；（3）有时，它们会规定行政成本、决定延迟或取消政府部门的支出；（4）它们会运用"专款专用"的方式来加强控制。

现在的问题是，在议会内部，预算决策权究竟应该集中还是分散？预算决策权是应该集中到拨款委员会还是可以由拨款委员会与政策授权委员会分享？在分散型的预算过程下，预算决策是由多个委员会作出的，存在着多个拨款渠道；而在集中型的预算过程下，预算交易是非市场化的，或者是等级结构的，拨款权集中到一个主要的拨款委员会，因而只有一个拨款渠道。运

---

① Rubin, Irene. 1988. Introduction. In Irene Rubin Eds. *New directions in budget theory*. Albany: State University New York Press.

② Ibid., p. 125.

用交易费用政治学，迪克西特指出，集中型的预算过程比较有利于约束议会内的机会主义行为，进而能够控制支出增长。因为，在分散型的预算过程中，由于预算决策权分散到议会内的各个委员会，不仅拨款委员会可以安排预算支出，其他的政策授权委员会也可以安排预算支出。那么，在这种委员会结构下，对于所有的都有着自己支出需求并且都控制着拨款权的委员会来说，最佳的预算策略都是"掠夺"总的预算。这时候就出现一个典型的"共有资源"问题，即由于资源是共有的、非排他的，因此，对于所有对于资源有使用权的个人来说，最佳的行动策略都是掠夺性地对该资源进行消费。其结果就是一个典型的"囚犯困境"博弈，政府支出的增加就是不可避免的。[1] 因此，要防止这种预算机会主义行为，就需要在议会内部的预算拨款决策制度上采用等级制的委员会结构来取代市场型的委员会结构。正如公共行政学的创始人威尔逊总统在1917年就指出的，"在公共资金存在多个拨款渠道的情况下，不可能对付这种浪费和奢侈的形式……除非众议院将同意回到以前的那种运用一个委员会提出和准备所有拨款议案的模式"。[2] 在迪克西特看来，美国国会内部委员会结构的发展就反复证明了这一点，预算权力在议会内部的分散将诱导议员采取掠夺型的支出策略[3]（专栏6-3）。

专栏6-3 美国国会内部委员会权力的演变

美国国会的早期，决定支出的程序非常简单。而且都是由一个众议院的委员会作出全部的拨款决策。从1789年到1865年，众议院的筹款委员会作出所有的拨款决策；从1865年到1877年，由新成立的拨款委员会作出拨款决策。但是，从1877年到1885年，形成了几个新的委员会，并将支出决定权分散到这些委员会。这种分散的市场型的委员会结构使得议会无法控制支出。在美国预算历史上，赤字一直不是一个主要的问题。独立战争中形成的赤字很快就被预算节余弥补，到1835年就已

---

[1] Dixit, A. 1996. *The making of economic policy*. Cambridge：The MIT Press. pp. 119-120.

[2] Ibid., p. 120.

[3] Ibid.

经没有这种赤字。墨西哥—美国战争甚至国内战争所形成的债务也很快就全部偿还。但是，到 1885 年以后，支出很快增长——到 1893 年增长了 50%，从 1900 年到 1916 年之间增长了 45%。1919 年的预算改革重新将支出决策权集中到拨款委员会。于是，财政纪律很快就恢复起来，20 世纪 20 年代美国政府预算又重新出现预算节余。不幸的是，这一改革重新确立的集中型的预算拨款模式未能维持长久。从 30 年代开始，国会内的拨款模式又回到了以前的那种分散型的市场模式。以至于到 1974 年时，几乎每个国会委员会都有权将要求批准的支出提交议会表决。其结果就是对预算收入这一"共有资源"的掠夺。

资料来源：Dixit, A. 1996. *The making of economic policy.* Cambridge: The MIT Press. pp. 119–120。

● 收入决策与支出决策：集中与分散的权衡

议会需要审批政府的收入和支出决策。从制度设计的角度看，一个关键的问题是：收入决策和支出决策应该分开来进行还是应该集中到一个机构？在预算史上，这两种模式都存在过，而且都有其理由。表面上看，英国 18 世纪形成的议会内部预算过程就是将这两个决策分开来进行审查的。不过，在英国议会内部这两个决策都是由议会全体作出的。只不过由两个不同的委员会来召集议会全体会议，预算委员会召集支出拨款的审议，筹款委员会召集筹款的全体会议。① 在美国，在 1865 年以前，收入决策和拨款决策都是由筹款委员会控制的，1865 年，设立了专门的拨款委员会。从此，筹款委员会专门对收入决策进行审查，拨款委员会和其他的授权委员会审查支出决策。具体地，税收立法是由众议院的筹款委员会和参议院的财政委员会决定的，而支出则主要是由两个参、众两院的拨款委员会决定。②

为什么需要将收入决策和支出决策分开进行？这种制度安排是为了防止

---

① [美]伍德罗·威尔逊：《国会政体》，熊希龄、吕德本译，商务印书馆 1986 年版，第 78—80 页。

② Schick, Allen. 1980. *Congress and money: Budgeting, taxing and spending.* Washington, D.C.: the Urban Institute. p. 30.

无节制的开支、防止出现掠夺性的税收政策而设计的。如果收入和支出决策都是由议会中的同一个委员会来审查，那就很容易出现无节制的开支行为和掠夺性的税收政策。因为，如果这个权力极大的委员会已经决定了某个庞大的开支计划，那么，它一般就会通过一个能够支持这个开支计划的税收政策。这个同时集中了收入决策和支出决策权的委员会完全可以"以支定收"。从这个角度来说，收入决策与支出决策应该分开。然而，将收入决策与支出决策隔离后又会带来新的问题。正如罗伯特·李和罗纳德·约翰森指出的，"如果收入和支出委员会彼此独立运作的话，那就类似于一对夫妇，一方赚钱而另一方花钱，花钱方只是偶尔地查询一下赚来的钱有多少而已"。[1] 这种模式主要存在两个问题：

（1）缺乏一种正式的程序来评估税收和支出决策对于财政节余或赤字的总体影响。正如希克所说的，"每年的节余或者（更可能地）赤字的产生只不过是一系列分裂的收入和支出决策的结果"。[2] 例如，在美国，1974年改革前，由于这种分离，在税收削减的同时支出增加了，结果导致了巨额赤字。所以，在20世纪60和70年代出现了多次控制支出的改革，但是都未成功。[3]

（2）预算过程碎片化，无法制定合理的政策。沃茨（Ott，1993）对美国1974年以前国会传统预算过程的批评充分地说明了这一点：

> 这一过程使得国会没有可能审视预算的两方面并将预算视为一个整体一致的提议，也没有可能考虑形成的预算赤字是否与经济的需要一致，隐含在各个支出和税收措施中的预算优先顺序是否反映了国家的优先顺序。[4]

---

[1] [美]罗伯特·D. 李、罗纳德·约翰逊：《公共预算系统》，曹峰、慕玲、张玉坤译，清华大学出版社2002年版，第214页。

[2] Schick, Allen. 1980. Congress and money: Budgeting, taxing and spending. Washington, D.C.: The Urban Institute Press. p. 30.

[3] Ibid., chap. 2, 3.

[4] Ott, Attiat F. 1993. Public sector budgets: A comparative study. Edward Elgar Publishing. pp. 44–45.

● 总额决策的独立性

支出决策和收入决策集中起来进行会导致支出失控，将两者分开后又会导致新的问题。不过，相对来讲，将两者分开后的弊端要小一些。这主要是因为，议会内部权力结构比较分散，利益比较多元化，而且议员在不同程度上都存在为其政治支持者提供好处的动机，因此，有必要将这两个决策分属两个机构，防止出现掠夺性的支出和收入行为。

当然，由于将这两个决策分开后，容易导致收支之间脱节，也不利于实现预算平衡。为弥补这一不足，在收入决策和支出决策分属两个不同的委员会之后，必须在两者之间建立一种协调，促进预算平衡。一种可行的协调方式就是，在议会内部建立一个预算委员会来协调收入委员会和支出委员会的决策，统筹考虑收入和支出及其对整个预算的影响及其对经济的影响。

（三）公共审计委员会

从预算监督的角度来看，议会内部还有一类非常重要的委员会。这类委员会专门负责审计政府预算执行是否履行了财政责任，负责在事后对政府预算进行外部控制。20世纪30年代以来，和以前相比，许多国家的议会在政策制定领域的影响都在下降。在此背景下，各国议会都通过加强对政府预算执行的监督来抵消其在政策制定上的影响力的下降。也正是在此背景下，公共审计委员会的地位和作用就变得越来越大。①

公共审计委员会可以追溯至威廉·格拉德斯通（Williams Gladstone）在19世纪中期的一系列改革，其后，所有英联邦国家和许多非英联邦国家都建立了这种委员会。1861年，英国在下院建立了公共审计委员会（Public Account Committee），这是最早的公共审计委员会，它专门负责审计政府预算执行及其结果。一般的，公共审计委员会是下院的常设委员会。有几个国

---

① Pelizzo, Riccardo, & Rick Stapenhurst. 2008. Public accounts committees. In Rick Stapenhurst, Riccardo Pelizzo, David M. Olson & Lisa von Trapp. Eds. *Legislative oversight and budgeting: A world perspective*. Washington, D. C.: The World Bank.

家例外，例如，在澳大利亚和印度，公共审计委员会是两院共有的；在尼日利亚，两院都有自己的公共审计委员会。① 在英联邦以外的许多国家，在议会内部也建立了公共审计委员会或者类似机构，在一些国家的议会中，这个委员会不仅负责审查预算，而且负责审查审计报告。此外，由于政府审计越来越复杂，公共审计委员会（或者在非英联邦国家的类似机构）都建立了各种分委员会来对具体领域（例如教育与卫生）的预算进行审计。而且，公共审计委员会也与其他负责监督和审查政府特定政策领域的专业委员会之间建立起密切的合作（Stapenhurst，2008）。

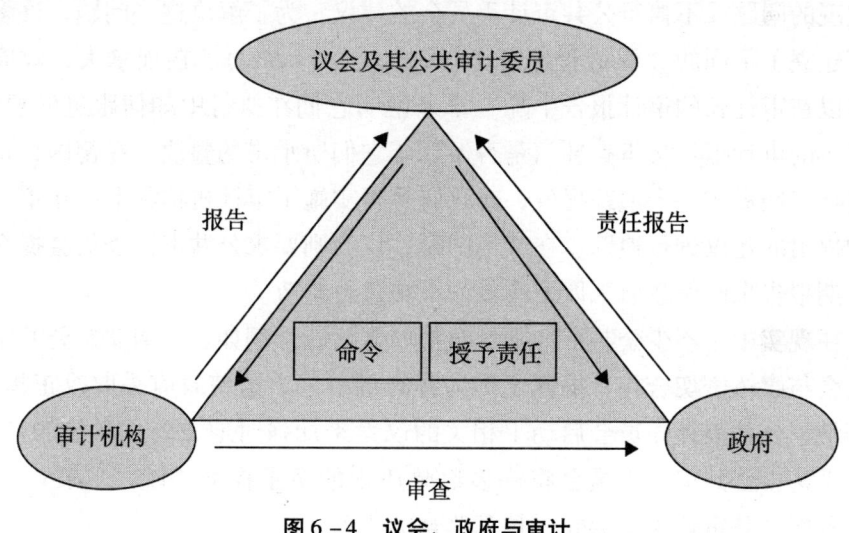

图 6-4 议会、政府与审计

资料来源：Stapenhurst, Rick. 2008. The legislature and budget. In Rick Stapenhurst, Riccardo Pelizzo, David M. Olson & Lisa von Trapp. Eds. *Legislative oversight and budgeting: A world perspective.* Washington, D. C.: The World Bank. Figure 3. 2。

公共审计委员会是议会的常设委员会，其职责是帮助议会监督政府开展的活动。图 6-4 描述了该委员会与政府与审计机构的关系。与其他委员会一样，它有权就议会赋予它的所有事务或议题展开调查和审查，它也可以就

---

① Pelizzo, Riccardo & Rick Stapenhurst. 2008. Public accounts committees. In Rick Stapenhurst, Riccardo Pelizzo, David M. Olson & Lisa von Trapp. Eds., *Legislative oversight and budgeting: A world perspective.* Washington D. C.: The World Bank.

某一具体的问题开展专门调查,例如,政府在实施议会批准的支出时是否履行责任,政府开展的政策的有效性和效率,以及行政质量等等。为了更好地履行其监督权,各国都授予公共审计委员会以各种必需的权力,例如审查公共账户以及对公共账户进行评价,审查所有的审计报告,展开直接或间接的调查,获得任何它认为对于履行职能来说必需的文件,邀请政府成员参加公共审计委员会的会议并回答问题,向社会公布公共审计委员会的结论,向议会报告,以及向政府提交委员会的建议。①

许多国家的公共审计都面临一个问题,即政府通常未能有效地处理审计中发现的问题或不执行公共审计委员会的建议。为了解决这一问题,许多国家都建立了不同的"跟进程序"(follow-up procedure)。在加拿大,政府部门可以在审计长的审计报告中加一章来说明它们在执行中如何跟进的想法,而来年的审计报告将审查部门是否做到了它们所承诺的整改。在德国,审计机构将定期提交一个追踪报告,对政府是否实施了审计机构在上一年审计报告中提出的建议进行追踪。在其他国家,议会则要求公共审计委员会提交一个中期报告来确保政府采取了有效的措施进行整改。②

在现实中,不少公共审计委员会都非常活跃。例如,在南非,公共审计委员会与媒体密切合作,揭露了国防预算的丑闻,迫使政府采取改正措施。在加纳,公共审计委员会启动了相关的议案来加强对地方公立学校的控制。在乌干达,公共审计委员会将许多财政违规的案子提交法院。③ 表6-6描述了各国公共审计委员会介入预算监督的程度。

---

① Pelizzo, Riccardo & Rick Stapenhurst. 2008. Public accounts committees. In Rick Stapenhurst, Riccardo Pelizzo, David M. Olson & Lisa von Trapp. Eds. *Legislative oversight and budgeting: A world perspective*. Washington, D. C.: The World Bank.

② Stapenhurst, Rick. 2008. The legislature and budget. In Rick Stapenhurst, Riccardo Pelizzo, David M. Olson & Lisa von Trapp. Eds. , *Legislative oversight and budgeting: A world perspective*. Washington, D. C.: The World Bank.

③ Ibid.

表6-6　各国公共审计委员会介入预算监督的程度

	国家
公共审计委员会介入预算监督，并能影响政府部门的预算行为	阿根廷、澳大利亚、奥地利、加拿大、丹麦、匈牙利、爱尔兰、以色列、日本、墨西哥、南非、英国
公共审计委员会介入预算监督，但不能影响政府部门的预算	比利时、捷克、法国、德国、希腊、斯洛文尼亚、西班牙
没有公共审计委员会介入预算监督	玻利维亚、智利、芬兰、冰岛、印度尼西亚、意大利、韩国、荷兰、新西兰、挪威、葡萄牙、斯洛伐克、苏美利、瑞典、土耳其、美国、乌拉圭

资料来源：Stapenhurst, Rick. 2008. The legislature and budget. In Rick Stapenhurst, Riccardo Pelizzo, David M. Olson & Lisa von Trapp. Eds., *Legislative oversight and budgeting*: *A world perspective*. Washington, D. C.: The World Bank。

公共审计委员会能否成功地监督政府预算，取决于一些因素，包括：（1）该委员会是否有广泛的监督范围和职责，以阻止浪费和不当行为；（2）是否有权不以政府的指示和意见而选择调查的问题；（3）是否有权开展有效的分析，公布结论和采用有效的跟进程序；（4）获得审计部门和议会研究人员的支持。由于这些因素在不同的国家分部不同，各国公共审计委员会监督政府预算执行的有效程度是不同的。[1]

2005年，世界银行研究院及世界银行南亚区域财政管理小组专门就此调查了英联邦国家国家议会和地方议会（表6-7）。虽然有78%的被调查议会的公共审计委员会主席报告说政府一般会接受委员会提出的建议，但是，只有63.3%的答卷者认为政府会执行委员会提出的建议。虽然只有15.2%的答卷者报告说政府很少会接受委员会的建议，但是，27.3%的答卷者报告说政府很少执行委员会的建议。有60.8%的公共审计委员会主席认为，从形成委员会建议的角度看，政府常常提供了更好的信息。但是，公共审计委员会的建议、行动与意见对那些违反规则的官员的行为很少构成约束，对立法的影响也是有限的。

---

[1] Stapenhurst, Rick. 2008. The legislature and budget. In Rick Stapenhurst, Riccardo Pelizzo, David M. Olson & Lisa von Trapp. Eds., *Legislative oversight and budgeting*: *A world perspective*. Washington, D. C.: The World Bank。

表6-7 公共审计委员会获致的结果（%） N=33

获致的结果	常常地	很少地
建议被接受	78.8	15.2
建议被执行	63.6	27.3
更好的信息	60.8	18.2
政府的行为被约束	27.3	15.2
立法的改变	15.2	54.5

资料来源：Pelizzo, Riccardo & Rick Stapenhurst. 2008. Public accounts committees. In Rick Stapenhurst, Riccardo Pelizzo, David M. Olson & Lisa von Trapp. Eds., *Legislative oversight and budgeting: A world perspective*. Washington, D. C.: The World Bank. Table 8. 1。

（四）委员会发挥作用的条件

各种比较研究都倾向于认为，在议会内部建立各种常设的委员会体系是议会更有效地履行其"钱袋子"权力的基础。而委员会能否在议会的预算审查监督中发挥有效的作用，取决于各种因素[①]：

●委员会是否有权向议会（下院）提出预算修正的建议

虽然在所有议会制国家所有的修正案都必须要提交下院大会讨论，但是，不同国家的具体做法是不同的。在一些国家，例如德国，委员会发挥着最主要的作用，它负责向下议院提出修改建议，它强有力地介入了预算辩论，预算辩论主要发生在委员会内部，委员会决定着议院中的预算辩论，委员会的建议一般都会为议院所接受。但是，在另外一些国家，例如印度，委员会的角色被限定为向议院的预算会议提供评论，而不能提出具体的修改建议。在澳大利亚的众议院，预算决策并不需要经过一个委员会阶段。参议院的委员会介入了预算权衡，但是，是由各个参议员形成修正的请求。研究表明，委员会发挥着积极作用的国家的议会更加能够有效地运用预算修正权，而委员会作用小的国家则不能。

---

① 以下参见 Krafchik, Warren, & Joachim Wehner. 1999. *The role of parliament in the budgetary process*. Budget Information Service (The Institute for Democracy, South Africa, Idasa).

- 委员会辩论时间

委员会越有时间讨论，它在预算修正上越有能力，反之，则无法发挥作用。澳大利亚议会的预算过程持续一到两个月。但是，在众议院不经过委员会阶段。虽然参议院的委员会介入预算，而且有一个月左右的时间，但是，根据传统，参议院在预算过程中主要发挥一个咨询作用。英国的委员会在三个月的议会预算过程中有几周的时间讨论预算。但是，英国议会中的财政事务方面的常设委员会是临时性的，这种委员会只能处理反对党和政府同意的预算中的没有争议性的部分，真正有争议性的问题是在下议院的大会上讨论的。但是，在德国议会的预算程序中，有四个月的预算讨论。其中，下议院的预算委员会有几周的时间讨论预算，此外，上院的财政委员会有几乎一个月的时间讨论预算。这就能解释为什么尽管都是议会制德国议会的预算修正能力比较高。

- 介入预算的委员会以及它们之间的关系

议会改变预算的能力取决于是什么委员会介入预算过程以及这些委员会之间的关系。在收支决策过程中，如果有一个机制来协调财政或预算委员会之间的关系，使得财政或预算委员会能够充分利用其他委员会的专长，那么，议会在审查、监督各项决议以及在项目和部门之间转移资金的能力就会上升，议会改变预算的能力也会得到加强。进一步地，在预算执行中，如果预算或财政委员会与国会中的审计部门能够紧密配合，那么，有效地监督就能够强化议会改变预算的能力。

在大多数国家，财政委员会在预算过程中负有主要责任。它或者单独履行责任，或者作为各个委员会的协调机构。不过，目前的国际趋势似乎是强调一种广泛的委员会协商。例如，在印度，直到1993—1994年之前，预算只由估算委员会审查。现在也要经过其他的专业委员会审查。20世纪七十年代以来，由于在参议院引入了一个委员会阶段，相同的发展也出现在澳大利亚。1968年，英国也引入了一个围绕着财政常设委员会的委员会阶段。[1]

在英国议会，处理收入提议的过程比处理支出提议的过程正式化。收入

---

[1] Krafchik, Warren, & Joachim Wehner. 1999. *The role of parliament in the budgetary process*. Budget Information Service (The Institute for Democracy, South Africa, Idasa).

决策的处理涉及一个暂时的财政常设委员会。永久性的国库特别委员会（Treasury Select Committee）通常会在预算陈述（描述各种规定）和二读辩论（关于法案的原则）之间审查财政法案。但是，并没有要求这样做，政府也没有责任等待任何委员会的报告。而且，在英国和澳大利亚，虽然议会的审计机构非常强大而且富有资源，但是，公共审计委员会并不是预算过程的一部分，它与预算过程之间的联系已经断开，它的专长并不能协调进预算过程。[1]

在德国，预算委员会能够根据议员的专长，将这些议员分派去监督某个部门的预算执行。而且，通常每个议员会负责一个部门好几年，这有助于他们发展出关于某个部门的专业知识，进而使得预算委员会有足够的能力在部门内部以及部门之间改变资金分配。此外，公共账户委员会是预算委员会的一个分委员会。这意味着预算委员会既能够控制支出的授权，也能够对预算执行进行监督。而且，公共账户委员会在预算执行中获得的信息可以帮助预算委员会提出准确的、强有力的修正案。[2]

七、议会内部的运作程序

由于议会控制着钱袋子的权力，因此，如何设计议会内部的预算程序就至关重要。而且，一个国家的议会在预算过程中的影响越大，合理设计它的议会的内部预算程序就更加重要。设计议会内部的预算程序，要解决的首要问题是，如何有效地分配各种微观的预算权，包括收入决策、授权决策和拨款决策，既设置各种防范措施以有效地控制议员的机会主义行为，又能将各个部分的决策协调起来，确保议会能够有效率地进行预算决策。议会作为一个立法机构，它内部的权力是分享性或者是分散性的。在议会内部，通常有各种各样的进入和影响的渠道，所以，重大的决策都是断断续续和不一致地

---

[1] Krafchik, Warren, & Joachim Wehner. 1999. *The role of parliament in the budgetary process.* Budget Information Service (The Institute for Democracy, South Africa, Idasa).

[2] Ibid.

制定。这使得议会内部的预算过程面临很大的困难。[①] 针对美国国会复杂的预算程序,希克这样评论说,"虽然立法准则驱使国会走向权力碎片化,预算要求集中权力……对于国会预算的关键性考验是,它将碎片化的立法要求与和寻求完整的预算结果的动力协调起来"[②]。

(一) 传统的预算程序:微观决策型

从 19 世纪一直到 20 世纪 70 年代,议会内部的预算审查都是围绕着各种微观决策进行的。这些微观决策包括:授权决策、拨款决策、筹款决策。可以有各种不同的方式将这些决策活动链接起来,而不同的链接方式就形成不同的预算程序。从理论上讲,在议会内部支出决策上,一般应先进行授权决策,再进行拨款决策。不过,如何将收入决策(即筹款决策)和支出决策联系起来就不是这样简单。此外,另外两个问题也会使得议会内部预算程序的设计变得复杂起来。首先,是否需要在议会内部建立专门的常设委员会并由它们来履行这些决策活动?其次,如果在议会内部将权力授予各个委员会,如何在各个委员会之间进行协调?对于第一个问题,有些国家,例如英国,强调议会的权力属于全体议员,因而不设置常设委员会;另一些国家,例如美国,设置常设委员会,由它们从事不同的预算决策。目前,选择后者的国家较多。对于第二个问题,历史发展的趋势是将各种决策权力适当地分离,以更好地保护公共资金。不过,即使在一个国家内部,权力的分配常常充满反复和变化,尤其围绕这拨款权的分配,有时集中,有时分散。当然,许多国家都将筹款和拨款决策分开。而这又带来一个协调问题。此外,对预算执行监督也需要设计一定的程序。现在介绍英国和美国议会内部的传统预算程序,它们分别代表了两类不同政体的议会预算审查程序。

● 议会内阁制:英国

英国国会内部的预算审查、监督程序是在 18、19 世纪逐步形成和发展起来的。国会对于政府支出预算的批准非常重视。国家支出预算是"由内

[①] Schick, Allen. 1980. *Congress and money: Budgeting, taxing and spending.* Washington, D. C.: The Urban Institute Press. pp. 6 – 7.

[②] Ibid.

阁全体成员集体负责"。按照惯例，预算在提交议会之前要先由内阁会议审议决定。每届年会的早期，国家支出预算要提交下议院。下议院一般要召开全体会议，通称预算委员会，来听取政府各部提交的预算说明书。这些说明书是四开本的细目性的简明提要，其目的是为了使得按照预算委员会的非正式规则召开会议的下议院了解所提出的支出方针以及据此进行的支出估算是否正确。在会议中，各个大臣要对自己部委的预算进行说明，然后议员提问。预算委员会对大臣的说明满意之后，将对经费支出的每一项目逐一进行表决。在英国，内阁在预算方面的集体责任不仅是技术性的，而且也是实质性的。一旦预算委员会否决或抵制政府提出的国家支出预算，大臣就要辞职。因此，"预算委员会的投票表决是至关重要的，它标志着下议院对政府的信任程度"①。

对支出预算表决完后，议会开始审查筹款政策。在支出预算批准之后，为了筹措资金来偿付预算委员会批准的支出，下议院以筹款委员会的名义召开议员全体委员会。在筹款委员会的会议上，政府的财政大臣将就支出以及相应的筹款措施向全体议员进行汇报。实际上，在向预算委员会提交支出预算和向筹款委员会提交筹款措施之前，财政大臣需要先和各个部门沟通并审核它们的预算，还需要在预算需要和预算资源之间进行平衡。因此，在议会的预算委员会批准支出预算之后，他要就如何提供充足税收的措施向议会的筹款委员会提出建议。具体地，他要向筹款委员会汇报去年的财政管理情况，并且提交新预算年度的调整税收和准备预定开支的方案。筹款委员会在听取财政大臣的报告和建议之后，通常要将这个收入筹措的方案与预算委员会通过的预算相比较。如果议会否决，也表明议会对于内阁的信任下降。如果筹款委员会同意了财政大臣的筹款建议，它就实际上执行了预算委员会的决议。②

在核准预算中列出的开支项目时，预算委员会决议的金额就包括在筹款委员会提出的从一般基金中拨款的决议。这个决议然后就送上议院和英国国

---

① ［美］伍德罗·威尔逊：《国会政体》，熊希龄、吕德本译，商务印书馆1986年版，第77—78页。

② 同上书，第78—79页。

王审核，然后再由下议院以议案的形式提出。财政大臣关于改变税收的建议也以同样的方式包括在筹款委员会的决议中，由下议院以议案的形式通过。"筹款议案"在上议院通常都会顺利通过的。在英国，无论是收入还是支出都是由下议院控制的。上议院的特权只限于对经费议案要么全部接受，要么完全拒绝，无权进行修改。所以，上议院通常不做什么详尽的审查就通过议案。①

　　国会也要对预算执行进行监督。关于上一个年度的开支，一般进行双重审查程序。在政府内部有一个专门的审计部，它负责审查所有发生的开支的账目和凭证。同时，下议院每年又提名一个专门委员会，对审计部的审查进行审查。这个委员会通常由议会中非常有经验的商人组成。这个委员会要审查上一个预算年度的全部账目，它的审查通常都非常细致：它通常要查问出现某些支出项目的原因；除了审查政府的日常开支外，它还要要讨论要求赔偿费、补助费以及其他特殊支出问题。每年 3 月 31 日是结算日。议会审查的账目只涉及上一个预算年度的实有收据和付出款项。在这一日，所有未支出的存款将被冻结。即使某些项目的经费已经获得议会的批准，但是，如果到 4 月份仍未支取，那么，这些经费只有在下议院重新批准之后才可使用。同样，贷款也有明确的期限。② 在威尔逊看来，这种冻结的做法可以避免账目的混乱，有助于议会的监督，有助于减少奢侈和浪费。尤其是与法国 19 世纪末期的做法相比更是如此。在 19 世纪末期的法国，在国家的结算单中，税务欠款年年重叠，旧的赊欠与新的赊欠混在一起，通常要到三四年后才能知道某一年确切的开支数目。③

　　● 总统制：美国

　　美国国会的传统预算程序是在 18 和 19 世纪形成的。这一预算程序与美国实行的总统制之间存在着很大的联系。正如威尔逊在 1885 年描述的，在总统制下，"行政机关与立法机关之间由一条严格的界限隔开，原意是使它

---

　　① ［美］伍德罗·威尔逊：《国会政体》，熊希龄、吕德本译，商务印书馆 1986 年版，第 79—80 页。
　　② 同上书，第 80 页。
　　③ 同上书，第 80—81 页。

们保持各自的独立,结果却是完全孤立"①。因此,在预算中,美国国会不直接与政府财政官员发生联系,国会不得不自己提出和完善预算。曾经担任过美国总统的威尔逊认为,这种预算程序存在着这样的弊端:

> 因为国会与行政机关完全分离,国会不得不自己提出和完善预算。它并不听取由熟练官员用简练文字改写并扼要说明的预算情况……当要决定税收问题时,国会也得不到训练有素、有实际经验的金融家的有益指导。国会并不征求财政部关于税务问题的意见,除了一份为满足下一财政年度正常开支所需款项的详细说明外,有关开支的动议,并不征求各部的意见就作了处理。②

在1865年设立专门的拨款委员会之前,由于政府在社会经济中所起的作用比较小,政府支出的规模也比较小,而且,党派之间的关系也比较和睦,所以,国会内部的预算过程也比较简单,筹款和拨款都是由一个筹款委员会负责的,而且,拨款法案也非常简单。国会也满足于由行政部门先提出各种详细的项目,再由自己审批。在这种安排下,总统确定的议程就起着至关重要的作用。③ 在美国宪法颁布的最初几年,拨款方法比较粗糙。一年的所有经费都列入一个议案,即所谓的"供养政府拨款法案"。该法案并没有详细地列出将要开支的项目。这实际上就将很大支出自由权授予了政府首脑,使得他可以在总额之内任意使用。美国的财政年度截止于6月30日。在财政年度到期前的几个月,新的年度预算已经编制好供国会使用。每年秋季,各个部委开始编制预算,并送交财政部。财政部长将这些报告(包括财政部自己的预算报告)编制成所谓"财政部长转交的6月30日截止的财政年度所需拨款的预算文书"。在众议院开会后立即交给众议长及常设的拨款委员会,众议院本身并不听取预算宣读。当然,任何对预算有兴趣的议员

---

① [美]伍德罗·威尔逊:《国会政体》,熊希龄、吕德本译,商务印书馆1986年版,第81页。
② 同上书,第82页。
③ Stewart, Charles H. 1989. *Budget reform politics: The design of the appropriations process in the House of Representatives, 1865 – 1921.* Cambridge: Cambridge Unversity Press. p. 72.

都可以获得一个副本。拨款委员会研究过这些预算报告之后就制定一个"总拨款议案"。当然,对各个行政部门分别制定拨款议案的做法是后来才有的。1862年,国会对此进行了改革,对拨款的用途进行了详细的说明与规定。① 19世纪形成的这种拨款方式与政府部门当时实行的分项列支预算方法密切相关。然而,随着政府规模逐渐扩大,详细的拨款法案越来越难以实施,其后就逐渐转变为一次总付或者一揽子拨款的方法。目前,国会内部的各种委员会取代了各种正式法规,通过委员会的报告非正式地指导着政府部门的支出。②

1921年建立行政预算体制之前,议会国会审查的是政府各个部门提交的预算。1921年后,国会审查的是总统提交的政府预算。在审查预算时,各个委员会根据权力的划分,对不同的部分进行审查、表决。各个专门的授权委员会负责具体的立法工作,提出授权法案,建立机构和确定项目,同时规定一笔资金作为支出上限。不过,具体的支出必须经过拨款程序,这个程序是由拨款委员会控制的。预算拨款控制在参、众两院的13个属于拨款委员会的小组委员会手中。这13个委员会负责对外报告拨款法案,拨款法案就支出的权力及额度向各个部门进行授权。同时,众议院的筹款委员会和参议院的财政委员会决定预算收入,只有这两个委员会形成税收法案、债务法案等与收入相关的法案后,政府才有合法的收入。除了13个覆盖立法、司法和行政的常规拨款法案之外,每年国会还要正式通过一个或多个补充拨款法案以应付未预料到的情况。③ 对于这一预算程序,希克(1980)做了一个非常简洁的总结:

  在其传统的预算制定活动中,国会通过以下方式来追求政治需要:将税收决策与支出决策隔离开来,设置一个平行的授权和拨款过程,将

---

  ① [美]伍德罗·威尔逊:《国会政体》,熊希龄、吕德本译,商务印书馆1986年版,第82—83页。

  ② Meyers, Roys. 1999. Legislatures and budget. In Roy Meyers. Eds. *Handbook of government budgeting*. San Fransico, CA: Jossey-Bass Publishers.

  ③ [美]罗伯特·D. 李、罗纳德·约翰逊:《公共预算系统》,曹峰、慕玲、张玉坤译,清华大学出版社2002年版,第234页。

支出活动分解到超过一打的拨款法案（分委员会）和其他的立法中去。①

不过，自20世纪40年代起，这个预算过程存在的问题变得越来越明显。对此，罗伯特·李和罗纳德·约翰逊进行了总结：

> 由于国会通过各种各样的法案处理预算，预算被零碎地处置，从而就使得制定全面广泛的政策变得更加困难。第二个问题是，零碎地处理预算的方法，意味着各个小组委员会、委员会以及国会两院不得不设定纪律要求，逼迫自己按照财政年度开始日期完成各自的任务……如果各个拨款法案没能准时通过，各个行政机构就不再会有运行资金。为了避免这种情况，国会就通过一个继续拨款法案，该法案基本上准许受影响的部门在一个特定的时期内运行，并能以刚刚完成的财政年度同样的水平进行支出……常常有些行政机构在整个财政年度内都是运行在继续而非常规的拨款法案之下的。②

为了解决这些问题，1946年国会通过了《立法机构重组法案》，准许国会在没有提出并通过详细的税收和支出法案之前先批准整个一揽子预算计划。但是，这个法案并未付诸实施。1950年，国会决定实行单一的综合拨款法案来控制整个支出。虽然这一做法在1951年财政年度运行良好，但是，由于努力不够，整体效果也不是很明显，所以，无论是拨款委员会还是白宫都没有再使用。③

（二）宏观决策的必要性：1974年美国的改革

1974年，以美国国会重构内部预算程序为标志，议会内部预算程序的

---

① Schick, Allen. 1980. *Congress and money: budgeting, taxing and spending.* Washington, D. C., the Urban Institute. p. 6.

② [美] 罗伯特·D. 李、罗纳德·约翰逊：《公共预算系统》，曹峰、慕玲、张玉坤译，清华大学出版社2002年版，第234页。

③ 同上书，第235页。Meyers, Roys. 1999. Legislatures and budget. In Roy Meyers. Eds. *Handbook of government budgeting.* San Fransico, CA: Jossey-Bass Publishers.

设计开始进入一个新阶段，议会开始超越传统的以微观决策为主的预算程序，开始考虑宏观决策问题。20世纪60、70年代，美国国会的传统预算过程面临极大的挑战。一是越南战争，实行"伟大社会"计划导致的巨额支出吞噬了财政盈余，并导致了结构性赤字。这使得人们开始怀疑国会能否有效地控制财政赤字。二是在国会内部，出现了各种"后门支出"，而且规模越来越大。"后门支出"是一种在正常的拨款程序之外发生的支出，包括：(1) 合同授权，它允许各个部门承诺支出，然后可能迫使拨款委员会同意提供资金。(2) 授权委员会授权各个部门一定的借款权，该权力允许各个部门从财政部借钱。(3) 权利型项目，在这些项目之下政府部门必须为各个符合法律规定资格的受益人提供福利并导致支出。这种支出与其他支出的最大区别在于，其他的授权支出都是通过拨款程序确定并且有支出限制的，而这一支出完全不是这样。三是国会内部经常在预算上无法达成一致，形成旷日持久的争执。例如，从1966到1973年这一段时期，由于授权委员会和拨款委员会之间在预算总额上持续地争论，导致了希克所称的"七年预算战争"。"后门支出"使得所有的国会委员会都可以进行财政决策，影响资金分配，但是，并没有一种机制来协调它们之间的活动，并对总额进行控制。1972年，在总统竞选中获得压倒多数胜利的尼克松公开挑战国会的预算权威。他指责国会预算过程存在问题，声称宪法中隐含着总统拥有扣押资金的权力，并实际行使了这一权力。对此，国会一方面承认自己在预算上确实存在问题，另一方面强调这并不足以让国会放弃宪法赋予的拨款权。结果，1974年，国会通过了《国会预算和扣押控制法案》来对抗总统权力的扩张。这个法案是20世纪美国预算史上最重要的法案之一。它的主要目标包括：(1) 为国会提供一个从总体上对预算进行控制的手段，将各个拨款法案彼此连接起来，并将它们与各个收入法案连接起来。(2) 解决国会与总统之间的冲突，尤其在资金扣押方面。①

在保留原有的组织结构和传统预算程序的同时，这一法案增设了新的组

---

① ［美］罗伯特·D. 李、罗纳德·约翰逊：《公共预算系统》，曹峰、慕玲、张玉坤译，清华大学出版社2002年版，第235页。Meyers, Roys. 1999. Legislatures and budget. In Roy Meyers. Eds. *Handbook of government budgeting*. San Fransico, CA: Jossey-Bass Publishers.

织和程序来改善传统的预算程序。这一改革在参、众两院各设一个新的预算委员会来协调整个预算过程。其成员来自两院的领导层和有关委员会（财政委员会和授权委员会）。另外，设置了国会预算办公室来为预算委员会以及需要在预算方面提供服务的其他委员会和议员个人提供服务。但是，这一改革没有消除互相敌对的委员会之间的冲突。新设立的预算委员会并没有成为权力中心，尤其是众议院的预算委员会，因为它的成员的任期是有限的，而且主要是从与其有竞争关系的委员会中抽调出来的，这些委员如果想在国会多呆的话是不可能挑战其他的委员会的权力的。① 不过，这一法案催生了一套新的预算程序（专栏6-3）。

专栏6-3　1974年改革后美国国会内部的预算程序

1974年改革改变了美国国会的预算程序，将宏观决策整合进传统的预算程序。这个新的预算程序是这样的：

1. 通过一个预算决议来设定总量目标。5月15日，预算委员会首先起草一份首次"预算决议"，它规定了总收入和总支出的目标。夏季就是各方讨价还价的时间。在这一时期制定的支出和税收法案一般都要以这个决议为依据。不过，如果某项拨款细目超过决议设定的标准，该项目就要重新进行讨论。9月15日，再起草第二次"预算决议"，对10月1日开始的预算年度的税收和支出规定"约束性"限额，而且，在这一日期之前通过的不符合预算决议案中的限额的议案一般都要修改。这一决议将预算数据汇总起来供预算委员会和其下属委员会在评估拨款时使用。根据总量目标，预算决议将支出额分配到预算中的各个职能领域，例如国防、外交、教育等。在讨论决议案时，议员们经常要讨论支出的优先权的确定，例如"大炮还是黄油"。不过，这种讨论经常是象征性的。预算委员会可以在委员会分配的、决议规定的各个职能领域的支出份额之间进行调节。拨款委员会的作用则更加重要，它可以不理预算决

---

① ［美］罗伯特·D. 李、罗纳德·约翰逊：《公共预算系统》，曹峰、慕玲、张玉坤译，清华大学出版社2002年版，第235页。

议中的职能目标，将本来要拨给国防的资金划拨到非国防的支出中去，因为它在这两个领域都有管辖权。

2. 在传统的资金分配的基础上增加实施程序。在总预算目标的指导下，国会考察各个单独立法机构的活动是如何加总起来并与目标进行比较。在一定程度上，这就是一个"神秘的"计分制。资金分配的程序是这样的。首先，国会必须对款项的支出进行授权。这主要是由各个授权委员会控制的。这些委员会要审核是否应该开展某一项目或设置某一机构，以及相应的资金数额。如果同意，则发布一份正式声明或授权法案。同时，国会的委员会和分委员会要审核行政部门和国会预算办公室的提案。其次，两院的拨款委员会要向各自的议院提出开支议案。如果通过拨款法案，就予以拨款。

资料来源：(1) Meyers, Roys. 1999. Legislatures and budget. In Roy Meyers. Eds. *Handbook of government budgeting*. San Fransico, CA：Jossey-Bass Publishers. (2) Dye, Thomas R. 2006. *Understanding public policy*. 北京大学出版社 2006 年影印本。pp. 170 – 174. (3) ［美］斯蒂芬·施密特、马克·谢利、芭芭拉·巴迪斯：《美国政府与政治》，梅然译，北京大学出版社 2004 年版，第 261 页。

（三）宏观决策与微观决策相结合的预算程序

在 20 世纪 70 年代以前，议会的预算决策主要是微观预算决策，即主要是审查政府提议的活动是否必要，应该为该活动提供多少拨款，以及审查政府提议的收入政策。20 世纪 70、80 年代，西方各国普遍面临支出难以控制，赤字、债务累积，财政难以为继的危机。在此背景下，为了加强财经纪律和总额控制，美国 1974 年预算改革在议会审查程序中加入宏观决策。从总额控制的角度看，这种先进行宏观决策再进行微观决策的做法就不失为一种较好的制度设计，因而很快就被其他国家借鉴来重构议会内部的预算审查程序,例如法国、瑞典等。① 在瑞典,每年11月,在年度预算细节通过之前,议会先通过一个三年支出总额的上限。具体地,瑞典议会每年都在三年支出总额上限之上加上新的一年的支出总额上限,从而使得该三年期的中期支出限制是自动向前滚动的。② 由此,在这些国家,议会的预算表决就包括两个阶段:首先对预算总额进行表决,然后才对政府各个部门的拨款和资源配置以及收入政策进行表决(图6-5)。

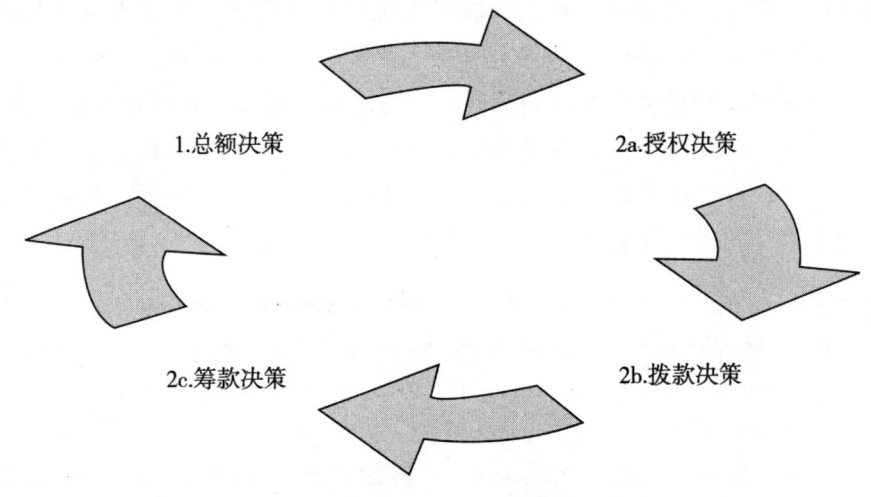

图6-5 宏观决策与微观决策相结合的预算程序

20世纪80年代,随着越来越多的OECD国家开始实行中期财政框架。在这种背景下,议会宏观决策的重要性就越来越突出。目前,在OECD国家,向议会提交中期财政战略已经成为一个标准的做法。在这种模式下,政府向议会提交的预算草案一般包括一个中期财政战略,政府计划在一个预算年度或跨一个预算年度的总支出、总收入和收支总额的平衡方案都必须获得议会的同意。不过,各国在是否将这种做法制度化成一种法律要求上存在不

---

① 亚洲开发银行:《政府支出管理》,财政部财政科学研究所译,人民出版社2002年版。第146页。Lienert, Ian, & Moo-Kyung Jung. 2004. The legal framework for budget system. *OECD Journal of Budgeting* Vol. 4, No. 3: 1–479. p. 100.

② Ibid., pp. 89–90.

同。目前，在 OECD 国家主要有以下三种方式[①]：

- 议会通过量化的多年期的中期财政战略。在这种模式下，议会将根据法律实行一个量化的财政规则（通常包括一些量化的赤字与债务限制），从而在中期财政总额控制框架的形成过程中发挥着非常重要的作用。政府每年都要向议会提交一个与该中期财政总额控制框架相一致的预算。在这种模式下，议会是根据一些法律来行使这一权利的。例如，美国 1985 年的平衡预算法案和 1990 年的预算实施法案，欧盟的马斯特里赫特（Maastricht）赤字和债务标准等。
- 中期财政战略每年都要提交议会并由议会通过。在正常的预算程序中，并没有一个法律要求必须由议会每年批准政府的中期财政总额控制战略。但是，议会的确在行使这一权力。每年在批准年度预算的细节前，议会都会先批准多年支出总额的上限，并逐年向前滚动。例如，瑞典就采取这种模式。
- 中期财政战略每年都提交议会，但并不正式地被议会通过。大多数 OECD 国家都没有法律规定中期财政战略需要被议会正式地批准。但是，在将近 75% 的国家，政府每年都向议会提交中期财政战略。

为了帮助设定政策重点进而确定支出重点，并使得政府和议会双方在形成和考虑预算的过程中都遵守这些重点，一些国家建立一个正式的程序，让议会辩论支出总额或上限。根据世界银行和 OECD 的一项调查，表 6-7 描述了开始辩论具体的支出项目或科目之前议会是否有一个程序来辩论支出总额。从中可见，在 57% 的国家，议会对支出总额进行辩论，有 20% 的议会还可以设定强硬的支出上限。在 OECD 国家，这一比例则更高，达到 60%，在总统制国家更是高达 64%。但是，有 40% 的国家，议会完全不介入总额

[①] Lienert, Ian, & Moo-Kyung Jung. 2004. The legal framework for budget system. *OECD Journal of Budgeting* Vol. 4, No. 3: 1-479. pp. 89-90.

的确定。①

表6-7 开始辩论具体的支出项目之前议会中是否有一个程序来辩论支出的总额？（%）

	所有国家（41）	OECD国家（27）	总统制（14）	议会内阁制（27）
是的，议会制定硬性的支出上限	20	30	14	22
是的，议会制定名义上的支出约束	0	0	0	0
没有，但是议会介入关于支出总额的非约束性的辩论	37	30	50	30
没有	44	41	36	48

资料来源：Barraclough, Katherine & Bill Dorotinsky. 2008. The role of the legislature in the budget drafting process: A comparative review. In Rick Stapenhurst, Riccardo Pelizzo, David M. Olson & Lisa von Trapp. Eds. 2008. *Legislative oversight and budgeting: A world Perspective*. Washington D. C.: The World Bank。

八、预算监督与信息

议会的预算监督有赖于议会及其各个委员会能否及时获得全面、准确的与政府收支、政府政策以及活动相关的各种信息。这一方面取决于政府的合作与支持，例如，政府是否尽早发布预算声明，是否积极配合和回应议会的信息要求，另一方面取决于议会自身能否发展出相应的组织能力来收集和分析信息。对于议会的预算分析能力，有必要强调一下。由于现代政府的预算越来越复杂，同时，议员的专业不一定在预算领域，加之议会除预算之外，还有其他事务，所以，提高议会对预算信息的分析能力至为重要。

（一）预算前声明

政府首脑是否尽早向议会发布有关于预算编制的信息，对于议会有效审

---

① Barraclough, Katherine, & Bill Dorotinsky. 2008. The role of the legislature in the budget drafting process: A comparative review. In Rick Stapenhurst, Riccardo Pelizzo, David M. Olson & Lisa von Trapp. Eds. 2008. *Legislative oversight and budgeting: A world perspective*. Washington, D. C.: The World Bank.

查预算来说至关重要的。最近，国际预算项目（International Budget Project）就此在36个国家开展的一项调查，其中24个是总统制国家，12个是议会内阁制国家，12个是中等收入国家，其他是低收入国家。这一调查发现，大部分国家的政府都未能向议会提供充足的信息来帮助议会在预算领域做出合理的决策。[①]

在这个问题上，许多国家采取的方式是，政府在正式启动预算编制前向议会提交"预算前声明"（prebudget statement）。预算前声明是指政府在财政年度开始之前或者在政府正式向议会提交其预算获得审批之前，向议会提交的一份正式文件，它一般是公开发布的，它包含了关于政府政策和支出重点、总收入和总支出、盈余或赤字以及债务预测的信息。这有助于议会提前把握政府在未来年度的政策重点、预算政策和宏观经济政策，从而为其后的预算审查做好准备，也使得议会能够介入更具实质意义的预算讨论。[②] 根据OECD的财政透明标准，政府应该至少在政府正式提交预算草案前一个月发布这一声明。根据国际预算项目的调查数据，过半的国家都在财政年度开始前发布这一声明，53%的国家还向公众发布这一声明，59%的总统制国家和67%的中等收入国家向公众发布这一声明。但是，只有29%的两院制的议会内阁制国家发布这一声明。总体来说，总统制国家发布预算前声明的要比议会内阁制国家要稍微多些。[③] 表6-8展示了各国政府公布预算前声明的时间。

表6-8 各国政府公布预算前声明的时间（%）

	所有国家（36）	总统制（24）	议会内阁制（12）	中等收入（12）	低收入（24）
政府首脑至少在预算年度之前四个月公布声明	31	33	25	50	21

[①] Barraclough, Katherine, & Bill Dorotinsky. 2008. The role of the legislature in the budget drafting process: A comparative review. In Rick Stapenhurst, Riccardo Pelizzo, David M. Olson & Lisa von Trapp. Eds. 2008. *Legislative oversight and budgeting: A world perspective*. Washington, D. C.: The World Bank.

[②] Ibid.

[③] Ibid.

(续表)

	所有国家 (36)	总统制 (24)	议会内阁制 (12)	中等收入 (12)	低收入 (24)
政府至少的预算年度之前两个月（但是少于四个月）公布声明	11	13	8	17	8
政府首脑公布声明，但是，不早于预算年度之前两个月	11	13	8	0	17
政府首脑不公布声明	47	42	58	33	54

资料来源：Barraclough, Katherine & Bill Dorotinsky. 2008. The role of the legislature in the budget drafting process: A comparative review. In Rick Stapenhurst, Riccardo Pelizzo, David M. Olson & Lisa von Trapp. Eds. 2008. *Legislative oversight and budgeting: A world perspective*. Washington, D. C.: The World Bank。

除了公布声明的时间早晚之外，对于议会就预算问题展开有意义的辩论来说，声明的内容也是非常关键的。尽管大多数国家都公布了"预算前声明"，但是公布的内容和质量则各不相同。根据国际预算项目的调查数据，有50%的国家提供了关于政府宏观经济和财政政策的解释，但是，只有17%的国家在其中包括细节和定量的估计。在总统制国家，55%的政府提供了至少一个宏观经济和财政政策的解释，但是，只有13%的国家提供了细节和定量的估计。在中等收入国家，无论是总统制还是议会内阁制，政府公布的预算信息在质量和内容上都比低收入国家要好。在中等收入国家，66%的政府提供了至少一个解释，其中33%的国家，政府还提供了细节和定量的估计（表6-9）。[①]

[①] Barraclough, Katherine, & Bill Dorotinsky. 2008. The role of the legislature in the budget drafting process: A comparative review. In Rick Stapenhurst, Riccardo Pelizzo, David M. Olson & Lisa von Trapp. Eds. 2008. *Legislative oversight and budgeting: A world perspective*. Washington, D. C.: The World Bank.

表6-9 声明是否包括对政府宏观经济和财政政策的说明？（%）

	所有国家 (36)	总统制 (24)	议会内阁制 (12)	中等收入 (12)	低收入 (24)
是的，包括一个宏观经济和财政政策的全面解释，也包括细节和定量估计	17	13	25	33	8
是的，有一个关于宏观经济和财政政策的解释，其中的关键方面有说明，但是有些细节没有	22	25	17	33	17
是的，提供了一些解释，但是，缺乏重要的细节	11	17	0	0	17
没有提供解释，或者政府首脑没有向公众公布声明	50	46	58	33	58

资料来源：Barraclough, Katherine & Bill Dorotinsky. 2008. The role of the legislature in the budget drafting process: A comparative review. In Rick Stapenhurst, Riccardo Pelizzo, David M. Olson & Lisa von Trapp. Eds. 2008. *Legislative oversight and budgeting: A world perspective*. Washington, D.C.: The World Bank。

"预算前声明"同时还是一个非常重要的反映政府政策意图的文件。根据国际预算项目的调查数据，表6-10描述了这一声明在多大程度上阐述了政府的政策和支出重点，以帮助议会形成一个关于来年预算的详细估计。

表6-10 声明是否描述了政府的政策和支出重点？（%）

	所有国家 (36)	总统制 (24)	议会内阁制 (12)	中等收入 (12)	低收入 (24)
是的，有一个全面的政府政策和支出重点的解释，还包括陈述性的讨论与定量估计	17	13	25	33	8

(续表)

	所有国家（36）	总统制（24）	议会内阁制（12）	中等收入（12）	低收入（24）
是的，有一个解释，并对政府政策和支出重点的关键方面进行了说明，但是有些细节没有	17	17	17	25	13
是的，提供了一些解释，但是，缺乏重要的细节	17	25	0	0	21
没有提供解释，或者政府首脑没有向公众公布声明	50	46	58	33	58

资料来源：Barraclough, Katherine & Bill Dorotinsky. 2008. The role of the legislature in the budget drafting process: A comparative review. In Rick Stapenhurst, Riccardo Pelizzo, David M. Olson & Lisa von Trapp. Eds. 2008. *Legislative oversight and budgeting: A world perspective*. Washington, D. C.: The World Bank。

（二）预算草案的信息

预算草案是政府向议会正式提交的资源申请提议，议会的审查主要是针对政府提交的预算草案的，议会审批的也主要是政府的预算草案。因此，预算草案是否向议会提供了及时、全面、准确的信息，对于议会的预算监督来说就是至关重要的。理论上看，在议会内阁制下，政府和议会之间容易形成一种合作关系，而总统制容易在政府和议会之间造成对立，尤其在政府和议会分别由不同的政党控制时更是如此。[1] 换言之，政治体制可能会影响发生在两者之间的信息流动。表6－11描述了政府在提供预算草案信息的合作程度。由表6－11可见，政治体制的确导致了差别，但并不是特别大。不过，中等收入国家的情况要比低收入国家好得多。

---

[1] Krafchik, Warren, & Joachim Wehner. 1999. *The role of parliament in the budgetary process*. Budget Information Service (The Institute for Democracy, South Africa, Idasa).

表6-11 如果议员提出要求，政府是否会提供关于预算提议的更详细或更好的信息？（%）

	所有国家 (36)	总统制 (24)	议会内阁制 (12)	中等收入 (12)	低收入 (24)
政府首脑会回应这一要求，而且一般会做一个恰当的及时的回应	36	38	33	50	29
政府首脑会回应这一要求，但是它的回应有时是不恰当的或不及时的	47	42	58	50	46
政府首脑会回应这一要求，但是它的回应通常是不恰当的或不及时的	11	17	0	0	17
政府首脑有选择性地回应或不理睬	6	4	8	0	8

资料来源：Barraclough, Katherine, & Bill Dorotinsky. 2008. The role of the legislature in the budget drafting process: A comparative review. In Rick Stapenhurst, Riccardo Pelizzo, David M. Olson & Lisa von Trapp. Eds. 2008. *Legislative oversight and budgeting: A world perspective*. Washington, D. C.: The World Bank。

在议会审查预算的过程中，负责预算审查的委员会可能需要举行预算公共听证会，而政府部门的官员会被要求参加这些听证会，回答议员的问题，并对本部门的预算申请进行辩护或者提供一个恰当的、可接受的理由。这对于加强预算审查监督来说非常重要。它可以使得议会获得更准确的信息，提高自己对预算及其政策影响的理解，从而做出更正确的决策，也可以在议会和政府之间建立起一种以预算为核心的政治对话与讨论，从而使得政府和议会更加对公民负责。根据国际预算项目的调查数据，表6-12描述了各国在这一方面的情况。从中可见，42%的国家举行了这种预算公共听证，或者专门针对某个具体的行政领域，或者是全面性的问题，另有42%的国家没有这种预算听证。中等收入国家采用这一制度的比例比低收入国家高，为75%。总统制国家有42%的议会采取这一制度，另有33%的国家没有这种制度；议会内阁制国家中，41%的采用了这一制度，另有较高比例的国家没有采用这一制度,即58%。

表6-12 议会中的委员会是否就预算中的宏观经济和财政框架举行公共听证会,届时政府部门将提供证词,公众将旁听?(%)

	所有国家 (36)	总统制 (24)	议会内阁制 (12)	中等收入 (12)	低收入 (24)
是的,听证被广泛和全面地运用到行政部门的预算,行政部门的官员作证,公众旁听	11	13	8	17	8
是的,举行听证,适用于主要的行政部门,官员作证,公众旁听	31	29	33	58	17
是的,有限的听证被采用,官员作证,公众旁听	17	25	0	17	17
没有听证	42	33	58	8	58

资料来源:Barraclough, Katherine & Bill Dorotinsky. 2008. The role of the legislature in the budget drafting process: A comparative review. In Rick Stapenhurst, Riccardo Pelizzo, David M. Olson & Lisa von Trapp. Eds. 2008. *Legislative oversight and budgeting: A world perspective*. Washington, D. C.: The World Bank。

(三) 预算研究机构:预算办公室

若欲有效地审查预算,并对政府的预算进行实质性而且合理的修改,除了需要预算修正权以及必需的信息之外,议会还必须有能力对政府提供的各种预算信息进行专业性的分析。对预算执行和执行后的结果进行监督,首先也需要获得信息,但是,更重要的是,议会必须能够专业性地分析进而有效地利用这些信息。①

---

① Anderson, Barry. 2008. The value of a nonpartisan, independent, objective analytic unit to the legislative role in budget preparation. In Rick Stapenhurst, Riccardo Pelizzo, David M. Olson & Lisa von Trapp. Eds. *Legislative oversight and budgeting: A world perspective*. Washington, D. C.: The World Bank. Barraclough, Katherine, & Dorotinsky, Bill. 2008. The role of the legislature in the budget drafting process: A comparative review. In Rick Stapenhurst, Riccardo Pelizzo, David M. Olson & Lisa von Trapp. Eds. 2008. *Legislative oversight and budgeting: A world perspective*. Washington, D. C.: The World Bank.

为了获得更高质量的预算信息，以及更好地利用这些信息，目前，许多在预算过程中扮演者非常积极的角色的议会都在议会内部建立了非党派的、独立的、专门从事客观分析的预算研究机构来协助议会审查预算，加强预算监督。[1] 而且，一个国家的议会在预算过程中的影响力越大，它对于这种研究机构的需求也越大。[2] 总的说来，这种研究机构可以为议会的预算审查提供如下好处[3]：

- 使得复杂的信息简单化，使之更容易为议员、公众、媒体理解；
- 该机构的专业性可以防止政府的各种技术伎俩，从而提高透明度；
- 通过简单化和提高透明度，它可以提高预算预测的可信度；
- 提高负责程度，主要是指预算过程中使用的预算估计的负责程度；
- 改进预算过程，以上这些将使得预算过程更加直截了当、更容易被理解；
- 该机构提供的信息分析同时服务于议会中的多数派和少数派；
- 作为一个议会自己的机构，它能比政府的预算机构更快更积极地回应议会提出的预算信息方面的要求。

尽管各个国家议会预算研究机构的定位各有侧重，但是，综合起来，这一机构的核心职能包括[4]：

---

[1] Anderson, Barry. 2008. The value of a nonpartisan, independent, objective analytic unit to the legislative role in budget preparation. In Rick Stapenhurst, Riccardo Pelizzo, David M. Olson & Lisa von Trapp. Eds. *Legislative oversight and budgeting: A world perspective*. Washington, D. C. : The World Bank. Johnson, John K., & Rick Stapenhurst. 2008. Legislative Budget Office: International Experience. In Rick Stapenhurst, Riccardo Pelizzo, David M. Olson & Lisa von Trapp. Eds. *Legislative oversight and budgeting: A world perspective*. Washington, D. C. : The World Bank.

[2] Johnson, John K., & Rick Stapenhurst. 2008. Legislative Budget Office: International Experience. In Rick Stapenhurst, Riccardo Pelizzo, David M. Olson & Lisa von Trapp. Eds. *Legislative oversight and budgeting: A world perspective*. Washington, D. C. : The World Bank.

[3] Anderson, Barry. 2008. The value of a nonpartisan, independent, objective analytic unit to the legislative role in budget preparation. In Rick Stapenhurst, Riccardo Pelizzo, David M. Olson & Lisa von Trapp. Eds. *Legislative oversight and budgeting: A world perspective*. Washington, D. C. : The World Bank.

[4] Ibid.

- 经济预测。所有的预算分析都开始于经济预测，这也因此是该机构的核心功能。
- 底线估计。对收入和支出的预测应该是一个趋势外推，而不应是一个简单的预言。它们应该是建立在目前存在的法律之上而不能建立在政策提议之上的。
- 分析政府的预算提议。这不应该是一个耗时的政治意义上的项目评估，而应是一个对政府预算草案中包括的预算估计的技术性分析。
- 中期分析。以上这些分析都必须至少在一个中期的时间框架内进行分析。这有助于提醒政府、议会和公众目前的或者提议的政策的跨年度后果。

当然，它也可承担其他的议会认为必要的职能。例如，对各种预算提议进行分析，提出削减支出的各种可供选择的方案，对各种将会导致支出的法令进行分析，进行经济分析、税收分析，进行长期影响的分析，提供政策简要等等。①

这一机构的建立大大地提高了议会获取、分析进而使用预算信息的能力，使得议会在预算信息方面与政府首脑至少开始越来越势均力敌。这一机构最早建立于1941年美国加州州议会，名为"加州议会分析办公室"（California Legislative Analyst's Office）。不过，这种模式在国际上流行起来则是由于1974年美国国会建立的国会预算办公室。1974年，为了重建国会的预算权力，遏制总统在预算领域的权力扩展，美国国会在改革国会内部的预算程序的同时，在新成立的预算委员会之下建立了"国会预算办公室"（Congressional Budget Office）。20世纪70年代，美国总统尼克松不断扩张预算权力及其预算能力，除了悍然地使用扣押权之外，尼克松还将原来的主要是技术性的预算局改为一个更加有权但更加不透明的管理与预算办公室（OMB）。面对这一局面，美国国会在1974年启动预算改革，除了明确禁止

---

① Anderson, Barry. 2008. The value of a nonpartisan, independent, objective analytic unit to the legislative role in budget preparation. In Rick Stapenhurst, Riccardo Pelizzo, David M. Olson & Lisa von Trapp. Eds. *Legislative oversight and budgeting: A world perspective*. Washington, D. C.: The World Bank.

总统使用扣押权以及重构国会内部的预算程序之外,还成立了一个有权审查和控制税收和支出总额的国会预算委员会。同时,建立了"国会预算办公室",专门为这个新的委员会提供至少不亚于总统的管理与预算办公室的预算信息。其后,许多国家都模仿了美国国会的这一做法。1990 年,菲律宾在国会内成立了"国会计划与预算部"(Congressional Planning and Budget Department)。1998 年,墨西哥在议会内成立了"公共财政研究中心"(Centro de Estudios de las Finanzas Públicas)。2001 年,乌干达在议会内部成立了"议会预算办公室"(Legislative Budget Office)。2003 年,韩国在议会内部成立了"国民大会预算办公室"(National Assembly Budget Office)。此外,其他一些国家也在筹备成立这一机构,例如,尼日利亚和肯尼亚。①

根据世界银行和 OECD 的一项调查,表 6－13 提供了各国议会建立和使用预算办公室及其专业人员的数量的情况。在此表中,该机构也可是审计署的一部分。从中可以看出,目前,大部分国家(高达 72%)的议会还没有建立这一专门的预算分析机构。此外,这一模式在总统制国家比议会内阁制国家更普遍。

表 6－13　议会是否有一个专门的预算研究机构来从事预算分析?(%)

	所有国家 (39)	OECD 国家 (25)	总统制 (14)	议会内阁制 (25)
是的,专业人员少于 10 人	18	12	14	20
是的,专业人员在 10~25 之间	3	4	0	4
是的,专业人员在 26 人以上	8	12	21	0
没有	72	72	64	76

资料来源:Barraclough, Katherine, & Bill Dorotinsky. 2008. The role of the legislature in the budget drafting process: A comparative review. In Rick Stapenhurst, Riccardo Pelizzo, David M. Olson & Lisa von Trapp. Eds. 2008. *Legislative oversight and budgeting: A world perspective.* Washington, D. C.: The World Bank。

---

① Johnson, John K., & Rick Stapenhurst. 2008. Legislative Budget Office, International Experience. In Rick Stapenhurst, Riccardo Pelizzo, David M. Olson & Lisa von Trapp. Eds. *Legislative oversight and budgeting: A world perspective.* Washington, D. C.: The World Bank.

第二篇

总额控制

第 七 章

总额控制

对于通货稳定来说,公共财政的可控性是一个关键的问题。

——Poterba, Strauch & von Hagen[1]

公共预算是一个规则驱动的过程。在这个过程中,各种各样的规则约束着政府筹集公共资金并进行支出的行为。在这些规则中,一个最基本的规则是对财政收支总额进行控制的规则。[2] 19 世纪以来,一直到 20 世纪 30 年代,预算平衡原则一直是各国政府奉为圭臬的预算原则。20 世纪 30 年代尤其是 50 年代以来,随着凯恩斯主义的盛行,以及福利国家建设的需要,各国政府纷纷放弃了预算平衡原则,导致公共支出与债务迅速膨胀,政府赤字规模越来越大,并使得财政可持续性不断下降。为了解决这一问题,在 20 世纪 80 年代,总额控制(aggregate control)问题重新被提出,许多国家都开始重建总额控制。

一、总额控制的兴衰

长期以来,公共预算学者和财政官员都是在财经纪律(fiscal discipline)

---

[1] Perotti, Roberto, Rolf Strauch, & Jurgen von hagen. 1999. Sustainability of Public Finances. UK: Centre for Economic Policy Research. p. 2.

[2] Schick, Allen. 2003. The role of fiscal rules in budgeting. OECD Journal of Budgeting Vol. 3, No. 3: 8 – 34.

这一概念下讨论总额控制问题的。在公共财政的文献中,财经纪律有三种互相联系的定义:(1)一个政府只能用日常收入来支持经常性支出,如果用赤字财政来支持经常性支出就违反了财经纪律(Musgrave,1959;Musgrave & Musgrave,1989,p.10)。(2)财经纪律不仅包括"在可获得的财政的限制内约束支出",且包括"确保通过的预算得到执行,且在内容上和数量上保持机构支出的法律性"(Mikesell,1999,pp.44-45)。后者意味着,如果政府机构诚实地执行了拨款法案,即将事前同意的一定数量的资金支出到立法希望并同意的科目或目的,那么,财经纪律就得到了实现。(3)财经纪律被扩展到包括立法者。财经纪律意味着立法机构应该遵守它在协商、预算和拨款法案方面的时间底线。① 不过,在很多情况下,财经纪律也被用来指称预算执行中各个部门对于规则和预算的遵守程度,因而不能很好地概括希克所说的"总额控制"或者"总额财经纪律",而且容易引起歧义。与此相关是另一个概念,"财政规则"(fiscal rule)。② 不过,这一概念也会引起歧义。因为,财政规则是一个非常宽泛的概念,可以指称预算过程中的所有规则。希克是这样理解和使用财政规则的:"财政规则约束预算制定者,将他们决定总收入和支出政策的许多权力取走。这些规则典型地规定了收入和支出政策之间的平衡。每一个规则都是对实现政策意愿的一个制约。"③ 总额控制问题还在于"财政可持续"的概念被讨论。这是一个非常有用的概念,它强调了进行总额控制和维持财经纪律的最终目的,即确保财政的可持续性。最近,侯一麟将财经纪律重新定义为"一个政府维持平稳的日常财政运行和财政健康的能力"。④ 这样定义的财经纪律就包括:多年期视角的预算、在商业周期中维持财政健康和稳定的机制、中长期计划、在预算编制和

---

① 以上转引自 Hou, Yilin. 2004. Budget stabilization fund: structural features of the enabling legislation and balance level. *Public Budgeting and Finance* Vol. 24, No. 3 (September 2004): 38–64。

② Schick, Allen. 2003. The role of fiscal rules in budgeting. *OECD Journal of Budgeting* Vol. 3, No. 3: 8–34.

③ Ibid., p. 8.

④ Hou, Yilin. 2004. Budget stabilization fund: structural features of the enabling legislation and balance level. *Public Budgeting and Finance* Vol. 24, No. 3 (September 2004): 38–64.

采纳阶段的结构平衡（即在日常收入和经常性支出之间）以及在财政年度开始之前采纳预算、在预算执行过程中实现结构平衡。

无论采用何种概念，总额控制也好，财经纪律也好，它最核心的内容都包括收支总额上的约束。它们都希望通过实施这些约束来制约政治家、各个部门以及利益团体无节制的支出要求。本书主要采用总额控制这一概念。总额控制是指通过在预算编制前确定财政收支总额，并以之严格约束政府预算编制，从而确保日常的财政能够平稳运行，确保财政在长期中具备可持续性，确保财政健康。正如希克所说的，"财政总额控制要求支出（和其他预算）总额在对预算的各个不同部分作出决定之前就确定下来，并且不受其干扰"[1]。财政总额控制通常要考虑两个变量之间的相互作用，即收入和支出之间的相互作用。总额控制意味着预算参与者不能随意地增加收入和追加支出的限额。当然，这不是说政府的支出不能增加。即使一个政府的支出年年增加，但是，如果这种增加是与收入的正常增加相称的，那么，这个政府仍是满足财政可持续性的。[2]

希克指出，即使好的预算程序能起作用，政府的财政政策也能影响预算结果。在过去两百年，总额控制几起几浮，西方国家在总额上的财政态度经历了三个不同的阶段。这三个阶段是平衡预算时期、动态财政管理时期和目前的财政总目标时期。[3]

（一）传统预算时期的财政总额控制

传统的预算过程是自下而上的。在这种预算过程下，预算的形成是从基层的支出单位开始，层层审核，层层汇总。预算以各个部门的预算要求为基础，各个部门先形成自己的预算要求，然后上报预算机构审查。预算机构在审核了各个部门的预算要求之后，削减一些、同意一些，最后决定各个部门的预算拨款。这种预算过程有利于反映支出部门或者各个职能部门的资金需

---

[1] Schick, Allen. 1998. *A contemporary approach of public expenditure management.* World Bank: Washington, D. C. p. 12.

[2] Ibid.

[3] Schick, Allen. 2003. The role of fiscal rules in budgeting. *OECD Journal of Budgeting* Vol. 3, No. 3: 8 – 34.

求，但是它无法控制支出的膨胀。因为，各个部门都或多或少地存在一种预算最大化的倾向，预算要求中的"水分"都或多或少地存在。而预算机构在许多情况下没有足够的时间和信息来完全剔除这些多余的预算要求。所以，这种预算过程不利于控制支出的增长。

不过，在"二战"前，由于大多数国家至少在形式上都坚守预算平衡的原则，要求预算年度内的支出不能超过当年的财政收入，所以，支出的膨胀并没有大到足以威胁整体的财政健康。此外，正如希克指出的，在第二次世界大战之前，由于政府规模比较小，税率也比较低，因此，预算平衡主要是通过控制支出项目来实现的。① 具体地，由财政部门或者类似的部门严格地从外部控制着各个部门的支出决策和行为进行事前约束，来对支出进行控制。财政部门有权制止那些没有得到预算授权的支出、那些它认为是不经济的支出、那些它认为会使得预算平衡遭到破坏的支出决策。这种模式的支持者相信："只有当具体的支出项目得到控制时，开支总额才能得到有效的控制。"②

总的说来，在这一时期，即使在某些特殊时期，例如"一战"以及30年代的经济大衰退时期，大多数工业化国家的预算会暂时地偏离预算平衡，但是，它们一般都能重新回到预算平衡。例如，尽管各国在30年代的经济危机期间都出现了赤字，但是，到1937年，许多没有备战的国家又重新回到预算平衡。实际上，直到20世纪40年代，各国政府对经济的干预程度都是很低的，福利国家的建设也还没有大规模地启动，所以政府的赤字、债务都基本上还未失控。③

（二）"二战"以来预算总额控制的松弛

"二战"结束后，平衡预算一度重新成为许多工业化国家政府奉行的财政规则，公共支出都主要是通过增加税收来维持的。直到60年代，尽管收

---

① Schick, Allen. 1998. *A contemporary approach of public expenditure management*. World Bank: Washington, D. C. pp. 13 – 14, 46 – 48.

② Ibid., p. 49.

③ [美] 维托·坦齐、[德] 卢德格尔·舒克内希特：《20世纪的公共支出》，胡家勇译，商务印书馆2005年版，第69页。

入增长缓慢,但是与支出是同步的;1960年,各国政府的总收入平均起来是GDP的29%,而支出是GDP的28%。然而,进入70年代,随着凯恩斯主义进入鼎盛时期,政府在支出不断扩大,一些国家的财政开始不断地打破赤字记录,而赤字的累积带来了越来越沉重的债务负担。[1] 随着凯恩斯主义盛行,预算平衡的原则就被赤字预算理论所取代。同时,各个工业化国家都开始启动社会福利计划,建立福利国家。在这种那个情况下,财政总额约束开始松弛。更加严重的是,在总额控制松弛的情况下,预算申请者在传统的自下而上的预算过程中更容易获得预算拨款。而且,在这一时期,许多国家都将支出项目合并成若干大类,并且放弃了事前外部控制和事前审计,转而实行一种分权型的预算控制模式,将控制的重点转向事后审计和内部控制。这就使得财政部门不能再像以前那样可以通过在预算执行过程中实行事前外部控制来在一定程度上控制支出总额。[2] 总之,正如希克所说的,"当政府采取灵活的财政态度时,无论是在预算编制还是在预算执行过程中,财经纪律都被放松了"[3]。在这种情况下,传统的自下而上的预算过程所具有的支出膨胀趋势就变得更加严重。

在这些因素的推动之下,公共支出的膨胀就不可避免。为了维持不断增长的支出,在增加税收存在着阻力的民主国家,实行赤字财政就是唯一可能的选择,对政治家来说,也是最佳选择。其结果就是,公共支出失控,赤字、债务持续堆积,财政可持续性也越来越成为一个极其紧迫的问题。到1980年,绝大多数工业化国家的总支出已经显著地偏离其总收入。在工业化国家,政府总支出平均占GDP的比重从1960年的28%上升到1980年的41.9%;而总收入平均占GDP的比重从1960年的27.8%上升到1980年的36.8%;财政赤字占GDP的比重则从1969年0.7个百分点的盈余状况变为1980年3.3%的赤字状况(图7-1)。

---

[1] [美]维托·坦齐、[德]卢德格尔·舒克内希特:《20世纪的公共支出》,胡家勇译,商务印书馆2005年版,第50、69页。

[2] Schick, Allen. 1998. *A contemporary approach of public expenditure management*. World Bank: Washington, D. C. p. 50.

[3] Ibid., p. 52.

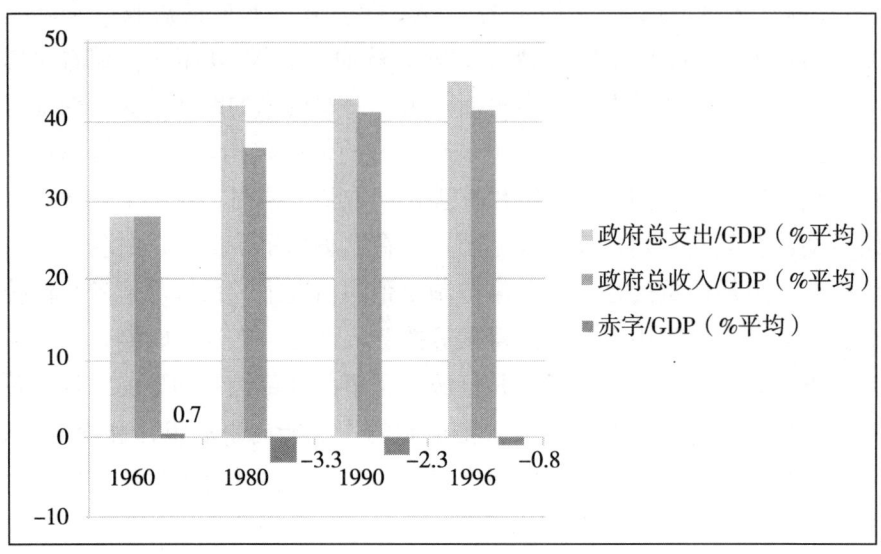

图 7-1 工业化国家的财政状况，1960-1996

资料来源：[美] 坦齐、[德] 舒克内希特：《20世纪的公共支出》，第67—68、10—11、78页。

而且，1960年以后出现的赤字是长期性的，即使在正常的经济增长时期也存在财政赤字。在1980年代，多个国家的财政赤字都在3%这个警戒线上，例如比利时（8.8%）、爱尔兰（12.3%）、意大利（8.6%）、日本（4.4%）、荷兰（4.2%）、瑞典（4%）。其中的前三个国家更是奇高。①

（三）重新建立预算总额控制

如果政府收入能够一直维持增长，这些问题都不会使得政府财政陷入困境。但是，当政府收入的增长减慢甚至出现下降时，在预算编制和执行中放松总额控制就会导致严重的问题。在这种情况下，改革预算过程及预算制度，将某种总额控制因素引入预算过程中就是一个非常有吸引力的选择，而且非常必要。20世纪80年代中期，在一些工业化国家，资金的短缺使得这

---

① [美] 维托·坦齐、[德] 卢德格尔·舒克内希特：《20世纪的公共支出》，胡家勇译，商务印书馆2005年版，第78页。

些国家越来越倾向于集中型的自上而下的预算。到90年代，为了更好地控制资源的再分配，控制支出膨胀，许多国家都开始集中预算决策权。[①] 同时，各国都纷纷认识到，要想解决它们所面临的财政问题，必须对收支总额以及赤字、债务进行控制，实行稳健的财政政策。进入90年代，这些重建总额控制或财政约束规则的改革已经开始奏效，绝大多数国家的赤字开始下降，一些国家甚至出现了盈余。如图7-1所示，在工业化国家，赤字占GDP的平均比重已经由1980年的高峰（3.3%）下降到1996年的0.8%。

二、为什么需要建立总额控制？

总额控制之所以必要是因为资源要求总是会超过可用的资源。如果总开支与申请动用的资源总额正好相等，如果所有的资源申请者总是能够根据正常的收入增长来形成资源申请，那么，政府就没有必要编制预算，也没有必要进行总额控制。由于申请支出的总额总是会超过政府能够或者愿意支出的总额，也就是说，资源总是供不应求的，由于所有的利益相关者都希望在预算中实现自己的利益追求，所以，如果不对总额进行控制，如果公共预算总是尽力向每一个资源申请者提供他们所想得到的东西，那么，政府将会逐渐耗尽当年的财政收入以及政府的借贷能力，支出总额将无可避免地会因为适应各种支出要求而不断膨胀，公共支出就会失去控制，高额的赤字和债务就会累积起来，税收和支出在国内生产总值中的比重就会不断上升。[②] 因此，正如希克指出的，"控制支出总额是每一个预算体系的基本目的"[③]。

然而，对财政总额进行控制绝非易事，因为，所有的人都希望从预算分配中获得好处，而我们的预算制度在这一方面又存在着一些弱点，加上20世纪中期以来，许多国家都抛弃了19世纪形成的预算平衡原则。不过，在经过几十年的总额控制和财经纪律松弛之后，现在，越来越多的国家开始认

[①] Schick, Allen. 1990. Budgeting for results: Recent development in five industrialized countries. *Public Administration Review* Vol. 50 (January/Feburary): 26 – 34.

[②] Schick Allen. 1998. *A contemporary approach of public expenditure management.* World Bank: Washington, D. C. pp. 46 – 47.

[③] Ibid., p. 46.

识到进行总额控制的重要性，并掀起了一场重新确立总额控制的运动。正如希克指出的，这一运动的出现是因为，各国的政治家和学者终于在以下四个方面达成基本的共识：（1）传统的以程序合理性为核心的预算制度存在一种不理想的预算结果，即一个不断扩张的政府；（2）民主国家的预算决策存在着一些无法控制收支总额的偏见以及各种硬性支出；（3）放弃预算平衡原则使得预算制定者缺乏一个确定恰当总额的坚实指导；（4）一些国家制定税收和支出决策的制度（或规则）存在着弱化预算平衡的特征。[1]

（一）好的预算程序并不能确保好的预算结果

长期以来，各国政府都相信，只要有一个好的预算程序，那么，这个预算程序形成的预算结果就是正确的。这个好的预算程序就是在19世纪形成的预算程序，这些程序包括了预算周期的各个步骤，它决定了预算过程中预算参与者的角色和相互之间的关系，规定了如何完成各种任务，需要什么样的信息，行动的期限等。这些程序最后逐渐制度化成为一些固定的规程（routines），并凝炼成一些作为"好的实践"的经典预算原则。[2] 正如希克指出的：

> 这些程序以及支持它们的原则构成了预算中的恰当的程序（due process）。恰当程序这个词的涵义就是如果这些程序是恰当的，那么，由此而来的结果就是正确的。与法院的恰当程序形成的判决一样，预算决策的合法性和合理性就由使用的程序而不是实质性的目标或标准来测量。[3]

然而，正如希克指出的，"恰当程序"准则存在这样一些问题。[4] 首先，预算中的"恰当程序"不关心结果。也就是说，它并不关心支出多或是少，不关心更高或更低的税收，不关心预算平衡或不平衡，不关心上升或稳定的

---

[1] Schick, Allen. 2003. The role of fiscal rules in budgeting. *OECD Journal of Budgeting* Vol. 3, No. 3: 8 – 34.

[2] Ibid.

[3] Ibid., p. 10.

[4] Ibid.

债务负担，也不关心其他的预算结果。它只关心一点，是否遵循了"好的预算程序"的那些原则或标准。如果遵守了，即使支出膨胀了，债务负担上升了，也是合理的。其次，预算中的"恰当程序"是政治中立的，无论是哪一个政党执政，即使是一个倾向于扩张财政总额的政党上台，只要它遵循了"好的程序"，那么，结果也是合理、正确的。因此，实际的预算结果就取决于政治和经济情况的变化，而与预算程序无关。这种"好的程序"的支出控制模式使得政治家能够非常自由地改变预算来满足他们的需要。也就是说，"只要政治意愿通过规定的程序来实现，那么，它就是不受约束的"[1]。其三，实施"恰当程序"使得预算控制者要做的事越来越多，并使得他们关心的重点逐渐转移到监督预算参加者是否遵守各种程序与规则而不是预算结果是否真的合理、正确。因此，至少对于总额控制而言，这些公认的好的程序并没有带来好的结果。在过去的几十年中，许多国际机构都致力于帮助发展中国家建立好的预算程序，绝大部分发展中国家现在都已经建立了符合这些基本标准的正式预算体系，但是，在绝大多数情况下，这些国家的财政结果一直都不是很理想。[2] 之所以这样是因为这些国家仍然缺乏一种对总额控制的预算体制，或者如希克所说的，没有"受约束的预算"（disciplined budgets）。富裕国家的情况要好一些。[3] 但是，这并不是因为它们的预算体制是高质量的，也不意味着富裕国家的财经纪律比较强，而是因为它们的经济和财政比较富裕。实际上，正如过去半个多世纪的经验表明的，发达国家的财经纪律一直很松弛。

总而言之，好的预算程序——尽管它们仍然是必要的——并不能确保好的预算结果，不能有效地对支出的总额进行控制，不能保证财政健康和持续性。这意味着，既需要对传统的预算程序做一些完善，例如在预算程序中增加自上而下的控制，更需要直接建立一个总额控制机制，并用之来约束预算程序。

---

[1] Schick, Allen. 2003. The role of fiscal rules in budgeting. *OECD Journal of Budgeting* Vol. 3, No. 3: 8–34. p. 11.

[2] Ibid.

[3] Ibid.

(二) 预算决策的偏见与硬性支出

即使在那些已经稳固地建立了现代公共预算体制的民主国家，它们的预算过程常常存在着一些偏见，这些偏见常常引导政府超出可以获得的资源来进行支出，从而使得总额控制无法实现。[①] 首先，所有的支出机构每年都希望多获得一些资金，为了有一定的约束，一种通行的模式是允许支出者要求增加资金，再由预算机构来削减。但是，这种模式并没有什么效果，大多数支出者每年都比前一年多获得了一些资金。正如希克指出的，在这种模式下，"核心预算机构的官员获得了权力，而支出者获得了资金。预算官员因为削减资金而获得了声誉，而支出单位获得资金来继续或扩张它们的项目"[②]。其次，政治家和各个利益集团都想支出更多的资金，在他们看来，支出更多表明他们正在做好事。所以，任何支出的削减都会引起政治上的冲突。在这种情况下，预算总额就是非常脆弱的，总额控制经常被调整来适应各种支出压力。第三，公共预算存在一个问题，即支出的收益是非常集中而税收成本是非常分散的。支出的收益越集中，那么，那些从中受益的团体争取资金的动机就越强烈；税收成本越分散，每个纳税人为了支持支出扩张而支付的成本就越小，他们反对增加支出的动机越弱。在这种情况下，增加支出的要求几乎是不能抵制的。第四，几乎所有国家的资金分配模式都是渐进预算模式，即对于每个单位或项目都是在上一个预算年度形成的预算基数的基础上增加一定数量。这种模式节约了决策成本，而且也降低了预算冲突。对于渐进预算能够减少预算冲突，保持预算上的"和平"，希克做了这样的批评："预算和平的代价是上升的支出水平"[③]。此外，在这种模式下，基数是不用审查的，支出每年都会渐进地增长，这不仅使得无法重新配置资源，而且最终使得总额控制无法实现。正如希克所说的：

> 渐进主义侵蚀了财经纪律，它迫使政府通过增加支出而不是用新的

[①] 以下参见 Schick, Allen. 2003. The role of fiscal rules in budgeting. *OECD Journal of Budgeting* Vol. 3, No. 3: 8-34。

[②] Ibid., p. 12.

[③] Ibid., p. 13.

支出优先顺序取代旧的支出优先顺序来适应新的需求。渐进预算是一个配置增量的过程而不是一个将资金从较小效果的用途重新配置到较大效果的用途的过程。可以争辩说，如果预算的渐进性少一些，而且对于审查基数支出更加开放，那么，政府和赤字将更小。[1]

同时，希克指出，许多国家的支出都呈现出一种非常强的僵硬性，每年的预算都会碰到若干预算决策无能为力的硬性支出。[2] 这种僵硬性和凯顿讨论的"超预算时代"的许多特征是一致的。[3] 在绝大部分发达国家，中央政府超过一半以上的支出都是"赋权型支出"。这些支出的产生都是因为一些永久性的法律规定，公民只要符合某些条件或资格就可以不断地从政府那里获得支付。无论财政情况如何，也无论其他支出需要是什么，这些"赋权型支出"都必须支付，既不能拒绝，也不能调整。这意味着，在公共支出中，有一半以上的支出是非常刚性的，预算的很大一部分变得非常僵硬，这种支出实际上变成了一种不可控制的支出。

总之，这些偏见以及硬性支出的存在都使得政府不能进行总额控制。在这种情况下，"除非政府约束财政总额，否则，预算总额就会为了适应支出需要而增加。好的程序不足以抵制这些压力"[4]。

（三）财政政策的变化

财政政策方面的变化使得传统的平衡预算被放弃，这使得政策制定所受的预算约束越来越少，极大地助长了支出的失控以及债务与赤字的上升。"二战"以前，尽管有时会有偏离，但各国基本都奉行平衡预算原则。然

---

[1] Schick, Allen. 2003. The role of fiscal rules in budgeting. *OECD Journal of Budgeting* Vol. 3, No. 3: 8 – 34. p. 13.

[2] Ibid.

[3] Caiden, Naomi. 1988. Shaping things to come: Super-budgeters as heros (heorines) in the late-twentieth century. In Irene Rubin. Eds. *New directions in budget history*. New York: State University of New York Press. Caiden, Naomi. 1989. A new perspective on budgetary reform. *Australia Journal of Public Administration* Vol. 48, No. 1: 51 – 58.

[4] Schick, Allen. 2003. The role of fiscal rules in budgeting. *OECD Journal of Budgeting* Vol. 3, No. 3: 8 – 34. p. 14.

而,"二战"后,尤其是70年代以后,由于凯恩斯主义的影响,这一原则被一个非常弹性的财政原则所取代。在这一新的原则下,财政总额必须适应经济周期以及政府政策的变化而调整。这一新的财政规则有多种形式。一种要求政府在经济周期而不是一年内保持平衡,这可以称为"周期性预算平衡原则"。另一种强调,如果经济处于充分就业阶段,政府的支出就不能超过政府可得的收入。如此,尽管政府可能会存在周期性赤字,但是却可能产生结构性结余。与之相伴随的,政府的财政政策也开始发生巨变,各国都放弃了审慎的财政政策,转而采取一种动态的财政政策来对经济周期进行调节。①

尽管这种动态的财政政策承诺在周期内实现预算平衡,但是,在所有民主国家,财政赤字(和债务)都开始出现,而且已成为一个结构性赤字,不再像动态财政政策理论所说的那样,财政赤字只是应对经济困难才出现的周期性反应,而且也存在于经济增长时期。根据这种财政政策理论,经济均衡比财政平衡更重要,为了实现经济均衡,可以运用周期性赤字来对经济进行调节。此外,这种理论强调区分周期性赤字和结构性赤字,认为周期性赤字不是也不会带来结构性赤字,因为只要经济复苏了,赤字就会下降。然而,问题是一年的赤字常常会使得将来的财政结构失衡。因为,由于要支付利息等其他费用,周期性赤字会给以后的预算构成支出压力。更重要的,允许出现周期性赤字实际上就放松了财经纪律,诱导政治家改变行为来扩大支出,并用短期经济福利的改进来为扩大支出以及赤字上升进行辩护。其结果,这不仅使得赤字和债务被接受,而且在经济正常增长的时期也被合法化,而且使得政府失去了判断财政赤字或盈余是否处于合意水平的标准,也使得政府无法抵制各种要求政府增加支出的社会压力和政治压力。更严重的是,财政状况的恶化很快波及到经济。随着各国经济在70年代中期和80年代初的恶化,各国纷纷意识到需要对财政收支的总额进行控制,确保财政健康,进而为经济绩效创造条件。②

---

① Schick, Allen. 2003. The role of fiscal rules in budgeting. *OECD Journal of Budgeting* Vol. 3, No. 3: 8-34.

② Schick, Allen. 1998. *A contemporary approach of public expenditure management*. Washington, D. C.: World Bank. pp. 51-52. [美]维托·坦齐、[德]卢德格尔·舒克内希特:《20世纪的公共支出》,胡家勇译,商务印书馆2005年版,第189页。

80年代以来,预算改革采取了一个新的途径来重建财经纪律。一方面,它放弃了70年代以来的动态调适的财政政策,因为实践证明是不可行的;但另一方面,它也不是回到传统的预算平衡原则,因为预算对于经济是非常敏感的,传统的预算平衡原则非常僵硬,因而是不可行的。总的说来,80年代以来,OECD国家重建财政约束规则的努力都是在预算编制之前设置一些对财政收支总额的控制目标,并用它来约束政策与预算。①

(四) 财政制度的碎片化弱化财经纪律

如果预算过程存在着各种推高支出总额的力量,那么,即使事前已经设置了财政总额的控制目标,要实现总额控制仍然是非常难的。因此,规范和约束预算过程的财政制度就非常关键。在这个问题上,最有影响的是经济学家冯·哈根(Jorgen von Hagen)在90年代初为欧洲共同体所做的一系列研究。根据财政制度在预算编制、议会的支出行为和预算执行三个阶段是集权的还是碎片化的,冯·哈根对欧洲共同体各国财政制度进行了分类。② 在他的分类中,如果一个国家的财政部在设定和实施财政目标以及协调解决与支出相关的冲突方面发挥着强大的作用,财政部有权制止支出和确保实际的支出不能超过授权的支出水平,同时,议会的预算修正权是有限的或者不能增加支出总额,那么,它的预算制度就是集权的;反之则不是。冯·哈根的研究发现,如果预算制度赋予财政部高于各个支出部门的权力,限制议会的预算修正权,严格限制在预算执行中改变预算,那么,这种预算制度就是非常有助于落实财经纪律的,而一个碎片化的预算制度则无法有效地维持财经纪律。其后的研究也都得出基本相同的结论。③ 这些研究对国际组织和工业化国家的预算改革都产生了巨大的影响。例如,欧盟的马斯特里赫特条约(Maastricht Treaty)和稳定协定(the Stability Pact)都深受其影响,前者要

---

① Schick, Allen. 2003. The role of fiscal rules in budgeting. *OECD Journal of Budgeting* Vol. 3, No. 3: 8-34.

② Von Hagen, Jorgen. 1992. Budgeting procedures and fiscal performance in the European Community. Economic papers 96, Commission of the European Communities.

③ Poterba, James M. & Jorgen von Hagen. 1999. Eds. *Fiscal institution and fiscal performance*. Chicago: University of Chicago Press.

求其成员国采用一种能够实现财政持久性的预算程序。此外，瑞典在 90 年代中期改革其预算制度时，也引用了这一研究。①

因此，要解决赤字、债务问题，实现总额控制，需要重新设计预算程序，在预算过程中集中预算权力，减少预算过程中的决策者，或者设计一种能够在各个决策者之间进行协调的决策规则，以使得决策者都能够将"财政外部性"（externality）内部化，即让各个决策者都将财政赤字的全部成本内部化，进而迫使政策制定者全面地审查公共政策项目的成本与收益。② 首先，各个决策者应该就财政总额目标达成共识，而且应该在预算过程的早期阶段就达成共识，或者在预算编制之前，各主要决策者已经就财政总额目标达成了共识，而且，在整个预算过程中，这一财政目标对所有的决策者都是有约束力的，任何违反都会被惩罚。其次，需要一种新的规则重建预算机构与各个部门之间的关系，将预算权集中，以解决预算制度碎片化的问题。③

三、总额控制的基本制度

20 世纪 80 年代以来，一方面传统的、固定的预算平衡不可行，另一方面灵活的财政政策也不可取，因此，在实行结果导向的绩效预算改革的过程中，工业化国家开始建立一种新型的总额控制机制。这是一种目标设定的方式（targeting strategy）。这种方式允许存在赤字，但是，这个赤字是可控制的赤字，而且它是由政府公开、明确地宣布，并通过一些支出限制以及其他财政约束规则来实施的。与传统的预算平衡原则相似，而在这种模式中，总

---

① Perotti, Roberto, Rolf Strauch & Jurgen von hagen. 1999. *Sustainability of Public Finances.* UK：Centre for Economic Policy Research. p. xi. Schick, Allen. 2003. The role of fiscal rules in budgeting. *OECD Journal of Budgeting* Vol. 3, No. 3：8 – 34.

② Von Hagen, Jorgen. 1992. Budgeting procedures and fiscal performance in the European Community. Economic papers 96, Commission of the European Communities. Poterba, James M. & Jorgen von Hagen. 1999. Eds. *Fiscal institution and fiscal performance.* Chicago：University of Chicago Press. Perotti, Roberto, Rolf Strauch & Jurgen von hagen. 1999. *Sustainability of public finances.* UK：Centre for Economic Policy Research.

③ Von Hagen, Jorgen. 1992. Budgeting procedures and fiscal performance in the European Community. Economic papers 96, Commission of the European Communities.

额控制的目标是固定的，而不是像灵活的财政政策主张的那样是适应性的或者可以调整的。不同的是，这个目标是由政府，或者具体地说，是由政治家共同决定的，而不是由一个先定的原则决定的。在凯恩斯主义时期，收入限制（如果有的话）是在制定和执行预算的过程中确定的，而且可以修改的，而在这种新的模式中，总额控制目标的制定是在预算编制和执行的过程之前的，是独立于年度预算过程，并对整个预算过程构成强制性的约束的。[①] 尽管各国的实践并不完全一致，但是，有一些基本的方面，它们都是相同的。例如，尽管核心预算机构或者财政部门和各个部门之间的关系开始从层级制转向市场制，但是，这一改革都不同程度地强化了核心预算机构或者财政部门在总额控制和支出/政策审查中的权力，而且都在预算编制之前就制定了总额控制，并在一种跨年度的框架内对支出和政策制定进行约束；在预算执行过程中，赋予各个部门支出灵活性的同时，强化财政部门对总额控制的监督作用。表7-1总结了各国的总额控制制度。

表7-1 总额控制的制度规定

	制度规定
规则	在各个机构提出其竞争性的预算申请之前，关于总支出的限制（某些情况下，各个主要领域的支出）已经制定了。预算过程最后形成的总支出必须与这一限制保持一致。这一限制可以有多种形式，与GDP相比较、变化的速率或者收支平衡。这一限制是中期性的（3-5年），预算决策必须在这个中期支出框架内做出
角色	赋权建立一个强大的财政部，使得它能够在与各个支出部门和内阁的双边协商中实施这个预算总额。财政部将正式地审查各个部门的支出提议以及其他预算活动的预算影响。财政部可以介入预算执行，对某些行动进行制止，或者告知政府那些可能违反财政总额的行动
信息	中期支出框架提供了一个底线来测量政策变化的预算影响。在预算编制阶段，需要提交相对于这个底线的各种变化。在预算执行阶段，财政部监督着各个部门的支出，以确保各个部门遵守这一财政总额

资料来源：Schick, Allen. 1998. *A contemporary approach of public expenditure management*. Washington, D. C.：World Bank. p. 13。

[①] Schick, Allen. 1998. *A contemporary approach of public expenditure management*. Washington, D. C.：World Bank. pp. 52, 53.

(一) 总额控制目标的设定

总额控制的第一步是设定总额控制的目标,而这必须考虑的第一个问题是:对哪一些财政总额进行控制? 总额控制的目标是收支的平衡,但是,与财政收支相关的很多方面都会影响这一平衡,因此,很难用一种方式进行有效的总额控制,总额控制的方式是多样性的。在公共财政中,政府的政策和管理活动至少会导致四种结果:总收入、总支出、赤字、公共债务。如果政府是在权责发生制的基础上进行预算,那么,就需要报告总的支出责任(obligations)。此外,政府需要计算总的或有负债(congtingent liabilities),以及总收支的年度变化。理论上,这些都可以成为总额控制的对象。如果只对其中的一种进行控制,不仅不能实现总额控制,反而会激发和方便各种对策性的财政行为,进而扭曲财政行为。例如,如果只对赤字设定总额控制目标,那么,尽管政府并未遵守总额控制,但却可以采取其他的手段来满足这一目标,例如变卖资产、推迟支出、进行一次性支出等。因此,要实现总额控制,必须采用一个更加广泛的总额控制目标。特别地,最好有一个包括了政府净资产值的总额控制目标。这样的总额控制目标将有助于控制各种对策性的、扭曲的财政行为。不过,目前,很少有政府能够形成一个全面的财政决算(financial statements)来为财政总额控制提供及时而且可靠的基础。[①]

由于存在多个可能的总额控制对象,因此,在设定总额控制目标时,可以采取多种形式。目前,OECD 国家的总额控制目标目前主要分为三类。各国一般使用其中的两种甚至三种标准来确定总额控制的目标。这三种总额控制目标是:比重、支出变化率、名义目标变量的绝对值。[②] 这些形式各有侧重,各有长短。例如,比重形式的总额目标有助于趋势分析和跨国比较,也有助于帮助决策者充分认识到:公共财政的可持续性从根本上来说依赖于国家的经济总量。但是,过分关注赤字(收入或者支出)与 GDP 的比较可能

[①] Schick, Allen. 2003. The role of fiscal rules in budgeting. *OECD Journal of Budgeting* Vol. 3, No. 3: 8–34.

[②] 经合组织编:《比较预算》,财政部财政科学研究所译,人民出版社 2001 年版,第 26 页。

会对财政结果产生误解。如果政府的目标是维持稳定收入或者支出相对于 GDP 的比重，那么，在经济增长时期，它就会认可或者允许支出增长，但却发现在经济衰退时期很难压缩支出，从而就会在整个经济周期中导致财政总额相对于 GDP 而言不断地上升。①

- 比重。通常以占 GDP 或其他总经济活动规模的比重指标来规定总额控制的目标，包括债务水平、预算平衡或政府债务状况和收支方面的比重。
- 支出变化率。常用的指标是相对于基期的实际增长率或下降率，也可以用名义变化率来表示，这主要用来衡量预算平衡或收入负担的状况。
- 名义目标变量的绝对值。以现金表示的未来支出或赤字水平，或以某个水平为基准的变化情况。

欧盟制定的《马斯特里赫条约》规定，成员国的公共部门债务占 GDP 的比重不能超过 60%，公共部门的预算赤字占 GDP 的比重不能超过 3%。这对成员国的财政总额目标产生了很大的影响。② 1985 年开始，澳大利亚联邦政府开始采取三步走的策略来抑制收支占 GDP 比重的上升，降低赤字占 GDP 的比重。例如，1992 年，澳大利亚政府计划在 1995－1996 年度将赤字占 GDP 的比重降到 1% 左右。为了更好地控制赤字，在 90 年代，澳大利亚政府还配套实行了了税法改革，提高税收在 GDP 中的比重，进而减少了负债及其占 GDP 的比重。奥地利政府在 1987 年实行中期财政计划，其财政总额控制目标是在 1992 年将赤字占 GDP 的比重从当时的 5.5% 降至 2.5%。1984 年以来，加拿大政府一直努力控制公共支出占 GDP 比重的增长，尤其是项目支出（债务服务支出除外）比重的增长，以使公共支出的增长率低

---

① Schick, Allen. 2003. The role of fiscal rules in budgeting. *OECD Journal of Budgeting* Vol. 3, No. 3: 8–34.

② Perotti, Roberto, Rolf Strauch, & Jurgen von hagen. 1999. *Sustainability of public finances*. UK: Centre for Economic Policy Research. p. 1.

于名义 GDP 的增长率。1991 年，加拿大政府制定《支出控制法》，对项目性支出从法律上进行控制，计划将支出的增长速度在未来五年多的时间里控制在 3% 以内。然而，该法案是一个临时性法案，有效期至 1995–1996 年度结束。1980 年以来，英国每年一次的"中期财政战略"都会提出相应的总额控制目标，期限一般是 4 年，主要针对以现金形式计算的公共部门借债及其占 GDP 的比重。1992 年制定的"新控制总量"更进一步要求公共部门借债增长率被限定在一定范围，同时，公共支出的增长速度必须小于经济增长速度。① 当然，总额控制目标在许多情况下很难完全与政府的希望保持一致。在年复一年的预算执行过程中，经济变化（例如，发生经济萧条）、政治冲击都可能使得政府必须重新审视确定了的财政目标。

除了这些工业化国家之外，其他国家也高度重视财政总额约束。表 7-2 描述了拉美国家实施财政约束规则的情况。除了哥斯达黎加和危地马拉之外，拉美国家都建立了财政约束规则，而且大多数都设置了两种以上的财政约束规则。在各种财政约束规则中，使用得最多的是直接对年度赤字和盈余进行限制（10 个国家）、对支出进行限制（8 个国家）、对公共部门持有的债务进行限制（6 个国家）。

表 7-2 拉美各国的财政约束规则

	对公共部门持有的债务的限制	对整体的政府部门的债务的限制	对支出的限制	对年度赤字和盈余的限制	黄金法则	对名义支出的限制	对实际支出的限制	其他规则	采用多少种财政规则
阿根廷	否	否	是	是	否	是	否	–	4
玻利维亚	是	是	是	是	是	是	否	否	5
巴西	是	是	是	是	是	是	否	–	4
智利	否	否	否	是	否	否	否	是	2
哥伦比亚	是	否	是	否	否	否	是	–	3
厄瓜多尔	是	是	是	是	是	–	是		6

---

① 经合组织编：《比较预算》，财政部财政科学研究所译，人民出版社 2001 年版，第 25—26，31 页。

(续表)

	对公共部门持有的债务的限制	对整体的政府部门的债务的限制	对支出的限制	对年度赤字和盈余的限制	黄金法则	对名义支出的限制	对实际支出的限制	其他规则	采用多少种财政规则
墨西哥	是	否	否	是	是	否	否	是	4
巴拉圭	-	-	是	是	-	-	-	-	2
秘鲁	否	否	是	是	否	否	是	否	3
乌拉圭	是	是	是	是	是	是	是	否	7
委内瑞拉	否	否	是	是	否	-	否	是	3
哥斯达黎加	否	否	否	否	否	否	否	否	0
危地马拉	否	否	否	否	否	否	否	否	0
实行的国家数	6	4	8	10	4	3	4	3	

资料来源：Curristine, Teresa, & Maria Bas. 2008. Budgeting in Latin America: Results of the 2006 OECD survey. *OECD Journal of Budgeting* Vol. 7, No. 1: 83119. p. 96。

（二）硬约束或软约束

设置了总额控制目标并不意味着决策者一定会遵守这些目标。这就涉及这些财政总额约束是硬约束还是软约束。这可以用两个标准来判断：一是财政总额目标是否会适应经济境况或者政治偏好而改变或调整。如果是，那么就是软约束，如果不是，就是硬约束。二是财政总额控制是永久性的、年复一年的，还是必须在每年的预算制定之前或者在政府换届时重新确定，如果是前者就是硬约束，如果是后者则是软约束。欧盟的《马斯特里赫特条约》和《稳定协定》就是一种持续的硬约束。相对更具弹性的方法是每年或每几年决定一次财政约束规则或者总额控制，然后预算必须在这个新的约束之下作出。目前，各个实行结果导向预算的国家实行的中期支出框架就是这种模式。澳大利亚是采取中期支出框架最早的国家，在这一框架下，远期估计或者概算是考虑各个机构预算申请的出发点，各个机构的预算申请必须限制在政府制定的资源约束框架内。在瑞典改革后的预算程序下，每年在开始编制年度预算之前，政府和议会必须先确定支出总额。新西兰以及其他一些发达国家和发展国家采取的财政责任模式（fiscal responsibility model）也主要是一种软约束。在这种模式下，每年政府都要提交一个政策申明，并在其中提出自己的中期或者长期财政目标，一般是在启动年度预算前几个月。它一般不会规定明确的、特定的结果，但是，要求政府对财政持续性负责，而且要求政治家以一种透明的方式做出财政选择。[1]

财政约束的约束力还与它们的法律形式相联系。目前，确保财政政策实现宏观经济稳定是几乎所有国家都关心的问题。如果一个国家在财政总额上实施了各种财政规则，那么，预算编制和执行都要遵守这些规则。不过，各国的财政规则采取的形式是不同的，无论在内容上和具体形式上都有不同。在 OECD 国家主要有以下四种类型[2]：

- 财政规则主要体现在政府声明而不是法律中，例如英国、瑞典和挪威等。英国主要实行两条财政规则：（1）黄金法则（golden rule），即政府只能借债进行投资而不能借债来支持经常性支出；（2）实质性投资法则（substantial investment rule），即政府净债务占 GDP 的比重应该被维持在一个稳定而且审慎的水平，目前是 4%。
- 在法律中包括一些定性的财政规则。这种定性而不是定量的财政规则使得政府具备一定的灵活性与弹性，从而能够在碰到外部财政冲击时修改在中期财政战略中制定的预期的债务水平和财政平衡目标。例如，新西兰 1994 年通过的《财政责任法案》就以这种方式对总额控制进行了规定，具体包括五条原则：（1）将总债务降低到一个审慎的水平。（2）在一个合理的时期内并以平均水平来计算将总公共支出限制在总公共收入水平内。（3）将净值控制在一个特定的水平，以使得政府能够抵制任何可能会对净值产生负面影响的因素。（4）审慎地管理财政风险。（5）确保政策与未来的税率水平及其稳定性之间保

---

[1] Schick, Allen. 2003. The role of fiscal rules in budgeting. *OECD Journal of Budgeting* Vol. 3, No. 3: 8–34.

[2] Lienert, Ian, & Moo-Kyung Jung. 2004. The legal framework for budget system. *OECD Journal of Budgeting* Vol. 4, No. 3: 1–479. pp. 89–90.

持合理的、可预期的一致性。
- 财政规则体现在某一时期的法律中，例如加拿大、美国、日本。为了应对高赤字和迅速增长的债务，加拿大在1992年制定了《支出控制法案》，通过直接控制支出从而相对成功地限制了联邦债务的增长。美国则在20世纪80年代和90年代通过了两个法律来控制联邦赤字。1985年的《平衡预算法案》设定了一个雄心勃勃的在1986—1990年削减赤字并在1990年实现预算平衡的目标。但是，这个目标没有实现。所以，1990年又制定了《预算实施法案》。该法案不再制定一个赤字上限，而是对自由裁量支出设立了一个法律约束的上限，并对强制性支出设定了一个现收现付的要求。
- 在长期的法律中包括财政规则，例如德国、韩国和西班牙。德国的宪法规定，从借债中获得的收入不应超过预算中的总投资。韩国1961年的《预算与会计法案》确立了黄金法则：年度支出应该以公债和其他借债之外的收入来支持，若有不可避免的情况可以例外，但是必须经国民大会事前批准。西班牙的《预算稳定一般法案》要求各级政府根据滚动的中期预算框架中设定的预算稳定目标来准备预算草案。

不过，最重要的也许不是这些约束的软硬程度，而是这些财政约束规则在多大程度上制约了政治家的行为。一方面，固定的、强硬的财政约束并不总是像它主张的那样是一种硬约束，例如，欧盟的《马斯特里赫特条约》和《稳定协定》的实施经验就说明了这一点。[1] 尽管所有的成员国都同意条约和协定中的总额限制目标，但是，在实践中，各国都不得不经常应对国内经济情况和政治压力而采取灵活的财政政策。[2] 另一方面，那些由政治家设定的看起来比较软的财政规则反而能有效地约束政府的财政行动。例如，新

---

[1] Schick, Allen. 2003. The role of fiscal rules in budgeting. *OECD Journal of Budgeting* Vol. 3, No. 3: 8-34.

[2] Perotti, Roberto, Rolf Strauch, & Jurgen von hagen. 1999. *Sustainability of public finances*. UK: Centre for Economic Policy Research.

西兰在 20 世纪后期的总额控制就是一个这样的例子。在这一时期，新西兰的联合政府即使在经济不景气的时期也非常遵守财经纪律。另外，在某些时候，年度的财政约束规则也可能比永久性的财政约束规则更有效。其原因有二：每年制定的财政约束规则比永久性的约束规则更加现实而且可行；与永久性规则相比，它更容易获得更多的、当前的政治支持。①

（三）确保财政约束规则得到有效实施

财政规则不会自我实施。在实践中，只要有机会，各种各样的决策者都可能会违反它们，而无论这些规则规定得如何严格。若欲有效地实施总额控制，不仅需要在启动预算编制之前就制定总额控制目标，还需要重构预算制度和预算程序，确保财政规则能够有效地约束整个预算过程中的行为。②

首先，要想有效地进行财政总额控制，必须使得预算的时间框架超越年度预算的框架，在一个跨年度的时间框架内审查各种政策变化和预算行为对预算的中期和长期影响。这主要是因为，在年度预算的框架内，政府非常容易采取各种对策性行为来违反总额约束，例如推迟支出、提前征收收入、获取一次性收入、削减支出，甚至修改预算年度的时间长短（例如将财政年度延长为 13 个月或者缩短为 11 个月），等等。工业化国家以及其他一些国家已经采取中期支出框架或者其他类似的做法来实现这个目的。与中期支出框架相联系，这些国家的政府已经开始运用各种工具测量政策变化对预算的影响。这将有助于抵制那种低估政策提议和政策变化的中长期影响（或者低估成本）的做法。它一般包括：（1）如果政策将继续而且不会有变化，那就需要估计将来的预算情况。在这一过程中，就需要运用底线或者远期估计对目前政策从现在开始到将来的收入和支出进行估计。（2）运用一些程序和技术手段估计政策变化带来的收入和支出的变化。③

其次，需要将预算过程分离成两大阶段——形成总额（各个主要领域

---

① Schick, Allen. 2003. The role of fiscal rules in budgeting. *OECD Journal of Budgeting* Vol. 3, No. 3: 8 – 34.

② Ibid. Perotti, Roberto, Strauch, Rolf, & von hagen, Jurgen. 1999. *Sustainability of public finances*. UK: Centre for Economic Policy Research. p. xi.

③ Ibid.

的资源总量）的框架阶段和准备预算细节的估计阶段。因为，如果这两个活动是合并在一起的，那么，即使制定了财政总额的约束，那么，这个总额最后也很容易在制订各部分预算的过程中被牺牲掉，政府迫于各种支出压力最后将会制定出一个比较高的总额。一旦将这两个过程分开，总额将在一个主要关注财政约束规则和财政状况的框架中制定，这个框架并不具体考虑各个活动需要多少资金；而一旦总额确定之后，详细的预算与资金分配就只能在这个事前决定的总额和主要领域资金上限的限制之内完成。如此，方有可能进行有效的总额控制。①

目前，工业化国家以及其他一些推行新绩效预算的国家，大多在预算过程之前确定总额控制目标。许多国家都采用的中期支出框架就是一个将这两个过程分开的预算过程。② 如果希望对财政收入和支出实施有效的总额控制，该总额的制定必须在某种程度上独立于每年的预算要求之外，必须在预算编制之前就已制定，而且，汇总后的支出总额一定要与这些限制保持一致，不能因为对财政资金的需求超过事前确定的财政总额对该总额进行调整。如果不这样，支出总额就会被人为地增加来适应预算需求。而且，政治家应该参与总额控制的确定，财政总额应该反映政治家所作出的政治承诺。如果政治家没有参与这一总额限制的形成过程，他们在预算过程中遵守这一限制的动机就会很低。而且，财政总额目标必须是符合现实的，能够实现的。如果财政总额控制目标是不现实的，那么政治家就会忽视该目标或者隐瞒、瞒报预算的真实状况。③

第三，重构预算过程，集中预算分配权，加强财政监督。这首先需要在政府内部解决预算碎片化的问题。目前，各国主要采取有两种方式解决这一问题，一是赋予财政部更多的权力，二是在相关的决策者之间就支出和赤字

---

① Schick, Allen. 2003. The role of fiscal rules in budgeting. *OECD Journal of Budgeting* Vol. 3, No. 3: 8 – 34.

② Ibid.

③ Schick, Allen. 1998. *A contemporary approach of public expenditure management*. Washington, D. C. : World Bank. pp. 12 – 15.

目标达成各种合同。① 80年代以来，工业化国家普遍都采取了一种自上而下的预算程序，由一个强有力的财政部或者政府首脑领导下的集中程序来约束支出增长。在各个部门提出支出申请之前，政治高层已经确定了宏观的预算限额，并要求各个部门遵守。这种办法在实行两党制的大国最普遍，例如英国和美国。在一些较小的欧洲国家，例如丹麦，在预算制定的最初阶段，就制定了明确的、量化了的总额约束目标。在荷兰，各个政党也要在预算之前就多年预算达成共识。② 同时，各国都开始实行结果导向的绩效预算，其中的一个主要内容即采取一种合同的方式就支出总额达成共识。目前，各种经验研究都发现，这两种手段都有助于强化财经纪律，提高公共财政的持续性。③

同时，必须考虑议会的影响。如果议会可以不受限制地运用预算修正权改变预算，或者不能明智地作出预算决策，那么，总额控制可能就难以生效。目前，为了解决这一问题而又不影响议会履行其重要的预算审查权，一些国家已经进行了相应的改革。例如，让议会对财政总额或者中期支出框架进行表决，它们或者与预算一起表决，或者是一个单独的阶段。此外，为了帮助议会更明智地作出决策，许多国家的政府都及时地向议会提交政策变化可能在将来产生的预算影响。④

此外，财政总额必须在整个预算年度内强制执行，而不只是在编制预算时才有效。为了在预算执行中实施总额控制，财政部理应发挥重要的作用，必须确保它有足够的权威来实施财政总额控制。在预算执行中，财政部必须按照总额控制要求和预算配给的资金，将各个部门的支出限制在预算授权的数量内。它必须足够强大以抵制各种规避支出限制的压力，它应该有权在预

---

① Perotti, Roberto, Rolf Strauch & Jurgen von hagen. 1999. *Sustainability of public finances*. UK: Centre for Economic Policy Research. p. xi.

② [美]维托·坦齐、[德]卢德格尔·舒克内希特：《20世纪的公共支出》，胡家勇译，商务印书馆2005年版，第187页。

③ Perotti, Roberto, Rolf Strauch & Jurgen von hagen. 1999. *Sustainability of public finances*. UK: Centre for Economic Policy Research. p. xi.

④ Schick, Allen. 2003. The role of fiscal rules in budgeting. *OECD Journal of Budgeting* Vol. 3, No. 3: 8-34. [美]维托·坦齐、[德]卢德格尔·舒克内希特：《20世纪的公共支出》，胡家勇译，商务印书馆2005年版，第187—188页。

算执行过程中制止某些将会导致财政总额被突破的支出行为。不过，80 年代开始的总额控制并不像传统预算那样主要通过严格控制具体、详细的支出科目的支出行为来进行总额控制。在传统预算下，核心预算机构对于预算执行进行严格的外部控制，以确保公共资金被用到批准的预算科目上，进而防止出现超支。在这种模式下，财政总额控制只不过是控制具体支出科目的一个副产品。该模式相信，只有对每个具体的预算科目的支出进行严格控制，才能控制支出总额。然而，80 年代以来的预算改革则主张放弃这种严格的外部控制，将支出的灵活性赋予各个部门。该改革认为，对于总额的控制应该与对于其中各个部分的控制区别开来，财政部门主要控制总额，对各个支出科目的控制责任应该下放给各个支出部门或者执行单位，财政部门将支出科目上的自由决定权下放给各个部门来换取对总额的严格控制。目前，在实行这种预算模式的国家，财政部已经不再像从前那样对具体的支出科目进行控制，而通过控制次级总额（例如，部门的运行成本或者配置到某个类别的资源）来对总额进行有效的控制。不过，在预算执行中，若要有效控制总额，仍然必须严格控制预算追加。①

第四，控制主要的支出成分。实施财政总额控制要求政府控制预算总额，但是，要想真正实现这一目标，在作出有关总额的决定之后，必须决定主要支出成分的总额（分类总额），例如支出的类别、政府部门和预算功能。如果政治领导层面不能在支出的主要成分上达成一致，那么，在预算决策的过程中，政府首脑或者核心预算机构就很难抵制在这些成分上的各种要求增加预算总额的要求。因此，要实施有效的总额控制，不仅需要确定收支总额，还要同时确定部门或者不同功能类别的支出总额。②

实行新绩效预算改革以来，一些发达国家已经发展出一些控制主要的预算支出成分的方法。例如，瑞典在决定预算总额时将支出分为 27 个类别，每个类别都有自己的预算份额。当议会对预算拨款进行表决时，它必须遵循这个预先决定的支出成分的份额。澳大利亚的远期估计结构则包括 17 个大

---

① Schick, Allen. 1998. *A contemporary approach of public expenditure management*. Washington, D. C. : World Bank. pp. 65 – 66.

② Ibid., p. 61.

的资源组合（portfolios），每个部长负责一个。尽管在编制预算的过程中，政府可能会增加支出，但是，各个部长想花钱时，他们需要先查看一下自己的资源组合中还剩多少钱。在美国，国会采用一个预算计划，将总支出分成大致 20 个预算功能。希克特别指出，在预算权力比较分散时，对主要支出进行控制就是非常必要的。如果预算决策是在高度集中的制度下作出的，那么即使没有这种分类总额的控制，预算总额的控制也比较容易成功。但是，"当预算是由内阁以集团的方式决定，或者议会能够超出政府规定的权限授权开支时，提前对分类拨款额度进行控制可以强化财政总额控制的执行"[①]。

在预算执行中继续加强这个"分类总额"的约束也是十分重要的。目前，那些在预算执行中对支出实行了集中控制的国家，总额控制的情况一般都比较好。例如，在实行严格的预算执行程序国家，例如德国和法国，赤字都比较低。而在那些预算执行不严格的国家，则是另一种景象。例如，在意大利，长期以来，尽管存在总额控制目标，但是，由于预算执行缺乏控制，支出结构就在预算执行此阶段发生重大的变化，致使总额控制的效果大大降低。而且，在意大利，议会经常可以比较容易地修改预算。此外，对医疗和养老金支出也缺乏限制机制。这些都使得该国的预算呈现软约束的局面，财经纪律松弛。不过，1997 年以来，该国决意遵守《马斯特里赫特条约》，这带来了一些积极的变化。在拉美，许多国家都在预算过程实施了集中化的改革，根据现实的宏观经济框架制定预算，同时限制议会修改预算增加支出和赤字，结果带来了赤字的下降。在亚洲、非洲和大洋洲的一些预算管理比较好的国家，类似的总额约束机制也已见效，尽管程度不同。不过，在一些国家，总额控制仍然是一个悬而未决的问题。例如，在俄罗斯，不现实的预算，以及对支出承诺完全没有控制，导致了债务累积。[②]

---

① Schick, Allen. 1998. *A contemporary approach of public expenditure management*. Washington, D. C.: World Bank. p. 61.
② ［美］维托·坦齐、［德］卢德格尔·舒克内希特：《20 世纪的公共支出》，胡家勇译，商务印书馆 2005 年版，第 188—189 页。

四、中期支出框架

自从 20 世纪 80 年代以来，中期支出框架（medium-term expenditure framework，MTEF）是一种比较普遍使用的支出约束方式。根据世界银行界定，"中期支出框架包括一个自上而下的支出封顶，一个对现存政策的现在和中期成本的自下而上的估计，以及最终在年度预算过程中将这些成本与可获得的资源匹配起来"[1]。中期支出框架吸引人的地方在于，它将一个自上而下的资源与支出计划过程与一个自下而上的项目预算过程结合起来。自上而下的支出封顶从根本上讲就是一个宏观经济模型，它包括了财政目标与收支估计，其中包括政府的财政债务以及成本很高的各种项目，部门则主要采取一种自下而上的方式审查部门的政策和活动（这与 ZBB 颇为相似），同时关注部门间的资源配置比较。[2] 中期支出框架的目标是[3]：

- 提高宏观经济平衡，尤其是财经纪律；
- 在部门间和部门内更好地配置资源；
- 为各个部门创造更高的可预测性；
- 更加有效率地使用资金；
- 通过更加合理的决策过程，使得公共支出实现的结果更加负责；
- 预算决策过程更加可靠（政治约束）。

一个全面的中期支出框架主要包括六大步骤（表 7-3）。显然地，这一框架有助于将计划、政策和预算整合起来，而这不仅是实现资源配置效率的

---

[1] World Bank. 1998. *Public expenditure management handbook*. Washington, D. C.：The World Bank. p. 46.

[2] Le Houerou, Philippe, & Robert Taliercio. 2002. Medium term expenditure frameworks：From concept to practice, preliminary lessons from Africa. The World Bank, Africa Region Working Paper Series No. 28.

[3] World Bank. 1998. *Public expenditure management handbook*. Washington, D. C.：The World Bank. p. 46.

必要条件，也是总额控制必不可少的条件。在六大步骤中，第三阶段，计划、政策和预算就衔接起来了。一旦制定了战略性支出框架——反映资源约束以及政府政策，政府就可以界定部门的资源配置，而这可以被部门用来形成它们的项目和预算。在部门审查项目和政策的过程中，只要在战略性的支出框架内，部门就拥有很大的自主权最大化地实现以效率和效果为目标的管理。中期支出框架是每年自动向前滚动一年的，也就是说，一旦制定后，未来一年的预算估计就是该年预算的基础，当然，需要同时考虑当时的经济情况和政策。①

表7-3 全面的中期支出框架的六个步骤

阶段	特征
1. 发展宏观经济/财政框架	●在中期内（多年）对收入和支出进行预测的宏观经济模型
2. 发展部门（Sectoral）的项目	●在部门的目标、产出与活动达成一致 ●审查和发展项目或者次级项目 ●项目成本估计
3. 发展部门的支出框架	●部门间和部门内的权衡的分析 ●在战略性资源配置上建立共识
4. 定义部门的资源配置	●制定中期的部门预算上限（budget ceilings）（需要内阁同意）
5. 准备部门预算	●在预算上限的基础上形成中期的部门项目
6. 最后的政治批准	●将预算估计提交内阁和议会审批

资料来源：World Bank. 1998. *Public expenditure management handbook*. Washington, D. C.: The World Bank. p. 47–51。

发达国家是最早实行中期支出框架的，但是，90年代后期以来，在很短的时间内，中期支出框架开始在发展中国家迅速地普及开来。根据世界银

---

① Le Houerou, Philippe, & Robert Taliercio. 2002. Medium term expenditure frameworks: From concept to practice, Preliminary Lessons from Africa. The World Bank, Africa Region Working Paper Series No. 28.

行的一项调查，在非洲、亚洲（东亚、中亚、南亚）、拉美和东欧，有25个国家已经在不同程度地采用中期支出框架，而且，90%的国家都是在从1997—2001年这一时期采用的，另外有10个国家已经在考虑采用。[①] 对于中期支出框架在全球范围内的普及，世界银行发挥了非常大的作用。在1998年世界银行提出并极力推广的"公共支出管理框架"中，中期支出框架是其核心内容。其他的国际组织，例如IMF和亚洲开发银行也参与了这一模式的推广。专栏7-1描述了澳大利亚的中期支出框架。

专栏7-1 澳大利亚的中期支出框架

澳大利亚是采用中期支出框架的先驱国家。80年代初，澳大利亚采用年度预算，无论政府还是议会，重点都是下一个年度的估计指标和拨款，通常忽略预算决策对下一个年度的影响。而且，所有的政策问题都陷入支出细节的讨论之中，而缺乏整体的长远的考虑。从90年代初以来，澳大利亚开始采取中、长期财政计划来引导资金分配，不仅编制当年预算，而且也编制今后三年的中长期财政计划。中长期财政计划每年都自动地向前滚动，并且根据政府决策、经济状况的变化以及对各个项目成本开支的修订估计而调整。这个计划使得政府能够在财政总额控制的框架内确定预算计划和支出重点，如此，总额控制框架就能够约束部门的预算申请。这个中长期财政计划为每年的预算编制确立了一个权威的基准。当某部长提议修改预算计划时，他或她就会根据远期估计指标作出相应的调整。内阁并不重新审查预算估计指标的细节，而主要对修改预算计划的提议进行讨论和评估，并重新确定部门间的支出重点。

在该计划下，财政部监督着政府各个部门的预算申请，以确保对于远期估计的调整是准确的。如果政府不对远期估计的数字进行调整，那

[①] World Bank. 2001. Public expenditure management and accountability: Evolution and current status of World Bank work. PREM Network, Operation Policy and Country Services Network, Ms. p. 6.

么提出新的支出要求的部门就必须用本部门的节余经费来支持该项支出。

资料来源：Schick, Allen. 1998. *A contemporary approach of public expenditure management*. Washington, D. C.: World Bank. pp. 56-57。

表7-4展示了OECD国家实行中期支出框架的情况。从中可见，在22个国家中，有13个国家采用了中期支出框架，有9个国家没有采用，也就是说，过半数的国家都采用了中期支出框架。

表7-4 OECD国家实行中期支出框架的情况

	是否采取中期支出框架？	时期（年）	类型
澳大利亚	是	1+3	前瞻概算
奥地利	是	1+3	中期预算估计
比利时	否		
加拿大	是	1+2	多年运作计划制度
丹麦	是	1+3	多年概算
芬兰	是	1+3	多年概算和上限
法国	否		
德国	是	1+3	中期财政计划
希腊	否		
爱尔兰	否		（采用中）
意大利	是	1+3	多年概算
日本	否		
荷兰	是	1+4	多年预测方案
新西兰	否		部长们可获得3年的预测方案
挪威	否		
葡萄牙	否		只有投资和发展支出编制中期支出计划
西班牙	是	1+3	项目多年计划
瑞典	是	1+2	多年概算
瑞士	是	1+2	财政计划
土耳其	否		五年计划

(续表)

	是否采取中期支出框架？	时期（年）	类型
英国	是	1+2	三年支出计划
美国	是	1+4	收入、支出和赤字的基线预测

资料来源：参见亚洲开发银行：《政府支出管理》，财政部财科所译，人民出版社 2001 年版。第 334—335 页。其中英国情况根据 OECD 的最新报告更新，参见 OECD. 2007. *Performance budgeting in OECD countries*. Paris：OECD Publishing. chap. 12。

表 7-5 更详细地展示了拉美国家实行中期支出框架的情况。在过去的几年中，拉美国家纷纷采用中期支出框架，目前，在 13 个拉美国家中，有 8 个国家实行了中期支出框架。

表 7-5 拉美国家实行中期支出框架的情况

	是否采用	是否法律要求的	时期	修改的频率	中期支出估计是否需要议会批准	政府是否向公众公布其中期财政政策目标
阿根廷	是	是	1+3	每年	否，只是提供信息	是，法律要求
玻利维亚	否	-	-	-	不适用，中期支出水平不用提交	是，但非法律要求
巴西	是	是	1+4	每年	是，但与预算年度的拨款法案分开	是，但非法律要求
智利	是	是	1+3	每年	否，只是提供信息	是，但非法律要求
哥伦比亚	其他*	否	-	-	否，只是提供信息	是，法律要求
哥斯达黎加	否	-	-	-	不适用，中期支出水平不用提交	否
厄瓜多尔	否	-	-	-	不适用，中期支出水平不用提交	否
危地马拉	是	是	1+3	每年	否，只是提供信息	是，但非法律要求
墨西哥	是				—	是，但非法律要求
巴拉圭	否				不适用，中期支出水平不用提交	否
秘鲁	是	是	1+3	每年	否，只是提供信息	是，法律要求
乌拉圭	是	是	1+5	每年	其他	是，但非法律要求
委内瑞拉	是	是	1+3	每年	不适用，中期支出水平不用提交	是，法律要求

资料来源：Curristine, Teresa, & Maria Bas. 2008. Budgeting in Latin America：Results of the 2006 OECD survey. *OECD Journal of Budgeting* Vol. 7，No. 1：83119. p. 98。

在发展国家中,非洲国家采用中期支出框架的势头也极其引人注目。在采用中期支出框架的发展中国家中,52%是非洲国家,而且,大约一半的非洲国家是在1992—1997年期间采用的,远比其他发展中国家早。在非洲国家采用这一模式的过程中,世界银行发挥了重要的影响。例如,在下面这些国家的中期支出框架改革中,世界银行的作用都是很明显的,贝宁(2001年开始)、布基纳法索(2000)、加蓬(1998)、加纳(1996)、几内亚(1997)、肯尼亚(1998)、马拉维(1996)、莫桑比克(1997)、纳米比亚(2000)、卢旺达(1999)、南非(1997)、坦桑尼亚(1998)、乌干达(1992)。[1] 非洲国家对于中期支出框架的兴趣是非常有意思的。凯顿和瓦尔达沃夫斯基1974年研究贫穷国家的计划与预算时发现贫穷国家存在着一个计划悖论:一方面,贫穷国家的预算环境是资金短缺而且预算充满不确定性的,预算和计划都很困难;另一方面,改进这些国家的预算又需要加强它们对收支的计划能力。[2]

最近,世界银行的专家专门研究了非洲国家实施中期支出框架的情况及其效果。这一研究主要从三个纬度研究了非洲国家中期支出框架实施的情况。[3] **一般纬度**评估主要考虑:中期支出框架包括的部门是全部部门还是关键性部门,支出是否包括全部支出(日常和资本性支出)、支出分类是否全面合理(经济的、功能的、组织的、项目为基础的)、是否包括所有层级的政府、时期是否合理(是否在3-5年之内)。**技术纬度**主要考虑两个问题。一是宏观经济和财政框架:该框架是不是在一个合理的预测模型基础之上做出的,该框架中是否包括预测总额上限以及部门支出上限。二是部门的支出框架:该框架是否包括了政策和战略框架,是否有项目为基础的成本估计或者总额上的成本估计(关注成本估计的详细程度)。**组织纬度**主要关注三个问

---

[1] Le Houerou, Philippe, & Robert Taliercio. 2002. *Medium term expenditure frameworks: From concept to practice, preliminary lessons from Africa.* The World Bank, Africa Region Working Paper Series No. 28.

[2] Caiden, Naomi, & Aron Wildavsky. 1974. *Planning and budgeting in poor countries.* New York: Wiley, John & Sons, Inc.

[3] Le Houerou, Philippe, & Robert Taliercio. 2002. *Medium term expenditure frameworks: From concept to practice, preliminary lessons from Africa.* The World Bank, Africa Region Working Paper Series No. 28.

题。一是中期支出框架在预算过程中的地位,包括是全部还是部分地整合进预算过程,是否需要议会审批。二是管理结构,包括预算机构和支出部门的角色,是否有一个多层的管理结果,是否有公民社会的参与等。三是监督和支持,包括是否有跨部门的以绩效合同和绩效指标为基础的监督,是否提供培训等。图7-2描述了几个非洲国家的中期支出框架在这三个方面的发展水平。其中,乌干达和南非的中期支出框架是最全面的,居于中间水平的是坦桑尼亚、肯尼亚和加纳,其他四个国家的则处于比较低的发展水平。总的说来,只有乌干达和南非相对接近有一个全面运行的中期支出框架,在其他占大多数的非洲国家,中期支出框架改革离成功还比较远。

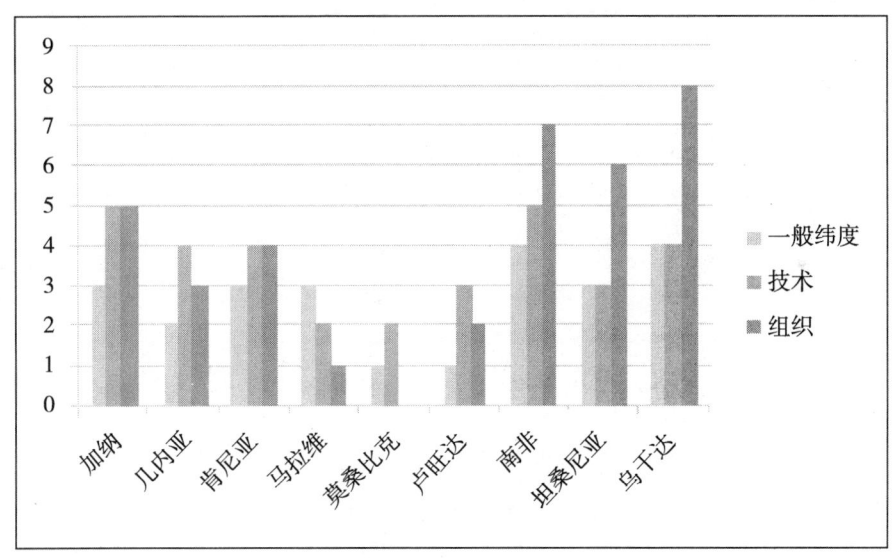

图7-2 非洲国家中期支出框架的发展水平

资料来源:Le Houerou, Philippe, & Robert Taliercio. 2002. Medium term expenditure frameworks: From concept to practice, preliminary lessons from Africa. The World Bank, Africa Region Working Paper Series No. 28。

根据中期支出框架的目标,在这些非洲国家,实施的效果也是很有限的。没有明确的证据表明,这一改革提高了宏观经济平衡。只有一些有限的证据表明,这一框架的实施在一些关键性领域的某些部分重新配置了资源。也没有证据表明,中期支出框架提高了预算的可预测性,以及它已经在部门支出上形成了效率。① 例如，以总额控制为例，如表 7-6 表明的，在实施了中期支出框架前后，南非和坦桑尼亚的赤字占 GDP 的比重出现下降，但是并不显著；加纳和乌干达则出现了上升。问题也许并不是因为中期支出框架本身不恰当，而更多地在于这些国家预算制度的其他环节需要改进。没有这些领域的改革，仅仅依赖中期支出框架很难达成总额控制，而且也很难建立中期支出框架。②

表 7-6 实行中期支出框架前后的赤字/GDP 比重

	实施 MTEF 之前	实施 MTEF 之后
乌干达	-6.39	-7.38
南非	-5.23	-4.57
加纳	-7.11	-7.95
坦桑尼亚	-4.02	-2.93

资料来源：Le Houerou, Philippe & Robert Taliercio. 2002. Medium term expenditure frameworks: From concept to practice, preliminary lessons from Africa. The World Bank, Africa Region Working Paper Series No. 28。

五、控制"难以控制或不可控制"的因素

总额控制是一项非常艰难而且极具挑战性的事业，尤其在当今这种政府责任越来越大，财政与金融越来越紧密联系的时代，更是如此。最大的挑战在于，控制那些难以控制甚至是不可控制但是必然会导致支出持续增长、总额控制失效的影响因素。一般的，如果财政约束规则是现实的、拥有政治承诺支持的，而且很好地整合进预算过程，它就能比较有效地约束政府回应支出要求的能力。但是，在某些情况下，即使这样一个财政约束规则可能也无法有效地约束各种可能冲击总额控制的因素。在这些因素中，从法律创设的

---

① Le Houerou, Philippe, & Robert Taliercio. 2002. Medium term expenditure frameworks: From concept to practice, preliminary lessons from Africa. The World Bank, Africa Region Working Paper Series No. 28.

② Ibid.

权利，到或有负债，再到经济周期的冲击和来自政治或战争等的冲击，这些因素的控制难度越来越大。①

正如冯·哈根等人指出的，在不同程度上，这些因素导致的支出可以说是一种"非［预算］决策型"（non-decisions）的支出，即一种根本不用进行预算决策的支出决定。②"非决策型"决定"发生在这样的预算过程中，政府支出和赤字的决定交给它们直接控制之外的变量"，它"将预算过程降低成为仅仅是一个对外生事件的预测练习，并使得政治家不用作出那些或许在选民中不受欢迎的艰难的决策"。更要命的是，"非决策型"决定的存在意味着，总额控制能否见效主要依赖于年度预算过程之外的经济和社会制度的质量，例如，劳动市场和社会福利制度。在这种情况下，对于总额控制来说，仅仅改革预算过程是远远不够的。③下面主要简单分析赋权型支出和或有负债。

在西方国家，预算过程在过去几十年来出现的一些变化已经使得可预测的、稳定的预算只占总预算的一个非常小的部分。一种通常被称做"权利基础的预算"（right-based budget）或"赋权型预算"（entitlement）或"法定支出"的新预算构成已经出现，并且在预算中所占的比重越来越大。这种预算的核心和基础是"权利"，即任何符合法律规定条件的公民或法人或政府都可以享受政府（主要是通过政府的特定支出机构）提供的某种福利。这些权利常常在支出机构导致各种支出，而且，这些支出的出现及其具体数量都不是支出机构预算权衡的结果，也不是支出机构所能控制的。对于预算机构和整个政府来说，这种预算支出也是无法控制和预测的。总的来说，这种权利从公共预算的角度来看是非常成问题的，因为权利是不可分割的，同时，除非相应的法律已经作废，权利也是不能否定的，而在各种支出项目之间进行某种权衡则是预算的本质。所以，在某种程度上，赋权型预算是公共

---

① Schick Allen. 1998. *A contemporary approach of public expenditure management*. Washington, D. C.：World Bank. pp. 71 – 72. Schick, Allen. 2003. The role of fiscal rules in budgeting. *OECD Journal of Budgeting* Vol. 3, No. 3：8 – 34.

② Perotti, Roberto, Rolf Strauch & Jurgen von hagen. 1999. *Sustainability of public finances*. UK：Centre for Economic Policy Research. pp. xi – xii.

③ Ibid., p. xii.

预算的"敌人"①。对于总额控制来说，这种支出已经构成极大的挑战。正如希克指出的，"赋权型支出的扩张弱化了财经纪律和预算的恰当程序"②。一方面，赋权型支出是不能进行预算的，它不需要考虑资金情况，不用考虑这些支出的远期成本，这就使得财经纪律无可避免地失去意义。另一方面，绝大部分预算程序对于这一种支出是无能为力的，这种支出是自动发生的，"随着它们的影响增大，这些事前决定的支出就把预算从一个决定未来支出的手段转化为一个记录过去决策的手段"③。而且，要对这种支出进行控制，要维持一个国家公共财政的持久性，还必须改革社会福利制度，而不能仅仅改革预算制度。正是因为认识到这一点，欧盟议会曾经要求意大利政府改革其养老金制度才能加入欧洲货币联盟。④

对于一些发展中国家和新兴的市场国家来说，最大的挑战也许不是这种赋权型预算，而是或有负债（contigent liability）。或有负债之所以发生是因为，传统的预算体制和政府会计都主要反映那些直接的、明显的负债，例如国债。但是，在20世纪中期，尤其是90年代以来，政府债务的形式越来越多样化，出现了一种可能发生可能不发生的政府负债，即或有负债，并且在实践中使用得越来越多。这种新的债务形式对总额控制构成了巨大挑战。常常地，即使一个国家的政府采取了审慎的财政政策，遵守总额控制目标，但是，一个突如其来的或有负债立即使得它的债务或者赤字剧烈上升，而且，传统的预算体制根本不能预知，更不能控制。⑤

---

① Straussman, Jeffrey. 1988. Right-based budgeting. In Irene Rubin. Eds. *New directions in budget history*. Albany: State University of New York press. p. 103.

② Schick, Allen. 2003. The role of fiscal rules in budgeting. *OECD Journal of Budgeting* Vol. 3, No. 3: 8–34. p. 14.

③ Ibid.

④ Perotti, Roberto, Rolf Strauch, & Jurgen von hagen. 1999. *Sustainability of public finances*. UK: Centre for Economic Policy Research. p. xii.

⑤ Schick, Allen. 2003. The role of fiscal rules in budgeting. *OECD Journal of Budgeting* Vol. 3, No. 3: 8–34. p. 14.

第 八 章

政府债务与财政风险

> 我们现在知道,传统的财政分析框架主要关注直接的、显性的债务,而忽视了或有负债,因而不能对或有负债所掩藏的财政风险进行处理。
>
> ——Nicholas H. Stern & Gobind T. Nankani[①]

现代政府通过征税获得主要预算收入,并将贷款利息、外汇储备、中央银行掌握的现金、固定资产投资等列入资产。同时,政府又必须承担更为广泛的社会责任,包括向全社会提供必要的教育、卫生、养老等公共服务和公共产品;对各国中央政府来说,还必须最大限度地保证实现宏观经济稳定和充分就业等目标,从而形成政府支出。当国家经济发展处于上升时期,政府可以通过不断增税来弥补收入与支出之间的不足。但是,当经济发展不再能够容纳持续增税要求的时候,政府支出刚性会迫使它们通过其他方式获得资源。政府借助各种债务形式,可以实现融资或延缓支出的目标,但同时也必须承担起偿还债务的责任和义务,各类风险相伴而生。此外,这些年来,政府债务的形式越来越复杂,财政风险和金融风险之间的联系也越来越紧密。这些都使得风险控制和总额控制的难度越来越大。

---

① Stern, Nicholas H., & Gobind T. Nankani. 2002. Forward. In Hana Polackova Brixi & Allen Schick. Eds. *Government at risk: Contingent liabilities and fiscal risk*. The World Bank. p. ix.

一、政府债务的类型及其特点

预算的各类问题都源于一点，即有限的财政资金总是不能够满足社会和政府的实际支出要求。为最大限度地满足社会各类需求，政府有时会想方设法推迟支出，尽早实现收入，而这种行为被称为财政机会主义（fiscal opportunism）。① 这种情况存在于所有国家之中，并且能够找到很多现实的例子。一般来说，政府会通过直接向金融机构借款、发行债券、提供各类贷款或担保等形式筹集资金。

首先，政府习惯于借助国有或私人金融机构来解决资金不足的问题，为政府项目提供帮助。因为，这种方式可以在不增加预算压力的基础上满足各机构的资金需求。然而，一旦当金融机构自身无法解决这些债务问题时，政府还必须拿出一定的财政资金来解决这些问题。2008年10月，美国爆发百年未遇的金融危机，并产生全球连锁反应。为保证金融系统的稳定，阻止危机对实体经济产生难以控制的严重负面影响，美国乃至全球各国政府纷纷采取救市举措，向银行业及其他重要经济领域注入财政资金。经过美国国会和政府之间"马拉松式"的谈判，国会最终批准先由布什政府拿出7 000亿美元救市资金，帮助银行业清理不良资产和增加市场信心。② 随后，奥巴马政府又于2009年2月拿出8 000多亿美元，通过设立投资基金和减税等措施刺激经济发展，缓解金融危机所导致的风险。③ 其次，政府通过国有企业提供某些社会福利从而负有为其债务兜底的责任，或者通过向个人、企业和地方

---

① 马恩涛：《财政调整、机会主义与政府或有负债》，《财经论丛》2006年第4期，第25—30页。Brixi, Hana Polackova, & Allen Schick. 2002. Introduction: government at risk: Contingent liabilities and fiscal risks. In Hana Polackova Brixi & Allen Schick. Eds. *Government at risk: Contingent liabilities and fiscal risk*. The World Bank. pp. 9–11.

② 新华社：《德国2009年预算草案减少国债发行规模》，2008年8月13日，http://www.chinamil.com.cn/site1/xwpdxw/2008-08/13/content_1417911.htm。

③ Kane, Paul, & Shailagh Murray, Congress Reaches Stimulus Accord, *The Washington Post*, February 11, 2009. Downloaded on July 26, 2010 from http://www.washingtonpost.com/wp-dyn/content/article/2009/02/11/AR2009021101836.html?nav=rss_email/components.

政府提供各类担保的形式，缓解短期内的预算压力，从而必须承担起相应的责任。比如，要求国企增加社会服务的支出，为职工提供保险、住房、学校等服务；但是，政府同时也背负起国企的债务和潜在责任，当国企盈利不好，无法持续的时候，这些问题都必须有政府财政解决，从而形成或有隐性负债。另外，政府为了缓解直接支付可能造成的财政预算压力，就通过担保的方式，鼓励国企向商业银行贷款。第三，普遍存在的预算外收入，容易导致政府隐性负债和风险。预算外收入往往游离于严格预算程序之外，不受预算过程约束，当政府利用此类资金进行担保、贷款等活动时，隐性的、难以估算的风险也随之产生。更重要的是，政府无法对此类资金的规模及其可能导致的风险进行合理的估计和控制，所以预算外资金引发的财政风险危险会更大。第四，随着私人资本逐渐进入公共资产投资领域，政府需要承担的财政风险也随之增加。政府可以通过与私营企业签订建设—运行担保合同等形式，帮助私营企业融资并督促它们履行应尽的责任和任务。但是，当私营企业无法顺利完成任务、履行责任、偿还债务的时候，政府财政又不得不承担起相应的责任。第五，地方政府的借债行为，发行债券、担保私人或公司贷款，会增加中央政府的财政风险。中央政府对地方政府债务承担无限责任，所以地方政府因发展需要而形成的各类债务，多数需要中央政府兜底来承担最终风险。最后，养老金和公共医疗项目也会增加未来政府的财政风险。[①]各种养老金和公共医疗项目都是一种缓解当下政府预算压力的方法。由于政府承诺在未来的某个时间或在某类条件满足的情况下，必会兑现承诺。所以，当未来必须兑现承诺时，又恰逢政府财政状况并不理想，那么该政府会为此承担比较大的压力和风险。尤其对一个老龄化社会比较严重的国家，当下政府作出的承诺，将会导致未来政府不得不面临巨额支出的沉重压力。

尽管政府债务的产生并不必然导致风险的产生，但是风险确实随着债务的产生而产生。如果不能清楚地记录和认识政府的各类债务，那么就难以对

---

① Brixi, Hana Polackova, & Allen Schick. 2002. Introduction: Government at risk: Contingent liabilities and fiscal risks. In Hana Polackova Brixi & Allen Schick. Eds. *Government at risk: Contingent liabilities and fiscal risk.* The World Bank. pp. 9–11.

政府债务及其风险进行有效的管理。1998年，布莱克斯在提交世行的一份报告中，首次将政府债务的主要特征总结为四种：直接的、或有的（可能发生也可能不发生的）、显性的和隐性的。其中，显性特征与隐性特征之间的区别在于负债是否被法律或者合同所承认，或者是否是基于法律或合同责任，若被承认就是显性的，反之为隐性的；直接特征与或有特征之间的区别在于，负债是在任何时间、任何条件下都存在的，还是只有当某个特殊事件发生才发生的。如果是前者，对政府来说这种负债就是直接的；如果是后者，这种负债就是或有的。根据这四大特征，布莱克斯将政府债务又细分为四种主要类型：直接显性负债、或有显性负债、直接隐性负债和或有隐性负债（表8-1）。①

表8-1 政府债务类型

负债a	直接负债（在任何情况下都存在的负债）	或有负债（特定事件发生时才产生的负债）
显性负债（为法律和合同所确认的负债）	• 主权借款（中央政府的合同贷款及其发行的有价证券）； • 由预算法律规定的支出； • 长期受法律约束的预算支出（公务员的工资和公务员养老金）	• 政府为非主权借款和地方政府、公共部门和私营部门实体（如开发银行）债务提供的担保； • 政府对不同类型的贷款（抵押贷款、学生贷款、农业贷款、小型企业贷款）提供的保护性担保； • 政府担保（主要对贸易与汇率、国外主权政府借款、私人投资的担保）； • 政府保险安排（有关存款、私营养老金基金最低收益、农作物、水灾、战争风险的保险安排）

---

① Brixi, Hana Polackova. 1998. Government contingent liabilities: A hidden risk to fiscal stability. The World Bank Working Paper.

（续表）

负债a	直接负债（在任何情况下都存在的负债）	或有负债（特定事件发生时才产生的负债）
隐性负债（主要反映公众期望和利益集团压力的政府道德上的负债）	• 未来公共养老金（而不是公务员养老金），如果法律未作规定； • 社会保证计划，如果法律未作规定； • 未来医疗保健筹资，如果法律未作规定； • 公共投资项目的未来经常性费用	• 地方政府和公共或私营实体对非担保债务或其他债务的违约； • 对私营化实体负债的清理； • 银行倒闭（处于政府保险之外）； • 非担保养老金、就业基金或社会保障基金（对小投资者的保护）投资的失败； • 中央银行不能履行其职责（外汇合约、保卫币值、国际收支稳定）； • 其他紧急救援行动（例如私人资本流向改变引起的紧急救援）； • 环境灾害后的清理、救灾、军事

注：a 为财政部门的负债，而非中央银行的负债。

资料来源：Brixi, Hana Polackova. 1998. Government contingent liabilities：A hidden risk to fiscal stability. The World Bank Working Paper。

对于政府来说，直接显性负债是在任何时候都必须承担的责任，并且这些都已得到法律或合同的认定，其中主要包括中央政府必须偿付的主权借款和法定预算文件中规定的支出，主要包括公务员工资和养老金，有些国家还包括全社会安全系统支出。[1] 目前，各国都十分关注对此类债务规模和结构的分析与研究。比如，各国法律都规定政府必须向退休公务员支付养老金，这就构成政府的长期负债。对于养老金来说，它的规模主要由政府雇员的人数、养老金标准、退休年龄等因素决定。[2]

直接隐性负债主要包括公共养老基金、保健医疗筹资、公共项目投资的未来运行成本等内容。这些项目通常是政府对未来作出的支出承诺，目的是为了维护公民利益、保证公共服务的长期性。承诺一旦作出，在未来的某个

---

[1] Brixi, Hana Polackova, & Ashoka Mody. 2002. Dealing with government fiscal risk：An overview. In Hana Polackova Brixi & Allen Schick. Eds. *Government at risk*：*Contingent liabilities and fiscal risk*. The World Bank. p. 21.

[2] 刘尚希：《财政风险及其防范问题研究》，经济科学出版社 2004 年版，第 53 页。

时间就必须要兑现。但是，这种负债的规模究竟有多大，会受到未来宏观经济状况、社会老龄化结构和规模，以及社会服务需求等多种因素的影响。由于对以上影响因素的估算与未来的实际支出之间必然存在偏差，所以此类负债同样存在风险。比如，公共养老基金是政府对未来服务的一种承诺，所以支出是在未来某个时间发生。那么当资金闲置在预算账户中的时候，如何管理这笔资金就成为各国关注的重点。① 不同的公共养老金的管理理念和方式对政府债务规模及财政安全的影响是不同的。20世纪70年代，当财经纪律松弛，预算总额控制原则也不再具有很强约束力的时候，政府对赤字和债务风险的敏感性慢慢减弱。与此同时，加快公共资金流动性的要求，以及增加可支配资金的冲动却在不断上升。20世纪90年代，某些西方国家的地方政府利用公共养老基金进行投资，终因管理不善而导致政府陷入财政困境，甚至逼近破产。比如，20世纪90年代，美国康奈狄克州的布里奇珀特县和俄亥俄州的库亚格县都发生了金融崩溃，其主要原因都是这两个县动用了自己的公共养老金和其他现金来源进行资本投资，最终却投资失败，仅库亚格县就损失了11 400万美元。②

或有显性负债主要是指中央政府担保项目可能产生的负债，这些债务支出受法律或合同的约束，包括对地方政府、公司和个人的某些贷款提供的担保，对大型私营企业投资和基础设施建设提供的担保，对银行存款承兑和特殊事项（包括自然灾害、战争等）提供的担保等。在未来的某个时间，如果这些由中央政府担保的项目不能够按时完成还款或者出现大的亏损等问题，那么政府就必须承担起偿付债务的责任；如果这种情况不出现，那么政府预计可能发生的担保支出就不会发生。由于这些需要政府提供担保的未来支出很难预期（其中包括支付时间和具体规模），并且政府在预算系统中难以做出准确的反应，因此政府常常乐愿选择担保的形式，而不顾其隐含的支出责任。然而，在市场经济环境中，政府担保系统涵盖的范围越广泛，政府

---

① Brixi, Hana Polackova, & Ashoka Mody. 2002. Dealing with government fiscal risk: An overview. In Hana Polackova Brixi & Allen Schick. Eds. *Government at risk: Contingent liabilities and fiscal risk*. The World Bank. p. 21.

② ［美］罗伯特·D. 李、罗纳德·约翰逊：《公共预算系统》，曹峰、慕玲、张玉坤译，清华大学出版社2002年版，第410页。

需要承担的道德风险就越大。①

或有隐性负债主要是指政府面对未来某个时间发生的一些重大事件或灾难，出于社会稳定等原因，必须承担相应支付责任的债务类型。由于这种突发事件发生的时间，随之产生的风险成本以及需要政府为之支付的资金规模都不太确定，所以相关实体尤其是银行系统希望政府对这类债务提供更宽泛的担保。② 对于政府来说，由于这种债务的风险最隐蔽，所以政府往往容易忽视对此类风险的记录、管理和审计工作；然而，此类债务风险一旦发生，却很可能对政府财政稳定性造成极大影响，同时也会增加政府的道德风险，所以，政府更需要关注此类债务及其风险管理问题。

二、财政风险及其管理

政府债务并不一定导致财政风险的产生，但是，风险必然与债务共生共存。政府债务管理的目标就是在可接受的风险水平上，尽可能以最低的借债成本保证政府可以获得足够的年度资金（政府债务管理问题可详见第十八章）。因此，争取债务成本最小化，减少债务风险成为各国债务管理的重点。

（一）财政风险的类型

为了更好地管理财政风险，首先必须了解财政风险的主要类型。根国际货币基金组织和世界银行的分析，财政风险主要有市场风险（market risk）、偿付风险（rollover risk）、流动性风险（liquidity risk）、信贷风险（credit risk）、结算风险（settlement risk）、运行风险（operation risk）（表 8-2）。③

---

① Brixi, Hana Polackova, & Ashoka Mody. 2002. Dealing with government fiscal risk: An overview. In Hana Polackova Brixi & Allen Schick. Eds. Government at risk: Contingent liabilities and fiscal risk. The World Bank. p. 24.

② Ibid., p. 25.

③ International Monetary Fund (IMF) & World Bank. 2001. Guidelines for public debt management, http://www.imf.org/external/np/mae/pdebt/2000/eng/.

表 8-2 财政风险的类型

风险类型	主要特征
市场风险	专指与市场价格变化相关的风险，例如利率、汇率、商品价格和政府债务的服务成本。对内债和外债来讲，利率的变化会对重新融资的固定利率债务的服务成本产生影响，同时也会对浮动利率债务的利率调整日期产生影响。因此，短期债务（短期或浮动利率）的风险通常要大于长期债务或固定利率债务的风险。（当然，如果长期债务的期限很长，那么考虑到未来财政需求的不确定，固定利率债务的风险也是存在的。）主要以外币为计量单位的债务，其债务成本的变动性也比较大，因为汇率的变化会影响债务成本。嵌入了看跌期权（put options）的债务也可能加剧市场风险和偿付风险（rollover risk）
偿付风险	从某种程度上来讲，偿付风险主要受到最高利率点债务风险的影响，包括信用价差的变化。然而，由于无法偿付债务或者政府资金成本大幅度增加，可能引发债务危机，从而造成真正的经济衰退。所以，除了纯粹的高利率金融效应外，偿付风险总是被单独管理。对于新兴市场国家来讲，处理这种风险非常重要
流动性风险	主要有两类流动风险。第一类针对成本或投资者而言，是指当大量市场交易活动锐减或者因为特定市场发展不成熟时，成本或者投资者必须面对的风险。这种风险主要与债务管理中流动资产管理或衍生工具合同的使用密切相关。另一类针对借款者而言，主要指流动资产不足以应对不可预期的现金偿付规模，或者不能够通过短期借款的方式增加现金规模
信贷风险	专指信用交易对手不履行偿债承诺或其他财务合同而造成的风险。该风险主要与债务管理中的流动资产管理密切相关。而且，该风险还与政府可接受的安全指标相关，并且该指标也包含或有负债和纳入债务管理的衍生工具合同
结算风险	主要指政府可能遭受的潜在损失，而这种损失是由于竞争中的另一方不能够很好解决某些问题而造成的
运营风险	包括一系列不同类型的风险，包括在交易执行和记录等不同阶段中出现的交易错误；在内部控制中或系统和服务中出现的失败情况；声誉风险；法律风险；安全漏洞；或影响商业活动的自然灾害

资料来源：International Monetary Fund（IMF）& World Bank．2001．Guidelines for public debt management，http：//www. imf. org/external/np/mae/pdebt/2000/eng/。

总之，财政风险问题不仅与一个国家宏观经济发展状况、财政政策、货币政策和自由债券市场密切相关，而且还同政府的预算和债务管理系统紧密相连。换句话说，政府的预算和债务管理系统都需要对潜在的风险给予充分的关注。政府需要在国家宏观经济发展框架下确定债务规模和增长水平，同时保证财政政策、货币政策和汇率政策的长期稳定，从而降低因债务问题而引发的各类风险。

（二）财政风险管理内容及方法

风险管理逐渐成为政府实现债务管理战略目标的重要工具之一。目前，很多 OECD 国家已经将其视为广义政府债务管理战略框架中的一个组成部分，也是衔接债务管理决策和执行的重要工具。根据 OECD 国家的经验，如果政府希望比较有效地管理债务风险，它就必须建立债务风险管理系统，对各类风险进行仔细鉴别和分析，利用各种风险测量方法量化政府可能面临的各类风险及其级别，并对风险进行实时监控，最后由债务管理机构或者风险管理机构及时撰写评估和分析报告。目前，很多国家都采用一种风险管理五步法：（1）鉴别；（2）测量；（3）监管；（4）控制；（5）报告。[①] 表 8-3 介绍了多数国家采用的风险管理的内容及其主要方法。

表 8-3 风险管理的内容及其主要方法

风险类型	风险管理内容及其方法
市场风险	多数国家侧重于监督利率风险和货币风险。测量和监督此类风险最常用的方法是利用久期（duration）[②]，这也是很多国家都使用的方法。另外一些比较常用的方法，包括平均到期期限法（average term-to-maturity）、情景分析法（scenario analysis）、价值风险法（value-at-risk）、成本风险法（cost-at-risk）、固定或浮动利率法（fixed/floating ratio）和基准组合法（benchmark portfolio）。很多国家会使用打"组合拳"的方法来管理市场风险，即综合使用以上这些方法

---

① Blommestein, Hans J. 2005. Introduction. In OECD. Eds. Advances in risk management of government debt. Paris: OECD. pp. 11, 28.

② 在债券投资里，久期（duration）被用来衡量债券或者债券组合的利率风险，它对投资者有效把握投资节奏有很大的帮助。久期也称持续期，是 1938 年由 F. R. Macaulay 提出的。它是以未来时间发生的现金流，按照目前的收益率折现成现值，再用每笔现值乘以其距离债券到期日的年限求和，然后以这个总和除以债券目前的价格得到的数值。

（续表）

风险类型	风险管理内容及其方法
流动性风险	很多国家根据退回风险（refunding risk）来定义流动性风险，并利用一系列的测量方法来监管退回风险，包括久期（duration），平均到期期限（average term-to-maturity）和固定或浮动利率目标（fixed/floating ratio targets），这些测量方法也可以与各类标杆结合使用。另外，很多国家经常会利用债务购回（debt repurchase）或债务交换（debt exchange）的方式来管理退回风险；同时，进行短期现金管理也可以被认为是流动性风险管理的方法之一
信贷风险	通常 OECD 国家的信贷风险政策包括九个方面的内容：（1）信贷风险的范围有多大？（2）信贷风险是否能被避免？（3）有些贸易可能包含那些与低信用等级交易对手相关的利率风险信息，这些贸易能否向市场传达相关信息，并使市场能够接收到这些信息？（4）在货币市场交易中如何限制信贷风险？（5）如何限制与衍生性金融商品相关的信贷风险？（6）由谁来负责指定信贷风险的限额？（7）在设定信贷风险限额的时候，哪些因素会影响到信用交易对手的信用级别？（8）有多少信用交易对手？（9）应该向公众公布哪些信用风险信息？
运营风险	很多国家将运营风险又分为结算风险（settlement risk）和欺诈风险（fraud risk）。通常地，结算风险可能涉及到非自主行为和自主行为。在多数 OECD 国家里，"四眼"原则①通常被用于非自主行为，而内审则被应用于自主行动。管理欺诈风险的常用方法是，将负责交易活动的部门与负责结算工作的部门分开，并为此设立事前部门、事中期部门和事后部门

资料来源：Blommestein, Hans J. 2005. Introduction. In OECD. Eds. *Advances in Risk Management of Government Debt*. Paris：OECD. pp. 30 – 35。

政府债务并不必然导致风险，问题的关键在于债务和清偿债务的资源之间是否能够取得有效的联系。布莱克斯和莫迪为此将政府的资产与负债类型进行结合分析，利用资产负债分析框架建立起一个"风险对冲矩阵"②，将

---

① "四眼原则"源于西门子的管理制度，又称"四眼"管理原则，是指所有的重大业务决策都必须由技术主管和商务主管共同做出决策，以保证运营战略能平衡商业、技术和销售等各方面的风险。

② Brixi, Hana Polackova, & Ashoka Mody. 2002. Dealing with government fiscal risk：An overview. In Hana Polackova Brixi & Allen Schick. Eds. *Government at risk*：*Contingent liabilities and fiscal risk*. The World Bank. 同时参见刘尚希：《财政风险及其防范问题研究》，经济科学出版社 2004 年版，第 58 页。

政府资源同样划分为四类：直接显性资源、直接隐性资源、间接显性资源、间接隐性资源（表8-4）。通过这样的分析，期望政府能够比较明确债务与偿债能力之间的关系，尽可能地避免财政风险。

表8-4 政府风险对冲矩阵

财政安全的资源	直接资源（以现有资产为基础）	或有资源（以未来可能发生的事件、产生的价值为基础）
显性资源（以政府立法权，资产所有权和征税权）	● 重新获得的资产（不良贷款出售和检测收入） ● 因国有企业或其他国有资产私有化所获得的资源 ● 政府贷款收益（源于政府早期的直接借款）	● 政府资源销售收入 ● 政府关税收入 ● 税收收入 －减税式支出（导致税收减少的减税、免税） －减少收入的承诺（主要用于支持地方政府） －减少收入的未来销售（商品远期销售）和担保承诺（存在部分风险） ● 政府从银行重新购买的套期保值产品和保险政策
隐性资源（以政府间接控制为基础）	● 稳定的和应急的基金 a ● 中央银行实际资产净值	● 国有企业的利润 ● 由官方债权人做出的或有负债限额和融资承诺 ● 经常账户盈余

注：a 稳定的和应急基金可能被指定用于一般性目的或非常特殊的目的，可能受政府的直接控制或间接控制。因此，在每一个案例中，该类基金的分类都可能有所不同。

资料来源：Brixi, Hana Polackova, & Ashoka Mody. 2002. Dealing with government fiscal risk: An overview. In Hana Polackova Brixi & Allen Schick. Eds. *Government at risk: Contingent liabilities and fiscal risk.* The World Bank. p. 26。

布莱克斯和莫迪的"对冲矩阵"为政府化解财政风险提供了资金信息，但是政府如果希望能够对风险进行管理和防范，就必须尽可能地将其透明化、公开化。政府不仅需要清楚地掌握风险的类型，而且还需要对不同类型的风险规模进行准确估算和及时记录。这些工作，政府可以借助公共预算系统来完成，但前提是必须对传统的预算系统进行改进，使其能够容纳和反映财政风险的各类信息。

(三) 建立反映财政风险的预算系统

传统的预算系统不能明确地记录和反映财政风险类型及其规模。因为，传统的公共预算系统主要反映短期的现金流动情况，最多也只是列出包含3～5年中期预算的规划框架；而不能全面和准确地反映负债、担保等可能导致政府未来成本增加的长期风险。甚至在政府内部，由于受财政机会主义的影响，掩盖成本或财政风险的做法不仅不被谴责，还有可能获得好处。于是，政府不断地制造财政幻觉，机会主义者也抱着侥幸的心理行事，各种潜在的风险在这些机会主义行为的驱动下逐步累积，并且迅速地蔓延至发达国家、转型国家和发展中国家。正如希克曾经警告的，最近几年，发达国家对财政风险不恰当的控制，以及疏于记录的做法，可能会对未来公共预算造成很大的压力，甚至可能对经济增长造成十分不利的影响。[1] 为此，布莱克斯和希克等专家呼吁，预算系统应该进行改革，以便成为有效管理财政风险的重要工具。[2] 例如，希克（Schick，2002b）建议从以下四个方面入手：一是增加透明度，对包括风险信息在内的财政状况进行全面披露；二是在预算决策中引入风险和成本分析，以减少因决策偏见而引发的财政风险；三是政府尽可能地通过限制风险产生的方法来管理财政风险，尽可能地减少风险的产生，或者在接受风险之前做好充分的防范和准备；四是政府可以利用市场化措施，将风险转移到私营部门或机构。[3] 具体见表8-5。

---

[1] Schick, Allen. 2002. Budgeting for fiscal risk. In Hana Polackova Brixi & Allen Schick. Eds. *Government at risk: Contingent liabilities and fiscal risk*. The World Bank. p. 79.

[2] Brixi, Hana Polackova. 1998. Government contingent liabilities: A hidden risk to fiscal stability. The World Bank Working Paper. Schick, Allen. 2002. Budgeting for fiscal risk. In Hana Polackova Brixi & Allen Schick. Eds. *Government at risk: Contingent liabilities and fiscal risk*. The World Bank. p. 79.

[3] Schick, Allen. 2002. Budgeting for fiscal risk. In Hana Polackova Brixi & Allen Schick. Eds. *Government at risk: Contingent liabilities and fiscal risk*. The World Bank. pp. 80-81.

表 8-5　政府风险管理的四个方面

路径	主要目标	缺陷
1. 财政数据的记录与报告	透明度：全面记录财政状况与财政风险	很多政府并没有准确、全面的财政记录。这些记录不能够反映隐性风险。仅仅公布相关数据并不能够改变由政府行为造成的财政风险问题
2. 以成本为基础的预算	预算分配需要反映政府的预期成本；接受风险的决定需要与其他预算要求进行对比分析	成本分析方法并没有被很好地利用，成本分析结果也可能不太可靠。不能够包括隐性风险。这种方法可能仅仅被视为一种技术，而并未成为资源分配的工具
3. 接受财政风险的基本规则	这些原则将被运用于担保或其他或有负债；在政府决定接受某些风险之前，必须首先符合这些原则的要求	政治压力有可能超越这些原则而对政府决策产生影响。没有几个政府在申请或有负债的时候会受这些原则的约束
4. 市场化安排	依赖市场化解政府造成的财政风险，同时对由此产生的成本进行更为精确的估算	政府承担或有负债的主要原因是，造成或有负债的决策并不是基于市场要求做出的

资料来源：Schick, Allen. 2002. Budgeting for fiscal risk. In Hana Polackova Brixi & Allen Schick. Eds. *Government at risk*：*Contingent liabilities and fiscal risk*. The World Bank. p. 81。

一些国家开始尝试将布莱克斯的政府债务分类与政策决策方法和预算系统结合使用，以减少财政风险，比如南非就是这样做的（见表8-6）。

表 8-6　南非财政风险的政策决策方法

风险类型	政策方法
直接显性风险	
□ 主权借款（380 亿）	● 确定风险并建立风险防范战略
□ 医疗方案	● 在预算中调整相关政策
□ 公民养老金	● 在预算中调整相关政策

（续表）

风险类型	政策方法
直接隐性风险	
□ 贷款担保（73亿）	• 逐步停止担保
	• 对借款权和担保项目进行调整
	• 确定借款权限上限，批准同意并调整借款战略
□ 私人投资担保	•（根据合约）分解风险
	• 设立项目权限的结合点
	• 设立国家权限
	• 为每一个机构设立权限上限
□ 政府保险计划	• 设立政府风险
	• 分担风险（包括海外风险）
或有显性风险	
□ 社会经济支出	• 分析政策
	• 建立中期支出框架
	－ 其中需要反映出或有负债的情况
	－ 最好在年度预算中反映出成本
□ 公共投资的循环性支出（包括国有企业）	• 在财政计划和预算间建立联系
	• 在项目中引入"企业治理"（corporate governance）
或有隐性风险	
□ 地方政府的失误	• 监控和引入事前预警信号
□ 系统风险	• 监控
□ 由私营企业引发的政策失误风险和责任	• 在调整过程中考虑财政风险监控
□ 不可避免的支出灾难	• 建立或有储备
	• 建立或有负债限度和购买保险
□ 货币/外汇管理	• 重新考虑利息率和汇率政策以包含政府风险
	• 监控中央银行储备管理和风险问题

资料来源：Schick, Allen. 2002. Budgeting for fiscal risk. In Hana Polackova Brixi & Allen Schick. Eds. *Government at risk*: *Contingent liabilities and fiscal risk*. The World Bank. p. 83。

三、或有负债及其管理

根据布莱克斯的分析，或有负债主要源于政府已经做出的潜在承诺，这些承诺在某个特定时期或事件发生时就会转化为政府的实际负债。[①] 由于或有负债隐蔽性比较强，它容易被有意无意地忽略。加上各国债务管理中缺乏一套有关或有负债记录、鉴别和报告的制度，所以，或有负债潜藏的风险容易被忽视，也不易管理。为此，布莱克斯提出了降低或有负债和隐性负债风险的四个原则[②]：

- 像控制直接负债一样控制或有负债，像控制显性财政风险一样控制隐性风险，使政策达到好的效果而不是成为财政调节器；
- 明确承认政府责任的有限性，以抵制市场环境下的道德风险；
- 为公共财政确立制度性安排，为预算、会计、财政计划、报告和监督设定标准，包括或有负债和直接负债，提高财政的审慎性和公平性，将所有或有债务也直接计入相应公共项目中；
- 发展并雇佣专业机构进行评审、调节、控制，从而帮助公共部门和私营机构规避财政风险。

希克认为，防范或有负债可能引发的风险，需要从以下三个方面入手。首先，需要增加或有负债的透明度，尽可能详细和全面地记录此类负债。其次，对此类债务可能导致的风险进行测量。第三，在预算中包括一个关于或有负债的财务报告。[③] 如何将或有负债纳入预算系统？对此，希克提出了四种基本方法（表8-7）：(1) 在预算中包括反应或有负债的背景资料和其他财政风险信息，但是，预算决策主要围绕直接支出和现有支付义务展开；

[①] Brixi, Hana Polackova. 1998. Government contingent liabilities: A hidden risk to fiscal stability. The World Bank Working Paper.

[②] Ibid.

[③] Schick, Allen. 2002. Budgeting for fiscal risk. In Hana Polackova Brixi & Allen Schick. Eds. *Government at risk: Contingent liabilities and fiscal risk*. The World Bank.

(2) 为或有负债而建立独立的平行预算；(3) 将或有负债整合进以现金制为基础的预算中去；(4) 为或有负债形成的成本做预算。①

表 8-7　或有负债的四种管理方法

方法	特点	典型案例
在预算中报告相关信息	有关或有负债的相关信息并不一定出现在预算的估算书中，而是作为辅助资料和信息另外发表出来	对于许多国家来说，只要能够提供有关或有负债的相关信息就算是一个很大的进步
为或有负债建立独立的平行预算（Parallel Budgeting）	政府会单独为或有负债及其相关风险编制平行预算，即与其他政府预算是彼此分离，且相互平行的。这种专门的"或有负债"预算也必须经国会审议通过，授权之后才能成立	1980 年代，美国政府将这种"平行预算"形式引入政府直接和担保贷款项目。这种预算为新的贷款项目设立了总限额，并将总额贷款资金分配给各类指定的特殊项目。但美国政府只将此方法运用于直接的担保贷款项目，而没有应用于其他或有负债项目
将或有负债整合进以现金制为基础的预算	将或有负债的支付与传统现金制预算结合起来。在此方法中，政府从预算中预留出一部分资金，用于支付未来预算年度中可预测的债务损失。或者，利用预算来限制担保总规模或下年度新的担保项目的数量。但最大的缺点是，这种方法可能导致政府为了某种利益而过多或者过少地估算风险损失	荷兰和匈牙利是使用此方法的典型国家。两个国家都使用比较的方法，在担保和直接支出之间建立一定的联系
专门为或有负债的成本进行预算	所有的预算以成本为基础，而不是以现金交换为基础。不管是直接贷款、担保贷款、财政补助金，只要是产生了成本，就必须从政府收益中扣减	1992 年美国开始使用此种方法来估算直接和担保贷款成本。1999 年美国国会通过法案要求美国政府所有担保项目都必须以此为基础

资料来源：Schick, Allen. 2002. Budgeting for fiscal risk. In Hana Polackova Brixi & Allen Schick. Eds. *Government at risk: Contingent liabilities and fiscal risk*. The World Bank. pp. 86–92。本书作者稍作整理。

近几年来，尽管将或有负债（contingent liabilities）风险管理真正纳入

---

① Schick, Allen. 2002. Budgeting for fiscal risk. In Hana Polackova Brixi & Allen Schick. Eds. *Government at risk: Contingent liabilities and fiscal risk*. The World Bank. pp. 84–92.

债务管理范围的国家为数不多，但确实有越来越多的 OECD 国家开始关注或有负债问题。其中，新西兰和澳大利亚两国就是将或有负债纳入债务管理范围的重要国家，它们还分别创立了一套系统来记录和报告政府或有负债情况。① 专栏 8-1 介绍了新西兰的做法。

> **专栏 8-1 新西兰中央政府或有负债管理的相关规定**
>
> 1994 年新西兰中央政府公布了《1994 新西兰财政责任法案》（New Zealands's Fiscal Responsibility Act of 1994），要求中央政府必须在一年内或每半年内，在财政报告中公布或有负债相关数据。定期报告政府或有负债情况被认为是确保政府财政状况良好的根本所在。所有的财政数据和资料，包括或有负债数据在内，都必须提交国会通过，并同时在政府网站上公布。
>
> 新西兰中央政府或有负债的基本情况一般都通过表格形式列示和公布出来。其中，报告或有负债的机构包括新西兰中央银行，国有企业，中央政府的预算机构等。或有负债的内容主要包括四个方面：一是担保和补偿；二是未申请的资产，主要指向国际货币基金组织申请的资金；三是因立法程序或抗辩而引发的债务；四是其他或有负债，包括向政府要求个人伤害赔偿等。
>
> 资料来源：Ma, Jun. 2002. Monitoring fiscal risks of subnational governments: Selected country experiences. In Hana Polackova Brixi & Allen Schick. Eds. *Government at risk: Contingent liabilities and fiscal risk.* The World Bank. p. 407。

根据新西兰 1994 年法案的规定，每年新西兰财政部都必须向国会和社会公布或有负债信息。根据新西兰财政部 1997、1998 和 1999 三年公布的数

---

① Ma, Jun. 2002. Monitoring fiscal risks of subnational governments: Selected country experiences. In Hana Polackova Brixi & Allen Schick. Eds. *Government at Risk: Contingent liabilities and fiscal risk.* The World Bank. p. 405.

据（表8-8），四种主要或有负债的规模就变得清楚起来。①

表8-8 1997—1999 新西兰政府或有负债记录（新西兰币，百万）

	1997年6月30日	1998年6月3日	1999年6月30日
担保和补偿	496	373	541
未申请的资产	2 922	2 250	2 820
因立法程序或抗辩而引发的债务	362	669	464
其他或有负债	1 286	1 203	1 373
或有负债总规模	5 066	4 495	4 902

资料来源：1997、1998、1999年新西兰财政部公布的财政报告。转引自 Ma, Jun. 2002. Monitoring fiscal risks of subnational governments: Selected country experiences. In Hana Polackova Brixi & Allen Schick. Eds. *Government at risk: Contingent liabilities and fiscal risk*. The World Bank. p. 407。

---

① Ma, Jun. 2002. Monitoring fiscal risks of subnational governments: Selected country experiences. In Hana Polackova Brixi & Allen Schick. Eds. *Government at risk: Contingent liabilities and fiscal risk*. The World Bank. p. 407.

第 九 章

赋权型预算

> 法定支出既有损于短期的财政控制,又有损于政府长期稳定及其财政状况。从短期来看,政府要准确估计需要的支出金额和款项,从而缓冲经济状况波动对预算的负面影响是困难的。从长远看,许多国家的预算将会受到由于人口老化而带来的财政压力。
>
> ——艾伦·希克①

20世纪60年代以来,西方发达国家的政府支出飞速增长。其中与养老金、医疗支出、社会保障等相关的社会性支出的增长速度最快。这些支出通常以现金形式直接支付给受益人,而政府行政部门对此类支出的控制和管理权力非常有限。这些用以支持社会福利项目和活动的支出,是通过一种几乎独立于传统官僚预算之外的预算方式实现的,被称为"赋权型预算"或"权利基础的预算"。与传统官僚预算相比,赋权型预算在策略、目标、过程、时间安排、参与者角色等方面均体现出独有的特点。其中最重要的特点是,赋权型预算所确立的项目及其支出规模是经过法律认定的,除非修改相关法律条款,否则任何人也没有权力擅自改变这些项目资金的使用方式、受益群体、支出规模等内容。赋权型预算与社会权利相关,涉及到社会公平问题以及公众对政府的信任与支持。伴随着西方发达国家福利社会的形成和发展,赋权型预算的增长速度和规模已经成为政府实际支出增长的关键性因

---

① [美] 艾伦·希克:《当代公共支出管理方法》,王卫星译,经济管理出版社2000年版,第72页。

素，并且对政府财政赤字规模产生了直接的影响。20 世纪末，西方发达国家开始控制赋权型预算的增长速度，并开始寻找方法来解决因赋权型预算所引发的财政问题。

一、赋权型预算的产生及其发展

"赋权型预算"是一种"以权利为基础的预算"，它的核心和基础是"权利"，即任何符合法律规定条件的公民或法人都可以享受政府（主要是通过政府的特定支出机构）提供的某种福利。[1] 换一个角度，赋权型预算导致的支出是一种"法定支出"。在 20 世纪，这种支出的出现并迅速扩张是与社会福利体系的建立，尤其是福利国家的建设密切相关的。一般来讲，医疗保险、医疗救助、养老金、社会保险是最典型的赋权型预算项目。另外，在一些国家，例如美国，赋权型预算项目还包括退伍军人补贴、失业补偿、联邦政府提供的大学在校生补贴贷款、食品券、学前教育、抵押贷款税收减免、商业资本收益税收减免等。[2]

在 19 世纪末和 20 世纪初，为了缓解市场经济发展和工业化带来的各种社会问题，最早实现工业化的国家开始建立起社会政策体系。不过，在这一时期，社会政策体系提供的只是一种有限的社会福利，国家承担起的社会责任也是有限的。在 19 世纪末期，西方国家的补贴和转移支付支出在 GDP 中的比重只有 1%。即使在这方面处于领先的英国，这一比重也只占 2.2%。而且，社会保险几乎是不存在的。20 世纪 20 - 30 年代的经济大萧条重创了自由市场资本主义。在这一背景下，西方各国纷纷建立起社会保险制度。这使得补贴和转移支付支出在 GDP 中的比重迅速上升到 4.5%，它在公共支出中的比重也从 19 世纪末的 10% 上升到 1937 年的将近 20%。其后，这一支出一直保持增长。到 60 年代，这两类支出占 GDP 的比重已上升到 9.7%，约占公共支出的三分之一。欧洲大陆的西方国家这两类支出占 GDP 的比重

---

[1] Straussman, Jeffrey. 1988. Right-based budgeting. In Irene Rubin. Eds. *New directions in budget history*. Albany: State University of New York.

[2] Blendon, Robert J., et al. 1997. Trends: What do Americans know about entitlements? *Health Affairs* Vol. 16, No. 5: 111 - 15.

普遍都在10%以上，其中奥地利最高。美国和日本原来是比较低的，但在这一时期也大幅度地提高了这两类支出的比重。不过，在这一时期，西班牙削减了这些支出，英国也稍微削减了这些支出的比重。①

从60年代到80年代，随着西方各国进一步扩大社会福利的范围，提高各种福利标准，迈向福利国家，补贴和转移支付支出在GDP中的比重在这一时期提高了一倍以上，平均起来上升到20%以上，相当于政府总支出的50%。在西欧和北欧国家，这两类支出占GDP的比重接近或超过25%，其中荷兰最高，达38.5%；在美国、日本等也保持在10%左右。非常明显的是，在各种权利性支出中，最难控制的就是那些与现存的社会政策体系紧密联系在一起的社会支出，尤其是教育、医疗、养老金、失业救济金等转移支付支出。从1960年到1980年，欧盟国家的社会支出占GDP的比重翻了一倍多，从10%上升到20%以上。② 80年代以来，为了减缓赋权型预算所带来的财政压力，西方各国对各种法定支出的态度开始发生变化，变得越来越不愿意扩张福利计划；一些国家采取了正式的规定，禁止出台各种将会增加赤字增加的赋权型预算计划。③ 在这种背景下，补贴和转移支付支出的增长趋势开始放缓。但是，这些支出仍然在继续增长，它们在GDP中的比重从1980年的21%上升到1995年的23%，略超过政府总支出的一半。在这一时期，真正得到控制的是生产者补贴，新西兰甚至完全取消了这种补贴。但是，转移性支出仍然在增加。尽管一些国家，例如爱尔兰、新西兰、荷兰和比利时，在减少国家在这方面的责任，但是，其他的国家，例如西班牙，则在进一步扩大社会福利支出。④

在发展中国家，赋权型预算的规模一般都比较小。但是，随着这些国家的经济的发展与进步，尤其是随着人均收入的增加，公民对于社会福利的需

---

① ［美］维托·坦齐、［德］卢德格尔·舒克内希特：《20世纪的公共支出》，胡家勇译，商务印书馆2005年版，第40—41页。

② 同上书，第41—42页。

③ Schick Allen. 1998. *A contemporary approach of public expenditure management*. Washington, D. C.: World Bank. pp. 73–74.

④ ［美］维托·坦齐、［德］卢德格尔·舒克内希特：《20世纪的公共支出》，胡家勇译，商务印书馆2005年版，第41—42页。

求就会越来越大。在过渡期的国家也存在相当大的扩大赋权型预算的压力。因为，这些国家正在实行市场导向的改革并处在民主发展的早期，市场化的改革必然会给许多的家庭与个人带来风险和压力，因而它要求政府进行补贴。因为市场化的改革通常伴随着国家财政补贴的减少、物价上涨、私有化或者国有企业关闭，这些都会给家庭带来压力与经济困难。① 总之，随着福利国家建设在全球范围的开展，赋权型支出将可能变成一个全球性的预算问题。

二、为什么需要赋权型预算？

这些年来，赋权型预算的扩张使得政府支出规模的不断膨胀，绝大多数西方国家已充分认识到这种支出的弊端，并开始寻找方法来控制其增长。然而，迄今为止，仍未有哪个国家完全放弃赋权型预算。这或许是因为，赋权型预算有着某些独特的长处，非常适合于福利国家的建设需要。根据怀特的总结，赋权型预算主要有三大优点。②

首先，赋权型预算比较适合于那些可以分割和量化的利益。正如对于某些项目来说官僚预算似乎是更加自然的模式一样，赋权型预算也存在着非常充足的政策理由，尤其对于那些易于分割和量化的利益。因为，对于那些很难分割和量化的利益来说，确定受益人的权利比较困难，在这种情况下，实行一种以权利为基础的预算模式就是不可能的。例如，治安保护等就比较难用赋权型预算的方式来提供。因为，如果决定用赋权型预算的方式来处理治安保护，那么，就必须确定谁是受益者以及应该享受多少利益，而为此就必须能够将治安保护作为一种可以分割的福利，并且要精确地进行测量，从而确定每个符合条件的公民都可以获得的他所拥有的那一部分权利所包含的利益。然而，治安保护是不可以分割的，也是很难准确测量的。因此，对于像治安保护这样的利益来说，由于很难确定它的具体受益人的受益份额，运用

---

① Schick, Allen. 1998. *A contemporary approach of public expenditure management*. Washington, D. C.: World Bank. p. 73.

② White, Joseph. 1998. Entitlement budgeting vs. bureau budgeting. *Public Administration Review* Vol. 58, No. 6: 510－521.

传统的官僚预算来安排是最恰当的。而对于像养老金这样的利益来说，它既是可以分割的，也是可以测量的，因而可以用赋权型预算的方式来供给。①

其次，赋权型预算还是一种能够降低不确定性的制度安排。社会保险是最典型的赋权型预算。设置这些社会保险的主要目的是将风险和不确定性从个人转移到政府。在这种情况下，赋权型预算无疑是一种最好的资助模式。因为，赋权型预算的最大特点就是支出的连续性，也就是说，赋权型预算中的支出是不受年度预算原则制约的，从而就没有必要受制于不断的（一年或数年一次的）预算审查与监督。此外，在赋权型预算下，支出的数量（或相应的官僚机构在这方面的支出）并不受官僚机构的绩效的影响。赋权型预算的这两个特点就使得它能够为受益者提供最大的稳定性和确定性。换一个角度，像社会保险这样的支出，如果用官僚预算的模式来资助的话，这些支出及其所包含的利益（或福利）的数量就必须受制于定期的预算审查（通常是年度预算审查）和官僚机构的绩效，从而对于受益人来说，不仅没有解决原有的不确定性，而且会形成新的不确定性。因此，对于社会福利的支持者来说，赋权型预算就是一种比较合理的提供社会保险的预算模式。②

最后，对于那些政府准备鼓励或奖励的特定行为来说，赋权型预算也是一种比较好的预算模式。例如，为了鼓励人们在军队服务而设置的老兵福利项目；为了鼓励目前就业的劳动者努力工作，为现在退休的人员支付费用而设置的养老金制度。从受益者的角度来说，如果这些福利是由官僚预算的模式来资助，那就无法在长期中保证福利承诺的可靠性。结果是，那些政府鼓励的行为就可能不受重视，相关的供给者也没有足够的动机采用政府所鼓励的那些行为。这主要是因为官僚预算是不连续的，它要受制于定期的预算审查和对官僚机构效率的评估。而赋权型预算则可以保证这种长期承诺的可靠性。③

正是由于赋权型预算的这些优点，使得它非常适合于各种社会政策。实

---

① White, Joseph. 1998. Entitlement budgeting vs. bureau budgeting. *Public Administration Review* Vol. 58, No. 6: 510–521.

② Ibid.

③ Ibid.

际上，公共支出在 20 世纪的膨胀并不单是因为受到"鲍莫尔病"或"瓦格纳定律"等技术因素的影响，更是由政府扩张社会服务的各种明确的政策造成的，这些政策将原来比较有限的社会安全网络扩展成普及性的社会福利体系。20 世纪 60 年代以来，政府支出增长中的绝大部分都是因为政府实施了庞大的社会福利计划，而且一般采取现金转移支付形式。对于这些社会福利计划来说，赋权型预算无疑是最佳的预算模式。在实践中，各国政治家都通过建立、扩大这种能够直接惠及公民个人的赋权型预算项目，向公民做出慷慨的福利承诺，以获取广泛的政治信任和支持。当然，也正是在这个时期，人们对政府信任度大大提高，并普遍认为政府能够解决许许多多的社会问题。[1]

三、赋权型预算带来的挑战

赋权型预算的产生及其扩张对传统的公共预算构成了巨大的挑战。传统预算是一种以"官僚预算"（bureau budgeting）为基础的预算过程，它主要是一种主要服务于行政过程，关注官僚机构和政治决策执行的预算过程。设计这种预算模式的主要目的是：为各种向公众提供服务的官僚机构提供财政资助。官僚预算过程就是这样一个过程：决定向官僚机构提供多少预算拨款。在这个过程中，官僚机构作为具体的支出机构，它的预算要求被看得很重要。然而，赋权型预算与政府传统的预算过程是不相吻合的，它不需要经过传统的以官僚预算过程为基础的传统预算过程，而直接形成于议会内部。而在议会内部，控制赋权型预算过程的是议会内部的各个委员会。在许多国家，例如美国，这些委员会在很多情况下同时承担着授权和拨款两项职能，即同一个委员会既负责设计和通过赋权型预算项目又进行支出审核。[2] 一般的，设立赋权型预算项目必须经过授权委员会，由该委员会通过授权法案予以确认。所以，若要取消或修改某项赋权型预算项目的内容，也必须经授权

---

[1] ［美］维托·坦齐、［德］卢德格尔·舒克内希特：《20 世纪的公共支出》，胡家勇译，商务印书馆 2005 年版，第 30，61，73 页。

[2] White, Joseph. 1998. Entitlement budgeting vs. bureau budgeting. Public Administration Review Vol. 58, No. 6: 510 – 521.

委员会同意。只有经委员会同意,相关的授权法案才能进行相应的撤销或者修改。总之,赋权型预算是一种完全不同的预算决策过程。它在策略、目标、过程、时间安排、参与者角色等方面都与传统的官僚预算不同。

首先,从关注的目标和重点来看,官僚预算同时关注两部分资金的决策:一是保证官僚机构用于提供服务的项目资金;二是与官僚机构正常运行相关的人员经费和公用经费。然而,赋权型预算关注的重点是福利接受者和特殊承诺及其实施情况。为了实现这些承诺,向特殊群体提供相应的直接的福利,赋权型预算必须保证相关机构(比如社会保险管理部门等)能够正常运转,而这些机构的人员经费和绩效则不是该预算模式关注的重点。对于赋权型预算来讲,支出即是服务,赋权型项目所服务的受益者本身就有权利接受已经带有资金的项目服务。然而,传统的官僚预算所考虑的是,如何将有限的财政资金在不同支出部门的不同项目之间进行分配,并且能够实现资金使用的最大效率、效果和效益,而不是以现金或类似现金的形式分发给受益者。当然,对于官僚预算来讲,由于它所涉及的利益难以进行明确的分割,它也不能恰当地直接将资金分配给受益者。[1]

其次,从预算参与者的角度来看,官僚预算的参与者要比赋权型预算的参与者广泛。有关官僚预算的争执,主要发生在立法机构和行政部门之间,所以官僚预算的参与者至少包括立法机构和行政机构。然而,赋权型预算则主要形成于立法部门内部,行政部门对其影响非常小,参与度也很小。控制赋权型预算过程的主要是议会内部的各类委员会。[2] 这意味着,要控制这种法定支出的增长,需要在一定程度上限制议会在预算领域的权力,尤其是限制制定各种社会福利计划并以法律的形式通过的权力。[3]

第三,从预算过程来看,官僚预算遵从近乎程序化的预算过程,而赋权型预算是以权利为基础的,不一定遵从这种程序化的过程。长期以来,围绕着官僚机构的预算,已经形成了一种近乎程序化的预算过程。在这个程序化

---

[1] White, Joseph. 1998. Entitlement budgeting vs. bureau budgeting. *Public Administration Review* Vol. 58, No. 6: 510 – 521.

[2] Ibid.

[3] Von Hagen, Jorgen. 1992. Budgeting procedures and fiscal performance in the European Community. Economic papers 96, Commission of the European Communities.

的预算过程中，存在着多对博弈，充斥着纷繁复杂的博弈过程。第一对博弈发生在政府内部，即负责申请预算的官僚机构与负责审批各部门预算的核心预算机构之间的讨价还价。一般来说，申请预算的官僚机构倾向于要求在前一年预算拨款之上增加一个适中的比例，而核心预算机构通常是财政控制导向的，一般倾向于怀疑官僚机构的预算要求，从而会抵制官僚机构的扩张倾向。第二对博弈发生在立法机构和政府之间。由于立法机构掌握着政府总预算申请的审批权，所以为了控制政府及其各个官僚机构获得更多拨款的冲动，立法机构通常都会对政府提交的预算草案进行削减。然而，这两对博弈之间并非相互孤立的，在某些情况下，它们是相互联系的。比如，申请预算的官僚机构，如果面对核心预算机构的支出削减，也可以在议会或者政府首脑处获取支持。官僚机构能否成功地获得它所期望的预算拨款取决于官僚机构的战略、它的负责人的政治技巧、支出项目与议员的政策偏好一致的程度。预算过程的这些特征已经程序化了，这使得预算具备了一种稳定性和可预测性。[1] 在一定意义上，传统官僚预算过程的程序化特点，体现了各种利益之间需要不断权衡的现实要求。在各种支出项目之间进行某种权衡是预算的本质。然而，赋权型预算却通过立法程序将某个或某几种利益固定化，预先剔除了在利益之间进行权衡的条件。除非相应的法律已经作废，权利是不能被否定的。如果权利不能被否定，那么，该项权利应该享有的预算额度也不能被否定。从公共预算的传统观点来看，在某种程度上，赋权型预算是预算的"天敌"[2]。

第四，从预算控制程度来讲，官僚预算强调预算控制和机构绩效，而赋权型预算则不关注预算的控制问题。在官僚预算中，预算控制实际上是一个关于官僚机构的绩效和行为取向的问题：官僚机构是否会恰当地运用资金？议会、政府首脑和机构的负责人是否控制着支出项目？即使后来的预算体系在控制之上增加了管理、计划或政策的职能，预算过程本身仍然是以官僚机

---

[1] White, Joseph. 1998. Entitlement budgeting vs. bureau budgeting. *Public Administration Review* Vol. 58, No. 6: 510–521.

[2] Straussman, Jeffrey. 1988. Right-based budgeting. In Irene Rubin. Eds. *New directions in budget history*. Albany: State University of New York Press.

构的预算为基础的。在过去的几十年里，公共预算经历了多次改革。无论哪种改革，加强对预算资金使用的控制，一直都是核心问题。这些改革唯一的区别在于，不同的预算模式要求官僚机构的预算侧重于不同的方面。分项列支预算关注于官僚机构的投入或成本，绩效预算关注于官僚机构的产出，计划—项目预算关注于官僚机构供给的产出的合理性（即政策本身的合理性），新绩效预算关注于官僚机构的产出和结果。换言之，在官僚预算下，真正重要的问题是，获得预算拨款后，官僚机构将用这些拨款来实现什么。①

传统的以官僚机构为基础的预算理论和实践非常关注三个问题：强制性的赤字、支出细化的详细程度、在预算决策中存在的投入导向和项目导向之间的冲突。强制性的赤字是指官僚机构会在预算年度结束之前用完它们的拨款，在这种情况下，如果没有进一步的预算拨款，该机构将无法履行其职能。此时，议会就只好向这些官僚机构提供新的资金，从而被迫出现赤字。为了对付这种强制性的赤字，预算领域发展出了一些制度安排：（1）要求官僚机构在它们的预算拨款限度内进行支出，官僚机构的负责人在项目支出决策上的自由裁量权可以而且应该受到可获得的预算拨款的限制。（2）分期拨款制度，即由一个专门的预算控制机构在一个较短的时间内将议会同意提供的预算拨款分批分期地拨给各个官僚机构。在以官僚机构为基础的预算下，这种强制性的赤字是一个非常重要的问题，是官僚机构在支出领域采取机会主义行为的最好的例子。②

然而，在赋权型预算中，这些问题都不再有意义。③ 从赋权型预算的角度来看，无论如何选择预算模式——分项列支预算、绩效预算、计划项目预算、零基预算还是新绩效预算，这些以官僚机构为基础的预算模式都是传统的。比如，在传统的以官僚机构为基础的预算体系下，支出的细化程度是一个非常重要的问题。分项列支预算要求非常详细的支出分解，其他的理性预

---

① White, Joseph. 1998. Entitlement budgeting vs. bureau budgeting. *Public Administration Review* Vol. 58, No. 6: 510–521.

② Ibid.

③ Ibid.

算模式则不然，它们所要求的支出分行的详细程度比较低。但是，对于赋权型预算来说，这根本不是一个重要的问题。正如怀特教授指出的，"一个赋权型预算项目的规则就是项目的规则；它们不是在较高或较低的详细程度上来提供资助"①。另外，强制性赤字问题在赋权型预算过程中也是不存在的。在赋权型预算下，如果一个管理赋权型预算的官僚机构的支出超过它的预算拨款，那么这种预算赤字的出现主要不是因为官僚机构在支出决策中采取了机会主义行动，而是由于：（1）该官僚机构向错误的受益人支付了过多的拨款，这通常是因为该机构误用了法律，而这种错误是不应该发生的，无论可用的预算拨款是多少，也无论最后的支出是多少；（2）最初的估计是错误的。如果由于这种估计错误导致官僚机构的支出超过了预算，这种赤字的出现并不是因为官僚机构强迫或者操纵议会而造成的。② 正是由于赋权型预算完全区别于官僚预算，所以，以官僚预算为出发点的渐进预算模型也无法解释赋权型预算的存在。③ 怀特甚至认为，以权利为基础的预算从根本上讲是不同于传统的以官僚机构为基础的预算，赋权型预算意味着传统的以官僚机构的预算决策为基础的官僚预算已经衰退。④

第五，从预算时间和联系性来看，官僚预算是非连续的，而赋权型预算则呈现出很明显的连续性。无论是一年预算还是多年预算体系，官僚预算的一个特点就是它是不连续的，官僚机构的预算通常每年都要受到预算审查。即使是实行了多年期预算，官僚预算非连续性的本质仍然没有改变。因为，多年期预算只是将审查的时间从一年改为几年。这种非连续性使得传统的官僚预算是可以控制的。然而，在赋权型预算中，项目的受益者实际上被赋予了一定数量的预算的权利，支出就是这些服务的总和。因此，赋权型预算的支出一般不受定期的预算审查制约，实际的预算支出完全取决于有多少公民

---

① White, Joseph. 1998. Entitlement budgeting vs. bureau budgeting. *Public Administration Review* Vol. 58, No. 6: 510–521. p. 513.

② Ibid.

③ Rubin, Irene. 1988. Introduction. In Irene Rubin Eds. *New Directions in Budget Theory*. Albany: State University New York Press.

④ White, Joseph. 1998. Entitlement budgeting vs. bureau budgeting. *Public Administration Review* Vol. 58, No. 6: 510–521.

和组织申请该种"权利",有多少公民和组织符合相关的法律规定的条件,以及通货膨胀等因素。①

最后,从官僚机构在预算支出中所承担的角色来看,在官僚预算过程中,官僚机构是预算关注的重点,也是服务的生产者或者组织者,而在赋权型预算过程中,官僚机构只是一个转移支付机构而不再是一个生产机构,尽管仍然有官僚机构在管理这些赋权型项目。传统的以官僚机构为基础的预算体系非常关注预算决策中存在的投入导向和项目导向之间的冲突。这主要是因为官僚机构一般被看成一个生产或组织生产公共服务的机构,官僚机构在投入了一定的资金和劳动力之后就会生产出一定数量和质量的服务。从预算的角度出发,预算拨款就是官僚机构的投入。对于预算体系来说,一个根本的问题就是,预算体系到底是应该关注预算投入还是这些预算投入的产出、结果以及效率。在公共预算发展的早期,预算体系主要关注预算投入,以后逐步关注产出、效率和结果。但是,这个在传统的官僚预算中十分重要并且争议不断的问题在赋权型预算下却是没有意义的。②

可见,赋权型预算很难整合进传统的预算过程,尤其是它具备很强的"硬约束"特点,一旦确立必然形成刚性支出。这就给总额控制带来了巨大的困难。首先,对赋权型预算的支出实行制约要比对官僚预算中常见的消费支出或投资支出实行制约困难得多。因为,消费支出和投资支出的数额一般是确定的,并且受到年度预算拨款额的限制;而赋权型预算涉及的支出数额一般是不确定的,主要取决于当时申请该项利益(或权利)的个人与组织的数目以及他们具体申请的利益额度。这就意味着,最后由于赋权型预算所导致的支出常常受到外来因素的影响,特别是经济和政治环境的推动,而不受直接的预算行动所左右,不受年度预算拨款所限制。正如希克教授指出的,"对于许多赋权型支出来说,预算主要用来记录将要支出的款项;对于消费和投资项目来说,预算决定将有多少钱可以支出"③。所以,赋权型预

---

① White, Joseph. 1998. Entitlement budgeting vs. bureau budgeting. *Public Administration Review* Vol. 58, No. 6: 510 – 521.

② Ibid.

③ Schick Allen. 1998. *A contemporary approach of public expenditure management*. World Bank: Washington, D. C. p. 72.

算既会损害短期的财经纪律,也不利于政府长期稳定其财政状况。因为,"从短期来看,政府要准确估计需要的支出的金额和款项,从而缓冲经济状况波动对于预算的负面的(或者不希望的)影响是困难的。从长远来看,许多国家的预算将会受到由于人口老化所带来的财政压力,特别是在老年的养老年金和医疗卫生方面"[1]。

其次,赋权型预算容易鼓励政治家对公共收入采取掠夺性的支出行为。在赋权型预算下,由于所有的支出都是某种不能否定的法律创设的"权利","这些权利并不会因为政府支付能力有限或者不愿支付而受到削弱,也不会因为其他的预算申请而受到削弱"[2],因此,所有的受益人及其代理人都会采取一种掠夺性的策略,从而使得公共收入比较像"公共资源"。在典型的"公共资源"情况下,每个成员都对公共资源拥有产权,因此,每个成员都可以从这个公共资源中获取收益。而且,当别人都在从该资源中汲取最大化的收益的同时,对于每个成员来说,最优的策略就是从公共资源中获取最大的份额。当所有的成员都采取这样的策略时,公共支出总额就会不断地攀升。此外,在一般的"公共资源"下,每个成员的汲取程度是不一样的,某个成员得到的东西,其他人就未必能够得到。然而,在赋权型预算下,人们领取的赋权型预算支出是一种普遍的待遇,某个人或组织得到的利益,其他的符合条件的个人或组织也能得到。[3] 这也进一步强化了赋权型预算下的掠夺性支出的冲动。最后,也是最麻烦的,一旦赋权型项目确立后,若政府想控制这种支出的膨胀,只能采取两种政治上极其不受欢迎的办法:取消以前创设的福利;缩小福利范围或削减福利水平。[4]

总之,赋权型预算项目一旦被确定下来,无论政府财政收入是否充足,某项既定的法定权利都必须长期获得资金保障。这就给各个建立福利国家的政府的支出控制带来了极大的挑战。自 20 世纪 50 年代以来,在西方国家,赋权型支出在总预算支出中的比重一直在上升。以美国为例,自从 1935 年

---

[1] Schick Allen. 1998. *A contemporary approach of public expenditure management.* Washington, D. C.: World Bank. p. 72.

[2] Ibid., p. 73.

[3] Ibid.

[4] Ibid., pp. 73 – 74.

通过《社会保障法案》以来,尤其是自 1945 年政府范围逐步扩大,以权利为基础的预算项目就逐渐成为公共预算中一个非常重要的部分。从 1940 年到 1986 年,美国政府在赋权型预算项目下支付给个人的福利支出一直在攀升。每年支付给每个个人的福利总数占总预算支出的百分比在 1940 年是 18%,在 1950 年是 32%,在 1960 年是 26%,在 1970 年是 33%,在 1980 年是 55%,在 1986 年是 45%。[①]

四、控制赋权型支出

尽管赋权型预算能够确保福利承诺的可靠性,但是,随着赋权型预算在总预算中的规模逐步扩大,它所带来的问题也就越来越突出。赋权型预算引发的财政支出膨胀和财政赤字扩大的并发症,使得越来越多的国家和政府开始思考:这种与某个特定利益直接相关的政策选择,是否实现了让应受益者真正受益的目的?在支出规模无限扩大,而收入增长缓慢的现实中,赋权型预算究竟是不是一种可以接受的预算模式?如果放任这种类型的支出继续扩大,财政是否可以持续?20 世纪 80 年代,预算专家凯顿就警告说,由于这些权利型的支出具有缺乏弹性、不可预测进而不可控制等特点,它的出现已经对传统预算制度构成挑战。[②] 她因此指出,我们或许开始进入一个新的预算阶段——"超预算时代"。希克也担心,如果不对这种权利型支出进行控制,现代公共预算究竟有无未来,也是一个值得担忧的问题。[③]

正是由于赋权型支出带来了这些致命的问题,所以,这些年来,西方各国都在开始改革赋权型预算,试图控制赋权型支出的膨胀,恢复财政可持续性。一些国家直接地通过正式的规定来禁止将会使赤字增加的赋权型项目的

[①] Straussman, Jeffrey. 1988. Right-based budgeting. In Irene Rubin. Eds. *New directions in budget history*. Albany: State University of New York.

[②] Caiden, Naomi. 1988. Shaping things to come: Super-budgeters as heros (heorines) in the late-twentieth century. In Irene Rubin. Eds. *New directions in budget history*. New York: State University of New York Press. Caiden, Naomi. 1989. A new perspective on budgetary reform. *Australia Journal of Public Administration* Vol. 48, No. 1: 51 – 58.

[③] Schick, Allen. 2002. Does budgeting have a future? *OECD Journal On Budgeting* Vol. 2, No. 2: 7 – 48.

通过。例如，美国在1990年开始实行"量入为出"的做法，规定任何增加赋权型项目的立法必须由削减其他的赋权型项目或者增加财政收入作为补偿，以提高增设新的赋权型项目的难度。[①] 最近，希克总结了工业国家采取的控制赋权型支出的六种方法。[②]

- 剥夺权利

剥夺当前或者未来的受益者的权利。这是一种最简单也是最古老的方式，但是，实施起来会面临很多政治上的困难。具体的方式包括：通过法律终止受益者的合法权利或者使赋权型项目的支付依赖于定期审查的预算拨款。这种方法的优点是，使得权利型支出也要受预算决策的约束，并且取决于政府的支付能力。它的缺点是，将削弱政府在收入再分配上的作用，并使得政府不能及时、有效地为存在各种经济困难的公民提供帮助。

- 受益者自动放弃

将政府的福利计划转化为私人计划，从而减少政府的财政义务。具体的做法是引导公民参加私人经营的保险计划而自动放弃某些权利。这种方法的优点是能够将市场刺激引入赋权型项目的设计与管理当中，也有助于降低政府的财政风险。它的缺点是存在逆向选择的风险，那些经济能力非常脆弱的受益者一般都继续选择政府的福利计划，因为这是一种最安全的保障方式。此外，私营的保险机构常常会破产，这也是许多赋权型项目的受益者所担心的。一旦私营保险机构破产，政府就不得不在道义或法律上承担起提供社会保险的义务。

- 设置支出限额

政府在赋权型预算上的拨款总额是有限制的，超出这个限额的支出必须由政府或立法机构另外做出专门的决定。这种方法的优点是，迫使赋权型项目与其他的预算要求一起竞争资金，而且能够有助于控制超支。它的缺点是，其他的预算要求（比如政府的行政费用）可能会阻碍赋权型预算获得足够的资金，从而影响政府供给社会保险的能力。同时，由于政治或者技术

[①] Schick, Allen. 1998. *A contemporary approach of public expenditure management*. Washington, D. C.: World Bank. p. 74.

[②] Ibid., p. 75–76.

的原因，执行这种支出限额可能比较困难。

- 与指数脱钩

预算拨款额度是固定的，不随通货膨胀调整。在这种情况下，赋权型预算拨款额的增加就不再是自动的，而必须根据政府的财政状况和预算决策来决定。不过，这种方法也存在很大的缺点，即拨款的实际值将会由于通货膨胀而减少，从而使得低收入的受益者受到不利的影响。

- 明确领取福利支出的对象

福利不再是面对所有公民的。在赋权型预算的福利支付实际发生之前，要调查受益者的家庭经济状况，然后确定领取福利支出的对象。这种方法的优点是，它有效地缩小了政府供给的社会保险的受益范围，从而可以将稀缺的资源提供给最需要帮助的受益者，并且有助于减少政府的福利负担。它的缺点是，将削弱某些公民对于社会保险的政治支持，也会削弱普遍福利的公共理念。

- 对福利进行征税

虽然福利拨款是面对全体公民的，但是，政府将对福利受益者获得的福利征收所得税。这种方法的优点是，可以减少政府的福利负担与支出。这一点与明确领取福利支出对象的方法一样。但这种方法也有缺点，即边际税率对于某些福利的受益者来说是很高的，这样反而阻碍了他们从事增加自身收入的工作或活动。

总而言之，由于赋权型预算是一种独特的以权利为基础的支出，它能够轻而易举地突破财政总额控制，而且必然会不断攀升，导致财政支出膨胀和财政赤字不断堆积，最终使得财政失去可持续性。此外，西方国家建立福利国家的历史也表明，尽管各国最初建立社会福利体系并不断扩大福利体系的覆盖范围、提高福利水平的初衷都是希望这样可以实现社会公平，进而实现社会稳定。但是，根据坦齐对西方主要发达国家政府规模、补贴和转移支付资金规模与社会稳定等指标之间的比较研究可知，"大政府"或者盲目地增加赋权型支出并不必然导致社会稳定水平的提高，也并不一定能够让穷人获得更多的利益，实现政治公平目标。所以，他们明确指出，通过增加公共支出来促进经济和社会指标的改善似乎是不可能的；但是，通过制定明智的政策，政府可以用低得多的公共支出水平来实现同样的社会经济目标。① 希克也指出，尽管赋权型项目及其支出仍然是各国政府预算的重要组成部分，但在今后二十年里，各国都应该尽力寻找将赋权型预算纳入总额控制的方法和策略。并且，公共预算今后需要关注的不仅仅是支出的总规模，还应包括支出的绩效。②

---

① ［美］维托·坦齐、［德］卢德格尔·舒克内希特：《20世纪的公共支出》，胡家勇译，商务印书馆2005年版，第123—144页。
② Schick, Allen. 1998. *A contemporary approach of public expenditure management.* Washington, D. C.: World Bank. p. 78.

第三篇

配置效率

第 十 章

传统预算

> 传统预算继续存在……是因为它比像计划项目预算、零基预算以及指数化的赋权型预算这些现代的替代选择更简单、更容易和更可控。
>
> ——Arron Wildavsky[①]

19世纪建立现代公共预算时,各国的预算制度仍处于早期发展阶段。当时,各国的主要任务就是建立一种便于控制的公共预算制度,防止决策者将公共资金用于私人目的。为此,就需要一种预算方式,能够全面而且详细地列出各项资金的使用去向。在这种背景下,各国都采取了分项列支的预算格式,根据一个详细的预算科目体系分解政府各个部门的资金,详细地罗列政府的各项支出。在此基础上,逐渐发展出一种极其流行的预算决策模式——以"基础加增长"为特征的渐进预算。这种预算模式的优点和缺点都非常突出。其优点是非常便于对预算投入进行控制,其缺点是不利于实现资源配置效率。从20世纪50年代开始,历次预算改革都希望建立更加理性的预算决策模式来取代传统预算。然而,这种传统的、分项列支的预算模式,其生命力却异乎寻常的顽强。

---

① Wildavsky, Aaron. 1978. A budget for all seasons? Why the traditional budgets lasts. *Public Administration Review* Vol. 38, No. 6: 501–509.

一、分项列支预算

传统预算模式是控制导向的，主要关注公共资金是否存在滥用，政府机构的支出行为是否恰当，是否将拨款支出到了事前规定的用途，是否按照事前规定的方式进行支出。而且，由于各个政府机构所购买的产品和服务大同小异，所以也可以设计出一种通用的会计分类，既能适用于所有政府机构，又能让审计人员用统一的标准评估所有部门的支出。[①] 因此，在传统预算时期，各国政府采用的都是一种"分项列支预算"（line-item budget）或者"支出用途预算"（objectives of expenditure budget）。在这种预算模式中，根据详细的预算科目体系，部门资金被分解到各个具体的支出科目，并被详细地分行罗列出来。每一行就是一个支出科目，表明具体的资金用途，对应着申请的或者可使用的资金数量。通常情况下，分项列支预算是按政府部门来组织编制的。[②]

分项列支预算主要关注预算支出的特定用途，它的目标是对预算投入（即资金）进行严格的控制，其具体做法是将支出详细地科目化，对购买和雇佣实行严格的集中控制，严格监督支出机构的支出行为。[③] 首先，从预算技术上看，这是一种功能预算，它首先将财政信息按照主要的组织单位（如农业部）分类，然后再按其内部的组织单位（如农业部下的各个部门）分类，接着，支出通常按预算或会计科目进一步分解，常常包括人员经费、公务费、各种职能性支出等。[④] 在分项列支预算中，各种成本科目被建立起来记录所有的支出，通过一个拥有详细的信息备份的簿记系统，确保所有的

[①] Denhardt, Robert B., & Joseph W. Grubbs. 1999. Public administration: An action Orientation (3rd). Harcourt Brace College Publishers. p. 171.

[②] Ibid. MacManus, Susan. 1998. Budget format. In Jay Shafritz. Eds. International encyclopedia of public policy and administration. Colorado: Westview Press. p. 253.

[③] Gordon, George, & Michael Milakovich. 1998. Public administration in America. New York: Bedford/St. Martins. p. 312.

[④] Kettl, D. 1992. Deficit politics. New York: Macmillan Publishing Company. p. 69.

支出都符合法律和预算的规定。① 其次，由于人事成本（工资、雇员福利等）通常占了预算的一半以上，因此，传统分项列支的预算一般都非常重视人员数量的变化，并且常常将政府部门雇员的变化纳入预算考虑。这就将预算控制和编制控制结合起来。② 第三，分项列支预算一般不允许将某一预算科目的资金转移到另一预算科目中使用。当然，在某些特殊的情况下，这种资金转移并没有被完全禁止，但是这种资金转移或调剂必须遵从严格的条件与程序。为了有效地监督支出机构的支出行为，分项列支预算特别强调会计控制——即以系统的方式对收支进行记录、查账，同时也非常强调财务会计的完整和真实。③ 自19世纪以来，这种分项列支预算被广泛运用，对政府行为产生了很大的影响。

不同的政府可能对于政府支出（即生产公共服务的投入）有不同的分类方式，不同的国家也常常采用不同的预算科目体系将资金详细地分解为大量的支出明细。但是，每个政府机构的支出用途一般分为以下几类④：

- 个人服务成本：用来支付雇员相应的服务工作成本，因为雇员为维持机构运行做出了一定的贡献，包括工资、加班费以及其他直接支付给雇员的费用；
- 雇员利益：政府机构在工资外支付给雇员的额外优惠和福利所导致的成本，包括养老金、医疗保险等；
- 服务购买支出：政府机构购买机构运行所需的各种服务支付的资金，包括维修费、公共设施使用费、租金等；
- 商品购买支出：为维持政府机构正常运行而购买的各种商品而导致的

---

① Starling, Grover. 1982. *Managing the public sector*. Homewood: The Dorsey Press. p. 252.

② Denhardt, Robert B., & Joseph W. Grubbs. 1999. *Public administration: An action Orientation* (3rd). Harcourt Brace College Publishers. p. 171.

③ Starling, Grover. 1982. *Managing the public sector*. Homewood: The Dorsey Press. p. 252. Gordon, George, & Michael Milakovich. 1998. *Public administration in America*. New York: Bedford/St. Martins. p. 312.

④ MacManus, Susan. 1998. Budget format. In Jay Shafritz. Eds. *International encyclopedia of public policy and administration*. Colorado: Westview Press. p. 254.

支出，如办公用品、设备维修等导致的支出；
- 资本性支出：购买、获得或建造超过一定数额的某一资本品时必须支付的费用（如美国佛罗里达州的一个城市政府规定，只有单位成本超过$100以上的支出才能算作资本性支出）；
- 资金转移：即资金从某一支出科目转到另一支出科目时涉及的资金数量。

表 10-1 提供了美国佛罗里达州一个城市政府从 1990 年到 1993 年分项列支预算的总体情况。表中列示了该市政府所有部门的营运基金的分项列支总预算。每个部门的预算格式与这种预算格式保持一致，只是更加详细，而每个科目具体的支出数额会比较小。从表中数据可以看出，人事成本的确占有非常大的份额。另外，其中也包括某些资金转移。而且，资金的转移在该城市政府预算中只占很小的比例。

表 10-1 分项列支预算：所有部门加总

	1990年实际数	1991年实际数	1992年预算	1993年预算
个人服务	72 300	77 220	79 160	83 806
雇员利益	25 174	27 437	29 596	31 931
服务购买支出	63 722	67 869	72 340	70 940
商品购买支出	9 401	8 843	11 152	10 605
资本性支出	5 668	5 736	5 291	5 306
资金转移	7 983	8 179	7 965	6 017
营运基金之间	8 594	13 622	10 130	9 922
到资本投资基金	9 660	8 774	9 536	7 241
到支付债务的基金	304	2 404	343	1 351
到准备金户头的基金 到其他基金	2 490	1 879	2 235	1 841
其他	306	0	380	0
总数	204 990	221 963	228 128	228 960

资料来源：MacManus, Susan. 1998. Budget format. In Jay Shafritz. Eds. International encyclopedia of public policy and administration. Colorado：Westview Press. p. 254。

二、渐进预算

传统预算模式希望通过严格控制各个部门的资金使用来促使各个部门在财政上对公民负责,防止决策者滥用权力,将公共资金用于私人目的,因此,传统预算决策的重点是预算投入。传统预算模式主要关心预算投入是否存在滥用权力,支出是否符合预算并遵守政府的各种规章制度,而不是预算投入使用后生产了什么,更不是生产出来的服务是否是社会所需要的。在传统预算模式下,对于预算资金的需求是自下而上形成的,预算决策是按照基数加增长的模式做出的。一般的,支出部门提出自己的预算要求,并且主要是新增预算的要求,核心预算机构对这个增量预算要求进行审查,对于预算基数则一般不进行审查。因此,在传统预算模式下,决定资源如何配置的预算决策是以预算基数为基础的,预算增量部分的决策主要取决于政治上的讨价还价。当然,预算基数的形成和维持也依赖于政治上的讨价还价。在政治出现剧烈转折的时候,预算基数也会出现变化。正如希克指出的,在这种预算模式下:

> 预算是一个分配过程而不是一个再分配的过程。政府内部的冲突很少发生,因为一般都避免在政府范围内此增彼减的权衡发生;胜利者是通过要求增加新的资源而受益,而不是从那些已经获得了预算的人手中夺取资源。相互间的优先顺序是通过对预算的各个部分给予不同的增长比例来重新安排的。[①]

由于分项列支预算的关注点是预算投入的控制,即预算资金是否按既定的方式和目的支出了,而不考虑支出本身是否必要。因此,前一年的预算基础一般不会受到质疑和挑战。每个支出科目的成本一般是建立在部门或者机构预算基数以及预期变化之上的。其结果是,在分项列支预算下,从一个预

---

① 此处译文直接引自王卫星的译本,参见〔美〕艾伦·希克:《现代公共支出管理方法》,王卫星译,经济管理出版社2000年版。

算年度到另一个预算年度，在支出模式上，只会出现一些微小的和渐进的改变。① 因此，这一时期盛行的是渐进预算模式。

1964 年，瓦尔达沃夫斯基（Wildavsky）根据对美国联邦预算的研究，发表了《预算过程的政治》这一经典著作。在此书中，瓦尔达沃夫斯基最早从理论上总结和分析了渐进预算模式。他指出，公共预算是而且应该是渐进的，即在现有的预算基数之上，各个部门再增加一个公平的份额。对于瓦尔达沃夫斯基来说，渐进预算模型的理论逻辑是：由于预算决策过程是渐进的，因而预算结果也是渐进的。正如贝雷指出的那样，渐进主义模型意味着决策过程决定了资源配置的结果，而没有考虑外在因素（如公共舆论的改变、支出机构运用策略来增加它们在新资金中的份额以及资源的减少）对预算决策进而对预算结果的影响。② 同时，瓦尔达沃夫斯基的渐进预算模型也有其规范性的一面，即认为多元政治和渐进预算是最好的政治决策和预算决策模式。在他看来，渐进预算使得多元政治中各种各样的群体利益都可以通过稳定的基数找到一个影响资金分配的渠道，进而影响预算决策，因而是一种在竞争的预算要求之间配置资源的最好的预算决策模式。

这些年的研究发现，渐进预算理论既具有很多经验事实支持，又存在一些不支持的证据。1966 年，戴维斯、德姆普斯特和瓦尔达沃夫斯基（Davis, Dempster & Wildavsky）经验性地验证了这一理论。在最初的模型中，他们假定了八个等式来解释决策参与者所持的决策原则，如用来计算预算请求的规则和国会投票决定拨款的决策原则。他们发现这些原则的运用过程和结果都是渐进的。后来，瓦尔达沃夫斯基和德姆普斯特（Dempster & Wildavsky, 1986）进一步评估了这项验证，在加入了计量经济学模型后，他们发现渐进预算模型具备非常好的预测能力。自渐进预算理论诞生以来，许多学者研究了美国各级政府以及其他国家、国际组织的预算实践。这些研究都发现，渐进预算是一种普遍采用的预算决策模式。夏坎斯基（Sharkansky, 1965,

---

① MacManus, Susan. 1998. Budget format. In Jay Shafritz. Eds. *International encyclopedia of public policy and administration*. Colorado: Westview Press.

② Berry, William. 1990. The confusing case of budgetary incrementalism: Too many meanings for a single concept. *Journal of Politics* Vol. 52, No. 1: 167 – 196.

1968）和安东（Anton，1966）的研究发现，渐进预算模型能够很好地解释美国州政府的预算情况。克雷森（Crecine，1967）将对该理论的检验推广到城市政府的预算，同样也发现渐进预算模型有一定的解释力。不过，他注意到了一个重要的前提：渐进预算要受到财源的限制。杰文（Gerwin，1969）在学区政府预算中也发现了渐进预算。寇沃特等人（Cowart et al.，1975）将理论检验扩展到挪威的预算实践，也发现了很多支持渐进预算理论的经验证据。胡勒等人（Hoole et al.，1976）发现，在联合国、世界卫生组织、国际劳工组织这些国际组织中，预算过程都是遵循着渐进决策的规则[1]。

然而，这些年来，渐进预算理论受到的批评越来越多。首先，有些研究者指出，渐进预算模型只是描述了某一个历史时期。[2] 由于硬性规定了的赋权型预算、财政赤字和不断的预算改革，政府预算已经不再是渐进的。从某种意义上说，由于从20世纪30年代开始，西方各国政府不断地进行预算改革，这些改革都使得传统的分项列支预算的地位从根本上受到了挑战。其次，渐进预算模型的规范性假设也受到了批评，该假设认为多元政治和渐进预算是最好的政治和预算决策模式。例如，希克批评渐进预算理论过于敌视理性决策，也太过于支持现存的多元政治过程。[3] 鲁宾则指出，渐进预算过程为各种社群利益提供的多个入口并不能保证它们都能进入影响预算结果的协商过程，也不能保证它们都能对预算决策产生同等的影响。[4]

尽管渐进预算是传统预算模式下最普遍采用的预算决策模式，但是，通

---

[1] 以上文献转引自 LeLoup, Lance T. 1978. The myth of incrementalism: Analytical choices in budgeting theory. *Polity* Vol. 10, No. 4: 488 – 509。

[2] Rubin, Irene. 1989. Aaron Wildavsky and the demise of incrementalism. *Public Administration Review* Vol. 49: 78 – 81. Schick, Allen. 1983. Incremental budegting in a decremental age. *Policy Science* Vol. 16: 1 – 25. Schick, Allen. 1994. From old politics to budgeting to the new. *Public Budgeting & Finance* Vol. 14: 135 – 145.

[3] Schick, Allen. 1966. The road to PPB: The stages of budget reform. *Public Administration Review* Vol. 26 (December): 243 – 258. Schick, Allen. 1969. System politics and system budgeting. *Public Administration Review* 29: 137 – 150.

[4] Rubin, Irene. 1988. Introduction. In Irene Rubin Eds. *New directions in budget theory*. Albany: State University New York Press.

过研究贫穷国家的预算模式,凯顿和瓦尔达沃夫斯基发现预算环境影响预算模式的选择[①],渐进预算只存在于某一类预算环境中,在另一些预算环境中,渐进预算模式无法存在。在他们的分析框架中,预算环境有两个非常重要的纬度:富裕程度和可预测性。将这两个纬度结合起来,就存在四种预算环境。在不同的预算环境中,预算决策将碰到不同的问题,从而呈现出不同的特点,最后导致不同的预算模式(表10-2)。

表10-2 预算环境与预算模式

富裕	贫穷
渐进预算	收入预算
政治不确定性使得交替出现渐进预算和重复预算 某种政治文化的组合导致重复预算	重复预算

资料来源:Wildavsky, Aaron. 1986. *Budgeting*: *A Comparative theory of budgeting processes*. Transaction Publishers. p. 19。

当预算环境是富裕的而且具有预测的确定性时,一方面由于每年财政收入都在上升,这就为基数加增长提供了物质基础;另一方面,核心预算机构一般比较容易在预算执行过程中履行预算承诺,按照批准的预算和预算执行计划或者用款计划向支出部门拨付资金。在这种情况下,部门也就没有动机去放弃基数加增长的预算模式,渐进预算就会成为一种普遍的预算决策模式。然而,在一个预测充满不确定性而且贫穷的预算环境中,一方面没有足够的资金来支持皆大欢喜的"基数加增长"这种预算模式;另一方面,核心预算机构也很难在预算执行中兑现自己曾经作出的预算承诺,例如,一些原来预计将会获得的收入未能及时或如数收到,甚至会完全消失,一些原来没有预计到的支出也会突然出现。例如,在许多贫穷国家,剧烈波动的汇率和持续的通货膨胀都会使得收入预测难以准确,甚至毫无意义。在这样的环境中,核心预算机构就很难履行它自己曾经作出的预算承诺,即按时向支出部门拨付承诺的预算资金。在这种预算环境中,渐进预算模式也无法运行,

---

① Caiden, Naomi, & Aaron Wildavsky. 1974. *Planning and budgeting in poor countries*. New York:Wiley, John & Sons, Inc.

"预算消失了",变得毫无意义,占据主导地位的预算决策模式就会变成一种"重复预算"(repetitive budgeting),即在预算年度中不断地做出资金分配决策,每获得一笔资金再分配一次。①

在《预算过程政治》的最新版《预算过程新政治》中,瓦尔达沃夫斯基和凯顿在研究了美国20世纪的预算史后,将渐进预算纳入经典预算时代。这个时期,由于美国社会在诸如美好社会是什么、政府应该在这个美好社会里扮演什么角色等基本问题上存在着共识。因此,渐进预算就成为主导性的预算模式。在存在共识的政治环境中,所有政治力量都不会要求调整既得利益分配格局,因而不可能出现对预算基数的重大挑战。然而,从60年代开始,美国社会在这些基本问题上越来越失去共识,而可用的财政资源越来越紧张。因此,在这种情况下,调整既得利益的政治要求就出现了,预算基数逐渐遭受质疑。基数加增长的预算模式也开始面临众多挑战。②

三、分项列支预算的优点、问题与前景

分项列支预算的优点是非常明显的,主要包括:

- 由于分项列支预算详细地罗列了所有的政府的支出科目,所以它提供了关于谁在政府做事以及做什么事的大量详细信息。③ 分项列支预算提供了有关公共服务投入的详细信息。
- 分项列支预算中的每一行(line)就是一个特定的支出科目(item),这些科目分别代表着特定的支出用途(object of expenditure)以及相应的资金数量。关于支出用途的信息越详细,预算部门越能有效地控制各支出机构的支出。所以,这种预算模式非常有助于对支出实行预

---

① Wildavsky, Aaron. 1986. *Budgeting: A Comparative theory of budgeting processes*. Transaction Publishers. pp. 19–20.

② Wildavsky, Aaron, & Naomi Caiden. 2001. *The new politics of budgetary process*. Pearson Education, Inc.

③ Kettl, D. 1992. *Deficit politics*. New York: Macmillan Publishing Company. pp. 69–70.

算控制。[1]

- 分项列支预算是一种功能预算，易于理解，特别当财政信息是按组织单位来安排时，这种优点更加明显。这种功能分类，特别在预算科目体系稳定后，还非常有助于进行年度之间的比较，进而有助于加强对支出用途的监督。[2]

然而，分项列支预算也有一些缺陷。首先，它没有提供关于产出的信息，即它没有告诉我们在这些预算资金花费后，政府机构完成了什么，完成的效率如何？[3] 其次，建立在分项列支预算之上的渐进预算模式不仅不能实现资源配置效率，而且会妨碍提高资源配置效率。这主要是因为渐进预算模式下的预算决策不仅不置疑基数，而且还要在基数的基础上增加资金。这种皆大欢喜的预算决策模式固然有助于减少政治冲突，但是它无法进行有效的资源再配置，无法将稀缺的资源从低效率的活动或项目转移到高效率的活动或者项目[4]，更糟糕的是，即使某一个活动是低效率的，也要继续给它拨款，并逐年增加资金。即使事情愚蠢，也要继续下去，而且还要加大支持力度。这就是基数加增长的最大弊端。第三，分项列支预算过分关注于投入的控制，忽略了在预算管理中赋予公共管理者一定的支出自由度的必要性。在分项列支预算下，公共管理者的权限不断缩小，管理的灵活性下降，预算管理的职责实际上完全掌握在预算管理部门手中，具体提供公共服务的支出机构却没有支出自主权，不能根据情况选择最恰当的支出方式，这样就大大地损害了资金使用的绩效。

在过去60年中，许多国家都进行了一次又一次的预算改革。尽管各有

---

[1] Bland, Robert L., & Irene Rubin. 1997. *Budgeting: A guide for local governments*. Washington, D. C.: ICMA. p. 12.

[2] MacManus, Susan. 1998. Budget format. In Jay Shafritz. Eds. *International encyclopedia of public policy and administration*. Colorado: Westview Press.

[3] Bland, Robert L., & Irene Rubin. 1997. *Budgeting: A guide for local governments*. Washington, D. C.: ICMA. p. 12. MacManus, Susan. 1998. Budget format. In Jay Shafritz. Eds. *International encyclopedia of public policy and administration*. Colorado: Westview Press.

[4] Schick, Allen. 1998. *A contemporary approach of public expenditure management*. Washington, D. C.: World Bank. p. 90.

侧重，但是，这些预算改革都是直接或间接地针对基数加增长这种预算模式的，它们都希望建立一种比分项列支预算更加理性的预算模式。然而，分项列支预算并没有消失。瓦尔达沃夫斯基甚至宣称，虽然每个对于传统预算模式的批评都是正确的，但是现实中的预算仍然是渐进的而不是全面的，仍然是后顾性的、不关心目标的，并且分项列支预算依然到处可见。① 即使在不断实行预算改革的美国，根据一项调查显示，1988 年，在人口超过 25 000 的美国城市和县政府以及较小的政府中，80% 的政府仍然在使用分项列支预算；1993 年，超过 79% 的政府仍然在使用分项列支预算。②

为什么传统的分项列支预算具有如此顽强的生命力？首先，从根本上来讲，预算必须告诉我们每一项支出项目的成本，而这正是分项列支预算的长处。③ 其次，与分项列支预算相适应的是渐进预算模式，在权衡预算收支的过程中，分项列支预算是以历史的预算基数作为出发点而不是对于所有的收支都进行审查。因此，与其他理性预算模式相比，分项列支预算是一种比较简单容易的预算模式。④ 换言之，它是一种制度实施成本相对较小的预算模式。第三，分项列支预算是一种灵活性很大的预算模式。分项列支预算是按组织的活动与功能将支出组织起来的，它并不涉及支出项目的合理性以及相应的政策问题。正如瓦尔达沃夫斯基所说，"传统预算不需要政策分析，但是，它也不排斥政策分析。因为，对于政策来说，它是中立的。传统预算可以和许多政策和睦相处，所有这些政策都可以转化为分项列支"⑤。总之，从某种意义上看，分项列支预算的许多缺点同时也是它的长处。

然而，分项列支预算的缺陷也是非常明显而且致命的，尤其是它缺乏产出方面的信息以及妨碍提高资源配置效率。这意味着，对于那些常常要关注

---

① Schick, Allen. 1978. The road from ZBB. *Public Administration Review* Vol. 38：177 – 180.

② Cope, S. 1995. Contracting-out in local government：Cutting by privatising. *Public Policy and Administration* Vol. 10, No. 3：29 – 44.

③ Henry, Nicholas. 1998. *Public administration and public affairs*. Upper Saddle River：Prentice Hall, Inc. p. 245.

④ Wildavsky, Aaron. 1978. Policy analysis is what information systems are not. *Accounting, Organization and Society* Vol. 3, No 1：77 – 88.

⑤ Ibid.

政策问题并常常会出现政策转变的政府来说，分项列支预算就不再是很好的选择。这就意味着，分项列支预算比较适于低层级的政府组织而不适于高层级的政府组织。如果意识不到这点，很可能会在高层级组织中运用分项列支预算，从而导致"在宏观层面上进行微观管理"[1]。正如前面提及的调查所发现的那样，仍然运用分项列支预算的政府主要都是较低层级的政府。[2]

四、理性预算改革

　　传统预算模式的建立强有力地约束和规范了官员的活动，在政治过程和公共管理中确立了法治原则，使得政府更加负责。然而，它仍不是一个完美的预算体制。从20世纪50年代开始，以美国为首的许多国家都进行了一次又一次的预算改革。尽管各有侧重，但是，这些预算改革都希望找到一种科学的、理性的预算决策模式，来一劳永逸地解决公共预算中的资源配置问题，它们都希望用理性的预算分析来取代政治判断和预算基数在资金分配中的影响。所以，它们也被称为理性预算模式。[3] 在19世纪建立现代公共预算的过程中，欧洲国家，尤其是英国和法国，作出了很大的贡献。在20世纪新一轮的理性预算改革中，尤其是从50年代直到80年代，美国则取代欧洲成为理性预算改革的先驱国家，美国的预算改革（50年代的绩效预算、60年代的计划项目预算、70年代的零基预算）极大地影响了各国的预算改革。不过，进入90年代，在新绩效预算改革中，新西兰、澳大利亚、英国等成为新一轮预算改革的领袖。美国联邦政府1993年才全面启动新绩效预算改革。最近，美国新绩效预算改革的一些做法已经开始影响到其他一些国家的绩效预算改革。例如，韩国的新绩效预算改革就深受美国的影响。图10-1比较了这些预算模式。

---

　　[1] Henry, Nicholas. 1998. *Public administration and public affairs*. Upper Saddle River: Prentice Hall, Inc. p. 245.

　　[2] Cope, S. 1995. Contracting-out in local government: Cutting by privatising. *Public Policy and Administration* Vol. 10, No. 3: 29–44.

　　[3] Kettl, D. 1992. *Deficit politics*. New York: Macmillan Publishing Company. p. 70.

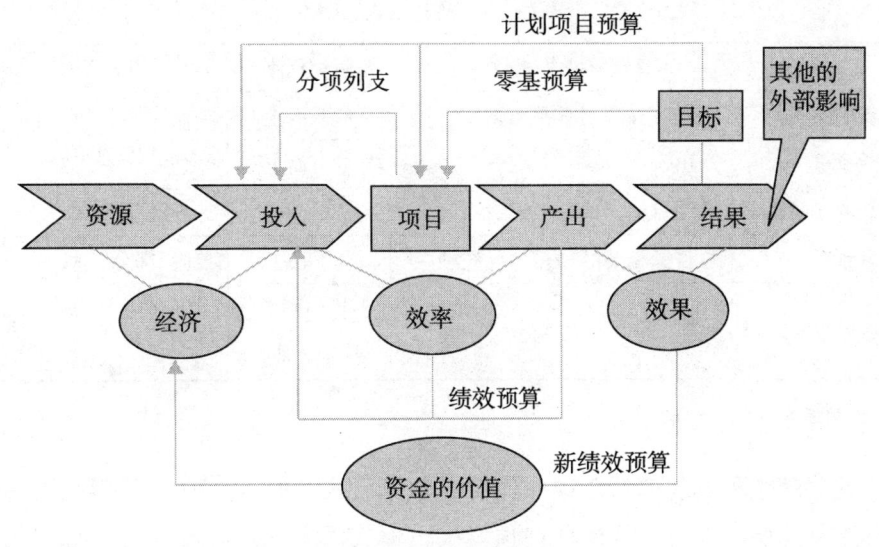

图 10-1 预算模式

资料来源：Martin, L. 2003. Budgeting for outcomes. In Aman Khan & Bartley Hildreth. Eds. *Budget theory in the public sector*. Westport：Quorum Books. OECD. 2007. *Performance budgeting in OECD countries*. Paris：OECD Publishing。本图系综合上述文献而绘制。

每一次理性预算改革都改变了预算决策的重点。50年代出现的绩效预算将预算决策的重点从投入转到了产出，以活动为基础将资源与产出绩效联系起来。60年代出现的计划项目预算将预算决策的重点转到政策目标，强调运用战略计划引导资金分配，在一个跨年度的框架内，为实现至少是中期的目标而考虑资金分配问题。70年代出现的零基预算主张按照活动的轻重缓急——活动对目标的贡献程度——对支出申请进行排序，取消预算基数对资金分配的影响，实现资源的再配置。80年代以来涌现的新绩效预算充分吸收了以前这些预算改革有价值的成分，强调在总额约束的框架内，运用战略计划引导资金分配，将预算决策的重点转移到最终的结果，在预算与围绕"结果"的绩效之间建立联系。这种预算模式也被称为"结果导向的预算"或者"结果预算"。同时，不同的预算模式不仅意味着预算决策的重点不同，也意味着不同的预算程序和职能取向（表10-3）。

表 10 – 3　预算模式比较

	预算决策重点	预算程序	职能取向
传统预算	投入（按科目体系分解）	自下而上	控制
绩效预算	产出	自下而上	管理
计划项目预算	政策目标	自上而下	计划
零基预算	与目标相关的项目的优先顺序	自下而上	控制/部分计划
新绩效预算	结果	先自上而下，再自下而上	计划、管理

资料来源：作者绘制。

这些理性预算改革都希望取代传统预算模式。但是，80 年代以前的理性预算改革都没有成功，各种理性预算决策模式都未能发展成为一个稳定的决策机制。虽然每一种预算改革模式都对政府预算产生了这样或那样的影响，但是，每种模式都很快被另一种模式所取代，并很快"蒸发"掉了。① 怀特分析了从美国第 80 届国会（1947—1948）到第 100 届国会（1987—1988）联邦政府各个部门预算拨款增加的百分比之后发现，在 20 世纪 80 年代，美国联邦政府的预算过程仍是渐进的。他最后结论说："太阳底下没有新东西"②。这一方面说明，尽管历次预算改革的目标都是要——直接或间接地——消灭传统的渐进预算模式，但是这些改革包括直接针对基数加增长的零基预算改革都没有取得成功，这另一方面似乎也表明渐进预算有着极其顽强的生命力。

这些改革为什么没有成功呢？80 年代以前的理性预算改革都具有两个共同的特点：一是它们都试图将完全理性引入公共预算中；二是它们都将预算过程中的政治因素视为公共预算缺乏效率的根源，因而都希望用一种理性的预算分析将政治因素从预算过程中排除出去。③ 而且，这两个特点是紧密

---

① Kettl, D. 1992. *Deficit politics*. New York: Macmillan Publishing Company. p. 82.

② White, Joseph. 1994. (Almost) nothing new under the sun: Why the work of budgeting remains incremental. *Public Budgeting & Finance* (Spring): 113–134.

③ Kettl, D. 1992. *Deficit politics*. New York: Macmillan Publishing Company. p. 82. White, Joseph. 1994. (Almost) nothing new under the sun: Why the work of budgeting remains incremental. *Public Budgeting & Finance* (Spring): 113–134.

相联的。如果预算可以是完全理性的，预算决策可以完全根据理性分析作出，那么，政治判断就是多余的。然而，一方面，预算很难做到完全理性；另一方面，政治因素也很难被排除出预算过程。所以，虽然不同的预算改革模式面临的问题与困难是不同的，但是，它们的失败都与它们所具有的这两大特征直接相关。

首先，理性预算模式对预算信息和预算分析能力（或者计算能力）的要求都非常高，最后导致的信息成本和计算成本都非常大。在预算改革之前，西方国家已经实行了多年的"控制取向"的传统预算模式，这种预算模式已经使得核心预算机构和各个支出部门积累了大量的预算信息，也使得它们发展出了较高的预算分析能力。但是，由于这些预算改革模式的目标是用完全理性的预算分析决定资金分配，要达到此目标必须具备非常高的预算分析能力和较完备的预算信息，而这些要求远远超出了核心预算机构和各个部门的能力范围，因而在实践中这些理性预算改革模式最终都未能按照改革者所预期的那样去运行。在渐进预算理论的创始人瓦尔达沃夫斯基看来，像计划项目预算和零基预算这样强调预算理性的模式都注定是要失败的。[1] 首先是因为在预算过程中，决策者的理性是有限的，预算决策又是非常复杂的，需要复杂的计算能力和信息，而像计划项目预算和零基预算这样的理性预算模式，往往忽略了传统预算模式在简化预算计算以及降低信息负担上的价值。理性预算模式要求拥有充分的信息，并进行大量复杂的计算，而这些工作往往超越了人类的理性能力。所以，这些理性预算模式不仅不能减少制定预算的信息和计算负担，反而使得预算计算变得更加难以管理。

其次，由于预算不可避免地是政治性的，预算的核心就是政治，预算不可能在真空中进行，因此，没有任何办法可以在预算过程中回避政治，更不

---

[1] Wildavsky, Aaron. 1966. The political economy of efficiency: Cost benefit analysis, systems analysis. *Public Administration Review* Vol. 26, No. 4: 292 – 310. Wildavsky, Aaron. 1969. Recuing policy analysis. *Public Administration Review* Vol. 29, No. 2: 189 – 202. Wildavsky. Aaron. 1978. Policy analysis is what information systems are not. *Accounting, Organization and Society* Vol. 3, No. 1: 77 – 88. Wildavsky, Aaron. 1978. A budget for all seasons? Why the traditional budgets lasts. *Public Administration Review* Vol. 38, No. 6: 501 – 509.

要说完全取代政治。① 这些理性预算改革都希望回避政治因素，它们发展并推荐了各种理性的预算分析（例如，计划项目预算的成本与收益分析）来取代政治因素在资金分配中的影响。与此相一致，这些理性预算改革都是在政府内部改革预算编制模式，并将议会排除在预算改革之外。然而，在西方国家，议会是政府预算的最后裁决者。而且，美国国会是全球预算权力最大的议会。所以，不难理解，按照这些理性预算改革模式编制出来的政府预算一到议会就被议员们扔到一边，预算决策最后仍然必须根据政治判断来作出。即使在编制政府预算的过程中，各种政治因素也会渗透进预算编制过程，预算编制很难摆脱政治因素的影响。② 总之，预算决策本质上是政治的，即使可以建立理性预算模式，它也不可能在预算决策中取消政治。

在瓦尔达沃夫斯基看来，尽管理性预算改革的支持者对于传统预算的批评大多都是正确的，但是，传统预算一直顽强地生存下来说明这种预算模式的缺点也许就是其价值所在。他因此结论说，传统预算是适宜于所有时候的一种预算模式："传统预算继续存在……是因为它比像计划项目预算、零基预算以及指数化的赋权预算这些现代的替代选择更简单、容易和更可控"③。也许瓦尔达沃夫斯基太过于保守，也对人类的理性过于悲观。20世纪80年代开始出现的新绩效预算似乎给预算改革带来了一丝希望。新绩效预算汲取了以前预算改革中一些有价值的成分，例如早期绩效预算的绩效测量，计划项目预算的功能分类及其对计划的重视，目标管理的目标协商，零基预算的目标排序。同时，新绩效预算也充分地汲取了以前预算改革失败的教训。首先，以前的理性预算改革都主张通过引入"理性的"预算分析将政治因素排除在预算过程之外；而在新绩效预算中，政治家在确定支出总额、战略目标、政策重点或支出重点方面发挥着主导性的作用。这意味着，在实践中是可以将预算理性和政治判断结合起来的。通过相对理性的预算程序形成的信息，应该与政治过程结合起来，使得这些信息为政治家所采用，帮助政治家

---

① Kettl, D. 1992. *Deficit politics*. New York: Macmillan Publishing Company. pp. 156 – 157.

② Ibid., p. 84.

③ Wildavsky, Aaron. 1978b. A budget for all seasons? Why the traditional budgets lasts. *Public Administration Review* Vol. 38, No. 6: 501 – 509. p. 509.

改进政策制定和预算决策。其次,与计划项目预算和零基预算相比,新绩效预算比较简单,造成的信息负担比以往的理性预算改革小。它不像零基预算那样要求对所有的支出项目进行全面的评估和审查并进行排序,也不像计划项目预算那样需要在预算编制的过程中运用成本收益分析来确定项目,而是希望在不过度增加信息负担和政治冲突的前提下通过联结资金与结果来提高资源配置效率。以前的历次预算改革,从实施到终结从来没有超过 10 年的,而新绩效预算改革已经持续了近 30 年。尽管,新绩效预算改革仍然面临很多挑战,但各国都在不断地完善和推进这一改革。所以,这一预算改革成功的希望似乎比较大。当然,新绩效预算最终能否稳定成一个新的预算模式仍然有待观察。最关键地,这一预算模式将预算决策的重点放在结果上面,而这正是我们需要的预算模式。只有这样的预算模式才能像瓦尔达沃夫斯基希望的那样,将公共资金配置来实现人类的目的,提高人类的福利。[①]

[①] Wildavsky, Aaron. 1986. *Budgeting: A Comparative theory of budgeting processes*. Transaction Publishers. p. 1.

第 十 一 章

绩效预算

如果政府首脑以绩效为基础准备联邦预算……这就能够将"国会的行动聚焦到不同的联邦活动的范围和重要性",进而就能够将"成绩和成本清清楚楚地置于国会和公众的眼前"。

——胡佛委员会的观点[①]

建立一个对公众负责的政府,首先需要建立各种预算控制,确保公共资金不能用于任何私人目的。但是,仅仅这样仍然不够。一个负责的政府还必须是一个能够有绩效地使用资金满足公民需要的政府。20 世纪 50 年代出现的绩效预算尽管在当时并未取得成功,但是,这是自现代公共预算建立以来,预算实践开始首次全面地探索提高财政支出绩效,并由此开启了一场持续 60 年并且至今仍未结束的预算改革。

一、绩效预算及其特点

尽管绩效预算正式出现在 20 世纪 50 年代的美国,但在美国进步时代预算改革时期就已经开始出现绩效预算的思想。例如,1907 年纽约市政研究

---

① 转引自 Seckler-Hudson, Catheryn. 1953. Performance budgeting in government. *Advanced Management* (March): 5 - 9, 30 - 32. Also In Albeert Hyde. 1992. Eds. *Government budgeting: Theory, process, and politics* (331 - 341). Pacific Grove, CA: Brooks/Cole Publishing Company. p. 331.

所在向地方的预算改革者推荐各种管理控制措施时强调，政府应"有效率地运用资源来实行通过的项目"。1913 年，总统的"经济和效率塔夫塔任务小组"也提出了绩效预算的思想，主张将公共支出和它们创造的结果联系起来。实际上，在进步时代预算改革后期，许多美国城市政府、一些州政府以及个别联邦政府部门都已经在预算过程中使用着各种形式的绩效预算工具，例如单位成本、生产率测量等。不过，在这一时期，绩效预算这一名称并未出现。各种与绩效预算相似的预算模式通常被称为"功能预算"（functional budget）、"活动预算"（activity budget）或"项目预算（program budgeting）"。① 例如，许多城市政府都采用了一些初级形式的预算模式，包括弗吉尼亚州的里奇蒙德（Richmond），科罗拉多州的丹佛（Denver），加利福尼亚州的洛杉矶（Los Angeles）、伯克利（Berkeley）、圣地亚哥（San Diego），堪萨斯州的威奇托（Wichita）等等。在那些进步改革运动比较发达的州，政府也实施了各种早期形式的绩效预算，例如，俄克拉荷马州在功能预算方面就取得很多的成绩，加利福尼亚州的预算拨款已经建立在项目基础之上。一些联邦机构也开展了这一方面的探索，例如，1934 年，美国农业部开始按可清楚识别的项目编制预算，内务部也发展出以活动为基础的预算模式。在这些早期改革的基础之上，1949 年，总统的第一届胡佛委员会正式提出了绩效预算。胡佛委员会批评说，虽然当年的预算厚达 1 625 页，但它却没有告诉我们政府要做的事及其要达成的目标。该委员会因此建议，预算应该建立在功能和活动上，应该根据完成的工作而不仅仅是对支出进行分类来表明政府的目标。实际上，绩效预算这个名称本身也是 1949 年胡佛委员会提出来的。1950 年，美国联邦政府开始实行绩效预算，杜鲁门总统向国会提交的该年的政府预算草案就是根据支出绩效编制而成的。其后，美国的州和地方政府也开始实行绩效预算。根据一项 48 个州的调查，在 20 世纪 60 年代早期，有 33 个州，州长的预算提案都包括了某种类型的绩效预算成分。但是，总体来说，绩效预算的实施效果并不是很理想。绩效预算并没有真正影响预算决策，改进资源配置效率。进入 20 世纪 60 年代，绩效预算被新出现的计划项目预算取代。不过，根据 90 年代美国国会审计署的一项调查，

---

① 这一时期的项目预算与 20 年纪 60 年代计划项目预算出现后的项目预算是不同的。

不少州和地方政府仍然在使用某些绩效预算的做法。[1]

根据美国总统预算局（1950）的定义，"绩效预算是这样一种预算，它提交所需资金的使用目的和目标，提议用来实现这些目标的项目成本、测量每个项目成绩和已完成工作情况的定量数据"[2]。根据世界银行的定义，绩效预算"通过对于政府效率的长期关注以及努力将政府活动的信息整合进预算过程，使得预算决策能够在很大程度上建立在政府做了什么与花费了多少成本这一联系之上。这种改革……是设计出来使得管理者能够对工作量与单位成本进行测量"[3]。从根本上讲，绩效预算首次将支出与绩效联系起来。在绩效预算中，预算过程不再仅仅是一个提供资金的过程，预算过程开始承担起双重功能：提供资金和确立绩效目标。[4] 在这种预算模式下，预算拨款主要是拨给具体的活动而不再像传统的分项列支预算那样是拨给某个与预算科目相联系的支出用途（objectives of expenditures）。绩效预算将运行分析（operation analysis）引入预算分析，测量投入所形成的产出或者该投入形成了多少单位的活动。一般的，绩效预算需要的信息也是不同的，它要求获得以下方面的更多信息：什么样的活动，运用什么程序，将提供的服务的水平

---

[1] Seckler-Hudson, Catheryn. 1953. Performance budgeting in government. *Adavanced Management* (March): 5 – 9, 30 – 32. Also In Albeert Hyde. 1992. Eds. *Government budgeting: Theory, process, and politics* (331 – 341). Pacific Grove, CA: Brooks/Cole Publishing Company. Kettl, D. 1992. *Deficit politics*. New York: Macmillan Publishing Company. p. 74. Rabin, Jack, & Thomas D. Lynch. 1983. *Handbook of public budgeting and financial management*. Marcel Dekker Inc. p. 29. Lu, Haoran. 1998. Performance budgeting resuscitated: Why Is It Still Inviable. *Journal of Public Budgeting, Accounting & Financial Management* Vol. 10, No. 2: 151 – 72. Mikesell, John. 1999. *Fiscal administration*. New York: Hartcout Brace College Publishers. p. 186. Henry, Nicholas. 1998. *Public administration and public affairs*. Upper Saddle River: Prentice Hall, Inc. pp. 245 – 246.

[2] 转引自 Axelrod, Donald. 1988. *Budgeting for modern government*. New York: St. Martins Press. p. 266。

[3] World Bank. 1998. *Public expenditure management handbook*. Washington, D. C.: The World Bank. p. 12.

[4] Mikesell, John. 1999. *Fiscal administration*. New York: Hartcout Brace College Publishers. p. 186. Miller, Gerald. 1996. Productivity and the budget process. In Jack Rabin, W. Bartley Hildreth & Gerald Miller. Eds. *Budgeting: Formulation and execution*. Georgia: Carl Vinson Institute of Government, The University of Georgia.

和数量。[1] 由于绩效预算将机构的活动成本和具体活动及其产出联系在一起，即将成本和产出联系在一起。这种做法不仅使得政府能够比较不同机构之间的单位成本，而且也能在每个机构内部，比较一个较长时期内，该机构的营运效率是否有所提高。绩效预算的目标是，通过将支出与产出绩效联系起来，使得政府部门能够以较少的成本提供更好的服务。[2] 表 11-1 提供了一个绩效预算的例子。

表 11-1 一个公共工程部门街灯处的绩效预算

运作	单位人-小时	费用率每人-小时（$）	单位劳动成本（$）	单位物资成本（$）	单位设备成本（$）	总单位成本（$）
洗灯	0.23	1.29	0.30	0.01	0.02	0.33
照明	0.39	2.11	0.82	0.96	0.12	1.90
上漆	0.77	2.23	1.72	1.04	0.08	2.84
最佳服务水平？						
洗灯　每年两次						
照明　每年两次						
上漆　两年一次						
使用中的灯的数目					5 010	
洗灯	5 010	乘以	2	乘以	0.33 $	= 3 306
照明	5 010	乘以	2	乘以	1.90 $	= 19 038
上漆	5 010	除以	2	乘以	2.84 $	= 7 114
日程运行预算					29 458	

资料来源：Sherwood & Best（1975, p. 395），转引自 Miller, Gerald. 1996. Productivity and the budget process. In Jack Rabin, W. Bartley Hildreth & Gerald Miller. Eds. *Budgeting*: *Formulation and execution*. Georgia：Carl Vinson Institute of Government, The University of Georgia。

绩效预算在以下三方面区别于以控制为导向的分项列支预算。首先，绩

---

[1] Miller, Gerald. 1996. Productivity and the budget process. In Jack Rabin, W. Bartley Hildreth & Gerald Miller. Eds. *Budgeting*: *Formulation and execution*. Georgia：Carl Vinson Institute of Government, The University of Georgia.

[2] Mikesell, John. 1999. *Fiscal administration*. New York：Hartcout Brace College Publishers. p. 186.

效预算的重点是政府在做什么，而不再是谁在做，也再不是买了什么。它关注的是政府部门的产出而不再是预算投入。① 换言之，绩效预算将预算决策的重点从投入转到了产出。其次，这种预算模式之目的是提高预算项目的效率——投入产出之比，这使得政府能够更好地评估预算项目的绩效，向决策者提供关于公共服务的更好的信息。因此，它强调设计各种机制来测量各个机构的工作强度和成本效果。② 第三，虽然绩效预算没有在政府范围内广泛地运用，但是，它在预算史上的意义是十分重大的，因为它标志着政府预算首次从支出控制转向管理绩效，使得预算体制的职能取向发生了根本性转变。在绩效预算下，预算官员的任务不再像以前那样仅仅关注准确的、严格控制的会计，各种各样的管理职能逐渐成为官员必须掌握的技能，包括对行动进行分类，描述机构的项目及其绩效，重新设计支出账户，发展各种工作和成本测量手段、调整核心预算机构的角色以及它与各个支出部门之间的关系。③ 最后，绩效预算不再是以控制为导向的，许多决策都是以分权的形式进行的。当然，实施绩效预算同时也需要集中程度很高的协调和控制，这使得高层管理者可以将更多的注意力放在政策问题上，并且评估各个支出机构是否提供了它所许诺的产出和服务。当然，非常遗憾的是，在最早实施绩效预算的美国，有一段时间，在实行绩效预算的程序时，计划和控制的功能却被分散在各个支出机构的负责人手中，而不是由一个集中的机构负责。后来，由于支出机构不能有效地维持控制和对未来进行计划，改革者开始建议将计划和控制职能集中到预算部门。④

---

① Kettl, D. 1992. *Deficit politics.* New York: Macmillan Publishing Company. p. 74.

② Bland, Robert L., & Irene Rubin. 1997. *Budgeting: A guide for local governments.* Washington, D. C.: ICMA. p. 12. Joyce, Philip. 1998. Budget reform. In Jay Shafritz. Eds. *International encyclopedia of public policy and administration.* Colorado: Westview Press. p. 278.

③ Gordon, George, & Michael Milakovich. 1998. *Public administration in America.* New York: Bedford/St. Martins. p. 312. Henry, Nicholas. 1998. *Public administration and public affairs.* Upper Saddle River: Prentice Hall, Inc. p. 246.

④ Gordon, George, & Michael Milakovich. 1998. *Public administration in America.* New York: Bedford/St. Martins. p. 313. Mikesell, John. 1999. *Fiscal administration.* New York: Hartcout Brace College Publishers. p. 186.

二、绩效预算的程序

绩效预算通常将申请的支出分解成各个组织内部的一系列活动,然后将拟开展的活动与成本联系起来进行工作量测量。在这种预算模式下,预算可以在预期工作量的基础之上建立起来,而不再像传统预算那样是在预算科目的基础之上渐进地形成。在编制预算时,决策者要根据机构的功能,以项目或者活动为核心,以效率为目标,对活动的运作进行分析;一边考虑产出,一边考虑成本;确定绩效单位并对之进行测量;确定单位成本——即生产一个单位的产出将耗费的成本;最后,将单位成本乘以预期产出的单位总量,就可以编制出部门的预算。① 图 11-1 展示了绩效预算的基本逻辑。

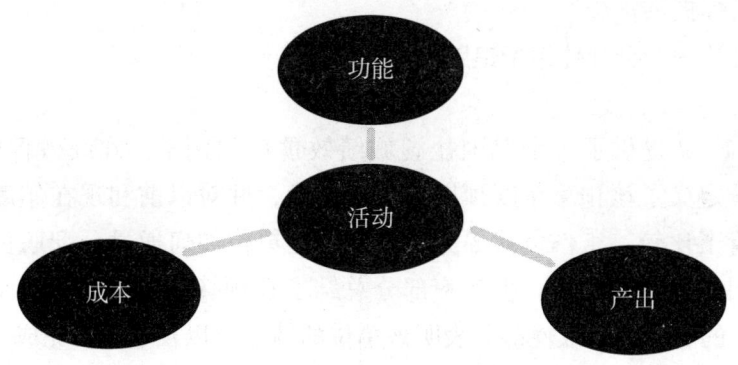

图 11-1 绩效预算的基本逻辑

资料来源:作者自绘。

绩效预算必须满足一些基本条件:(1)预算决策和预算信息必须根据活动(例如,修路)而不是各个预算科目来展开;(2)必须收集绩效测量的信息,所有与这些绩效项目相关的成本必须报告,也必须评估使用资源的效率;(3)需要一个比较实际成本和绩效与计划水平偏离的绩效报告,用之来监督每一个机构,促使各个机构的管理者注意这些问题,不断改进,提

---

① World Bank. 1998. *Public expenditure management handbook*. Washington, D. C.: The World Bank. p. 12.

高支出绩效。① 尽管各国各地的实践有所不同，但从理论上来讲，一个典型的绩效预算应包括以下步骤②：

- 部门的高层管理者要以活动为核心，确定部门准备生产或者供给的主要产出。在可能的条件下，根据这些产出重组部门内部的机构；
- 对于每个活动或产出，确定需要的产出水平；
- 确定绩效单位（例如，修建多少公里的高速公路）；
- 测量各个产出的成本，确定单位成本；
- 建立内部报告程序，对项目的绩效进行跟踪；
- 议会以绩效概念和绩效框架来起草预算、批准立法。议会不再像以前那样拨款到含糊不清的支出科目，而是为那些特定的、被清楚定义的目标提供资金；
- 设计一个会计体系来追踪支出和结果。

表 11 – 2 提供了一个美国盐湖城绩效预算的例子。在绩效评估部分，需求部分定义了该预算年度预期的营运环境，并对以前和现在年度的需求水平进行了比较。工作负荷部分确立了营运单位如何通过分配职员的工作时间来回应预期的需求。生产率部分总结了在预算成本中显示出来的每个活动单位的成本。有效性部分表明该单位的绩效，以及它是否完成了预计的目标。③

---

① Mikesell, John. 1999. *Fiscal administration.* New York: Hartcout Brace College Publishers. p. 186.

② Kettl, D. 1992. *Deficit politics.* New York: Macmillan Publishing Company. pp. 73 – 74. Mikesell, John. 1999. *Fiscal administration.* New York: Hartcout Brace College Publishers. p. 186. World Bank. 1998. *Public expenditure management handbook.* Washington, D. C.: The World Bank.

③ Mikesell, John. 1999. *Fiscal administration.* New York: Hartcout Brace College Publishers. p. 187.

表 11 – 2　美国盐湖城的绩效预算

公共保护				交通管制
项目：清除雪				部门：公共工程
项目描述：在天气恶劣的情况下，为了行车安全，清除城市街道的冰雪。				
项目运行成本				
资源需求	1979—1980 实际	1980—1981 预算	1980—1981 估计	1981—1982 推荐
雇员/人员服务成本	19.5/ $279 318	16.9/ $325 358	11.25/ $190 618	4.7/ $111 975
营运和维持设施	39 081	48 300	9 768	47 720
业务费	61 774	193 169	111 864	199 379
资本性支出	0	17 596	12 570	0
未完成工作	(212)	0	0	0
总数	$379 961	$584 423	$344 815	$359 074
项目资源				
一般基金总数	$379 961 $379 961	$584 423 $584 423	$344 815 $344 815	$359 074 $359 074

1980—1981 的预算配置了过多的人力时间到冰雪项目，进而在年中的调整中得到修正，并正确地反映在 1980—1982 的要求中。在 1980—1981 期间，分析了过去 5 年的冬天。由于这一分析，我们发现，我们对 1980—1981 预算年度的预测是不现实的，因此，我们将雇员的时间重新配置到其他的项目，进而引起了其他项目支出水平和人员的增加。

绩效目标
1. 分析除雪项目的"尺度"。
2. 发展一个责任交换框架。
3. 评估一个"罕见风雪"的紧急情况支持系统。

绩效评估	1979—1980 实际	1980—1981 预算	1980—1981 估计	1981—1982 建议
需求				
1. 优先雪线行车道英里	400	400	460	460
2. 落下的雪的英寸	63	68	45	68
3. 需要人力动员的风雪	15	19	16	19
4. 只需要撒盐的风雪	7	10	10	10
5. 需要铲雪的风雪	8	9	6	9

(续表)

工作负荷				
1. 在街上撒盐所需人力	不适用	12 640	1 000	2 060
2. 铲雪所需人力	不适用	18 960	1 400	3 090
3. 所用盐吨数	7 410	8 000	4 900	8 000
生产率				
1. 成本/优先车道英里	962	1 418	874	765
2. 平均成本/风雪	25 663	29 864	25 138	18 513
有效性				
1. 冰雪是车辆事故的一个重要因素	253	250	135	250
2. 收到的市民抱怨	49	50	35	50

资料来源：Mikesell, John. 1999. *Fiscal administration*. New York：Hartcout Brace College Publishers. p. 188。

三、绩效预算实施及其影响

绩效预算使得预算的重点从投入控制转向了管理效率。50年代实行的绩效预算还不是在整个政府范围内进行支出重点的预算权衡，不一定会导致资源的再分配，而主要是通过测量各个机构的成本和工作量来提高管理效率。这意味着它不会引发太大的政治冲突。但是，绩效预算在50年代的实施碰到了许多困难，最终没有取得成功，主要原因有以下几点。首先，许多机构的管理者以及一些政治家缺乏实施绩效预算的积极性。对于机构管理者来说，实行绩效预算就意味着必须将机构的各种细节向外界公开，例如，需求的估计、平均成本、工作负荷的变化趋势等。对于很多政治家来说，实行绩效预算就意味着必须将现有的预算审查和拨款程序从传统的分项列支转向对部门和机构的活动进行评估。而大多数政治家很难适应这一变化。其次，绩效预算的成功主要依赖于两点，一是测量水平，二是预算决策者之间能否在绩效测量上达成某种共识。由于在公共部门测量投入相对容易，而测量产出则比较困难，而且在很多情况下，官僚机构从事的很多活动没有可以识别的产出，这就碰到了测量上的困难。例如，测量可能会过分关注可测量的产出，过分关注效率而忽视了产出的质量等。此外，测量成本也过高。不过，最大的困难是，预算决策者常常无法在测量上达成共识。由于政府和议会常常关心不同的东西，因此，要在它们之间达成绩效测量的共识非常困难。在政府内部，核心预算机构与支出部门之间发生的冲突也经常源于绩效测量本身。①

由于这些问题，绩效预算在美国的实施并未成功。一项在1961至1965年间开展的调查发现，州政府的预算官员和议员对于绩效预算的评价并不高。②许多州实际上是用"新瓶装旧酒"的方式来实施绩效预算，它们的注意力主要是放在测量预算中最可见的领域，预算决策过程本身并没有受到绩效预算的影响。所以，很快地，许多州要么抛弃了绩效预算，要么对它进行了修改。当然，绩效预算并没有完全消失。在某些州尤其是更低一级的地方政府，绩效预算仍然顽强地存在。例如，从1977年开始，佐治亚州就一直要求州政府的各个机构提交两种类型的绩效测量结果来支持它们的预算要求：对有效性和工作负荷的绩效测量。然而，一项研究发现，即使在该州，大多数预算分析官员对绩效预算仍持怀疑态度。③

绩效预算也影响了其他一些国家的预算改革。尤其是在60年代，随着联合国根据美国绩效预算和计划项目预算的经验发布了《项目和绩效预算手册》，更多的国家开始引入绩效预算。在60年代，有将近50个国家都在实行不同形式的项目预算和绩效预算。④ 不过，这些国家的绩效预算改革同样也未取得成功。专栏11-1介绍了印度和牙买加的绩效预算改革。

---

① Kettl, D. 1992. *Deficit politics*. New York: Macmillan Publishing Company. p. 74. World Bank. 1998. *Public expenditure management handbook*. Washington, D. C.: The World Bank. p. 12. Mikesell, John. 1999. *Fiscal administration*. New York: Hartcout Brace College Publishers. p. 189.

② Schick, Allen. 1971. *Budget innovation in the states*. Washington, D. C. : The Brookings Institution. p. 63.

③ Lauth, Thomas. 1985. Performance evaluation in the Georgia budgetary process. *Public Budgeting & Finance* Vol. 5, No. 1: 67-82.

④ Axelrod, Donald. 1988. *Budgeting for modern government*. New York: St. Martins Press. p. 272.

专栏 11 − 1 印度和牙买加的绩效预算改革

1968 年，由于认识到从殖民地时期继承下来的预算体制不能适应经济发展以及支出控制的需要，印度开始引入项目预算和绩效预算。到 1972—1973 财政年度，一个新的预算体系已经开始运作。这一新的预算体系将预算的重点放在确定项目，测算项目的成本，列出它们的目标，提供绩效指标，阐明项目的成本与收益。尽管存在着数据有限的问题，印度的绩效预算无论是在范围和清楚程度上都是很了不起的。但是，这个绩效预算体系只是传统的分项列支预算的一个补充。通常地，它是在政府已经发布了预算之后，绩效预算才单独地以预算文件的形式颁布。例如，1984—1985 财政年度的项目和绩效预算有 2 200 页，但是，发布了 39 个单独的预算文件。

1984 年，在世界银行的支持下，作为政府改革的一部分，牙买加启动了预算改革。其目标是将分项列支的预算转变成产出导向的预算。不过，这一改革没有取得成功。这部分是因为改革者没有意识到，那些一直困扰着原来的分项列支预算的各个问题——例如糟糕的组织和计划、缺乏收支预测的能力等——同样也会妨碍牙买加建立新的更高级的预算体系。此外，以手工的记账为主而且是分项列支格式的会计体系也妨碍了该国建立新的预算体系。在预算执行中也有许多问题。对于这个体系的运作必需的报告或者没有，或者不能及时地提交。虽然预算执行的速度还算满意，但是，对于执行过程中出现的各种问题没有一个及时有效的修正。对供给的产出和服务的类型以及质量的绩效测量经常也是误导性的。结果是，形成的绩效预算不能有效地转换成预算执行，也不能变成绩效问责。各个部的部长都不认同这个新体系，财政部主要依赖地分项列支来使得各个部门负责的做法也从根本上动摇了绩效问责的改革。

资料来源：印度的情况引自 Axelrod, Donald. 1988. *Budgeting for modern government*. New York: St. Martins Press. p. 273.，牙买加的情况引自 World Bank. 1998. *Public expenditure management handbook*. Washington, D. C.: The World Bank。

不过，从根本上讲，绩效预算本身也有一个致命的缺陷。绩效预算的重心是关注完成了什么工作，以及是否有效率地完成了该项工作，而并不关注支出目标本身是否合理。换言之，在绩效预算下，目标是给定的，毋庸置疑的，只需高效率地实现目标就算有绩效。绩效预算关心的是支出效率（成本与产出之比），而不是支出的效果。实行绩效预算不需要在政府范围内重新确定政策重点和支出重点，只需要在年度预算的框架内以最少的资源生产出既定的产出，以最小的成本实现既定的政策目标即可。这种完全以效率为目标而不考虑政策效果的预算决策模式使得绩效预算不能独立地发展成为一个有效率的预算决策模式——这需要超越年度预算的框架，重行设定政策目标，然后才考虑活动选择。随后出现的计划项目预算模式弥补了绩效预算的这一不足。在该模式下，预算决策首先在一个跨年度的框架下分析政策目标的价值，然后才开始预算资金的分配。① 不过，绩效预算中最有价值的成分，即将活动的信息整合进预算过程，继续存在于以后各国的预算改革中。②

---

① Kettl, D. 1992. *Deficit politics*. New York: Macmillan Publishing Company. p. 75. Joyce, Philip. 1998. Budget reform. In Jay Shafritz. Eds. *International encyclopedia of public policy and administration*. Colorado: Westview Press. p. 278. World Bank. 1998. *Public expenditure management handbook*. Washington, D. C.: The World Bank. p. 12.

② World Bank. 1998. *Public expenditure management handbook*. Washington, D. C.: The World Bank. p. 12.

第 十 二 章

计划项目预算

> 计划项目预算应该消亡，因为它是一种非理性的分析方式，它带来的是压制而不是对错误的修正……没有人知道如何做项目预算。
>
> ——Arron Wildavsky[①]

即使是年度预算，它本身也是一个计划。但是，在现实中，并不是所有的计划都是预算。[②] 如何将年度预算与中长期计划结合起来一直是公共预算决策中非常关键的问题，也是一个极其困难的问题。20 世纪 60 年代在美国出现的计划项目预算体制（Plan-Program-Budgeting System，PPBS）——或简称计划项目预算（PPB）——是预算史上首次在政府内部整合计划与预算的一次雄心勃勃的努力，并影响了其他发达国家和发展中国家的预算改革。尽管这一改革未能取得全面的成功，但是，它使得公共预算开始关注和重视计划，开始形成跨越年度预算的时间框架。计划项目预算中有价值的成分，尤其是其对计划的重视，被吸收进 20 世纪 80 年代的新绩效预算中。

一、计划项目预算及其特征

计划项目预算起源于 20 世纪 60 年代美国国防部的预算改革。当时，具

[①] Wildavsky, Aaron. 1969. Recuing policy analysis. *Public Administration Review* Vol. 29, No. 2: 189 – 202.

[②] Howard, Kenneth. 1973. *Changing state budgeting.* Lexington: Council of State Government. p. 196.

有丰富企业管理经验的麦克拉马拉（McNamara）被任命为国防部长。麦克拉马拉接管美国国防部后很快就发现，他常常被各个部门之间的预算竞争以及缺乏整体性的计划所困扰。首先，各个部门提出各种武器发展计划的主要目的是为它们自己的预算申请提供辩护，所有部门都关心自己能获得多少资金，但是它们都不是真正关心国防本身。其次，国防部内部的计划一片混乱，这主要是因为大量的军事计划和财政计划之间几乎没有联系，这两部分计划是由两个不同的小组负责执行的，并且，分别使用不同的术语，既不能通用，也不能互相对照。第三，这两部分计划的时间期限是不同的，军事计划有中期的和长期的，而财政计划却没有跨越下一个年度的内容，其结果，中期和长期的军事计划大多数效率低下。[1] 为了解决这些问题，麦克拉马拉改革了国防部内部的预算决策过程，实行一种被称为"计划项目预算体系"的预算模式，其目的是使得国防部内部各个部门在制定预算时避免年度预算的短视，具备跨年度的战略眼光，并使得各个部门的计划结合起来以更好地服务于国防部高层的战略目标。一方面，国防部的管理在采用计划项目预算后出现了各种显而易见的改善，这给约翰逊总统留下很深的印象；另一方面，计划项目预算也为约翰逊总统实现其"伟大社会"的计划提供了一个极佳的工具，因此，1965年，约翰逊总统命令所有的联邦机构采用计划项目预算。[2]

在60年代，计划项目预算被逐步推广到美国联邦政府的其他机构、州政府以及地方政府。计划项目预算在州政府层面的推广最快，到70年代初，大约35个州政府都根据自身的需要和情况实行了计划项目预算。[3] 其实在州政府层面，纽约州1964年就已经采用了计划项目预算，比联邦政府还要

---

[1] [美]杰克·瑞宾、托马斯·林奇：《国家预算和财政管理》，丁学东等译，中国财政经济出版社1989年版，第34—35页。Kettl, D. 1992. *Deficit politics*. New York: Macmillan Publishing Company. pp. 76–77.

[2] Kettl, D. 1992. *Deficit politics*. New York: Macmillan Publishing Company. p. 77. Hyde, Albeert. 1992. Budgeting systems and management: A instrument for securing administrative efficiency and economy. In Albeert Hyde. Eds. *Government budgeting: Theory, process, and politics*. Pacific Grove, CA: Brooks/Cole Publishing Company. p. 326.

[3] Schick, Allen. 1971. *Budget innovation in the states*. Washington, D. C.: The Brookings Institution. p. 86.

早一年。当然,各州都根据自己的情况和需要发展自己的计划项目预算。宾夕法尼亚州和纽约州的计划项目预算与联邦政府的计划项目预算最相似,而且在某些方面比联邦政府还前卫,例如,为各个机构提供政策指导,强调长期计划而不仅仅是多年期的预测与预算。而威斯康星州和加利福尼亚州则没有全面采用联邦的模式。地方政府实行计划项目预算的速度比州政府慢一些。在 60 年代后期,只有大约 31% 的城市和 26% 的县政府在它们的预算决策过程中引入了一些计划项目预算的成分。[1] 在 60 和 70 年代,计划项目预算的影响逐渐超出美国,许多发达国家和发展中国家都开始引入计划项目预算。[2] 例如,法国就充满热情地实施了计划项目预算,这主要是因为法国本身就具有很强的经济计划以及预算理性的传统。在联合国等国际组织的建议下,一些发展中国家也实行了计划项目预算。即使现在,一些国家仍然用项目预算称呼它们的绩效预算。[3]

计划项目预算强调在跨年度的计划框架内进行预算,将中长期计划和年度预算结合起来,为实现跨年度的政策目标构建项目,运用理性的分析工具选择最佳的项目,运用项目引导资金分配,而且对资金的竞争是发生在项目之间的。一言之,计划项目预算是通过项目将计划与预算衔接起来。[4] 计划项目预算的特征主要包括:

首先,计划项目预算是目标和政策取向的,它关注的重点是预算结果,即一定数量的财政资金支出后实现了什么样的结果。[5] 对于计划项目预算来

---

[1] Axelrod, Donald. 1988. *Budgeting for modern government*. New York: St. Martins Press. pp. 286 - 287.

[2] Klucers, Ron. 2001. An analysis of introducing program budgeting in local government. *Public Budgeting & Finance* (Summer): 29 - 45. Axelrod, Donald. 1988. *Budgeting for modern government*. New York: St. Martins Press. pp. 272 - 273.

[3] Robinson, Marc. 2007. Performance budgeting models and mechanisms. In Marc Robinson Eds. *Performance budgeting: Linking funding and results*. New York: Palgrave Macmillan. p. 5.

[4] Diamond, Jack. 2003. From program to performance budgeting: The challenge for emerging market economies. IMF Working Paper WP/03/169.

[5] Kettl, D. 1992. *Deficit politics*. New York: Macmillan Publishing Company. p. 77. MacManus, Susan. 1998. Budget format. In Jay Shafritz. Eds. *International encyclopedia of public policy and administration*. Colorado: Westview Press. p. 253.

说，预算决策的重心不应再是投入和产出。在决定是否为某一产出提供某一数量的财政资金之前，必须先决定该产出是否是社会需要的。换言之，如果该产出不是（或不再是）社会所需的，即使能够以非常有效率的方式生产这一产出，也不应为其供给资金。因此，计划项目预算要求政府部门首先清楚地表述它的可以测量的服务目标。①

其次，计划项目预算要求部门制定预算时要具有长远目标，而不能再像以前那样只关注某一年的预算。具体地，虽然预算仍然按年度进行更新，预算预测（或计划）则是建立在多年而非一年的基础之上的。② 跨年度计划是计划项目预算的一个重要特征。这不仅使得它超越了传统预算模式狭窄的年度时间视野，也使得它不同于其他的预算改革模式，例如 50 年代的绩效预算以及 70 年代的零基预算。

第三，计划项目预算要求政府部门在确定目标之后，设计达成该目标的各种替代方案，最后运用成本—收益分析方法来选择一个最佳方案并为之提供财政资金。运用成本—收益方法选择项目和进行项目构建也是计划项目预算的一个鲜明特征。③

第四，计划项目预算的核心是项目构建。在这种预算模式下，所有能对同一个目标作出贡献的项目应该组合起来，从而使得对于资金的竞争都是发生在"真正的"替代选择之间的。这就和以前的预算模式大不一样。在此之前，无论是传统的分项列支预算还是绩效预算，资金的竞争都是发生的机构或政府部门之间的，然后，部门内部才会出现项目之间的资金竞争。常常地，仅仅因为它们是处在不同的政府部门或机构中的，目标相同的项目将会被不同地对待。而在计划项目预算中，竞争是相同的项目之间的竞争，而不

---

① MacManus, Susan. 1998. Budget format. In Jay Shafritz. Eds. *International encyclopedia of public policy and administration*. Colorado: Westview Press. p. 253.

② Kettl, D. 1992. *Deficit politics*. New York: Macmillan Publishing Company. p. 77. MacManus, Susan. 1998. Budget format. In Jay Shafritz. Eds. *International encyclopedia of public policy and administration*. Colorado: Westview Press. p. 253

③ MacManus, Susan. 1998. Budget format. In Jay Shafritz. Eds. *International encyclopedia of public policy and administration*. Colorado: Westview Press. p. 253

是机构内部的不同项目之间的竞争。①

最后，计划项目预算的资源配置是跨组织的。传统的分项列支出预算是按组织来配置财政资金，也就是说，组织是基本的预算单位。绩效预算强调按产出重新组织政府机构，不过，在这个重组完成后，资金配置仍然还是按组织来进行的。然而，计划项目预算的资源配置则跨越了标准的组织或部门界线。通常情况下，计划项目预算要求寻找一个广泛的目标并将其项目化，该项目又分成若干的次级项目，进而分成若干行动，资源（资金和人力）最后就被分配到这些具体的目标、项目、次级项目和行动上去。由于很多项目的实现涉及多个的组织或部门，因此，在计划项目预算下，资源配置常常是跨越传统的组织或部门边界的。其结果，许多政府机构都同时在为多个项目而工作，大多数的项目都落实到一个以上的政府机构。②

所有预算决策都涉及一个关于活动和资金分配的权衡，计划项目预算亦然。但是，和传统的分项列支预算相比，计划项目预算希望提供一个更加理性的预算权衡。在传统预算模式下，预算权衡的焦点是对集中体现在预算基数中的现状进行边际调整，而计划项目预算希望将项目（或者或活动）的成本与项目的效果联系起来。计划项目预算也不同于50年代出现的绩效预算。在绩效预算下，关键的任务是寻找最有效率的方式来实现给定的目标，而计划项目预算的重点是在竞争的政策目标之间进行预算决策，它是将政策目标本身视为变化的而不是给定的。如果说绩效预算更多的是一种管理模式，而计划项目预算则更多的是一种资源配置模式。③ 另外，计划项目预算也与紧随其后出现的零基预算不同。在计划项目预算下，预算权衡主要是同一种项目之间的比较，资金竞争是发生在项目之间，而在零基预算下，预算

---

① Mikesell, John. 1999. *Fiscal administration*. New York: Hartcout Brace College Publishers. p. 189. Wildavsky, Aaron. 1979. *The Politics of the Budgetary process* (3rd edition). Boston: Little, Brown and Company. pp. 219–220.

② MacManus, Susan. 1998. Budget format. In Jay Shafritz. Eds. *International encyclopedia of public policy and administration*. Colorado: Westview Press. p. 253. Mikesell, John. 1999. Fiscal administration. New York: Hartcout Brace College Publishers. p. 193.

③ World Bank. 1998. *Public expenditure management handbook*. Washington, D.C.: The World Bank. p. 13.

权衡主要是同一项目的不同资金水平之间的比较，资金竞争是在项目内部发生的。所以，尽管这两种预算模式都会引发激烈的资金竞争，但是，相比之下，计划项目预算引起的资金竞争是最激烈的。①

二、计划项目预算的程序

虽然各个政府部门对于计划项目预算的应用会出现差异，但是，一般的，计划项目预算过程包括以下三大步骤：目标计划、项目构建与选择和预算。② 总之，计划项目预算过程是由长期政策目标推动相对短期的项目构建，再以项目推动预算资金分配的过程。项目是连接长期计划和年度预算的中间枢纽，是根据它们对长期计划中的政策目标的贡献程度构建起来的，而不管是哪个行政组织提供具体的服务来实现这些目标。这就使得预算重点从具体的支出科目（objectives of expenditures）转移到政府为公民提供的服务。③

（一）目标计划

计划项目预算的第一步是制定组织的目标计划。为了更好地在各种项目和活动中进行最佳的选择，决策者首先必须确定确定其组织的基本目标（fundamental objectives），然后再把它们分解为一些次级目标（sub-objectives），而且，组织的政策目标不能是一年的，而必须是跨年度的。④ 此时，预算决策者实际上是在做战略计划。在这种过程中，决策者需要在各种可行

---

① Wildavsky, Aaron. 1979. *The politics of the budgetary process* (3rd edition). Boston: Little, Brown and Company. pp. 219 – 220.

② Kettl, D. 1992. *Deficit politics*. New York: Macmillan Publishing Company. p. 76. Keenan, Jones. 2000. Just how new is best value. *Public Money & Management* (July/Sept.): 45 – 49.

③ Mikesell, John. 2007. *Fiscal administration*. Belmont, CA: Thomson Wadsworth. pp. 205 – 206.

④ Kettl, D. 1992. *Deficit politics*. New York: Macmillan Publishing Company. p. 76. World Bank. 1998. *Public expenditure management handbook*. Washington D. C.: The World Bank. p. 13. Keenan, Jones. 2000. Just how new is best value. *Public Money & Management* (July/Sept.): 45 – 49.

的政策目标之间进行选择，确定组织的目标。一旦确定了组织或者机构的目标后，计划项目预算就能够根据组织的各个活动对实现每个目标的贡献程度对这些活动进行分类。资源竞争的焦点现在是政策目标，以及实现目标的各种可以替代的项目，因此，项目就是根据那些与政策目标实现密切相关的最终产出和服务而组织起来的。这就使得计划项目预算的预算结构是以机构的"最终产出"（end product）为基础的，而不再像传统预算模式那样以各个机构的投入为基础。[①] 图12-1描述了目前仍在使用计划项目预算的宾夕法尼亚州项目预算的预算结构。这是一个最终服务导向的预算结构。预算结构是以向公众提供的最终服务而不再是以部门为基础进行分类的，同一个项目涉及多个部门，而一个部门可能参与多个不是本部门的项目——这对部门预算是一个很大的冲击，而且也不是以将要购买的投入或者部门的活动来划分的。

---

1. **教育**：本项目的目标是确保教育基金使用于已被证明是能够提高学生成绩的那些活动。这个项目支持"建立一个世界水平的公共教育体系"这一行政目标。

　　涉及的机构：教育、收入、公共福利和劳工部门，以及高等教育援助机构、税收公平委员会。

2. **个人和财产保护**：本项目的目标是提供这样的一个环境和社会体系，在其中，每个人以及个人和组织的财产免受自然和人为的灾害以及非法和不当行为的侵犯。这个项目将支持"确保我们的公民安全"这一行政目标以及"保护我们的自然资源"这一目标。

　　涉及的机构：州警察；银行、矫正、军事务、州环境资源、农业等部门；紧急管理机构；牛奶营销委员会；保险委员会等。

3. **卫生与人类服务**：本项目的目标是确保公民能够获得高质量的卫生服务，支持人民实现自足，提供军事援助，最大化个人和家庭参与社会的能力。这个项目包括支持"增加获得有质量的卫生服务的机会"这一行政目标的各种活动。

　　涉及的机构：老年、卫生、公共福利、农业、劳工与工业、军事务、交通等部门。

图12-1　宾夕法尼亚州计划项目预算的项目预算的结构，2005—2006年

资料来源：Mikesell, John. 2007. *Fiscal administration*. Belmont, CA: Thomson Wadsworth. p. 206。

---

① Mikesell, John. 2007. *Fiscal administration*. Belmont, CA: Thomson Wadsworth. pp. 206-207.

（二）项目构建与选择

计划项目预算的第二大步骤是项目构建与选择。在这一阶段，需要将这些基本目标和次级目标落实到项目（programmes），这就形成一个项目结构，每个项目都是为了实现某个目标而设计的。项目可以进一步分解成项目类别（programme categories），即所有有助于实现同一个目标的项目。项目类别又可进一步分解成项目成分（programme elements）——在既定的资源条件下，有助于实现政策目标的各种可供选择的方式或者活动。这个过程就是在设计解决同一问题的各种可供选择的方案。然后，比较它们的成本与收益分析，以对项目进行选择。[1] 这是一个将目标项目化并进行选择的过程。在这个过程中，预算决策者决定如何将人力资源、设施、物质资源和其他的资源组合在一起来实现跨年度的政策目标。这也是一个将战略计划分解为较为短期的目标的过程。如果假定政府各种活动的目标是提高人民整体的福利，那么，计划项目预算的目标就是辨识广泛的政策目标的组成部分，在这些成分以及各种有助于实现它们的各种可供选择的方式中作出最佳的选择。[2]

构建项目是计划项目预算的"标志性特征"。计划项目预算的项目形成遵循这样一些逻辑标准：（1）**方便比较**。项目的设计要能方便在各种有助于实现仍未完全定义的政策目标的可供选择的方式或活动之间进行比较；（2）**包括补充性资源**。项目必须包括互相补充而且不能分开来运行的各个组成部分，例如卫生项目需要医生、护士、医疗设施等各个部分具有一个恰当的比例，所有这些成分（elements）都必须包括在项目中；（3）**辨识不可分开的资源**。当政府中的某一部分为其他几部分服务时，常常会需要一些独立的"支持性的服务项目"（supporting service programs）。在这种情况下，集中的数据处理（尤其电子化的）、人事管理等等都能够使得运作更加经济，这种经济是在各个机构单独处理这些事务时很难实现的。尽管这些活动

---

[1] Keenan, Jones. 2000. Just how new is best value. *Public Money & Management*（July/Sept.）: 45-49.

[2] Mikesell, John. 2007. *Fiscal administration*. Belmont, CA: Thomson Wadsworth. p. 208。

的产出并不直接贡献于政府的政策目标,但是,这些活动都是可以按照项目来处理的。(4)**多样化的结构**。政府或许需要一个重叠的项目结构来实现各种政策目标。例如,收入征收部门的结构既是按照功能也是按照地区分布的。当全国性的或者地区性的政策目标非常重要时,这种方式就是必要的。(5)**辨识长期的活动**。一些涉及研究、发展、或长期投资的活动应该被当成独立的次级项目来处理,因为它们的支出是在长期的时间框架内发生的。[①]

(三) 预算

预算决策者进行预算。将战略计划转化成具体的项目和次级项目有助于预算决策者决定每个项目需要哪些资源、多少资源以及何时需要该资源。在预算过程中,对于各种支出事项,必须根据它们与政府目标的相关程度来进行评审。尽管预算仍然是年度的,但是,整个预算的时间视野必须超越预算年度,包括项目的整个实施时间,决策者对于项目成本的预测应尽量有足够长的时间跨度(例如 5 到 10 年),应考虑项目的总成本或者长期成本,而不能仅仅是头期拨款。由于部门或机构常常存在预算扩张的动机,因此,需要确定一个达成既定政策目标的最佳(最经济的)活动水平。这常常需要运用一些方法来激励部门或机构考虑各种可供选择的操作手段,然后选择那些能够以最小成本实现目标的手段。在预算阶段,需要进一步考察和衡量这些计划的实施效果,确保资金充分发挥其效益。[②]

在不同的预算模式下,预算分类是不同的。不同的预算分类就意味着对同等数量的支出采取不同的预算处理方式。这会进一步影响在预算决策中围绕着支出我们将重点关注什么问题,也会影响预算拨款的规模。计划项目预算使得预算分类出现了一个重大的变化。例如,以一个行为矫正机构的教师工资为例。在分项列支预算下,这项工资一般反映在行为矫正部门

---

① Smithies (1969, p. 142),转引自 Mikesell, John. 2007. *Fiscal administration*. Belmont, CA: Thomson Wadsworth. p. 208。

② [美] 杰克·瑞宾、托马斯·林奇:《国家预算和财政管理》,丁学东等译,中国财政经济出版社 1989 年版,第 36—37 页。Mikesell, John. 2007. *Fiscal administration*. Belmont, CA: Thomson Wadsworth. p. 208.

的人事预算中,通常是在工资与薪水这一预算科目。工资将在该部门内与其他的预算科目一起竞争资金。在绩效预算中,这项工资就会和某项产出联系在一起,成为实现某个产出绩效目标(例如多少个小时的行为矫正时间)的成本的一部分。此时,工资的资金竞争主要是针对部门的其他活动。不同的活动,投入不同,工资作为投入的一部分也不同。但是,在计划项目预算中,这项工资支出将成为一个项目(例如人力资源发展项目)的一部分,这就将工资支出与监禁项目分开,而主要与培训和教育活动联系起来。表12-1更具体地描述了该项工资支出在不同预算模式下的预算处理方式。

表12-1 不同预算模式下的工资分类

某行为矫正教师受雇于某个地方政府的行为矫正设施中心作为基础识字项目的教师,其年薪是25 000美元。他的工资在不同预算模式下的处理方式是不同的(以★标注)。

传统预算	绩效预算	计划项目预算
行为矫正部门	行为矫正部门	人力资源发展
行为矫正设施中心	活动1:成人识字	服务1:成人识字
人事经费	人事经费★	地方
主管	物资经费	州设施★
科员	生均成本	服务2:职业教育
教师★	辅导时间	
保安	活动2:监禁	
物资与设备经费		
合同服务经费		

资料来源:Mikesell, John. 2007. *Fiscal administration*. Belmont, CA: Thomson Wadsworth. p. 213。作者有所修改。

在计划项目预算中,每年都要制定一个多年期的项目和财政计划,该计划必须充分关注这一点。在许多领域,前期的资源配置(例如,一到五年)需要预测计划和项目在更长时期的成本,例如,10年或者更远。此外,为了实施计划项目预算,必须改革现有的会计和统计报告体系,为计划和项目制定提供必要的信息,以及不断地提供关于项目实施和采取行动所需资源的信息。[1]

三、实施情况及其影响

在各种理性预算改革中,计划项目预算最强调预算理性。但是,这同样也使得其实施非常困难。实施计划项目预算碰到的主要问题包括:首先,公共部门常常承担着多个目标,而且在有些情况下,目标之间是互相冲突的,在这种情况下,将目标项目化就会面临许多困难。许多公共服务通常是服务于多个政策目标,要对它们进行很好的分类是很困难的。无论如何进行选择,强调某一政策选择都意味着牺牲其他的政策选择。而且,项目之间常常会相互影响。[2] 此外,当目标改变时,纵向分析常常就变成是不可比较的。[3]

其次,在公共预算中,真正的成本—收益分析有时是不可能的。这主要是因为:(1)时间、资源和专长的约束;(2)关于什么是成本和收益以及如何测量成本与收益常常会出现不一致的意见;(3)有些项目和活动比另一些项目和活动更加不容易进行成本与收益分析。[4] 此外,项目的成本估计对于预算决策的意义可能要比想象的小得多。因为,很多机构同时为多个项目而运作,它占用的相当多资金通常都是由许多项目共享的,很难清楚地分

---

[1] Novick, David. 1970. What program budgeting is and is not. In Albeert Hyde. 1992. Eds. *Government budgeting*: *Theory*, *process*, *and politics*. Pacific Grove, CA: Brooks/Cole Publishing Company.

[2] Mikesell, John. 2007. *Fiscal administration*. Belmont, CA: Thomson Wadsworth. p. 212.

[3] MacManus, Susan. 1998. Budget format. In Jay Shafritz. Eds. *International encyclopedia of public policy and administration*. Colorado: Westview Press. p. 257.

[4] Ibid.

离出完全属于某一项目的资金。① 因此，尽管计划项目预算强调将资金配置到特定的项目，但是，在某些情况下，预算决策者可能只是很随意地和武断地将资金分配到项目。②

第三，计划项目预算的资金分配是跨部门的，这固然可以整合资金，提高资源配置效率，但是，也带来了一些新的问题。项目是不能完全取代部门在预算中的地位的。因为，关于资金和绩效的行政责任和问责最后都必须落实到某个具体的部门，项目很难作为问责的对象，而部门可以。这就需要一个超越项目的预算和拨款结构。③

第四，由于在计划项目预算中支出是跨越传统的组织界限而分配到特定项目的，因此，在预算执行中，很多情况，很难追踪支出，很难进行会计控制。④ 在计划项目预算中，由于它没有像绩效预算那样要求根据产出（或项目）重新组织政府机构，所以，计划项目预算中的预算必须有一个"连接方式"（crosswalk）来将项目成本转换成为行政单位的拨款。如果没有这样一个连接方式，或者该连接方式不易操作和难以理解，那么，对于预算决策者来说，项目预算提供的信息和数据都是无用的，预算决策就只能按传统的预算方式来进行，因为，传统预算模式易于理解。计划项目预算后来的失败很大程度上都与这个问题有关。⑤ 如果决策者尤其是政治家都不熟悉、不明白、不喜欢计划项目预算的预算结构，那么，计划项目预算形成的信息就不能影响决策。⑥

---

① Mikesell, John. 2007. *Fiscal administration*. Belmont, CA: Thomson Wadsworth. p. 212.

② MacManus, Susan. 1998. Budget format. In Jay Shafritz. Eds. *International encyclopedia of public policy and administration*. Colorado: Westview Press. p. 257.

③ Mikesell, John. 2007. *Fiscal administration*. Belmont, CA: Thomson Wadsworth. p. 212.

④ MacManus, Susan. 1998. Budget format. In Jay Shafritz. Eds. *International encyclopedia of public policy and administration*. Colorado: Westview Press. p. 257.

⑤ Mikesell, John. 1999. *Fiscal administration*. New York: Hartcout Brace College Publishers. p. 196.

⑥ Wildavsky, Aaron. 1978. Policy analysis is what information systems are not. *Accounting, Organization and Society* Vol. 3, No. 1: 77 – 88. Wildavsky, Aaron. 1978. A budget for all seasons? Why the traditional budgets lasts. *Public Administration Review* Vol. 38, No. 6: 501 – 509.

这些问题表明，计划项目预算是一个预算理性很高的、非常复杂、难度很大的预算模式。1965 年，美国联邦政府决定全面启动这一改革时，绝大部分政府部门都不像国防部那样已经在"二战"期间积累了丰富的计划、政策和项目分析能力。这使得改革的推进碰到了许多问题。1969 年联邦预算办公室和国会的审计署调查了 16 个机构后发现，只有 3 个机构取得了实质性的进展。而且，对于那些庞大的支出——赋权型支出、转移支付、税式支出以及预算外支出，计划项目预算根本不能产生任何影响。同时，尽管国会不再像以前那样完全反对预算改革，但是，它仍然坚持使用传统的预算格式，维持原有的拨款结构。国会的各个委员会在审查预算时，主要也是考虑部门和支出科目，对于项目分析只是匆匆地看一下。[①] 1971 年，属于不同党派的尼克松取代约翰逊成为美国总统，宣布停止计划项目预算。这使得某些学者，例如瓦尔达沃夫斯基，就宣布计划项目预算已经失败。某些学者则认为，计划项目预算不适合于处于复杂和变化多端的环境中的组织。[②]

　　然而，在 60 年代，计划项目预算开始在国际上流行起来。这一方面是受美国计划项目预算的影响。1965 年，联合国根据美国预算改革的经验而撰写的《项目与绩效预算手册》，对于推广计划项目预算以及其绩效预算发挥了极大的作用。不过，计划项目预算是以项目预算的名义出现的。另一方面是因为，在这一时期，一些国家已经开始试验经济和社会发展计划。"二战"后，一些欧洲国家，例如法国等，开始尝试编制国家经济和社会发展计划。同时，计划经济体制国家在"二战"后也开始编制五年计划，在一定程度上，这与计划项目预算是很相似的。60 年代，许多发展中国家开始引入计划经济体制国家的经验编制发展计划。计划项目预算的出现，正好符合这些国家的需要。计划项目预算有助于这些国家将发展计划中的长期目标转换成年度计划中的操作目标。相比之下，发展中国家实行计划项目预算的热情比发达国家更高。在 60 年代，将近 50 个国家引进并发展了各种类型的

---

　　① Axelrod, Donald. 1988. *Budgeting for modern government.* New York: St. Martins Press. pp. 288–290.

　　② Jablonsky, Stephen, & Mark Dirsmith. 1978. The pattern of PPB rejection: Something about organizations, something about PPB. *Accounting, Organization and Society* Vol. 3 No. 3/4: 215–225.

项目预算（包括绩效预算）。在发达国家中，瑞典、丹麦、荷兰、英国、法国、澳大利亚、新西兰和加拿大都是实行项目预算比较有名的国家。当然，各国都根据自己的情况和需要，选择美国计划项目预算的一些有用的因素来改进自己的预算体系。在60年代末期，几乎所有的拉美国家、几个亚洲国家以及一些非洲国家都实行了各种各样的项目预算。其中，巴西、菲律宾、印度和马来西亚的项目预算是最雄心勃勃的。[①]

不过，无论是发达国家还是发展中国家，计划项目预算都不是很成功，它们都没有全面地采用美国的计划项目预算，只是根据条件和需要引入其中的某些成分，而且，最后都放弃了计划项目预算。[②] 当然，各国的情况有所不同。在一些国家，虽然计划项目预算没有完全取得成功，但是，这一改革对这些国家的预算模式产生积极的影响。在发达国家，其中的一些有价值的成分被吸收进预算实践以及随后的新绩效预算改革中。例如，其对跨年度计划的重视被转变成中期支出框架，以项目为核心联结支出和政策目标的这一做法也被继承下来。专栏12-1介绍了英国和法国的项目预算改革。

> **专栏12-1 英国和法国的计划项目预算**
>
> 英国的计划项目预算始于1963年。当时，国防部采用一种被称为"功能成本"的计划项目预算方式。不过，英国的教育和科技部很早就在使用一种与计划项目预算很相似的"产出预算"，对达成效果提供财政奖励。产出预算一般被视为英国版本的计划项目预算。一项关于70年代英国教育和科学部产出预算的研究发现，该部预算的重点是一些中介性的目标（intermediate objectives），例如师生比，而不是最终的目标——教育水平。不过，产出预算在70年代的政府重构中消失。但是，在80年代的管理主义改革中，一些项目预算的因素在预算改革中重新出现。同时，英国从1961年开始启动一个最雄心勃勃也是最全面的多年期

[①] Axelrod, Donald. 1988. *Budgeting for modern government*. New York: St. Martins Press. pp. 272, 292-293.

[②] World Bank. 1998. *Public expenditure management handbook*. Washington, D. C.: The World Bank. p. 13.

预算，即所谓的公共支出调查（public expenditure survey）。

这一模式在某些方面与计划项目预算有相同之处。英国多年期预算的计划期限从 1961 到 1965—1966 财政年度，包括了中央政府、地方政府和政府企业。当然，这个调查不是一个计划，而是尝试预测现有政策在未来五年的将来成本，同时预测同期的经济发展和预期收入，并将计划期的收支匹配起来。此外，英国也根据功能类别（大约 20 个，例如教育、国防、卫生等）和经济类别（例如经常性支出、资本性支出和转移支付）对支出进行分析。每年，这个五年的收支预测都会向前滚动一年，而且第一年的预测一般就成为年度预算的基础。这一远期预测框架的目的是通过将支出限制在现有的项目和政策，以及根据预测的新收入来决定哪些新的政策可以获得资金，来限制支出总额。在英国，这个框架并不是一个取消项目以及选择比现有项目更好的支出用途的工具。60 年代，经济繁荣，财政状况良好，因此，这一远期预测一直运行得不错。但是，从 70 年代后期开始，随着经济和财政状况的恶化，预测开始越来越不准确，而且其中的支出承诺反而限制了政府的手脚。1976 年，英国政府开始采用以前的年度财政控制，并对每个机构的支出设置现金上限。当然，尽管公共支出调查的地位已经下降，它并未消失。在 80 年代中期，英国将五年期的远期预测改为三年期的预测。其后，这逐渐汇聚进 80 年代的新绩效预算改革。其实，项目预算的其他成分也在这一时期汇聚进新绩效预算。

在法国，经济计划一直有很强的支持。它的"指导性计划"以及法国版本的计划项目预算——"预算选择理性"（Rationalization des Choix Budgetaires）改革对法国的预算体制影响甚大。指导性计划诞生于 1946 年，其目的是重建战后经济，并在马歇尔计划下提高支出的理性化程度。其后，该计划开始发展成为一个五年期的计划，覆盖定量的目标（targets）、产出预测、实现目标需要采取的行动、财政与经济政策。1969 年，为了控制支出，法国根据美国计划项目预算的经验采取了"预算选择理性"改革。该项改革一方面重视项目结构、形成目标（objectives）、多年期项目规划、运用了成本收益分析，另一方面也非常关注于与成本

> 相关的效果、发展绩效指标、建立信息系统。到 80 年代后期,虽然项目预算在法国的影响仍然非常大,但是,政府已经减少了对这两大机制的使用。
>
> 资料来源:Axelrod, Donald. 1988. *Budgeting for modern government*. New York: St. Martins Press. pp. 278 – 279, 293 – 294。英国情况还参考了 Rose, Aidan. 2003. Result-oriented budgeting practice in OECD countries. http://www.odi.org.uk/resources/odi-publications/working-papers/209-results-oriented-budget-practice-oecd.pdf (retrieved on Feb. 9, 2009)。

计划项目预算在发展中国家实施效果则更不理想。例如,一项关于伊拉克和科威特项目预算改革的研究发现,这一改革没有对这两个国家的预算产生较大的影响。[1] 在斯里兰卡和牙买加的实施也没有取得成功。[2] 在一些计划项目预算的批评者看来,这一改革的失败是不可避免的。因为,这一预算模式本身是有问题的,一方面它的计算成本太高,另一方面它忽略了预算在本质上是政治性的,企图用预算理性完全取代政治决策注定是要失败的。[3] 其中最猛烈的批评者当数瓦尔达沃夫斯基,在他看来,计划项目预算太过于强调预算理性,它所要求的理性计算能力太高,以致完全超出了人的有限理性。一方面,计划项目预算将经济理性与组织理性混淆起来,企图牺牲组织动机来满足经济动机与效率;另一方面计划项目预算将各种决策集中后形成一些庞大的政策,这同时也容易产生巨大的错误,难以修正,修正的成本也很高。而且,预算本质上是政治性的,项目不可能在真空中制定,政治理性比经济理性更重要。[4] 不过,在另一些人看来,计划项目预算实施效果不佳的主要原因是这些国家,尤其是发展中国家,并不具备一些实行计划项目预

---

[1] Jones, Laurence R., & & G. C. Bixler. 1992. *Mission financing to relign national defense*. Greenwich, CT: JAI Press.

[2] World Bank. 1998. *Public expenditure management handbook*. Washington, D.C.: The World Bank. pp. 14 – 15.

[3] Ibid., p. 13.

[4] Wildavsky, Aaron. 1966. The political economy of efficiency: Cost benefit analysis, systems analysis. *Public Administration Review* Vol. 26, No. 4: 292 – 310. Wildavsky, Aaron. 1969. Recuing policy analysis. *Public Administration Review* Vol. 29, No. 2: 189 – 202. Wildavsky, Aaron. 1979. *Speaking truth to power: The art and craft of policy analysis*. Boston: Little Brown. p. 32.

算所需的条件，例如政策分析和项目分析能力，关于项目的足够信息，社会经济环境，持久的政治支持等。① 例如，斯里兰卡的计划项目预算改革就是这样一个例子（专栏12-3）。

专栏 12-3　斯里兰卡的项目预算改革

1969 年，斯里兰卡开始进行预算改革，其后大范围地推行一种与计划项目预算大致相同的预算模式。至 1974 年，政府的预算几乎都是以项目预算的格式编制并提交议会审批的。1975 年，全部的 23 个部委都提交了一部分绩效信息。在财政部内部，专门设置了一个项目预算机构来推进这一改革，这一机构负责制定并发布预算准备的指导性意见、设计需要的文件、为部门开展绩效测量和形成目标提供建议、根据预算目标审查部门的绩效。到 70 年代中期时，斯里兰卡的预算改革似乎已经离成功不远了。但是，1977 年，自由主义的政府取代了原来的社会主义政府。这使得项目预算的命运逆转。负责推行项目预算的专门机构被取消了，这使得项目预算改革失去了核心与推动力。虽然各个部门还在像以前那样提交预算，但是，它们越来越没有动力和压力去那样做，于是就慢慢地松懈下来。到 80 年代，政府已经不再对现金流进行预测。根据国际货币基金组织的建议，各个部开始提交月度支出报告，但是不再与项目和绩效相联系。转了一圈，斯里兰卡又回到了起点，现金流为基础的预算战胜了绩效监督。斯里兰卡项目预算改革失败的主要原因是：缺乏立法和行政部门的政治支持，缺乏推动改革的人才，没有在财政和行政（尤其是会计和审计）领域进行配套改革，未能用项目来取代部门作为政策决定的重点，等等。

资料来源：World Bank. 1998. *Public expenditure management handbook*. Washington, D. C.：The World Bank. p. 14.

但是，追求预算理性一直是 20 世纪预算改革一个恒久的主题，计划项

---

① World Bank. 1998. *Public expenditure management handbook*. Washington, D. C.：The World Bank. pp. 13-14.

目预算的魅力仍然未消失,它的一些做法仍然在美国的某些联邦政府机构、州和地方政府以及其他国家的政府被保留下来,例如多年度预算、运用成本收益分析方法来分析主要的政策替代选择和在其中进行权衡。① 而且,在美国联邦政府,尽管计划项目预算1971年正式结束,许多部门都未取得成功,但是,计划项目预算在国防部却很成功,而且至今国防部等机构仍然在采用计划项目预算,并将其与新绩效预算结合起来。② 虽然美国政府已经停止使用计划项目预算,但它却改变了美国的预算过程。20世纪80和90年代进行的一些调查都发现,计划项目预算(即使不再用这一名称)已经成为一个被公共管理者接受的管理工具。一项80年代早期的调查报告表明,77%的受调查的美国城市政府仍在继续使用计划项目预算。③ 80年代末的一项调查报告继续支持这一发现,74%的美国大城市的政府都在采用计划项目预算。④ 80年代末的另一项关于城市政府运用管理工具的调查发现,39%到49%的管理者都认为像计划项目预算和零基预算这样的预算和财政管理工具都是非常有用的。而且,从1976年到1987年,对于这些管理工具的运用一直都比较稳定。这项研究还发现,计划项目预算的运用范围比零基预算广泛。⑤ 不过,另一项调查发现,分项列支预算仍然是美国地方政府最常用的预算模式,当然,计划项目预算也被广泛运用。⑥ 在澳大利亚,1993年的一项调查指出,52%的维多利亚城市政府采用了计划项目预算。⑦ 另一项调查

---

① Mikesell, John. 1999. *Fiscal administration*. New York: Hartcout Brace College Publishers. p. 196.

② McCaffery, Jerry, & L. R. Jones. 2005. Reform of program budgeting in the department of defense. *International Public Management Review* Vol. 6, No. 2: 141 – 176.

③ Poister, Theodore, & Robert McGowan. 1984. The use of management tools in municipal government: A national survey. *Public Administration Review* Vol. 44, No. 3: 215 – 223.

④ Botner, Stanley. 1989. Trends and developments in budgeting and financial management in large cities of the United States. *Public Budgeting and Finance* Vol. 9, No. 3: 37 – 42.

⑤ Poister, Theodore, & Gregory Streib. 1989. Management tools in municipal government: Trends over the past decade. *Public Administration Review* Vol. 49, No. 3: 240 – 248.

⑥ O'Toole, Daniel, & James Marshall. 1987. Budgeting practices in local government. *Government Finance Review* Vol. 3, No. 5: 11 – 16.

⑦ Municipal Association of Victoria. 1993. *The pace of reform*. Melbourne: MAV Press.

发现，70%的南澳大利亚的地方政府运用了计划项目预算。① 可见，大部分的调查都发现，尽管最早运用计划项目预算的美国联邦政府已经正式停止了计划项目预算，但是对一些美国地方政府以及一些外国政府来讲，计划项目预算仍然是一种非常重要的预算工具。

那么，计划项目预算到底对政府预算产生了什么影响呢？这是一个非常重要的问题。因为，只有当一种预算模式能够影响预算决策，即影响支出项目的选择及操作时，它才算产生了效果。最近，库路福在澳大利亚维多利亚州，调查了计划项目预算对地方政府预算决策的影响。② 他发现，计划项目预算形成的信息是非常有用的，进而推翻了著名预算专家瓦尔达沃夫斯基③关于计划项目预算的一个结论：管理者不能运用计划项目预算形成的信息。他的调查发现，计划项目预算提供的信息使得管理者能够更好地在支出中辨别出直接成本和配置成本，而且，成本在这种预算模式下受到了比在其他预算模式下更好的控制。另外，计划项目预算也改变了预算官员对于计划的态度，计划的重要性越来越受重视。不过，他也发现，虽然计划项目预算形成的信息的确被运用到了预算决策中，但是，其运用范围仍然比较有限。具体来看，尽管大多数地方政府运用了绩效指标和成本—收益分析方法来处理关于现有项目的预算决策，但是，这些信息很少被用在比较选择各种替代项目的工作上。对于计划项目预算是否影响了资源配置这一关键问题，被调查的管理者并不是很肯定，而且他们都否认计划项目预算有助于清除重复的项目。对此，一点也不应感到奇怪。因为，公共预算对于资源配置的决策还要受其他因素的影响，尤其是政治因素和环境因素。④

---

① Gurd, Bruce. 1993. Local government management accounting. Working paper No. 7 (Faculty of Business and Management, University of South Australia).

② Klucers, Ron. 2001. An analysis of introducing program budgeting in local government. *Public Budgeting & Finance* (Summer): 29-45.

③ Wildavsky, Aaron. 1978b. A budget for all seasons? Why the traditional budgets lasts. *Public Administration Review* Vol. 38, No. 6: 501-509.

④ Klucers, Ron. 2001. An analysis of introducing program budgeting in local government. *Public Budgeting & Finance* (Summer): 29-45.

第 十 三 章

零基预算

零基预算是一个理想化的、反历史的信息系统……如果取消历史，一切都变成不确定的。旧的争吵会重新浮现，成为新的冲突。

——Aaron Wildavsky[1]

仅仅从字面上理解，零基预算（zero-based budgeting，ZBB）主张的是这样一种预算模式，在制定预算时，不考虑以前发生过什么，预算决策是建立在对目的、手段和资源从根本上重新评估的基础之上的。[2] 实践者很早就认识到以预算基数为基础进行预算决策所固有的各种弊端。1915 年，英国财政部就提醒所有负责准备预算的官员不要根据本年的预算去准备下一年的预算。[3] 预算专家刘易斯（Lewis，1952）曾这样批评美国的预算体制：预算审查者只关心增加支出，而很少关心基数中的那些科目是否合理。[4] 1964年，美国农业部曾试验过某种与零基预算非常相似的改革，但是失败了[5]。

---

[1] Wildavsky, Aaron. 1978b. A budget for all seasons? Why the traditional budgets lasts. *Public Administration Review* Vol. 38, No. 6: 501 – 509.

[2] Taylor, Graeme. M. 1977. Introduction to zero-base budgeting. *The Bureaucrat* Vol. 6, No. 1: 33 – 55.

[3] Young, E. H. 1915. *The system of national finance*. Smith Elder & Co.

[4] Lewis, Verne B. 1952. Toward a theory of budgeting. *Public Administration Review* (Winter): 42 – 54.

[5] Wildavasky, Aaron & Hammond, A. 1965/1966. Comprehensive versus incremental budgeting in the department of agriculture. *Administrative Science Quarterly* Vol. 19.

20世纪70年代，美国全面地推行了零基预算。这在当时的确是一次雄心勃勃的预算改革，而且影响了美国之外的其他国家。然而，无论是在美国还是其他国家，零基预算实施的效果都不甚理想。

一、零基预算及其特征

零基预算最早是一种私人部门用来控制人员成本和边际分析的管理工具。在70年代早期，彼特 A·派尔（Peter A. Pyhrr）根据得克萨斯州的一家公司运用零基预算的经验，在《哈佛商学评论》上发表了一篇关于零基预算的论文。其后，这一概念和模式开始流行起来。[①] 70年代初，零基预算引起了时任美国佐治亚州州长卡特的兴趣。1971年，卡特将零基预算引入该州的预算过程，以期改进预算决策。卡特认为，这种预算模式提供了一种确定轻重缓急的机制，有助于我们将公共资源配置到社会最需要的领域。他还宣称，他在佐治亚州的经验表明，运用零基预算能够将政府机构的预算申请减少1%到15%；对于在某个机构内部相应的支出项目削减来说，零基预算的运用没有导致任何变化，但是在别的机构则导致完全取消支出项目。其后，许多美国的州政府和地方政府都开始了零基预算试验。当然，在州和地方政府，零基预算被用来满足其他的目标。例如，新泽西州采用零基预算的目的是减轻财政支出的压力；加利福尼亚州则使用零基方法来为预算分析提供额外的信息。美国地方政府的零基预算有两点不同于州政府：（1）通过采用零基预算，以前处于低优先性的支出项目获得了重视；（2）政策决策者与下级组织管理者之间的交流得到加强，例如凤凰城（Phoenix, Arizona）和威明顿（Wilmington, Delaware）。1976年，卡特就任美国总统后，宣布在美国联邦政府全面实施零基预算。[②]

零基预算是一种管理取向的预算模式，它目的是在政府内部提高政府首

[①] Taylor, Graeme. M. 1977. Introduction to zero-base budgeting. *The Bureaucrat* Vol. 6, No. 1: 33 – 55.

[②] Henry, Nicholas. 1998. *Public administration and public affairs.* Upper Saddle River: Prentice Hall, Inc. p. 252.

脑和预算机构对各个部门预算申请的管理控制，进而改进资源配置效率。[1]它的一个基本特征是，对于所有的支出来说，现有的支出水平不再是神圣不可侵犯的预算基数，预算基数不再自动地成为下一年预算决策或者预算拨款的依据和基础，现有的支出必须和新的支出一起比较和竞争，各个部门每年都必须为它的全部预算申请进行辩护。[2]零基预算的目标就是要取代传统的在分项列支预算下盛行的"基数加增长"，若能成功实施，将会彻底地消灭传统的渐进预算。[3]在"基数加增长"的传统渐进预算模式下，决策者关心的问题是：在边际上，项目 A 增加一定比例的支出是不是比项目 B 增加一定比例的支出更加重要？在这一模式下，决策者只能选择拒绝或者接受这一增加，或者削减增加的数量，而不能在项目之间进行权衡。[4]换言之，在这种决策模式下，资源根本无法重新配置。[5]而在零基预算模式下，决策者可以在各类可相互替代的资金水平下进行选择。现在决策者关注的问题变成：在边际上，项目 A 增加一定比例的支出是不是比项目 B 增加一定比例的支出或者项目 A、B、C 以前资助的科目更加重要？这就使得目前正在开展的活动不再一定是应该继续的，在有限资源的约束下，可以削减或者完全取消现有活动的资金来为新的项目让路，或者可以削减某一项目从而使得其他的项目可以扩张其活动水平。[6]因此，从理论上讲，零基预算使得决策者可以在预算决策中进行资源再配置。和以前的预算改革模式相比，零基预算也是

---

[1] Taylor, Graeme. M. 1977. Introduction to zero-base budgeting. *The Bureaucrat* Vol. 6, No. 1：33 – 55. Lauth, Thomas. 1978. Zero-base budgeting in Georgia state government：Myth and reality. *Public Administration Review*（September/October）：420 – 430.

[2] Mikesell, John. 1999. *Fiscal administration*. New York：Hartcout Brace College Publishers. pp. 199 – 200. Taylor, Graeme. M. 1977. Introduction to zero-base budgeting. *The Bureaucrat* Vol. 6, No. 1：33 – 55.

[3] Mikesell, John. 1999. *Fiscal administration*. New York：Hartcout Brace College Publishers. p. 200.

[4] Taylor, Graeme. M. 1977. Introduction to zero-base budgeting. *The Bureaucrat* Vol. 6, No. 1：33 – 55.

[5] Schick, Allen. 1998. *A contemporary approach of public expenditure management*. World Bank：Washington D. C. p. 90.

[6] Taylor, Graeme. M. 1977. Introduction to zero-base budgeting. *The Bureaucrat* Vol. 6, No. 1：33 – 55.

不同的：（1）零基预算不是计划项目预算的继续——尽管在其刚出现之时，有人认为它是计划项目预算的变种，因为它不像后者那样强调结果，而且它并不要求采用成本—收益分析方法；（2）零基预算不像绩效预算那样重视工作负荷的测量，虽然它并不排斥工作负荷测量。[①] 不过，由于零基预算的决策单位可以确定为项目，因此，在这个意义上，零基预算可以整合进计划项目预算的框架内。[②]

二、零基预算的程序

零基预算包括三大步骤：（1）寻找和确定基本的决策单位；（2）形成决策包；（3）对决策包进行审查和排序。零基预算的基本逻辑是：先由部门的高层管理者提出关于可用资源的基本目标和总原则，然后由中级管理部门准备一揽子决策包，该部门负责说明为了完成赋予它们的目标，项目规划的哪些部分应该保留，哪些部分是不必要的。具体地，它们将根据需要把全部支出项目及其组成部分按以下的顺序进行排列：终止、最低限度、缩减、持续和扩充。在此基础上，就可以考虑中层管理提出来的一揽子项目，并对之进行排序。于是，高层管理者就可以得到各种各样的一揽子决策包，并开始确定它们的优先顺序。[③] 从理论上看，零基预算主要包括以下五个步骤[④]：

---

① ［美］杰克·瑞宾、托马斯·林奇：《国家预算和财政管理》，丁学东等译，中国财政经济出版社1989年版，第46页。

② Keenan, Jones. 2000. Just how new is best value. *Public Money & Management* (July/Sept.): 45–49.

③ ［美］杰克·瑞宾、托马斯·林奇：《国家预算和财政管理》，丁学东等译，中国财政经济出版社1989年版，第47—48页。

④ Kettl, D. 1992. *Deficit politics*. New York: Macmillan Publishing Company. pp. 82–83. MacManus, Susan. 1998. Budget format. In Jay Shafritz. Eds. *International encyclopedia of public policy and administration*. Colorado: Westview Press. p. 257. ［美］杰克·瑞宾、托马斯·林奇：《国家预算和财政管理》，丁学东等译，中国财政经济出版社1989年版，第126–130页。Mikesell, John. 1999. *Fiscal administration*. New York: Hartcout Brace College Publishers. pp. 200–201. Axelrod, Donald. 1988. *Budgeting for modern government*. New York: St. Martins Press. pp. 296–297.

- 确定和定义基本的"决策单位"（decision unit），确定决策单位的目标与任务。决策单位是预算的基础，它可以是支出项目、机构的次级单位或者机构准备了单独的预算的计划、投资中心、成本中心，等等。零基预算要求将组织分解为若干的决策单位。零基预算被广泛采用的一个原因是，它能够适应任何一种组织结构，而计划项目预算则常常与某些组织结构不适应。
- 为各个决策单位建立项目的"决策包"（decision package of programs）。一旦决策单位及其目标确定以后，决策单位的管理者就要准备决策包，即一系列的决策方案。决策包必须与活动联系起来，描述项目活动的目标与成本。管理者需要分析达成这些目标的不同方式和实现目标的不同水平的活动。这些决策方案都是各种不同的达成决策单位目标的方式以及实现这些目标的不同活动水平。一项决策方案就是一项简单的预算。决策方案包括短期目标和重大目标（明确表达，尽量将目标量化，但不是必须）、资源需求（该预算年度和未来四年的资源需求）、资金水平和预算增量、绩效测量（每个决策描述特定水平的资金和人员的产出和结果）。具体地，决策单位的管理者可以在四种不同资助水平的基础上准备决策包：（1）最低水平，在该水平之下项目或活动就可以终止；（2）维持水平，在没有大的政策变动的情况下，继续供给现有的服务；（3）中间水平，介于最低水平和维持水平之间的资助水平；（4）扩充水平，要求增加资金来扩大产出和服务。
- 对决策包中的决策进行排序。决策单位的管理者根据它们的重要性或优先程度对决策包进行排列。
- 将排序进行合并。如果决策单位是一个项目的话，那么在项目管理者对其决策包进行排序之后，决策包就要经过逐级排序：部门管理者、核心预算机构和政府首脑。在最高一层，政府首脑在核心预算机构的帮助下将各个部门的排序合并成为一个政府的总体排序。
- 按优先顺序配置资金。当所有的项目都按优先顺序排列后，决策者就可以从优先顺序中排列在最优先的项目开始分配资金，直到当年可供分配的资金分配完为止。

图 13-1 概括了零基预算的主要流程。

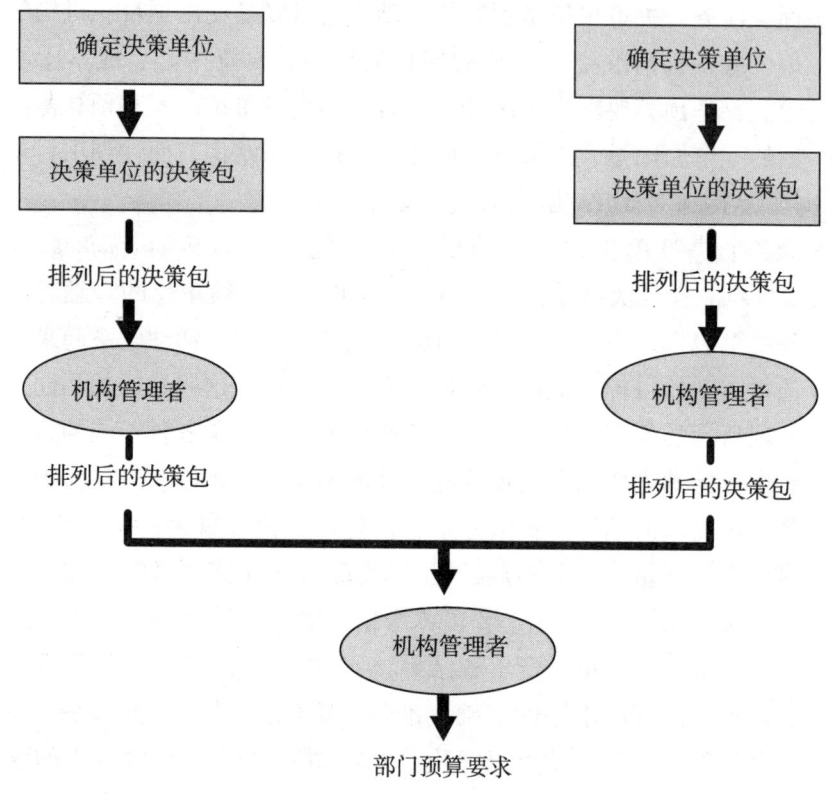

图 13-1 零基预算的主要流程

资料来源：Mikesell, John. 1999. *Fiscal administration*. New York：Hartcout Brace College Publishers. p. 200，有所改动。

图 13-2 更加形象地描述了零基预算决策包的排序过程。

步骤 1：管理者 A、B、和 C 分别对各自单位的决策包进行排列，并提交给管理者 X。

步骤 2：管理者 X 收到决策包后进行评估并在每个决策单位里对决策包进行排序。

步骤 3：管理者 X（和 Y）将决策单位 A、B、C 的决策包进行混合排序并将其提交给管理者 R。

步骤 4：管理者 R 评估从管理者 X 和 Y 那里得到的决策包，然后将所有决策包进行混合排序。

决策单位 A	决策包	优先度 FY
	A1	100
	A2	125
	A3	75
	A4	0

	决策包	优先度 FY
	A1	125
	A2	100
	A3	75
	A4	0

决策单位 B	决策包	优先度 FY
	B1	0
	B2	75
	B3	100
	B4	125

	决策包	优先度 FY
	B1	75
	B2	100
	B3	125
	B4	0

决策单位 C	决策包	优先度 FY
	C1	100
	C2	0
	C3	75
	C4	125

	决策包	优先度 FY
	C1	100
	C2	75
	C3	0
	C4	125

(其他部门遵循相同的过程)

X1	A1
X2	A2
X3	C1
X4	B1
X5	C2
X6	B2
X7	B3
X8	C3
X9	C4
X10	A3
X11	A4
X12	B4

Y1	M1
Y2	N1
Y3	L1
Y4	L2
Y5	L3
Y6	L4
Y7	M2
Y8	N2
Y9	N3
Y10	M3
Y11	N4
Y12	M4

1	A1
2	N1
3	A2
4	C1
5	M1
6	L2
7	L1
8	B1
9	C2
10	L3
11	B2
12	L4
13	N3
14	N2
15	M2
16	B3
17	C3
18	M3
19	C4
20	A3
21	N4
22	M4
23	B4
24	A4

图 13-2 零基预算排序过程

资料来源:Rabin, Jack, W. Bartley Hildreth, & Gerald J. Miller. 1996. *Budgeting: Formulation and execution.* Anthen: University of Georgia, Carl Vinson Institute。

三、零基预算的实施及其问题

在 20 世纪 70 年代后期和 80 年代,零基预算开始成为美国各级政府和私人组织中非常流行的一种管理模式。70 年代后期在美国的一份调查中发现，11个州和超过50个大公司采用了零基预算。① 80年代的一份调查发现，在美国各州，40%的政府已经采用了零基预算，而且高达95%的受调查者都认为，零基预算是有效的。然而，尽管从理念上看，零基预算是非常吸引人的，但是，实行起来，困难却很多，很难达到预期的效果。迄今为止，零基预算改革仍未有成功的例子。

美国的零基预算改革并未成功。在现实中，零基预算的实施很少是从零开始的。因为，许多政治上和法律上的约束使得政府不可能中止某些支出项目或者削减其支出，即使在零基预算的优先顺序排列中这些支出项目都被排在最下面。换言之，项目管理者、部门管理者、核心预算机构和政府首脑实际上在很多项目上是无法进行选择的。首先，从政治上讲，零基预算的核心是确定支出重点，将支出重点按照重要程度排序，但是，这个排序过程并不仅仅是一个技术过程，而在本质上是一个政治过程，政治家（例如国会议员）基于政治考虑极有可能会将零基预算形成的排序置之不理。② 尤其是，如果某些项目可能获得了很强的政治选区和议员的支持，那就很难对它们进行削减和停止资助。③ 从法律上来看，某些项目的支出是在法律上被规定了的，因而无法进行削减和中止。同时，由于零基预算的预算形成过程是自下而上的，它的成功依赖于各个层级的管理者配合。但是，如果各个层级的管理者与核心预算机构、政府首脑的目标是不一致的，那么他们就会采取各种策略性行为来保护他们偏好的支出项目并增加这些项目的预算，例如，将那些在政治上和法律上很难削减和取消的支出项目放到优先序列的最底部，而把他们偏好的项目放到优先序列的较高位置。这样的话，零基预算预期的效果很容易就会被机构管理者的策略性行动所抵消。④

---

① Schick, Allen, & Keith Robert. 1976. *Zero-Base budgeting in states*. Washington, D. C.: Congress Research Service.

② Hyde, Albeert. 1992. Budgeting systems and management: A instrument for securing administrative efficiency and economy. In Albeert Hyde. Eds. *Government Budgeting*: *Theory, process, and politics*. Pacific Grove, CA: Brooks/Cole Publishing Company. pp. 327 – 328.

③ Kettl, D. 1992. *Deficit politics*. New York: Macmillan Publishing Company. p. 83.

④ Ibid.

另外，实施零基预算在技术上也面临一些困难，主要有[①]：

- 决策单位很难定义。在这种情况下，有些机构把决策单位确定在太高的层级，进而不能很好地对于各个项目进行权衡；有些机构则把决策单位确定在非常低的层级上，从而使得它们自己被淹没到了各种文字工作中。
- 难以确定目标。由于零基预算是从下到上地形成的，低层管理者通常主要考虑它们单位的狭小利益，而没有考虑整个部门所面临的问题。因此，这个过程就很难确定明确的目标。然而，对于零基预算来说，没有明确的目标，就不可能对决策包进行优先顺序的排列。所以，低层单位对于项目的优先顺序排列常常是任意和武断的。
- 比低层单位对项目排序更困难的是更高层级的管理者或者机构逐层合并排序，尤其当一个支出机构的活动非常广泛时更是如此。由于这一困难，核心预算机构有时就不得不允许高层管理者不合并他们机构项目的优先顺序，从而偏离了零基预算。不过，最难的是政府层面的总排序。
- 工作量太大。在1979年，零基预算在美国联邦政府生产了25 000个决策包，合并后仍然有10 000个决策包。

实践中，零基预算一般是从一个规定的努力的最小水平开始的（例如，去年预算拨款的80%），在此基础上，管理者将他们的决策包集中起来在这个最小水平的基础之上增加一定的数量（比如，去年预算的90%、100%或110%）。其结果，在实践中，零基预算只是在现有项目的边际上分析各种可供选择的可能，它只要求决策者在现有预算基数的基础之上考虑那些较小的改变。不过，它也像边际分析那样要求决策者比较每一个决策包的价值并

[①] Kettl, D. 1992. Deficit politics. New York：Macmillan Publishing Company. pp. 84 – 85. Draper, Frank, & Bernard Pitsvada. 1981. ZBB-Looking back after ten years. *Public Administration Review* Vol. 41. Schick, Allen. 1978. The road from ZBB. *Public Administration Review* Vol. 38.

依此对它们进行排列。尽管零基预算的目标是消灭渐进预算，但是，实践中的零基预算却是与渐进预算相相辅相成的，"零基预算寻求在渐进过程中加入理性思维"①。常常是这样的，许多机构实际上只是将零基预算嫁接到现有的预算过程上去，而没有改变预算决策过程的规则。这种将零基预算建立在渐进预算过程的做法限制了零基预算的运用范围；同时，它也鼓励了支出机构管理者的策略性行为。机构管理者可以将他们期望保留的支出项目放进预算基数中保护起来。② 其结果是，倡导零基预算的美国总统卡特却提交了一个最渐进的预算，卡特政府1979年的联邦预算与运用传统预算模式编制出来的联邦预算相比并无太大的区别。扣除通货膨胀的因素之后，许多项目的拨款要么和原来一样，要么轻微地增加了。③ 自从1981年里根总统当政以来，零基预算就被搁置不用。

零基预算的先驱者——美国佐治亚州政府——的零基预算改变也没有改变该州的预算决策过程以及预算结果。在实行零基预算之前，佐治亚州的预算过程是渐进的，"基数加增长"是最重要的预算决策模式。在实行零基预算数年后，一项研究发现，尽管在名义上佐治亚州的预算模式已经改名为零基预算，但是，预算过程中的预算参与者仍然用渐进预算的方式来形成预算要求，预算审查也主要受基数影响，预算过程的重构并没有改变预算行为和预算结果。④ 支出机构的预算官员仍然认为，在决定下一个预算年度的预算要求时前一年的资金水平是一个非常有用的出发点。在形成预算要求时，支出机构总是倾向于保护预算基数的完整性，它们通过在新增加的资金中增加和扩张它们的份额来增大其预算基数。在官僚机构内部，各个机构的预算要求和总的预算要求都没有被全部重新审查，对所有的支出项目也没有进行评估。零基预算所主张的"排序"过程不仅没有消灭渐进预算过程，反而为渐进预算过程的边际分析提供了方便。此外，不仅预算过程仍然是渐进的，

---

① Kettl, D. 1992. *Deficit politics*. New York：Macmillan Publishing Company. pp. 83, 84.

② Ibid., p. 85.

③ Schick, Allen. 1978. The road from ZBB. *Public Administration Review* Vol 38.

④ Lauth, Thomas. 1978. Zero-base budgeting in Georgia state government：Myth and reality. *Public Administration Review* (September/October)：420 - 430.

佐治亚州的预算结果也是渐进的。在此，可用几种不同的定义来测量佐治亚州从 1974 财政年度到 1978 财政年度预算结果的渐进性。如果运用最严格的渐进预算定义，即年度间机构的预算拨款水平变化的百分比小于 10%，那么，该州 49% 的支出机构的预算结果都是渐进性的；如果运用比较宽泛的定义，即年度间机构的预算拨款水平变化的百分比小于 15%，那么，该州 65% 的支出机构的预算结果是渐进性的；如果运用瓦尔达沃斯基的标准，即年度间机构的预算拨款水平变化的百分比小于 30%，那么，该州 87% 的支出机构的预算结果都是渐进性的（表13-1）。同时，这一时期佐治亚州政府各个支出机构的预算拨款在总预算拨款中的比重一直都是比较稳定的。根据各个支出机构的拨款在总预算中的比例来对机构进行排序，可以发现，1973 预算年度和 1978 预算年度的机构排序并没有太大的差别，这两年的排序的相关系数高达 0.978。①

表 13-1　在支出机构的各种拨款变化率下支出机构的数目及其在总机构中的百分比

百分比变化（%）	1973—1974	1974—1975	1975—1976	1976—1977	1977—1978	1973—1978	累积总数
0—5	3 (11.1)	11 (40.7)	8 (28.6)	20 (71.4)	6 (20.0)	48 (34.3)	34.3
6—10	1 (3.7)	4 (14.8)	6 (21.4)	3 (10.7)	7 (23.3)	21 (15.0)	49.3
11—15	3 (11.1)	3 (11.1)	5 (17.9)	0 (0.0)	11 (36.7)	22 (15.7)	65.0
16—20	4 (14.8)	3 (11.1)	2 (7.1)	2 (7.1)	3 (10.0)	14 (10.0)	75.0
21—30	8 (29.6)	4 (14.8)	2 (7.1)	1 (3.6)	2 (6.7)	17 (12.1)	87.1
31—40	1 (3.7)	1 (3.7)	3 (10.7)	1 (3.6)	0 (0.0)	6 (4.3)	91.4
41—50	1 (3.7)	0 (0.0)	0 (0.0)	1 (3.6)	1 (3.3)	3 (2.1)	93.5
51—100	2 (7.4)	1 (3.7)	1 (3.6)	0 (0.0)	0 (0.0)	4 (2.9)	96.4
100	4 (14.8)	0 (0.0)	1 (3.6)	0 (0.0)	0 (0.0)	5 (3.5)	100.0
全部	27 (100.0)	27 (100.0)	28 (100.0)	28 (100.0)	30 (100.0)	140 (100.0)	

资料来源：Lauth, Thomas. 1978. Zero-base budgeting in Georgia state government: Myth and reality. *Public Administration Review*（September/October）: 420-430. p. 424。

---

① Lauth, Thomas. 1978. Zero-base budgeting in Georgia state government: Myth and reality. *Public Administration Review*（September/October）: 420-430.

在美国地方政府，零基预算最后演变成一种以目标为基础的预算模式，即"目标基础预算"（Target-Based Budget）。当然，目标基础预算早在20年代就已经出现过。在这种预算模式中，为了解决核心预算机构和支出部门之间的对策游戏和对抗关系，在编制预算之前，核心预算机构先确定了各个部门能够获得的资金上限。部门的预算申请必须严格地限制在这个限额之内，如果部门提交的预算超过这一限额，核心预算机构就会将部门的预算退回，要求部门在这一限额内重新编制部门的预算，只有当部门的预算是在这一限额内时，核心预算机构才会接受部门的预算申请。在这个限额之内，部门的领导在项目或者活动的选择上有很大的自由度，部门领导可以根据部门的目标将部门的项目按照轻重缓急排序。资金根据项目的轻重缓急进行分配，直到当年的资金用完为止。未获得资金的项目排序继续保留，以待预算执行过程中有可用资金时再按照这个剩下的排序进行分配。① 可见，目标基础预算保留了零基预算的一些基本成分，例如排序。但是，目标基础预算与零基预算不同，它在预算编制之前下达了一个预算控制上限，从而在预算程序中加入了自上而下的因素，而零基预算的预算程序是自下而上的。

　　与以前诞生在美国的预算改革模式相比，零基预算产生的国际影响要小得多。在英国，美国的零基预算引发了一些讨论，但是，没有对预算实践产生影响。在发展中国家，零基预算的影响也要小于绩效预算和计划项目预算。根据"行政科学阿拉伯组织"（1987）的调查，只有印度和菲律宾曾经尝试过零基预算，但是，只试验了很短的时间就放弃了。② 不过，由于"基数加增长"这种决策模式一直顽强地存在，而其弊端也非常明显，所以，无论是理论界还是实践部门，人们对于零基预算的兴趣并未完全消失。在90年代，一些印度的改革者表达了他们对零基预算的兴趣，他们认为，零基预算有助于提高资源配的计划性、控制和理性程度。③ 2008年，印度财政

---

　　① Rubin, Irene. 1998. Target-based budgeting. In Shafritz, J. M. Eds. *International encyclopedia of public policy and administration.* Colorado: Westview Press.
　　② Ahmad, Allaa-Aldin. 2007. Zero-base budgeting: Employees perceptions and attitudes in Brunei public sector organization. *Economy & Administration* Vol. 21, No. 1: 3 – 14.
　　③ Ibid.

部长也暗示要在政府采用零基预算。① 最近，为了提高资源配置效率，文莱政府开始启动零基预算改革。根据一项研究，尽管文莱的预算官员觉得零基预算很耗费时间，而且带来许多文件工作，但大部分预算官员都认为，在改进管理决策质量方面，零基预算是一个非常好的工具，并可以使高级官员更好地了解他们部门的运作，也使得基层官员能够更好地参与预算编制。② 不过，文莱的改革效果仍有待观察。此外，零基预算也是可以和其他预算模式整合起来使用的。它除了可以与计划项目预算整合起来使用之外，最近一些实行新绩效预算的国家，开始在结果导向的绩效预算框架下引入零基预算。例如，2003 年，俄克拉荷马州为了控制支出而引入了零基预算。但是，效果不是很理想，关键是因为它无法告诉公众政府部门使用资金的绩效，因此需要与绩效测量更好地结合起来。③ 英国在 2007 年的全面支出评估中也运用零基预算来对各个部门的底线支出进行一个零基数的评估，其目标是评估部门的各种活动对于实现中长期目标的有效性，在这些评估的基础上部门要制定它们的三年支出限制。④ 由于全面支出评估是三年一次的，这就相当于采用一种周期性的零基预算。显然，这是比年度性的零基预算更好的方式。这使得政府可以每隔几年运用零基预算来清除不合理的基数，又不至于像年度性的零基预算那样导致那么大的信息负担和工作量。

---

① Doraiswamy, P. K. 2009. Is zero-base budgeting feasible in Govt. ?. http：//www. hinduonnet. com/thehindu/2000/03/15/stories/0615000f. htm（Retrieved on Feb. 7, 2009）.

② Ahmad, Allaa-Aldin. 2007. Zero-base budgeting：Employees perceptions and attitudes in Brunei public sector organization. *Economy & Administration* Vol. 21, No. 1：3 – 14.

③ Anderson, Steven J. (1 June. 2006). Why zero-based budgeting had zero effect in Oklahoma. http：//www. buckeyeinstitute. org/article/704（retrieved on Feb. 7, 2009）.

④ CIPFA（The Chartered Institute of Public Finance and Accountancy）. 2007. Zero-base budgeting. http：//www. cipfa. org. uk/pt/download/zero_ based_ budgeting_ briefing. pdf（retrieved on Feb. 9, 2009）.

第 十 四 章

新绩效预算

对公民来说，真正的、最重要的东西是结果。

——Perrin[①]（2007）

在过去的60年中，西方国家一直在对19世纪建立起来的传统预算模式进行改革、完善。虽然20世纪80年代以前的预算改革都在不同程度上影响了政府预算过程，但是，它们都没有取得成功。[②] 20世纪70年代末和80年代初，为了应对财政危机、削减公共支出的社会压力以及公民对政府的信任下降构成的挑战，西方国家开始了新一轮的预算改革——新绩效预算改革。这一改革的目标是探索将支出与结果联系起来的预算模式，以更好地对公民负责。新绩效预算继承了以前预算改革的一些有价值的成分，同时也进行了新的探索。与以前的预算改革相比，新绩效预算是一次更为全面和彻底的预算改革。它不仅像80年代以前的预算改革那样继续探索提高资源配置效率的预算模式，并在这个问题提出了迄今为止可能是最合理的解决模式，而且也在总额控制和运行效率方面进行了改革。此外，80年代以前的预算改革都是纯粹的预算改革，并没有配套地改革公共部门的其他部分，这或许是这些预算改革未能成功的一个原因。而新绩效预算则是整个公共部门重新构造

---

① Perrin, Burt. 2007. Moving from output to outcomes. In Jonathan D., Breul & Carl Moravitz. Eds. *Integrating performance and budgets*. New York：Eowman & Littlefield Publisher. p. 114. 本处引语是对当时参加绩效预算改革圆桌会议的各国代表相关发言的一个总结。

② Kettl, D. 1992. *Deficit politics*. New York：Macmillan Publishing Company.

的一个部分。以前的预算改革没有一次改革持续的时间达到10年,而这次改革已经持续不断地推行了近30年。这或许意味着这一改革成功的希望比较大。尽管如此,由于新绩效预算改革的实施意味着从根本上改变政府的管理模式,目前仍面临各种巨大的挑战。

一、新绩效预算的兴起与发展

20世纪70年代末和80年代初,在财政危机、削减支出的社会压力以及公民对政府的信任下降等因素的推动之下,澳大利亚、加拿大、新西兰和英国等国率先启动了新绩效预算改革。例如,1982年,英国启动了"财政改革创新";1983年,澳大利亚启动了"财政管理改进项目"和"项目管理和预算"改革;新西兰在1989年颁布了《公共财政法案》,启动了新绩效预算改革。在研究了澳大利亚、加拿大、丹麦、瑞典和英国80年代的预算改革之后,希克指出,这些国家已经开始进行某种旨在"为结果而预算"的预算改革。[1] 具体来讲,这些国家的政府都企图通过各种形式,在总支出上实现集中控制,同时将灵活使用资金的权力下放给各个部门,但要求各个部门更好地对结果负责。进入90年代,其他发达国家(如美国、法国等)以及一些发展中国家(例如蒙古、新加坡、马来西亚等)也开始推行新绩效预算改革。例如,1993年,美国国会通过了《联邦政府绩效和结果法案》。除了被称为"新绩效预算"[2] 之外,这一改革还被称为"结果预算"[3]、"结果导向型的绩效预算"[4] 或"企业家预算"[5]。新绩效预算是"一

---

[1] Schick, Allen. 1990. Budgeting for results: Recent development in five industrialized countries. *Public Administration Review* Vol. 50 (January/Feburary): 26 – 34.

[2] Mikesell, John. 2007. *Fiscal administration* (7th edition). New York: Harcourt Brace College Publishers. p. 314.

[3] Martin, L. 2003. Budgeting for outcomes. In Aman Khan & Bartley Hildreth. Eds. *Budget theory in the public sector*. Westport: Quorum Books.

[4] Wang, X. H. 1999. Conditions to implement outcome-oriented performance budgeting. *Journal of Public Budgeting, Accounting & Financial Management* Vol. 11, No. 4: 533 – 552.

[5] Cothran, D. 1993. Entrepreneurial budgeting: An emerging reform? *Public Administration Review* Vol. 53, No. 5: 445 – 454.

种将配置的资金与可测量的结果联结起来的预算模式"①。新绩效预算通过重构预算过程和机制,系统地运用绩效信息——不仅形成和提供绩效信息,而且在预算决策中使用这些信息,加强资金与结果和产出之间的联系,从而提高公共支出的"货币价值"(value of money),即使得纳税人缴纳给政府的税收在使用后能够创造出最大的货币价值。②

对于传统预算来说,新绩效预算是革命性的。传统预算强调依靠详细的预算科目对公共服务的投入进行分解进而严格控制。传统预算希望通过实施这些预算控制使得政府更加负责。新绩效预算则将预算决策的重点从投入转到了产出和结果,尤其是结果,这就使得治理过程从关注投入控制到资金使用后要实现预期的效果。③ 当然,在改革之初,新绩效预算并不完全排除传统预算中控制取向的制度设计。例如,美国科罗拉多州的威斯特敏斯特市政府在实施新绩效预算时,市董事会是按传统的分项列支预算模式拨款的;不过,市政府允许部门管理者自由地使用资金,允许他们将资金从一个项目转移到另一个项目。在运用分项列支预算的同时,赋予支出部门支出上的自主权,使得政策制定者在赋予管理者自由裁量权的同时又能保有随时启动预算控制的可能。④ 不过,随着新绩效预算改革的推进,传统预算模式的弊端也变得越来越明显。虽然传统的分项列支预算非常有助于微观控制,但是却很难将绩效信息包括进来。为了在预算决策过程中更好地运用绩效信息,这就有必要超越以行政部门为基础的传统预算分类,从结果的角度跨部门地考虑预算。目前,一些国家已经不再简单地在预算文件中包括和附带绩效的信息,而开始探索改变它们的预算分类与结构,以更好地将绩效信息整合进预算过程。例如,一部分国家(例如,澳大利亚、新西兰、英国)将它们的预算结构改变成更加关注于产出和结果的形式。从这方面来说,新绩效预算

---

① OECD. 2005. *Modernnising government: The way forward*. Paris: OECD Publishing.

② Robinson, Marc. 2007. Performance budgeting models and mechanisms. In Marc Robinson Eds. *Performance budgeting: Linking funding and results*. New York: Palgrave Macmillan.

③ [美] 约翰逊·布鲁尔:《政府绩效与结果法案:以绩效预算为实施方向》,见刘昆主编《绩效预算》,中国财政经济出版社2007年版。

④ Cothran, D. 1993. Entrepreneurial budgeting: An emerging reform? *Public Administration Review* Vol. 53, No. 5: 445 – 454.

与以前的预算改革一样都希望超越传统的投入控制的预算模式,探寻实现资源配置效率的新模式。① 同时,新绩效预算也汲取了以前预算改革的一些有价值的成分。它包含了早期绩效预算的绩效测量、计划项目预算的功能分类以及战略性地确定支出重点(expenditure prioritization)、目标管理的目标协商、零基预算的目标排序。②

但是,新绩效预算在以下三个方面区别于以前的预算改革。首先,虽然它从表面上看与20世纪50年代兴起的绩效预算很像,它们都强调资金支出后的绩效,但是,它们之间存在着根本的区别。早期的绩效预算强调预算支出应该生产的产出(output),新绩效预算则强调支出的最终结果(outcome)。正是由于这一区别,它才被称为新绩效预算。其次,以前的预算改革都主张通过引入"理性的"预算分析(例如,计划项目预算的成本—收益分析)来将政治因素从预算过程中排除出去;然而,尽管新绩效预算也强调项目分析,但是,在这种预算模式中,政治家在确定财政收支总额、战略目标以及支出重点方面发挥着主导作用。其三,以前的预算改革主要关心预算编制环节的改革,没有同时在预算执行领域进行改革,也未关注总额控制问题。而新绩效预算则全面地重构了预算过程。在预算执行中,新绩效预算放弃了传统预算模式下对于支出部门的外部控制,将资金使用的自由度与灵活性下放给支出部门和管理者,主张让管理者自己进行管理。这是以前的预算改革所缺乏的。新绩效预算非常重视总额控制,强调政治家应该在总额控制的约束下制定战略目标、确定政策重点和支出重点。③

---

① OECD. 2007. *Performance budgeting in OECD countries*. Paris:OECD Publishing. pp. 12 – 13.

② Cothran, D. 1993. Entrepreneurial budgeting:An emerging reform? *Public Administration Review* Vol. 53, No. 5:445 – 454. Robinson, Marc. 2007. Performance budgeting models and mechanisms. In Marc Robinson Eds. *Performance budgeting:Linking funding and results*. New York:Palgrave Macmillan.

③ Cothran, D. 1993. Entrepreneurial budgeting:An emerging reform? *Public Administration Review* Vol. 53, No. 5:445 – 454. Wang, X. H. 1999. Conditions to implement outcome-oriented performance budgeting. *Journal of Public Budgeting, Accounting & Financial Management* Vol. 11, No. 4:533 – 552. Schick, Allen. 1998. *A contemporary approach of public expenditure management*. Washington, D. C.:World Bank. pp. 12, 25.

在这一波改革中,美国落到了一些国家的后面。英国、澳大利亚、新西兰和加拿大则成为新绩效预算改革的先锋和前沿国家。不过,90年代后,美国新绩效预算在国际上的影响开始上升。对主要国家的新绩效预算改革进行简要介绍,将有助于我们更好地理解这一新的预算模式。

(一)英国

1982年,英国在"财政改革创新"的名义下启动了新绩效预算改革。在改革后的预算体系中,内阁根据财政部的建议决定总的支出限额,然后,财政部放松对部门的控制,让各个部门在如何使用资金上享有自由。1988年,英国又启动了名为"下一步项目"(Next Step Program)的改革,进一步将支出权力下放到各个服务供给机构。到1996年时,这种拥有运作独立性的机构已经有126个,将近占公共服务机构的3/4。每个机构在预算执行中都有很大的灵活性,例如,财政部用行政成本的总财政限制代替了以前实施的那种对每一个部门的雇员上限。只要总行政成本不超过规定的限制,各个部门可以在支出过程中自由地选择它的人员和设备组合。当然,赋予各个机构支出的灵活性是有条件的,每个机构都有明确具体的绩效目标,以使他们更好地对结果负责。通常地,各个部门要和财政部门一起建立各种绩效测量的机制。20世纪90年代初期公布的一份政府报告就罗列了超过了1 800的产出和绩效测量指标。政府每年都发布一个年度报告,将各个机构实现的绩效与绩效目标进行比较,并设定来年的绩效目标。1991年,政府又启动了名为"公民宪章"(Citizen's Charter)的改革,以进一步提高公共服务质量。政府向公共服务的使用者(公民)公布政府机构提供的服务应有的各种质量标准,如果服务没有达到标准,使用者可以要求政府机构提供合理的解释。除了一个政府范围的标准之外,各个部门和机构也制定了它们自己的服务标准,以更好地服务于公民。①

1998年,布莱尔政府启动了新的改革,进一步完善新绩效预算。这一

---

① Schick, Allen. 1990. Budgeting for results: Recent development in five industrialized countries. *Public Administration Review* Vol. 50 (January/Feburary): 26 – 34. Schick, Allen. 1998. *A contemporary approach of public expenditure management*. Washington, D. C.: World Bank. p. 129.

改革有三个非常重要的内容：（1）建立两个以中期为基础定义的财政规则；（2）从年度预算转向一个"多个年度支出计划"（multi-annual expenditure planning），该计划是在一个每年两次（现在是三次）的支出审查的基础上制定的；（3）通过采用公共服务合同（public service agreement，PSA）转向一个结果为基础的绩效管理。① 1998年，英国首次在其绩效预算中引入"全面支出审查"（Comprehensive Expenditure Review），其后在2002、2004、2007年都开展了支出审查，而且一年两次，最近已经变为三次。这一改革的目标是，将资源重新配置到更加重要的领域，提高配置效率和公共服务供给效率。在对所有的部门支出进行审查后，各个部门要制定一个三年支出计划和一个公共服务合同。财政部长将和各个部委的部长协商他们未来三年时间内主要的绩效目标（performance targets），这些绩效目标将被包括进公共服务合同。目前，合同主要关注结果目标，当然也有一些产出目标。在公共服务合同中，各个部门还需要提交一个技术说明（technical note）和一个供给计划（delivery plan）。前者说明绩效目标是如何测量的，后者解释部门计划将如何实现这些目标。公共服务合同还要明确谁将负责供给这些绩效目标。与澳大利亚、瑞典、丹麦等实行分权的新绩效管理模式不同，英国的新绩效预算及其管理是相对集权的，采取了一个自上而下的方式。形成和发展公共服务合同是在财政部的领导之下进行的，所有的绩效合同和各个部委的绩效目标都需要财政部同意与认可。尽管在绩效和资源配置之间仍然没有直接的联系，但是，在财政部长和各部委部长讨论支出评估时，将会使用到绩效信息。在政治高层，关键性的项目目标和绩效目标将会被整合进预算决策过程中去。② 英国的绩效预算是既包括绩效测量也包括支出评估的。最近改革的目标是将资源重新配置到更关键的领域去，同时，让部门更早进行支出计划，并明确责任。③

---

① Hughes, Richard. 2008. Performance budgeting in the UK: 10 Lessons from a decade of experience. http://siteresources.worldbank.org/INTMEXICO/Resources/1-4RichardHughesFinal.pdf (downloaded on April 21, 2009).

② OECD. 2007. Performance budgeting in OECD countries. Paris: OECD Publishing. pp. 31-32.

③ Ibid., p. 26.

（二）加拿大

1979 年，加拿大实行一种"封顶预算"（Envelope Budgeting）来加强高层的政策制定者对于总支出和优先支出的控制。具体来讲，各个支出项目被集中起来放进广泛的政策领域，如国防、社会发展等，然后，内阁决定每个政策领域的拨款总额。只要是在拨款总额内，管理者可以自主地使用资金，包括在各个部门之间调整资金。由于各个部门所有项目的经费加总后不得超过它们所在的政策领域的拨款总额，如果部门想开展新项目，它就必须先清除现有支出项目中效率低下的那些项目。总之，"封顶预算"迫使各个部门去确定支出重点，将有限的资金从相对不重要的领域转移到更加重要的领域。1986 年，为了进一步完善"封顶预算"体系，加拿大政府启动了名为"增加部委的权力和负责性"体系（Increased Ministerial Authority and Accountability, IMAA）的改革，引入一个更加分权但是也更加强调部门责任的预算体系。首先，在内阁决定了各个政策领域的总支出之后，各个部门拥有比以前更大的自主权来支出资金，它们可以在各个项目之间挪动资金，可以将未用完的预算拨款转到下一年去使用。其次，在赋予了各个部门支出的自主权之后，财政部门要求各个部门能以结果的实现以及绩效上的改善作为回报。具体地，财政部门和各个部门之间通过协商后签订某种类似于绩效合同的协议。在这个合同中，各个部门按层级的形式设定它们要实现的具体目标，并说明它们是如何测量和监督的。当然，财政部意识到并不是所有的目标都是可以量化的，因而，它允许各个部门选择特定的指标来说明它们是否实现了各个项目的目标。[1]

90 年代中期，加拿大政府又启动了"项目审查改革"（Programme Review Reform）。其目标是确定资源重新配置的重点和削减支出。从 90 年代后期到 2005 年左右，加拿大绩效预算改革的重点是发展和完善以结果为基础

---

[1] Schick, Allen. 1990. Budgeting for results: Recent development in five industrialized countries. *Public Administration Review* Vol. 50（January/Feburary）: 26 - 34. Cothran, D. 1993. Entrepreneurial budgeting: An emerging reform? *Public Administration Review* Vol. 53, No. 5: 445 - 454.

的绩效管理，使得政府更加对议会和公民负责。① 2000 年，加拿大政府引入"以结果为基础的管理与问责框架"（Results-based Management and Accountability Frameworks，RMAFs），对所有的转移支付项目进行评估和周期性审查。这一框架的目的是将绩效信息整合进支出管理领域。目前，绩效测量和周期性的评估已经在加拿大付诸实施，绩效信息开始被用于项目调整，并整合进提交的预算申请中来支持行政系统的预算决策。"以结果为基础的管理与问责框架"将有助于管理者（1）确保在资源、活动与预期的结果之间建立清楚的、有逻辑的联系；（2）明确规定项目或政策提议涉及的各个参与者的角色和责任；（3）在一个不断改进的基础上做出合理的改进绩效的调整；（4）表明项目对公民的负责程度和好处。② 加拿大的绩效预算及绩效管理框架是非常复杂而且分权的。所有主要部门都要制定它们的战略计划，通常被称为"计划和支出重点报告"（Reports on Plans and Priorities，RPPs），该报告包括各个部门预期实现的、详细的战略结果（outcomes）以及计划效果（result），也包括各部门三年的资源需求。根据各自在"计划和支出重点报告"中的承诺，各个部门要形成自己的"部门绩效报告"（Departmental Performance Reports，DPRs）以确定绩效目标，报告自己各个项目计划实现的效果。政府的财政委员会（The Treasury Board）每年都要向议会提交两个非常重要的报告："计划和支出重点报告总览"（春季）和"加拿大的绩效"（秋季），前者帮助议会理解各个部门的"计划和支出重点报告"，后者帮助议会理解各个部门的绩效报告。政府还努力在它的 750 个非法律性转移支付项目的决策中引入绩效信息。2000 年的一项改革政策要求，各个部门在管理和继续这些转移支付项目的过程中要发展以效果为基础的管理和问责框架，以及一个以风险为基础的审计框架。③ 2005 年，为了获得关于各个项目的详尽信息，加拿大采用了一个包涵管理、资源和效果在内的政策结构，对各个部门如何在政府层面收集、管理和报告财政和非财政方面的信息制定

---

① OECD. 2007. *Performance budgeting in OECD countries*. Paris：OECD Publishing. p. 25.
② Ibid., pp. 100-111.
③ Ibid., p. 27.

了具体的要求。这是一个以效果为基础的结构,为绩效计划和报告提供了坚实的支持。这一改革的目的是,为所有部门和机构设定战略结果,在所有项目的资源、绩效测量和实际效果之间建立联系。①

2006年选举后,保守党政府要求改革政府支出管理系统并在资源分配和再配置中更多地运用绩效信息。也就是说,除了对转移支付项目审查时要进行以绩效为基础的审查,新的改革计划要求在更大范围内开展战略性的项目评估。② 这表明,加拿大绩效预算改革的重点又重新回到确定预算支出的重点——将资源配置到更关键的领域,这包括取消没有效果的项目,在资源再配置中使用绩效信息,等等。③ 2006年,加拿大通过了"联邦问责法案"(Federal Accountability Act),除了在议会内部建立预算办公室以及扩大了审计机构的权力之外,这一改革还对政府的补助金和其他项目建立了一个系统的评估体系。此外,政府开始根据三条原则重新设计了支出管理系统,包括(1)政府项目应该将重点放在结果和资金的价值;(2)这些项目必须与联邦政府的责任相一致;(3)不再能够有效服务于立项初衷的那些项目必须终止。为了达到这些目的,加拿大政府在2006年和2007年分别采取了三个重要的行动。一是要求所有部门都必须根据计划的结果管理它们的项目,正式地评估项目的绩效,分析和识别实施过程中的支出重点。二是内阁的财政委员会将对各个部门的支出进行评估,以确定项目是否实现了它们预期的效果,是否有效率地管理,是否与政府的支出重点保持一致。三是内阁将审查所有新的支出申请,并在同时考虑有联系的领域中是否有现存的项目,它的资助情况、绩效和资源要求。④

(三)澳大利亚

1983年,澳大利亚引入"财政管理改进计划"(Financial Management Improvement Program),启动了绩效预算改革。预算改革大幅度地将管理决

---

① OECD. 2007. *Performance budgeting in OECD countries*. Paris: OECD Publishing. p. 26.
② Ibid., pp. 26, 28.
③ Ibid., p. 25.
④ Ibid., pp. 104 – 105.

策下放，并强调各个部门要对结果负责。这主要是通过三种方式实现的：(1) 减少分项列支预算的科目数量；(2) 在每个部门内部，对于资源的管理实行放权；(3) 在每个部门内部发展评估能力。① 这一改革初步建立起了一个以项目为基础的现金流动计划与报告系统。对于每个部门和机构的结果、产出和行政活动都有一个全面的、详细的、以权责发生制为基础的计划以及一个实际实现效果的分析报告。在其后的年份中，尽管澳大利亚政府不断实施新的改革措施，但是，其基本目标都是提高资源使用的成本—效益和财政问责，同时将财政管理的责任和灵活性下放给项目管理者。②

进入20世纪90年代，澳大利亚进一步推动新绩效预算改革。直到1996年，各个机构每年都要提交正式的评估计划，主要评估各自所负责领域五年时间内的所有项目。但是，评估的质量参差不齐，它们在决策中是否有用以及是否被使用也开始变成问题。在这种情况下，澳大利亚政府开始考虑采取一种更加集中和均衡的策略来推动绩效评估与测量。③ 1996年，澳大利亚的改革又进一步深入。该年，全国审计委员会（National Commission of Audit）提出了一系列改进和完善财政管理的建议，例如，改进财政透明度。与此相呼应，澳大利亚通过若干法案来加强财政透明和问责，例如《财政管理和问责法案》（Financial Management and Accountability Act，1997年）、《预算诚实章程》（Charter of Budget Honest，1998年）、《公共服务法案》（Public Service Act，1999年）。90年代改革的主要目标是，针对财政和非财政性质的绩效建立明确的责任和问责，以使得各个机构更好地对绩效负责。在这一时期，作为一种外部控制的全面性评估计划开始放松，预算改革的重点转移到发展准确的、可测量的绩效信息。④

2002年，在全面评估预算改革的成效的基础上，澳大利亚进一步从两

---

① Scott, Graham, Peter Bushnell & Nikiti Sallee. 1990. Reform of the core public sector: New Zealand Experience. *Governance: An International Journal of Policy and Administration* Vol. 3 (April): 138 – 167.

② OECD. 2007. *Performance budgeting in OECD countries*. Paris: OECD Publishing. p. 90.

③ Ibid., pp. 91 – 92.

④ Ibid., p. 91.

个方面推动绩效预算改革，一是明确决定采用权责发生制预算，二是强调财政部门具有改变各个机构预算估计的权力。澳大利亚希望通过这一改革使得整个政府的预算估计更有质量也更及时。① 目前，澳大利亚绩效预算的整个框架是结果导向的，但是，整个框架也是比较分权的，其基础是各个机构的结果。绩效管理和绩效预算主要是各个部委及其部门与机构的责任，各个部委内部每个部门和机构都需要全面而且具体地分析和识别它们的结果、产出以及对它们活动的数量、质量、价格及效果的绩效测量，并在它们的预算计划和年度报告的年底结果中就这些事项以及任何重要的评估提交相应的报告。支出和项目评估是澳大利亚绩效预算的一个核心特征，也是绩效信息可能影响预算决策之处。然而，在此之前，它一直是一个无效的预算测量评估（budget measure review）。2006 年，澳大利亚改变了它的评估制度。在这一新的评估体系中，财政部通过加强与部门的合作，开始在评估领域的识别和管理中发挥更大的作用。当然，部长们要在预算过程的早期决定哪些主要的支出领域需要在某个年份进行评估。可见，澳大利亚的绩效预算框架既对支出开展绩效测量，也要进行绩效评价。②

（四）新西兰

新西兰于 1989 年通过了《公共财政法案》，启动了新绩效改革。该法案将公共部门财政管理的重点由投入转向产出和结果，它主要致力于两个方面的革新：(1)《公共财政法案》要求所有公共财务报表都要使用权责发生制，并且对普通大众公开，以此来提高预算的透明度；(2) 要求所有拨款都要和产出直接相挂钩，以此来提高机构预算资源的责任。这些财政改革都有助于部长们更好地监督部门的绩效、更有效地测量部门的绩效，确保部门有能力去实现绩效。在这个新体系下，政府必须制定明确的目标或者"结果"，部门则负责设计项目或者"产出"。因此，它迫使政府和政治家重新审视政府正在做什么并明确项目（或产出）与目标（或结果）之间的关系。

---

① OECD. 2007. *Performance budgeting in OECD countries*. Paris：OECD Publishing. p. 92.

② Ibid., pp. 26 – 27.

而且，在这一新体系下，部长对结果的实现负责，部门只对产出的生产负责。为了从管理上理顺结果和产出的关系，新西兰政府在以下几方面对预算框架进行了改革：（1）将预算的重点从投入转向产出，同时放松投入上的控制，实行以产出为核心的预算和管理，强调对产出的明确定义；（2）引入资本费用，对资产买卖进行放权；（3）采用权责发生制的会计和预算；（4）在强调公共责任的同时下放财政决策权力，赋予部门负责人更大的责任，同时也加大奖惩的力度；（5）引进信息管理系统来帮助评估绩效。这些改革的一个目标是，在公共部门建立一种改进绩效的激励结构。[1]

新西兰早期的预算改革重点在放松预算执行中的支出控制。因此，政府开始放松以控制预算投入为核心的传统预算模式，转而采取了一种强调实现目标而不是严格监督分项列支支出的预算体系。[2] 总体上来说，这一预算改革使得预算体系从投入控制、现金制会计和年度报告转向一个以产出为基础的战略计划和资源配置的完整体系，在这一体系中，资源一般是根据协议的价格来配置给相应的产出的。在这一模式中，机构必须证明它们能够有效率地使用资产，并且和其他供给者相比有价格上的竞争优势。这些主要通过一系列合同来规范各个参与机构之间的关系，包括购买合同、所有者合同、管理合同等。这些合同中涉及各种各样的讨价还价规则、实施过程中绩效监督和报告（包括月、半年、年度报告）的具体操作等内容。[3] 1989 年的《公共财政法案》还改变了拨款和会计系统。年度预算拨款被分为三类：（1）适用于现金支出和投入获得的方式一；（2）适用于资源消费的方式二；

---

[1] Goldman, Frances, & E. Brasheres. 1991. Performance and accountability: Budget reform in New Zealand. *Public Budgeting & Finance* Vol. 11, No. 4: 81 – 92. Mascarenhas, R. C. 1996. Searching for efficiency in the public sector: Interim evaluation of performance budgeting in New Zealand. *Public Budgeting & Finance* (Fall): 13 – 27. Ball, Ian. 1992. Outcome specification. In *New Zealand society of accountants public sector challenge: Defining, delivering, and reporting Performance*. Wellington: Convention Papers.

[2] Scott, Graham, Peter Bushnell & Nikiti Sallee. 1990. Reform of the core public sector: New Zealand experience. *Governance: An International Journal of Policy and Administration* Vol. 3 (April): 138 – 167.

[3] Mascarenhas, R. C. 1996. Searching for efficiency in the public sector: Interim evaluation of performance budgeting in New Zealand. *Public Budgeting & Finance* (Fall): 13 – 27.

(3) 适用于产出消费的方式三。

1994年，新西兰议会通过了《财政责任法案》（Fiscal Responsibility Act），启动了新一轮的改革。一方面，这一改革通过细化各种与财政管理责任有关的原则，提高绩效报告的质量来规范财政政策的实施，例如，规定在财政有剩余的情况下，可以维持政府债务适度增长；在财政上要为将来的恶性事件做好准备；加强财政风险管理；确保将来税率的可预测性，等等。同时，《财政责任法案》要求任何与上述原则相偏离的情况都必须要向社会公布，并且这些偏离只能是暂时的。另外，《财政责任法案》进一步明确了财政部长对财政管理的目标负责。这些目标和产出相关，并且和他/她的工作绩效评定以及任期期满后是否继续留任紧密相连。同时，新西兰对1989年的《公共财政法案》进行了修订，要求每个月份都要提交以权责发生制为基础的财务报告。①

另一方面，随着战略管理在新西兰的兴起（1994—1995），预算在新西兰公共管理改革中的地位更加突出，新西兰开始将战略管理引入绩效预算。② 从1994年开始，新西兰的预算改革要求政府建立最高层面的结果目标，而且这些结果目标要与长远的战略目标相一致。1994年《财政责任法案》要求政府说明广泛的战略优先顺序（Strategic Priorities），作为政府准备预算的指导性文件。战略优先顺序具体包括战略结果领域（Strategic Result Areas）、战略优先顺序和主要目标（Strategic Priorities and Overarching Goals）、指导公共部门政策和绩效的关键性政府目标（Key Government Goals to Guide Public Sector Policy and Performance）。这些战略优先顺序的指导性文件主要用来说明政府政策的大致方向而不是具体的目标，它们是引导预算过程的"优先顺序工具"（Prioritization Tool）。③ 在这些策略的指导下，新西兰紧紧围绕着部门的战略计划来推行预算改革。

1993年新西兰政府颁布了《通往2010之路》（Path to 2010）。这份35

---

① Boston, John, & J. Pallot. 1997. Linking strategy and performance: Developments in the New Zealand Public Sector. *Journal of Policy Analysis and Management* Vol, 16, No. 3: 382-404.
② Ibid.
③ Viibblewhite, Andrew, & Chris Ussher. 2001. Outcome-focused management in New Zealand. *OECD Journal on Budgeting* Vol. 1, No. 4: 85-110.

页的文件展望了未来近20年的政府发展规划，如经济增长、社会稳定等。不过，这份文件并没有具体说明应该选择什么具体的公共项目来实现这些宏观的政府规划。同时，新西兰国家服务委员会（State Service Commission）认为，原有的公务员绩效评定合同缺乏细节的指标，没有太大的实用价值。所以，国家服务委员会提出了一年一度的公务员评价体系，称作关键结果领域（key result areas）。另外，国家服务委员会指出，先前的产出评估主要以一个财政年度为基础，未能和政府的长期政策目标相衔接，因而建议将绩效评定从定量管理型向定性管理转移，更多的考察结果，而不是单纯考察产出。1994年，国家服务委员会与总理内阁（Department of the Prime Minister and Cabinet）一起出台了战略结果领域（strategic result areas），把《通向2010之路》的长期规划和关键结果领域的年度绩效考核联系起来。接下来的《后三年》（Next Three Years, 1994）、《向我们的未来投资》（Investing in Our Future, 1995）以及《新机遇》（New Opportunities, 1996）都是围绕《通向2010之路》而制定的。[1]

（五）美国

1993年，美国国会通过了《政府绩效和结果法案》（Government Performance and Result Act, GPRA），希望将预算过程从一个投入和产出取向的体系转变成一个效率和效果取向的体系。这非常充分地体现在总统的管理与预算办公室关于1994年预算估计的准备和提交的建议中。该办公室这样建议："没有绩效指标、绩效目标或者一些其他类型的绩效数据，机构就很难为它们要求相当数量的资金来继续或增加现有项目的预算要求进行辩护。"[2]一些州政府也通过了类似的法案，例如加利福尼亚州（1993）、佛罗里达州（1994）、乔治亚州（1993）。某些更低一级的地方政府比较成功地实行了新绩效预算，例如佛罗里达州的圣彼德斯堡市、北卡罗来纳州的卡塔巴、加利

---

[1] Boston, John, & J. Pallot. 1997. Linking strategy and performance: Developments in the New Zealand public sector. *Journal of Policy Analysis and Management* Vol, 16, No. 3: 382－404.

[2] McCaffery, Jerry, & Donald Wolfgang. 1998. Performance budgeting. In Jay Shafritz. Eds. 1998. *International encyclopedia of public policy and administration*. Colorad: Westview Press. p. 1625.

福尼亚州的桑里瓦拉。①

1993 年的绩效预算改革要求各个机构都要提出自己的战略计划和年度绩效计划,并在年度绩效报告中向国会报告达致的效果。2002 年,总统的管理与预算办公室开发了"项目评估排序工具"(Program Assessment Rating Tool, PART),并提出一个"预算与绩效整合提议"(Budget and Performance Integration Initiatives)。"项目评估排序工具"对各个项目的管理和绩效进行评估,包括项目的目的、设计、计划、管理、结果和负责程度,来确定项目整体的有效性。尽管这一评估并不会影响各个项目的资金规模,但是,它会公布并向各个部门提出如何改进绩效的建议,随后还要跟踪部门的改进情况。该评估方式实施到 2007 年的结果表明,它极大地提高了各个部门改进项目绩效的热情,大多数项目现在都已经被评估为"有效果"、"有一定的效果"或"合适"②。

OECD 各国绩效预算改革的目标基本上可以归为三类。一类是通过支出或政策审查,重新确定支出重点,进而控制支出,最终改进资源配置效率和生产率;二是建立一个以结果为基础的管理体系,改进公共服务供给的效率和绩效;三是提高预算对政治家和公民的负责程度。有些改革可能更关注其中的某个目标。例如,英国实行的全面支出审查的目标就是将资源重新配置到更关键的领域去,提高资源配置效率。不过,许多改革都同时兼顾两到三个目标。此外,各个国家在不同时期的改革目标也会有所不同(例如加拿大)。新绩效预算改革是一项挑战性的事业,它是一个长期的、牵涉范围广而且不断演进的过程。目前,许多 OECD 国家都经历了十五年的新绩效预算改革,大多数国家都实行了至少两到三轮的新绩效预算改革,以在公共管理和预算决策中更好地使用绩效信息。③ 根据 OECD 在 2005 年对所有成员国(30 个成员国中 26 个回答了问卷)和两个观察国(全部回答了问卷)的问卷调查结果可知,绝大部分 OECD 国家都有了至少五年实行新绩效预算的经

---

① Lu, Haoran. 1998. Performance budgeting resuscitated: Why is It still inviable. *Journal of Public Budgeting, Accounting & Financial Management* Vol. 10, No. 2: 151 – 72.

② OECD. 2007. *Performance budgeting in OECD countries.* Paris: OECD Publishing. p. 32.

③ Ibid., p. 25.

验,超过 40% 的国家已经有超过十年的经验(图 14-1)。

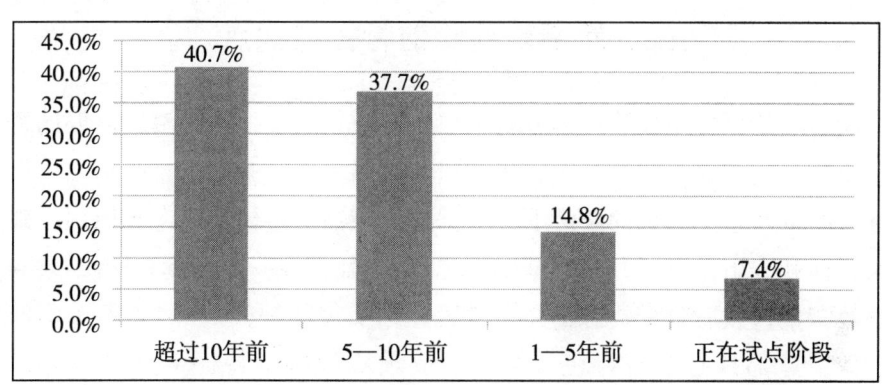

图 14-1　OECD 国家在整个政府范围内最早引入产出测量的时间表和百分比

资料来源:OECD. 2007. *Performance budgeting in OECD countries*. Paris:OECD Publishing. p. 18。

一些中等收入水平的发展中国家也在 90 年代启动新绩效预算改革。比较引人注目的国家包括新加坡、马来西亚、智利、南非等。目前,新加坡和马来西亚已经建立起注重效果的项目预算体系,同时也向各个部门放权,并实行绩效问责制度。智利很早就开始引入公共部门绩效问责制度,不过,直到最近才开始将预算与绩效联系起来。1999 年,南非引入了一个相对全面的以效果为核心的项目预算制度,然而,资金与项目的绩效目标之间至今仍然缺乏明确的联系。其他一些低收入水平的发展中国家也开始引入绩效预算。例如,坦桑尼亚和乌干达在中央和地方层级建立了持续而且成功的多部门协调的预算和绩效管理。玻利维亚和加纳已经开始引入新绩效预算,但是,目前的实施效果仍不是很明显。布基纳法索和马里已经系统地在项目管理中引入新绩效预算,并在政府内部向各个部门放权。但是,由于经验和信息障碍,目前,其预算过程仍不是很注重效果。柬埔寨也开始在其公共财政管理改革中引入新绩效预算,不过,主要集中在教育和卫生领域。在 90 年代,泰国也开始启动了新绩效预算改革。在这个过程中,对于是否向部门放权,泰国财政部采取了一种"跨栏管理"的制度:只要部门在内部控制方面达到了一定的标准,就给它放权,将资金使用的灵活性和自由度赋予部门,否则仍然进行控制。①

二、新绩效预算的特征与优点

新绩效预算希望预算过程中各个层级的决策者更好地理解所需要的资源和期望实现的结果之间的关系,将支出与结果联系起来。它主张在一个长远的框架内以及总额约束的条件下,根据核心使命、整体性思考和计划,确定战略目标和支出重点,并在此基础上选择正确的活动,对活动进行结果导向的绩效测量,然后分配资源,并在最后评估实现的绩效。② 尽管每个国家的新绩效预算都具有各自特色,但新绩效预算的基本特征主要体现为以下四点③:

(一) 目标和总额上的集中控制

新绩效预算强调在总额约束的条件下,运用战略计划来引导资金配置。在确定财政收支总额和战略目标以及支出重点方面,新绩效预算采取了一种自上而下的模式,将权力集中到高层的政策制定者。一般来讲,政策制定者只对支出目标和支出总额进行控制,并规定了这些资金大致的支出方向——例如,规定将某一百分比的资金配置到健康领域(即分类总额控制)。在政策制定者制定了支出目标、支出总额和分类总额后,各个部门才开始编制预算。在此,新绩效预算完全不同于传统预算。在传统预算下,政策制定者一般先等待各个支出部门提交预算要求,然后再形成政府总预算。而在新绩效

---

① [美]约翰·罗伯特:《公共支出管理:案例与比较》,许安拓译,中国市场出版社 2007 年版。Andrews Matthew. 2006. Beyond "best practice" and "basic first" in adopting performance budgeting reform. *Public Administration and Development* Vol. 26: 147 – 161.

② Breul, Jonathan D., & Moravitz, Carl. 2007. The budget office of tomorrow. In Jonathan D. Breul than & Carl Moravitz. Eds. *Integrating performance and budgets*. New York: Eowman & Littlefield Publisher. OECD. 2007. *Performance budgeting in OECD countries*. Paris: OECD Publishing.

③ Cothran, D. 1993. Entrepreneurial budgeting: An emerging reform? *Public Administration Review* Vol. 53, No. 5: 445 – 454. Martin, L. 2003. Budgeting for outcomes. In Aman Khan & Bartley Hildreth. Eds. *Budget theory in the public sector*. Westport: Quorum Books.

预算中，高层的政策制定者事先确定了支出重点以及支出的总额限制。因此，传统预算的预算编制是从下到上的，而新绩效预算是从上到下的。① 目前，绝大多数 OECD 国家都会通过政府范围的绩效计划或者部门及机构的战略计划，向议会和公众提交关于政策重点、支出重点和明确的绩效目标等信息。例如，在澳大利亚、加拿大、英国和美国，所有部委都要制定包括中期绩效目标在内的战略计划。②

实现资源配置效率，需要政府确立战略目标，并确定目标的优先顺序，评估公共支出对实现这些目标的贡献；它还要求政府能够战略性、评估性地向前展望，确定自己希望实现的目标，并倒回去评估是否实现了预期的结果。这就需要在资源配置中将战略计划和项目评估联系起来。③ 正如澳大利亚预算改革设计师霍姆斯（Malcolm Holmes，1996）指出的，政府绩效管理的一个关键条件是明确任务和目的。在选择活动之前，公共部门需要知道政治家或公民希望他们完成什么。因此，战略计划就变得非常重要，它为绩效和成本信息确立了一个基本框架和背景；从某种程度而言，它为政策制定和项目选择指明了方向。总之，新绩效预算非常强调运用战略计划引导资金分配。实行新绩效预算的国家都非常重视战略性地配置资源。例如，澳大利亚政府 1984 年进行预算改革时就明确指出，改革的第一个广泛的目标就是"发展更好的手段来识别和确定预算的轻重缓急，以确保最好的总体结果能够实现，即在可以获得的资源内实现政府的目标"④。新西兰的预算改革则要求政府在最高层面确立结果目标。1994 年的《财政责任法案》要求政府

---

① Cothran, D. 1993. Entrepreneurial budgeting: An emerging reform? *Public Administration Review* Vol. 53, No. 5: 445 – 454. ［美］艾伦·希克：《当代公共支出管理方法》，王卫星译，经济管理出版社 2000 年版，第 46—61 页。

② OECD. 2007. *Performance budgeting in OECD countries*. Paris: OECD Publishing. p. 59.

③ Schick, Allen. 1998. *A contemporary approach of public expenditure management*. Washington, D. C.: World Bank. p. 89.

④ 参见 Keating, M., & M. Holmes. 1990. Australia's budgetary and financial management reforms. *Governance: An International Journal of Policy and Administration* Vol. 3, No. 2: 168 – 185。

制定广泛的战略优先顺序，说明大致的政策重点，进而指导政府的预算准备。① 不过，最强调战略计划的应该是美国。1993 年制定的《政府绩效与结果法案》明确，要求制定一个全面的战略计划来引导资源配置。

在实行新绩效预算的国家，政府的战略计划最后一般都在预算上具体化为一种约束力比较强的多年期支出框架。这个多年期支出框架通常是建立在对支出的远期估计之上并每年自动向前滚动。② 这个多年期支出框架非常有助于支出总额的控制。这里以澳大利亚的改革为例，说明新绩效预算对总额控制的积极作用。根据澳大利亚政府 1989 年的预算报告，任何对于远期底线的偏离都必须有充分的理由，这就保证了远期估计能够反映为了维持现有项目和政策所需的最低成本，从而就使得远期估计能够有助于实现总体的财政约束。此外，由于远期估计提供了一个能够对支出进行持续不断审查的框架，因此，它也建立起了一个更加具有结构性的预算过程。在这个预算过程中，所有影响预算的提议都必须在这个框架下来考虑，这就使得预算者可以同时考虑这些提议在稀缺资源竞争中的相对重要程度。这就意味着绝大部分支出都是在这种中长期的支出估计中互相竞争并经过审查后形成的，很少有支出可以享受特殊待遇。远期估计体系还使得部长们能够将时间和精力集中到涉及实质性的项目改变的政策活动中去，而不再像从前那样在形成基数估计的过程中考虑各种细节。最后，远期估计体系还鼓励各个部长考虑他们的任何支出决策的跨年度后果，这就使得那些最初成本很低但是在以后年份中将导致大量支出的政策或者项目不易通过。③

为了实现目标和总额上的集中控制，许多国家，尤其是那些从宏观预算层面开始进行预算改革的国家，还致力于将预算过程和政策过程更好地整合起来。例如，在澳大利亚，为了约束支出的膨胀，澳大利亚政府在改革之初就建立了一个支出审查委员会，该委员会包括由高级部长组成的一个永久性

---

① Kibblewhite, Andrew, & Chris Ussher. 2001. Outcome-focused Management in New Zealand. *OECD Journal on Budgeting* Vol. 1, No. 4: 85 – 110.

② Schick, Allen. 1998. *A contemporary approach of public expenditure management*. Washington, D.C.: World Bank. pp. 56 – 57.

③ Keating, M., & M. Holmes. 1990. Australia's budgetary and financial management reforms. *Governance: An International Journal of Policy and Administration* Vol. 3, No. 2: 168 – 185.

小组，专门负责审查所有新政策提议的预算影响。更为重要的是，这个委员会还被用来审查现有项目的效果和决定重大的改动甚至取消一个项目——这主要发生于存在明显成本—效益低下的情况。① 20 世纪 70 年代末，为了控制支出膨胀，加拿大政府成立一个专门的委员会来重新评估政策和预算决策。该委员会最后的结论是，加拿大的政策决策和资金配置之间缺乏协调，而且也没有机制来进行系统性的评估或者长期的预算计划。所以，1979 年，加拿大实施了一个称为"政策和支出管理体系"（Policy and Expenditure Management System）的改革，整合政策制定和公共支出决策，加强内阁的控制，改进支出计划。正如佩特里指出的，这一改革在以下几个方面是区别于以前的项目预算：它将运行计划与政府的战略联系在一起，建立一个结构性的公共选择机制，关注的重点是监督结果的实现。② 如前所述，进入 21 世纪以来，实行新绩效预算的国家都越来越重视定期开展支出评估，确定政策重点和支出重点，将资源转移到或者重新配置到更加重要的领域。

对于某些新绩效预算改革的支持者来说，战略计划是必不可少的。但是，在实践中，制定战略计划是非常困难的，运用战略计划引导资金分配则更加困难。因此，对于战略计划，尤其是全面性的政府范围的战略计划，各国强调的程度有所不同；而且，在不同的时间，对它的重视程度也不同。20 世纪 80 年代和 90 年代初，澳大利亚要求所有的机构都遵守一个强制性的、规定性的战略计划程序。然而现在，澳大利亚已经放弃了这种制定全面的、整体性的战略计划的努力，而主要由各个机构自行制定战略计划。不过，在美国，战略计划则一直是其新绩效预算的重要组成部分。③ 在加拿大的一些地方政府，战略计划的地位也很重要。例如，加拿大哥伦比亚省的新绩效预算就非常重视战略计划。在该省，各个部门都要制定三年工作计划，其内容包括：部长的责任陈述、部门的战略计划、目标和核心业务领域、绩效指标

---

① Keating, M., & M. Holmes. 1990. Australia's budgetary and financial management reforms. *Governance*: *An International Journal of Policy and Administration* Vol. 3, No. 2: 168-185.

② Petrei, Humbreto. 1998. *Budegt and control*: *Reforming the public sector in Latin Americian*. Washington, D. C.: Inter-Americian Development Bank. p. 58.

③ Robinson, Marc. 2007. Performance budgeting models and mechanisms. In Marc Robinson Eds. *Performance Budgeting*: *Linking funding and results*. New York: Palgrave Macmillan.

和目标、与政府战略计划的一致程度、资源。[①]

(二) 手段分权

传统预算模式在预算执行中对各个支出部门进行严格的外部控制，由核心预算机构从外部对各个部门的支出决策与支出行为进行事前审查。20 世纪 50 年代，西方国家开始放松外部控制转而采取内部控制，由各个部门自己进行预算和财务方面的内部控制。无论外部控制还是内部控制，支出控制的重点都是基于详细的预算科目体系分解的预算投入。新绩效预算则放弃了这些控制，转而采取一种管理责任的支出控制模式，将支出控制的重点从投入转到了产出或结果，在赋予各个部门支出灵活性的同时，要求支出机构承担起对于产出或结果的管理决策的责任。[②]

在这种模式下，在政策制定者决定了大致的支出方向和支出总额后，管理者可以像商业部门的经理那样灵活地、创造性地根据环境的变化使用资金。管理者可以自由地决定用多少资金来雇用职员，如何支付他们的工资，购买哪些设备等，可以将某一支出项目的资金移到其他支出项目。总而言之，在这种模式下，对支出机构的支出决策及其预算交易的控制程度是很小的，支出机构的管理者在进行支出前并不需要获得一个外部机构（例如财政部）的同意，支出机构自己就是支出或者预算交易合法性或恰当性的最后决定者。同时，支出审计是事后的，而且是集中在结果而不是投入。[③] 此外，为了克服传统预算模式下普遍存在的"年底突击花钱"现象，鼓励节约与创新，新绩效预算还允许支出部门及其管理者将预算节余的全部或者一部分转到下一预算年度去使用，甚至可以将预算节余的一定比例用于奖励组织成员。这类似于企业管理中的"利润分享"计划。而在传统预算下，这

[①] 郑涌:《加拿大哥伦比亚省绩效预算操作指南》,见财政部预算司编《预算管理:国际经验透视》,中国财政经济出版社 2003 年版。

[②] Schick, Allen. 1998. *A contemporary approach of public expenditure management*. Washington, D. C.: World Bank. pp. 113 – 114.

[③] Cothran, D. 1993. Entrepreneurial budgeting: An emerging reform? *Public Administration Review* Vol. 53, No. 5: 445 – 454. Schick, Allen. 1998. *A contemporary approach of public expenditure management*. World Bank: Washington, D. C. pp. 118 – 120.

些分权型激励措施都是不允许的。正是由于新绩效预算试图通过放权和利润分享使得政府部门的管理者能够像企业家那样去行动，所以，它也被称为"企业家预算"[1]或者"分权预算"。[2]

新绩效预算还存在一个让人非常困惑的地方，那就是它将集权与分权同时构建到一个预算模式中。这似乎是矛盾的、不可能的。然而，正如佩罗（Perrow，1977）指出的，为了分权，组织常常需要先集权。[3] 在此基础上，科塞指出，在预算模式中将这两者结合起来是可能的。[4] 他认为，如果高层的政策制定者相信他们制定的目标会成为更低层级的管理者追求的目标的话，他们就会更加愿意赋予下级更大的自由度来决定如何使用预算拨款。当然，"为了达到效果，权力的下放必须伴随着对目标、权力和责任的规定。分权需要事前清楚说明每个行政单位的目的、设定目标和监督与奖赏绩效的程序、一个将每个单位和整个组织的目标联系起来的控制结构"[5]。因此，从理论上来讲，集权与分权是可以同时存在于同一种预算模式中，而且这种结合似乎可以帮助构建一种更加理想的预算模式。

（三）对结果负责

赋予各个部门及其管理者支出上的自主权和灵活性是有条件的。这个条件就是，各个部门必须有效率地完成他们所选择的项目，最为重要的是，各个部门必须实现他们承诺的结果。"为结果而预算"是新绩效预算的一个基本特征，也是它区别于 20 世纪 50 年代绩效预算之处。通常情况下，核心预算机构将与各支出部门签订绩效合同，列出该部门的目标，并将目标按重要性排列，然后要明确测量这些目标，发展出衡量这些目标是否实现的以结果

---

[1] Cothran, D. 1993. Entrepreneurial budgeting: An emerging reform? *Public Administration Review* Vol. 53, No. 5: 445-454.

[2] Bellone, C. 1988. Public entrepreneurship: New role expectations for local government. *Urban Analysis* Vol. 9 No. 1: 3-28.

[3] 转引自 Cothran, D. 1993. Entrepreneurial budgeting: An emerging reform? *Public Administration Review* Vol. 53, No. 5: 445-454。

[4] Ibid.

[5] Ibid., p. 450.

为导向的绩效测量指标,并且要尽可能地将这些指标量化。① 总而言之,各个部门及其管理者将对结果的实现负责。相应的,对各个部门的审计也从传统的常规审计转变成绩效审计。当然,由于新绩效预算在支出控制中采取的是一种管理责任模式,所以,新绩效审计也是一种事后的审计。核心预算机构在预算执行过程中并不控制支出部门的支出活动,它现在只关心支出部门最后是否实现了绩效合同中明确定义的结果。②

由于新绩效预算与50年代绩效预算的差别在于前者的预算重点是结果而后者的预算重点是产出。而且,人们经常容易将产出和结果相混淆,因此,对于理解和实行新绩效预算来说,必须在产出测量和结果测量之间进行区别。表 14-1 进行了这种比较。从产出和结果测量的差异可以看出,在绝大多数情况下,对于一个支出部门来说,实现结果目标的难度比实现产出目标的难度要大。原因之一:在现实中,影响结果的因素非常多,而有些因素是部门不能控制的。也就是说,影响产出的绝大部分因素是部门可以控制的,而影响结果的一些因素甚至许多因素是部门不能控制的。不难预期,如果支出部门的管理者意识到,一方面结果目标实现的难度非常大;另一方面,假如结果目标不能实现,他们就要承担管理责任的时候。一旦核心预算机构要实行新绩效预算,各个部门就一定会要求核心预算机构放权,将使用资金的自主性和灵活性下放给自己。因为,在部门看来,如果没有这种支出的自主性和灵活性,它们就很难根据环境变化和自身特点来选择最有效率的生产公共服务的投入组合。一旦部门自己无法灵活选择投入组合,就有可能出现因部门无法完成结果目标而必须承担相应责任的情况,这是部门不情愿接受的结果。这或许也是新绩效预算必须采取管理责任这种支出控制模式的原因之一。

---

① Cothran, D. 1993. Entrepreneurial budgeting: An emerging reform? *Public Administration Review* Vol. 53, No. 5: 445 – 454.

② Schick, Allen. 1998. *A contemporary approach of public expenditure management*. Washington, D. C.: World Bank. pp. 113 – 114.

表 14-1　美国联邦政府部门的产出测量和结果测量

部门	产出测量	结果测量
基础教育	学生在校天数 毕业的学生 退学率	考试结果 毕业生被雇用的比例
医院	病人住院天数 平均停留时间 入院率	死亡率 病人调查结果 重新入院率
公共交通	交通工具的英里数 乘客人数	服务人数在总人口中的比例 晚点的比例
警察	巡逻的小时 调查的犯罪案件 逮捕的次数	案件被查清的比例 反应时间 公民的满意程度
公共福利服务	申请的数量 提供帮助的数量	在 45 天内处理的申请 支付上的错误率

资料来源：CBO（Congressional Budget Office）. 1993. Using performance measures in the Federal Budget Office. Washington, D. C.：Congress of USA. p. 4。

（四）预算透明与沟通改善

新绩效预算非常重视预算透明与沟通改善。预算透明是指政府应该尽可能地对选举官员、公民、利益集团等利益相关者开放和透明；沟通改善意味着政府应该提供关于项目、结果和成本方面的信息，而且，这些信息的表达必须保证让各个利益相关者都能明白。[①]

为了做到预算透明和沟通改善，实行新绩效预算的国家都做了许多努力。例如，加拿大在 20 世纪 90 年代后期开始改革收入和支出的记录方式，开始考虑将原来使用范围比较有限的权责发生制会计运用到整个会计和预算体系。同时，加拿大政府也做出巨大的努力来增加预算过程的透明度，预算

---

① Martin, L. 2003. Budgeting for outcomes. In Aman Khan & Bartley Hildreth. Eds. *Budget theory in the public sector*. Westport：Quorum Books.

过程现在更加开放和更容易被公众审查。以前，一般是到了预算决策的后期，公众才有可能了解预算数字和主要变化。现在，这些信息都提前向公众公开，征求公众的意见。此外，政府向公众所提供的预算信息质量也大大地提高了。这些都使得公众能够更好地监督和评估管理者的绩效。① 可见，新绩效预算要求的是一种更高层面的预算透明，包括真实的财政状况（通过使用权责发生制的会计和预算体系），使得预算过程更加开放，信息更容易获得。它所强调的沟通改善工作也主要是指政府应该采用结果导向的新绩效预算，用这样的预算向议会和公民展示支出预期要达致的结果。

新绩效预算对于预算透明和改善沟通的重视其实一点也不难理解。对于政府部门是否实现了预算结果，最权威的评价者是公民（政府公共服务的消费者）及其代表（即选举官员）。对于这些利益相关者来说，只有当预算是高度透明的，而且关于政府项目、成本和结果方面的信息是非常容易获得并容易理解的时候，他们才能准确地判断政府预算是否实现了预算结果。可见，预算透明和沟通改善这两个概念与绩效问责（performance accountability）概念紧密相关。②

由于新绩效预算的以上这些特征，目前，越来越多的实践者和研究者都倾向于认为，新绩效预算在很大程度上是一种非常理想的预算模式。2004年12月，IBM公共部门研究中心召集实行新绩效预算的发达国家和发展中国家的改革者汇聚美国华盛顿特区，交流改革经验，参会者来自美国、加拿大、英国、西班牙、荷兰、爱尔兰、埃及、智利、哥伦比亚、墨西哥、坦桑尼亚、乌干达。与会者一致认为，结果导向的绩效预算是值得追求和应该追求的预算模式，而且也是一种真正能够实现财政问责的模式，它还能显著地提高政策质量和管理水平。③ 总的说来，新绩效预算具有如下优点：

---

① Petrei, Humbreto. 1998. *Budegt and control*: *Reforming the public sector in Latin American*. Washington, D. C.: Inter-Americian Development Bank. pp. 65 – 68.

② Martin, L. 2003. Budgeting for outcomes. In Aman Khan & Bartley Hildreth. Eds. *Budget theory in the public sector*. Westport: Quorum Books.

③ Perrin, Burt. 2007. Moving from outputs to outcomes: Practical advice from governments around the world. In Jonathan D. Breul & Carl Moravitz. Eds. *Integrating performance and budgets*. New York: Rowman & Littlefield Publisher.

● 第一,从"手段"到"目的"

传统预算模式也有它的绩效追求,但是,它所强调的是一种"遵从绩效"。遵从绩效关注的重点是预算投入的使用是否严格遵守财经纪律,例如是否严格遵守预算上限、事前分配的额度、特定的采购程序和支付程序等。传统预算希望通过对预算投入的控制来实现预算的目标,即向公民提供他们所需要的公共服务。在这种模式下,遵守各种财经纪律的支出部门通常就被视为有"绩效"的部门。但是,这种绩效模式最终导致"手段替代目的",即预算管理者会将控制的重点集中到对于资金使用规则的遵守,久而久之,无论是核心预算机构还是支出部门都会忘记甚至忽略使用纳税人税收的真正目的,最后就会形成一种只重视控制投入或者为控制而控制,进而忽略了支出的最终目的的官僚思维。①

绩效预算将预算决策的重点从投入(花了多少钱)转向了产出(生产了多少公共服务),从而将效率绩效引入了公共预算。效率绩效关注的是生产公共服务的效率,即单位成本生产出的公共服务的数量。由于绩效预算强调预算资金的配置必须与某种明确的产出相关,这就使得预算资源的配置与公共支出的最终目的更加接近。但是,这样理解的绩效仍然存在着问题。因为,公共支出的最终目的并不仅仅是为了获得某种产出,而是为了解决某种社会问题。在很多情况下,即使财政资金使用后高效率地生产出了一定数量的产出,公民希望政府解决的问题可能仍然存在。② 新绩效预算强调的是结果绩效,即一定数量的公共资金支出之后必须实现某种社会期望的结果。在新绩效预算中,核心预算机构放弃了对预算拨款的使用情况进行严格控制的传统模式。但是,这种分权是有条件的,它要求支出机构必须确保实现某种社会所希望的预算结果。如果资金支出后没有实现预期的结果,支出机构的负责人就要承担管理上的责任。③ 所以,新绩效预算使得预算改革最终完成

---

① 亚洲开发银行:《政府支出管理》,财政部财政科学研究所译,人民出版社 2002 年版。第 386 页。

② 同上。

③ Cothran, D. 1993. Entrepreneurial budgeting: An emerging reform? *Public Administration Review* Vol. 53, No. 5: 445 – 454. Martin, L. 2003. Budgeting for outcomes. In Aman Khan & Bartley Hildreth. Eds. *Budget theory in the public sector*. Westport: Quorum Books.

了从"手段"到"目的"的转移。

● 第二，改变支出机构的动机

过去两百年的预算实践表明，支出部门存在着一种支出冲动。尼斯坎南将这种支出冲动概括为"官僚预算最大化理论"[1]。虽然尼斯坎南模型的解释力度一直存在着争议，但是，在传统预算模式下，这种支出冲动似乎是不可避免的。因为，传统预算模式强调的是一种遵从绩效。在该模式下，只要支出机构严格按照预算进行支出，同时严格遵守了行政或者会计上的各种规则与程序，那么，即使资金使用后没有生产出什么实际的产出或结果，支出机构及其管理者都不会受到任何惩罚。换言之，资金的供给者（预算机构、政府首脑和议会）并不要求支出机构提供某种"明确的"产出或结果作为回报。于是，支出机构就会倾向于向核心预算机构和议会要更多的资金。因为，这种"钱"花起来实在很容易。

在过去两百多年中，各国议会和核心预算机构主要采取两种方式来制约支出机构的这种"要钱"和"花钱"冲动：(1) 加强议会和核心预算机构的监督和审查能力（尤其是信息收集和处理方面的能力）来克服预算审查中的信息不对称；(2) 为各个部门设置一个预算控制数或者一个定额。但是，这些办法都不是很成功。因为，信息收集与分析是需要成本的。而且，由于支出机构控制了实际的生产过程，支出机构总是拥有更多的信息。所以，第一种方法至多只能缩小信息不对称，却无法消灭这种不对称。同时，设置预算定额的办法也是可以被支出部门突破的，尤其是在缺乏财政总额约束而且核心预算机构在无法抵制政治家的支出压力的环境中更是如此。

正如委托—代理理论所说的，克服代理成本的关键在于设计一种有效率的激励合同来改变代理人的动机，而不是建立无穷无尽的委托人对代理人的控制。新绩效预算正是这样一种旨在改变支出机构动机的预算模式。在新绩效预算的资源配置过程中，核心预算机构与支出机构签订绩效合同，将支出机构的预算要求与部门承诺实现的与政府的战略目标相关的结果联系起来，而且，支出机构在使用了预算经费后必须实现该结果，否则就要承担管理责

---

[1] Niskanen, William A. 1971. *Bureaucracy and representative government*. Chicago: Aldine Atherton.

任。最近的一些研究已经发现，在这种模式下，支出机构将会通过重组机构来更好地实现目标而不是去追求预算最大化。① 这种预算模式之所以能够改变支出机构的动机是因为，在这种预算模式下，预算经费支出后必须根据绩效合同中承诺的绩效向核心预算机构、议会乃至公众展示结果的实现程度，比如，警察局在支出了经费后必须将社区的犯罪率下降到某个百分点。简单地说，在这种模式下，资金花费后的管理责任是非常明确的，钱花了后必须确保结果实现。总之，在这种模式下，由于"钱"是不好花的"钱"，支出机构就不敢再随意地乱要"钱"和乱花"钱"。

● 第三，鼓励创新与节约

在新绩效预算下，核心预算机构放弃了传统预算中实行的那种严格的"外部控制"，管理者可以根据环境的变化以及部门的特点来选择最佳的投入组合方式生产公共服务，可以将资金从一个科目转移到另一个科目，甚至从一个项目转移到另一个项目。② 支出方面的灵活性使得支出部门有条件在管理上进行创新，同时，绩效合同中确定的支出部门在结果上的责任也迫使管理者进行管理创新。所以，这种预算模式有助于鼓励管理者进行创新。③

另外，新绩效预算中实施的"利润分享"计划允许各个部门将一定比例（例如30%到50%）的预算节余转到下一个预算年度使用。这使得部门管理者不再像以前那样担心他们在这一预算年度没有用完的拨款会被核心预算机构收走，这也使得他们不再担心预算节余的出现会导致核心预算机构、政府首脑或议会在下一个预算年度削减本部门的预算拨款，因而有助于克服传统预算模式下各国政府都普遍存在的"年底突击花钱的冲动"。而且，"利润分享"计划允许支出部门将一部分预算节余用于奖励员工，这就将节

---

① James, Oliver. 1995. Explaining the next steps in the Department of Social Security: The bureau-shaping models of central state reorganization. *Political Studies* Vol. XLIII: 614 – 629.

② Schick, Allen. 1998. *A contemporary approach of public expenditure management.* World Bank: Washington, D. C. pp. 113 – 114, 118 – 120.

③ Bellone, C. 1988. Public entrepreneurship: New role expectations for local government. *Urban Analysis* Vol. 9 No. 1: 3 – 28. Cothran, D. 1993. Entrepreneurial budgeting: An emerging reform? *Public Administration Review* Vol. 53, No. 5: 445 – 454.

约资金、减少浪费的动机植入了管理者的动机结构。[1]

● 第四，易于操作

与以前的理性预算改革模式相比，例如与计划项目预算与零基预算相比，新绩效预算比较简单。它不像零基预算那样要求对所有的支出项目进行全面的评估和审查，并进行排序。它也不像计划项目预算那样在预算编制的过程中要仔细分析和建立项目，并要进行非常复杂的社会成本与收益分析，而是确定一个支出的总额和大致的分类总额，然后再启动预算编制。因此，正如希克所说的，新绩效预算所需要的预算信息的规模与数量比以前的理性预算改革模式都要小，它所导致的信息负担也相对要小。[2]

三、新绩效预算的基本框架

新绩效预算的目标是将资源与绩效联结起来，最大程度地实现公共资金的"货币价值"。尽管在实践中，各国联结资源与绩效的方式不同，但它们基本上都强调在总额约束的条件下根据政策目标，战略性地将资源配置到更加重要的领域，并运用绩效信息来引导预算决策。在这个过程中，必须确保在战略目标、结果和产出之间建立密切的联系，并在此基础上分配绩效责任。图14-2的金字塔描述了战略、结果和产出目标之间的关系。每个战略目标至少必须有一个相关联的结果目标，而该结果目标也必须至少与一个（通常是很多个）产出目标相联系。[3]

在此，需要明确的是，虽然新绩效预算的决策重点是支出实现的结果，但是，它仍然需要关于公共部门活动必然会涉及的投入和产出信息。而且，公共部门的结果经常要受环境的影响。图14-3展示了公共部门活动的资源、投入、产出与结果之间的关联，以及外部环境对结果的影响。

---

[1] Cothran, D. 1993. Entrepreneurial budgeting: An emerging reform? *Public Administration Review* Vol. 53, No. 5: 445-454.

[2] Schick, Allen. 1998. *A contemporary approach of public expenditure management.* Washington, D. C.: World Bank. p. 104.

[3] ［美］约翰逊·布鲁尔：《政府绩效与结果法案：以绩效预算为实施方向》，见刘昆主编《绩效预算》，中国财政经济出版社2007年版。

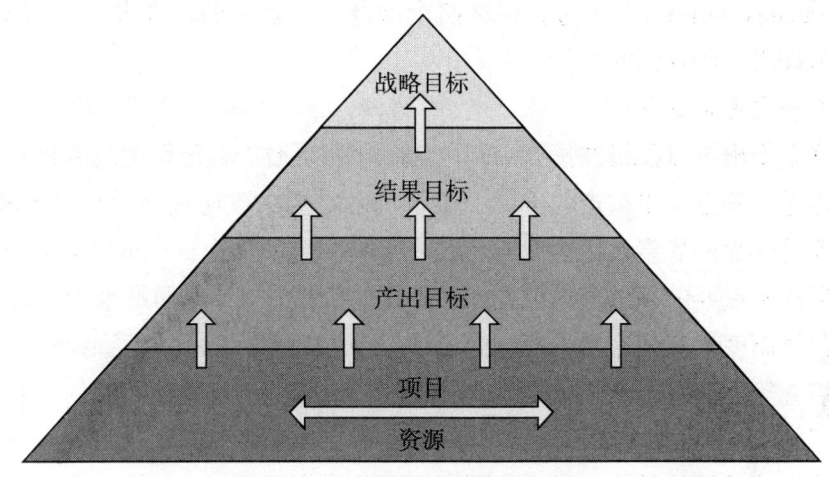

图 14-2　战略、结果和产出目标

资料来源：[美]约翰逊·布鲁尔：《政府绩效与结果法案：以绩效预算为实施方向》，刘昆主编《绩效预算》，中国财政经济出版社 2007 年版。

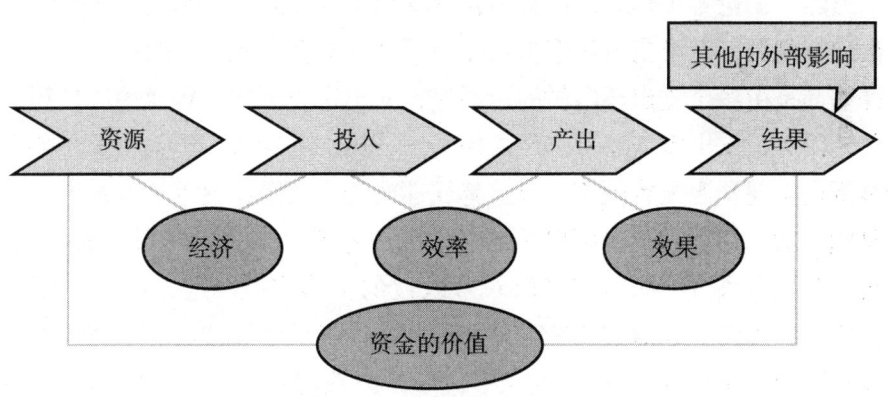

图 14-3　绩效链条及其环境

资料来源：OECD. 2007. *Performance budgeting in OECD countries*. Paris：OECD Publishing. p. 194。

（一）联结绩效与资源：两个关键

尽管各国的实践不同，但是，新绩效预算有两个非常重要的环节或部分：（1）确定支出重点（expenditure prioritization）；（2）设定绩效目标

(performance targets)。不过,在这两个问题上,各国的处理方式各有不同,但又呈现出一些共同的特征。

● 确定支出重点

确定支出重点是指在预算编制之前,要明确政府关键性的战略目标、政策重点进而确定支出重点,重新配置资源。它要求政府战略性地制定政策,为实现跨年度的战略目标确定政策重点和支出重点(expenditure priorities),将资源从不重要的领域重新配置到关键性的领域。OECD 国家采用了许多方式和预算制度来实现这一目标,包括中期支出框架、各种财经纪律的规则、支出审查等。有些国家强调通过整体性地在政府层面制定战略计划,并落实成部门的战略计划,来确定政府的支出重点,例如,美国、加拿大以及受美国模式影响甚深的韩国。另一些国家则不这样强调整体性的战略计划,而采取其他的方式来根据战略目标确定支出重点。例如,英国等国定期采取支出审查,并在此基础上要求部门制定未来三年的支出计划。[①]

当然,无论哪种模式,都必须开展支出审查,并在此基础上战略性地对支出进行规划。对于支出审查来说,项目评估非常关键。一般的,大部分项目评估都是由各个支出部门做的。不过,支出审查不同于普通的项目和政策评估,因为,支出审查通常都是由核心预算机构主导的,更关注于在整个政府范围内实现资源配置效率,以及替代性的资金水平将会带来的结果。它可以是随时的、任意的,也可以是系统性的,它既可以是年度预算的一部分,也可以与之分离。一些国家采取非常规性的支出审查。这方面的例子有很多,例如,加拿大政府在 1994 年财政危机时期采用的"加拿大项目审查"(Canadian Program Review)。在该审查中,财政部制定了各个部门必须遵守的支出削减目标,规定了各个部门应该如何进行项目审查(评估项目的目标和目的、对社会的影响、该项目是否应该由政府提供、改进项目效率的手段和方式等)。在此基础上,部门开展项目审查,制订各自的行动计划,其中需要确定它们自己的战略重点以及替代的项目或活动。另一些国家则建立

---

① Curristine, Teresa. 2007. Experiences of OECD countries with performance budgeting. In Marc Robinson. Eds. *Performance budgeting: Linking funding and results*. New York: Palgrave Macmillan.

了整个政府层面的支出重新配置机制，对整个政府层面的支出展开系统性的全面审查。例如，英国1998年以来采取的全面支出审查，荷兰1981年采取的部门间政策审查（interdepartmental policy reviews），新西兰2001年采取的货币价值审查（value for money reviews）。目前，英国和荷兰的支出审查被公认为是比较成功的。不过，两者也有所不同。英国采取的是一个全面的支出审查，并在政府内部进行支出再配置，而荷兰则主要是每年集中审查某些（通常是10个左右）政策领域。至于新西兰的支出审查则实行起来难度非常大。例如在2002年的审查中，内阁最后同意了17个审查，但是，尽管这些审查都提出了新的替代性支出计划，最后却只出现了两个支出重新配置的情况。①

支出审查的目的是跨部门进行资源再配置。但是，这需要核心预算机构的权力比较大，而且有很强的政治支持。在议会内阁制国家，内阁领袖的支持非常重要；在美国这样的总统制国家，还需要议会的支持。总体说来，目前在OECD国家，政府层面发生的跨部门的资源再配置仍然不是很显著。在支出审查中，过去项目的绩效水平会有一定的影响。但是，它与支出削减和增加之间并无直接的联系。因为，预算决策是在政治环境中做出的，绩效水平只是影响因素之一。支出审查之后，部门要提交新的支出计划，并需要向核心预算机构说明它们是否做到了将资源配置到更关键的领域，增加了什么活动，取消了什么活动，资金水平发生了什么变化，如何改进服务的效率，等等。而且，这个支出计划应该是跨年度的。

● 设定绩效目标

一旦支出重点确定之后，项目的选择就具备了方向。在项目预算的过程中，一个至关重要的问题就是，如何为确定的项目或活动设定明确而且可行的绩效目标。在新绩效预算中，设定绩效目标占有非常重要的地位。它有助于改进项目支出的效果（通过明确结果目标）或者效率（通过产出目标），或者同时对两者进行改善。在这个过程中，需要在预算决策中运

---

① Curristine, Teresa. 2007. Experiences of OECD countries with performance budgeting. In Marc Robinson. Eds. *Performance budgeting: Linking funding and results*. New York: Palgrave Macmillan.

用绩效信息，为支出项目或计划的活动设定绩效目标，建立一个以绩效为基础的预算管理，不断改进管理水平。根据 OECD（2005）的定义，绩效信息是包括"评估（evaluations）与绩效指标（performance measures）"[①]。当然，仅仅是绩效目标不能构成绩效预算，绩效预算的核心是将资金与效果挂钩。新绩效预算需要将绩效目标与预算整合起来，即将资金水平与设定的绩效目标相匹配，绩效目标越高，可能给予的资金越多，反之则越少。美国1993年的改革就明确提出了这一思路，布什政府也一直致力于实现这种整合。[②]

目前，美国1993年建立起来的绩效预算框架，尤其是在战略计划的指导下制定出来的年度绩效计划，就是一种非常有影响的绩效目标设定模式。年度绩效计划的核心工作就是设定明确的、可测量的年度绩效目标。另外一种影响较大的模式则主要运用"合同"的形式来设定绩效目标，即政府首脑与部长签订服务合同，部长再与每个机构负责人协商一个服务合同，并在其中就每个服务项目设定绩效目标。英国的"公共服务合同"就是这种在国际上影响比较大的模式。公共服务合同实质上就是一个设定了每个机构的关键方向以及一系列绩效目标的文件，而且，绩效目标设定过程是与一个多年期的预算过程结合起来的。[③] 从这个层面看，或许英国模式是最大规模地将绩效目标与预算过程结合起来的模式。

新绩效预算强调在预算决策和管理中使用绩效信息，尤其当它将绩效目标的设定与预算过程联接起来时，更加强调绩效信息的重要性。目前，在OECD国家开发绩效信息已经是一个普遍的趋势，将近有3/4的国家都在其预算文件中包括各种与绩效相关的非财政类信息。不过，不同国家评估非财政类绩效信息的方式也不尽相同（图14-4）。

[①] OECD. 2005. *Modernnising government*: *The way forward*. Paris: OECD Publishing. p. 58.

[②] Robinson, Marc. 2007. Performance budgeting models and mechanisms. In Marc Robinson Eds. *Performance budgeting*: *Linking funding and results*. New York: Palgrave Macmillan.

[③] Ibid.

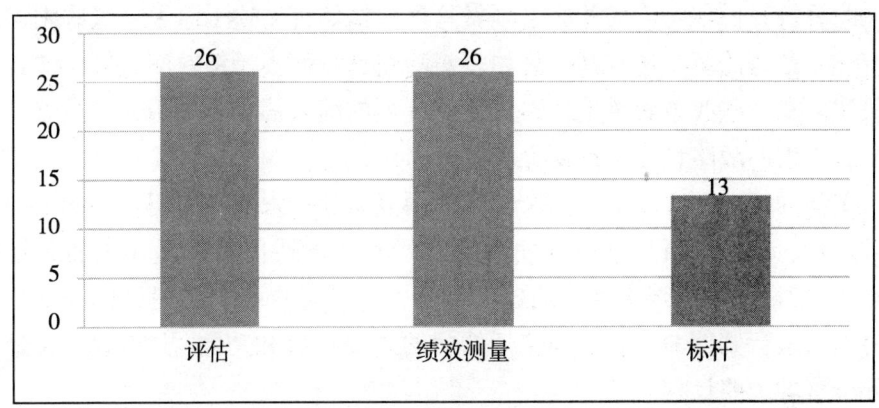

图 14-4 何种类型的绩效信息被发展出来评估政府的绩效？

资料来源：OECD. 2007. *Performance budgeting in OECD countries*. Paris：OECD Publishing. p. 19。

（二）美国模式

美国模式非常强调在绩效预算中使用整体性的战略计划。它强调将战略计划、年度绩效计划和年度绩效报告有序地结合起来，以帮助决策者根据提供的绩效信息确定支出的优先顺序、资源分配和项目水平。美国的绩效预算包括（布鲁尔，2007）：（1）战略计划，包括机构的使命，一系列长期目标，以及机构主要项目和功能的目标；（2）年度绩效计划，包括对于某一个特定财政年度的可测量的绩效目标，包括机构所有项目和功能，通常展现过去、现在和将来的绩效目标的年度数据；（3）年度绩效报告，用于比较绩效计划中的目标与实际绩效，每年进行一次。①

● 战略计划

各国的改革者都意识到，制定战略计划非常困难，运用它来指导资金分配则更难。但是，战略计划仍是美国等国的预算改革者关注的重点。这主要是因为，战略计划能够为绩效和成本信息确立了一个基本框架和背景。对任何组织来说，无论是为了评估绩效，还是为了实现绩效而分配资源，都必须

---

① ［美］约翰逊·布鲁尔：《政府绩效与结果法案：以绩效预算为实施方向》，见刘昆主编《绩效预算》，中国财政经济出版社 2007 年版。

首先明确打算做什么，为什么必须做这些事情。出于这个原因，这些国家在推行绩效预算改革时通常在一开始就对战略计划而不是绩效测量给予非常大的关注。在一些改革者看来，缺乏战略计划的绩效信息是无用的。当然，无视资源约束的战略计划也是毫无意义的。

美国的绩效预算要求，各个部门使用战略计划来明确它们自身的大部分结果目标。一个战略规划包括使命的阐述和一系列长期目标（主要是结果目标）。使命阐述描述了部门的核心任务、意图与责任；长期目标则描述部门将如何履行其使命，它必须包括部门的主要项目和功能。[①] 图 14-5 是美国环境署的战略计划。

EPA 的使命是保护人类健康

目标 1：净化空气

目标 2：保护和净化水资源

目标 3：保护食物安全

目标 4：减少污染和减少社区、家庭和生态系统的危险

目标 5：改善废物管理、存储

目标 6：减少全球范围的环境污染风险

目标 7：提高环境信息的质量

目标 8：提高对环境危险的理解，环境污染研究的更大创新

目标 9：抵制污染、更好的遵守此项法律

目标 10：有效的管理

图 14-5　环境署（EPA）2000—2005 财政年度战略规划：使命陈述和 10 年目标

资料来源：[美]约翰逊·布鲁尔：《政府绩效与结果法案：以绩效预算为实施方向》，见刘昆主编《绩效预算》，中国财政经济出版社 2007 年版。

- 年度绩效计划

绩效信息有助于决策者更好地进行政策讨论，改善决策质量，改进资源配置效率。在资源分配中，即使无法最终运用结果来分配资源，绩效预算也

---

① [美]约翰逊·布鲁尔：《政府绩效与结果法案：以绩效预算为实施方向》，见刘昆主编《绩效预算》，中国财政经济出版社 2007 年版。

能够在预算决策中把决策者（申请者和审批者）关注的焦点引导到如下问题①：

- 希望实现的结果是什么？
- 对于实现这个结果来说，哪些手段、途径（实际上活动或项目选择）是最有效的？
- 为什么说它们是最有效的（因果关系）？
- 这些活动的结果现状如何？如何进一步改进（纵向标杆、横向标杆、理想标杆）？

图 14-6 说明了美国环境署如何在年度绩效计划中对目标进行绩效测量，进而设定绩效目标。

目标 1：清洁的空气

　　目的 1：实现国家空气质量标准（NAAQS）

　　减少环境对人体健康的危害并改善空气质量，使得国家空气 2005 年的一氧化碳、二氧化硫达到国家标准，2010 年的臭氧达到国家标准，2018 年的特殊物质达到国家标准。

年度绩效目标和测量

　1. 减少臭氧和臭氧制造者

　2003 年，为监视范围内 44 100 万居住人口保持健康的空气质量，臭氧达到标准。

　绩效测量：

　检查臭氧标准区域的居住人口数量

　检查臭氧标准的区域

　新增加的检查臭氧标准区域的居住人口数量

　移动工具释放的污染物的减少

　移动工具释放的氧化氮的减少

---

① Breul, Jonathan D., & Carl Moravitz. 2007. The budget office of tomorrow. In Jonathan D. Breul & Carl Moravitz. Eds. *Integrating performance and budgets*. New York: Eowman & Littlefield Publisher. pp. 4-5.

> **2. 减少特殊物质**
> 2003 年，为监视区 7 200 万居住人口保持健康的空气
> **绩效测量：**
> 检查特殊物质含量的区域居住人口数量
> 新增加的检查特殊物质含量的区域居住人口数量
> 检查特殊物质 – 10 标准的区域
> 移动工具释放的特殊物质 – 10 的减少
> 移动工具释放的特殊物质 – 2.5 的减少

图 14 – 6　2003 财政年度环境署年度绩效计划目标的说明、目的和绩效测量

资料来源：［美］约翰逊·布鲁尔：《政府绩效与结果法案：以绩效预算为实施方向》，见刘昆主编《绩效预算》，中国财政经济出版社 2007 年版。

（三）英国模式

英国目前推行的新绩效预算，其基础是 1998 年的预算改革。1998 年的预算改革为英国建立了一个现代的公共支出和绩效管理框架。除了以总额控制为目标的财政规则体系之外，英国的新绩效预算还包括两个非常重要的部分：首先是一个以全面的支出审查为基础的"多年支出计划"（multi-annual expenditure planning），其次是设定绩效目标的公共服务合同（public service agreement，PSA）。这一框架为在一个中期乃至长期的时间框架内制订审慎而有效率的支出计划提供了支持。[1]

● **全面的支出审查**

支出审查的目的是将资金重新配置到关键的领域去，改变政策重点以使资金花得更好，确保各个部门能更好地一起工作以改善公共服务，剔出不需要的或者浪费性的支出。[2] 随着其有效实施，英国开始用一个多年期的、全面的支出审查取代了已实行 30 年的渐进性年度预算，此项审查通常每两年

---

[1] Hughes, Richard. 2008. Performance budgeting in the UK：10 Lessons from a decade of experience. http：//siteresources.worldbank.org/INTMEXICO/Resources/1 – 4RichardHughesFinal.pdf.

[2] OECD. 2007. *Performance budgeting in OECD countries*. Paris：OECD Publishing. p. 193.

或三年开展一次。全面的支出审查每隔两到三年举行一次,每个部门自下而上地根据目前的支出压力、改进效率的机会、新政策提议的成本详细审查自己的支出,向财政部提出一个未来三年的支出申请。不过,支出审查不是一个完全自下而上的过程,而是在财政部门的领导下进行的。对部门资源申请的评估有两个限制:一是关于日常支出的封顶线(envelopes);二是关于资本性支出的封顶线(envelopes)。这个自上而下的约束是在支出审查年份启动之初(一般在3月份)就确定的,以确保各个部门形成的支出计划与一个多年期的收入预测相一致,确保形成的支出计划是与政府在中期内的财政规则相一致。① 在这个广泛的支出封顶中,总的公共支出被分为两类以方便制定支出计划②:

- 年度管理的支出(annually managed expenditure,AME)。这部分支出是一些变动大、需求引导或者对经济周期敏感的支出,很难在一个多年的基础上做出计划。这一类支出包括债务利息、社会保障以及一些小的支出项目。尽管支出审查包括对年度管理的支出的不同部分的自下而上的预测,但是,它对这一类支出并没有给予任何名义的限制,而且预测也会在随后的预算和预算前的报告中更新。
- 部门支出限制(departmental expenditure limits,DEL)。这部分支出包括许多传统的公共服务,例如卫生、教育、交通、警察和国防。对于这些支出,政府将之分为日常和资本性支出,并设置了一些三年期的名义支出上限(three-year nominal expenditure ceilings)。对于各个部门来说,这些上限在四年的时间内对议会拨款施加了一个事前限制。一般来讲,在支出审查之间,除非是为了反应分类的变化和未预见的支出需要,这些上限是具有很强约束力的。不过,政府专门设置了一个数额较小的部门支出限制储备(DEL reserve)。这个三年期的部门支出限制并不具备法律地位(不需经过议会表决),议会拨付给政府部门且具有法律性质的款项仍是年度性的,它主要体现在所谓的议会

---

① Hughes,Richard. 2008. Performance budgeting in the UK:10 Lessons from a decade of experience. http://siteresources. worldbank. org/INTMEXICO/Resources/1-4RichardHughesFinal. pdf.
② Ibid.

供给估算（parliamentary supply estimates）过程中。但是，这一改革要求各个部门在提交年度预算申请时尊重它们的三年期限制，而且，这个年度预算申请必须经财政部同意。

支出审查年度的六月份，政府一般都要给议会提交政府支出审查白皮书。一般来说，白皮书都会对 25 个主要政府部门的两类数据进行全面预测：一是部门年度管理支出；二是部门三年期支出限制。1997 年以来，英国政府已经开展了五次支出审查，时间分别是 1998 年、2000 年、2002 年、2004 年、2007 年。①

- 公共服务合同

实行公共服务合同的目的是明确各级官员或管理者应该负责的绩效目标，使得资金的使用更加负责，同时赋予管理者更多的自主性。从 1998 年实行全面的支出审查开始，各个部门在制订三年期支出限制时，必须确定一系列政府支出之后预期实现的多年期绩效目标（performance objectives），该目标必须以结果为基础。这些绩效目标将在公共服务合同中以一种定量的方式明确下来。公共服务合同一般是与政府的三年支出计划一起准备和发表的。② 公共服务合同通常包括以下内容③：

- 目的：用于陈述政府在公共服务领域希望实现的高层级的、长期性的战略目标（aim），以及对实现这一目的具体负责的部长和高级官员；
- 目标：一套有助于实现某个战略目的之更加具体的目标（objectives）；
- 绩效目标：对于绝大部分目标，以绩效目标或者指标（performance targets or indicators）的方式设定具体的、可测量的、可实现的、相关的、及时的、以结果为中心的目标；
- 技术说明：描述每个绩效指标是如何测量、监督和报告的。这个测

---

① Hughes, Richard. 2008. Performance budgeting in the UK: 10 Lessons from a decade of experience. http://siteresources.worldbank.org/INTMEXICO/Resources/1-4RichardHughesFinal.pdf.
② Ibid.
③ Ibid.

量附录（measurement annex）阐述了关于底线的详细信息、对绩效指标的具体说明、用于追踪进展情况的数据来源、报告的频率、负责确认数据质量的官员姓名、表明正在不断进步的最小限度的活动；
- 供给策略：用一个详细的供给策略（delivery strategy）来规划每个政府部门或者机构如何为实现战略目的、具体目标，以及何种绩效指标将作出贡献。

图 14-7 描述了公共服务合同的基本框架。

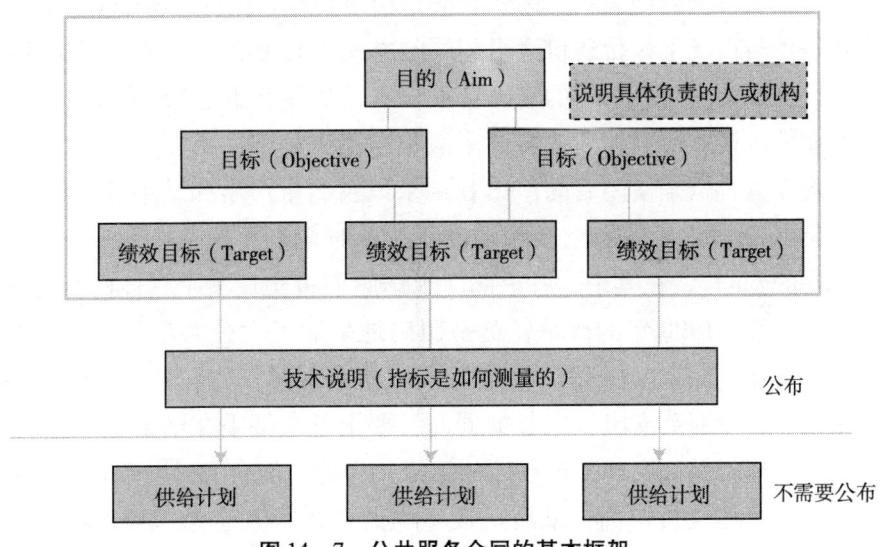

图 14-7 公共服务合同的基本框架

资料来源：OECD. 2007. *Performance budgeting in OECD countries*. Paris：OECD Publishing. p. 196。

四、绩效合同：合同预算

新绩效预算的核心在于签订绩效合同，在合同中将支出与绩效连接起来。绩效合同的签订将传统预算中存在的隐性合同关系转化成显性合同关系，从而将公共预算转变成一种合同预算。在传统预算中，各个组织之间的关系是等级制的，核心预算机构与支出机构之间不是平等的合同关系，而是一种命令与控制的等级制关系；各个支出部门内部的预算关系也是一种等级制关系，上级机构对于下级机构的支出行为可以运用命令的方式进行控制。这种等级制的预算强调对行为和结果进行全面的监督和评估，通过标准化的运行程序来约束行为，并通过组织结构来影响预算过程。[1] 但是，在新绩效预算中，各个组织之间的预算关系从一种等级制的关系转变成为平等的讨价还价的合同关系。[2]

核心预算机构和支出部门之间的这种合同关系主要体现在绩效合同中。而且，正是依赖于绩效合同的签订，核心预算机构和支出部门之间的预算关系才被转变成一种合同关系。绩效合同是由核心预算机构和各个支出部门之间按照一种与市场上讨价还价逻辑相同的方式协商决定的，它们一般都要明确核心预算机构下放给部门的支出自主权，以及各个部门在绩效上作出的合理而可靠的承诺。所以，绩效合同一般都包括支出部门所需要的资金水平、支出上的权力、资金使用后的产出和结果以及测量产出和结果的绩效指标。例如，英国在1982年实行财政管理创新改革时就将预算定义为一个"以绩效为目的的合同"，在其中，各个部门承诺它们将实现某个具体的目标来换取一定的资源。1998年的改革，更是明确地采取了"公共服务合同"的方式来明确责任。加拿大在1986年实行了"提高部委权力和公共责任"的改革，在赋予各个部委支出自主权的同时，要求各个部委在结果上承担责任，即要求各个部门保证实现某种预期的结果。为此，加拿大的财政委员会和各个部门一个个地进行协商，最后达成不同的"理解备忘录"，即绩效合同。在协商的过程中，除了所有部门都可以享受的支出自由之外，各个部门都可以根据自己的情况要求更多的放权，但是，各个部门都要确立自己的履行支出责任的方式，即如何确保自己的支出最后能够实现预期的结果。[3]

---

[1] Smith, Robert, & Mark Bertozzi. 1998. Principals and agents: An explanatory model for Public budegting. *Journal of Public Budgeting, Accounting & Financial Management* Vol. 10, No. 3: 325–351.

[2] Schick, Allen. 1990. Budgeting for results: Recent development in five industrialized countries. *Public Administration Review* Vol. 50 (January/Feburary): 26–34.

[3] Ibid.

新绩效预算希望在预算与绩效之间建立直接的联系,将资金分配给那些在绩效评估方面合理的部门或者项目。因此,实行新绩效预算的国家都要求,各个部门在正式获得支出之前必须对支出要求进行以结果为核心的绩效评估。根据科依的观点,公共预算的基本问题是一个资源配置问题,即根据什么决定将某一数量的资金配置给活动 A 而不是活动。① 对于这个问题,新绩效预算的回答是:在比较了项目 A 与项目 B 实现的结果以及它们所需的成本的基础上配置资源。② 这样形成的关于结果的预算信息将有助于政策制定者(政府首脑和议会)决定如何将稀缺的资源配置到互相竞争的项目上去。这种资源配置方式从根本上区别于以投入为重点的传统预算模式。在传统预算模式中,资源配置主要是在分项列支的预算科目的基数上进行边际增减来进行的,支出科目之间并没有竞争性的比较。这种模式关心的是花了多少钱、花得是否符合规则、是不是每个项目都得到了"公平的"增加份额,而不是钱花了之后实现了什么结果。而在新绩效预算中,资源配置主要是在各个部门或者项目预期实现的结果之间进行权衡,预算决策者关心的是各个项目不同的结果水平以及相应的资金水平。③ 目前,许多 OECD 成员国都在努力运用结果测量所提供的信息来配置资源。例如,1993 年 8 月 13 日,美国国会通过了"政府绩效和结果法案"。该法案的目的是,将政府管理的重点从投入转向产出和结果、从过程转向后果、从服从转向绩效、从管理控制转向管理创新。根据该法案,联邦的预算与管理办公室(OMB)制定了新的"准备和提交预算估计"规定,要求各个部门在为项目进行辩护和要求拨款时,必须明确产出和结果并对它们进行测量。正如麦克费雷和琼斯(McCaffery & Jones, 2001)指出的,这一改革的长远目标是将绩效变成一种

---

① Key, O. 1940. The lack of budgetary theory. *American Political Science Review* Vol. 34, No. 12: 1137 – 1144.

② Martin, L. 2003. Budgeting for outcomes. In Aman Khan & Bartley Hildreth. Eds. *Budget theory in the public sector*. Westport: Quorum Books.

③ CBO (Congressional Budget Office). 1993. *Using performance measures in the Federal Budget Office*. Washington, D. C.: Congress of USA. p. 8.

资源配置的手段。①

在新绩效预算中，一个部门或者项目能否得到预算拨款、能得到多少预算拨款，关键取决于它是否有合理的而且是可以被测量的结果。由于公共部门的结果或者目标是多样的而且在很多情况下是比较抽象的，因此，新绩效预算的实施依赖于发展出一套绩效测量体系，将抽象的政府部门希望实现的结果具体化为一些可以操作的绩效指标。当然，虽然新绩效预算特别强调结果测量，但是，在它的绩效合同中，对预算投入和产出进行测量也占有非常重要的地位。因为，关于投入和产出的信息对于衡量生产公共服务的效率来说是必不可少的，而且，关于效率的信息有助于决策者了解项目的实际成本，也就是说，有助于了解为实现某个结果目标到底应该给某个部门或者项目多少资金。②

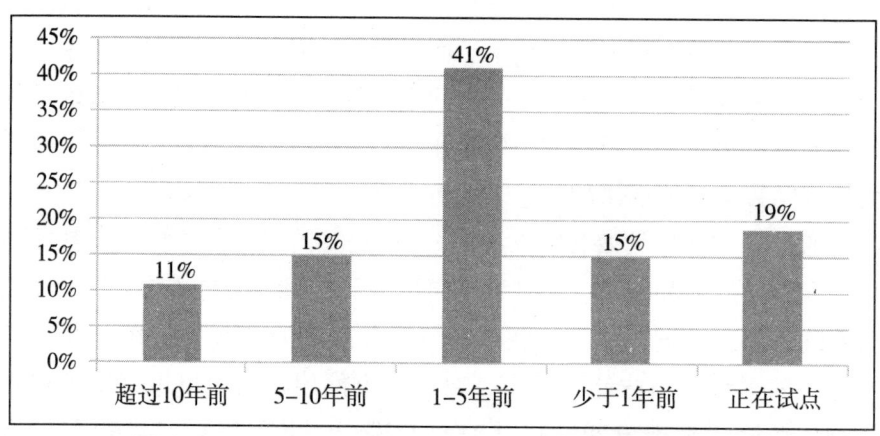

图14-8　在政府范围内开展绩效测量的最近的时间是什么时候？

资料来源：OECD. 2007. *Performance budgeting in OECD countries*. Paris：OECD Publishing. p. 20。

---

① McCaffery, Jerry, & L. R. Jones. 2001. *Budgeting and financial management in the Federal government*. Greenwich：Information Age Publishing. p. 310.

② CBO (Congressional Budget Office). 1993. *Using performance measures in the Federal Budget Office*. Washington, D. C.：Congress of USA. Martin, L. 2003. Budgeting for outcomes. In Aman Khan & Bartley Hildreth. Eds. *Budget theory in the public sector*. Westport：Quorum Books. McCaffery, Jerry, & L. R. Jones. 2001. *Budgeting and financial management in the Federal government*. Greenwich：Information Age Publishing. pp. 307 – 309.

如图 14-8 表明的，目前，实行新绩效预算的国家大部分（26 个）都采用了绩效测量的方式。不过，根据 OECD 在 2005 年完成的问卷调查，不同国家实施绩效测量的时间长短不同，一小部分国家（11%）已经开展了 10 多年的绩效测量，34% 的国家仍处于试点或者开展绩效测量的尝试性阶段。不过，总体来说，即使在 2005 年，81% 的国家已经不再是试点，而且这些国家中的大部分都会选择全部项目，或者大多数项目，或者一些项目进行了一种将产出和结果结合起来的绩效测量。①

新绩效预算的决策重点是结果。因此，对于判断一个政府的预算模式是否是新绩效预算以及它的新绩效预算发展到什么程度来说，关键是看，它的绩效测量在多大程度上是以结果为主的。根据这一标准，下面分析美国三个地方政府在 2002—2003 年间实行的新绩效预算：仍然处于实验阶段的亚利桑那州的新绩效预算、处于改进阶段的得克萨斯州的新绩效预算、已经处于制度化阶段的佛罗里达州的新绩效预算。②

● 亚利桑那州

亚利桑那州从 1993 年开始实施名为"战略计划与预算"的预算改革。首先对所有项目进行识别、分类和归类，发展出一个合理的项目结构。然后，对于所有识别出的项目，形成战略计划并进行绩效测量。最后，将战略计划、绩效测量与预算联系起来。每个项目都有一个或者多个目标以及相应的绩效测量与配置的资源，而且要求与以前的预算年度进行比较。虽然该州的预算改革明确希望建立一种以结果为主的绩效测量，但是，实际的预算采用了五种绩效测量：投入、产出、结果、质量和效率。由于，结果导向的绩效测量指标在该州的预算中所占的比重仍然比较少，该州的绩效测量主要是产出导向的。图 14-9 展示了亚利桑那州经济安全部老工人项目 2001 年结果预算的格式③。

---

① Curristine, Teresa. 2005. Performance information in the budget process: Results of the OECD 2005 questionnaire. *OECD Journal on Budgeting* Vol. 5, No. 2: 87-131.

② Martin, L. 2003. Budgeting for outcomes. In Aman Khan & Bartley Hildreth. Eds. *Budget theory in the public sector*. Westport: Quorum Books.

③ Ibid.

老工人项目

目标1：通过将老工人转移到自力更生来改进55岁及以上工人的生活质量。

	1999	2000	2001
绩效测量			
转移到无补贴就业的参与者人数	47	48	50

目标2：改进60岁及以上的低收者个人的生活质量，同时供给有意义的与有特殊需要的孩子之间的代际间联系。

	1999	2000	2001
绩效测量			
对于项目满意的百分比	65	68	71

预算（000）	1999	2000	2001
一般基金	0.0	935.0	975.4
其他拨款基金	0.0	0.0	0.0
其他非拨款基金	399.0	502.1	502.1
联邦基金	11 539.3	13 016.9	13 543.8
项目总额	11 938.3	14 454.0	15 020.4

图14-9 亚利桑那州经济安全部的结果预算（2001预算年度）

● **得克萨斯州**

得克萨斯州是最早采用结果导向预算的几个州政府之一。1991年，它开始采用称之为"战略计划与预算"的预算改革。州议会要求州内的所有机构、部门和项目都要在一个计划和预算体系内运作，该体系要求预算的重点是结果而不是投入与过程。它要求各个机构都要发展以结果为核心的绩效测量，建立绩效计划与目标，并将绩效目标与预算联系在一起。在各个机构、部门和项目的绩效测量与目标建立之后，议会将进行"关键性的测量"。州长的"预算和计划办公室"和"议会预算委员会"将运用这些关键性的测量以及其他绩效测量的信息来决定预算。①

非常独特的是,得克萨斯州的州审计办公室也在预算编制中发挥着非常重要的角色,它有权评估各机构、部门和项目所运用的结果测量指标。虽然得克萨斯州的新绩效预算也运用了传统绩效预算所依赖的产出和效率测量,但是,结果导向的绩效测量已经在该州的预算决策中占有主导地位。图14-10展示了得克萨斯州防治酒精和药品滥用任务结果预算的格式。②

	2002	2003
目标:服务供给。根据州内的需求,在防止滥用、干预和治疗方面提供优质服务。		
结果(后果/影响):		
(1)在获得服务期间年青人报告说他们戒酒的百分比	85	85
(2)参加治疗的成年人报告说在获得服务期间他们戒酒的百分比	81	82
(3)参加治疗的失业成年人报告说在获得服务期间他们被雇佣的百分比	60	60
(4)年青人报告说在获得服务期间旷课下降的百分比	47	47
产出:		
(1)防治项目中接受服务的成年人的数量	98 468	98 468
(2)防治项目中接受服务的年青人的数量	273 207	273 207
预算:	$30 522 353	$30 522 353
效率(单位成本):		
(1)防治服务中每个年青人的平均成本	$91.33	$91.33
(2)防治服务中每个成年人的平均成本	$56.57	$56.57

图14-10 得克萨斯州防治酒精和药品滥用任务的结果预算(2002和2003预算年度)

---

① Martin, L. 2003. Budgeting for outcomes. In Aman Khan & Bartley Hildreth. Eds. *Budget theory in the public sector*. Westport: Quorum Books.

② Ibid.

● 佛罗里达州

1994 年，佛罗里达州议会通过了《佛罗里达政府绩效和结果法案》。该法案的目标是增加预算在绩效上的公共责任和降低分项列支的财政控制。绝大多数的州政府机构、部门和项目都建立了结果测量体系和结果测量的底线。在此基础上，州预算将预算结果与预算过程联系起来。州政府和议会主要是通过运用一种"购买的方式"来实现预算结果。在 1999 预算年度之初，在 55 个主要项目中，有一些已经开始实施"一揽子总额拨款"，即议会或者政府支付一笔总额的预算拨款来向各个机构、部门和项目的负责人购买某种经过绩效测量的预算结果。佛罗里达州的绩效预算在结果导向方面发展得非常成熟，绝大多数的绩效测量指标都是结果导向的。而且，对于每一个项目都形成了多个绩效测量指标，从而更能提高测量的准确性。这种绩效预算也更能向公民和政治家说明每一个项目的目标及其预算最后实现的结果。图 14-11 展示了佛罗里达州儿童与家庭部门的儿童保护项目 2002 年结果预算的格式。①

项目 1：儿童保护项目		
2002	2003	
绩效测量：		标准
（1）案例结束一年内没有发现不当对待的儿童比例（结果）		95
（2）重新与家庭团聚的儿童的比例（结果）		3
（3）在获得服务期间没有被虐待和忽视的儿童的比例（结果）		97
（4）在一年内离家出走的儿童的比例（结果）		40
（5）为了提早发现问题根据部门的时间框架由上级审查的案件的比例（结果）		100
（6）在 24 小时内展开调查的案件的比例（结果）		100
（7）在 60 天内完成的调查的比例（结果）		100
（8）领养家庭超过他们的批准能力的比例（结果）		0

---

① Martin, L. 2003. Budgeting for outcomes. In Aman Khan & Bartley Hildreth. Eds. *Budget theory in the public sector*. Westport: Quorum Books.

预算：	
一般收入基金	$162 707 389
信托基金	$541 656 145
总项目预算	$704 363 534

图 14-11　佛罗里达州儿童与家庭部门的结果预算（2002 预算年度）

英国的公共服务合同也是一种明确的合同预算。图 14-12 提供了 2007 年全面支出审查中制定的教育部门旨在提高英国成年人技能水平的一个公共服务合同。

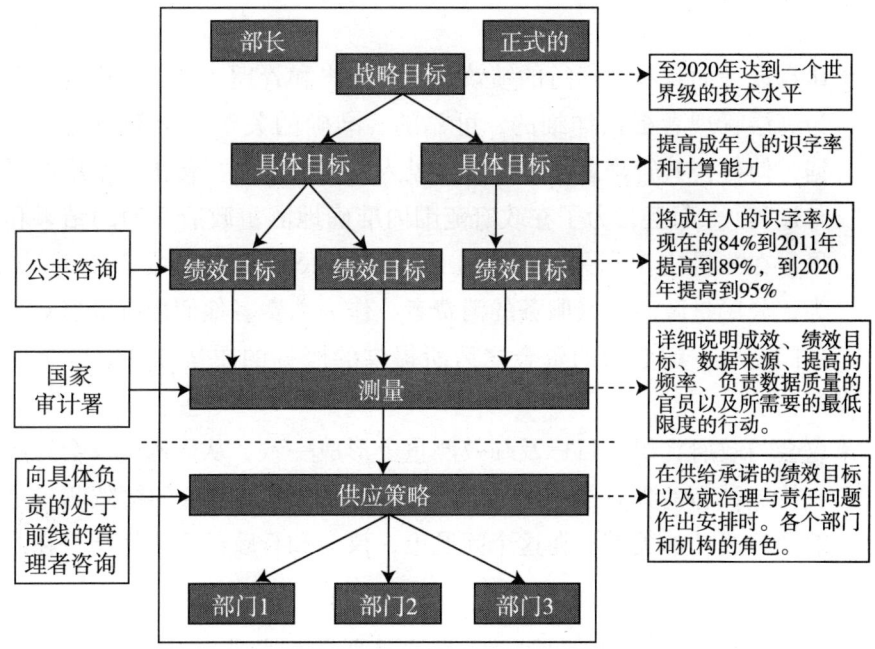

图 14-12　提高英国成年人技能水平的公共服务合同（2007）

资料来源：Hughes, Richard. 2008. Performance budgeting in the UK: 10 Lessons from a decade of experience. http://siteresources.worldbank.org/INTMEXICO/Resources/1-4RichardHughesFinal.pdf。

五、实施的进展与面临的挑战

绩效预算的实施有赖于一些条件,也需要进行艰难的准备,更面临一些巨大的挑战。尽管目前绩效预算已经推行了近 30 年,也取得了一些成绩,但是,将绩效信息运用到预算过程仍然是一个未完成的任务。

(一) 实施条件

新绩效预算的最近文献表明,在公共部门成功地实行新绩效预算需要具备某些条件。① 这些条件主要有:

- 认真设计而且有效运行的绩效测量、报告和管理体系。这样的体系能为高层管理者提供详细的、可靠的、准确的关于各个部门绩效的数据,使得公共管理者能够理解将投入转化成产出再转化成结果的机制与过程。② 而且,为了在政府范围内准确地测量政府活动的结果和效果,在测量支出结果的过程中,引入公民评估是非常必要的。③ 因为,公民是政府公共服务的消费者,作为消费者他们最有资格对政府部门花费一定数量的资金之后所提供的服务的质量和社会效果作出评估。
- 议会与政府在组织目标及绩效测量上形成一致,从而确保议会理解和支持这种新的预算模式。④ 组织目标的明确以及有效的绩效测量是绩效预算成功的关键。在这个问题上,议会和行政部门之间能否在组织

---

① Wang, X. H. 1999. Conditions to implement outcome-oriented performance budgeting. *Journal of Public Budgeting, Accounting & Financial Management* Vol. 11, No. 4: 533 – 552. Lu, Haoran. 1998. Performance Budgeting Resuscitated: Why Is It Still Inviable. *Journal of Public Budgeting, Accounting & Financial Management* Vol. 10, No. 2: 151 – 72.

② Ibid.

③ Wang, X. H. 1999. Conditions to implement outcome-oriented performance budgeting. *Journal of Public Budgeting, Accounting & Financial Management* Vol. 11, No. 4: 533 – 552.

④ Ibid.

目标和绩效测量的指标上形成共识是至关重要的。如果议会与行政部门不能在这两个问题上达成共识,议会就不可能支持这种新的预算模式。① 另外,议员或政治家最关心的常常不是在现有的支出项目上改进绩效,而是支持新的支出项目②;同时,他们已经习惯了通过控制政府收支来行使权力,因而也比较习惯于控制型的预算和分项列支的预算格式。而新绩效预算一方面要放松控制,另一方面在绝大多数情况下要改变了预算格式。因此,很多议员可能会对新绩效预算没有兴趣。③ 在这种情况下,获得议会的理解和支持就比较困难但又很必要。因此,从根本上讲,新绩效预算的实施需要政治家改变其决策方式和行为模式,支持结果导向的绩效预算,按照绩效预算的要求决策和行动。④

- 管理者根据新绩效预算的要求改变其决策方式和行为模式,相应地要求政府各个部门每个层级都要改变其组织文化,创建一个以绩效为目标的组织文化。⑤ 新绩效预算是一种全新的预算模式,更是一种全新的公共管理模式和公共治理模式。它将预算、政策和管理的重点从投入和规则转向结果,这就要求公共部门的所有管理者改变他们思考问题的方式和行为模式,并在决策和管理中接受和运用基于结果和效果测量的绩效信息。

---

① Joyce, Philip. 1993. Using performance measures for Federal budgeting: Proposal and prospects. *Public Budgeting and Finance* Vol. 14, No. 1: 3 – 17. Kimm, V. 1995. GRPA: Early implementation. *The Public Manager* Vol. 24, No. 1: 11 – 14.

② Kettl, D. 1994. *Reinventing government?* Washington, D. C.: The Brookings Institution. Bowsher, C. 1985. Government financial management at the crossroad. *Public Budgeting & Finance* Vol. 51, No. 1: 9 – 22.

③ Mikesell, John. 1999. *Fiscal administration*. New York: Hartcout Brace College Publishers.

④ OECD. 2007. *Performance budgeting in OECD countries*. Paris: OECD Publishing. pp. 70 – 71.

⑤ Ibid., p. 69.

（二）成效与挑战

新绩效预算的推行在 OECD 国家以及其他国家带来了公共治理的新变化，取得了各种明显的效果。它提供了更加详细的关于政府目标与重点的信息，政府的活动和项目在多大程度上有助于实现这些目标并与支出重点相一致的信息，以及在实现这些绩效目标方面取得了哪些进展和实际的效果等极其重要的信息。根据 OECD（2007）的研究，新绩效预算实施以来各个 OECD 国家都取得了如下的成效[①]：

- 由于新绩效预算建立了一套机制并发展了各种有用的工具以确定中、短期目标，并清楚地表明从各种公共部门的活动中我们可以获得什么样的效果，所以，新绩效预算大大地改善了目标设定工作。
- 新绩效预算极其重视结果导向的绩效，并发展出各种绩效测量和绩效评估工具，这使得绩效信息变成了一个关于绩效的非常有用的信号机制，从而大大地改进了对绩效的监督。
- 通过引入 3 年到 5 年期的中期支出框架，以及对具有长期性结果的强调，新绩效预算使得各国的预算更加重视计划。这既有助于进行总额控制，又有助于将公共资金配置到更加重要的领域。
- 新绩效预算框架及其绩效信息使得各个部门的管理者可以在项目设计时更加具备战略性，在预算执行过程中更好地进行政策管理和项目管理，以实现承诺的绩效，并在预算执行后对项目进行绩效评估，这些都已经开始极大地改进部门和机构的项目管理水平。目前，OECD 国家已经广泛地在绩效预算的基础之上实行了以绩效为基础的管理，大约 50% 的国家已经有一个绩效管理的基本框架。这个框架不仅要求设定和报告绩效目标，而且要求部门和机构在进行内部决策和管理中使用这些绩效信息。同时，在预算执行中，新绩效预算放权给各个部门和机构，使得它们能够有更多的灵活性开展管理工作，通过改进管

---

① OECD. 2007. *Performance budgeting in OECD countries*. Paris：OECD Publishing. pp. 59－64.

理来实现绩效。
- 绩效信息的开发，尤其是提供了关于结果的信息——包括期望实现的结果和最后实现的效果的信息——以及这些信息的公布极大地提高了政府的透明度。目前，在30个OECD国家中，已有24个国家向公众公布了关于绩效效果的信息。绩效预算明确了公共服务预期实现的结果，并对各种服务的质量制定了标准，这就使得公众能够更加明智地做出选择。

然而，新绩效预算是一项极具挑战性的改革。从OECD国家的实施经验来看，尽管这些国家已经进行了20多年的改革，并取得了一些成效，但是，仍然面临很多挑战。目前，仍然没有哪个国家的绩效预算改革已经成功地将绩效信息引入资金的分配。在OECD 2005年开展的问卷调查中，三分之二的答卷者都认为，他们仍没有直接地将绩效结果与拨款联系起来。[1] 面临的困难和挑战是多种多样的，但是，共同的挑战包括以下几点：如何改进绩效测量，尤其是改进绩效信息的质量；如何将绩效信息引入预算过程；如何使得决策者更加重视绩效信息。[2] 对于现代预算制度仍未完善的发展中国家来说，推行新绩效预算面临的挑战则更大。下面分析这些主要的挑战：

- 测量问题以及绩效信息的质量和相关性

尽管已经进行了10年到20多年的绩效测量，许多国家在这个问题上仍然面临挑战，尤其是对结果进行测量。由于政府活动的多种多样，有些活动（产出不可见的，例如政策建议）比另一些活动更难准确地进行测量。而且，即使测量是以产出为主的，有时也很难对某些活动进行准确的测量。[3] 当然，结果测量和产出测量面临的挑战是不同的。如果绩效测量只考虑产出，那么就容易发生"目标置换"。所以，需要进行结果测量。然而，结果测量又是非常难的。这主要因为：结果涉及复杂的因素之间的互动；因果之

---

[1] OECD. 2007. *Performance budgeting in OECD countries*. Paris：OECD Publishing. p. 46.

[2] Ibid., p. 68.

[3] Ibid.

间也有一个时滞,结果的实现从性质上看是长期性的;在某些情况下,有些因素不是政府能够控制和干预的,影响结果的因素很多,除了政府项目的干预和影响之外,还有政府部门和项目管理者不能控制的其他影响因素,例如任务环境。这意味着需要一种与产出和投入控制不同的"归因"或"确定贡献"的方式,而这又意味着需要改变现有的责任方式和奖励机制。① 总而言之,由于投入和产出比结果或效果容易测量,而且,更便于管理者进行控制,所以,政府部门运用结果和效果作为测量绩效的指标就比较容易面临许多挑战。②

此外,测量成本也是一个必须考虑的问题。尽管新绩效预算的信息负担比零基预算等要小,但是,它仍然需要支付成本。新绩效预算要求收集所有竞争资金的机构和项目的绩效指标,然而,由于以下三个原因,在如此广泛的范围收集关于结果和效果的指标必须付出较高的成本③:(1)在如此广泛的范围内收集关于结果和效果的绩效指标所花的时间是非常大的。一次评估平均要花费工作人员三个月到两年多的时间;(2)对项目的结果和效果进行评估也是很花钱的。通常要花 0.5%—1% 的项目拨款;(3)不同的机构和项目,测量结果和效果的难度和成本也是不同的。对于那些目标含糊不清的项目和机构,测量的难度和成本就很大,因此,这些机构和项目运用结果和效果的指标来测量绩效的动机就会比较弱。在这些情况下,政府部门就没有积极性去运用结果和效果。

最后,绩效信息的质量及其与决策的相关性也是必须考虑的,它们将影响绩效信息的使用情况以及决策的质量。在 OECD 国家,向议会提交绩效信息的国家大幅度上升。然而,在很多情况下,政治家都在抱怨提交的绩效信

---

① Perrin, Burt. 2007. Moving from outputs to outcomes: Practical advice from governments around the world. In Jonathan D. Breul & Carl Moravitz. Eds. *Integrating performance and budgets*. New York: Rowman & Littlefield Publisher. OECD. 2007. *Performance budgeting in OECD countries*. Paris: OECD Publishing. p. 68.

② Lu, Haoran. 1998. Performance Budgeting Resuscitated: Why Is It Still Inviable. *Journal of Public Budgeting, Accounting & Financial Management*. Vol. 10, No. 2: 151–72.

③ Ibid. Hatry, H. P., R. E. Winnie & D. M. Fisk. 1981. *Practical program evaluation for state and local government*. Washington, D. C.: The Urban Institute.

息太多，而信息的质量及其与政策的相关度则参差不齐。而且，绩效信息不是以一种清楚和全面的方式提交的。此外，绩效信息的提交没有照顾到议会和政府首脑对于信息的特殊要求，而这对于绩效信息能否影响决策来说是非常重要的。此外，向政治家提交绩效信息的时机也是非常关键的。① 目前，许多 OECD 国家都在推动进一步的改革，提高绩效信息的质量和相关度。根据 OECD 在 2005 年完成的调查，各国都反映，在过去五年中，绩效信息的质量一直在改进。但是，面临的问题仍然很大，各个国家财政部中均有 50% 的受调查者认为，各个部门提交的成本—效果分析以及资金价值分析都是不充分的、不完全的，而且，在很多情况下，是不准确的。②

● 改变组织文化和管理者的行为，建立结果为主的管理文化

几乎所有的改革都要面对如何赢得管理者合作的问题。新绩效预算改革则更是如此。这主要是因为，新绩效预算代表着一种根本不同的思维和管理方式，需要整个政府各个层面的组织文化进行根本性的转变，甚至要颠覆性地放弃实行了 200 多年的管理方式，转而使用一种完全不同的管理逻辑。然而，组织文化及行为的转变从来都不是一件容易的事，而且这种转变是需要时间的，更需要防止逆转，通常也会面临一些抵制（尤其在最初阶段）。③

各个层级的管理者都有可能会抵制新绩效预算的管理模式。在下面这些情况下，支出部门的管理者会抵制新绩效预算改革：他们不清楚政治家和核心预算机构是否会使用以及如何使用绩效信息；绩效信息会引起公众对某些项目的批评或者会引致部门的资金削减；让他们对那些他们不能完全控制甚至不能控制的结果负责；绩效信息的收集和处理将大大地增加他们的工作量。核心预算机构的管理者也可能会抵制新绩效预算，而倾向于他们熟悉的

---

① Curristine, Teresa. 2005. Performance Information in the Budget Process: Results of the OECD 2005 Questionnaire. *OECD Journal on Budgeting* Vol. 5, No. 2: 87 – 131.

② Curristine, Teresa. 2007. Experiences of OECD countries with performance budgeting. In Marc Robinson. Eds. *Performance budgeting: Linking funding and results*. New York: Palgrave Macmillan.

③ Perrin, Burt. 2007. Moving from outputs to outcomes: Practical advice from governments around the world. In Jonathan D. Breul & Carl Moravitz. Eds. *Integrating performance and budgets*. New York: Rowman & Littlefield Publisher.

投入控制体系。核心预算机构的管理者会担心实行新绩效预算会降低他们对支出的控制。绩效信息可能质量不高或者与决策不相关,进而在决策中无法使用。在这些情况下,核心预算机构的管理者也可能会抵制新绩效预算。①

在 2004 年 IBM 组织的经验交流会上,各国的改革者都一致认为,新绩效预算改革的持久性有赖于建立一种重视结果的组织文化。如果能建立这样的文化,那么,管理者在实践中注重结果并不仅仅因为是上级要求他们这样做,而是因为他们认为这是有价值的,是因为他们自己认为就应该这样行动。这就是说需要管理者自己转变观念或管理理念,进而改变行为。为此,各国都采取了一些办法来培育这种组织文化,例如,采取一些具有可行性的结果导向的预算模式、鼓励基层管理者参与并赋予他们荣誉感和成就感(例如埃及)、核心预算机构及时地对部门的意见和问题进行反馈、提供培训和支持(例如马来西亚),等等②

● 改变政治家的行为,获得政治支持,将绩效信息整合进预算过程

对于新绩效预算的启动和推广,以及设定的绩效目标和绩效信息能在多大程度上影响决策来说,政治家的影响是至关重要的。在新绩效预算中,政治家的作用是:确定财政总额和支出重点,为机构设定清楚的目的和目标,最终使得资金实现某种值得追求的结果,并建立各种机制来监督机构在实现这些目标上取得的进展。但是,在实践中,政治家可能主要是遵循其他的规则,而不是按照新绩效预算的要求行事。③

目前,为机构确定目的以及清楚的绩效目标,仍然是 OECD 国家都面临的挑战。一大挑战是,如果存在多个委托人或者在机构应该承担的角色上无法达成一致,那么,对于机构应该追求的目标以及实现的结果方面就会出现互相冲突的政治要求。这个问题在美国等实行三权分立的国家会表现得更加

---

① OECD. 2007. *Performance budgeting in OECD countries*. Paris: OECD Publishing. p. 69.

② Perrin, Burt. 2007. Moving from outputs to outcomes: Practical advice from governments around the world. In Jonathan D. Breul & Carl Moravitz. Eds. *Integrating performance and budgets*. New York: Rowman & Littlefield Publisher.

③ OECD. 2007. *Performance budgeting in OECD countries*. Paris: OECD Publishing. p. 70.

严重。另一大挑战则是绩效信息在多大程度上被整合进预算过程并影响了决策。这也主要和政治家有关,因为预算决策最终是一个政治问题。新绩效预算的成功取决于政治家在进行预算决策时是否和如何使用绩效信息。形成高质量的绩效信息并向政治家提交了这些信息并不等于这些信息就一定会在被整合进预算过程,并能对决策产生影响。目前,即使大多数实行了新绩效预算多年的 OECD 国家都发现,要使得政治家——尤其是议员——关注绩效信息并在决策中使用这些绩效信息是相当困难的一件事情。根据 OECD 在 2005 年完成的调查,只有 19% 的 OECD 国家的议会在预算审批中使用了绩效信息。在议会内阁制国家,这个比例更低,只有 8%。即使在由议会推动新绩效预算改革的立法启动型国家,例如美国,绩效信息对预算决策的影响也非常有限。①

- "基础优先"、"一步到位"或"同步进行":发展中国家面临的挑战

对于发展中国家,尤其是那些控制型的现代预算制度仍然不是很健全的发展中国家来说,实行新绩效预算则面临更大的挑战。1998 年,著名预算专家希克专门告诫发展中国家说,发展中国家面临的最大问题是,正式制度的约束性太小,各种非正式制度盛行,因此,这些国家不要轻而易举地决定采用发达国家的新绩效预算,尤其是不要在基本的控制制度都没有健全之前就去放松各种支出控制。② 他主张,发展国家应该先建立起各种控制制度,严格地实施这些控制制度若干年,在法治原则已植根于公共部门的管理和政治过程之后,再实行新绩效预算。他还告诫说,在这些基础不具备的情况下推行新绩效预算,不仅改革很难成功,而且容易导致因支出失去控制的财政风险。根据财政史及中国最近的预算改革,其他的一些学者也支持这一结论。③

---

① OECD. 2007. *Performance budgeting in OECD countries.* Paris: OECD Publishing. p. 70.

② Schick Allen. 1998. Why most developing countries should not try New Zealand reforms? *World Bank Research Observer* 13 (1): 123 – 131.

③ Ma, Jun. 2009. If you cann't budget, how can you govern? *Public Administration and Development* Vol. 29: 3 – 15.

希克的这种主张被一些学者称为"基础优先论"①。这些学者对于基础优先论表示质疑。在他们看来,一方面,一些发展中国家在控制型的现代预算制度仍在建设的过程中就开始推行新绩效预算,并且有所成绩,例如,马来西亚和泰国等。这说明,建立现代预算制度和新绩效预算可以同时同步进行。另一方面,正如许多国家的经验所表明的那样,即使建立了控制制度,也并不一定像希克所说的那样有助于建立新绩效预算,反而妨碍新绩效预算改革。②

然而,不可否认的是,发展中国家推行新绩效预算面临的挑战远远比发达国家要大。对于新绩效预算来说,以经济发展水平判定发展中国家是否可以实行新绩效预算或许并不十分准确。一个国家是否具备条件实施新绩效预算,关键是看它的预算制度的发展程度。当然,大部分发展中国家的预算制度都比较落后。在这些预算制度比较落后的发展中国家推行绩效预算将是一个非常漫长的过程。预算控制制度不是必然带来绩效的改进,带来新绩效预算,因为对于新绩效预算来说,控制制度不是一个充分条件,但是,它是一个必不可少的必要条件。正如那些对发展中国家新绩效预算改革的研究所发现的,低收入国家实施绩效预算起到了一定的作用,但是,效果并不显著,面临的挑战也非常多。③

(三) 整合绩效信息与预算过程

新绩效预算改革后,各个国家都开始提供数量越来越多的绩效信息,并不断地改进这些信息的质量及其与政策的相关性。但是,如前所述的,目前各国面临的最大挑战都是如何将这些绩效信息整合进预算过程,并使得这些信息能够对预算决策产生影响。在这一方面,OECD 国家采取了的方式各不相同。一些国家采取了一种正式的方式将绩效信息整合进预算过程,核心预算机构(例如财政部)要求各个部门在提交它们的支出要求时提交绩效计

---

① Andrews, Matthew. 2006. Beyond "best practice" and "basic first" in adopting performance budgeting reform. *Public Administration and Development* Vol. 26: 147–161.

② Ibid. [美] 约翰·罗伯特:《公共支出管理:案例与比较》,许安拓译,中国市场出版社 2007 年版。

③ 同上。

划或者绩效结果；而另一些国家并无正式的要求来规定绩效信息应该如何在预算协商中使用。根据绩效信息在预算过程中的作用，目前各国的绩效预算主要有三种类型（表 14-2）：绩效提交型的绩效预算、绩效启发型的绩效预算、直接或者公式型的绩效预算。①

表 14-2 绩效预算的类型

	绩效信息与资金的联系	计划或者实际的绩效	预算过程的主要目的
绩效提交型的绩效预算	没有联系绩效指标或者绩效结果，或者两者	提高负责程度	
绩效启发型的绩效预算	松散的/间接的联系	绩效指标或者绩效结果，或者两者	计划或者提高负责程度，或者两者
直接或者公式型的绩效预算	紧密地/间接的联系	绩效结果	资源配置和提高负责程度

资料来源：OECD. 2007. *Performance budgeting in OECD countries*. Paris：OECD Publishing. p. 21。

● 绩效提交型的绩效预算

采用绩效提交型的绩效预算（presentational performance budgeting）的国家一般是运用一种非正式的方式在核心预算机构与支出部门的协商过程中将绩效信息整合进预算过程，或者说，在预算编制环节，政府并没有一个正式的机制来系统性地整合和使用绩效信息。例如，丹麦和瑞典的绩效预算改革就没有正式的、统一的制度在政府全范围内规定各个部门应该如何将绩效信息整合进预算过程，而是由各个部门来决定是否进行绩效测量以及是否向财政部门提交绩效信息。即使支出部门提交了绩效信息，而且这些信息也成为各个部门与财政部门之间的协商的一部分，但是，在绩效信息和资金分配之间缺乏直接联系。②

在这种预算模式中，绩效信息可以是绩效指标（targets）或者结果（re-

---

① OECD. 2007. *Performance budgeting in OECD countries*. Paris：OECD Publishing. pp. 21-22，41-42。

② Ibid., p. 42。

sults），它们仅仅是出现在预算文件或者其他政府文件中。绩效信息只是提供了一种背景方面的信息，一则展示政府负责的程度或者方式，二则方便政府与议会和公民就政策问题和政府的方向展开对话。绩效信息在决策中没有影响或者决策者根本没有想在决策中使用绩效信息，绩效信息和资金之间就没有建立起直接的联系。① 即使其中的一些国家也许会要求政府及其各个部门以部门年度报告或者政府范围的绩效报告的形式向议会报告绩效结果，并就此制定各种指南，绩效信息的使用主要是出于问责的目的——即用以表明政府支出的负责方式，然而绩效信息是在实质性的预算协商过程之外的。②

● 绩效启发型的绩效预算

在绩效启发型的（performance-informed budgeting）绩效预算中，资源至多是以一种间接的方式与预期的绩效或者绩效结果（results）相联系。绩效信息在决策过程中非常重要，它与其他的信息（例如财政政策的宏观约束以及政治和政策重点）一起被系统地用来促使预算决策更加明智。但是，它在决策中的影响并不是绝对的，它只是决策过程中的影响因素之一，它一般并不必然决定配置的资源数量，在资金和绩效指标或结果之间没有一个自动的、直接的联系。绩效信息能够发挥多大的影响取决于特定的政策环境。③ 总而言之，在 OECD 国家，绩效信息在预算决策过程中的使用情况是这样的：在一些国家它们根本没有被使用，而在另一些国家，尽管它们被用来为决策提供更好的信息和指引，却是和其他信息一起影响决策。④ 在这种模式中，各国使用绩效信息的目的主要有两种：计划目的和问责目的。⑤

（1）**计划目的**。在这种情况下，计划的绩效只是松散地与资金分配结合起来，核心预算机构主要使用计划来说明将来要实现的绩效，以为资源配

---

① OECD. 2007. *Performance budgeting in OECD countries*. Paris：OECD Publishing. p. 21.

② Ibid., p. 42.

③ Ibid., pp. 21, 42.

④ Ibid., p. 46.

⑤ Curristine, Teresa. 2007. Experiences of OECD countries with performance budgeting. In Marc Robinson. Eds. *Performance budgeting：Linking funding and results*. New York：Palgrave Macmillan. OECD. 2007. *Performance budgeting in OECD countries*. Paris：OECD Publishing. p. 42.

置提供更好的信息,进而在一定程度上改进资金分配的效率。即使在传统预算模式下,每年的预算也会涉及一些计划的因素,因为预算本身就包含有计划,即资金使用后要实现一个什么目的。新绩效预算将这一过程正式化下来,并特别强调设定目标和测量实现的效果。一些国家要求所有的部门都要在提交支出申请时提交绩效计划,而另一些国家只要求一些部门或者某些领域提交绩效计划,或者只要求新项目或者要求追加资金的项目提交绩效计划。例如,澳大利亚和英国都要求将新支出或者增加支出与绩效目标或者绩效评估联系起来。如前所述的,英国采用了一个更加系统的方式,要求部门提交三年支出计划和公共服务合同。在这种情况下,虽然真正决定资金分配的是政治上的重点和经济上的考虑,但是,绩效目标也可以被用来确保支出的逐步增加是能够有绩效回报的。相对而言,澳大利亚则更加关注新的政策提议。在提交支出申请时,部门和机构要说明每个政策提议的主要好处、风险、意义以及如何追踪进展和改进评估。[1]

如果核心预算机构在设定绩效目标或者指标的过程中扮演重要的角色,那么,在预算协商的过程中,如何设定目标和确定绩效目标或测量绩效都是必须讨论的问题。目前,除了新西兰之外,大部分 OECD 国家都没有一个系统的方法在全政府范围内将支出和绩效目标结合起来。超过 46% 的国家仅仅是将支出和一些(或者没有)产出或者结果目标联结起来。绩效计划和目标不一定完全需要在预算过程中讨论和审批,审批可以在预算过程之外由核心预算机构负责[2]。

(2)**问责目的**。在这种情况下,核心预算机构主要运用实现了的绩效结果(performance results)来使得部门和机构对实际的绩效(actual performance)负责,或者说提高它们在支出上的负责程度。目前,究竟应该如何使用实现的绩效结果,是否应该将其与来年的资金分配挂钩仍然存在着争论。不过,在 OECD 国家,很少根据实现的结果来决定资金分配。它们至多也只是与其他的信息一起为预算决策提供启发和信息。即使这样,对绩效结果和

---

[1] OECD. 2007. *Performance budgeting in OECD countries*. Paris: OECD Publishing. p. 43.

[2] Ibid., pp. 43–44.

信息的使用也是偶发的，而不是系统的。总体来看，由于国家具体情况并不一样，各国在预算协商中使用绩效信息的情况以及绩效信息在预算决策中体现出的重要程度也有所不同；而且在一个国家内部，绩效信息的使用也并非一成不变，变化主要取决于信息获取量、政策领域以及政治与经济环境。①

在澳大利亚，在整个政府层面的资金分配决策中使用的绩效结果是非常有限的。影响预算决策的信息主要是在支出和政策审查基础之上形成的信息。目前，澳大利亚正在改进这一体系，建立一个更加具有战略、计划导向的预算过程，将预算计划与资源配置更紧密地结合起来。英国的财政部和各个部委协商支出审查时，实现的绩效结果也在考虑之列。但是，它与资金分配之间并没有必然的联系。英国的预算过程主要是前瞻性的，主要关注未来的绩效和绩效目标。美国运用 PART（Program Assessment Rating Tool）体系来评估各个项目实现的绩效。这一评估的结果被整合进预算过程。虽然这个排序的结果并不会直接自动地、机械地转换成资金分配，但是，PART 排序的评分和绩效信息被部门用来为资金申请进行辩护。当然，在实践中，仍然很难将绩效结果与资金分配联系起来。所以，总的来说，PART 体系中事后评估的绩效结果以一种重要但是有限的方式影响着资金分配。不过，韩国的新绩效预算则更加关注实现的绩效。在预算编制时，计划与预算部鼓励各个部门使用相关的绩效信息，在双方讨论预算时，部门去年实现的绩效也在考虑之列，而提议的绩效目标不予以讨论。预算项目自我评估的项目排序（self-assessment of the budgetary programme）被计划与预算部用来削减那些没有效果的项目的预算。2005 年，该部将这个排序的结果运用到资源配置中，削减了那些被评为没有效果的项目 15% 的预算。②

目前，大多数国家的财政部都没有运用绩效结果在财政上对部门和机构进行奖惩。表 14-3 展示了 OECD 国家使用绩效信息的主要方式。从中可见，财政部很少在预算中使用绩效信息。这主要是因为预算决策是在一个复杂的环境中做出的。由于缺乏组织能力或者政治支持，财政部是很难取消项

---

① OECD. 2007. *Performance budgeting in OECD countries*. Paris：OECD Publishing. p. 44.

② Ibid., pp. 44-45.

目和削减支出的。某些国家甚至没有正式的程序来明确财政部如何在预算过程中使用绩效信息。另有一些国家，财政部以外的其他机构在决定薪水问题上发挥着重要作用。①

表 14 – 3　OECD 国家使用绩效信息的主要方式

	绩效测量（%）	评估（%）
取消项目	4	11
削减支出	10	15
决定薪水	11	5

资料来源：OECD. 2007. *Performance budgeting in OECD countries*. Paris：OECD Publishing. p. 48。

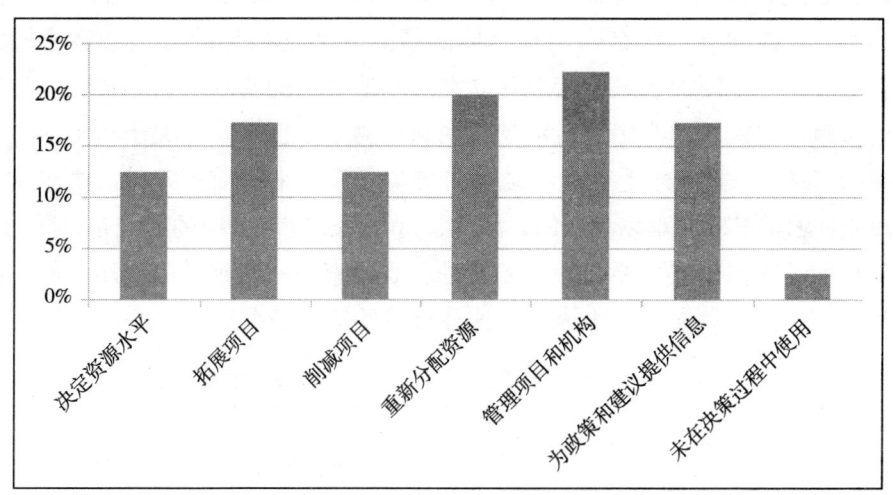

图 14 – 13　OECD 各国如何使用绩效测量的结果

资料来源：OECD. 2007. *Performance budgeting in OECD countries*. Paris：OECD Publishing. p. 48。

不过，正如研究发现的那样，各个部门比财政部门更多地使用绩效信息。② 在预算编制阶段，各部门通过与其内部机构讨论绩效合同的方式，将

---

① OECD. 2007. *Performance budgeting in OECD countries*. Paris：OECD Publishing. p. 48.

② OECD. 2005. *Modernnising government：The way forward*. Paris：OECD Publishing.

绩效信息整合进预算过程。这种讨论的重点经常集中在未来的绩效目标（performance targets）或者过去的绩效，或者两者兼而有之。不过，除了新西兰的"采购—供给"模式，一般情况下，资金和未来的绩效目标之间只是建立了松散的联系。这尤其容易发生在那些有许多具备一定独立性的执行机构的国家，例如澳大利亚、荷兰、新西兰、英国和北欧国家。图14-13描述了OECD各国如何使用绩效测量的结果。

- 直接或者公式型的绩效预算

尽管在整个政府范围内，绩效信息整合进预算过程的程度仍比较有限，但是，在某些领域，在资金和绩效之间已经开始建立比较紧密的联系。这种模式被称为直接或者公式型的绩效预算（direct/formula performance budgeting）。在这种模式中，资源配置直接和明确地与绩效单位（通常是产出）联系起来。拨款建立在有明确且具体的绩效或活动指标的公式或者合同之上，资金的分配因而也是直接地建立在实现的结果的基础上。不过，这种模式的实施需要能够对产出进行清楚、明确地测量，也需要有关于活动的单位成本的信息——这实际上也是将绩效与决策联系起来的前提条件。由于这些前提条件通常是政府难以具备的，因此，这种模式在现实中的运用是有限的。

目前，这种模式主要在欧洲尤其是北欧国家的一些领域中使用，例如高等教育、卫生等。表14-4描述了这种模式的应用情况。

表14-4 直接或者公式型的绩效预算的应用情况

	领域	部门	项目
智利	教育	教育部	基础和初等教育中幼儿看护的保证人体系 大学补助（对高等教育的直接补助）
	卫生	卫生部	医院的诊断小组 地方诊所的人均资金（基本医疗保健）
丹麦	教育	教育部 科学、技术与创新部	技术学校 大学
	卫生	内务与卫生部	医院
芬兰	教育	教育部	大学教育、职业教育

(续表)

	领域	部门	项目
匈牙利	教育	教育部	高等教育
冰岛	教育	教育部	大学和学院教学
	卫生	卫生部	护士之家
挪威	医院	卫生部	医院的资金
	大学/学院	研究与教育部	大学和学院的资金
葡萄牙	教育	教育部	大学的资金
	卫生	卫生部	公立医院的资金
瑞典	教育	教育部	基础学术考试的生产
	贸易与工业	工业部	瑞典专利办公室
			瑞典公司注册办公室
			全国土地调查
			地图册服务
英国	卫生	卫生局	基础保健委托服务
	劳工与就业	工作与养老金局	新政（New Deal）

资料来源：OECD. 2007. *Performance budgeting in OECD countries.* Paris：OECD Publishing. p. 47。

当然，现实中的新绩效预算可以有多种形式，这意味着仍有其他形式的新绩效预算。而且，即使在一个国家，其绩效预算也可能呈现出多样性。丹麦的新绩效预算在财政部这个层面上是绩效信息提交型的。它在整体上采用的是绩效合同，在财政部和各个部委协商绩效合同时还需要提交与资金分配并无直接联系的绩效信息，但是，丹麦政府在高等教育和卫生部门等其他某些领域采用的则是直接或公式型的绩效预算。①

---

① OECD. 2007. *Performance budgeting in OECD countries.* Paris：OECD Publishing. pp. 21–22.

第 十 五 章

资本预算

> 基础设施不仅有助于改进生活质量,而且创造了商业运行必需的许多条件。
>
> ——Bland & Rubin[①]

公共支出可以分成两大类:经常性支出和资本性支出。前者包括人员经费和公用经费等,主要用于维持公共部门的日常运行。后者主要用于固定资产投资,它不仅对于公民的生活质量来说至关重要,而且对于经济发展来说也非常重要。在很多所谓的"国家领导的发展型国家",资本性支出常常在总支出中占很大的比重。目前,有些国家将这两类支出在预算上区分开来,编制单独的资本预算,从而使得这些国家的预算变成一种"复式预算"。而另一些国家则没有。资本预算的使用将对预算资金的分配产生重大的影响,也有利于提高资本性支出的配置效率。近年来,随着中期支出框架的普及以及权责发生制会计和预算的实施,尽管各国不再需要依赖资本预算来加强资产管理,但是资本预算的资产库存分析以及资产评估等做法或者技术仍然被保留下来。

一、资本性支出的定义

对于资本预算来说,首要的问题是:什么是资本性支出?主要有两种关

[①] Bland, Robert L., & Irene Rubin. 1997. *Budgeting: A Guide for local governments*. Washington, D. C.: International City/County Management Association. p. 69.

于资本性支出的定义：经济学和会计学的定义。经济学的定义认为，资本性支出是指那些能够在将来形成多年份或者至少一年以上收益的支出，而经常性支出只能在本年度形成收益。这种定义是比较宽泛的。如果用这种定义，政府部门用来吸引投资的广告支出也可以视为资本性支出。会计学的定义则比较窄。这种定义认为，资本性支出是那些大规模的能够导致获得或增加政府固定资产的支出。经济学定义和会计学定义的资本性支出的主要区别在于：(1) 是否强调获得固定资产。经济学定义并不强调获得固定资产，会计学定义的资本性支出则非常强调这一点。在会计学定义看来，将来收益的实现是和政府支出后形成某种固定资产联系在一起的。固定资产是能够使用一年以上的可见资产，而不仅仅是不能移动的资产。(2) 是否有支出规模的要求。经济学定义的资本性支出并不强调这一点，而会计学定义的资本性支出则非常强调这一点。对于会计学定义的资本性支出来说，只有规模达到一定水平的支出才能被视为资本性支出。即使某一支出最后也形成了固定资产，但是，如果它的支出规模小于这个规模水平，那么，这一支出也被视为经常性支出而不是资本性支出。当然，至于多大规模才可以视为资本性支出则是由各个政府根据自己的需要确定的。[1]

会计学的定义是一般通用的定义。从该定义出发，资本性支出具有以下特点：(1) 持久性，即资本性支出形成的收益会持续许多年，或者它所形成的财产可以使用许多年；(2) 非经常性，即资本性支出不是每年都发生的，在周期性地更新设施之间存在着一个时间间隔；(3) 花费巨大，即与经常性支出相比，资本性支出涉及的支出规模非常大（Vogt，1996）。如此定义的资本性支出包括使用到下列支出：(1) 土地，即购买土地的各种支出，准备土地的成本等；(2) 建筑，即修建或维修某一建筑的成本，以及购置和维修各种与建筑附设在一起的设施和设备的成本；(3) 非建筑的资本改进（improvements），即修建或维修街道、桥梁、供水管、污水管等的成本；(4) 与建筑无关的设施和设备，即购买和维修各种与建筑无关（即

---

[1] Vogt, A. John. 1996. Budgeting capital outlays and implementation. In Jack Rabin, W. Bartley Hildreth & Gerald Miller. Eds. *Budgeting: Formulation and execution*. Athens: Carl Vinson Institute of Government, The University of Georgia.

没有附设与建筑）的设施和设备的成本，例如汽车、家具等。①

　　根据美国"政府财政官员协会"的定义，资本性支出是指投资于土地、建筑和大型固定设备的支出，它形成的资产具有非常大的价值而且可以使用很多年。资本性支出将资源使用到固定资产投资方面来获得在未来很长一段时期的收益。② 很显然，这是一个会计学的定义。不过，这个定义仍然过于宽泛，从而很难使用。例如，购买交通工具是不是资本性支出？显然，汽车是可以使用很多年的，是政府的固定资产，可以视为一种资本性支出。然而，在现实中，并不是所有的政府都将这一类支出视为资本性支出。对于一个规模比较小的政府来说，购买一批汽车就是一个比较大的资本性支出。但是，对于一个规模比较大的政府来说，这笔支出算不上一个大的资本性支出，从而就可能将这笔支出当成日常性支出。在实践中，各国的不同规模的政府都有一个关于资本性支出的操作性定义。这个操作性定义被用来确定什么是资本性支出，什么是经常性支出。这个定义除了考虑资产的使用寿命之外，还考虑资本性支出的数额。许多政府都只将支出数额达到某个数量的固定资产支出视为资本性支出。③

　　不过，会计学定义的资本性支出与公共预算中的资本预算定义的资本性支出仍然有一些不同。由于资本预算是对资本性支出设置一个独立的预算编制和执行程序，因此，资本预算对于纳入考虑的资本性支出会有一些特殊的要求。这也就是说，并不是会计学意义上的所有资本性支出都要纳入资本预算。那么，哪些资本性支出应该纳入资本预算呢？一般的，在采用独立的资本预算的国家或者政府采用以下方法处理这个问题④：

---

① Vogt, A. John. 1996. Budgeting capital outlays and implementation. In Jack Rabin, W. Bartley Hildreth & Gerald Miller. Eds. *Budgeting: Formulation and execution.* Athens: Carl Vinson Institute of Government, The University of Georgia.

② Dos, C. Bradley. 1993. Capital budgeting practices. In Lych, Thomas D. , & Lawrence L. Martin. Eds. *Handbook of comparative budgeting and financial management.* New York: Marcel Dekker, Inc.

③ Ibid.

④ Vogt, A. John. 1996. Budgeting capital outlays and implementation. In Jack Rabin, W. Bartley Hildreth & Gerald Miller. Eds. *Budgeting: formulation and execution.* Athens: Carl Vinson Institute of Government, The University of Georgia.

首先，没有涉及大规模支出的资本性支出，一年或两年的运行预算就可以比较方便地处理。例如，涉及到不是与某一建筑附设在一起的设施与家具、小块土地、小型建设项目等固定资产的支出。虽然政府会计会将这些支出归入资本性支出，但是核心预算机构一般不将它们放进独立的资本预算过程中去审查，而只是将它们归入运行预算中的"资本性支出"或者是"永久性财产"。

其次，每年都发生的资本性支出一般也不放进资本预算，即使它的支出规模符合资本性支出的规模要求。由于这种支出是每年都要发生的，一般的运行预算也能够很好地处理。通常，资本预算会留给那些支出规模非常大而且也不是每年都发生的资本性支出。

最后，一些人主张应该把那些额外的、不常见的、规模极大而且也不是每年都发生的支出都纳入资本预算，无论它们是资本性支出还是经常性支出。因为，这种支出耗费了巨大的政府资本资源。如额外的、数额巨大的医疗补助支出。但是，这种支出一般也不应该放进资本预算来单独考虑。因为将数额巨大的、不是每年都发生的运行支出纳入资本预算将会带来一个风险：如果资本预算是由长期的借债来支持的，那么这样做将在制度上打开一个缺口，使得政府可以用债务来支持日常的运行支出。由于债务将来是要偿还的，因此，债务只能用来支持能够在将来形成各种收益的支出项目。

二、资本预算的争论

由于资本性支出的特殊性，这些年来，如何对这一类支出进行预算一直有许多争议。争论的焦点一直是：究竟需不需要在预算过程中将资本性支出和经常性支出区分开来考虑，需不需要一个单独的资本预算过程？此外，在一个国家内部，对于哪一级政府应该使用资本预算或者不能使用资本预算也存在争论。在美国，尽管资本预算被美国的地方政府普遍使用，但联邦政府却没有。围绕着联邦政府是否应该采用资本预算一直存在激烈的争论，争论的出现主要是因为资本预算的原则在现实中经常不被遵从，也部分因为资本预算在经济稳定中所起的作用很小。[①]

资本预算的支持者认为，由于资本性支出与经常性支出不同，具有特殊性，因此，应该被单独考虑。例如兰德和鲁宾就认为，在州和地方一级政府，将资本性支出的决策和经常性支出的决策进行区别，主要有以下几点理由[②]：

- 资本性支出常常是由一次性的、专款专用的资金（例如债务收入或者专项补助）来支付的。将资本项目分离出来有助于确保规定专门用于这些资本性支出项目的收入的确被用于这些领域。资本预算与日常预算这两大类支出的决策过程是不同的。在资本预算决策中，需要将所有提出的资本项目全部列出来并进行比较，然后排出一个优先顺序。当一个资本性项目的资助或者项目完成后，就必须加入新的项目，然后再一次重复比较和排序的程序。日常预算不需如此繁琐，绝大部分经常性支出是年复一年地重复发生的，因此，除了在零基预算下，一般不需要将它们进行比较并根据重要程度排序。
- 资本性支出的时间框架不同于日常预算的时间框架。日常预算是发生在一个财政年度内的，而资本性项目需要好多年来规划和实施。资本性支出之所以需要更长的时间框架是因为：（1）在很多情况下，资本性支出中一旦出现错误，纠正的成本就会很高，而日常预算中存在的问题可以在预算年度中甚至来年的预算中纠正；（2）资本性项目之间常常在时序上互相关联，尤其是基础设施类的资本性项目，一个项目可能和下一个或者前一个项目有关，一个资本项目的设施（例如铺设道路）可能需要另外一个新项目的支持（例如更换下水道）。其他原因也导致这两类支出的时间框架不同。资本性支出使得政府可以向前规划，使得大型的项目可以延伸到多年，而日常预算则不能；

---

① Premchand, A. 2000. *Control of public money: The fiscal machinery in developing countries*. New York: Oxford University Press. p. 240.

② Bland, Robert, & Irene Rubin. 1997. *Budgeting: A guide for local governments*. Washington, D. C.: International City/County Management Association. pp. 170–171.

资本性支出的资金支出流是不均衡的，它一般花费巨大，而且可能集中在某一段时期，而经常性支出的资金支出流则比较平滑，一般呈现出一种平稳但是逐渐上升的趋势。
- 资本性支出的资金量巨大，但是常常会碰到改变用途和超支的问题，因此，需要加强监督。一个独立的资本预算就有助于在预算执行中加强监督，而且也有助于实行单独的会计核算，进而有助于成本控制。

然而，资本预算也存在着一些问题。这使得一些国家对之保持谨慎，也使得资本预算在一些国家实施了一段时间后被一个整合性的日常和资本性支出的预算框架所取代。这些问题要么表现为在实践中理想化的资本预算原则经常被违反，或者资本预算存在不利于宏观经济管理的因素。资本预算的问题主要包括[①]：

- 资本预算程序要求对资本项目不断地进行重新评估，因为环境在变化，项目的成本和价值也在变化。但是，在实际中，一旦公共投资计划做出来后，原来确定的投资重点就变成固定不变的。
- 有时区分日常性支出和资本性支出非常困难，资本性支出之外的其他支出形式也可以形成多年的收益，例如培训支出，但是，它们被排除在资本预算之外。
- 尽管资本预算强调要通过一个理性的程序来选择资本项目，但是，在实践中，是否有资金支持某个资本项目经常成为一个项目是否应该纳入预算的主要理由。在这种情况下，那些有专款专用资金支持的项目以及那些能够形成收益并用这些收益来偿还债务的资本项目就容易被选中了。这就扭曲了资本预算的决策过程。
- 资本预算容易刺激政府利用债务来开展各种用税收支持无法开展的活动，导致债务上升。在经济扩张期，由于政府财政状况较好，政治家对经济前景比较乐观，他们就会增加债务来扩大投资，导致通货膨胀

---

① Mikesell, John. 2007. *Fiscal administration*. Belmont, CA: Thomson Wadsworth. pp. 256-257.

压力增加。于是，资本预算不仅不能在稳定宏观经济上发挥作用，反而会带来问题。

三、资本预算的实践

从20世纪30年代开始，瑞典率先将日常预算和资本预算分离开处理。其后，一些国家开始在复式预算的框架下实行资本预算。60年代开始，发展中国家在发展预算的框架下实行资本预算。最近，一些国家又开始将这两类支出整合起来。但是，仍然有一些国家实行资本预算。总体上看，资本预算经历了六个发展阶段①：

- 第一阶段是在大萧条时期。当时，各国的重点都是如何采取措施来振兴经济。不过，除了在紧急状态下，人们一般不接受运用公债来为资本性支出融资。此时，瑞典小心翼翼地引入一个公债支持的资本预算，以确保借债获得的收入主要用于资本性支出。当时的说法是，最后形成的持久的、自我融资的资产将会使得资产净值增加并与借债的数量相当。其后，这种被称为投资预算的资本预算被其他的北欧国家所效仿。
- 第二阶段是20世纪30年代后期。在这一时期，为了削减赤字，印度的殖民地政府引入资本预算，将一些支出科目从经常性支出中转出去。当时的理由是，引入一个复式预算将能够有效地控制支出，削减赤字，同时为借债提供一个合理的理由。在这一时期，英国也引入了资本预算。
- 第三阶段是20世纪50年代。在这一时期，资本预算迅速发展。部分是受苏联计划经济模式的影响，许多发展中国家开始编制全面的五年计划，并将资本预算视为经济发展的主要推动力。不过，这些国家并没有使用资本预算这一概念，而使用发展预算这个名称。

---

① Jacobs, Davina F. 2008. A review of capital budgeting practices. IMF Working Paper (WP/08/160).

- 第四阶段是 20 世纪 60—70 年代。在这一阶段，主要是在发达国家，随着计划项目预算等理性预算改革模式的兴起，各种定量的评估技术开始在政府范围内得到广泛运用，从而发展出一些复杂的、精致的投资评估和融资计划。这使得运用资本预算的呼声越来越高。
- 第五阶段大致在 20 世纪 80—90 年代。在这一时期，主要是在发达国家，尤其在美国，开始出现对资本预算的置疑。尽管，20 世纪 60 年代以来美国的许多地方政府一直在使用一个独立的资本预算，但是，联邦政府建立资本预算的努力却一直遭受各种抵制。例如 1999 年，总统委员会在一份调查报告中指出，使用资本预算只会增加花费到砖头和泥灰之上的支出。当然，区分经常性支出与资本性支出仍然十分重要。该委员会的建议是，在政府会计中运用一个能够将经常性支出和投资支出区分开的权责发生制会计。
- 第六阶段从 90 年代后期开始。鉴于澳大利亚和新西兰在权责发生制会计和预算方面的成功经验，许多专业组织和国际组织开始推荐或推广权责发生制会计与预算。它们认为，如果经常性支出与资本性支出不分开，就会导致在预算决策中忽略基础设施或者不重视资产管理。不过，解决这一问题的办法不是资本预算，而是权责发生制的预算和会计。

目前，尽管复式预算发源于欧洲，而且美国的地方政府仍然广泛地使用资本预算，但是，发达国家采取资本预算时间比较短，而且现在兴趣越来越小。实际上，在 70 年代早期，最早采用资本预算的瑞典以及其他北欧国家已经开始重新评估它们的资本预算，并认识到过度依赖资本预算是不恰当的，政府整体的信用和信誉更多地取决于它的宏观经济政策而不是政府资产的净值。这使得资本预算在这些国家不再像原来那样流行。不过，到 80 年代后期，资本预算在这些国家又开始以一种新的形式复活。这种新形式已经不是资本预算，而是运用权责发生制的会计来改进财政管理。实际上，"二战"之后，随着各个发达国家对债务使用的限制越来越小，使用单独的资本预算的需要也越来越小，它们的预算逐渐开始整合。此外，由于以下两点认识，发达国家整合经常性支出和资本性支出的呼声也越来越高：一是在经常性支出和资本性支出之间进行的区分经常是武断的或者不确定的；二是良好的资源配置和管理决策常常可以在一个单一的、整合的、中期性的收支框架内实现。① 这两种支出之间的比重是判断各国整合经常性支出与资本性支出的程度的一个重要指标。有些国家在这两种支出之间平衡的很好，有些则不理想。例如，在教育领域，教师多了但是教室和教学设施则不足；在医疗领域，建成了许多医院，但是缺乏足够的受过良好训练的医生。将这两种支出进行高度整合的预算框架一般具备以下几个特征②：

- 一个单一的（合并的）年度预算法和拨款过程；
- 在公共部门的制度内，有清楚的、整合的预算准备和执行责任；
- 存在有效的以及广泛使用的投资评审技术；
- 在相关的收支分类和会计体系的支持下，提交一个整合的预算；
- 每个支出机构的预算计划和管理手段鼓励更好地使用资源，并提供相应的条件。

自中期支出框架普及以来，越来越多的国家认同，资本性支出只有在一个中期或者长期的框架内考虑才能提高资源配置效率。目前，发达国家基本都使用中期支出框架。资本性支出也被包括进这个中期支出框架，这就将资本性支出的决策整合进预算过程。在一个中期支出框架内，绝大部分发达国家使用它们已经实践了几十年的资本项目评审制度来对资本项目选择。同时，从90年代末期开始都在尝试权责发生制会计。③

不过，在美国地方政府，尤其是大城市，资本预算仍然非常重要。1982年，美国的全国城市联盟和美国市长会议调查了1 400个美国城市的基建和资本预算实践。该调查发现，政府的规模会影响政府对资本预算和资本改进计划的态度，规模大的城市政府更倾向于采用资本预算，而规模小的城市政

---

① Jacobs, Davina F. 2008. A review of capital budgeting practices. IMF Working Paper (WP/08/160).
② Ibid.
③ Ibid.

府则相反，规模小的政府更倾向于采用独立的分项列支的方式来描述它们的资本性支出，或者以一年或者是多年的形式。对于资本改进计划的态度也是如此。城市政府的规模越大，它越倾向于采用资本改进计划（参见表15-1）。

表15-1 处理资本性支出的方式和资本改进计划的采用情况

城市规模（人口，单位：1000）	答卷人数	有独立资本预算（%）	独立分项列支（一年）（%）	独立分项列支（多年）（%）	没有资本预算（%）	其他（%）	有资本改进计划（%）
10—25	316	48	55	20	8	7	59
25—50	257	53	54	20	4	10	65
50—100	150	63	51	13	4	13	74
100 +	128	73	31	9	2	14	92
所有城市	851	56	50	17	5	10	68

资料来源：Dos, C. Bradley. 1993. Capital budgeting practices. In Thomas D. Lych & Lawrence L. Martin. Eds. *Handbook of comparative budgeting and financial management*. New York：Marcel Dekker, Inc。

从理论上讲，一个独立的资本预算是资本改进计划的一部分。因此，一个政府如果有资本改进计划就应该有资本预算，有资本预算则不一定有资本改进计划。但是，现实情况则与此不一致。根据美国的全国城市联盟和美国市长会议1982年的调查，地方政府的官员倾向于相信，无论是否有独立的资本预算，都应该有一个资本改进计划。一些没有独立的资本预算而只是有一个分项列支的资本预算或者其他资本预算形式的城市政府都在实行资本改进计划。表15-2描述了美国城市政府的资本预算与资本改进计划之间的情况。这项调查表明，在851个答卷人中，大约55%的答卷人表示（475）他们的政府有独立的资本预算，但是，其中只有85%的答卷人表示他们有资本改进计划。[1]

---

[1] Dos, C. Bradley. 1993. Capital budgeting practices. In Thomas D. Lych & Lawrence L. Martin. Eds. *Handbook of comparative budgeting and financial management*. New York：Marcel Dekker, Inc。

表 15 – 2　美国城市政府的资本预算与资本改进计划

人口规模 （单位：1000）	回答 人数	存在独的 资本预算	拥有资本改进计划 的百分比（%）
10—25	152 166	是 否	80 38
25—50	135 124	是 否	83 42
50—100	94 57	是 否	84 55
100 +	94 29	是 否	97 69
所有城市	475 376	是 否	85 44

资料来源：Dos, C. Bradley. 1993. Capital budgeting practices. In Thomas D. Lych & Lawrence L. Martin. Eds. *Handbook of comparative budgeting and financial management*. New York：Marcel Dekker, Inc。

在发展中国家，尤其是低收入国家，资本预算的影响则更大。这些国家在殖民政府时期就有一个将资本预算和日常预算分开的复式预算过程。当时实施这一模式主要有两方面原因：一方面受欧洲复式预算的影响；另一方面也因为这些政府的收入汲取能力有限，而资本性支出的资金量大，所以需要一个特别的预算审批程序。这些国家独立后，复式预算继续存留下来，并在60年代大行其道。这主要基于两个原因。第一，独立后的这些国家都有一个非常强烈的赶超西方发达国家的愿望，于是它们纷纷采用前苏联的经济发展计划以及法国、西班牙等国至今仍在使用的国家发展计划，制定五年发展计划。当时流行的观念认为，经常性支出是消费性，只有资本性支出是投资性，进而能够促进经济发展。因此，采用复式预算将资本预算独立出来，就能够确保一定数量的资金一定会用于资本性支出，实现五年发展计划的目标。由于传统的财政部在制定中期计划上缺乏经验，许多国家都建立了专门的计划部门来专司资本性支出计划及其预算，财政部主要负责日常预算。这就进一步将资本预算与日常预算的分离制度化，并在这些国家形成了强大的支持资本预算的利益群体——即各个计划部门。第二，国际组织也倾向于认为经常性支出是消费性的，它们对发展中国家的资金援助最初也主要集中在资本性支出领域，因此，发展中国家的资本预算与日常预算的分离被进一步强化了。①

从20世纪90年代后期开始，国际组织对于经常性支出的看法开始出现变化，开始关注一些同样也是发展性的经常性支出，例如在教育、卫生等领域。世界银行等国际组织的减贫支出、公共支出评估等财政援助都开始强调部门内部或者部门间的预算分析，要求将经常性支出和资本性支出结合起来，评估这两种支出对于经济增长、减少贫穷以及资产维护的共同影响。此外，在这一时期，一些发展中国家也开始采用中期支出框架来取代以前的五年计划。但是，许多发展中国家的经常性支出和资本性支出的年度项目和预算仍然是分开的，而且常常继续分别由两个不同的机构——财政部和计划部门——负责。②

总之，目前资本预算在全球的鼎盛时期已经过去，但仍然是许多国家，尤其是发展中国家，处理资本性支出的一个主要手段。专栏15-1简单地介绍了各国处理资本性支出的主要模式。

专栏15-1　各国处理资本性支出的主要模式

是否编制独立的资本预算是一个有争议性的问题。各个国家处理资本性支出的方式不尽相同，在20世纪主要有以下几种：（1）澳大利亚、新西兰、丹麦、印度、智利等国以及美国的许多地方政府等都将日常预算和资本预算分开。当然，各个国家采用资本预算的理由和原因是不同的。在印度，20世纪30年代的不断增长的赤字是一个主要原因。美国地方政府使用资本预算已经有几十年，这些地方政府采用资本预算的主

---

① Jacobs, Davina F. 2008. A review of capital budgeting practices. IMF Working Paper (WP/08/160).

② Ibid.

要原因与议会对于通过借债来支持日常经费的监督有关。最近，新西兰和智利修改了预算格式，每个部门的预算被分为日常预算和资本预算。不过，新西兰和澳大利亚的资本预算则逐渐从一种现金制会计和预算迈向一种权责发生制会计和预算，这种预算将全面计算项目和政策的成本，包括租金、养老金责任、保险成本、利息和折旧等。这使得资本预算的地位受到影响。丹麦曾是一个采用资本预算的北欧国家，它现在有一个投资预算，该预算包括投入基础设施和其他相关项目的支出。不过，这些国家最近开始在一个中期支出框架内整合这两部分支出，并越来越强调权责发生制会计。（2）日本和一些东南亚国家没有区分日常预算和资本预算。在这些国家，预算和会计体系包括一个一般账户和一些特殊账户。但是，它们仍然有一些类似于资本账户的东西。日本的特殊账户中有一个用来刺激经济的"财政投资与贷款项目"，详细记录为各个部门提供的这方面的资金。该项目的资金来源于邮政储蓄和养老金，与资本预算非常接近。（3）在亚洲和非洲的一些发展中国家，在常规或日常预算之外有一个相对独立的发展预算。在一些国家，发展预算主要反映发展计划，而在另一些国家主要适用于国外资助的项目。一些国家区分了日常或一般预算与发展预算。不过，在这些国家，支出的分类基础是不严格也不总是一致的，所以，支出经常从一个类别被转移到另一个类别。（4）在俄罗斯、东欧国家和中国这样的转轨国家，虽然一直实行中央计划，但是，并没有在日常和资本性支出之间进行区分。不过，虽然这些国家没有资本预算，也没有在日常和资本性支出之间进行区分，这些国家一直存在着一种和资本预算相对应的支出，即基建支出。90年代初期，中国希望在复式预算的框架下引入资本预算，但是，没有真正实施。此外，虽然中国将基建以及其他相关的活动纳入资本预算，这一支出实际上只反映了一部分资本性支出。不过，资本预算对于中国政府投资体制改革来说仍然是非常有用的。首先，复式预算及资本预算无法实施的很多体制性原因，可以通过进一步加大预算体制和行政体制改革的力度而得到解决。其次，中国与许多西方国家相比有一个很大的差异，那就是，中国的资本预算规模是非常大的，对于整体的经济稳定是至关重要的。

资料来源：Premchand, A. 2000. *Control of public money: The fiscal machinery in developing countries.* New York: Oxford University Press. pp. 245-248. 同时根据 Jacobs, Davina F. 2008. A review of capital budgeting practices. IMF Working Paper（WP/08/160）修改了第一类国家最近的情况。

四、资本预算过程

尽管资本预算的鼎盛时期已经过去，但是，它仍然是许多国家用来处理资本性支出的主要模式。而且，其中的一些成分对于提高资金分配效率来说仍然是有用的。在美国地方政府，资本预算不仅非常盛行，而且已经发展出各种非常有价值的制定资本性支出计划以及评估与选择项目的工具。这就形成了一个理性化程度很高的资本预算过程。这对于改进资本性支出的效率具有非常重要的作用。这些工具和手段对于那些没有采用独立的资本预算过程的国家来说，也是非常有用的。因此，下面集中介绍、分析美国地方政府的资本预算过程。

一个独立的资本预算过程需要将至少中期的资本性支出计划与年度预算结合起来，将资金配置到最需要的领域，改进公民的生活质量或者促进经济发展。广义的资本预算包括资本计划、资本预算、资本预算的执行，例如包括计划阶段、预算阶段、实施阶段；狭义的资本预算则不包括资本预算的实施，或者资本计划。[①] 图15-1描述了一个广义的资本计划与预算过程。

---

① Vogt, A. John. 1996. Budgeting capital outlays and implementation. In Jack Rabin, W. Bartley Hildreth & Gerald Miller. Eds. *Budgeting: Formulation and execution.* Athens: Carl Vinson Institute of Government, The University of Georgia.

1. **计划阶段**
   - 对资本性支出要求进行分类和初步的分析;
   - 确定这些资本性支出要求的轻重缓急和优先顺序;
   - 准备资本改进计划;
   - 预测收入。
2. **预算阶段**
   - 项目评估;
   - 选择资本性支出要求的资金方式;
   - 同意资本性支出要求并拨款资助。
3. **实施阶段**
   - 获得、管理和投资资金;
   - 购买设备、土地和其他资本资产;
   - 设计建设项目、签订合同、监督建设项目。

图 15-1 广义的资本计划与预算过程

资料来源:Vogt, A. John. 1996. Budgeting capital outlays and implementation. In Jack Rabin, W. Bartley Hildreth & Gerald Miller. Eds. *Budgeting*: *Formulation and execution*. Athens: Carl Vinson Institute of Government, The University of Georgia。

图 15-2 描述了一个比较狭义的资本预算与计划过程,它包括计划阶段和预算阶段,但是没有包括实施阶段。

1. 分析目前的服务特征(库存的设施和服务水平);
2. 分析环境趋势;
3. 发展服务目标;
4. 形成初步的资本项目清单和成本预测;
5. 分析财政资源;
6. 选择项目放进五年期的资本改进计划;
7. 分析资本改进计划在将来对于运行预算的年度成本的影响;
8. 将资本改进计划第一年的项目放进年度预算估计中。

图 15-2 资本设施的计划与预算过程

资料来源:Lee, Robert, Johnson, Ronald W. , & Philip G. Joyce. 2004. *Public budgeting systems* (7th). Jones and Bartlett Publishers, Inc. p. 436。

图 15-3 也描述了一个比较狭义的资本预算过程，它主要包括物质计划（physical plan）和财政分析（financial analysis）两大部分，具体有三大步骤。

1. 多年资本改进计划（从各种选择方案中选出资本性项目）；
2. 年度资本预算（将财政支出安排到具体选择出来的资本性项目，将资本性项目纳入政府总体的财政计划）；
3. 分析年度运行预算中的资本性成分。

图 15-3 资本预算过程

资料来源：Mikesell, John. 1996. *Fiscal administration*. New York：Harcourt Brace College Publishers. pp. 228-229。

在此，集中分析、介绍狭义的资本预算过程，或者更准确地，资本计划与预算过程。资本预算必须跨年度设计和运作，必须考虑跨年度的计划与预算之间的衔接。资本预算的计划与预算过程主要包括资本库存分析、环境趋势分析、形成初步的资本性支出需求并进行初步分析、形成资本改进计划、制定融资计划、形成年度资本预算（图 15-4）。

（一）资产库存分析

资本计划与预算的第一步是对资产设施的现状进行分析。也就是说，对政府辖区范围内现存的各种物质或基础设施进行分析，并评估它们提供的服务水平。[①] 如果没有这个信息，也没有仔细地分析自己辖区内各种固定资产的现状就进行资本性投资，那么，投资的效率就会非常低。例如，明明已经有某个设施并且这个设施提供的服务已经足够满足社会内公民的需要，现在又建一个同样的设施，从而导致重复投资。又如，某个设施已经非常陈旧，如果不及时维修就会破损的越来越严重，甚至不能再使用；如果立即维修，以后就毋需花费太多就可以继续使用它。但是由于缺乏必要的信息，所以该设施没有得到及时的维修，几年后，这个设施完全不能使用，从而必须花更

---

① Lee, Robert, Johnson, Ronald W., & Philip G. Joyce. 2004. *Public budgeting systems* (7th). Jones and Bartlett Publishers, Inc. p. 435.

多的钱去建一个新的设施。

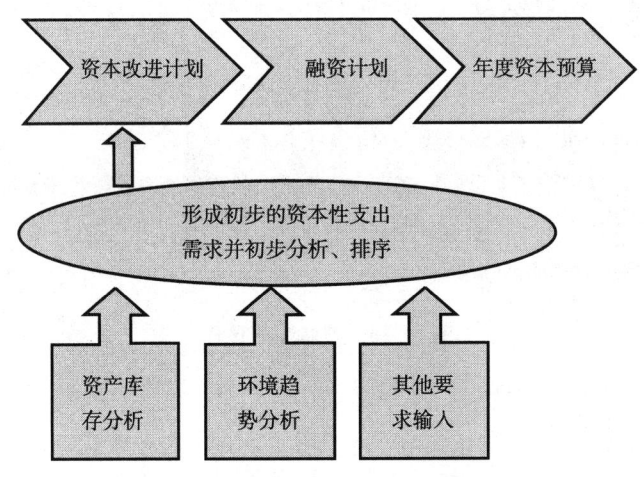

图 15-4 资本计划与预算过程

资料来源：根据以下文献对资本预算程序的阐述整理：Dos, C. Bradley. 1993. Capital budgeting practices. In Lych, Thomas D., & Lawrence L. Martin. Eds. *Handbook of comparative budgeting and financial management*. New York: Marcel Dekker, Inc. Mikesell, John. 1996. *Fiscal administration*. New York: Harcourt Brace College Publishers. Vogt, A. John. 1996. Budgeting capital outlays and implementation. In Jack Rabin, W. Bartley Hildreth & Gerald Miller. Eds. *Budgeting: Formulation and execution*. Athens: Carl Vinson Institute of Government, The University of Georgia. Lee, Robert, Ronald W. Johnson & Philip G. Joyce. 2004. *Public Budgeting Systems* (7th). Jones and Bartlett Publishers, Inc。

可见，对资产库存进行分析非常重要。但是，许多政府一般都没有这样一个库存和这些必需的信息，而且，建立这样的库存也不是一件简单的事，它需要建设成本。但是，这样的库存一旦建立起来之后，政府资本性支出的效率就有了保证。当然，这个库存需要每年更新。

固定资产库存分析一般应该包括：（1）所有服务或基础设施建成的年代、最近一次大修的年代，建筑材料的类型、规模、容量；（2）这些设施提供的服务的数量水平，如服务的人数、总人口中从这些设施中获得服务的比重、服务的地理区域（地区、密度、空间分布）；（3）这些设施提供的服务的质量水平。服务的质量取决于所提供的服务的水平和类型（例如污水处理是只清除一般的垃圾还是清除各种重金属），也取决于这些设施的年代和现有状况。[①]

（二）环境趋势分析

资本计划与预算的第二步是对环境的变化趋势进行分析和预测。这种分析主要是运用长期计划预测来估计未来的服务需求将会出现哪些变化。这些预测主要包括预测辖区内人口的增长情况、人口结构的变化趋势、商业和工业的增长情况、经济变化的情况、商业选址的趋势。这些预测一般与资本设施计划过程联系在一起，以明确服务需求在未来可能出现的增加与下降。建立在预测基础之上的资本设施计划过程将帮助政府有计划、有顺序地安排资本性支出以更好地满足辖区内居民的需要。进行这种分析的原因是，环境变化将会导致辖区对资本设施的需求出现变化。通过对环境变化趋势进行分析就可以预测，辖区未来将会形成哪些新的资本性支出要求，或者哪些设施可能会过剩，即没有消费但是政府还必须支付维护成本，或者哪些设施必须马上新建、维修、更新，哪些设施可以稍微推迟建设、维修、更新。[②]

（三）资本支出计划的初步分析与排序

将库存分析和环境趋势分析结合起来后，政府部门就可以判断现有的资本设施是否可以满足未来若干年的需要，从而就可以形成一些初步的资本性支出需要。不过，除了政府部门之外，资本性支出的需要还可以在政府之外形成，比如公民团体、私营企业等都会形成一些资本性支出需要，并将这些要求输入政府。此时，就需要对这些资本性支出需要进行初步分析。

如果政府没有资本改进计划之类的长期资本计划，那么，很可能就必须在做出正式年度预算前很短的时间内形成这些资本性支出需要并立即做出最后的预算决策。但是，如果政府是有资本计划和预算程序的，那么，这些需要就可以提前很多年进行计划并被仔细地分析。这就是说，资本预算过程的

[①] Lee, Robert, Johnson, Ronald W., & Philip G. Joyce. 2004. *Public budgeting systems* (7th). Jones and Bartlett Publishers, Inc. pp. 435–436.

[②] Ibid., p. 437.

存在使得政府可以非常仔细地而且有计划地分析各种资本性支出需要。① 在资本预算中，这种初步分析包括这样一些步骤②：

- 决定某一支出究竟是资本性支出还是经常性支出，是否应该放进资本预算；
- 分析某项资本性支出需要是否真的需要；
- 分析每项需要最后会导致多少资本性支出；
- 分析每项需要对运行预算的影响；
- 初步考虑每项支出应用什么资金来资助。

由于资金有限，所以很难满足所有的资本性支出需要。此时，就需要判断一项资本性支出需要是否比其他支出需要更加急需和重要。这就需要在各个资本性支出需要之间确立优先顺序。排序在资本预算过程中是不断进行的。每次对资本性支出需要进行评估和再评估时都要排序。排序的最后结果将体现在一个资本改进计划中。但是，在编制资本改进计划前，一般要进行一个初步的排序。资本改进计划所做的是将各个资本性支出项目及其成本分摊到计划的各个年度。如果它将项目 A 和 B 放进第一个预算年度，那就意味着项目 A 和 B 比其他放在以后年度的项目更加紧迫。这就意味着，在编制资本改进计划之前，必须对各个资本性支出需要进行排序。③

对资本性支出需要进行排序的办法有很多。最简单的办法是，计划部门自己根据每个项目的相对重要程度作出一个判断，然后将它们排序。或者，他们可以先确定一个资本需要的类别并确定类别之间的相对重要性，然后分析各个资本性支出需要或项目并将它们分配进这些类别。图 15-5 是一个资本需要类别的例子，从上到下的排列顺序代表着重要性的下降。这个类别主要偏爱于维修和翻新而不是新建设施。当然，计划部门可以根据自己辖区的

---

① Vogt, A. John. 1996. Budgeting capital outlays and implementation. In Jack Rabin, W. Bartley Hildreth & Gerald Miller. Eds. *Budgeting*: *Formulation and execution*. Athens: Carl Vinson Institute of Government, The University of Georgia.

② Ibid.

③ Ibid.

实际需要而确立自己的类别。①

> 1. 为保证生命和财产安全而进行的维修与新建。
> 2. 完成以前批准的基建项目。
> 3. 为了更好地发挥现有设施的作用而进行大翻新或增加。
> 4. 降低拥挤情况或改善陈旧的服务而增建新设施。
> 5. 为满足不断增加的需要而新建的设施。
> 6. 改进一些项目的服务而新建的设施。
> 7. 新项目或新项目需要新建的设施。

图 15 – 5　资本需要类别

资料来源：Vogt, A. John. 1996. Budgeting capital outlays and implementation. In Jack Rabin, W. Bartley Hildreth & Gerald Miller. Eds. *Budgeting*: *Formulation and Execution*. Athens: Carl Vinson Institute of Government, The University of Georgia。

美国的一些地方政府还使用一种二纬评分体系来对资本性支出需要进行排序。这实际上将两个资本性支出需要类别结合起来确定排序。美国地方政府一般是采用两种资本性支出需要类别：紧急程度类别和功能类别。每个资本性支出需要类别都按照轻重缓急或优先顺序排列并被赋予一个分值，将一个类别中的分值与另一类别中的分值相乘就得出一个分值矩阵。根据这个分值矩阵，决策者就可以赋予每个项目一个分值，从而就可以对它们进行排序。② 下面是北卡罗来纳州德汉姆市的二纬打分体系，它也采用了紧急程度类别和功能类别这两个类别来形成分值矩阵。每个类别的排列都是按照从上到下重要程度逐渐下降的原则。图 15 – 6 介绍了两大类别。

---

① Vogt, A. John. 1996. Budgeting capital outlays and implementation. In Jack Rabin, W. Bartley Hildreth & Gerald Miller. Eds. *Budgeting*: *Formulation and execution*. Athens: Carl Vinson Institute of Government, The University of Georgia.

② Ibid.

紧急程度类别
(1) 立法：联邦或州政府的法律需要；
(2) 风险：消除对公共卫生或安全的明显或潜在的风险；
(3) 效率：更换过时的设施或设备，或者是以后维修成本将会很大的设施或设备，维持或充分利用现有的设施或设备；
(4) 服务标准：在一个发达的区域提供或者维持现有的服务标准，在一个新发展起来的区域提供标准上可比的服务；
(5) 经济优势：通过增加资产价值或其他的收入潜力来使得城市的经济基础直接受益；
(6) 增加的服务：拓展或增加一项服务或者提高服务标准；
(7) 新服务或便利：使得一种新的服务变得可能或者增加便利与舒适。

功能类别
(1) 保护个人和财产：警察、消防、营救等；
(2) 环境卫生：水、下水道、消毒、公共卫生等；
(3) 历史遗迹和文化：教育、图书馆等；
(4) 住房：公共住房、住房维修等；
(5) 行人和交通工具的交通：街道的建设与维护、公共交通、停车场等；
(6) 政府拥有的资产的一般维护；
(7) 休闲：公园、体育项目等；
(8) 一般政府运行：办公室设施、中心服务等。

图 15 - 6 资本项目评分的两大类别

资料来源：Vogt, A. John. 1996. Budgeting capital outlays and implementation. In Jack Rabin, W. Bartley Hildreth & Gerald Miller. Eds. *Budgeting*: *Formulation and execution*. Athens: Carl Vinson Institute of Government, The University of Georgia。

将一个类别中的分值与另一类别中的分值相乘就可以得出一个分值矩阵（表 15 - 3）。这个分值矩阵就可以用来给资本项目打分并排序了。

表 15-3 资本项目分值矩阵

紧急程度 \ 功能类别		保护个人和财产	环境卫生	遗迹文化	住房	交通	公共财产一般维护	休闲	一般政府运行
		1	2	3	4	5	6	7	8
立法	1	1	2	3	4	5	6	7	8
风险	2	2	4	6	8	10	12	14	16
效率	3	3	6	9	12	15	18	21	24
服务标准	4	4	8	12	16	20	24	28	32
经济优势	5	5	10	15	20	25	30	35	40
增加、改进服务	6	6	12	18	24	30	36	42	48
新服务或便利	7	7	14	21	28	35	42	49	56

资料来源：Vogt, A. John. 1996. Budgeting capital outlays and implementation. In Jack Rabin, W. Bartley Hildreth & Gerald Miller. Eds. *Budgeting*: *Formulation and execution*. Athens: Carl Vinson Institute of Government, The University of Georgia。

（四）资本改进计划

从理论上讲，资本预算是一个整体的资本改进计划（Capital Improvement Plan，CPI）的主要部分。资本改进计划不仅包括立即需要实施的资本项目的预算，而且也包括对现有的资本项目的状况进行评估以及决定将来的资本需要——扩展与新建、对现有的资本存量进行更新。资本改进计划通常和土地使用计划、交通计划和其他的经济发展战略相关。[①] 资本改进计划最有用之处是，它将物质需要与财政需要联系起来。公众、各个部门、利益团体都会提出各种物质需要，例如，建立一条路、一座桥梁、一个图书馆等，但是，最终是在一个财政决策的框架内决定优先满足哪一个项目的资本需

---

① Dos, C. Bradley. 1993. Capital budgeting practices. In Lych, Thomas D. & Lawrence L. Martin. Eds. *Handbook of comparative budgeting and financial management*. New York: Marcel Dekker, Inc.

要。在这个决策过程中,预算过程的核心是一个价值判断(value judgment)。① 在资本改进计划下进行预算决策时,通常优先考虑下面这些项目:(1) 已经在建的项目;(2) 与其他项目有一种顺序上的联系的项目;(3) 与其他项目相配套的项目;(4) 急需的项目;(5) 上级政府需要的项目。②

资本改进计划除了需要选择各种投资项目,而且还需要考虑未来的收入流入情况。这意味着,需要进行准确的收入预测。同时,为保证资本改进计划的成功,必须能够准确地估计最初项目的支出(无论是购买还是建设)和预测可能导致的运行支出。③ 在这一方面,公共部门的资本改进计划和企业的资本投资是非常相似的。无论是公共部门还是私人部门都必须将确定支出的优先顺序(项目选择)与项目成本及现金流量和收入影响预测结合起来。④

一些研究者主张,资本改进计划的时间跨度应该包括六年:一个计划年加上五年的每年修正。资本改进计划的时间跨度不能太短,因为资本投资的完成通常需要一定的时间,资本改进计划太短了就没有足够的时间来实施。也不能太长,太长了以后就不具备政治上的可行性。因为,有任期限制的政治家对于资本性支出的决策将会产生影响,如果资本改进计划的时间跨度非常长,那么,这些政治家遵守这些计划的动机就会降低,改变这些计划的动机就会加强。⑤

(五) 融资计划

资本项目通常是支出巨大的,而可用于资本项目的资源是有限的,政府

---

① Kamensky, John. M. 1984. Budgeting for state and local infrastructure: Developing a strategy. *Public Budgeting & Finance* Vol. 4 (Autumn): 3 – 17. Dos, C. Bradley. 1993. Capital budgeting practices. In Lych, Thomas D. & Lawrence L. Martin. Eds. *Handbook of comparative budgeting and financial management*. New York: Marcel Dekker, Inc.

② Hillhouse, A. M. & Kenneth Howard. 1961. *State capital budgeting*. Council of State Governments, Chicago.

③ Dos, C. Bradley. 1993. Capital budgeting practices. In Thomas D. Lych & Lawrence L. Martin. Eds. *Handbook of comparative budgeting and financial management*. New York: Marcel Dekker, Inc.

④ Ibid.

⑤ Ibid.

必须把自己的资本性支出控制在现实的财政能力以内。通常地，政府在资本项目方面的财政能力取决于政府运行支出的水平、政府基本的收入能力、资本项目形成的设施可能创造的收入、其他政府或者私人部门在多大程度上愿意分担某个资本项目的成本、政府可以使用的债务结构和工具。在制定融资计划的财务分析中，这些都必须予以考虑。[1] 因此，在制定融资计划时，政府先要对自己的财政能力，而且是一个长期的财政能力进行分析，确定自己在计划的资本改进计划期内能够承担多大的资本性支出。总之，有多少项目能获得资助取决于财政能力的审慎评估。在财政能力的约束下，那些处于资本改进计划最重要位置并获得资金的项目就转化成资本预算。[2]

然后，政府必须考虑哪些资源是可以获得的，无论是日常收入还是借债收入，再决定如何将这些资金使用到选择的资本项目上去。一般的，资本项目的融资方式包括[3]：

- 费用拨款型：资本项目的成本直接由日常收入支付，日常收入主要包括税收、收费以及利息收入等；
- 其他政府的补助资助；
- 债务融资：通过在资本市场上发行债券来为资本项目融资；
- 公私合作的企业，包括私有化；
- 资本储备金（capital reserve funds），有些国家平日专门储备了一些资金用于以后的资本项目。

不过，政府近年来还经常采取变相借债等其他方式为资本项目融资，从而形成或有负债。政府必须在这些融资方式中为各个项目选择最恰当的融资

---

[1] Mikesell, John. 2007. *Fiscal administration*. Belmont, CA：Thomson Wadsworth. p. 252.

[2] Clarke, Wes. 2006. Capital budgeting and planning. In Howard Frank. Eds. *Public financial management*. Boca Raton, FL：Taylor & Francis.

[3] Beckett-Camarata, Jane. 2003. Capital budgeting. In In Jack Rabin. Eds. *Encyclopedia of public administration and public policy*. New York：Marcel Dekker, Inc. Mikesell, John. 2007. *Fiscal administration*. Belmont, CA：Thomson Wadsworth. pp. 252 – 253.

方式。费用拨款型融资方式通常适用于小型的资本项目。当政府出现大量盈余时,使用日常收入为资本项目提供资金可以改进财政管理。另外,这种方式不用支付利息成本,而且可以将发债的能力留到以后需要大量投资或者资金紧张时使用。资本项目完成后,固定资产的获得可以提高政府的资产——负债比率,从而可以提高政府在未来发行债券时的信用评级。此外,与债务融资相比,这种方式可以限制政治家的浪费型投资决策。不过,债务融资是资本项目最主要的融资方式。由于许多资本项目的建设会持续一年以上,而且形成的设施可以使用很多年。在这种情况下,采用日常收入为资本项目提供资金就会在现在的纳税人和以后的纳税人之间形成一种代际间的不平等。而债务能够将成本分摊到多年,从而就能够解决这一代际公平问题。因此,对于那些投资期长或者建成后设施使用期长的资本项目,通常应采用债务融资的方式。此外,许多资本项目所需要的投资是非常大的,例如,许多与经济发展相联系的资本项目,日常收入很难支持,此时,债务融资也是一种很好的选择。[1] 如果采取债务融资,就必须加强债务管理,例如偿还债务的安排,确定恰当的分期偿还率、期限结构等。[2]

在制定融资计划时,需要考虑资本项目完成之后,建成的设施在增加政府资产的同时对经常性支出的影响。这些设施可以减少或者增加政府的经常性支出,也可能带来收入,例如许多对使用者收费的资本项目,例如公路建设。正如一个设计和建设不当的基础设施可以使得一个地方(例如城市)的基础设施出现问题一样,一个糟糕的财务计划也可能在将来给政府的财政状况带来噩耗。因此,在财务分析中,不仅必须全面而且应在一个跨年度的框架内分析政府整体的财政能力和支出压力,同时需要分析考虑选择的项目现在和将来的支出与收入,需要将财政融资方案和项目清单联系起来考虑,在其间建立恰当的匹配。例如,对于那些建成后能够形成收入的资本项目,借债时期大致应与项目的建设时期相一致。如果项目是短期项目那就应该用

---

[1] Clarke, Wes. 2006. Capital budgeting and planning. In Howard Frank. Eds. *Public financial management*. Boca Raton, FL: Taylor & Francis.

[2] Beckett-Camarata, Jane. 2003. Capital budgeting. In Jack Rabin. Eds. *Encyclopedia of public administration and public policy*. New York: Marcel Dekker, Inc.

短期债券融资，如果是长期项目就应该用长期债券融资，而其建成后的经常性支出应用项目应该能够获得的收入来支付。[1]

（六）资本预算

最后，在编制年度预算时，政府要根据融资计划的安排将资本改进计划中的优先选择项目，落实成年度资本预算，即年度投资计划。从根本上讲，当年能够支持多少个项目也取决于当年可以获得的收入。在单独编制资本预算的国家，这意味着部门在提交一个日常预算的同时，需要提交一个资本预算。当然，在这一过程中，也仍然存在一个与资源配置相关的决策问题：以什么为依据决定经常性支出与资本性支出之间的比重？为什么选择某个资本项目而不是另一个资本项目？在此，单独编制一个资本预算能够帮助决策者在收入限制内在各个资本项目之间进行比较，然后做出选择。图 15-7 提供了一个说明资本计划与预算过程的例子。

| | 资本改进计划（2007—2012） | | | |
| | 工程（$000s） | | | |
年份	消防队	图书馆	下水道扩建	公园
2007	185	0	15	15
2008	10	0	20	0
2009	0	20	30	0
2010	0	100	50	0
2011	0	0	75	0
2012	0	0	40	0

---

[1] Mikesell, John. 2007. *Fiscal administration*. Belmont, CA：Thomson Wadsworth. pp. 252－253. Khan, Aman. 2006. Working capital management in government：Basic concepts and policy choices. In Howard Frank. Eds. *Public financial management*. Boca Raton, FL：Taylor & Francis.

资本预算		运行预算	
2007年的项目	($000s)		($000s)
消防队	185	人事成本	640
下水道扩建	15	物资和设备	140
公园	<u>15</u>	其他	<u>20</u>
	215		800
资本性支出 = 215 000 $			
运行支出 = 800 000 $			
总支出 = 1 015 000 $			

图 15-7　资本计划与预算

资料来源：Mikesell, John. 2007. *Fiscal administration*, Belmont, CA. Thomson Wadsworth. p. 251。

第四篇

运作效率

第四篇

污水净化

第 十 六 章

预算执行

> 正像一个人发现自己舌尖上有蜂蜜或毒药,不可能不去品尝一样,负责管理政府资金的人不可能不去品尝一点,哪怕是一点点国王的财富……正如一条鱼在水里游动时,我们无法知道是否它在喝水一样,我们也无法知道掌管政府财富的人是否错误地分配了钱财……我们有可能发现鸟儿在天空飞过的痕迹,却不能发现政府官员隐藏其收入的方式。
>
> ——Kautilya[①]

预算通过后就进入预算执行。预算执行是指政府根据议会批准的预算,实际运用资源实施预算政策。预算执行中将会发生各种财政交易。如何组织和管理这些财政交易就是预算执行过程中至为关键的制度设计问题,不同的组织和管理财政交易的预算制度将会产生不同的结果。在预算执行过程中,必须选择恰当的治理机构和管理模式来有效率地组织和管理各种财政交易,实现运行效率或管理效率。运行效率主要包括四大方面地内容:(1) 控制。建立各种控制、约束机制将代理成本最小化;(2) 管理的灵活性。在确保预算执行严格遵守预算及相关各种制度规定的同时,赋予管理者必需的灵活性;(3) 协调。在政府和议会、财政部门和支出部门之间建立有效的沟通、协调,确保预算顺利执行。(4) 激励。激励支出机构及其管理者节约资金

---

① 转引自 Premchand, A. 1999. Public financial accountability. In Salvatore Schiavo-Campo Eds. *Governance, corruption and public financial management*. Asian Development Bank. p. 148。

的使用，以最小的成本供给服务。①

一、预算执行的性质与目标

　　资金分配永远都是预算过程中最激动人心的环节。但是，预算执行同样非常重要。无论政策制定得多么合理，预算编制得多么好，如果预算执行是低效率的，例如，充满了浪费或腐败，或者支出管理者可以随意地在预算执行中改变支出用途，或者收入管理者不能按时足额地筹集财政收入，那么，预算就不能得到很好的执行，既定的政策目标就无法实现。不过，在很长一段时间里，在公共预算研究中，预算执行一直未得到足够的重视。相对于预算制定来说，对预算执行的研究一直不是很充分。例如，彼茨瓦达指出，几十年来，预算执行一直是预算研究中最受冷落的一个领域。② 这或许是因为，预算执行是一个多样而且复杂的领域，涉及非常复杂的细节。麦克费雷和穆迪也批评说，在过去的十年中，尽管在实践中管理者越来越关注预算执行问题，学术界仍然主要研究预算政策的制定。③ 黑克巴特和兰姆塞也作出了同样的批评，并呼吁重视预算执行中存在的决策问题。这些批评应该说都是正确的。④ 目前，主流的预算理论都主要关注于预算决策的制定，而不是预算执行。⑤ 从根本上看，预算执行的重要性之所以被忽视主要是因为，在许多人眼中，预算执行主要是一个纯粹的技术过程和管理过程。换言之，预算执行不涉及政治性因素，不像充满政治因素的资金分配过程那样吸引人。

---

　　① Bartle, John, & Jun Ma. 2004. Managing financial transactions efficiently. In Aman Khan & W. Bartley Hildreth. Eds. *Financial management theory in the public sector*. Westport, CT: Greenwood Publishing Group Inc.

　　② Pitsvada, B. 1983. Flexibility in Federal budget execution. *Public Budgeting & Finance* Vol. 3, No. 3: 83-101.

　　③ McCaffery, Jerry, & John E. Mutty. 1999. The hidden process of budgeting: Execution. *Journal of Public Budgeting, Accounting & Financial Management* Vol. 11, No. 2: 233-257.

　　④ Hackbart, Merl, & James Ramsey. 1999. Managing public resources: Budget execution. *Journal of Public Budgeting, Accounting, & Financial Management*. Vol. 11 (2): 258-275.

　　⑤ Patashnik, Eric. 1996. The contractual nature of budgeting. *Policy Science* Vol. 29: 189-212. Hackbart, Merl, & James Ramsey. 1999. Managing public resources: Budget execution. *Journal of Public Budgeting, Accounting, & Financial Management*. Vol. 11 (2): 258-275.

例如，有些研究者认为，预算制定是一个计划过程，预算执行是一个管理过程。① 而某些研究者仅仅将预算过程视为预算制定过程的延伸，因而在这个过程中，无论是核心预算机构还是支出机构都采取和预算制定过程中同样的战略与策略。②

然而，与预算资金的分配相比，预算执行的重要性一点也不小。从某个角度看，预算执行可能更加重要。首先，在预算执行阶段，核心预算机构和支出机构之间的联系比预算制定阶段更加频繁和重要。其次，预算制定通常只是涉及预算年度中的一个阶段，而预算执行贯穿整个预算年度。③ 最后，无论是总额控制还是配置效率，最后能否实现其目标都取决于预算执行的效果。毫不夸张地说，如果没有一个合理设计的预算执行制度，"经过精心设计的预算可能会执行得一团糟；而本身就设计得一团糟的预算就更难取得好的结果"④。20 世纪 80 年代以来，随着新绩效预算改革的兴起，预算执行越来越受关注，预算执行也开始出现一种从控制转向绩效。和以往的预算改革不同，新绩效预算改革认为，要将运行预算从控制转向绩效，必须改革预算体系赖以存在的管理系统，如果不对管理系统和过程进行改革，运行预算就不可能成功地从控制转向绩效。⑤

另外，人们越来越认识到，尽管在预算资金分配的过程中政治性因素相对比较多，预算执行过程则主要是一个管理过程，但是，这并不意味着预算执行不涉及政治。在很大程度上，整个预算过程都是政治性的，在预算执行过程中，政治性因素继续影响着政治家和管理者的行为。正如鲁宾所说的：

> 预算执行的重点在于按照通过的法案准确地执行预算，这就使得预

---

① McCaffery, Jerry & John E. Mutty. 1999. The hidden process of budgeting: Execution. *Journal of Public Budgeting, Accounting & Financial Management* Vol. 11, No. 2: 233–257.

② Premchand, A. 1983. *Government budgeting and expenditure controls: Theory and practice*. Washington, D. C.: IMF Publishers. p. 355.

③ Ibid.

④ （亚洲开发银行）萨尔瓦特罗·斯基亚沃-坎波、丹尼尔·托马西：《公共支出管理》，张通译，中国财政经济出版社 2001 年版，第 133 页。

⑤ Schick, Allen. 2001. The changing role of the central budget office. *OECD Journal of Budgeting* Vol. 1, No. 1: 9–26.

算执行表面上看起来具有很高的技术性,成为政府官员和会计师们特有的领域,也缺乏政治内涵。事实上,预算执行也具有政治性,因为它可以调节预算中问责的程度,它涉及行政和立法之间政策控制的斗争,即使是最技术性的问题,诸如消除浪费、欺诈和滥用职权,都可以使预算执行成为政治活动的一部分。[1]

在预算执行过程中,议会和政府之间可能会发生冲突。首先,这主要发生在政府理解议会的意图方面。在预算通过之后,政府将负责在预算执行过程中诠释议会在通过的预算中表达的政策意图。如果议会的意图是模糊的,政府在预算执行中就会享有很大的灵活性,而议会可能就会认为政府在预算执行中歪曲了议会本来的意图。此时,议会和政府之间就会在预算执行中出现冲突。其次,政府可能会通过预算执行来追求政府自身的政策意图,尤其是那些在预算审批环节未如愿以偿的政策目标。政府主要是运用它对支出政策的控制来这样做的。例如,在美国的预算体系中,联邦政府和州政府常常运用例如拨款扣押控制以及其他的行政手段来限制在某些项目或拨款单位上议会已经同意的支出,以更好地追求政府的利益或者阻碍议会的政策意图实现。拨款扣押是指政府单方面扣留议会批准进行开支的资金。在联邦一级,扣留拨款控制常常被总统运用来在预算执行中控制那些政府不喜欢的支出。从历史上看,国会一般允许或默许总统基于技术上的原因而扣押某些已经获得国会授权的开支。但是在尼克松时期,它被滥用来增强总统的预算权力,甚至于达到了无视国会的程度。政府将总统确定的预算总额当成了国会预算的最高限额,国会在总统预算之中增加的任何资金都可以被政府宣布为无效。尼克松时期滥用扣押控制的结果是国会在1974年通过了《国会预算和扣留控制法案》,禁止总统采取这一手段。[2] 最后,在预算执行过程中,一旦环境发生变化,就需要相应地改变预算,例如,削减支出、增加收入等。

---

[1] [美]艾伦·鲁宾:《公共预算中的政治》,叶娟丽等译,中国人民大学出版社2001年版,第249页。

[2] Hackbart, Merl, & James Ramsey. 1999. Managing public resources: Budget execution. *Journal of Public Budgeting, Accounting, & Financial Management*. Vol. 11 (2): 258–275.

在这些问题上哪些必须提交议会审批,哪些可以授权给政府,哪些则可以授权给部门,这些实质上都是重要的政治问题。总之,预算执行过程既是管理性和技术性的,涉及许多技术性和管理性很强的活动,例如现金管理、会计等,但是,它也是政治性的。

自现代预算建立之日起,预算执行的目标主要包括[①]:

● 确保预算执行与批准的预算以及政府的各种规章制度一致

如果预算通过后,政府及其各个部门都将预算视若无物,预算无法约束政府及其各个部门的行为,那么,无论通过的预算多么完美,公共预算的目标都无法实现。所以,传统预算执行制度的重点就是确保公共资金的使用符合法律。这种合法性主要体现在两个一致上。首先,在预算执行中确保预算执行与批准的政策和预算保持一致。也就是说,在预算执行中,需要"确保按照法律授权权限实施预算,这种授权既包括财务授权也包括政策授权"[②]。传统预算执行是"通过细致的投入控制,确保预算执行过程不会出现各种超支现象,而且预算构成在执行中也不会发生变化"[③]。通过这种控制,确保政府及其各个部门具体的收支管理活动不会违反财经纪律。其次,确保预算执行与政府的各种规章制度保持一致。也就是说,在预算执行过程中,所有的支出决策与行为必须与政府实施的各种规章制度保持一致,包括采购制度、支付制度、人事制度等。[④]

● 防止浪费、欺骗以及滥用职权

在预算执行中,预算承诺的资金开始从国库中支付出去。在这一阶段,政治家与各个部门的官僚的支出决策影响着这些资金的使用情况。在这个过程中,如果缺乏有效的财政控制,资金可能被贪污、浪费,各种滥用职权的

[①] [美] R. 亨德利克、J. P. 弗雷斯特:《预算执行》,见罗伊·T. 梅耶斯编《公共预算经典》,苟燕楠、董静译,上海财经大学出版社 2005 年版。Barraclough, Katherine & Bill Dorotinsky. 2005. International Practice on Budget Execution and Control. Public Financial Management Workshop, NOSPA, Vientiane, Lao PDR May 23 – 26.

[②] (亚洲开发银行)萨尔瓦特罗·斯基亚沃 – 坎波、丹尼尔·托马西:《公共支出管理》,张通译,中国财政经济出版社 2001 年版,第 133 页。

[③] 同上书,第 134 页。

[④] Schick, Allen. 1998. *A contemporary approach of public expenditure management*. Washington, D. C.: World Bank.

行为就会出现。2000多年前，考帝拉就写道：

> 正像一个人发现自己舌尖上有蜂蜜或毒药，不可能不去品尝一样，负责管理政府资金的人不可能不去品尝一点，哪怕是一点点国王的财富……正如一条鱼在水里游动时，我们无法知道是否它在喝水一样，我们也无法知道掌管政府财富的人是否错误地分配了钱财……我们有可能发现鸟儿在天空飞过的痕迹，却不能发现政府官员隐藏其收入的方式。①

所以，传统预算执行制度的一个主要目标就是保护公共资金不被贪污、浪费，不被各种欺骗行为所侵蚀，并在这个过程中防止滥用职权。从根本讲，在预算执行中建立起来的各种控制机制都是为了确保政府及其部门在管理收入和支出时更加负责。最近二十多年，虽然预算执行变得越来越追求结果的实现。但是，这一传统的目标仍然是预算执行制度不可忽略的目标。

● 确保项目顺利实行

控制只是手段而不是目的。预算执行的主要目的是通过有效的预算执行，确保预算中安排的项目顺利地得到执行。在这个意义上，预算执行也是政策执行，政策目标的实现依赖于有效的预算执行。

为此，需要确保资源在预算约束或者授权的限额内根据项目执行的需要及时地安排给部门和项目管理者，制定合理的预算执行计划或现金计划；要求部门加强项目管理，改进项目管理水平，提高部门的运作效率，实现体现在预算中的各个项目目标。

● 适应收入与支出的变化进行预算执行

现代预算要求严格执行预算，但是，在预算执行过程中，必然会出现各种改变预算的需要。即使在编制预算和审批预算时已经充分地考虑了未来可能出现的各种变化，即使对收入和支出已经做了各种尽量"科学"的预测，在预算执行过程中，经济、政治和社会环境仍然可能发生意想不到的变化。

---

① 转引自 Premchand, A. 1999. Public financial accountability. In Salvatore Schiavo-Campo Eds. *Governance, corruption and public financial management*. Asian Development Bank. p. 148。

这些变化要么会对政府的收入产生影响，要么会对政府的支出计划产生影响。当环境出现了变化，而且这些变化要求改变预算，预算执行就必须能够反映这些变化。此时，就需要根据环境的变化对预算进行调整。[①]

正如完全无视预算约束会助长各种不负责的行为一样，一个绝对刚性的预算执行制度将会是迟钝的，进而会缺乏效率，也可能是不负责的。但是，同样是为了使得政府更好地履行财政责任，在预算执行中必须确保任何改变预算的行为都是合法的，需要禁止政府及其部门随意地改变预算。这意味着，在预算执行过程中，必须在控制与灵活性之间进行一个艰难的权衡。[②]

二、预算执行的内容及主要阶段

尽管各国预算执行的具体情况各异，但是，预算执行的基本内容都是一致的，即是指在预算通过后围绕着国库对收入和支出进行的管理。当然，也需要对整体的财政风险进行控制。一般的，预算执行包括三个阶段：制定关于支出权力和支出过程的运作计划和进度表（或预算执行计划）；对计划和预算进行改善和调整；在财政年底进行对账并对账户信息进行审计。[③] 这就形成一个预算执行周期，也被称为财政管理周期。这一周期包括了预算执行过程中的主要财政管理活动（图16-1）。

在不同的国家和不同的预算环境中，这些活动的相对重要性是不同的。不过，一个完整的财政管理周期应该包括这样一些主要内容：（1）政府授权周期。这一周期结束于图中的6/1步骤，它表明月/季度账户的信息在年内得到复核，并被作为重新复核预算授权的基础。当然，在复核过程中也许会出现补充的预算授权请求或由议会批准的预算增减额。（2）与现金管理相联系的控制过程。例如，国库部门或许会基于流动性约束而在一定时期内对承付款项采取限制手段，如图中步骤4到步骤2的反向箭头所表示的。如

---

① （亚洲开发银行）萨尔瓦特罗·斯基亚沃-坎波、丹尼尔·托马西：《公共支出管理》，张通译，中国财政经济出版社2001年版，第133页。

② ［美］R. 亨德利克、J. P. 弗雷斯特：《预算执行》，见罗伊·T. 梅耶斯编《公共预算经典》，苟燕楠、董静译，上海财经大学出版社2005年版。

③ 同上。

果该时期被延长,那就会使得实行的预算授权被削减。此外,在不正常运行的支出管理中,财政部门还可能采取拒付应付账款,即图中的步骤4到步骤3的反向箭头。不过,一般情况下,财政很少使用这种支出控制办法。①

(3) 现金和债务管理之间的配合,步骤4和步骤5。在这一阶段,对政府现有和预测的流动性资金需求的监督和控制将与政府债务管理紧密地结合起来。

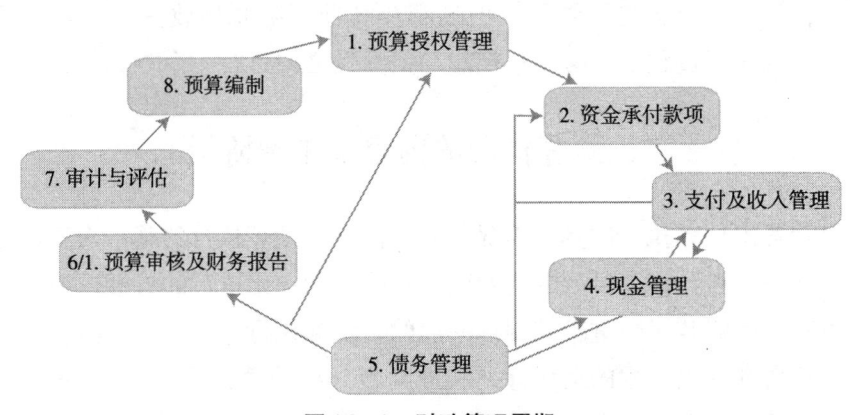

图16-1 财政管理周期

资料来源:[美]哈希姆、艾伦(Hashim, Ali & Bill Allan):《国库参考模型》,章彤译,中国财政经济出版社2001年版,第30页。对阶段5作了修改。

在财政管理周期中,最关键的是支出周期。一个健全、完整的支出周期主要包括以下几个阶段:授权(authorization)、承诺(commitment)、确认(verification)、支付授权(payment authorization)、支付(payment)、会计(accounting)(图16-2)。②

---

① [美]哈希姆、艾伦:《国库参考模型》,章彤译,中国财政经济出版社2001年版,第30—31页。
② Potter, Barry H., & Jack Diamond. 1999. *Guidelines for public expenditure management*. Washington, D. C.: IMF. pp. 35–40.

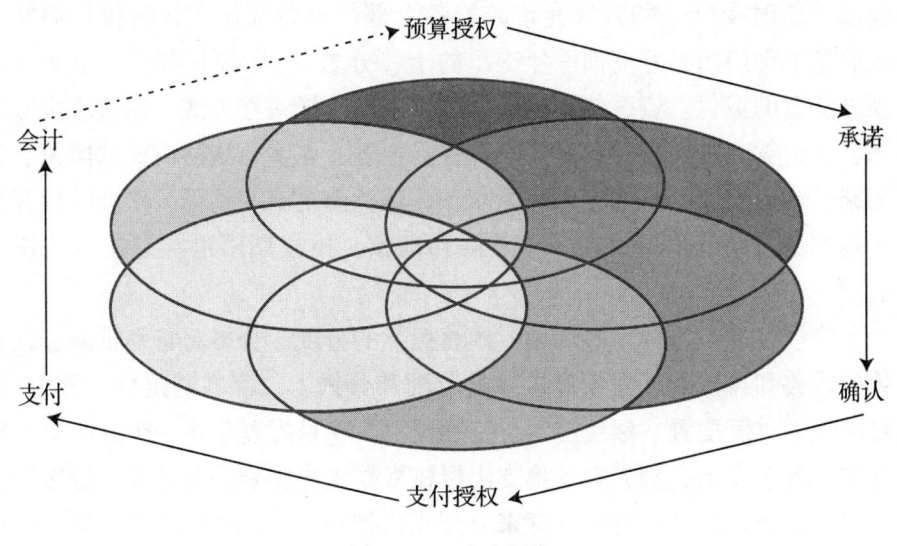

图 16-2　支出周期

资料来源：作者绘制。

（一）预算授权

预算执行的第一阶段是预算授权。一旦议会批准了预算，核心预算机构就可以进行预算授权。预算授权是指核心预算机构将支出权力以一定的形式下达给支出机构，例如在美国是以法律的形式。一旦获得授权，各个部门就可以根据预算拨款的科目进行支出。一般的，支出授权涉及支出权力的分配和资金拨付。具体地，预算授权首先由核心预算机构按照比例将拨款分配给各个部门，即明确在某一时间各个部门可以利用哪一部分拨款。在此基础上，支出部门向各个下属单位按照比例分配拨款。通常是由支出机构的行政主管将预算拨款分配给各个执行人员，直到每一个与支出授权有关的人员都明确这项支出权的具体内容为止，并将各个单位和管理者可以使用的资金的数额通知相关的财务人员。① 如果财政年度开始后议会仍然没有通过预算，

---

① ［美］B.J. 里德、约翰·W. 斯韦恩：《公共财政管理》，朱萍等译，中国财政经济出版社 2001 年版，第 154 页。（亚洲开发银行）萨尔瓦特罗·斯基亚沃－坎波、丹尼尔·托马西：《公共支出管理》，张通译，中国财政经济出版社 2001 年版，第 136 页。

一般以"暂时授权"的方式允许政府各个部门进行支出。暂时授权通常允许政府各个部门每月开支前一年支出的十二分之一。① 预算授权的下达也涉及预算资金的拨付。资金的拨付通常可以采用这样一些方式：通过现金限额通知、支付凭证、向定额备付账户转移资金等。在实行法国模式的国家、拉美国家、转型国家和许多英联邦国家，一旦议会批准了预算，议会的预算授权一般都是一年。不过，在一些英联邦国家，授权期限可能是按月或按季度的。②

预算授权涉及这样一些活动：预算拨款的分配、分摊、特别批准、预算拨款的转移和再规划。在预算拨款的分配和分摊上，存在着这样一些方式：项目配置、进度配置、额度配置、特别授权。项目配置是将一个总的支出授权分配给各个支出类别，它是将支出授权根据支出类别区分开来。进度配置是根据支出类别的具体时间进度来分配支出授权。③ 与此相联系的是分期拨款制度。实行分期拨款的一个原因是，政府不可能在预算年度之初就拥有所需的全部预算收入，因而必须采取分期拨款的策略。否则的话，现金管理就会出现混乱。当然，在赤字非常严重的情况下，即使采取了分期拨款制度也不能避免现金管理上的混乱。④ 采取分期拨款制度的另一个原因是，防止支出机构在预算年度结束前就花完了所有的预算拨款。额度配置是指上级将支出授权在下属之间进行分配。通常地，上级管理者在获得支出授权之后将其中的大部分再下达给下属，而且通常不再附加支出进度和支出类别的限制。如果有其他的限制，一般是在进行额度配置时同时下达。⑤ 进度配置和额度配置不同于项目配置之处是它们都将一部分的支出授权保留在本级机构，以后再根据情况下达给下级机构。特别授权是指某项支出必须有特别的支出授

---

① Potter, Barry H., & Jack Diamond. 1999. *Guidelines for public expenditure management*. Washington, D. C.：IMF. p. 35.

② Ibid.

③ [美] B. J. 里德、约翰·W. 斯韦恩：《公共财政管理》，朱萍等译，中国财政经济出版社 2001 年版，第 155 页。

④ [美] A. 普雷姆詹德：《有效政府会计》，应春子等译，中国金融出版社 1996 年版，第 18 页。

⑤ [美] B. J. 里德、约翰·W. 斯韦恩：《公共财政管理》，朱萍等译，中国财政经济出版社 2001 年版，第 156 页。

权,它可能是日常性的,也可能是专门针对一些特殊的情况(例如对某项支出存在滥用)。它一般适用于一些具体的支出项目,例如差旅、培训、设备开支或者是大宗支出等。①

预算授权还必须考虑上一年的预算节余。在大多数国家,预算节余是不能转到下一个年度去使用的。但是,在一些 OECD 国家,例如澳大利亚、英国、加拿大和大多数斯堪的纳维亚国家,可以将未支出资金的一个很小的百分比转到下一年使用;在意大利、日本、新西兰和美国等一些国家,支出责任在上一个年度形成而实际支付发生在下一个年度的资金可以转到下一个年度。不过,在大多数国家,一般允许将资本拨款的某些部分(在某些情况下是项目支出的某些部分)转到下一个年度使用;或者只要不突破总成本,允许在形成具体的工程时对原来的计划进行修改。最近,在一些 OECD 国家,预算改革越来越强调赋予各个部门支出的自由与灵活性,因而越来越倾向于允许将预算节余转到下一个年度使用。不过,这些国家的做法可能并不适于其他的国家。因为,在大部分的 OECD 国家,支出的总额控制已经不成问题,多年期的支出计划已经非常完备,财经纪律已经比较牢固地确立起来了。在这些条件都具备的情况下,他们可以为了更有效率和更有效益地使用资金,而赋予各个部门比较灵活的预算授权。其他并不具备这些条件的国家则不宜采用这种做法。②

(二)支出承诺

从技术上讲,支出机构的管理者在获得支出授权之后就拥有了可以支出的资金,从而可以做出支出决策,自主地对政策和项目做出承付。但是,由于核心预算机构对支出机构的支出承诺实施的外部控制程度不同,各国在预算资金的支出上存在一些不同。一般的,大多数国家都明确规定,没有核心预算机构的特别许可不能进行任何支出。例如在法国模式及其变种的意大利模式下,支出机构在做出每一项承付之前必须取得核心预算机构(通常是

---

① [美] B. J. 里德、约翰·W. 斯韦恩:《公共财政管理》,朱萍等译,中国财政经济出版社 2001 年版,第 156—157 页。

② Potter, Barry H., & Jack Diamond. 1999. *Guidelines for public expenditure management.* Washington, D. C.: IMF. p. 35.

财政部门）派往支出机构的财政代表的同意。这种模式对支出机构的支出决策实施了非常严格的外部控制，从而可以维护财经纪律，并为现金管理提供了便利。而在前中央计划体制中，承付阶段不需要取得核心预算机构的批准。不过，现在这些国家已经开始转变，由核心预算机构监督承诺付款。虽然最近的新绩效预算改革呼吁赋予支出机构更大的支出自由度，但是，许多国家仍然坚持这种严格的外部控制。不过，如果每一项支出都要由核心预算机构来批准将会导致管理上的混乱，而且也会加大核心预算机构的负担。所以，核心预算机构通常也会赋予支出机构的主管官员某些支出上的财权，由他们控制资金，自行进行支出。①

不过，似乎很难找到一个关于承诺的精确定义。不同的预算体系对于承诺的定义是不同的，即使在那些政府会计很成熟的国家也没有一个共同的定义。广泛地说，当政府部门发出一个购买的订单或签订了一个合同，承诺就发生了。因为，在这两种情况下，政府将获得商品或服务进而必须为此付款。由于承诺可能会导致实际的支出并对财政计划构成巨大的影响，因此，一个成熟的、先进的财政管理体系需要保留关于承诺的信息并对之进行监督。② 承诺阶段经常会涉及一些比较复杂的问题③：

- 承诺的存在并不必然导致获得产品或服务，因为部门或机构可能会改变主意或与供给商意见不一致。这在一些支出管理落后的国家是很常见的，而这并不是因为供货（或服务）商拿不到钱。
- 承诺的性质随着支出的经济分类不同而不同。在做出承诺和相应的现金支付之间会存在一个时滞。尤其在购买资本品时更是如此。
- 承诺并不意味着在同一财政年度内进行支付。对于投资支出尤其如此。
- 许多国家存在额外程序，允许在没有事先承诺的条件下进行支出。

---

① ［美］A. 普雷姆詹德：《有效政府会计》，应春子等译，中国金融出版社 1996 年版，第 17、20 页。

② Potter, Barry H., & Jack Diamond. 1999. *Guidelines for public expenditure management.* Washington, D. C.: IMF. pp. 35 – 36.

③ Ibid., p. 36.

- 在一些国家，所谓的承诺至多只是一种"保留"（reservation），即支出部门向预算机构申请将某一预算配额（allotment）留下来用于将来的支出。在会计的意义上，这不能算着承诺，因为没有签订任何合同。然而，许多转型国家的财政官员喜欢将预算拨款等同于承诺。
- 在法语国家和其他一些国家，对于承诺存在双重控制：各个部门及机构的行政控制、财政部门实行的财政控制。财政部门的财政控制在审计控制之前，它特别强调与拨款保持一致。
- 在许多国家，要么缺乏对承诺的记录，要么会计体系不能集中汇总所有的承诺（如各个部门或机构仅仅在内部记录这些承诺）。在这种情况下，就极其容易累积支付方面的拖欠。因为，无法确保在做出承诺时，这些承诺是与计划的现金相一致的。

（三）支出确认

在这一阶段，需要根据签订的合同确认商品或者服务的供给者是否已经按照购买时的规定条件提供了商品或者服务，同时也需要确认账单是否已经收到。通常地，物质商品的供给会比支出确认要早一段时间。如果部门或者支出机构购买商品或服务，它们就需要负责检查账单以及商品和服务。不过，在这一阶段，账单并不一定意味着政府的负债。这取决于会计方式。即使这种负债采用权责发生制会计方式记录，也不一定马上就要进行现金支付。例如，在许多国家都有一个支出确认后 30—60 天才付款的缓冲期。①

在预算执行中，根据不同的会计基础，支出机构的支出可以用三种方式来确认：支出机构做出了支出承诺、支出机构负有支付责任、支出机构在消耗资源。② 支出承诺是将会产生未来支付义务的阶段，它表明支出机构在以某种方式形成了支出意向，例如发出订单或者签订合同。实际的支出通常就是从支出承诺开始，在出现支出承诺的会计账户中应该记入负债。不过，只

---

① Potter, Barry H., & Jack Diamond. 1999. *Guidelines for public expenditure management*. Washington, D. C.: IMF. pp. 36 – 37.

② ［美］B. J. 里德、约翰·W. 斯韦恩：《公共财政管理》，朱萍等译，中国财政经济出版社 2001 年版，第 157 页。

有当对方（私人机构或者其他的公共机构）履行了合同的条款之后，支出机构才负有支出的义务。支付责任是指支出机构的某一行为产生了具有法律约束力的付款义务。消耗资源引起的支出是指当资源被消耗并且不能再获得时导致的支出，它关心的是公共机构在供给或生产公共物品或服务的过程中实际使用的资源而不是被花费的资源。① 支出的确认方式与适用的政府部门会计基础联系非常紧密。这种联系可以在表16-1中看出来。

表16-1 会计基础比较

会计基础	时间上的先后	例子
承诺制	承诺	发出采购纸张的订单
权责发生制	责任	收到纸张和账单
收付实现制/现金制	资金流动	支付
成本制	使用	纸张消耗

资料来源：[美] B. J. 里德、约翰·W. 斯韦恩：《公共财政管理》，朱萍等译，中国财政经济出版社2001年版，第41页。

政府会计的目的是对各个部门及政府整体的财务活动和状况进行记录、分析、总结、评估。收付实现制或现金制会计是最古老的会计模式。在这种模式中，当政府实际收到税收等收入时就记录为收入，当政府实际上进行了付款时就记录为支出。② 现金制有几方面的好处：（1）现金是评价政府对经济所产生的影响程度时运用非常广泛的指标；（2）现金易于跟踪，能够很好地满足传统预算的控制要求，确保不超支；（3）大部分政府债务的发生时间与为清偿债务而支付现金的时间之间的间隔很短。③ 不过，它有三个缺陷：（1）政府或者支出机构的财务状况容易通过操纵现金交易或记录而被

---

① [美] B. J. 里德、约翰·W. 斯韦恩：《公共财政管理》，朱萍等译，中国财政经济出版社2001年版，第157—158页。[美] 罗伯特·D. 李、罗纳德·约翰逊：《公共预算系统》，曹峰、慕玲、张玉坤译，清华大学出版社2002年版，第335页。

② [美] B. J. 里德、约翰·W. 斯韦恩：《公共财政管理》，朱萍等译，中国财政经济出版社2001年版，第41页。

③ 楼继伟主编：《政府预算与会计的未来——权责发生制改革纵览与探索》，中国财政经济出版社2001年版，第7页。

扭曲。例如，支出机构可以通过拖延支付而隐藏债务。（2）它不能提供关于未来的财务信息，不能提供关于预期的收入和支出的信息。它所提供的财务信息可能是最晚的信息，当会计体系将这些信息记录下来时，通常发生的事件已经是不可逆转的，因而不能预警某些支出决策的长期影响。（3）不能在政府服务的成本与绩效之间建立联系。正是由于这些原因，现在一些国家开始转向权责发生制的会计。在权责发生制下，在确认支出和供给公共服务的成本时，并不要求发生即期的现金支付，只要发生了在法律上是有效的交易及其支付义务，就需要在会计账户中记录该项负债。承诺制会计是指一旦做出支出承诺就记录经济交易，它主要用于支出类账户。在这种会计模式下，支出机构在为开支决定记账后，可能就会留置已经承诺的资金，因而就形成了有关支出的可能发生的最早信息。承诺制和权责发生制都记录实际资金运动的交易，它们可以一起使用。成本会计制根据消耗的资源来确认会计事项，它的主要目的是记录供给公共服务的实际成本。①

（四）支付授权

支付活动包括支付授权和实际支付这样两个阶段。支付授权阶段也称为支付命令阶段，这一阶段的主要活动是发布支付命令。支付授权在不同的体系中有不同的意义。在法语国家预算体系中，一个指导性原则是订购服务或商品的官员必须与授权支付的官员分离。负责支付的官员通常是一个公共会计官员，该官员隶属于公共会计部门（Comptabilité Publique），专门负责在支出过程中对于已经确认的账单授权支付。一旦账单确认后，支出部门就将该账单交给公共会计官员，并要求支付该账单。支付命令通常集中在财政部门。不过，拉美国家的做法恰恰相反。在拉美国家，对支出承诺的事前审计和支付都是由总审计长（Contraloría General）作出的。在英联邦国家，发出支付命令通常是由在这方面承担责任的财政官员负责的。不过，在英联邦内部也有变化。在一些国家，发出支付命令和支票的权力是分权性的，各个部

---

① ［美］B. J. 里德、约翰·W. 斯韦恩：《公共财政管理》，朱萍等译，中国财政经济出版社 2001 年版，第 40 页。楼继伟主编：《政府预算与会计的未来——权责发生制改革纵览与探索》，中国财政经济出版社 2001 年版，第 7 页。

门承担这一任务然后再报告给处于核心地位的控制机构。在另一些国家，这一活动则是集中在国库部门，通常是财政部门内部的主计长（the accountant general）负责的。在这种情况下，主计长既是支付的总负责人，也负责准备政府的会计报告。目前，大多数转型国家越来越倾向于建立一个国库部门并由其来发布支付命令。不过，这些转型国家的情况非常复杂，而且大都处于变革时期。一些国家里还存在拥有特别权力的部委，它们保留着一个单独的体系，例如国防和内政部。另一些转型国家却继承了以往体制中一些令人困惑的传统。比如，存在多层支出单位。在这种传统下，一旦资金从财政部的账户上转移到其他一层支出单位的账户上，财政部就认为支出已经发生。但是，这些资金还要层层拨付，实际的支出才能发生。在这种情况下，财政部的支付命令通常不等于其他国家的支付授权。[①]

（五）支付

这是支付活动的第二阶段，即实际支付阶段。只有经过支付授权后，才会发生实际的资金支付，所以，这一阶段有时也称现金支付阶段。在实际支付阶段，资金支付实际发生，通过现金、支票或电子转账等方式政府开始实际支付各种账单。在一些预算体系中，实际支付是通过一个财政单一账户进行的。这个财政单一账户通常由财政部设置在中央银行或指定的银行。在另一些预算体系下，支付是通过各个部门开设在商业银行的账户来进行的。[②] 不过，越来越多的国家开始认同第一种支付模式。因为，在后一种模式下，财政部门非常难以对资金流动进行财政监管和会计控制。一个普遍的共识是，单一账户体系是有效的财政管理的基础条件。

一般的，政府支付包括以下步骤[③]：

- 预算拨款记录；

---

① Potter, Barry H., & Jack Diamond. 1999. *Guidelines for public expenditure management*. Washington, D. C.: IMF. pp. 37-38.

② Ibid.

③ ［美］A. 普雷姆詹德：《有效政府会计》，应春子等译，中国金融出版社1996年版，第16页。

- 记录给予不同部门的预算分配数额;
- 保存承付款项的记录;
- 支付要求的收集与核实;
- 发出实际支付的指令;
- 已经支付的记录;
- 收到商品和服务的记录;
- 成本记录,即政府机构在提供服务中实际使用的商品和服务的记录。

(六) 会计

在预算执行过程中发生的现金交易必须全面地记录在账簿中,以备监督、控制之用。目前一些发达国家已经开始从传统的收付实现制或现金制会计转向权责发生制会计。这使得会计功能出现了重大变化。在法国和拉美国家以及在财政部门内部专设了主计长职务的英联邦国家,由财政部门集中控制财政账户,而在一些财政管理分散的国家,例如仍未进行改革的转型国家,这些账户是分散在各个部门手中的,这些部门在一个或多个商业银行开设账户并处理支出。[1]

在预算执行过程中,政府如能定期发布财务报告就能有效地加强财政监督与控制。目前,只有一些国家的法律要求发布预算执行的财务报告(financial statement)。即使在这些国家,发布报告的时间也没有具体规定。不过,新西兰的《公共财政法案》要求政府每月发布财务报告,并规定了发布的时间、财务报告的范围和会计基础。法国1922年的《控制支出承诺法》要求,支出承诺必须每月报告一次,但不是一个完全的月度财务报告。不过,尽管法律没有规定,目前,许多国家每月发布预算执行数据,一般在该月的预算执行完成后的一个月内发布。此外,一些OECD国家的法律要求,财政部要向议会提交一个正式的中期报告。[2]

---

[1] Potter, Barry H., & Jack Diamond. 1999. *Guidelines for public expenditure management*. Washington, D. C.: IMF. p. 38.

[2] Lienert, Ian, & Moo-Kyung Jung. 2004. The legal framework for budget system. *OECD Journal of Budgeting* Vol. 4, No. 3: 1-479. p. 119.

对于现金管理和支出控制来说，发生在支出周期每个阶段的信息都是非常重要的。但在现实中，并非所有国家的预算执行都包括这些阶段。即便包括了所有阶段，每个阶段能否提供及时、可靠的信息也是一个问题。从监督支出的需要看，确认阶段的信息也许最有价值。因为，通过确认就可以测量政府实际的负债，例如，一旦账单收到后，将之与可获得的资金相比，就可以比较准确地测量潜在的拖欠金额可能会有多大。但是，许多国家通常没有这一信息或者该类信息并不可靠。从现金制会计的角度看，次优方案是承诺阶段。在一些国家，特别是实行法国模式的国家，这个阶段的信息是可以获得的。然而，在许多国家，只有到支付命令或者支付阶段才能获得全面而且可靠的信息。在那些财政管理体制落后的国家，财政监督通常集中在最后的现金支付阶段。对于这些国家来说，需要将监督工作前移到确认和承诺阶段。① 表16-2比较了现金制会计体制时期，各类预算体系在支出过程中各阶段的具体管理方式。

表16-2 支出过程各个阶段的比较

	英联邦国家	法语国家	拉美国家	转型国家
承诺	合同签订，订单发出。信息没有反映在集中的会计体系	合同签订，订单发出。获得财政部长或财政审计长的授权。通常拥有足够的信息	合同签订或订单发出。信息不可靠、不及时	订单发出，通常没有合同。通常情况下，在这一阶段没有记录
确认	收到票据。确认工作已经完成或者货品已经全面送到	收到票据。确认工作已经完成或者货品已经全面送到	收到票据。确认工作已经完成或者货品已经全面送到。信息不可靠、不及时。使用事前审计	收到票据。确认工作已经完成或者货品已经全面送到。信息不可靠、不及时。控制部门采用一些事前审计

---

① Potter, Barry H., & Jack Diamond. 1999. *Guidelines for public expenditure management.* Washington, D. C.: IMF. pp. 37-38.

(续表)

	英联邦国家	法语国家	拉美国家	转型国家
支付命令	财政部处理支付命令，开出支票。或者直接由各个部门处理	财政与经济部的公共会计部门（Comptabilité Publique）处理支付命令和开出支票或者在延付账户中记账	处理支付命令，开出支票	除非改革体制，一般由中央银行处理支付命令并进行电子转账。不开出支票
现金支付	支票兑现	支票兑现	支票兑现	不适用
会计	在账户中记录交易，有些国家的账户控制在财政部门	在账户中记录交易，账户控制在财政部门	在账户中记录交易，账户控制在财政部门	在账户中记录交易，但是账户分散在各部门

资料来源：Potter, Barry H., & Jack Diamond. 1999. *Guidelines for public expenditure management*. Washington, D. C.: IMF. p. 40. 有所修改。

20世纪90年代后期，英联邦的新西兰、澳大利亚等开始实行权责发生制会计。这极大地改进了这些国家的支出控制（参见政府会计一章）。

三、预算执行中的控制

为了确保议会通过的预算得到有效执行，实现政策目标，落实总额控制，也为了约束各种欺骗、浪费以及滥用资金的行为，在预算执行中必须建立各种控制。在现代公共预算形成之时，就在预算执行中建立起各种控制机制。运用资金来供给公共服务，这是各个部门和支出机构的责任，也是预算执行的意义所在。不过，各部门和支出机构在具体执行预算时，必须在财政部门制定的控制框架内开展。此外，核心预算机构也会要求各个支出部门在内部建立各种控制机制。因此，在一个成熟的预算体系中，预算执行过程通常受到核心预算机构和支出部门财务负责人地控制和监督。当然，预算执行过程也处在议会的监督之下。从控制者的角度看，控制包括内部控制和外部控制，前者主要是指在政府内部建立的各种预算控制，后者主要是指议会对政府及其部门的预算控制。从控制的时间来看，主要有事前控制和事后控制。在此，首先分析议会等对政府的外部控制，然后再集中分析政府内部的控制。

（一）议会的外部控制

对于预算执行中的预算控制，首要问题是，议会在多大程度上介入预算执行过程，实施预算控制。换言之，预算执行控制是以政府内部的控制为主，还是议会对政府的外部控制为主？由于预算执行中的控制是日常性的，议会过分介入控制不太现实。原因有二：一则工作量太大，二则需要大量的专业人员。所以，在大部分国家，议会都倾向于将预算执行中具体的管理与控制权力赋予政府首脑及其核心预算机构，由核心预算机构（通常是财政部门）来负责实施议会审议通过的预算，再由审计机构向议会提交对预算执行的审计报告。在支出授权上，大部分国家的议会都赋予财政部门在预算年度中分配预算额度的权力。在一些国家，例如加拿大、法国、德国、新西兰、西班牙和英国，一般会有一个法律对预算授权的分配进行规定，但是，通常比较粗。例如，德国的《预算原则法》仅仅要求，拨款管理应能及时满足各种预算支出的资金需要。在法国，则通过政府的法令将年度内的拨款拨给各个部门。在威斯敏斯特国家，则由国王授权财政部将资金拨付给各个部门，而且，在特定时间内进行预算授权的程序是以政府规章的形式规定的，而非法律形式。总之，在日常的预算执行中，大部分国家的议会主要依赖政府财政部门来实现预算执行。不过，美国、日本和韩国的情况比较特殊。美国国会制定了专门的法律详细地规定了预算授权的程序。美国法典（The US Code）第31款要求，管理与预算办公室在财政年度内的各个时期，或者按照功能、活动、项目及支出方向将预算授权到各个部门。这一法典还具体规定了授权的具体时间。日本、韩国的预算模式深受美国影响，也对预算授权程序制订了相应的法律，但不像美国那样详细。[①]

[①] Lienert, Ian, & Moo-Kyung Jung. 2004. The legal framework for budget system. *OECD Journal of Budgeting* Vol. 4, No. 3: 1-479. pp. 108-109.

当然，在预算执行过程中，议会在某些领域或某些情况下会介入预算执行，而且，在这种情况下，议会的外部控制也比较严。这通常是涉及改变预算的情况，例如，政府首脑取消或者转移议会通过的拨款；在某些特殊的情况下（如紧急情况动用应急基金），政府先支出然后再由议会审批的情况。不过，美国等少数国家多少有些例外。在上面提到的这些领域以及其他领域，美国都制定了非常详细的法律，使得议会可以非常密切地监督和控制预算执行。[①] 总体而言，议会对预算执行的监督主要集中在改变预算的各种行为上。各国议会对预算执行的监督主要有以下几种情况：

- 大约一半的 OECD 国家的议会允许政府首脑取消或者推迟议会通过的预算拨款。但是，一般都有一些限制。
- 对于在预算拨款之间进行调剂和转移，各国议会一般授权政府可以对低层级资金进行调剂或者转移。但是，对于层级高、影响大的资金转移，议会一般直接介入，施加控制。在那些采用宽泛的拨款结构的国家，政府首脑拥有在投入上进行选择的权力，但是，不能在项目之间转移资金。在许多国家，在资本性支出和经常性支出之间转移资金受到严格的限制，在项目之间转移资金需要议会审批。不过，在某些国家，政府首脑有一些临时性的权力来调配资金。例如，在新西兰，政府可以用法令的形式调整产出方面的支出，但不得超过5%。在那些实行详细的、投入型的分项列支拨款结构的国家，法律通常严格限制政府进行资金转移。例如，在德国，1997 年之前，调配规则严格限制政府进行资金转移。1997 年采用新的法律，这种限制有所放松，但是，只能影响不到10%的支出。美国国会的限制则更加严格，对于1 000个左右的账户，总统几乎没有转移资金的自由，任何转移都必须经过议会审批。日本和韩国也严格限制政府不经议会同意而转移资金。[②]

---

① Lienert, Ian, & Moo-Kyung Jung. 2004. The legal framework for budget system. *OECD Journal of Budgeting* Vol. 4, No. 3: 1-479. pp. 108-109.

② Ibid., pp. 111-112.

- 在某些情况下，例如紧急情况，政府支出需要超过议会批准的预算。一般来说，各国对此都会网开一面允许政府超支。但是，为了不损害议会的权力，各国一般又都设有规定和限制，让议会介入监督。例如，德国宪法规定只有在出现不可预见的情况并且的确需要时，政府才有权超过预算进行支出，而且，如果可以采取追加预算或者将支出推迟到下一年的方法解决问题时，政府就不能超支。而追加预算是需要议会审批的。在法国，政府可以以法令的形式超过议会批准的预算进行支出，但是，该法令必须尽快提交议会批准。在没有紧急情况但是出现超收时，政府首脑也可超过预算拨款进行支出，但支出上限仅有1%。同时，政府首脑必须保证超预算支出不会影响预算平衡。并且必须先告知议会的预算委员会。在一些欧洲大陆和北欧国家，某些拨款是以"估算"的名义出现的，通常包括两类：依法或者依合同必须兑现的支出，例如利息支出；某些性质上难以准确估算的支出。对于这些支出，政府可以超过预算进行支出，但是事后必须报告议会。在紧急情况下，经常需要动用应急基金。在日本等国，没有法律专门规定应急基金的数量，但是，在另一些国家则专门对此进行了规定。例如，英国1974年的《应急基金法案》授权政府可以不经议会投票而采取紧急支出，同时规定其数量不得超过去年支出的2%。不过，在美国等一些国家，议会严格限制政府首脑在预算执行中的灵活性。各个部门的应急基金是有限的，而议会自己在这一方面有很大的灵活性。①

此外，在预算执行中，议会也可以通过审查政府提交的财务报告来监督政府的预算执行。如前所述，目前只有一小部分国家有预算执行的月度报告。一些OECD国家的法律要求，财政部必须向议会提交中期预算执行财务报告。在90年代，几个实行威斯敏斯特体系的国家也将这一点写进法律。这使得议会可以审查预算执行，并在需要的情况下追加预算。例如，新西兰

---

① Lienert, Ian, & Moo-Kyung Jung. 2004. The legal framework for budget system. *OECD Journal of Budgeting* Vol. 4, No. 3: 1–479. pp. 110–111.

1989年的《公共财政法案》要求，在预算执行半年后政府应向议会和审计机构提交一个财务报告和财务报表。在美国，总统也必须在每年7月16日向国会提交一个详细的预算执行中期报告，同时国会预算办公室也要向国会的各个委员会提交一个中期的预算执行分析报告。[1]

预算执行后，政府要提交年度会计报告给审计机构，审计机构要出具审计报告，并将审计报告提交议会审查。通过这种方式，议会就能对政府的预算执行情况进行审查、监督。在一些国家，例如丹麦、德国、芬兰、日本和挪威，政府向议会提交年度会计报告是宪法的要求。在德国，只有在议会审查通过了审计过的年度会计报告后，政府执行预算的责任才算真正完成。荷兰2001年通过的《政府会计法案》中也有类似的责任免除规定。在这些国家，相关的法律还详细地规定了预算执行年度会计与年度报告的具体内容。[2] 在这一方面，芬兰可能是规定得最详细的（专栏16-1）。

专栏16-1　芬兰对年度会计和年度报告的法律要求

国家年度会计报告

报告应包括：

- 国家年度会计，关于管理中央政府财政以及遵守国家预算的所有必须的其他信息，以及决定国家运行的效果和运行效率的最重要因素的信息。
- 这个报告也应包括关于公共企业和预算外基金的收入说明和资产负债。
- 关于编制国家年度会计报告的进一步规定可通过政府法令的方式发布。

国家年度会计

国家年度会计包括：

---

[1] Lienert, Ian, & Moo-Kyung Jung. 2004. The legal framework for budget system. *OECD Journal of Budgeting* Vol. 4, No. 3: 1-479. p. 119.

[2] Ibid., pp. 115-116.

- 预算执行说明，以部门或者主要分支的方式按章按项说明。这份说明包括国家年度会计中显示的财政年度的盈余和赤字以及以前财政年度累积的盈余和赤字。
- 针对收入和支出作出的一个收入和支出说明。
- 说明财政年度最后一日财政状况的资产负债表。
- 说明现金流动情况的现金流说明。
- 对于会计账户的注释，以提供真实和清楚的信息。

真实和清楚的信息

国家年度会计以及包括在国家年度会计报告中的关于中央政府财政、国家财政管理和运行绩效的信息应提供关于遵守预算的情况、国家收支、国家财政状况和绩效的真实和清楚的信息。

资料来源：参见芬兰《国家预算法案 1988 – SS17，18》，转引自 Lienert, Ian, & Moo-Kyung Jung. 2004. The legal framework for budget system. *OECD Journal of Budgeting* Vol. 4, No. 3: 1 – 479. p. 116。

在年度会计和年度报告方面，有一小部分国家要求将议会通过的收支与实际执行结果进行比较，并对偏离情况进行解释。在这类国家中，议会的事后控制就比较严。在日本以及一些欧洲大陆的国家，比较通常是在一个总体水平上而不是在部门和项目间进行的，政府只需要向议会提交一个汇总的年度会计报告，通常不需要提交部门年度会计报告。即使要求部门提供年度会计报告，例如德国和日本，这些报告也主要服务于财政部门汇总之需要。在法国，2001 年出台《预算组织法》之前，部门不需要提交年度会计和报告，年度会计和报告主要根据要求的法律内容提供总体的会计说明。例如，为什么支出超过批准的预算等。议会在审查的过程中批准、认可政府在法律权限内对预算的改变，批准政府超过预算的支出，取消未支出的预算等。然而在一些实行威斯敏斯特体制的国家，例如新西兰，尽管年度会计报告也包括超支、紧急支出等信息，但是，年度会计和报告的重点是部门就其财政结果提供一份分析。在实行威斯敏斯特体制的国家，很久以来就要求提交部门年度会计，部门和机构的负责人要在议会为他们的预算的财政结果进行辩护。一言之，在这些国家，政府既需要提交整体的政府年度会计报告，也需要提交部门年度会计报告，以方便议会监督政府的预算执行情况及其结果。①

实行新绩效预算对年度会计和会计报告提出了新的要求，例如芬兰的年度会计和会计报告就要求政府向议会提供绩效方面的信息。在一些国家，例如丹麦和瑞典，并没有法律规定政府必须提交关于部门绩效的非财务信息。在这种情况下，向议会提交部门的绩效信息通常只是政府和部门根据政府的相关制度（例如英国的公共服务合同）而采取的自愿行动。不过，有个别国家专门对此进行了规定。美国1993年的《政府绩效与结果法案》细致地规定了年度绩效报告的内容，并适用于每个机构的所有项目。新西兰和法国也有法律规定了年度绩效报告的具体内容，例如要求评估预算执行的最终效果为什么比预期的高或者低。

对于议会及审计监督来说，除了年度会计和会计报告的内容之外，提交年度会计和会计报告的时间是否及时也非常重要。如表16-3所示，各国政府向审计机构和议会提交年度会计和报告的时间是不同的。

表16-3 OECD各国政府向审计机构和议会提交年度会计和报告的时间

法律要求 财政年度 结束后多少个月	法律要求	
	向审计机构提交	向议会提交审计过的 年度会计和报告
0—3个月	新西兰（2个月）	新西兰（3个月零10天）
4—5个月	荷兰（4+2/3个月）	法国（5个月） 荷兰（5+2/3个月）
6—8个月	丹麦、韩国、挪威（6个月）；日本、英国（8个月）	美国（6个月）
9—12个月		加拿大、韩国、瑞典（9个月）；日本、英国（10个月）
未在法律中规定时间		芬兰、德国

资料来源：Lienert, Ian, & Moo-Kyung Jung. 2004. The legal framework for budget system. *OECD Journal of Budgeting* Vol. 4, No. 3: 1-479. p. 118。

---

① Lienert, Ian, & Moo-Kyung Jung. 2004. The legal framework for budget system. *OECD Journal of Budgeting* Vol. 4, No. 3: 1-479. p. 117.

（二）政府内部控制的方式

在预算执行中，最主要的、经常性的控制是政府内部的控制。这种控制主要是由核心预算机构（通常是财政部门）来实施的，控制的要点是通过控制使得项目管理者必须做什么和不能做什么。在各种用来控制预算执行的手段和技术中，"偏差分析"（variance analysis）是最常用和最普遍的。预算官员和预算监督者监督着收入和支出上的预计数和实际数之间的差别（在总量和账户上）；他们按季度、月、周和日监督着违反"分期预算拨款控制"（allotment control）的收入和支出率，因为预算拨款的分配程序一般要求有某种"时间控制"（temporal control）；他们监督着支出的方向是否与已获批准的预算中同意一致，收入的来源、支出的单位（有时是地理位置）是否与已获批准的预算一致；他们比较现在的收支与历史上的收支的趋势来评估本年度支出项目的实施情况。① 在现代国库制度下，各国一般都通过财政单一账户将所有支出机构的全部支出置于核心预算机构的监督之下；以零余额账户为基础，控制支出机构的用款进度；采用分期拨款制度来限制支出机构在支出中的浪费和无计划；运用国库集中支付的方式来控制财政资金的去向，也就是说，让支出机构"只见数目不见钱"，从而不能改变预算支出既定的用途。②

预算执行中的控制方式，可以从很多个角度理解。不同的控制机制并不具有排他性，它们只是控制的不同侧面而已。

- **行政控制和财务控制**。财务控制主要涉及各类用于记录和处理政府收入和支出方面的财政交易的会计账户，行政控制主要涉及执行和调节预算计划的各种活动。③
- **实质性控制和程序性控制**。实质性控制关注的问题是哪些事项可以花钱，花多少钱。它一般通过事先明确规定支出类别来对支出施加限

---

① Jones, Laurence. R. 1992. Public budget execution and control. In Jack Rabin. Eds. *Handbook of public budgeting*. New York: Marcel Dekker, Inc.
② Ibid. 翟钢：《现代国库制度的理论分析》，《财政研究》2003 年第 5 期。
③ Burkhead, J. 1959. *Government budgeting*. New York: John Wiley and Sons. p. 342.

制。这些支出限制通常采用肯定式,即明确规定一定数量的资金可以被用于哪些项目或者事项。这意味着资金不得用于规定之外的项目或支出方向。程序性控制主要是关于应该如何进行支出而设置的各种限制。这些限制包括支出授权应如何决定,支出授权的方式,下达的方式,支出授权使用的方式,以及确认支出然后如何支付的方式,等等。在那些预算执行比较严格的国家,一旦违反支出的实质性和程序性限制,管理者就要承担正式的责任,甚至刑事责任。例如,在美国联邦政府,依据《反赤字法案》,官员超支可以视为一种犯罪。[1]

- **预防性控制、前馈控制和反馈控制**。由于议会通过的拨款是政府运营活动的标准,所以,各种控制措施都是为了确保预算执行不偏离这些标准或对各种偏离标准的行为进行纠正。预防性控制是一种事前控制,即通过事前设置各种控制机制以减少各种偏离预算标准的行为发生。例如,有些政府建立额外的程序对价格超出限额的采购行为进行审查,并在财政紧张时降低这一限额。在填写支票和购买或实际支付发生之前设置特殊的事前审查程序,或者由多个机构审查支出的合理性。前馈控制是指在支出过程中对可能出现的偏离预算标准的行为进行诊断和纠正。例如,进行偏差分析。当实际支出与预算支出之间的差异超过某一水平时,偏差报告就会自动对某些账户发出停止支付的命令。反馈控制是指根据本预算年度预算执行的情况,尤其是实际支出和预算支出之间出现差异的情况,确定未来预算执行控制的重点。[2]

- **常规审查和特别审查**。由于担心支出部门或机构会滥用资金,各国一般都设置有支出审查程序。支出审查可以在支出发生之前、支出过程中和支出发生之后进行,审查的主要内容是支出是否符合程序和内容上的规定和要求。支出审查的形式包括常规审查和特别审查。常规审

---

[1] [美] B. J. 里德、约翰·W. 斯韦恩:《公共财政管理》,朱萍等译,中国财政经济出版社 2001 年版,第 154 页。

[2] Mikesell, John. 1999. *Fiscal administration*. New York: Hartcout Brace College Publishers. p. 147.

查包括会计报告、支付审查、事前审计和事后审计。特别审查包括预算审查、节支运动和支出调查。预算审查是指上级管理者询问下属机构有关预算执行的情况，通常也要对过去的支出进行审查，以供比较之用。节支运动是指在预算资金比较紧张的情况下迅速限制某些支出项目的支出来维持机构的正常运转。它一般主要是针对那些最容易出现资金滥用和浪费的支出项目。支出调查一般是在问题出现之后进行的。它一般是在公众、企业或者官员对于某个支出机构的支出行为提出质疑后采取的行动。例如在美国，政府设置了专门的"欺诈、浪费和滥用热线"来鼓励社会各界人士监督与揭发政府财政管理中存在的欺诈、浪费和滥用，并且制定和实施了专门的法律来对付这些欺诈、浪费和滥用行为。[1]

若要实现控制的目标，预算执行中的控制必须贯穿从预算批准之后的每个支出周期。对于这种全程监控来说，主要有四种控制方式：总额现金控制（aggregate cash control）、财务控制（financial control）、会计控制（accounting control）以及支出的恰当性控制（control of appropriateness）。[2]

● 总额现金控制：支出授权阶段

这种控制主要适用于资金授权阶段。这个阶段决定各个部门在不同时期可以使用的预算额度。具体来讲，在这一阶段，财政部门通过发布资金授权或者分配拨款令来赋予各个支出部门对外做出支出承诺或者支付的权力。通过对预算额度授权的控制，财政部门就能够控制各个支出部门在不同时期可用的现金总额。这种控制是现金管理，尤其是现金计划或现金预算最关键的部分。[3]

总额现金控制的目标是最小化资助政府的各种项目或者活动的成本。这主要是通过使国库账户的现金流进和流出量之间的缺口变得平滑，进而使弥

---

[1] ［美］B. J. 里德、约翰·W. 斯韦恩：《公共财政管理》，朱萍等译，中国财政经济出版社2001年版，第158—159页。

[2] Doe, Lubin, & Sailendra Pattanayak. 2008. *Financial controls in African countries*. IMF PFM Technical Guidelines Note No. 5.

[3] Ibid.

补缺口的借债成本保持在一个合理的低位,而且也不会出现任何拖欠。[①]

● 财务控制:承诺、确认、支付命令与支付阶段

财务控制是从做出承诺到实际支付发生之间采取的一系列支出控制。由于这一阶段是支出发生的关键阶段,所以,无论是为了确保支出符合规则和预算,还是为了限制总额,这一阶段的控制都是极其关键的。如果这些阶段的财务控制无效,那么,支出控制就难以成功。财务控制的目标是通过这些控制使得公共资金的使用与预算法、财政法和财政规章,以及与预算和现金计划中确定的支出重点保持一致,使得资源的使用是经济的,并保证各种规则的运用前后一致。[②] 表16-4总结了这一控制的各种类型。

表16-4 各个支出阶段的财务控制

阶段	控制方式	主要内容及其特征
承诺	拨款控制	这种控制的目标是确保将要发生的支出是有预算的。这种控制包括: (1) 确认在相关的预算科目中是否有这个预算授权 (2) 提出的支出额度的计算是否准确,是否已考虑了所有不可避免的费用或者成本,因此,同意这一支出提议不会带来额外的隐性费用
	支出的合规性控制	确保这一支出与法律的、控制的框架与程序——特别是财务规章制度——相一致的
	承诺控制	这一控制将承诺与可获得的资源相协调起来,以确保支出机构只在它们有足够的未用的预算额度——根据批准的预算和现金计划——来满足支付时才与个人和组织签订合同与协议
确认	商品和服务确认	这种控制包括: (1) 确认供给商供给的商品和服务是符合规定的数量和质量 (2) 准确计算由此产生的政府负债

[①] Doe, Lubin, & Sailendra Pattanayak. 2008. *Financial controls in African countries.* IMF PFM Technical Guidelines Note No. 5.

[②] Ibid.

(续表)

支付命令	确认到期支付	会计官员要确定支持这一财政交易的预算、前一阶段的控制是否已经实施、支付是否到期
支付	控制导致的债务的清偿	这是在实际的现金支付阶段实施的控制，以确定： （1）用来支付的预算拨款是存在的 （2）预算分类或科目是正确的，能方便预算执行的会计和报告 （3）现金已经支付给真正的未支的债权人

资料来源：Doe, Lubin & Sailendra Pattanayak. 2008. *Financial controls in African countries*. IMF PFM Technical Guidelines Note No. 5. p. 6。

● 会计控制与支出恰当性控制：会计阶段

这是在会计阶段实施的控制。此时，实际的现金支付已经发生。会计控制是用来确保支付和支出交易被准确地分类和记录在一般的会计账簿中。这一控制对于制定准确、及时的财务数据以及可靠的财务报告来说是非常重要的。在有些国家，它是由财政部的公共会计官员在执行支付和保留资金拨付的过程中负责的，在另一些国家则是由审计机构负责的。部门的会计记录和财政部门或者审计部门的会计记录最后需要对账。[①]

在这一阶段，也需要根据资金的价值审查支出的恰当性。这是一种事后控制，它关心的问题是，尽管一项支付是有预算拨款才支出的，而且支出过程也符合各种规则，但是，这项支出也许不是各种选择中最佳的，因此，需要考虑其"资金价值"（value for money）。这种以"资金价值"为目标的控制要求超越传统的常规性审查，例如是否与预算科目和规章制度一致，分析某些已经发生的支出的资金价值。通常，只有在发达的预算体系中，财政部门及各个支出部门的控制才关注这一问题。在预算体制不成熟的国家，即使要分析资金的价值，也只有在事后依赖外部或者内部的审计机构。[②]

（三）各个预算体系下的政府内部控制

在整个预算执行过程中，支出部门和财政部门都需要负责组织预算执行

[①] Doe, Lubin, & Sailendra Pattanayak. 2008. *Financial controls in African countries*. IMF PFM Technical Guidelines Note No. 5.

[②] Ibid.

并对之进行监督,确保预算顺利而且能被有效地执行。不过,在各个阶段,不同国家财政部门和支出部门的职责也是不同的。①

● 法语体系

原则上讲,在这种体系中,预算执行的财务信息最容易获得。承诺或许需要财政部或者财务主管(financial comptroller,可能是财政部的一个下属机构也可能不是)审批。不过,无论是哪种情况,财政部都会有一个对承诺进行汇总的说明。支付命令一般都集中在财政部内的一个机构,或者这些支付命令必须得到财务主管的审批。而且,这些财务信息都必须汇总到财政部。财政部就现金支付定期准备财务报表,在计算化的条件下,可以每天都这样做。在这种模式下,预算执行控制主要依赖于财政部。②

● 英联邦体系

预算执行过程有些碎片化。财政部(treasury/finance department)负责支出或者预算授权。预算额度授权令按年度、季度,或按月发布,财政部通过这种方式将支出权力授予各个部门。然后,各个部门就可以去签订买卖商品和服务的合同,开始支出,进行会计管理,保留各种会计账簿。在许多国家,对于预算执行的会计功能是由根据法规任命的各个部门的财务主计官负责的。③ 例如,在英国,各个部门的财务主计官就负责记录和处理发生在部门内的所有财政交易,确保本部门的资金使用是恰当的,也是与公认的最佳实践以及资金价值原则相一致的。此外,他还要负责根据财政部的内部审计守则在本部门内建立内部审计体系。当他与本部门部长在资金使用上出现严重分歧时,他可将有关情况向国家审计长报告。④ 财政部的主计大臣(the accountant general)公署负责保留各个部门的会计账簿,向财政管理的最高部门汇报,并向议会提交一个最后的年度会计报告。一般的,主计大臣公署也负责发放薪水,负责签发支票或者支付现金来满足其他的支付。但是,有

---

① Potter, Barry H., & Jack Diamond. 1999. *Guidelines for public expenditure management*. Washington, D. C.: IMF. pp. 40 – 42.

② Ibid., pp. 40 – 41.

③ Ibid., p. 41.

④ Petrei, Humbreto. 1998. *Budegt and control: Reforming the public sector in Latin American*. Washington, D. C.: Inter-Americian Development Bank. pp. 98 – 99.

时利息支付——至少是准备支付命令——是由财政部之外的其他机构负责的；另外，国外资助项目的支付程序也比较独特。有时签发支票的权力下放到部门的财务主计官，有时又集中到主计大臣公署，不过这经常导致支付变慢。在实行这种模式的发展中国家，也许由不同的部门负责监督发展预算和日常预算，例如财政部和计划部门。①

● 拉美体系

预算执行及其控制的责任比较分散。通常，财政部负责收入和提供资金，而另一个部门，例如经济部，负责预算——至少是形成预算。一个强大的审计机构（contraloría general）负责事前和事后审计，此外还承担了政府预算执行的会计审计功能。支付命令通常必须经过这个审计机构，这使得该机构能够控制整个预算执行过程。② 在 20 世纪 90 年代，越来越多的拉美国家开始认同这一点：政府内部也应建立起完善的预算执行控制体系来监督支出，以确保有效地执行政策。不过，在政府内部以及各个机构内部建立作为内部控制的审计体系仍未得到广泛的接受。③

● 转型国家

这些国家在计划经济时期继承下来的财政管理体系是非常分散的。由于预算是计划的一部分，根据计划的每个领域确定的支出目标也是按领域确定的。因此，预算执行是比较分散的。财政部将资金拨付给各个主要部委，它们再将资金拨付给许多部委在银行开设的账户，这些部委再拨付给其他的机构（包括企业）。支付是通过银行体系进行的，银行将形成一个关于各个机构支付的报告。尽管这些报告比较及时，但是，其提供的信息是以功能领域为基础的总额数据，很少有经济内容。部委和各个机构不提交它们预算执行进度的详细的季度报告。财政部内部有一个机构负责将预算执行的数据汇编起来，并准备一个能够和银行的支付记录相一致的会计报表。尽管是一个集权的体制，预算执行却是分散的。在已经推动经济体制转型的国家中，大部

---

① Potter, Barry H., & Jack Diamond. 1999. *Guidelines for public expenditure management*. Washington, D. C.: IMF. p. 41.

② Ibid., p. 41.

③ Petrei, Humbreto. 1998. *Budegt and control: Reforming the public sector in Latin Americian*. Washington, D. C.: Inter-Americian Development Bank. pp. 336 - 337.

分国家都开始建立集中型的财政管理体系来取代原来分散的财政管理体系。在这个过程中,财政部内部原来负责汇总预算执行数据编制会计报表的那个机构就慢慢地发展成为一个新的国库部门,负责对预算执行实施控制。[1]

(四)政府内部控制的发展与变化

在日常的预算执行中,议会主要授权政府财政部门负责组织和监督预算执行。在这一过程中,为了实现预算控制的目的,财政部门必须在政府内部建立起一套预算控制制度。在过去两百年中,预算执行中的支出控制经历了三个阶段:外部控制、内部控制和管理责任(表16—5)。外部控制是通过核心预算机构对支出部门的支出决策和行为采取的事前控制。内部控制是由支出部门对自己的支出决策和行为进行的控制,而核心预算机构事后再进行检查,这是一种事后控制。在管理责任下,支出控制也主要是一种事后控制,但是,控制的重点从投入转到了产出和结果,在赋予支出部门乃至具体的项目管理者支出自由的同时要求他们承担起对于产出和结果的管理责任。[2]

表16-5 三种支出控制模式

控制类型	执行机构（谁控制）	控制对象（控制什么）	控制时间（何时控制）	责任方式（如何负责）
外部控制	预算机构	投入：详细的支出科目	对财政交易进行事前审查	是否与详细规定的分项列支预算保持一致,是否与政府的各种规章制度保持一致
内部控制	支出机构	投入：支出的种类或科目	对财政交易进行事后审查	同上
管理责任	支出管理者	产出、结果及营运成本	事后绩效审计	事前详细规定绩效责任,事后对实现的结果进行审计

资料来源:根据 Schick, Allen. 1998. *A contemporary approach of public expenditure management*. Washington, D. C.: World Bank. p. 115. 作者此处作了修改。

---

[1] Potter, Barry H., & Jack Diamond. 1999. *Guidelines for public expenditure management*. Washington, D. C.: IMF. pp. 41-42.

[2] Schick, Allen. 1998. *A contemporary approach of public expenditure management*. Washington, D. C.: World Bank. pp. 113-115.

19世纪形成的现代公共预算是以控制投入(支出总额和支出科目)为主的,并非常强调外部控制。不过,从加强控制的角度看,外部控制和内部控制都是可以选择的控制模式。而且,一种严格的控制体系可以同时采用内部控制和外部控制。如果这样,就像麦克塞尔所说的,内部控制就是针对预算执行中欺诈行为的第一道防线[1],而外部控制就是第二道防线。在现代预算制度形成的早期,各国一般都会——也需要——建立外部控制体系。而且,一些国家即使已经形成了非常成熟的预算体制,仍然会坚持采用外部控制。不过,二战以后,发达国家出现以内部控制为主的支出控制模式,并且这种趋势越来越明显。20世纪80年代以来,随着新绩效预算的推行,许多发达国家开始采用管理责任这种新的支出控制模式。

● 外部控制

这是政府内部的外部控制,不同于议会对政府的外部控制。外部控制是一种以投入为基础的、由财政部门从外部对支出部门进行的事前控制,它有三个特征:

- 支出行动和对资金的控制由两个不同的机构实施。外部控制"将那些决定支出的合法性和恰当性的人与那些实际花费资金的人区分开来"[2]。这种分离为支出控制创造了条件。它使得核心预算机构能够从外部对各个支出部门的支出行为进行控制。外部控制也因此得名。
- 控制是在资金支付之前实施的。外部控制是一种在支出过程中实行的事前控制。即使预算已经通过,支出机构已经获得了支出权,支出机构在使用资金之前仍然必须先获得核心预算机构的批准,"即使资金已经在预算中做出安排并专项用于某项支出也是如此"。在一些国家,支出机构的每一笔独立的交易在支出之前都必须获得预算机构的

---

[1] Mikesell, John. 1999. *Fiscal administration*. New York: Hartcout Brace College Publishers. p. 150.

[2] Schick, Allen. 1998. *A contemporary approach of public expenditure management*. Washington, D.C.: World Bank. p. 115.

批准；而在另外一些国家，支出机构则可能获得一些一般性的授权。①
- 预算控制的目标是投入。正如希克指出的，"外部控制是在预算投入方面实施的，并未涉及产出。而且，也未系统地汇编与产出有关的部门数据"②。这种以投入为主的预算控制主要关注于预算拨款是否花费到了事前批准的地方，是否对特定的预算交易进行非常准确和详细的描述与记录。因此，它非常有助于对支出进行控制，节约支出，减少腐败。
- 这种控制的问责方式是支出机构的支出行为是否保持两个一致：一是与批准的预算保持一致；二是与政府的各种规章制度保持一致。其中隐含的逻辑是，只要支出机构做到了这两个一致，它们就是有绩效的。这可以被看作是一种遵从绩效。

一言之，外部控制有助于预算机构控制支出机构的支出行为，确保预算严格执行，正式的制度得到遵守。不过，外部控制体系的实施必须支付一定的制度成本。有效实施外部控制在很大程度上依赖于核心预算机构的组织能力，包括收集、处理和分析支出机构提供的预算信息的能力。核心预算机构的这种能力越高，实施外部控制的制度成本越低。然而，一旦政府规模扩大，预算规模也会增加，实施外部控制的制度成本就会上升。正如希克指出的，"随着政府规模的扩大，以外部控制为基础的管理成本会增加，这些控制之所以成本很高，是因为控制程序很繁琐，并要求进行大规模的监督"③。

- 内部控制

这政府内部基于核心预算机构和支出机构之间的关系而发展出来的一种内部控制，即各个支出部门自己控制自己。"二战"后，越来越多的发达国家开始转向主要依赖内部控制来进行预算控制。其中的原因是，虽然外部控

---

① Schick, Allen. 1998. *A contemporary approach of public expenditure management*. Washington, D. C. : World Bank. p. 114.

② Ibid. , p. 115.

③ Ibid. , pp. 115 – 116.

制有助于加强核心预算机构对于支出部门的控制,有效地控制各种偏离预算和正式制度的支出行为,但是,这种外部控制同样存在缺陷。一方面,这种控制模式需要支付比较高的成本;另一方面,外部控制如果被严格实行,势必限制各个部门在支出中的灵活性,并导致各种官僚部门低效率。这就是说,为了改进效率,应该赋予部门一定的灵活性。此外,经过多年的外部控制之后,法治原则已经植根于政治过程和公共管理领域,支出部门相对而言已经比较遵守财经纪律和各种规章制度。在这种情况下,放松外部控制,赋予各个支出部门一定的支出灵活性和自由度,风险是比较小的。[①] 内部控制的主要特征是[②]:

- 在内部控制模式下,支出行动和对资金的控制是由同一个机构来实施的,支出部门既是资金的使用者,又有权决定支出的合法性和恰当性。
- 在内部控制模式下,虽然支出机构仍然必须遵守政府规定的人事、工资、采购以及其他方面的管理制度,而且控制的重点也仍然是预算投入,但是,支出机构在进行支出之前不用事先获得核心预算机构的同意。预算控制也从外部控制下的事前控制转向了事后控制,这主要体现在用事后审计(财政年度结束后再对支出机构的支出决策进行审计)取代外部控制之下的事前审计(在支出机构进行支出之前对支出机构的支出决策进行审计)。
- 内部控制下的事后审计也不再像外部控制那样针对所有的预算交易,而主要是运用抽样审计的方式来审查部门的支出是否与预算规定的内容以及各种规章制度相一致。这意味着,放松控制后各个部门仍然需要确保部门的支出行为与预算保持一致,与政府的各种规章制度保持一致。它与外部控制的区别在于,外部控制体系是由一个外部机构来监督支出部门做到这一点,而在内部控制下,部门自己保证这一点。

---

① Schick, Allen. 1998. *A contemporary approach of public expenditure management*. Washington, D. C.: World Bank. p. 116.

② Ibid., p. 116.

如果在年底的抽查中，核心预算机构发现部门有违规行为，支出部门将受到惩罚。

目前，尽管外部控制仍然存在，但是，许多的发达国家都开始采用内部控制。如表 16-6 所示，到 1999 年，在主要的工业化国家，内部控制已经很流行。

表 16-6 发达工业国的控制机制

	控制机制	类型
美国	联邦机构负责内部控制。绝大部分机构都有一个总统任命并经国会同意的总审查长（inspector general）	内部控制
加拿大	国库委员会（Treasury Board）下属的审计长办公室（The Office of the Auditor General）负责控制	外部控制
英国	各个部委和机构的负责人对议会负有进行恰当管理的责任，包括内部控制。财政部的内部控制办公室（The Internal Control Office）为各个部门提供指导和协助。会计官员由各个部长和机构的负责人任命并直接对其负责。当然，在任命的过程中，获得财政部的同意也是非常重要的	内部控制
瑞典	部委和各个政府机构负责内部控制。财政部负责制定政府控制的程序，并与国家审计办公室保持协调	内部控制
澳大利亚	各部部长在财政部确定的一般标准下负责实施内部控制	内部控制
新西兰	根据财政部的指示，各部部长和机构管理者负责内部控制	内部控制
西班牙	各部部长负责内部控制。集中到财政部内的一个组织结构指导着审计官员的工作。该审计官员是财政部指派给各个部的部长的，他根据详细的规则，在自主的实体内实施部分控制	外部控制

资料来源：Petrei, Humbreto. 1998. *Budegt and control*：*Reforming the public sector in Latin American*. Washington, D. C.：Inter-Americian Development Bank. p. 199。

相对于外部控制来说，内部控制实施的制度成本比较小，而且它为支出机构有效使用资金提供一些自由的空间，有助于提高预算执行的运作效率。

但是，内部控制在许多国家的实施并不是非常理想，内部控制并没有使得支出机构的管理者处于主管的地位。这主要有四个原因。首先，内部控制体系通常将一些规定统一地运用到所有的支出机构，这种"一刀切"的方式使得支出机构的管理者无法自主地根据实际情况对资金进行管理和使用。其次，支出部门在做出关键性的支出决策时仍然必须得到核心预算机构的批准。例如，各个部门对于它们所使用或拥有的各种设施并没有发言权。第三，尽管核心预算机构放弃了外部控制，将支出决策的自主权赋予了各个部门，但是，对于各个部门负责实际操作的管理者来说，他们可能并不能获得自主权。这主要是因为，核心预算机构下放的权力可能会被各个部门的上层管理者所控制或者截留。对于这些在基层实际操作的管理者来说，受核心预算机构的控制和受本部门高层管理者的控制是没有多大区别的。"在这两种情况下，管理者都无法对最佳的运作方式作出判断"。第四，在内部控制体系下，虽然没有了外部控制体系，但是，支出机构的管理者在管理和使用资金的过程中仍然要受制于各种严格的外部制定的规则，例如人事、工资和采购方面的规则。只不过，在内部控制体制下，某一项支出或交易是否符合规定现在是由支出机构而不是外部的控制机构来作出的。[①]

● 管理责任

20 世纪 80 年代以来，有几个发达国家开始在内部控制的基础上采用管理责任这种新的支出控制模式，主要有新西兰、英国、澳大利亚和瑞典等。这种支出控制模式是新公共管理改革所强调的"自由化管理"——即让管理者自由地去管理——的一种延伸。

管理责任模式强调将控制的重点从投入转到产出，从控制支出机构的管理者购买什么转到了他们生产了什么。同时，通过赋予支出机构的管理者广泛的决策自由来加强支出机构管理者的管理责任。在这种预算控制模式下，管理者可以自由地决定用多少资金来雇用职员，如何支付他们的工资，购买哪些设施等。支出机构的管理者在进行支出前并不需要获得一个外部机构的同意，支出机构自己就是决定者，可以决定支出或者预算是否具备合法性或

[①] Schick, Allen. 1998. *A contemporary approach of public expenditure management*. Washington, DC.: World Bank. pp. 116-117.

恰当性。同时，预算审计是事后的工作，而且是集中在预算结果而不是投入。①

在这种模式下，对支出机构支出决策的控制程度是很小的。所以，在一种机会主义行为非常猖獗的预算环境中，这种模式就会完全弱化预算控制。但是，若在法治原则已经落实的环境中实施这种控制模式，就能大大地提高管理绩效和运行效率。因为，这种控制模式一般是与以结果为核心的绩效预算紧密地联系在一起的，放松控制只是为了使部门和项目管理者能够更好地实现绩效。总而言之，这种模式并不意味着财政部门完全不对支出部门进行控制，实际上，它意味着财政部门现在采取了一种新的也更有效的控制模式。

四、灵活性

预算执行最艰难的权衡是在严格执行预算与赋予灵活性之间进行权衡。完全没有灵活性和过度赋予政府及其部门灵活性都不利于建立一个负责的政府。

（一）为什么允许和需要改变预算？

严格执行预算是现代公共预算的基本原则，是确保政府履行财政责任的前提条件。如果政府在预算执行中完全不受议会通过的预算约束，那么政府就可以为所欲为地采取各种不负责的行动。无论是实行一年预算还是两年预算，它们都为政府预算设定了一个标准的时间框架，而且在这个框架内，通过的预算已经确定了一个明确的支出结构和数量。为了确保这个框架的稳定，各国议会和政府都设置了各种程序和采用各种策略来使得这一框架免受政治压力和经济不确定性因素的影响。② 但是，在预算执行的过程中，改变预算的动机和需要经常会出现。无论是预算还是预算执行计划的编制都是基

---

① Schick, Allen. 1998. *A contemporary approach of public expenditure management*. Washington, D. C: World Bank. pp. 117–118.

② Forrest, John P., & Daniel R. Mullins. 1992. Rebudgeting: The serial nature of municipal budgetary process. *Public Administration Review* Vol. 52, No. 5: 467–473.

于预测,然而,预算环境是变化的,充满不确定性的。在制定预算和预算执行计划时,决策者很难事先预测到未来那些可能影响预算执行的所有事件。一般来说,预算环境的变化包括自然环境与经济形势的变化、政治上的冲突持续延伸到预算执行过程、领导层出现变动、公众关注的焦点出现变化等。一旦这些变化出现,都需要对预算进行改善和调整。一味地强调预算执行的严格性是有害的,它将使得政府不能更好地履行对公民的责任。为了使得政府更加负责,在预算执行的过程中,赋予一定的灵活性和机动性是必要的。正如鲁宾指出的,"在预算年度内对预算所做的某种程度的变通和改变,可能是必要的和符合需要的"①。

预算执行中的许多变动是技术变动,也或许是适应环境的结果。所以,在很多情况下,人们容易将预算调整看成一个技术问题。但是,它在很多情况下是政治性的。因为预算调整改变了原来通过政治交易达成的政策选择和利益分配格局。正是在这个意义上,鲁宾将预算执行看成一个"调适的政治"②。一般的,在预算执行中改变预算被称为预算调整(budget adjustment)。不过,也有一些学者称之为"重新预算"(rebudgeting)。重新预算是指政府在预算年度中对已经批准的预算进行更新与修改。③ 重新预算与通常所说的预算调整不同。重新预算的内容要比较广泛,它实际上包括在预算年度中几乎所有的改变预算的行动,比如预算调剂、预算追加、扣押等。而预算调整则只包括预算调剂、预算追加。相比之下,重新预算能够更好地反映预算执行过程中改变预算所涉及的政治因素。

改变预算的要求和压力可能来自于政府及其部门,也可能来自于议会。当然,这主要取决于预算过程是行政主导的还是议会主导的。例如,在美国预算中,虽然预算执行主要是一个行政责任,但是,在美国的预算历史上充满了议会介入预算执行过程并修改自己以前做出的预算决定的情况。议会介

---

① [美]艾伦·鲁宾:《公共预算中的政治》,叶娟丽等译,中国人民大学出版社2001年版,第250页。

② 同上书,第248页。

③ Forrest, John P., & Daniel R. Mullins. 1992. Rebudgeting: The serial nature of municipal budgetary process. *Public Administration Review* Vol. 52, No. 5: 467–473.

入预算执行的目的是为了影响行政部门的行动或者制约某些特定的财政交易。[①] 根据一项对美国人口在100万以内的城市政府重新预算的研究,主要有三大因素推动着预算年度中重新预算,即管理需要、环境压力和政治考虑。不过,重新预算的动力主要来自管理需要和环境压力。当然,政治考虑也起着重要的影响（表16-7）。[②]

表16-7 重新预算的原因（%）

	行政人员		立法者	
	有时	总是	有时	总是
管理需要				
行政自由裁量	22 (11)	29 (14)	23 (11)	8 (4)
支出需要估计	45 (23)	31 (16)	25 (12)	8 (4)
收入估计	40 (20)	20 (10)	17 (8)	11 (5)
环境压力				
资源波动	34 (16)	11 (5)	23 (10)	2 (1)
需要波动	35 (17)	4 (2)	20 (9)	0 (0)
法定支出	40 (19)	8 (4)	30 (13)	2 (1)
政治考虑				
政治重新表述	37 (19)	2 (1)	42 (20)	6 (3)
政治象征主义	12 (6)	2 (1)	11 (5)	2 (1)
政治漂移	10 (5)	0 (0)	11 (5)	0 (0)
行政政治	21 (10)	4 (2)	9 (4)	2 (1)

说明：括号内的数据是有多少答卷者选择了该答案,括号外的数据是相应的百分比。

资料来源：Forrest, John P., & Daniel R. Mullins. 1992. Rebudgeting: The serial nature of municipal budgetary process. *Public Administration Review* Vol. 52, No. 5: 467-473。

● 管理需要

管理需要是指在根据批准的预算对活动进行计划时存在着管理上的困

[①] Burkhead, J. 1959. *Government budgeting*. New York: John Wiley and Sons. p. 341.
[②] Forrest, John P., & Daniel R. Mullins. 1992. Rebudgeting: The serial nature of municipal budgetary process. *Public Administration Review* Vol. 52, No. 5: 467-473.

难，因此需要对预算进行改变。管理需要主要包括三方面：（1）行政自由裁量权。当各种行政规章制度过分地限制了部门负责人，使得他们不能调整预算来适应服务环境的变化时，就会出现重新预算的要求。（2）支出需要估计。如果通过的预算在支出估计上不准确，那么，就会出现重新预算的需要。（3）收入估计。现金流入非常高以至于需要增加重点支出的资金或者当实际收入低于预期收入时，就会出现重新预算的要求。

●环境压力

环境压力是指当供给公共服务的外部环境出现变化时，需要重新预算。环境压力主要包括三方面：（1）由于未曾预期到的经济收缩或扩张、法律变化、上级政府的补助金变化使得环境资源出现波动。（2）对于服务的需求出现大的而且没有预期到的转移使得环境需要出现波动。（3）由于上级政府或司法机关的行为使得环境所面临的法定支出需要出现变化，例如州政府要求城市政府增加住房项目上的资金，联邦政府颁布减少污染的要求等。

●政治考虑

一旦政治需要变化并影响到公共预算，重新预算的要求也会出现。政治考虑的影响主要包括：（1）政治重新表述（political redress），即在预算过程中失利的个人或团体重新提出政治要求以挽回损失。（2）政治象征主义（political symbolism），即由于象征性而非实质性的理由（例如，重新恢复削减），要求调整预算来修正在正常预算过程中制定的决策。（3）政治漂移（political drift），即在预算批准后政治上的优先顺序（political priority）出现变化使得预算出现调整。（4）行政政治（administrative politics），即政府行政部门通过调整预算来减少政治损失或者扩张一个对于部门有利的政治环境。

（二）控制与灵活性的权衡

在预算执行中，改变预算是必需的也是不可避免的。然而，需要注意的是，为了适应环境的变化而赋予预算执行一定的灵活性与严格执行预算之间有时是存在冲突的，有时甚至是激烈的政治冲突。更为关键的是，过度赋予政府预算执行的灵活性，或者对于改变预算的行为没有相应的程序约束，就可能危及财政问责的落实。如果赋予政府及其部门非常大的改变预算的自由度,那么,这些官员就会获得在正常的预算程序中不允许的决策权力,这就容易削弱预算对政府行为应有的约束力。如果政府官员利用手中的自由裁量权去违反立法机构确定的政策或者支出目标,预算灵活性就会引起立法和行政部门之间的政治冲突。而且,如果政府部门在预算执行中拥有过大的自由裁量权,那么,公众的意愿就可能受到损害,公众监督的有效性就会下降。可见,在灵活性和财政问责之间存在冲突。因为,要落实财政问责必须确保这一点:根据公众的意见和需要而且有公众和利益集团参与制定并获得议会同意的预算就是执行中的预算。① 例如,过度地使用预算调剂和预算追加将会给预算管理带来一些困难,同时也表明预算体系缺乏财经纪律。② 所以,即使为了让政府更好地履行其责任的确需要赋予政府及其部门一定的灵活性与机动性,但是,在预算执行中流行的观点是:"应设置适当的约束以确保无论发生怎样的调整都不会威胁到公众的接受能力或预算的会计责任。"③

总而言之,如果必须改变预算,也必须确保既能够有效地管理和应对各种未曾预测到的事情,又能不为因此而牺牲预算执行中的控制和问责。④ 这就要求建立一个受约束的改变预算的过程,使得预算执行既能够适应环境变化而变化,又能防止预算变更削弱财政问责。如此,预算改变就能变成一个负责的预算过程的一个有机组成部分。正如瓦尔达沃夫斯基指出的,在年度预算过程中,重新预算是一个用来应对多变和冲突的预算目标的手段,它使得预算能够将继续和控制、变化和问责、灵活性和可预测性有机地结合起来。⑤ 毫无疑问,批准的预算是政府及其各个部门制定年度财政计划的基础,是其行动指南。然而,预算执行的严格性并不意味着完全不能改变预算,要想成为一个符合实际的财政计划,预算必须是动态的,它必须能够更

---

① [美]艾伦·鲁宾:《公共预算中的政治》,叶娟丽等译,中国人民大学出版社 2001 年版,第 250 页。

② Potter, Barry H., & Jack Diamond. 1999. *Guidelines for Public Expenditure Management*. Washington, D. C.: IMF. p. 42.

③ Ibid.

④ Forrest, John P., & Daniel R. Mullins. 1992. Rebudgeting: The serial nature of municipal budgetary process. *Public Administration Review* Vol. 52, No. 5: 467 – 473.

⑤ Wildavsky, Aaron, 1988. *The new politics of the budgetary process*. Glenview, IL: Scott, Foresman and Company. pp. 7 – 12.

加适应预算参与者的需要和环境的变化。实质上，合理而且合法地修改预算本身就是一种负责的表现。当然，这并不意味着年度预算的约束没有用处，也不等于宣布年度预算的死亡，更不是为各种不负责的支出行为让路。重新预算是一个连续的预算不可缺少的部分，它以批准的预算为基础，是对已批准的预算的补充和完善，而不是颠覆该预算。①

在预算执行中，既要赋予灵活性和机动性，又要保证控制和财政问责。毫无疑问，这是一种非常艰难的权衡。这需要将预算变更纳入到一个正式的程序中进行规范和约束，这也需要议会和核心预算机构在预算变更的过程中加强对预算变更的监督，并在制度上明确规定哪些预算变更可以授权给政府或者部门，哪些则必须事前审查批准。然而，在现实中，由于议会与政府、核心预算机构与支出部门之间常常有着不同的动机和目的，常常很难在这两者之间达成平衡。② 预算执行的悖论就在于：在预算执行的过程中，支出部门认为它们应该有更多的灵活性来改变预算，而议会认为如果它不实行严格的控制，它就没有很好地履行宪法赋予的管理财政的权力。③

在控制和灵活性之间进行适度平衡时，必须将履行财政责任作为底线。一个基本的底线是：无论如何，必须保证灵活性和机动性的赋予不能也不会损害预算责任。从这一原则出发，许多预算体制比较成熟的国家一般都坚持以下两大原则：

- 尽量减少预算变更的需要和程度。这主要是因为，预算变更改变了立法机构体现在批准的预算中的政策意图。目前，大部分国家都对预算变更采取严格的限定。而且，在通常情况下，都采用这样的预算变更

---

① Forrest, John P., & Daniel R. Mullins. 1992. Rebudgeting: The serial nature of municipal budgetary process. *Public Administration Review* Vol. 52, No. 5: 467 – 473.

② [美] R. 亨德利克、J. P. 弗雷斯特：《预算执行》，见罗伊·T. 梅耶斯编《公共预算经典》，苟燕楠、董静译，上海财经大学出版社 2005 年版。

③ Pitsvada, B. 1983. Flexibility in Federal budget execution. *Public Budgeting & Finance* Vol. 3, No. 3: 83 – 101. 转引自 [美] R. 亨德利克、J. P. 弗雷斯特：《预算执行》，见罗伊·T. 梅耶斯编《公共预算经典》，苟燕楠、董静译，上海财经大学出版社 2005 年版，第 483 页。

顺序：先进行层次比较低的预算调剂，调剂不成，再进行层次比较高的预算调整或者使用应急基金来安排未预见到的支出，最后才考虑进行预算追加。但是，轻易不使用预算追加。
- 在制度上明确规定，哪些预算变更必须事先报立法机构审查批准，哪些则不用。一般的，对于经济层级比较高的支出之间的资金转移，例如在部门之间转移资金，大幅度削减某个项目的支出，追加预算等，一般都建立了相应的审查批准程序，非经立法机构同意，不得进行任何预算变更；至于层级比较低的支出之间的资金调剂等则授权给政府部门。

（三）预算变更的主要形式及其限制

在预算执行中，经常可能引起控制和灵活性之间发生冲突的预算改变主要有：预算调剂、追加预算、支出削减、留置与取消支出。前面已分析过留置和取消支出，在此不再重复。

- 预算调剂

预算执行的第一步是根据通过的预算向各个部门进行支出授权。在一般情况下，各个部门必须根据支出授权进行支出。但是，在某些情况下，可能需要改变某一资金授权的支出方向，比如，需要将用于支付水费的资金用来支付电费。这就是说，在预算执行中，支出授权下达之后可能需要进行调整或改变，此时就会发生预算拨款的转移和再规划。这通常称为预算调剂（virement），即在预算科目之间或者账户之间转移资金。引起预算调剂的情况很多，例如某些科目或项目出现超支，而另一些科目或项目出现节余；某些投资项目可能由于技术上的原因而无法及时实施，而另一些项目需要加速完成，等等。[①] 在实行基金会计的国家，例如美国，通过预算调剂，改变支出计划的方式主要有两种：流用和调整。流用是指支出授权在不同的支出类别之间的转移，例如，从人员到设备。而调整则是指在同一支出内部对支出

[①] Potter, Barry H., & Jack Diamond. 1999. *Guidelines for public expenditure management*. Washington, D. C.: IMF. p. 42.

计划进行改变。流用是发生在账户之间，而调整是同一账户内部的预算拨款的转移和再规划。[1]

预算调剂集中体现了预算执行中控制和灵活性的权衡。[2] 从适应环境变化需要的角度来看，需要赋予政府及其部门预算调剂的灵活性。然而，由于以下三个原因，它不应该被滥用[3]：

- 过度的预算调剂往往表明预算准备阶段的决策是非常随意的。而且，预算调剂活动也是有成本和代价的，它耗费了各种行政资源，它使得决策者和管理者忽视制定一个有效的支出计划。
- 在某些情况下，表面上是为了某个可以接受的目的而调剂预算，但是，资金经常会漏到其他的地方。例如，在糟糕的预算科目体系中，许多资金就这样变成了高工资和高福利的来源。
- 资金的转移或许不是真正一对一的，也就是说，在某一科目上削减的资金也许不足以支付在另一科目上增加的支出。

虽然在预算执行中赋予部门一定的预算调剂的灵活性是必要的，但是，必须明确一点，预算调剂不得损害财经纪律，不得改变预算中既定的优先顺序或支出重点，不得改变议会在通过预算时确定的政策框架，例如，教育部门不能通过预算调剂任意将用于基础教育的资金重新分配到高等教育。[4] 所以，各国的财政规则一般都对于预算调剂进行了规定，对于不同类型的预算调剂设置了不同的约束和控制程序。在这些约束中，最关键的问题有两个：（1）区分哪些预算调剂是部门可以自行作出的，哪些预算调剂是需要财政部门甚至议会进行批准的；（2）区分部门可以自行作出的预算调剂和严格

---

[1] [美] B. J. 里德、约翰·W. 斯韦恩：《公共财政管理》，朱萍等译，中国财政经济出版社2001年版，第156—157页。

[2] 同上书，第157页。

[3] Potter, Barry H. & Jack Diamond. 1999. *Guidelines for public expenditure management*. Washington, D. C.: IMF. p. 43.

[4] （亚洲开发银行）萨尔瓦特罗·斯基亚沃－坎波、丹尼尔·托马西：《公共支出管理》，张通译，中国财政经济出版社2001年版，第146—147页。

禁止的预算调剂。①

一般的，对于谁可以做出"转账"或预算调剂的决策，各国都制定了一些规则。在英联邦国家，预算法或财政规章制度对此进行了规范。比较典型的规定是，在一个经济次级类别和项目内，允许支出部门自己进行转账。例如，如果水费的预算拨款多于实际的支出需要，而电费的情况则相反，就允许支出部门将一部分水费的预算拨款转移到电费。但是，在经济类别之间转移资金，则需要财政部门的同意。例如，将补贴和转移支付的预算拨款转移到商品和服务的购买，或者将资金从一个项目转移到另外一个项目（即使在同一个部委内部）。有些转账通常是被严格禁止的。例如从其他的经济类别中将资金转移到工资和薪水。在一些国家中，在部委之间转移资金则必须经过政府首脑或议会同意。② 在某些 OECD 国家，最近的改革赋予了支出部门一些灵活性与自由度。例如，采用整笔拨款的方式为各个部门的经营成本提供资金。在这种方式下，各个部门可以自主地执行支出计划，在限额内自行决定实现目标所需的最佳投入组合。也就是说，部门可以在各个科目和项目之间自主地调剂资金。但是，这种模式是否可以在发展中国家和转型国家实施则需要慎重考虑。在这些国家，可能需要专门对某些支出目标进行保护，并对另一些支出目标进行限制（例如设置一个最高限额）。例如，许多发展中国家经常会在管理人员支出和其他经济类别的支出之间进行调剂。对此，有些发展中国家明文禁止将其他经济类别的支出调剂到人员支出，以限制人员支出的最高额度；另一些国家则禁止将人员支出调剂到其他经济类别的支出，以保护人员支出。③

在美国，对于发生在相同账户内的资金转移一般不需要经过立法机关同意，仅仅需要政府首脑或核心预算机构同意。但是，对于引起资金在不同账户之间转移的资金流用方式则设置了比较严格的约束与控制程序。首先，由

---

① （亚洲开发银行）萨尔瓦特罗·斯基亚沃－坎波、丹尼尔·托马西：《公共支出管理》，张通译，中国财政经济出版社 2001 年版，第 146 页。

② Potter, Barry H. & Jack Diamond. 1999. *Guidelines for public expenditure management.* Washington, D. C.: IMF. p. 42.

③ （亚洲开发银行）萨尔瓦特罗·斯基亚沃－坎波、丹尼尔·托马西：《公共支出管理》，张通译，中国财政经济出版社 2001 年版，第 146 页。

于在财政年度内经常可能还有其他的获取资金的方式,所以,在账户之间转移资金的方式不是最常用的。流用方式的使用经常是"由于技术上的原因……诸如为维持现金流动而短期举债,或者是属于相同计划的两个或多个的小账户之间重复的承诺款项"。其次,这种预算变更需要议会审查同意。在美国联邦一级,国会不仅介入支出计划的重新制定而且介入这种类型的资金转移。当然,大多数的授予资金转移权并不以法律的形式表述,尤其在紧急情况下更是如此,只要国会拨款委员会分委员会批准,转移权就被赋予了。①

在美国地方一级,绝大多数都对政府在"功能"之间和"功能"内部重新分配资金进行了限制。如果没有议会同意,地方政府是不能进行这种资金转移的,例如,在美国城市政府就是这样的。② 表 16-8 总结了美国城市政府在预算调剂方面的限制。由于美国的政府会计是采取基金制的,所以,如果行政调整引起资金在基金之间转移,这种情况实际上是被严格限制的。只有 13% 的城市可以获得行政许可,而 87% 的城市政府是不被允许这样做的。在同一基金内的不同功能之间转移资金在 33% 的城市采用行政许可,在 67% 的城市则是禁止的。在同一功能下不同类别之间的资金转移(例如,在警察功能下将资金从人员服务转移到设备)有 82% 的城市采用行政许可,只有 18% 的城市禁止。至于在同一功能的类别内的不同支出目标之间进行资金转移则有 84% 的城市是允许的,只有 16% 的城市禁止。可见,资金层级越低,政府在资金转移中的灵活性越大;相反,资金层级越高,则政府对其所能实施的权力越小。正如福雷斯特和慕林斯总结的,只要政府进行的预算调剂不会改变整个预算的支出重点或优先权,政府是允许有这种灵活性的。③ 然而,一旦预算调剂会改变这种优先权,年中的预算调剂就需要获得议会同意。此外,美国城市政府一般都运用各种支出控制手段来减少预算调剂的需要,使得各个部门尽量根据在预算中确立的支出重点来进行支出。例如,93% 的城市运用正式的预算预留体系,91% 的城市运用正式的月度或季

---

① [美] R. 亨德利克、J. P. 弗雷斯特:《预算执行》,见罗伊·T. 梅耶斯编《公共预算经典》,苟燕楠、董静译,上海财经大学出版社 2005 年版,第 483—484 页。

② Forrest, John P., & Daniel R. Mullins. 1992. Rebudgeting: The serial nature of municipal budgetary process. *Public Administration Review* Vol. 52, No. 5: 467-473.

③ Ibid.

度支出审查来介绍重新预算的需要。但是,只有22%的城市运用分期拨款制度来控制机构的支出。

表16-8 美国城市政府在预算调剂方面的限制

预算调剂	行政许可	法律许可
在基金(funds)之间转移	13(7)	91(50)
在功能(functions)之间转移	33(18)	93(51)
在类别(categories)之间转移	82(46)	96(53)
在目标或具体用途(objectives)之间转移	84(47)	94(50)

说明:括号内的数据是有多少答卷者选择了该答案,括号外的数据是相应的百分比。

资料来源:Forrest, John P., & Daniel R. Mullins. 1992. Rebudgeting: The serial nature of municipal budgetary process. *Public Administration Review* Vol. 52, No. 5: 467 – 473。

- 预算追加

在现实中,过度的预算调剂通常与频繁使用预算追加联系在一起。如果一个预算体制过度使用预算追加,这通常说明,这个预算体制仍然不成熟。例如,不能准确地预测收入和支出,不能落实财经纪律等。在这样的体系中,那些导致政府在预算执行中使用预算调剂的因素同样会推动政府采用预算追加。因为,如果编制并通过的预算在预测预算环境的各种变化和有效地约束预算行为方面非常差,那么,一旦预算调剂不能解决预算执行中出现的问题,预算追加的要求就会出现。在绝大部分预算体系中,如果某一科目的支出将超过预算拨款,同时支出必需的额外资金不能通过预算调剂解决,就有必要考虑预算追加。[1]

不过,从有效的财政管理的角度来看,必须慎重使用预算追加。传统上,议会控制的倡导者一般都认为,预算追加违反了政府和议会之间通过的预算合同;而那些主张维持财政稳定性的人则倾向于将预算追加视为一个值得注意的警报。[2] 从预算合同的角度来说,预算追加实际上意味着在预算实

---

[1] Potter, Barry H., & Jack Diamond. 1999. *Guidelines for public expenditure management*. Washington, D. C.: IMF. p. 43.

[2] Premchand, A. 1983. *Government budgeting and expenditure controls: Theory and practice*. Washington, D. C.: IMF Publishers. p. 374.

施的过程中制定新的预算合同。如果在预算执行的过程中存在大量的预算追加，那么预算就失去了存在的意义，预算控制就会名存实亡，对支出进行有效控制就只能是空谈。因此，一个基本的原则是，"只要预算编制得很好而且任何意想不到的支出都可以用紧急基金来解决，那么，预算追加就是不必要的"[1]。

当然，正如许多国家的实践都证明了的，想在预算领域消灭预算追加简直是不可能的。[2] 即使在预算体制比较成熟的发达国家，即使存在一个运作得比较好的紧急基金体系，预算追加仍然存在。[3] 在很多情况下，预算追加不可避免主要是因为：（1）在有些情况下，预算编制存在着很大的缺陷，以至于通过预算调剂也不能解决在预算执行中出现的问题。例如，出现未曾预期的服务需求增加，而这一需求并未在已通过的预算中反映出来，并且预算和需求之间的差异非常大。（2）环境非常不确定。在经济、政治环境极其不确定的情况下，通过的预算与预算执行所要面对的环境之间存在着很大的差异，而且这种差异无法通过预算调剂和紧急基金加以解决。（3）政策过程与预算过程脱节，使得预算执行过程充满不确定性。

不过，如果一个国家的预算体制比较成熟，尤其是预算编制时预测的准确性比较高，预算过程与政策过程观念的整合程度比较高，在实践中采用预算追加的可能性就会下降。例如，在美国联邦一级，追加拨款已经不常使用。不过，在地方一级，州和地方政府通常从紧急账户或基金平衡储备金中提取资金用于预算追加。紧急账户可能在预算年度之初建立，或者它们可以由以下资金组成：在每一分派期将一部分资金留存并存入一个独立的账户。闲置或基金平衡储备金主要由于以下原因而累积而且数目庞大：拖欠分派、

---

[1] Potter, Barry H., & Jack Diamond. 1999. *Guidelines for public expenditure management*. Washington, D. C.: IMF. p. 43.

[2] Premchand, A. 1983. *Government budgeting and expenditure controls: Theory and practice*. Washington, D. C.: IMF Publishers. p. 374.

[3] Potter, Barry H., & Jack Diamond. 1999. *Guidelines for public expenditure management*. Washington, D. C.: IMF. p. 43.

暂时性推迟支出或债务、在分派期开支太少、低估收入、高估计支出。① 在预算追加不可避免的情况下，进行预算追加也必须遵守一些原则。毕竟，预算追加表明一个预算体系的预算准备存在问题，预算执行也存在弊端。根据各国国家的经验，国际货币基金组织的专家总结了预算追加的基本原则（专栏16-1）。

专栏16-1 预算追加的原则

预算追加应遵循以下原则：

- 最好承认预算追加中的支出，而不是采用预算外交易，或使用暂记账户等。一个基本的理念就是，所有的支出都必须经过议会同意，这一点是神圣的。暂记账户是一种特别的暂时性账户，它用来记录余额或修改数量上的错误，这些因素并没有反映在相关的分项列支科目上面。暂记账户上的这些交易常常包括最后数量确定之前可调整的赊账支付。
- 财政部门应该尽最大努力硬化预算约束，鼓励各个部门在批准给它们的预算内运作。这就是说不要太容易地就同意给予预算追加，而应该尽可能鼓励将资源从不太重要的支出转移到其他超过预算拨款的支出。在典型情况下，对于每个科目上的超支是不需要运用预算追加的。因为，在这种情况下，资金可以通过将一个科目的资金转移到另一个科目而解决。
- 财政规章制度必须明确这样一个基本的概念，即不能假定一定会有预算追加。这有助于强化硬的预算约束，加强财经纪律。如果没有获得同意就从应急基金中拨款或使用预算调剂和预算追加且出现了超支，就应该视为非法行为，必须受到惩罚。
- 只能在每年的某个固定时间审批预算追加。最佳的办法是，在有问题的财政年度的年末集中进行一次（在一些体系中，是紧跟在

---

① [美] R. 亨德利克、J. P. 弗雷斯特：《预算执行》，见罗伊·T. 梅耶斯编《公共预算经典》，苟燕楠、董静译，上海财经大学出版社2005年版，第483页。

> 其后的），而且是在已经动用了紧急基金之后。在其他的一些体系中，则采用了一年两次的办法。超过这个数量就可以视为频繁使用预算追加了，这就说明预算编制不好以及预算执行有问题。
>
> 资料来源：Potter, Barry H., & Jack Diamond. 1999. *Guidelines for public expenditure management*. Washington, D. C.：IMF. pp. 43, 69。

- 支出削减

增加支出是部门欢迎的决策，削减支出则是一件费力不讨好的事情。按理只有当支出政策出现变化时才能削减支出。但是，在一些国家，政府都喜欢采取不记录某些支出的方式来"削减"支出，而且将这看成是削减支出的第一手段。但是，这是不是一种最佳策略却是值得深思的。[①] 即使非要削减支出，也需要考虑下面几个问题：

首先，必须在权责发生制和现金制的支出责任或负债之间进行区分。根据前者，一旦商品或服务已经供给，账单已经收到并确认之后，权责发生制意义上的支出责任就已经发生，而且，在经济科目的意义上，支出也应该记为已发生。但是，许多国家都不将之记录为现金责任。这种限制现金责任的办法使得政府可以避免现金意义上负债。但是，这种"削减"支出的方式，实际上是在玩弄会计伎俩，将导致这样一些问题，使得我们无法真正准确地理解政府活动的经济影响，而且常常给私人部门带来财务风险。[②]

- 累积支付的拖欠。
- 将支出记入暂记账户。
- 削减现金收入，但是并没有伴之出现削减拨款和恰当的政策改变来减少承诺。
- 拖延提交的账单（尤其在年末）。

[①] Potter, Barry H., & Jack Diamond. 1999. *Guidelines for public expenditure management*. Washington, D. C.：IMF. p. 54.

[②] Ibid., pp. 54-55.

其次，如果需要在预算年度内削减支出，必须将重点放到支出周期的承诺阶段，而不要等到责任已经发生才来考虑削减支出。不过，这种做法的范围和目标经常受制于时间（某些支出承诺及其时间是不能改也不应改动的，例如利息），以及能否在机动支出（discretionary expenditure）领域改变支出政策的需要以回避某一承诺的发生。例如，暂时不给一个基础设施项目提供资金就比削减官员容易一些。因此，从灵活性的角度来看，要削减或控制支出，越早采取行动越有效，在预算执行中的灵活性也越大。[1]

总之，在预算执行过程中调整计划的支出是受到许多制约的。因为，大量支出在短期内都是固定的。这种支出通常称为非机动支出（non-discretionary expenditure），它主要包括[2]：

- 以前做出的承诺，例如债务本息支付。
- 法定支出，例如指数化的法律、养老金和工资立法，或者各种赋权型支出。
- 现有雇员的工资。
- 向下级政府的转移支付。

如果一个政府的支出绝大部分都是这种非机动性支出，那么，在预算执行中削减支出就难上加难。在这种情况下，政府支出实际上是被"锁进"了某种承诺之中。而且，有些政府也许会宣称它的所有支出都是这种非机动性支出，以抵制各种要求削减支出的压力。但是，在一定程度上，许多政府支出是可以削减，即使是最难削减的工资支出也不是不能削减的。例如，香港特区政府在1997—1998经济衰退，进而财政收入下降的情况下，就成功地削减了工资。所以，要想削减支出，需要分析公共支出被"锁进"某种承诺的程度，需要分析各种非机动性支出在总支出中的比重。只有这样，才

---

[1] Potter, Barry H., & Jack Diamond. 1999. *Guidelines for public expenditure management*. Washington, D. C.: IMF. p. 55.
[2] Ibid.

能确定正确、可行的支出削减政策。①

五、预算执行中常见的问题

在预算执行中,预算执行的最后效果会因为以下两方面原因而不尽如意。首先,核心预算机构或议会的控制机制不能有效地约束部门的支出行为,从而使得部门的预算执行出现超支、年底突击花钱、拖欠、人为超收、浪费、贪污等现象。其次,预算体系缺乏灵活性,不能及时进行调整以适应环境的变化,或者调整(调剂与追加后)后仍然不能有效地适应环境的变化,使得预算执行出现超支、拖欠、超收、非效率性节余等现象。在普雷姆詹德看来,在预算执行阶段的财政控制中,一个焦点问题就是发现和处理支出的剩余和过度支出。②

(一) 超支

如果将预算视为一个合同,那么,超支表明支出机构违犯了预算合同,是一种严重的预算违约现象。但是,在预算执行中,必须分析各种导致违约的情况,对于某些违约必须设置事前的控制机制来预先防止;对于某些违约,则可以灵活处理,允许对预算本身进行调整(预算调剂和追加预算);对于某些违约,则可以通过改进核心预算机构和支出部门的组织能力来降低这种违约出现的概率。无论是对于支出部门还是对于核心预算机构、政府首脑以及立法机构来说,超支常常都是比支出剩余要糟糕的事。对于支出部门来说,出现超支等于向核心预算机构、政府首脑和立法机构表明支出部门在财政管理上存在问题。而对于核心预算机构、政府首脑和立法机构来说,必须决定如何处理超支,是否为超支的部门提供新的预算拨款,是否需要追究支出部门管理者的责任。一言之,超支是一种相当严重的违约现象。

在许多国家,例如在美国、法国、德国以及一些远东的预算体系中,都

---

① Potter, Barry H., & Jack Diamond. 1999. *Guidelines for public expenditure management*. Washington, D. C.: IMF. p. 55.

② Premchand, A. 1983. *Government budgeting and expenditure controls: Theory and practice*. Washington, D. C.: IMF Publishers. p. 366.

不允许支出部门的支出超过总预算额度,并设置了许多程序和措施来防止出现过度支出。在英国式的预算体系中,相关的制度鼓励各个部门避免出现超支,甚至对出现超支的机构负责人实施处罚。一旦超支出现,在程序上它们必须获得议会的事后同意。[1] 出现超支可能是因为支出部门的机会主义行为,例如没有节约资金的使用、管理混乱、低效率地使用资金,甚至可能是因为支出部门的管理者挪用和贪污资金。在某些情况下,出现超支则可能是因为核心预算机构在拨付各项支出时违反了预算中的支出限制;或者是因为存在预算外支出的机制或渠道,使得支出部门可以利用某些特殊的方法(例如特殊项目支出)来回避常用的支出控制过程。[2] 但是,在许多情况下,超支可能是因为预算编制本身存在各种缺陷,从而出现新的没有预想到的支出。例如,在预算编制时,对于投资性项目和权利型支出等一些持续性承付款项以及通货膨胀对工资的考虑不足。[3] 在这种情况下,要完全根除超支是不可能的,完全禁止超支的出现也不尽合理。此时,解决问题的方法只能是尽可能地预计到各种可能出现的"合理和无法回避的"超支,并尽量争取预算追加。

新绩效预算改革以来,为了提高运行预算的绩效,各国会取消传统预算模式下对于预算投入的严格控制以及施加于支出方向上的详细的科目控制,赋予支出部门支出的灵活性。在这种背景下,许多国家开始将各种繁琐的支出细目合并成一些大的支出分类,或者允许支出部门在支出细目之间进行预算调剂。有些国家甚至废除了对于运行支出的所有核心预算机构实施的预算控制,不再将运行支出细分为各种科目,而只是给支出部门一个一揽子的支出拨款,在该拨款的数额以内,支出部门的管理者可以自行决定将多少的预算拨款用于工资、差旅、设备等。这种改革的倡导者认为,只有当支出部门的管理者能够在管理的过程中自由地运用他们自己的技能和职业判断时,管理创新和改进才是可能的。即使这样,新绩效预算改革对于超支也是不支持

---

[1] Premchand, A. 1983. *Government budgeting and expenditure controls: Theory and practice*. Washington, D. C.: IMF Publishers. p. 368.

[2] (亚洲开发银行)萨尔瓦特罗·斯基亚沃-坎波、丹尼尔·托马西:《公共支出管理》,张通译,中国财政经济出版社2001年版,第134页。

[3] 同上书,第134—135页。

的。实际上,新绩效预算改革的另一个重要目标就是通过加强对于支出总额的集中控制来恢复财政纪律,控制支出膨胀。正如希克指出的,在这种预算模式下,运行预算是"现金限制"的,禁止支出部门超过预算拨款的额度去花钱或者要求拨款,即使通货膨胀使得支出部门的支出会超过预算估计时也是如此。①

(二)"年底突击花钱"

在通常情况下,预算采取的拨款方式是年度拨款。在预算年度末,没有用完的预算授权要被取消,没有花掉的预算拨款要被核心预算机构拿走。在传统预算模式下,这是一种通行的控制模式。但是,这种模式常常会产生一些不利影响。例如,部门可能会有动机去建立循环基金或预算外基金。然而,一种非常普遍的现象是,部门可能会在年底突击将所有的预算花出去,无论是否真的需要。这即是所谓的"年底突击花钱"现象或"挥霍症"或"狂热支出"现象。②

从部门的角度来说,这样做是非常理性的。首先,在年度拨款规则下,本年度花不出去的预算要被取消,即由财政部收走。其次,如果一个部门在本年度有花不完的钱,这等于向核心预算机构发出一个信号:这个部门不需要这么多预算。所以,即使只是为了使得下一个年度的预算保持至少保持在现有水平或者不被削减,部门也必须在预算年度结束前将所有的钱都花掉。

不过,有一个问题是,部门为什么要把许多支出都放在预算年度的末期呢?或者,部门为什么不把预算均匀地分配在各个月支出出去呢?或者,部门为什么不早早地将预算花掉呢?年末支出膨胀的原因包括:(1)在一些情况下,预算年度末期出现支出膨胀可能仅仅反映了部门采取了一种值得赞扬的谨慎财政管理,即部门在整个财政年度尽可能压缩支出来防止在年中出现意想不到的拨款削减。(2)许多国家都在年度拨款规则下采取了分期拨

---

① Schick Allen. 1998a. *A contemporary approach of public expenditure management*. Washington, D. C.: World Bank. chap. 5.

② (亚洲开发银行)萨尔瓦特罗·斯基亚沃-坎波、丹尼尔·托马西:《公共支出管理》,张通译,中国财政经济出版社 2001 年版,第 145 页。

款制度，这使得部门不能过早地用掉全部预算额度。[①]

放弃预算拨款的年度规则是可以在一定程度上解决上面的问题。但是，各个国家的财政部门都担心，这样做会损害财政平衡和现金财政赤字控制的目标。解决年末支出膨胀的另一个办法是引入某种制度将一定程度的安全感赋予部门。资金结转就是这样一种可供选择的制度。在这种制度下，允许部门将年末没有花掉的拨款结转到下一个年度去使用。如果有很好的制度约束，"就预算执行的完整性而言，小规模资金结转规定可以以微小代价实现额外的灵活性"[②]。

（三）节余

存在年底突击花钱现象的同时，预算支出也会出现节余。预算节余包括两种：效率性节余和非效率性节余。效率性节余是指部门完成了年初预算中承诺的支出目标或任务但是出现节余，这种节余主要是由于部门改进了管理效率（包括对资金的管理效率），能以更小的成本完成预算目标和实施政策，或者是因为核心预算机构加强财政控制，使得各种浪费性支出不可能花费出去。但是，在另一些情况下，尽管部门的支出出现了预算节余，但是，预算目标也没有实现。这种情况下，节余的出现不是因为部门改进了管理效率，而是由于各种体制上的原因，例如计划与预算之间不协调，上级拨款进度非常缓慢等，这就是非效率性节余。例如，在20世纪70年代，许多发展中国家编制的支出计划出现了资金节余。通常情况下，这种预算节余主要与发展型预算联系在一起。不过，这些年来，这种节余也出现在经常性预算的有些发展型预算和非工资支出项目的执行中。然而，出现节余不是因为这些发展中国家具有良好的财经纪律。在大多数情况下，发展中国家出现支出节余主要是因为预算编制和计划编制存在严重的缺陷。在一些发展中国家，一方面存在严重的资金短缺，另一方面在预算年度末常常有许多预算安排的资

---

① （亚洲开发银行）萨尔瓦特罗·斯基亚沃-坎波、丹尼尔·托马西：《公共支出管理》，张通译，中国财政经济出版社2001年版，第145页。

② 同上书，第145页。

金没有支出。①

普雷姆詹德指出，可以有两种方法来处理支出剩余：（1）将没有被支出的资金转移到急需或者是预计资金将会得到更有效利用的领域；（2）将这些资金转交给核心预算机构，再由其转移到其他的领域。② 现在的问题是，在出现支出剩余之后，是否允许支出机构进行预算调剂，即是否允许它们将剩余的预算拨款从一个支出项目转移到另一个支出项目。从预算控制的角度出发，为了制约支出机构在支出行为上的机会主义，应该尽可能地限制这种转移，或者为这种转移设置严格的程序。实际上，这正是传统预算体制的一个根本特征。传统预算体制以控制支出为主要目的，因此，直到 20 世纪 80 年代末以前，各国的预算体制都很少允许支出机构将剩余的拨款在内部自由转移。正如普雷姆詹德 80 年代，在大多数国家，支出机构都没有这种管理上的自由。③ 但是，完全禁止支出机构根据情况进行预算调剂却极大地损害了政府部门有效地使用预算资金。在一些发展中国家，由于预算分类被不必要地零碎化了，许多的小额资金都被沉淀在一些各种各样的工作中而又不能集中和转移到最需要的地方去，这就进一步恶化了支出剩余带来的问题。④

由核心预算机构来重新配置未支出的资金也面临一些问题。首先，一般情况下，支出机构不会愿意将未支出的资金上交核心预算机构。所以，如果采用这种方法，核心预算机构就必须拥有较高的监督支出机构的支出流的能力，从而能够克服信息不对称。⑤ 然而，在一个支出分散管理的体系中，这种方法很难获得成功。因为，在这种情况下，关于支出流的信息分散在各个支出机构，核心预算机构获取支出机构未支出资金的信息成本是非常高的。而在一种支出集中管理的体系中，例如在实行国库单一账户的体系中，核心

---

① （亚洲开发银行）萨尔瓦特罗·斯基亚沃－坎波、丹尼尔·托马西：《公共支出管理》，张通译，中国财政经济出版社 2001 年版，第 135 页。

② Premchand, A. 1983. *Government budgeting and expenditure controls*: Theory and practice. Washington, D. C.: IMF Publishers. p. 367.

③ Ibid.

④ Ibid., p. 367.

⑤ Ibid.

预算机构就有能力监督支出机构每一笔款项的用途、数额以及使用时间,从而能够监督支出机构的支出流以及未支出的资金。其次,运用这种方法还涉及是否应该赋予核心预算机构将部门未支出的资金统筹使用的权力,或者部门是否有权继续使用自己的节余。在这一点上,各个国家有所不同。在一些使用英国模式的发展中国家,只要不改变总体的预算,在发展性支出中结转资金是可能的。因为,计划机构在这些国家的公共预算过程中是非常有权力的一个预算机构。在有些国家,支出机构可以结转资本性支出,或者在财政部门批准的条件下可以进行这种结转。然而,在别的国家,尤其在美国的预算体系中,议会一般都会禁止这种资金转移。① 最近,有些实行新绩效预算的发达国家(例如,澳大利亚、新西兰等)已经将拨款的年度限制改为部门可以将多达10%的支出结转到下一个预算年度。②

不过,在发展中国家,全面授权部门结转必须非常慎重。因为,这样做会对支出控制带来不利影响,尤其在当年的预算并不是建立在实际的收入预测时更是如此。当然,如果这些国家的收入和支出预测都具备真实性,那么,发展中国家对年度规则进行改变则是有利的。但是,资金结转需要逐步实施,需要确保这样做不会妨碍支出控制,需要有一个外部控制(例如由财政部门审批)。而且,这种改革应该首先从资本性支出领域开始。因为,资本性支出通常是跨年度的,很难在年度预算的框架内进行管理。最后,需要特别关注以前承付但是未支付的支出。③

(四) 拖欠

拖欠是指到期应付未付款项或未签发支票,超过正常延误时间的现象(斯基亚沃-坎波、托马西,2001,p.459)。具体地说,对于政府获得的商

---

① Premchand, A. 1983. *Government budgeting and expenditure controls: Theory and practice*. Washington, D. C.: IMF Publishers. pp. 367-368. (亚洲开发银行)萨尔瓦特罗·斯基亚沃-坎波、丹尼尔·托马西:《公共支出管理》,张通译,中国财政经济出版社2001年版,第146页。

② (亚洲开发银行)萨尔瓦特罗·斯基亚沃-坎波、丹尼尔·托马西:《公共支出管理》,张通译,中国财政经济出版社2001年版,第146页。

③ 同上书,第146页。

品和服务来说,"除了那些法律上有争议的情况,如果确认的已成功提供的服务的账单已经收到但在一个'可接受的体面期'内没有支付——正常是30—60天,那么,拖欠就存在了"。不过,在正常时期(即所谓的体面期)内应付未付的账单不能视为拖欠。① 在发达国家,预算执行中的拖欠比较少。然而,在许多转型国家和发展中国家,拖欠问题就比较严重。政府采购方面的拖欠会给私人供应商带来财务困境;社会保障领域的拖欠则会带来很坏的社会影响;工资拖欠则会降低公共部门雇员的士气,导致效率低下,影响公共服务的供给。这些都会严重地损害政府的信誉,也会在某些情况下影响公共部门的效率。如果私人供给商采取各种策略来对付拖欠,例如,要求在交割商品和服务之前付款,虚报发票金额,对有关的官员进行贿赂等,那么,拖欠就会进一步对支出管理造成破坏性影响。②

在订单已经履行和确认后,造成支付拖延和拖欠的原因很多,主要包括③:

- 预算编制水平不高,未能准确地预测收入或支出,这样编制出来的预算是不现实的,一定要执行的话,就可能导致拖欠。
- 对承付款项控制不严,缺乏相应的监督制度。即使没有现金来清偿支出责任,各个部门也可以作出承诺。或者,对于承诺没有进行记录。各个部门并不遵从预算控制数额或上限,也不遵守现金计划确定的时间表。
- 现金配给制度未能充分考虑已经做出的承付款项导致的影响。在这种情况下,虽然预算数据是现实的,但是,与预算相关的现金计划或者月度现金限制却是不现实的,或者,对于在预算年度内何时可以作出支出承诺缺乏相应的指导。

---

① Potter, Barry H., & Jack Diamond. 1999. *Guidelines for public expenditure management*. Washington, D. C.: IMF. p. 48.

② (亚洲开发银行)萨尔瓦特罗·斯基亚沃-坎波、丹尼尔·托马西:《公共支出管理》,张通译,中国财政经济出版社2001年版,第153页。

③ 同上。Potter, Barry H. & Jack Diamond. 1999. *Guidelines for public expenditure management*. Washington, D. C.: IMF. pp. 49–50.

- 支出部门的财政管理效率低下，未及时对各种账单进行处理。包括：
- 供给商或许没有在正常时间内提交账单，使得政府获得了一段时间的信贷。这通常不算真正的拖欠。但是，这会导致经济成本，在正常价格之上增加一个溢价来允许预期的支付拖延。在这种情况下，财政部门很难知道拖欠的真实数额。
- 供给商迫于政府部门的压力而不提交账单，此时，供给商被迫成为政府的贷款人。这是真正的拖欠。在这种情况下，财政部门很难知道拖欠的真实数额。
- 或许是因为在月度现金限制下没有资金，政府部门负责批准支出的相关财务官员将账单放进办公桌的抽屉。此时，部门相关财务官员没有从交易中整理用于支付的记账凭证。在这种情况下，财政部门很难知道拖欠的真实数额。不过，专门审计拖欠的官员在和各个部门负责支出决策的官员沟通后是有可能了解拖欠的真实数额的。
- 政府部门的相关财务官员处理了用于支付的记账凭证，但是以某种理由将它退回。在这种情况下，财政部门很难知道拖欠的真实数额。不过，专门审计拖欠的官员在和各个部门负责支出决策的官员沟通后有可能了解拖欠的真实数额。
- 政府部门的相关财务官员将支付用的记账凭证转到会计人员手中，直到有了现金才处理。但是，专门审计拖欠的官员在和各个部门负责支出决策的官员沟通后有可能了解拖欠的真实数额。

要解决拖欠问题需要准确地测量实际的拖欠或者拖欠的程度。但是，许多国家都发现，在很多情况下，测量拖欠的程度非常困难。首先，由于某些原因，会计体系可能无法准确判断哪些账单已经超过了"体面的时期"。例如，收到的账单没有仔细地进行记录。在很多情况下，拖欠的数量只能通过采取替代测量，即收到的账单数量（如果知道的话）和支付的账单数量之间的差额。其次，造成拖欠的某些因素，例如上面提到的支出部门在处理账单时存在的各种问题，会增加测量拖欠的难度。①

根据国际货币基金组织专家（Potter & Diamond，1999）的建议，在测量拖欠时，不能根据承诺的支出和做出的支付之间的差额来确定拖欠，也不能像转型经济国家以前所采用的那样根据拨款和支付之间的差额来确定拖欠的数量。这两种做法都会高估拖欠。因为，并不是所有的承诺都会出现事实上的服务供给，而且，对于不同的支出来说，承诺和实际支付之间的时间间隔是不同的。那么，如何测量拖欠的数量才最好呢？波特和戴尔蒙得（Potter & Diamond，1999）指出，如果满足一个条件，即支出部门能够在收到账单后尽快地确认账单和发出支付命令，那么，可以用准备发布的支付命令和兑现的支付命令之间的差额来测算出一个比较现实的拖欠。如果不具备该条件，测量拖欠就必须加上任何收到并且有支付责任的账单，虽然此时没有为之准备任何支付命令。② 表 16-9 比较了不同预算体系的拖欠测量。

解决拖欠问题，是许多国家面临的一大挑战，尤其是对发展中国家和转型国家来说，更是如此。要避免在预算执行中累积各种拖欠，必须在以下几方面进行努力。首先，批准的预算以及与之相联系的现金计划必须具有现实性，对于预算收支的预测要尽量准确。其次，支出承诺必须根据某种正式的程序，并要确保相关的信息能够被及时地集中记录和处理。第三，各个部门应高效率地处理各种账单，减少拖延。③

表 16-9　不同预算体系中的拖欠测量

	拖欠测量
法国模式国家	在法语国家，支出被记入国库账户的相应支出账户的借方。在复式记账体系下，根据支付的不同方式，将这些支付记入不同账户的贷方。一种典型的支付方式是通过现金凭证。如果财政部门决定拖延支付，那么，另一种支付方式是通过暂记账户中贷方簿记。这就包括了暂记账户和记录大量现金凭证的账户。这种模式提供了一个关于拖欠出现的也许不是非常完全但是直接的标志。此时，测量拖欠，只要根据这些记录到期支付的账户的余额

---

① Potter, Barry H., & Jack Diamond. 1999. *Guidelines for public expenditure management*. Washington, D. C.: IMF. p. 48.
② Ibid.
③ Ibid., p. 50.

(续表)

	拖欠测量
拉美国家	如果能够获得数据,拖欠一般根据确认阶段和支付阶段的差额来测量。然而,如果没有信息或信息不可靠时,就很难进行测量了。此时,就用准备的支付命令和支付阶段进行支付之间的差额来测量
英联邦国家	在这一体系下,没有一个相对容易的测量方式。在商品和服务的供给被确认后,支付命令通常由接收的部委准备和发布。支出机构保存承诺并将它们的请求记录到国库以根据批准的拨款发布支付命令。但是,已批准的拨款通常不是完全可靠地完成的。支出机构很可能只是断断续续地比较实际的商品和服务交割与发布的支付命令。支付命令可以是采取集中的方式发布,也可以由各个支出部委自己发布。只有在前者才有可能在整个政府范围内比较发布的支付命令与签发的支票,而这通常只能在一定的拖延之后才能进行。在后者,由于支付命令的发布是分散的,对拖欠的估计可能要到支出过程的稍后阶段,主要是根据批准的支付和兑现的支票之间的差额。但是,正如前面分析引起拖欠的因素时提到的,这种估计的准确性就下降了

资料来源:Potter, Barry H., & Jack Diamond. 1999. *Guidelines for public expenditure management*. Washington, D. C.:IMF. p. 49。

第 十 七 章

现金管理

即使一个预算是现实的，即具有很好准备和客观的总收入和支出估计，这并不意味着预算执行将是顺顺当当的。在到期支付和需要用来兑现这些支付的现金获得性之间存在一个时间问题。

——Potter & Diamond [1]

一、现金管理：财政管理的核心与基础

在以资金控制为导向的传统预算模式下，现金控制被广泛地运用来限制支出。然而，这些年以来，在很多国家，由于预算模式由资金控制转到了更加全面的整体预算。全面预算或整体预算不仅包括投入也包括产出的全面预算或整体预算，现金控制的优越性已经开始丧失，现金管理正在逐渐取代现金控制。[2] 现金管理是指通过监督与管理政府部门的现金流入和流出量来优化其财务状况，使得政府既能以最小的成本持有足够的现金来满足某一段时间的支出需要或者履行责任，又能够将闲置的现金以最小的风险投资出去，

---

[1] Potter, Barry H., & Jack Diamond. 1999. *Guidelines for public expenditure management.* Washington, D. C.: IMF. p. 60.

[2] [美] A. 普雷姆詹德：《有效政府会计》，应春子等译，中国金融出版社 1996 年版，第 7—8 页。

取得最大的收益。①

现金管理与所谓的"现金流问题"(cash flow problem)紧密相关。由于政府并不是在同一时刻获得和支出资金,在这两者之间存在一个时间差,即我们常说的"现金流"(cash flow)。现金流问题是指政府部门的应付金额超过了可以获得和使用的现金,此时,尽管政府部门有充足的资产,政府部门却没有足够的现金来满足支付。现金管理也与所谓的"闲置现金"(idle cash)有关。"闲置现金"问题刚好与"现金流"问题相反,它是指政府部门保留了过多的现金。② 闲置现金对于政府部门来说意味着高昂的机会成本,即如果政府将该数额的现金投资到其他的渠道后将可能获得的收益。

由于政府部门的收入主要是来自于预算拨款,而不像私人企业那样取决于产出与利润。一般的,除非该政府部门是高度依赖于转移支付(例如从其他政府那里获得拨款),否则政府部门是不会出现现金流问题的。因此,政府部门的现金管理主要是关注于如何处理闲置的现金。当然,这并不是说,政府部门不会出现现金流的问题。实际上,在许多发展中国家,由于收入的短缺与不确定,加之财政管理混乱与水平低下,所获得的现金常常不能及时应付各种支出。正是由于现金管理主要集中在"闲置现金"上,因此,人们传统上主要关注于现金管理在财务上的好处,即有效地管理现金可以使得短期的投资获得可用的资金,从而有可能获得投资的收益。换言之,有效的现金管理可以使得政府存款和财政投资的回报率最大化。③

但是,除了这种显而易见的投资的潜在收益之外,现金管理还可以帮助公共组织降低成本。例如,通过现金管理适时地安排采购数量和可利用的现金,可以帮助减低政府采购的成本;通过有效的现金管理汇集财政年度中所有的资金流入和流出,以便减少借款的数额或减少借款的时间,可以降低供

---

① [美] B. J. 里德、约翰·W. 斯韦恩:《公共财政管理》,朱萍等译,中国财政经济出版社 2001 年版,第 183 页。Lee, Robert, & Ronald W. Johnson. 1989. *Public Budgeting Systems* (4th edition). University Park Press. p. 194.

② Lynch, Thomas. 1990. *Public budgeting in America*. New Jersey: Prentice Hall. p. 220.

③ [美] B. J. 里德、约翰·W. 斯韦恩:《公共财政管理》,朱萍等译,中国财政经济出版社 2001 年版,第 183 页。(亚洲开发银行)萨尔瓦特罗·斯基亚沃-坎波、丹尼尔·托马西:《公共支出管理》,张通译,中国财政经济出版社 2001 年版,第 19 页。

货的成本；通过有效的现金管理审核金融服务的价格、服务机构的品质以及所需要金融服务的数量，可以降低金融服务的成本。[1] 斯基亚沃－坎波和托马西还认为，现金管理还有助于加强对支出进行总额控制，提高预算的执行效率。[2] 正如普雷姆詹德所言，如果利息支出在支出中的比例高达20%—30%，那么无论怎样强调现金管理的重要性都不过分。[3]

发达国家在20世纪60年代就开始建立现代现金管理体系。进入20世纪90年代，一些OECD国家进一步创新了它们的现金管理体系，在维持单一账户控制的同时，将更大的自主权下放到部门，极大地节约了成本，例如澳大利亚、新西兰、英国、美国。由于这些改革，这些国家的现金管理出现了如下的变化：[4]

- 银行放权和使用商业银行；
- 各个政府单位获得更大的银行和现金管理的自主权；
- 电子化的交易处理系统；
- 采用能够更加准确地预测现金流和当日银行账户余额的程序和系统；
- 在各个政府单位之间更明确地划分职责和问责体系；
- 提高管理和供给银行和现金管理服务的诚实、透明和回应性；
- 形成更强地改进现金管理效率的动机。

相比之下，发展中国家的现金管理水平则明显不足。这些国家的现金管理效率一般比较低，存在高昂的机会成本，而且，管理者通常不重视或者没

---

[1] ［美］B. J. 里德、约翰·W. 斯韦恩：《公共财政管理》，朱萍等译，中国财政经济出版社2001年版，第183页。［美］A. 普雷姆詹德：《有效政府会计》，应春子等译，中国金融出版社1996年版，第40页。

[2] （亚洲开发银行）萨尔瓦特罗·斯基亚沃－坎波、丹尼尔·托马西：《公共支出管理》，张通译，中国财政经济出版社2001年版，第19页。

[3] ［美］A. 普雷姆詹德：《有效政府会计》，应春子等译，中国金融出版社1996年版，第8页。

[4] Storkey, Ian. 2003. Government cash and treasury management reform. The Governance Breif No. 7, 2003 (A Quarterly Publication of the Governance and Regional Cooperation Division, http://www.adb.org/governance).

有意识到这些机会成本。它们通常采用人工的现金和支票支付,存在多个银行账户,预算执行中的现金流量非常大,闲置的现金只获得很少的利息甚至没有利息,预算执行的重点是单纯的支出控制而不是高效率的银行和现金管理。在一些较大的发展中国家,政府持有的现款经常都在10亿美元以上。在这种情况下,假设借债的平均利率是4%—6%,如果政府收取的利息是零或者接近于零,那么,持有这么庞大的现款每年损失高达5 000万美元。最近,一些发展国家已经开始改革它们的现金管理。例如,蒙古和斐济在亚洲开发银行的帮助下,开始了这方面的改革。[1]

现金管理的职责曾经由中央银行承担,不过,现在许多国家都改由财政部门承担。而且,现金管理不是被动地反映支出部门的资金流进、流出,而是要主动地管理资金流进、流出,从而确保在预算执行过程中的资金平衡,进而保证预算执行的顺利。[2] 最近,为了更好地整合现金管理与债务管理,一些OECD国家成立了相对独立于财政部和中央银行的债务管理机构,既债务管理的职能,又承担一些现金管理的职能。这主要包括法国、德国、爱尔兰、葡萄牙、英国、瑞典、澳大利亚、新西兰。当然,它们的现金管理职能不包括管理国库单一账户和现金流预测,它们主要在金融市场投资现金余额、管理债务,确保国库单一账户的平稳。因此,这些国家的债务管理机构负责管理短期现金余额的投资;在有些国家,这一机构还管理长期资产(例如,在爱尔兰,这一机构管理着养老金投资),或者对或有负债有管理权限(例如瑞典)。其中的许多机构仍然继续在现金和债务管理中使用中央银行,例如澳大利亚、新西兰和意大利。[3]

---

[1] Storkey, Ian. 2003. Government cash and treasury management reform. The Governance Breif No. 7, 2003 (A Quarterly Publication of the Governance and Regional Cooperation Division, http://www.adb.org/governance).

[2] [美] A. 普雷姆詹德:《有效政府会计》,应春子等译,中国金融出版社1996年版,第8、9页。

[3] Williams, Mike. 2004. Government cash management: Good and bad practice. Downloaded from the Strokey & Co Management Consultant on July 15 2010, http://www.storkeyandco.com/Library/Cash_Management/williams_technote.pdf.

二、现金管理体系的目标

现金管理可以获得潜在的收益，但是也面临着风险。一方面，现金管理需要最大化可以获得的现金和通过投资获得的收益；另一方面，现金管理需要控制投资的风险。现金管理体系的目标是复杂的。任何简单化的理解要么牺牲了收益，要么导致风险。图17-1描述了现金管理体系的目标。

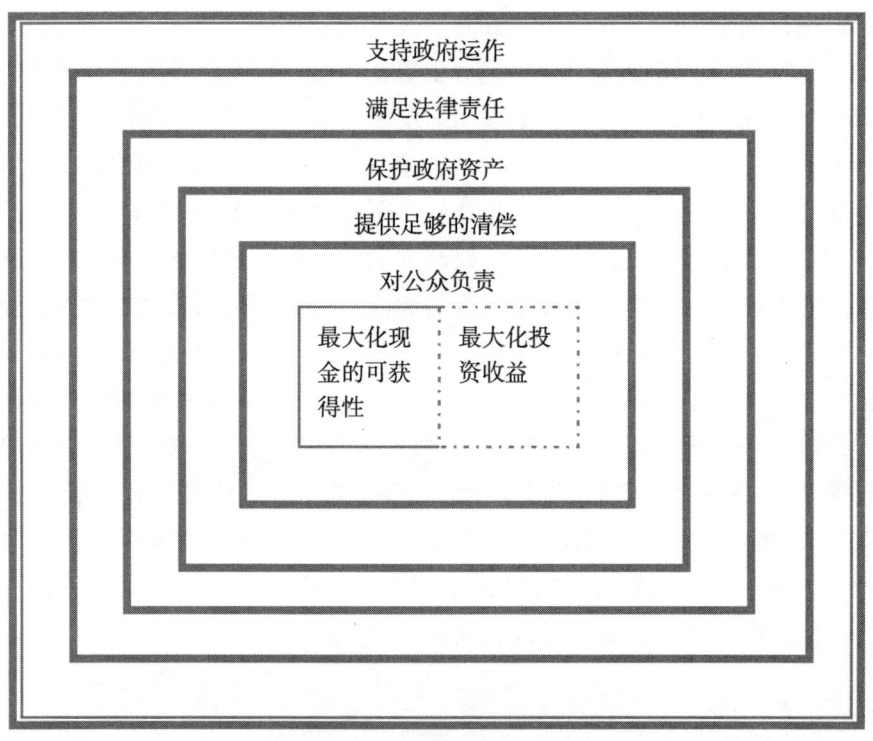

图17-1 现金管理体系的目标

资料来源：Shinn, Paul L. 1989. An overview of cash management. In Ian J. Allan Eds. *Cash management for small governments*. Chicago：Government Finance Officers Association。

- 支持政府运作

现金管理最近的发展使得人们容易形成这样的印象：现金管理就是通过投资来挣钱。但是，这样理解现金管理是不正确的。挣钱只是现金管理这些年发展出来的一个额外的目标，并不是其根本目标。在进行现金管理时必须时刻记住一点：现金管理和其他的任何财政管理一样都要为实现政府的最终目的而服务，政府存在的理由是通过向公民征收税收或其他费用来为公民提供各种公共产品和服务。① 一言之，政府的最终目的是向公民提供优质的公共服务，并保证公民的各种合法权利。

因此，现金管理不能以牺牲供货商（含服务供给商）的利益（例如拖延支付）为代价来获得可以支配的现金，不能通过在征税的过程中侵犯纳税人的权利（例如，非法加快税收征收）为代价而获得可以支配的现金。同样，现金投资也不能通过牺牲那些与政府目的直接相关的服务为代价而获得投资收益，例如，不能为了挣钱而将用于生产公共服务的资金用去进行投资。当最大化现金的可获得性与现金投资收益之间存在冲突时，必须将重点放到现金的可获得性而不是现金收益上去。总而言之，现金管理的最高目标是确保有足够的现金来支持政府的运作。②

● 满足法律责任

在各个国家，现金管理都不是在法律真空中运作的，各国政府都制定了各种各样的法律。有些法律是关于财政管理其他环节的，但是，这些法律规定都构成了现金管理的约束条件，另一些法律则是直接针对现金管理的。因此，在现金管理的过程中，管理者必须遵守各种法律规定。例如，在收入征收环节，有许多法律对纳税人或交费人的交费时间和征收程序进行了具体的规定。在支出环节也存在许多法律规定，例如及时进行支付或对过期账单征收利息等。法律可能还规定政府资金只能存入哪一种类型的金融机构等，规定政府选择银行的程序，选择证券中介商的程序等。③

不过，在这些法律规定中，最重要的可能是在投资领域的各种法律规定。例如，在美国各个州，法律都规定地方政府在进行现金投资时必须制定投资政策。一些州还规定了最大的投资期限，规定了投资多样化的要求以控制风险。最重要地，各州都用法律的形式限制了地方政府能够选择的投资工

---

① Shinn, Paul L. 1989. An overview of cash management. In Ian J. Allan Eds. *Cash management for small governments*. Chicago: Government Finance Officers Association.
② Ibid.
③ Ibid.

具，一般都将现金投资限制在联邦、州和地方政府债券以及一些低风险的公司金融品种。①

● 现金管理项目必须保护政府资产

正如西纳所说的，"现金管理实际是风险管理的另一种形式"。② 在财政管理过程中，每当政府获得收入、进行投资或作出某个承诺时，它都可能会面对风险。任何风险都会对政府的资产造成影响，影响其安全，降低政府资产的净值。所以，在现金管理中，管理者必须认识这些风险，并有责任将风险最小化，确保政府资产保值、增值。在现金管理中需要关注的风险包括：违约风险、市场风险、声誉风险、安全保持风险、征收风险。③

违约风险主要包括投资的风险，也包括支票账户的风险。它主要是因为发行商、证券中介商、银行或其他金融机构违约使得一个投资或账户的本金的全部或部分无法获得。为了控制这种风险，必须仔细挑选投资的中介商和银行或其他金融机构，将投资限制在那些违约风险比较小的投资品种，或者要求提供抵押担保。④

市场风险是指由于金融市场的波动使得政府投资的价值下降所带来的风险。在极端情况下，通常是在利率快速上升的时期，投资工具的市场价值将下降到政府投资的本金之下。此时，如果政府在到期前出售投资工具，那么，就会带来本金的损失。投资者唯一的选择是继续持有证券直到市场重新走好或者等到证券到期。为了控制这种风险，现金管理者可以采取这样一些办法：避免投资于那些容易随市场波动的投资工具；确立一种持有证券到期的投资策略，尽管这样会降低投资收益。⑤

声誉风险主要来自于政府在现金管理方面出现的错误，这些错误使得政府的声誉受到质疑。最大的声誉风险来自于政府现金投资的失败，或者拖欠导致的投资本金损失。但是，其他的现金管理失误也会严重地影响政府的声

---

① Shinn, Paul L. 1989. An overview of cash management. In Ian J. Allan Eds. *Cash management for small governments*. Chicago: Government Finance Officers Association.
② Ibid., p. 5.
③ Ibid.
④ Ibid.
⑤ Ibid.

誉。例如，过分狂热的收入征收过程，政府支付上的拖延等。这些都会使得公民质疑政府的管理能力。[1]

安全保护风险的产生与电子基金转账和衍生投资工具的产生有关。这种做法形成了一种新的投资过程，在其中，现金管理者根本看不到他们投资的金融工具。这使得现金管理者无法确保他们的投资是否真的以背书或抵押的方式获得保护。为了控制这种风险，政府应该发展一种内部控制体系来减低这种风险。[2]

征收风险主要来自于预算的收入和收到的收入之间的差异。各种拖欠的税收、规费都会使得政府出现征收风险。一旦出现这种风险，政府的预算就会受到严重的影响，原来在预算中安排了资金的项目，现在可能无法获得全部资金。为了控制这种风险，政府应该改进征收政策和管理。[3]

● *保持足够的清偿能力*

在现金管理中，必须考虑到，虽然将额外的现金进行投资以获取收益很重要，但是，不能因此损害政府履行其清偿责任的能力。闲置现金只是闲置在那里，当需要承担支付责任（例如支付工资，支付账单）时，这些闲置资金马上就可以使用。如果将现金进行了投资，那么，就需要确保现金管理体系既能够获得最大化的投资收益，又能够在需要的时候履行支付责任。如果没有在收回这些投资的时间与需要承担支付责任的时间之间进行最佳的搭配，那么，就会带来各种问题。如果这些投资到期的时间早于需要进行支付的时间，那么，政府就会损失利息收入。如果投资到期的时间太晚，那么，政府就会缺乏现金来履行到期的支付责任。所以，一个有效的现金管理体系需要很好地预测各种可以预期的支付责任到期的时间以及具体需要的资金数额，此外，还需要预测各种不能预期的支付责任可能发生的时间以及具体需要的资金数额，然后需要确保手头的现金、即将有的收入或到期的投资收入能够清偿这些支出责任。[4]

---

[1] Shinn, Paul L. 1989. An overview of cash management. In Ian J. Allan Eds. *Cash management for small governments*. Chicago: Government Finance Officers Association.

[2] Ibid.

[3] Ibid.

[4] Ibid.

● 必须具有完备的记录并且是负责的

由于现金管理存在着各种潜在的风险，因此，现金管理体系必须有一个完备的、强大的会计和报告制度。通过这样的制度，现金管理者、外部审计机构、政治家和公民等才能够相信政府的所有收入都恰当地进行记录，支出能够及时而恰当地进行支付，投资是严密地监督着的，投资的收益也恰当地进行分配。只有这样，现金管理体系的各种行为才不至于违反政府财政管理所应承担的公共责任。最近，有些政府确保现金管理履行公共责任或受托责任的方式已经从一般性的现金会计转向管理会计。在管理会计模式下，政府不仅需要确保现金管理体系很好地遵守各种法律和政策，而且需要报告和解释投资的收益情况。[1]

三、现金管理的基本框架

一个理想的现金管理体系应该遵守一些基本原则，主要有：（1）现金结余应该全部集中到一个"国库单一账户"中去；（2）认真制定现金计划；（3）事前制定借贷政策及投资标准；（4）债务协议的制定必须符合预算或多年度支出规划，并对其进行严密监督。[2] 国库单一账户是现代现金管理的基石。在国库单一账户已经建立的情况下，良好的现金管理需要做到以下四点[3]：

● 更加准确、及时预测现金流和余额；
● 更加有效率和回应地进行现金管理中的各种交易以及提供服务；
● 有效地对集中起来的风险进行管理；

---

[1] Shinn, Paul L. 1989. An overview of cash management. In Ian J. Allan Eds. *Cash management for small governments*. Chicago：Government Finance Officers Association.

[2] （亚洲开发银行）萨尔瓦特罗·斯基亚沃－坎波、丹尼尔·托马西：《公共支出管理》，张通译，中国财政经济出版社 2001 年版，第 19 页。

[3] Storkey, Ian. 2003. Government cash and treasury management reform. The Governance Breif No. 7, 2003 (A Quarterly Publication of the Governance and Regional Cooperation Division, http：//www. adb. org/governance).

● 整合现金管理与债务管理。

(一) 国库单一账户体制

为了有效地进行现金管理有必要首先将现金余额集中起来,为此,就需要建立国库单一账户体制,进而将现金结余全部集中到其中。这个国库单一账户由一个账户或者一系列互相联系的账户组成,所有的政府支付交易活动都必须通过这个单一账户来完成。一般的,国库单一账户应该具备以下这些特征:每日汇总现金结余情况、由国库开立账户并负责管理、根据同意的财政分类标准记录各项交易。[①] 在标准的国库单一账户体制下,以中央政府为例,各部委在中央银行开设账户,作为国库账户的附属账户;在获得国库授权后,支出部门可以在中央银行或者商业银行开设账户,而且,这种账户一般都是零余额账户;支出部门的账户每天都要进行结算,并在结算时自动清零;中央银行在每天结束前合并政府账户头寸(包括所有政府账户中的余额),将余额转入国库的中央账户。最后,从有效地进行现金管理的角度来看,仅仅集中现金余额还不够,还必须将各项交易的资料也进行集中。[②]

建立国库单一账户的目的:一是集中现金余额,从而优化现金管理。正如斯基亚沃 – 坎波和托马西指出的,"这种做法可以避免为了能够为某些机构的支出提供资金而借贷并支付额外的利息支出,而同时其他机构在银行账户中却有闲置资金"[③]。二是由于国库随时掌握着现金流量(流入、流出与余额)的信息,而且所有的交易都必须在国库的监控体系内部完成,所以,这种安排非常有助于对支出活动进行财政监督。当然,正如斯基亚沃 – 坎波和托马西指出的,各种经验表明,这并不必然意味着监督就一定能够取得令人满意的效果,特别在支出交易的集中程度尚未达到系统化或者关于支出交易的信息过于庞大的情况下,使得国库不能对其进行及时分析和利用时,监

[①] (亚洲开发银行)萨尔瓦特罗·斯基亚沃 – 坎波、丹尼尔·托马西:《公共支出管理》,张通译,中国财政经济出版社2001年版,第19页。

[②] 同上书,第165—167页。

[③] 同上书,第167页。

督就更不会令人满意了。此外,对于现金流量的监督也并不足以控制预算实施。①

在实践中,存在两种集中交易和现金余额的国库单一账户:(1)国库单一账户和集中会计控制。在这种模式中,国库对支出部门的支出实施着很强的控制。支出部门一般要先向国库提出支出申请,然后国库审查这些支出申请并计划各种支出。(2)被动的国库单一账户。在这种模式下,国库一般并不直接控制各项交易,支出由支出部门直接做出,不过它们都通过国库单一账户来完成。当然,在这种模式中,国库一般会为各项交易总额确定相应的现金最高限额。无论是采用哪一种模式,国库单一账户都能将日常交易与现金余额集中起来。区别只在于国库对于部门支出活动的控制程度。在前一种模式中,控制比较严;而在后一种模式中,支出部门实际上负责了收入和支出的内部管理,拥有比较大的自主权,而同时国库也可以对现金进行集中控制。②

尽管国库单一账户体制是有效的现金管理的基础,但是,要成功地实施这种体制需要具备某些条件。由于国库单一账户体制实际上是将庞大而且繁琐的账户管理、每日结算、余额转账等委托给了中央银行和商业银行,因此,必须有非常发达的金融体系和基础设施。在很大程度上,正是因为银行的金融服务和基础设施非常落后使得许多发展中国家无法建立国库单一账户体制,从而不能实施现金管理。当然,即使在银行的基础设施不发达的国家,尽量将账户进行集中也是比较恰当的、有益的。因为,这有利于降低清算和余额合并的交易成本。③

发达国家一般建立了集中型的国库管理,转型国家也在建立这种制度,在国库单一账户的基础上,对财政资金实行集中收缴和支付的制度(专栏17－1)。斯基亚沃－坎波和托马西甚至认为,"在支出制度崩溃的国家里,必须重新开始实施集权式国库制度。在其他国家里,必须对转移资金的银行

---

① (亚洲开发银行)萨尔瓦特罗·斯基亚沃－坎波、丹尼尔·托马西:《公共支出管理》,张通译,中国财政经济出版社2001年版,第167页。
② 同上书,第166页。
③ 同上书,第166—167页。

安排和程序进行审查，确保提高现金控制水平并且避免出现闲置资金"[1]。

> **专栏17-1 各国国库单一账户制度**
>
> 　　国际货币基金组织的研究发现，目前各国所使用的国库单一账户制度可以分为三种类型：一是集中型的管理模式；二是分散型的管理模式；三是混合型的管理模式。采用集中型国库单一账户制度的国家包括法国、英国和新西兰等发达国家，巴西、哥伦比亚等拉美国家以及俄罗斯联邦等转型国家也使用此模式。采用分散型国库单一账户制度的国家包括美国、瑞士等发达国家，亚洲的印度尼西亚和柬埔寨也采用此类模式。采用混合型管理模式的国家，其国库单一账户制度兼具集中型和分散型的双重特点。比如澳大利亚、秘鲁、吉尔吉斯斯坦共和国、摩尔多瓦、印度等国家采用的就是混合型国库单一账户制度。
>
> 　　纯粹的集中型国库单一账户制度是指政府的所有收入和支出交易必须经由设立于中央银行的统一账户来完成。(1) 法国。在发达国家中，法国的集中型管理模式最具特点。中央政府、地方政府、准政府组织以及驻外政府机构的所有收入和支出部分都被囊括进国库单一账户管理的范围。从国库管理的资金类型来看，所有政府现金资源（包括税收和其他预算内外收入）都在其管辖范围内，尽管社保基金不由国库管理，但此类基金必须由国有储蓄银行控制。在财政资金账户设置上，实行国库单一账户制度，即由经济财政部在中央银行开立国库单一账户，将所有政府现金资源（包括税收和其他预算内外收入）集中在国库单一账户统一管理。在财政收入收缴程序，纳税人向税务部门申报，若无异议，由纳税人向征税机关或任何一家银行以支票的形式缴纳税款，支票通过银行清算系统划入国库单一账户。其国库管理由经济财政部公共会计司负责操作，在财政资金支付程序上，利用集中支付系统控制实际支出，即支出机构需要向近4500个地方国库中的某一个提出支出申请，当国库资

---

[1] （亚洲开发银行）萨尔瓦特罗·斯基亚沃-坎波、丹尼尔·托马西：《公共支出管理》，张通译，中国财政经济出版社2001年版，第347页。

金实际支付给商品和劳务提供者时，才将资金从国库单一账户的地方性账户中划转出去。政府机构不允许在商业银行中设立账户。在监督机制方面，形成了以经济财政部日常业务监督和审计法院事后监督所组成的监督体系。(2) 俄罗斯。在国际货币基金组织的技术援助下，开始建立集中型的国库管理制度。在财政部门内部建立国库司，通过其地区性机构进行政府性收支；在中央银行建立国库单一账户，并将政府的财政资源统一纳入其中；建立国库总分类账，为政府运行提供良好的账务登记；进一步加强财政资金管理并建立政府分部门预算。

瑞士是实行分散型国库单一账户制度的典型国家，即在国库单一账户系统的主账户以外，还开设有相关附属账户，但在每天银行工作结束时，这些相关附属账户的余额必须及时转入主账户系统。瑞士联邦政府设有近270个主要的支出管理局，它们负责大量的政府资金支付工作。这些支出管理局可以在中央银行设立交易账户，也可以选择在一个或者多个商业银行开设交易账户，在接受这些银行提供的各项交易服务的同时，为这些服务支付相应的资金。不过，这些支付行为都必须得到财政部长的允诺。支出管理局单独设立的交易账户属于零余额账户，即每个交易日结束，这些账户中的余额都必须一分不少地转入国库单一账户的主账户系统。

澳大利亚是发达国家中使用混合型国库单一账户制度的国家。财政管理部负责中央政府的资金支付工作，并且管理着中央政府在中央银行设立的一个主要账户，即政府公共账户。支出部门则被允许在其他商业银行设立交易账户，以完成支付活动。每天，政府公共账户会根据每个部门需要支付资金的项目进展情况和该项目的现金流状况，预先支付一天的资金。而支出部门的支出账户余额，必须在每天银行业务结束之后，悉数转入唯一的政府公共账户内进行统一管理，待到第二天再从公共账户转回各支出部门账户。

另外，摩尔多瓦的混合型国库单一账户制度与澳大利亚有所不同。国库在中央银行内设有三个主要账户：中央预算账户、社会保障部账户、健康保险部账户。每个地方国库都设有三个地方银行账户：中央预算账户、特殊基金账户、地方预算账户。在财政收入收缴程序上，社会保障部和健康保险部的所有税收和其他收入均通过商业银行系统征收，并采用每天结算的方式转入国库单一账户系统。所有特殊基金账户的税收收入均纳入地方国库办公室在银行设立的账户中。在财政资金的支出程序上，某个预算机构一旦需要支付资金，它就必须先向地方国库办公室提交支付申请，由地方国库办公室上报国库审批，国库批准后下支付通知给中央银行，中央银行再通过国库统一账户系统将资金从中央预算账户转入地方预算账户。如果是现金支付，地方国库办公室给预算单位开局支付支票，然后由商业银行兑现。如果是非现金支付，地方国库办公室会给地方商业银行下发支付命令，由这些银行的负责人用国库单一账户系统进行系统内支付。支付之后，商业银行将支付情况和数据报给地方国库办公室，再由地方国库办公室上报国库备案。

资料来源：斯基亚沃－坎波和托马西，2000，第347页；Sailendra Pattanayak & Israel Fainboim. 2010. Treasury single account: concept, design and implementation issues. IMF Working Paper. http://www.imf.org/external/pubs/ft/wp/2010/wp10143.pdf。

（二）预算执行计划与现金计划

有效的预算执行必须先制定合理的预算执行计划和现金计划。一旦立法机构通过预算之后，预算就开始执行。各个部门开始使用立法机构同意拨给的预算拨款来生产公共服务，财政部门必须开始拨款，税收及其他收入征收部门必须开始征收各种收入来保证各个部门的支出要求。由于预期的收入不可能在预算年度初就全部获得，因此，财政部门不可能在预算年度之初将各个部门的预算全部拨给各个部门然后就万事大吉。在预算执行中经常要根据收入的流入和流出情况在收支之间进行匹配。如果匹配不好，要么无法支付各个部门的资金要求（现金流入低于支出要求时），要么在国库账户中堆积大量的多余资金，从而造成浪费（现金流入远远大于支出要求时）。在前者，为了实施政策和预算，可能就需要进行借债。为了确保现金流入和流出相匹配以及制定各种与宏观经济相一致的借债计划，许多财政管理比较成熟的国家都强调进行财政预测和编制各种财政计划。[①] 如果没有预测和计划，预算执行就容易陷入混乱和充满着不确定性，预算执行的效率就会下降。

预算执行阶段的财政计划一般包括预算执行计划和年度现金计划。[②] 为了有效地执行预算，必须对收入和支出进行预算和计划，并在此基础上编制预算执行计划。首先，预算执行计划必须与批准的预算保持一致，提前编制并发给各个部门。虽然现金管理非常重要，但是，除非一个国家的预算编制水平非常低以至于编制出来的预算很难付诸实施，或者国家财政处于危机之中，以至于预算失去任何意义，否则，预算执行计划的制定都应该以预算为依据而不应该因为现金管理方面的考虑而改变。其次，预算执行计划需要考虑收入和支出的时间进度以及跨年度偿付款项而导致的支出义务。也就是说，预算执行计划需要考虑以下问题：什么时候将会有哪些支出要求必须兑现（包括跨年度偿付款项）？什么时候将会有多少现金流入？支出和收入之间在时间上和数量上是否匹配？此外，预算执行计划必须考虑到投资支出的特殊性，即投资项目并不一定按月平均支出资金。当然，为了适应环境的变化，预算执行计划必须按季度进行更新。不过，这不等于说可以对预算进行暗箱操作来进行修改。在许多国家，预算执行计划只是承付款项或支出申请书的一项要求，而不是预算控制的一种形式。在另一些国家，预算执行计划实际上只是将拨款除以 4（预算执行计划用于按季度进行支出）或除以 12（预算执行计划用于按月进行支出）。一般的，预算执行计划是由财政部门编制的。但是，财政部门编制的预算执行计划必须以部门的用款计划为基础。部门要根据批准的预算确定什么时候花什么钱，花多少。具体地，各个部门应该按季度分月编制用款计划。财政部门在各个部门用款计划的基础上，根据收入预测编制预算执行计划。[③]

[①] （亚洲开发银行）萨尔瓦特罗·斯基亚沃－坎波、丹尼尔·托马西：《公共支出管理》，张通译，中国财政经济出版社 2001 年版，第 168 页。

[②] 同上。

[③] 同上书，第 169 页。

为了有序地执行预算，还需要提前编制年度现金计划。年度现金计划需要说明预测的月度现金流入、流出以及借款需求，而且需要按季度更新，同时每月都要更新下月的各项预测。现金计划提供了借债前的财务流量的信息，包括偿还政府贷款或票据、支付拖欠款项和从已经签订合同的贷款中预提款项。在财政管理成熟的国家，通常每月都对现金计划中的各项预测进行调整，以使得现金计划适时地反映环境的变化。在此基础上，还应编制月度现金计划。月度现金计划主要是关于月度现金流出的预测，它可以从预算执行计划中推导出来。当然，编制月度现金计划需要对支出和应付款进行全面监督。[1]

现金计划是预测某个时期内（一日、一月、一个季度）现金流入和流出的计划。这个计划使得财政部门更加清楚，在某一时期内会有多少现金流入，又会需要付出多少现金。也就是说，它让部门清楚现金流入和流出的时间和数量。然后，在现金流入和流出的时间和数量之间进行最佳的搭配。现金计划有三个主要目标[2]：

- 确保在预算年度中各项支出获得平稳、顺利的资助，以最小化借债成本；
- 确保预算执行能够实现最初的预算政策目标，特别是盈余和赤字方面的目标；
- 帮助政府顺利地实行财政政策和货币政策。

现金计划的主要内容和成分包括[3]：

---

[1] （亚洲开发银行）萨尔瓦特罗·斯基亚沃－坎波、丹尼尔·托马西：《公共支出管理》，张通译，中国财政经济出版社 2001 年版，第 168—170 页。

[2] Potter, Barry H. & Jack Diamond. 1999. *Guidelines for public expenditure management*. Washington, D. C.: IMF. pp. 59-60.

[3] （亚洲开发银行）萨尔瓦特罗·斯基亚沃－坎波、丹尼尔·托马西：《公共支出管理》，张通译，中国财政经济出版社 2001 年版，第 168—170 页。Potter, Barry H., & Diamond, Jack. 1999. *Guidelines for public expenditure management*. Washington, D. C.: IMF. pp. 60-62.

- 制定年度预算执行计划并每季度进行更新。现金计划必须以当年的预算为基础，所以，必须先编制预算执行计划。预算执行计划必须与预算保持一致，根据预算内容来制定，而不能由现金管理来推动。预算执行计划必须考虑支出的时间安排和由于跨年度偿付款项而导致的支出义务，还必须对投资项目很好地进行计划。为了落实这个预算执行计划，应该编制年度现金计划，预测预算年度内每个月的现金流入和流出。编制现金计划的出发点是年度现金计划。

- 一旦完成了年度现金计划的编制，那么，就可以在它的基础上编制一个向前滚动的"三个月现金预测"。每个月，都需要根据实际的收入和支出对这个"三个月现金预测"进行修正。如果"三个月现金预测"表明，在这三个月中有一个月或者更多的时间没有足够的资金来履行支出责任，那么，可能就需要考虑采取一些增加收入（加快收入征收或借债）或推迟支出的行动。

- 在向前滚动的三个月现金预测的基础上，每一个月需要为下一个月编制一个"操作性的现金管理计划"。也就是说，每月都要更新对下一个月度的预测。这个可操作的现金计划是一个月度现金与借贷计划。在制定月度现金计划时，应该预测月度现金流入和流出，编制月度现金流入和流出计划。为了编制合理的月度现金流出计划，必须对支出和应付款项进行全面的监督。借款计划应该根据月度现金流入和流出预测来确定。

- 一个理想的现金计划应该包括为下一个月而编制的每日（或者至少是每周）现金流入和流出的预测。目前，以"一日"为基础编制的月度现金计划只有发达国家在实施。在发展中国家，这种现金计划是不存在的。这些国家通常只有一个"紧急型现金预算体制"，今天有什么钱就用来支付明天的支出。即使某些发展中国家有这种现金计划，但是，它们通常也是非常粗糙的，而且，在很多情况下是不能对各个部门合理的支出要求做出回应的，对不可预测的收入或借债的下降也不能有效地进行回应。这些国家的现金管理体系也许可以有效地将现金支出限制在获得的现金流入量之内，但是，这种成功常常付出了其他的代价，例如，突然削减现金供给额度；现金流入不足，推迟拨款，以至于不能及时地供给服务。所以，在很多情况下，这些国家在现金限制上的成功导致了另一个严重的后果，即累积了大量的拖欠。

- 这个操作性的月度现金计划经常转变为一个月度现金限额。这个月度现金限额可以加诸于部门的一些或所有支出。在某些情况下，对于某个支出经济类别甚至各个项目设置现金限额。在一些工业国家，在现金管理中对某些次级总额例如运行成本（工资、水电等）设置了现金限额。
- 每周对月度现金计划的执行情况进行审查。对于每月的现金流入和流出进行预测是非常重要的。对于现金流出来说，工资支出和还本付息的预测一般比较容易，然而对于其他的支出就必须严格地监督，必须记录审核阶段的各项票据和支出以及支出的到期日。
- 现金规划必须提前编制并发给各个支出部门，使得这些支出部门能够有效地实施预算。

预算执行计划和现金计划必须完全协调一致。否则，预算执行将陷入混乱。在编制预算执行计划和现金计划的过程中，国库部门、预算部门和税收部门之间必须密切合作。通常情况下，国库部门既编制预算执行计划，又在纯粹的收付制或现金制会计基础上编制总体现金计划。不过，在有些国家，预算执行计划是由预算部门编制的，这一计划包括总流量，然后国库部门编制现金计划用来说明现金流量。在现金计划的编制，虽然以财政部门的国库机构为主，但是必须在财政部门的国库机构和预算机构以及税收机构之间进行密切的合作。此外，应该明确一点，现金计划中的各种计划编制都是为了实施预算的活动，而不是在编制预算。[①]

（三）明确借贷政策与投资标准

在现金管理中，有时为了弥补现金短缺，需要进行借贷，同时，为了获

[①] （亚洲开发银行）萨尔瓦特罗·斯基亚沃－坎波、丹尼尔·托马西：《公共支出管理》，张通译，中国财政经济出版社2001年版，第168、170页。

得现金投资的收益，需要将额外的现金余额进行投资。为了控制风险和节约成本，需要在现金管理中事先制定借贷政策和投资标准，而且，借贷计划必须向公众公开。此外，还必须对地方政府的借贷行为进行控制。

当预计流入的现金不足以支付各种到期的支出，而这些支出都是不能削减或推迟的，并且也不能通过预算调整使得预期的收入能够支持预期的支出，那么，借债就是一个重要的选择。如果决定借债，那么就必须明确地制定借贷政策。借贷政策必须考虑[①]：

- 借何种债？一般的，各个国家为了弥补现金短缺而借的债都是短期借债，期限一般都在一年内。例如，国库券最初就是为调剂现金余缺而发行的。
- 向谁借？政府可以向别人借，也可以向自己借。例如，向银行借短期债（例如美国的收入和税收预期票据）就是向别人借。但是，政府也可以向自己的控制的基金借债来满足短期的资金需要，包括向自有储备基金中借债，从养老金中借债（美国一些地方政府采用这种办法，但是，一些州的法律禁止这种借债），也可以从预算稳定基金中借债（例如美国地方政府）。
- 政府的借贷计划还应包括何时还，如何还，等等。

如果政府有多余的现金进行投资，那么，它就应该有一个明确的现金投资政策。事先制定投资政策的好处是：这种政策可以保护政府资产，也可以保护政治家和财政管理官员。从根本上将，任何现金投资政策都应该考虑三个基本的目标：安全性、流动性、投资回报。[②]

- 安全性是第一位的。一方面，进行投资管理的机构必须确保他们管理的资金的安全性，另一方面，政府必须在投资政策中制定一些制度来

[①] Kraft, J. 1989. Developing investment policies. In Ian J. Allan Eds. *Cash management for small governments.* Chicago: Government Finance Officers Association.

[②] Ibid.

确保现金投资不会损害政府资产的安全性。
- 流动性是第二个目标。这主要是指政府售出或处理一个投资的能力，即当政府需要资金履行支出责任时，投资出去的资金必须能够及时地收回、使用。为此，在投资政策中必须仔细设计投资的到期时间，以确保需要进行支出时有资金流回，或者确保投资工具具有流动性，从而能够很方便地变现。
- 投资的收益是第三个目标。投资需要有收益的回报，这也是一种财政责任。不过，尽管通过现金投资获得额外的收入是非常重要的，但是，这不应该是现金投资的第一目标。

四、现金流量分析与管理

编制现金计划和现金预算是现金管理的第一步。而这需要对现金流入和流出进行分析和管理。

(一) 现金预算

由于政府的收入流量与支出流量在不同时间是不同的，有时政府的收入流量大于支出流量，有时政府的收入流量小于支出流量，因此，为了预测所需的现金余额，政府的财政官员应该进行现金预算。这就是为什么在财政管理中一般都要求支出部门向核心预算机构提交一个预算拨款的分期分配计划。现金预算是现金管理的一个重要手段。①

现金预算一般是按月编制。当然，在某些特殊的情况下，也可以选择其他的时间段来编制现金预算。现金预算不必像运行预算和资本预算那样详细，它主要包括每个时期的现金收入和支出流量的预测总数。而且，由于政府部门的收入和支出流量要比商业企业的收入和支出流量更加能够进行预

---

① Schwartz, Eli. 1996. Inventory and cash management. In Richard Aronson & Eli Schwartz Eds. *Management polices in local government finance*. Washington, D. C.: The International City/County Management Association.

测，所以，现金预算相对来说要比商业企业的现金预算要准确得多。[①] 当然，这不是绝对的。在下面这样一些情况下，政府部门的现金预算就会非常不准确[②]：

- 运行预算和资本预算在制定时存在问题。在这种情况下，收入和支出都会很难预测。例如，如果运行预算在制定时没有充分考虑各种可能的支出，在预算执行的过程中，就可能会突然出现某一项没有预测到的支出。
- 对支出缺乏预算控制。在这种情况下，实际的支出（或者是政府必须支付的支出）很容易就会超过现金预算估计的支出流量。
- 预算环境非常不稳定的（例如存在通货膨胀和汇率不稳定）。在这种情况下，收入和支出流量的预测就会非常不准确。
- 税收制度不稳定。这通常发生在新兴国家或处于政治和经济转轨的国家，例如苏联和东欧国家以及中国。在这些国家，由于政府筹集收入的体系尚未定型，政府收入结构经常会发生变化，在这种情况下，就很难对收入流量进行准确的预测。

现金预算必须建立在对于现金流量的科学分析之上。现金流量分析包括对收入流和支出流的分析。正如里德和斯韦恩指出的，分析一个政府组织的现金流入和流出的模式，并在此基础上建立一个以过去的现金流量信息为基础的现金流量模型是设计有效的现金管理制度的第一步。[③] 这种分析的目的是要预测在财政年度中和财政年度之外，什么时候将会有收入、收入多少，以及什么时候将会发生支出、支出多少。在此基础上，政府部门必须根据收入来有效地安排支出计划。此外，现金管理还致力于努力增加政府收入和推

---

① Schwartz, Eli. 1996. Inventory and cash management. In Richard Aronson & Eli Schwartz Eds. *Management polices in local government finance*. Washington, D. C.: The International City/County Management Association.

② 参见同上。有所拓展。

③ [美] B. J. 里德、约翰·W. 斯韦恩：《公共财政管理》，朱萍等译，中国财政经济出版社 2001 年版，第 184 页。

迟支出或者将支出降到最低。①

(二) 收入流的分析与管理

收入流分析包括分析收入的来源、获得收入的方式、获得收入的时间、收入的数量，以及影响收入的各种因素（例如开票时间、支付时间等）。通过分析过去年份收入流的信息，可以建立一个收入流的模型。建立收入流模型最好运用多年收入流变化的信息。该模型将表示政府组织在什么时间、以什么方式获得多少收入。它以日、周、月为基础表示流入政府组织的收入数量，致力于发现政府组织的收入流入的规律或模式。例如，一些研究发现，收入流模型通常显示出规则和不规则的收入流入的高峰和低谷。有规则的收入流入高峰通常出现在每月或每季度的收入流入，不规则的高峰则发生在每年或每半年的收入流入，低谷则是由相对稳定的收入流组成的。而某些收入流则是完全没有规律的，如遗产税和赠与税。②

收入流的规律要受收入结构的影响。因为，不同的税收或其他来源的收入会有不同的缴纳模式。例如，在美国，由于许多地方政府的主要收入都是财产税，所以，大部分地方政府的现金收入流都主要集中在一个或两个相对比较短的时间，即财产税缴纳的高峰期。而其他税收收入的流入量则比较均匀地分布在财政年度中。此外，收入流量的分析还必须关注政府经营的企业形成的收入流，而这种收入流通常要受季节波动的影响。③

(三) 支出流的分析与管理

现金流量分析的第二步是分析支出流的规律与模式，并建立支出流模型来预测与安排支出。支出流模型可以通过对以前的支出流量进行分析而建立

---

① [美] 罗伯特·D. 李、罗纳德·约翰逊：《公共预算系统》，曹峰、慕玲、张玉坤译，清华大学出版社2002年版，第291页。

② [美] B. J. 里德、约翰·W. 斯韦恩：《公共财政管理》，朱萍等译，中国财政经济出版社2001年版，第184页。

③ Schwartz, Eli. 1996. Inventory and cash management. In Richard Aronson & Eli Schwartz Eds. *Management polices in local government finance*. Washington, D. C.: The International City/County Management Association.

起来。支出流分析主要包括分析付款的时间、数量、周期、条件与支出类型。政府部门的支付有些呈现出有规律的高峰与低谷，有些则是没有规律的高峰与低谷。例如，有规律的高峰通常发生在支付工资的日子和定期向供货商支付货款的日子；无规律的高峰通常发生在特殊事件出现的情况下以及每年和每半年的付款，包括组织间的转移支付、债务支出等。[①]

现金管理的成功取决于政府部门能否有效地控制现金流出。控制现金流出的主要目的是"确保在支出到期日之前持有足够的现金并使交易成本最小化，同时保持现金流出和现金流入及财政约束之间的匹配性"[②]。但是，正如斯基亚沃－坎波和托马西指出的，对于现金管理来说，控制现金流出比控制现金流入更加困难。[③] 这主要是因为，政府部门的收入主要是来自于税收而不是经营性的利润收入，因而收入流入的确定性比较高。然而，由于政府机构的支出扩张冲动以及各种赋权型支出的持续膨胀这两个原因，对现金流出进行控制开始变得比较困难。

（四）余额分析与管理

现金流模型的最后一个内容是收入和支出的余额。我们通常都认为这种收支余额是现金余额。但是里德和斯韦恩最近指出，在技术上，这个余额应该是流动资产总额，包括现金和短期投资。现金是指库存的现金或者是支票账户上的金额；短期投资是指一年以内的投资，它们大部分都可以在短时间内变现。流动资产总额随着收入流入而增加，随着支出的流出而减少。[④] 余额分析实际上包括分析总余额、现金和流动资产在其中的比例。这种分析也可以通过对过去经验的总结来获得。通常必须对收入和支出流量以及短期投资进行至少一年的追踪才能建立起收支余额的模型。

---

① ［美］B. J. 里德、约翰·W. 斯韦恩：《公共财政管理》，朱萍等译，中国财政经济出版社 2001 年版，第 184 页。

② （亚洲开发银行）萨尔瓦特罗·斯基亚沃－坎波、丹尼尔·托马西：《公共支出管理》，张通译，中国财政经济出版社 2001 年版，第 164 页。

③ 同上。

④ ［美］B. J. 里德、约翰·W. 斯韦恩：《公共财政管理》，朱萍等译，中国财政经济出版社 2001 年版，第 185 页。

收支余额的总数表明有多少资金可以用来支付款项和进行投资。如何在总余额中确定一个适当的现金和短期投资的比例是现金管理的一个根本问题。对于库存现金来说，必须确保政府部门有足够的现金来支付各种款项。现金不足的话，政府部门可能就无法支付款项，此时，要么拖延支付，要么借款。而这两者都意味着，政府部门必须支付很高的交易费用或者利息成本。但是，如果现金过多，可以用来进行短期投资的资金就会减少，对于政府部门来说，就会存在较大的机会成本。①

对余额进行有效管理是现金管理的一个重要内容。如果没有有效的现金管理体制，政府部门可能就会保留过多的库存现金，从而导致过多的闲置现金；如果没有有效的现金管理体制，政府也可能会过度投资或投资不当。过度投资可能会影响政府部门的正常支付，投资不当可能会带来财政风险。因此，对现金余额进行有效管理的首要任务是确定最佳的现金水平。

五、最佳现金水平的确定

现金管理中所面临的一个基本问题就是，现金留得太少和太多都不是最好的：如果现金太少，政府部门就不能很好地履行支付任务；如果现金太多，就会出现"闲置现金"。所以，现金管理的一个重要内容是决定现金余额的最优水平。这个最优水平使得政府既能在需要支付工资或偿还债务时拥有足够的现金，又能通过现金管理将多余的现金投资出去并在当年需要的时候变现。②

假设政府持有的总流动资金（包括现金和可以买卖的证券）都已经确定了。这个总资金包括已经安排给资本改进项目但是还没有支出的资金，税收季节性征收中积累下来或税收预期贷款的浮存中积累下来的资金。在拥有这些流动资产、交易现金和可以买卖的资产（股票或债券）的情况下，需

---

① Schwartz, Eli. 1996. Inventory and cash management. In Richard Aronson & Eli Schwartz Eds. *Management polices in local government finance*. Washington, D. C.: The International City/County Management Association. ［美］B. J. 里德、约翰·W. 斯韦恩：《公共财政管理》，朱萍等译，中国财政经济出版社 2001 年版，第 185 页。

② Lynch, Thomas. 1990. *Public budgeting in america*. New Jersey: Prentice Hall. p. 220.

要确定一个最佳的现金余额。一般的，主要有以下几种方法来确定最佳现金余额[①]：

（一）经验法则

这是一些国家的财政官员根据经验选择的一种确定最佳现金余额的办法。一种方法是持有一定天数的支出作为最佳的交易余额。例如，最佳现金余额可以是一周的支出。如果平均的周支出是150 000美元，那么，就在银行中存下这个数量的现金，多余的流动性资金就投资到可以买卖的证券。当现金余额小于这个最佳现金余额时，政府就售出可以买卖的证券将现金余额恢复到这个最佳现金余额水平。另一种经验法则是根据支出趋势来确定的。这种模式对于特别小的政府来说比较有用。[②]

（二）经济定货数量公式

根据存货管理中经济定货数量公式发展出了一种确定最佳现金余额的办法。这是一种更为理性的最佳现金余额确定方法。这种方法主要是通过比较两种成本来确定最佳现金余额：持有现金的持有成本（即持有现金余额而损失的利息收入）和交易总成本（即将资金从可买卖的证券资产组合转移到可用于交易的资金时每笔交易的固定成本）。持有成本与持有的平均现金余额成正比例，持有的现金余额越大，持有成本越大。总交易成本与交易的次数成正比，交易次数越多，交易成本越高。而交易次数是与持有的现金余额的数量成反比，持有的平均现金余额越大，交易次数越少，交易成本就越低。总之，持有成本和交易成本是随着持有的现金余额的增大而呈反方向运动的。持有的现金余额越大，持有成本越大，但是，交易成本越小。[③] 如图17-2所示。

---

① Schwartz, Eli. 1996. Inventory and cash management. In Richard Aronson & Eli Schwartz Eds. *Management polices in local government finance*. Washington, D. C.: The International City/County Management Association.

② Ibid.

③ Ibid.

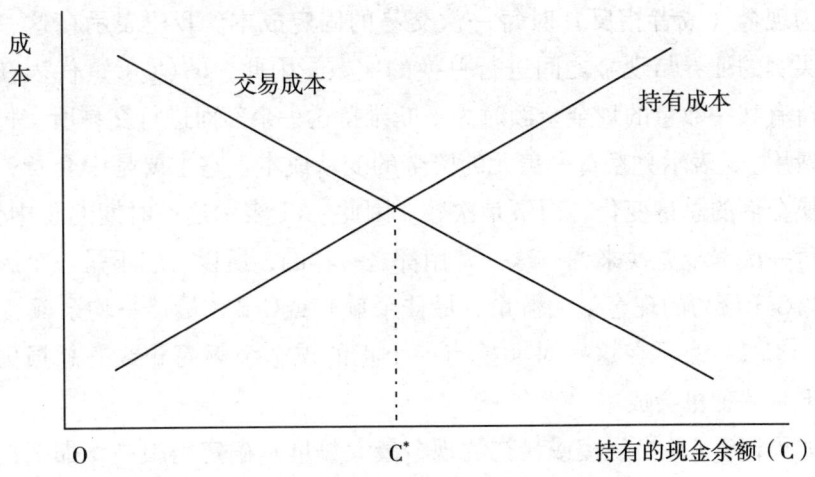

图 17-2 现金余额的持有成本和交易成本

因此，在确定最佳的现金余额时需要在持有成本和交易成本之间进行权衡。假设在整个时期，支出是非常平稳的，而且在开始时，预期的总支出刚好等于收到的现金收入。持有现金的总成本可以用下面的公式表示（Schwartz，1996）：

$$\underline{P} = \underline{b} - (\underline{T}/\underline{C}) + v\underline{T} + \underline{i}\,(C/2)$$

$\underline{P}$ = 现金管理总成本

$\underline{b}$ = 将可买卖证券兑换为现金（或者相反）时每一次交易的固定成本

$\underline{T}$ = 在涉及的整个时期内现金支付或支出的总额

$\underline{C}$ = 兑换规模，即最大的现金数量

$\underline{v}$ = 兑换每一美元的资金的变动成本

$\underline{i}$ = 在涉及的整个时期内可兑换证券的利率与交易余额利率之间的差异

其中，$\underline{b}$ 和 $\underline{v}$ 代表两种不同类型的成本，固定成本和可变成本。它们是

在可兑换证券和现金之间进行转移时必须支付的成本。b 表示将可买卖证券兑换为现金（或者相反）时每一次交易的固定成本。T/C 表示在这一时期在可买卖的证券与现金之间进行兑换的次数。因此，b（T/C）代表在这一时期持有某一数量的现金余额时为不断维持这一余额而进行交易所支付的总交易费用。v 表示兑换每一美元的资金的变动成本，它主要是中介费，它随着兑换金额的总量变化，而不是次数。因此，vT 表示这一时期的总中介费。对于每一次资金兑换来说，这一费用都是一样的，所以，它不是一个影响兑换规模C（最初的现金最大数量，最佳余额）或C/2（最佳平均余额）的因素。i（C/2）表示在这一时期持有一个正的现金余额而导致的总损失，它实质上是一种机会成本。[1]

如果将C（兑换规模或最初的现金最大数量）确定得很高，那么，在可买卖证券和现金之间进行兑换的次数（T/C）就会下降，从而降低交易费用。但是，C（兑换规模或最初的现金最大数量）的上升会导致最佳平均余额（C/2）变大，从而导致持有现金的机会成本上升。因此，现金管理的一个重要目标就是在边际上对这两种成本进行权衡以使得总成本最小。下面一个使得总成本最小的C值（兑换规模或最初的现金最大数量）的计算公式（Schwartz，1996）：

$$C^* = 2bT/i$$

这个公式表明，随着总现金支出水平增加，政府需要持有的现金数量的增加在比例上比较小。这表明，在现金管理中实现规模经济是可能的（Schwartz，1996）。

（三）米勒—奥尔模型

米勒—奥尔模型（Miller & Orr，1966）最初是在企业现金管理中发展出来的，这些年开始被运用到公共部门现金管理中。米勒—奥尔模型的逻辑与经济定货数量公式基本上是一样的。它也需要设置一个控制限额，而

---

[1] Schwartz, Eli. 1996. Inventory and cash management. In Richard Aronson & Eli Schwartz Eds. *Management polices in local government finance*. Washington, D. C.：The International City/County Management Association.

且控制限额的设置也需要在交易费用和持有成本之间进行权衡，最后也要选择一个使得总成本最小的现金余额水平。但是，它在一个基本的假定上与经济定货数量公式不同。经济定货数量公式假定支出在整个时期是平稳的，因此，现金余额不会随机地波动。这意味着，在支出不平稳或现金余额经常波动时，经济定货数量公式就不是一个最好的确定最佳现金余额的方式，而米勒—奥尔模型就比较恰当。这一模型在确定最佳现金余额水平时，不仅要在两种成本之间进行权衡，而且还要分析支出和现金波动的程度。[1]

米勒—奥尔模型是一个基于控制理论的最佳现金余额确定方式。其基本想法是，可以预先设置一个现金控制限额，当持有的现金余额到达某个上限时，就将多余的现金用去购买可买卖的证券，当现金余额到达某个下限，就卖出可买卖的证券来充实现金余额。于是，只要持有的现金余额在这个上限和下限之间，就不用采取任何行动。关于米勒—奥尔模型，参见图 17-3。在图中，h 是现金余额上限，z 是现金余额下限。当政府持有的现金余额到达现金余额的最高上限 h 时，现金管理部门就买进 $h-z$ 美元的可买卖证券，使得新的现金余额变成 z 水平。当持有的现金余额到达零余额，就卖出 z 美元的可买卖证券，使得现金余额至少保持 z 美元的现金余额下限水平。不过，在这一模型中，如果现金波动幅度越大，则控制限额上限与下限之间的范围就越大。此外，和经济定货模型相比，这一模型确定的最佳现金余额要更大。这主要是因为考虑到不确定性因素。[2]

---

[1] 参见 Schwartz, Eli. 1996. Inventory and cash management. In Richard Aronson & Eli Schwartz Eds. *Management polices in local government finance*. Washington, D. C.: The International City/County Management Association。

[2] Schwartz, Eli. 1996. Inventory and cash management. In Richard Aronson & Eli Schwartz Eds. *Management polices in local government finance*. Washington, D. C.: The International City/County Management Association.

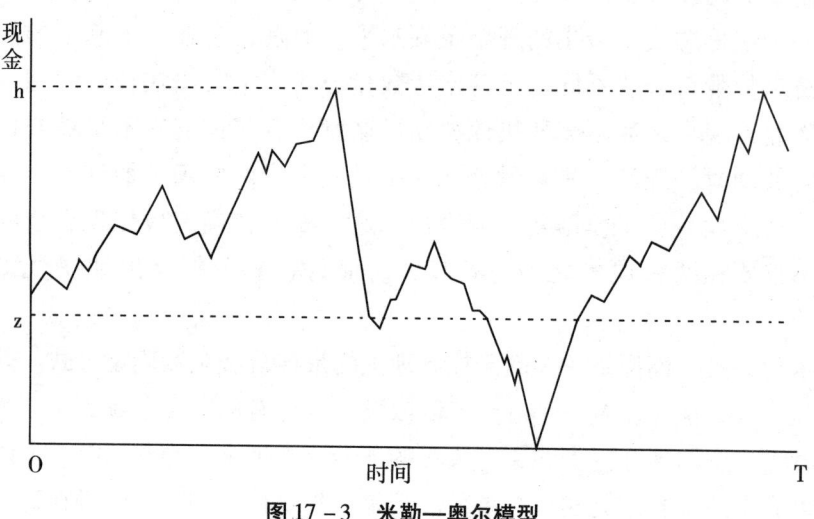

图 17-3　米勒—奥尔模型

资料来源：Schwartz, Eli. 1996. Inventory and cash management. In Richard Aronson & Eli Schwartz Eds. Management policies in local government finance. Washington, D. C.: The International City/County Management Association。

六、投资政策、工具与风险

在现金管理体制发达的国家，如果在某一时期收入将超过预期的支出，那么，就要将多余的现金投资出去。此时，就需要根据现金投资的目标制定投资政策，选择投资工具。不过，由于投资不仅有收益，也有风险，所以，必须建立风险控制的机制。

（一）投资政策

投资政策必须考虑的三个目标是安全性、流动性和投资收益。在制定投资政策时，必须考虑各种因素，避免投资政策过分偏重某一目标。例如，要考虑安全性、到期时间、变现的容易程度或流动性、提前赎回条款、投资收益回报、法定授权等。一般的，现金投资政策包括下面这些内容①：

- 范围

投资政策应该明确规定投资的范围。投资政策必须明确说明该政策是否适用于所有基金的金融资产，如果政府组织是其他实体的财产的受托人或管理人，那么投资政策必须明确规定这些财产是否同样也可以适用现金投资政策的规定。此外，现金投资政策还必须在短期现金管理和长期投资管理（例如养老金）之间进行区别。投资政策必须考虑哪些基金可以投资，哪些不能。

- 目标

现金投资政策应该反映投资的目标。这些目标通常包括：维护资产和保护本金的安全；维持足够的现金以满足运作的要求；遵守各种法律要求；通过投资多样化来防止与特殊的证券类型或机构相联系的风险；实现一个恰当的市场回报率。

- 授权

现金投资政策必须规定谁负责管理日常的现金投资活动，谁负责整个项目的管理，还必须禁止除了这些获得授权之外的机构和人员介入投资管理。此外，还需要明确将资源配置到这一现金投资项目的重要性。同时，需要对赔偿责任进行说明，明确公共投资者在多大程度上对他们的投资决策负责。

- 审慎

现金投资需要将风险最小化，因此，审慎是一个非常重要的要求。投资政策应该明确这一原则。投资政策一般要求现金投资的决策者像管理他们自己的资产那样谨慎地、小心地利用自己的判断，以及自由裁量和知识来作出投资而不是投机决策，要求决策者在资产的安全性和投资收益之间进行仔细的权衡。在某些情况下，投资政策还需要限制负责现金管理的官员从事那些可能会从公共资金的投资中获益的私人生意。

---

① Kraft, J. 1989. Developing investment policies. In Ian J. Allan Eds. *Cash management for ssmall governments*. Chicago：Government Finance Officers Association.

- 监督和调整资产组合

投资目标决定了政府是采取一种积极还是消极的投资姿态,即投资管理者是以一种常规的基础进行交易活动还是选择在购买了投资品种后一直持有至到期日。不同的投资姿态决定了政府对资产进行监督和调整的程度,也就是说,是采取一种积极的还是消极的监督和调整资产组合的方式来对现金投资形成的资产进行管理。当然,是选择积极的监督和调整模式还是消极的模式需要考虑相应的管理成本。

- 内部控制

投资政策必须明确内部控制的基本原则,考虑各种管理问题,包括控制内部勾结、功能分离、明确的授权、记录所有的交易和策略、电话交易的书面证明。此外,内部控制需要确保遵守各种法律规定。最后,需要明确一个独立的审计者对内部控制的有效性进行日常评估。

- 投资多样化

现金投资需要通过多样化的投资策略来减少风险。在现金投资政策中需要考虑的多样化策略包括:投资工具的多样化、金融机构的多样化、到期安排的多样化。对于投资工具的多样化来说,需要明确规定不能过度将投资集中于某一种投资工具从而使得公共资金面临风险,需要明确规定哪些投资工具是允许选择的。投资政策还可以采取限制性的规定,例如规定允许投资的投资工具的百分比。金融机构的多样化要求限制将资金过度地投入某一机构,这种对机构的限制可以通过资产组合的百分比、通过机构的资产的百分比、通过资本充足要求来实行。期限结构多样化是为了确保政府可以在需要的时候满足其现金流的需要。在现金管理中,投资政策的目的是为相对短期的投资提供某种指导。一般的,也可以运用百分比限制来进行限制性的资产组合管理,例如规定10%的资产组合的到期时间小于30天,25%的小于90天,等等。

- 投资工具的竞争性选择

为了确保政府投资的资产组合能够获得最好的利率或避免中介商过度地涨价,投资政策一般都要求在现金投资的过程中运用竞争性机制选择投资工具。

- 合格的金融机构

在现金投资中要选择合格的金融机构，避免那些存在财务问题的机构。现金管理者需要通过这些金融机构提供的审计或未审计的信息来评估这些机构的可信度和能力。

- 安全保持和抵押

投资政策需要非常清楚地定义政府在安全保持和抵押方面的要求和程序。此外，还需要规定第三方担保。第三方安全保证有助于担保在支付之前交割证券，也就是说，在交割实际的证券之前，政府的资金不会离开这个安全保证人。这使得没有资金会因为证券没有及时交割或根本没有交割而面临风险，从而回避了中介商可能卷走政府资金所导致的风险。安全保证协议中的规定条款是用来确保证券是以政府的名字而持有的。不过，这需要支付一定的费用。在很多情况下，现金管理者将安全保护功能打包进银行服务合同中来降低服务成本。对于存款类型的投资工具，抵押担保是极其重要的。投资政策应该确保可以获得恰当的抵押担保和保险来保护政府资产。现金管理者不仅要考虑承诺用来支持某一证券的抵押品的数量，而且要考虑被用来做抵押的证券的类型。

- 会计方式

投资政策需要明确所用的会计方式，需要明确政府的现金投资报告应该遵守哪些会计法律、法规等。

- 报告要求

投资政策需要明确对投资需要采取哪种报告方式，包括日报告、月报告、季度报告，还是年度报告。这些报告用于反映投资活动，判断实际的投资活动如何遵守采用的指导原则和政策。有时，还需要报告投资的资产组合的现状、市场情况的变化等信息。

- 绩效评估

有些政府的投资政策还要求对投资的绩效进行评估，确定一个基准线，将投资的回报与这个基准线进行比较来对投资收益进行测量。这种测量方式可以用来确定是否给予足够的时间来提高投资的收益。

(二) 投资工具的选择与组合

投资工具一般包括政府证券、公司证券和金融市场工具。例如，美国地方政府在现金投资中可以选择的投资工具主要包括三大类：联邦政府证券、公司证券和金融市场工具。[①] 联邦政府证券包括：（1）完全有担保的联邦证券，例如短期国库券（T-bills）、中期国库券和长期国库券。短期国库券的到期时间通常为13、26、52周不等，可以用拍卖的方式销售，但是没有给定百分比的收益率。中长期国库券通常包括1年到30年到期的国库券，每6个月到期记息。（2）其他的联邦政府发行的证券可能有担保（例如，中小城市企业局发行的债券），也可能没有担保（例如，田纳西峡谷当局发行的债券）。（3）其他与联邦政府有关的证券。这些证券主要是由联邦政府的信贷机构发行的证券。许多都有抵押品，包括在家庭、农场、公司和海外投资上的抵押品。有些证券获得联邦政府的支持，例如联邦住宅管理局发行的票据和联邦贷款抵押公司贷款；有些则没有这种支持，但是在紧急情况下可以获得联邦政府的支持，例如联邦家庭贷款银行债券。目前，由金融机构持有的抵押品债券在抵押品市场形成了一个新的市场，提供了比国库券更加安全而且有较高的收益。[②]

公司证券包括债券和股票。公司债券基本上是贷款给发行者，股票则代表着公司的股权。如果政府投资公司的股票则变成公司的股东，需要和公司的其他股东一起承担公司经营亏损的风险。而投资债券则不然。当公司破产时，债券持有人将获得首先被偿还的权利。[③] 因此，现金投资必须考虑这两者之间的一个恰当比例。

金融市场工具是指银行、储蓄或贷款机构提供了各种供投资者进行选择的金融工具，包括存款单、银行承兑汇票、商业票据、证券回购协议、金融衍生工具。在这些金融工具中，存款单是最受欢迎的。有一些存款单是可以

[①] [美] 罗伯特·D. 李、罗纳德·约翰逊：《公共预算系统》，曹峰、慕玲、张玉坤译，清华大学出版社2002年版，第293页。
[②] 同上书，第293—294页。
[③] 同上书，第294页。

转让的，不过发行人可以对提前取款提取利息罚金。银行承兑汇票是购买一家银行同意在短期的基础上贷款给一家公司的协议。商业票据也是通过银行使用的一种公司承诺的票据，不过这种金融工具蕴涵着一定的风险。证券回购协议是由一家金融机构持有的临时销售给州和地方政府和其他买主的一组美国政府证券，该金融机构协议在以后赎回该证券。由于证券回购协议具有一定的风险，所以它也是一种充满争议的金融工具。金融衍生工具都有非常复杂的特点，所以最具争议。它是从一些基本证券中派生出来的金融工具，基于对未来利率进行判断的一种赌博，其价值依赖于基本证券或市场指数。政府可以购买那些固定利率可以转变成浮动利率的交换单来获取高于固定利率的投资收益，如果政府对利率的判断正确，那么，它将获得巨大的收益，但是，如果判断失误，则会蒙受损失。此外，一些衍生工具采用有抵押品的抵押负债方式将投资限定在一组抵押上，投资的回报主要根据利率变化和抵押品预付比率而变化。这些衍生的金融工具在提供高收益的同时也蕴涵着非常高的投资风险。[1]

在选择投资工具时，现金管理者必须综合考虑各方面的因素，兼顾各个目标。这些因素和目标包括：法律规定、安全性、流动性和收益。不同的投资工具在这四个方面都是不同的，因此，现金管理者必须非常清楚不同的投资工具的这些特征。表17－1列出了美国金融市场上主要投资工具在这四方面的不同特征。由于不同的投资工具具有不同的特征，因此，在选择投资工具时，必须注意以下两方面。一方面，由于现金投资的敏感性和风险性，现金投资一般受一些专门法律、法规的约束，因此，在选择投资工具时，必须考虑法律规定，不得违反。另一方面，要选择一个有效率的投资组合，在确保安全性和流动性的同时获得至少是市场平均收益率的投资回报。[2]

---

[1] ［美］罗伯特·D. 李、罗纳德·约翰逊：《公共预算系统》，曹峰、慕玲、张玉坤译，清华大学出版社2002年版，第294—295页。

[2] Miller, Girard. 1989. Investment tools and techniques. In Ian J. Allan Eds. *Cash management for small governments*. Chicago：Government Finance Officers Association.

表 17－1　美国金融市场上主要投资工具的特征

	一般性法律要求	安全因素	流动性	相对收益
短期国库券	绝大部分州允许	没有违约风险；不过，有时很难单独安排保管	可以立即兑换	典型地，收益是最低的
中期国库券（10年以内）	一些州将投资限制到短期类证券	没有违约风险；面临和短期国库券同样的保管问题；价格风险随着期限而增加	通常是可以兑换的；在期限比较长的证券上，价格差额扩大	比短期国库券高
长期国库券（10以上年）	一些州将投资限制到短期类证券	没有违约风险；在长期国库券上许多州和地方政府曾经遭受损失	可兑换；在期限比较长的证券上，价格差额扩大	渐渐地比中期国库券高，但是常常不是直接成比例的
存款单	许多州允许州内银行存款单；一些州允许州外存款单，但是前提条件是有保险或抵押品	43个州要求有抵押；每个机构100 000美元联邦存款保险。但是，200个银行以及储蓄与货款协会*（sawing and loan association：S&L）。在1987年失败了	绝大部分机构对于提前提取资金收取罚金	不规则的；一般情况下应该超过短期国库券，但是有些市场是非竞争性的
银行承兑汇票	一些州允许	国内著名银行承兑汇票有很好的信用	在大的拍卖场所，或许有二级市场	通常比政府证券要高

* 美国储蓄与货款协会是一类主要从事单个家庭按揭货款业务的金融机构。——作者注

(续表)

	一般性法律要求	安全因素	流动性	相对收益
商业票据	一些州允许，但是，通常有信用评级限制	在270天存在无保障的公司责任；典型地，存在最大的信用风险	除非中介商同意赎回，缺乏流动性；通常要持有直至到期	比绝大部分可比的到期证券的收益都要高
证券回购协议	一些州明确地允许；另一些州并没有明确地允许，但是不禁止；另一些施加了严格的交割要求	若有书面合同，则安全性就会提高；支付与交割，每日监督抵押品市场	过夜或开放的证券回购协议具有流动性；偿债期的证券回购协议则不具有流动性	通常接近联邦基金的比率；尤其当券商的库存很大时，收益就会上升

资料来源：Miller, Girard. 1989. Investment tools and techniques. In Ian J. Allan Eds. *Cash management for small governments*. Chicago：Government Finance Officers Association。

美国州和地方政府的现金投资就是在这些约束条件下进行的。根据一项对美国州和地方政府的调查发现，在它们的投资中，57%的投资分布在存款单，56%投资在州的投资组合上，49%在短期国库券，45%在中期国库券。这反映出美国的州和地方政府是保守的投资者。[①] 不过，在使用金融工具方面，各个政府的情况就不同。例如，1996年，华盛顿州74%的投资是在国库券和其他联邦部门的证券上，11%投资到证券回购协议，而科罗拉多州只有54%的投资是在国库券和其他联邦部门证券上，而且没有投资在证券回购协议上。[②] 为了更好地理解现金投资，专栏17-2介绍美国北卡罗莱纳州政府的现金投资。

---

① [美]罗伯特·D. 李、罗纳德·约翰逊：《公共预算系统》，曹峰、慕玲、张玉坤译，清华大学出版社2002年版，第296页。

② 同上书，第296—297页。

专栏 17-2　美国北卡罗来纳州的现金投资

　　该州法律规定，州国库负责经营和管理所有的国库资金，可以用于投资的现金是暂时不用于财政支付的资金，包括一般基金、高速公路基金等的间歇资金。该州在现金投资中不仅考虑现金投资的收益，而且考虑安全性和流动性。在该州的现金管理中，除了在每个账户留下一定的"目标余额"以备日常开支之用外，其余现金都用于投资。

　　该州采取五条标准来进行现金管理：

- 至少 90% 的资金应该投资出去。
- 银行存款不应超过现金管理组合的 10%。
- 回购协议不应超过现金管理组合的 25%。
- 商业票据不应超过组合的 50%。
- 货币市场或 NOW 账户不应超过 75%。

　　该州的国库资金投资采取组合性投资方式。共有五种投资类型：

- 短期固定收益投资。主要投资于流动性很强的联邦政府债券等。
- 长期固定收益投资。主要投资于长期联邦政府债券和高质量的公司债券等。
- 权益投资。
- 不动产投资。
- 风险投资。

　　其中短期固定收益投资属于现金管理项目，其他四类投资属于信托基金投资项目。财政资金只能通过现金管理项目投资，购买流动性和安全性比较高的投资品种。

　　现金投资给该州带来了相当可观而且比较稳定的收益。现金管理项目的平均报酬率在 1999—2000 财政年度为 5.99%，在 2000—2001 年度为 6.04%。而信托基金投资项目的报酬率则波动比较大，平均报酬率在 1999—2000 财政年度 9.03%，在 2000—2001 年度则下降为 2.04%。

　　资料来源：章江益：《美国北卡罗莱纳州预算执行管理》，见财政部预算司编：《预算管理：国际经验透视》，中国财政经济出版社 2003 年版。[美] 托马斯·林奇：《美国公共预算》（第四版），苟燕楠、董静译，中国财政经济出版社 2002 年版，第 203 页。

（三）现金投资风险

现金投资会获得收益，这是它充满吸引力的地方。尤其是当市场利率很低而一个国家的金融市场又非常发达时，现金投资的吸引力就会更大。此时，存在银行的现金产生的利息收入实在太低了，而其他的金融工具提供的诱惑是如此之大，所以，政府难免会考虑将资金从银行里取出来进行现金投资。但是，现金投资同时也充满了非常高的风险，需要很高的管理能力。由于这些年来在各个国家尤其是美国发生了多起现金投资失败的事件，所以，无论如何强调现金投资的风险都是不为过的。

现金投资的风险主要来自两方面。一方面来自证券发行人的信用。如果发行人的信用比较低，那么，现金投资的风险就比较高。从这个角度看，中央政府发行的债券应该是风险最小的，在一定意义上可以说是几乎没有风险的。不过，它们带来的收益也相应比较低。在发达国家，著名的大企业发行的债券也可以说是风险非常低的。另一方面，风险来自于金融工具是否能产生可变的收益。在此，固定利率的长期政府债券就是有风险的投资。在收益率下降时，政府的投资组合中包括一些能够产生高收益的证券，那么，政府现金投资就能够盈利。但是，如果情况正好相反，如果市场的收益率上升至比政府持有的投资组合的收益率高，那么，政府就很难将持有的证券销售出去。在这种情况下，政府的投资可能就不能与通货膨胀同步。在各种金融工具中，风险最高的是金融工具衍生品。[1]

20 世纪 80 年代后期以来，许多国家都发生了各种各样的现金投资失败事件。这些事件使得各国在现金投资方面越来越谨慎。在美国，20 世纪 80 年代中期，许多经营回购协议的大公司都纷纷破产，致使波蒙特、俄亥俄、得克萨斯等政府损失了上百万美元。[2] 1991 年，英国的许多都市政府在利率掉期交易（interest rate swaps）中损失惨重，最后不得不由英国财政部援助

---

[1] ［美］罗伯特·D. 李、罗纳德·约翰逊：《公共预算系统》，曹峰、慕玲、张玉坤译，清华大学出版社 2002 年版，第 297 页。

[2] 同上书，第 295 页。

才渡过了财政危机。80年代后期和90年代,主要在美国的加利福尼亚州和亚利桑那州,一些大都市政府与一个公司合作将资金投资到一种套利组合(arbitrage scheme)中。但是,最后发现这个公司是欺诈的,这些政府投入的资金也损失了。在1993年年底,将资金投资到有抵押支持的衍生品的俄亥俄州的都市政府也遭受了极其严重的损失。[1] 不过,最典型也最广为人知的现金投资风险事件当数1994年美国加州橘子县现金投资失败导致政府破产一事(专栏17-3)。

专栏17-3　美国加州橘子县现金投资失败

美国加州橘子县是美国的第五大县。1994年以前,该县给人留下了一个备受欢迎的精明的投资者的形象。在1994年之前,该县在现金管理尤其是现金投资方面的确取得了极大的成功。在其最辉煌的时候,当正常的货币市场基金的收益率小于4%时,橘子县现金投资的收益率接近8%。由于橘子县在现金投资方面取得了如此辉煌的成绩,所以,为了获得更大的投资收益,许多地方政府纷纷将自己的资金委托给橘子县。最后,到1994年出现危机时,橘子县财政局长管理着一个由187个地方政府单位和机构加上一些私人委托的资金构成的一个投资基金。

但是,1994年,橘子县的现金投资失败了,估计造成了15至25亿美元之间的亏损。它曾经希望得到加州政府的援助,但是,州政府拒绝了。最后,橘子县被迫申请破产保护。橘子县为什么会失败呢?

其实,橘子县早期无比辉煌的投资收益就是主要来自于操作借钱投机的、以小控大的、投机性的金融衍生品。这些衍生品的收益是两个或多个基础利率的可比收益差异的多倍。在橘子县的投机中,长期工具被

---

[1] Schwartz, Eli. 1996. Inventory and cash management. In Richard Aronson & Eli Schwartz Eds. *Management policies in local government finance*. Washington, D. C.: The International City/County Management Association.

用来在短期利率上借钱的抵押品，这样借来的钱又被用来投资到长期工具上去。于是，最初的75亿美金就控制了250亿美金的资产。只要利率是稳定的或者下跌，这种投资结构就能保证获得正的投资收益。但是，事与愿违，货币市场对货币供给下降作出了反应，使得利率开始上升。这就使得橘子县抵押的抵押品失去了市值，从而遭受惨重的损失。

橘子县在现金投资上存在着严重的问题，它过分地投机，没有将风险控制放在应有的重要地位。首先，橘子县的现金管理者将大量的资金投入金融衍生工具，在利率走势上进行赌博。结果，当利率出现相反的走势后，橘子县的投资就面临着极大的风险。其次，橘子县采用了逆向回购协议，这使得情况恶化。逆向回购协议是指政府反向持有证券而借款，这也是发行人的一种临时债务。橘子县运用这种方式来获得更多的资金然后再用这些资金去购买其他的具有风险的金融工具，这就加重了风险。

资料来源：Schwartz, Eli. 1996. Inventory and cash management. In Richard Aronson & Eli Schwartz Eds. *Management polices in local government finance*. Washington, D. C.: The International City/County Management Association。[美] 罗伯特·D. 李、罗纳德·约翰逊：《公共预算系统》，曹峰、慕玲、张玉坤译，清华大学出版社2002年版，第297页。

各个国家都从这些投资失败中汲取了教训，加强对现金投资风险的控制。80年代中期，美国许多州和地方政府由于运作回购协议的公司破产而蒙受亏损后，美国国会在1986年通过了《政府证券法案》，将证券商置于财政部和证券交易委员会的管制之下。此外，美国各州都限制政府将现金投资到一些高风险的投资工具。1994年橘子县现金投资失败导致申请破产保护后，各州议会和政府以及各种组织都修改了现金投资的法律和政策。首先是限制金融衍生品的使用。例如，政府会计标准委员会第9401号技术公告就是关于衍生品、类似债务和投资业务的披露，它要求州和地方政府公开它们在金融衍生品方面的业务。其次是对各种高风险的投资确立报告制度。例如，政府会计标准委员会第 3 号技术公告就是关于金融机构存款、投资（包括回购协议）和逆向回购协议的披露，它要求政府必须在它们的综合年度财务报告中报告高风险的投资。①

---

① ［美］罗伯特·D. 李、罗纳德·约翰逊：《公共预算系统》，曹峰、慕玲、张玉坤译，清华大学出版社 2002 年版，第 297 页。

第 十 八 章

债务管理

谨慎的政府债务管理是经济和社会发展的关键所在。它有助于减少政府可能面临的财政风险,降低经济脆弱性带来的金融冲击,通过加强市场基础设施和基本制度建设来支持国内有效金融市场的发展,同时有利于培育公共部门的治理能力并提高其实践水平。

——James D. Wolfensohn[①]

20世纪80年代末以前,债务管理通常被看作是一国货币政策的延伸,并且由不同的政府部门负责。换句话说,多数西方国家并没有形成专门的政府债务管理战略框架和管理制度,也缺少专业机构来管理政府债务问题。20世纪80年代末和90年代初,面对政府债务占GDP比重增加,以及政府外债占债务总规模的比重加大等问题,越来越多的西方国家认识到建立一个系统的、科学的政府债务管理体制非常重要,政府债务管理问题也受到西方各国的普遍重视。[②]

---

① 转引自 Wheeler, Graeme. 2004. *Sound practice in government debt management*. Washington, D. C.: The World Bank。

② Mylonas, Paul, Sebastian Schich, Thorsteinn Thorgeirsson, & Gert Wehinger. 2000. New issues in public debt management: Government surpluses in several OECD countries, the common currency in Europe and rapodly rising debt in Janpan. Economics Department Working Papers NO. 239. Wheeler, Graeme. 2004. *Sound practice in government debt management*. Washington, D. C.: The World Bank. p. 1.

一、政府债务管理及其发展

随着经济与社会的发展，政府被要求提供更多的公共服务。这不仅包括投资规模大、建设时间长、不容易赚取利润的基础设施和公共设施建设项目，而且也包括教育、卫生、医疗、社保等与公共福利相关的投资项目。尤其进入70年代，随着凯恩斯主义的影响不断扩大，各国政府为满足日益增加的社会公共需求，突破了之前一直遵循的预算平衡原则，开始实施赤字预算。80年代，多个国家的财政赤字都在3%这个警戒线上。当增税空间不足，而政府又必须应对公共支出不断攀升的问题时，直接发行各类债券或者通过担保获得建设资金等方式被各国普遍使用。由于政府债务与宏观经济、财政政策、货币政策和自由债券市场之间久已存在的密切关系，所以债务管理的好与坏会直接影响到社会经济的发展和政府自身的正常运转。因此，20世纪80年代末和90年代初，债务管理问题开始受到各国的关注。各国政府通过加强财经纪律，建立良好的债务管理战略目标和专业管理系统，来降低债务风险，提高债务管理水平，遏制不断增长的或有负债规模，提高政府治理能力与实践水平。于是，各种形式的债务管理机构应运而生。一些OECD国家为了平衡公共政策与财政管理之间的关系，选择将专门的债务管理机构设立在财政部门内部。然而，也有一些国家的改革比较彻底，成立了专门的、独立于财政部和其他机构的债务管理机构，通过专门的制度安排来推动债务管理和相关政策的有效执行。[①] 此次改革的标志性事件有两个：一是1988年新西兰政府设立国家债务管理办公室；二是1990年爱尔兰政府成立爱尔兰国家国库管理署。[②]

由于政府债务影响到整个国家的财政安全，所以良好的债务管理就显得非常重要，这其中包括建立合理的债券组合规模，尽量化解资产负债表中所隐含的各类风险。在政府债务管理中，我们所说的管理主要是指那种能够指

[①] Currie, E., J-J. Dethier, and E. Togo. 2003. Institutional arrangements for public debt management. World Bank Policy Research Working Paper No. 3021.

[②] Wheeler, Graeme. 2004. *Sound practice in government debt management*. Washington, D. C.: The World Bank. p. 1.

导和规范管理者行为的法律框架和管理制度,其中的法律主要是指用于定义目标、权力和责任的立法和部门法规等;管理制度和框架主要用于规范战略计划的制定与执行,规范执行过程,以确保执行质量,明确报告责任。① 良好的政府债务管理可以降低债务风险,确保财政尽量实现收支平衡的目标。世界银行(Word Bank)和国际货币基金组织(IMF)对政府债务管理(Public Debt Management)所下的定义如下:

> 政府债务管理就是制定并执行政府债务管理战略的过程,谨慎地实施政府债务管理的目的包括成功管理政府风险和成本,以及其他所有由政府设立的主权债务管理目标。其中,主权债务管理(Sovereign Debt Management)的目标就是管理与债务组合(debt portfolio)相关的各类风险,期间需要在成本与风险之间进行权衡比较。②

如前所述,政府债务管理就是制定和执行谨慎债务管理战略的过程,以便能更好地满足政府的财政需要和借款需求,保证政府发行的公债和逐渐增加的债务流量契合政府所能承受的成本和风险水平。具体来讲,一个良好的政府债务管理过程主要包括以下三个内容③:

- 建立清晰的债务管理目标,并通过理性的治理框架、谨慎的成本和风险管理战略,以及与之相匹配的投资组合政策,保证这些目标的实施;另外,有效的组织结构,恰当的信息管理系统,以及强有力的内部风险管理文化也是非常必要的;
- 确保所有与投资组合相关的交易符合政府债务管理战略,并且保证这些交易能被有效执行;

---

① Wheeler, Graeme. 2004. *Sound practice in government debt management*. Washington, D. C. : The World Bank. p. 49.

② International Monetary Fund (IMF) & World Bank . 2001. Guidelines for public debt management. http://www.imf.org/external/np/mae/pdebt/2000/eng/.

③ Wheeler, Graeme. 2004. *Sound practice in government debt management*. Washington, D. C. : The World Bank. p. 4.

● 建立风险报告程序,确保政府债务管理者能够为他们所承担的债务管理工作全面负责。

为了能够更好地实现政府债务管理,减少政府的财政风险,必须具备三个方面的基本因素:一是为债务管理建立一个良好的法律框架,将债务管理纳入政府治理的宏观视野中;二是完善管理的组织制度,明确规定各类机构与政府债务管理相关的权力实施范围;三是完善内部和外部的监督程序,保证债务管理过程的公开和透明。在法律规范的约束下,政府必须严格债务管理程序和方法,通过向公民个人或各类组织及时通报债务信息及其管理内容,保证信息的公开和透明,并接受广泛的监督,实施债务管理问责制度。只有这样,政府债务管理的战略规划才能更加谨慎和规范,才能尽可能地减少各类财政风险。

二、政府债务管理的法律框架

如果要提高政府对债务管理的关注程度,规范管理的过程和行为,就需要对政府债务管理的相关内容进行立法。20世纪80年代末以来,西方各国政府认识到,有必要将政府债务管理立法列入国家立法的重要内容,使其与财政货币政策以及政府审计规范并列,作为创建良好财政政策,规范政府责任的关键内容。于是,许多国家开始通过立法的形式对政府借债、投资等行为进行约束,也对政府在金融市场内能够涉及的领域进行了规范,同时也对政府分期清偿、赎回和再发行政府债券等行为进行了规范。[1] 一般来说,法律都是授权财政部长,由其委托财政委员会或债务管理机构的首席执行官来执行债务管理中的具体工作,包括借债、投资以及政府其他的财政委托事项[2],具体见专栏18-1。通过法律形式对政府那些可能与债务有关的行为进行约束,明确政府各个部门在债务管理中的责任,将有助于减少债务风险,提高政府治理能力和管理水平。

---

[1] Wheeler, Graeme. 2004. *Sound practice in government debt management*. Washington, D. C.: The World Bank. p. 50.

[2] Ibid., p. 51.

> **专栏 18－1　债务管理的基本要素**
>
> 　　尽管政府债务管理的立法原则会受国家政治制度的影响而有所不同，但是美国国库技术援助办公室还是将一些最基本的管理要素提炼如下：
> - 强调政府债务是一个主权国家应尽的责任，并且应该由政府全权负责；
> - 必须对债务总规模设定上线；
> - 为所有债务设立一个长期拨款，以保证政府能够在每个预算年度内有足够的资金应对不可预见的债务问题；
> - 为债券发行和债务服务成本提供长期授权，为偿还到期债务设立长期授权；
> - 授权财政部门为能够代表政府借款的唯一机构，给予财政部门选择借款工具的权力和执行该法令的权力；
> - 对于投资所有主权债务的投资者，政府必须给予平等待遇；
> - 明确政府债务管理中所涉及到的所有机构之间的关系（例如，财政部门是债券发行者；央行是金融机构）；
> - 建立有效的制度和组织架构来管理政府债务（例如，设在财政部之内债务管理办公室或者一个独立的债务管理组织），并且在该组织内部建立有效的内部控制制度；
> - 为政府债务管理设立专门的审计和责任监督机制。
>
> 资料来源：Wheeler, Graeme. 2004. *Sound practice in government debt management*. Washington, D.C.: The World Bank. p. 52。

　　一般来说，债务管理的法律框架里，除了对政府行为进行适当定义和约束外，还会对债务管理机构的角色和职能进行明确规定。这样一来，一方面赋予专业债务管理机构一定的职责和权限，为其履行管理责任奠定良好的法律基础；另一方面，也必须明确规定该机构的责任，这也是约束专业管理机构的必要条件。对专门的债务管理机构的立法规范参见专栏18－2。

> **专栏 18-2　有关建立一个独立债务管理机构的立法规定**
>
> 一般来说,如果要建立一个独立的债务管理机构,通常需要符合以下法规:
> - 定义机构的名称、地址和目标;
> - 列出机构的职能和应承担的责任;
> - 授权财政部长委派代表担任该机构行政首长的职务;
> - 明确规定任何一个管理部门的角色和组成,比如顾问部门;明确规定职位补缺程序;
> - 列示该机构行政首长或组织领导人的职责,包括有关人事管理项目的责任;
> - 明确规定该机构必须向财政部门和国会提供债务管理报告;
> - 强调透明度和独立审计;
> - 规定一些重要的行为规范,比如保密、披露和避免利益冲突的义务等。
>
> 资料来源:Wheeler, Graeme. 2004. *Sound practice in government debt management*. Washington, D.C.: The World Bank. p. 53。

当然,并不是所有国家都通过立法形式规定了政府债务管理机构的责任和权限,在这种情况下,可以通过设立一系列审查财政信息的代表署(the financial delegations)来保证债务管理战略计划的有效实施,明确各方职能。[①]当政府债务管理机构已经存在,并且独立于财政部门,但是却没有明确的法律和法规规定该机构的具体职责和权限,那么各类财政代表署就可以行使该机构行政首长的角色,并向政府债务管理战略提供政策建议,同时这些代表署还有权力审查政府债务管理机构中任何一个人的借款和投资行为。[②]

[①] Wheeler, Graeme. 2004. *Sound practice in government debt management*. The World Bank. p. 55-56.

[②] Ibid., p. 56.

三、政府债务管理的组织结构

为了保证政府债务管理的科学性和合理性，提高透明度，各国需要建立一个适合国情实际的债务管理组织框架，以确保债务管理机构的职能与责任相互匹配。[①] 通常有四类机构可以单独承担债务管理职能：一是国家财政部；二是中央银行；三是独立债务管理机构；四是国库。或者，可以组合这四类机构，由其中几个部门共同负责债务管理工作。

自20世纪90年代以来，随着债务管理问题变得越来越复杂，很多国家认识到建立一个专业和独立的债务管理机构非常必要，或者是增加现有债务管理机构的独立性和专业性非常重要。这样的债务管理机构将不再过多地受到央行和财政部的影响，可以独立展开工作，主要的目标是满足政府的借债并对之加强管理的需要。欧洲国家的这一改革倾向最为明显。比如2001年，欧洲两个主要的经济大国——德国和法国——增强了各自国家债务管理机构的独立性。与此同时，为了保证这些独立机构能够更有效地展开工作，有必要对这些机构进行绩效评价，尤其是进行成本—效益绩效评价。针对独立债务管理机构的绩效评价方法有很多，最常用的有标杆法或成本—风险关系法。[②] 在OECD国家，各国负责债务管理工作的机构并不完全相同（表18–1）。

表18–1 各国债务管理机构

国家	债务管理机构的地位	债务管理者类型
澳大利亚	隶属财政部	特殊债务管理机构（SMO）
比利时	隶属联邦公共服务及财政部	债务管理机构（DMO）
芬兰	国库，但受财政部监管	债务管理机构（DMO）
法国	隶属经济事务、财政和工业部	债务管理机构（DMO）

---

① International Monetary Fund (IMF) & World Bank . 2001. Guidelines for public debt management. http：//www. imf. org/external/np/mae/pdebt/2000/eng/.

② Mylonas, Paul, Sebastian Schich, Thorsteinn Thorgeirsson, & Gert Wehinger. 2000. New issues in public debt management：Government surpluses in several OECD countries, the common currency in Europe and rapodly rising debt in Janpan. Economics Department Working Papers NO. 239.

(续表)

国家	债务管理机构的地位	债务管理者类型
德国	德国国家有限公司，财政部作为它的独立股东对其负有监管责任	特殊债务管理机构（SMO）
希腊	隶属经济和财政部	债务管理机构（DMO）
爱尔兰	该机构的首席执行官由财政部指定并直接对财政部负责	特殊债务管理机构（SMO）
意大利	隶属经济和财政部	债务管理机构（DMO）
卢森堡	隶属财政部	债务管理机构（DMO）
荷兰	隶属财政部，但是享有很大的自主权	债务管理机构（DMO）
葡萄牙	隶属财政部	特殊债务管理机构（SMO）
西班牙	隶属经济与财政部	债务管理机构（DMO）

说明："特殊债务管理机构（SMO）"是指独立于财政部之外的债务管理结构，具备独立运作权力。"债务管理机构（DMO）"是指不具备独立运作权力的债务管理机构。

资料来源：Wolswijk, Guido, & Jakob de Haan. Government debt management in the Euro area: Recent theoretical developments and changes in practices. European Central Bank. Occasional Paper Series. No. 25/March 2005。作者作了部分修改。

从欧洲各国的实际情况来看，目前流行的债务管理机构设立形式主要有两种：一种是政府债务管理机构独立于财政部门之外，但必须向财政部长负责并报告工作；第二种是该机构设立于财政部门或国库内部。[1] 从目前来看，理论界对这两种设立形式均存在比较大的争议。争论的关键在于财政部门与独立债务管理机构之间的权限划分和责任分配问题。尤其对财政部门来讲，如果从法律上真正规定了一个独立的债务管理机构的职权范围，那么作为委派和监管机构，财政部门应该在该机构的战略规划和日常管理中担任什么样的角色等问题就值得商榷了。第一种类型的机构设立形式——专业债务管理机构独立于财政部门之外，被认为有两大优点[2]：一是有助于让债务管理问题获得财政部门更多的关注，因为财政部门往往会把很多精力投向一些

---

[1] Wheeler, Graeme. 2004. *Sound practice in government debt management*. Washington, D. C.: The World Bank. p. 61.

[2] Ibid., p. 63.

常见的、容易被人察觉的领域，比如经济发展、预算编制、支出分析报告等。如果政府债务管理部门设立在财政部门内部，那么债务管理问题就容易被纷繁复杂的其他问题所掩盖，而得不到重视。二是独立的债务管理机构能够比较容易获得预算资源的支持，有助于开展工作。但是，这样的形式也存在一定的不足。一方面，独立债务管理机构在获取预算资源方面，并不像支持者坚信的那样容易；相反，却有可能被其他部门及其利益相关者抢去先机。① 另一方面，独立债务管理机构的独立性，以及与政府财政部门和国内金融政策之间的关系，一直受到怀疑。因为，对于那些政府债券持有者来说，他们希望债务管理部门能够真正地站在管理者的角度，并不涉足债务交易活动，而是通过监督政府行为等方式来减少债务风险。当然，越来越多国家开始认识到让债务管理机构远离相关利益纷争是非常重要的。② 关于第二种形式——政府债务管理机构设立于财政部门内部，目前仍有很多支持者。这主要因为，政府借款项目通常与政府宏观经济发展和金融体制密切相关，而促进宏观经济发展，维护金融市场稳定与繁荣又是财政部门的主要职责。所以，很多国家政府都将债务管理机构设在财政部门内部，以便其能够为决策者及时提供有关预算分析、借款规模等信息，进而提高政府决策的准确度。但是，该模式体现出的所有优势，都建立一个假设上，即财政部门是在良好的公共政策目标指引下行动的；相反，一旦政府决策有误，政府债务管理机构对风险的预测和管理能力也会随之下降。③

一般来说，各国债务管理的组织结构需要与债务管理的核心目标保持一致。如果债务管理的核心目标是为了保证宏观经济发展的稳定性，那么财政部就会担负起主要的债务管理工作；如果货币政策的稳定性是债务管理关注的重点，那么央行就需要担负起主要责任。④ 但是，无论选择哪一种组织形

---

① Wheeler, Graeme. 2004. *Sound practice in government debt management.* Washington, D. C.: The World Bank. p. 63.

② Ibid., p. 64.

③ Ibid., p. 62.

④ Wolswijk, Guido, & Jakob de Haan. Government debt management in the Euro area: Recent theoretical developments and changes in practices. European Central Bank. Occasional Paper Series. No. 25/March 2005.

式,都必须达到三个关键要求:一是组织职能必须以债务管理为核心;二是如果多个组织共同负责,该设计必须保证组织间能实现相互合作和信息共享;三是每个组织的主要任务必须十分明确。[1]

四、政府债务管理目标

西方国家的政府债务管理目标通常是多元化的,主要包括维护宏观经济稳定,促进经济增长,满足政府财政需要和借款需求;发展本国金融市场;支持国家货币政策;满足投资者的需要;争取利息成本最小化;减少公债的流动性风险等。[2] 其中,首要目标是确保政府每年在可接受的风险水平下,实现债务成本最低。

事实上,政府债务管理的目标也随时间的变化而变化,具体表达形式和操作规则也因国家的不同而有所不同。20 世纪 60 年代初,托宾(Tobin)率先从宏观经济学视角提出政府债务管理目标的问题(Tobin,1963,pp. 143 - 218)。他认为,政府债务管理应该作为维护宏观经济稳定的主要工具,依据特定资产组合模式进行管理,积极债务管理有助于补充货币政策的不足和影响长期利率、借贷市场以及投资。[3] 在托宾看来,减少利息成本只能算债务管理的第二个目标,而减少风险管理则完全不属于债务管理范围。[4] 20 世纪末,Barro 指出保持税收平滑(Tax Smoothing)才是债务管理

---

[1] Wolswijk, Guido, & Jakob de Haan. Government debt management in the Euro area: Recent theoretical developments and changes in practices. European Central Bank. Occasional Paper Series. No. 25/March 2005.

[2] Wheeler, Graeme. 2004. *Sound practice in government debt management*. Washington, D. C.: The World Bank. p. 13. Wolswijk, Guido, & Jakob de Haan. Government debt management in the Euro area: Recent theoretical developments and changes in practices. European Central Bank. Occasional Paper Series. No. 25/March 2005.

[3] 转引自阿尔贝托·焦万尼尼:《论公债管理》,程敏、胡浩、廖芙秀译,《国外财经》1999 年第 4 期,原载《牛津经济政策评论》1997 年第 13 期。

[4] Wolswijk, Guido, & Jakob de Haan. Government debt management in the Euro area: Recent theoretical developments and changes in practices. European Central Bank. Occasional Paper Series. No. 25/March 2005.

的目标，即把债务管理看作是用来解决政府所面临的动态最优税收问题的工具。① 根据不同的风险类型，OECD 国家债务管理目标见表 18-2。

表 18-2 债务管理目标

国家	债务管理目标
澳大利亚	以尽可能低的长期成本推进英联邦国家债务的发行、管理和回收工作，并充分考虑债务风险的可接受水平
比利时	以事前已经确定的可接受风险标杆为限度，减少政府债务可能形成的财政成本
巴西	减少集中偿还到期债务的情况；优化外债结构；减少借债成本；为外部重组债务寻找可替代的类型；建立扩大投资者的标杆；向其他私人和公共借款者开放市场
加拿大	为政府提供固定的、低成本的资金，保证加拿大政府债券市场的良性运作
哥伦比亚	缩减长期成本，重视风险承受能力，同时增加可接受的风险—回报规模。另一个重要的目标是帮助地方政府发展地方债券市场
丹麦	在考虑政府可承受的债务风险基础上，确保债务管理成本处于一个比较低的水平
芬兰	在不增加政府债务可接受的风险水平的同时，减少债务的成本
爱尔兰	通过一些手段为比较成熟的债务类型提供资助和管理。这些方式包括保护政府债务的短期流动性和长期流动性；将年度债务成本控制在一个安全的水平，避免年度债务成本出现比较大的波动；实际管理中超额完成投资组合标杆的要求
意大利	减少债务成本，降低结构性风险
墨西哥	将外债的分期偿还规模维持在一个比较低的水平，在缩小再融资风险的同时降低相关成本
荷兰	尽可能以最有效的方式为国债提供资金保障，同时兼顾长期目标。这意味着减少融资成本，同时将风险保持在一个可接受的水平上

---

① 转引自阿尔贝托·焦万尼尼：《论公债管理》，程敏、胡浩、廖芙秀译，《国外财经》1999 年第 4 期，原载《牛津经济政策评论》1997 年第 13 期。Wolswijk, Guido, & Jakob de Haan. Government debt management in the Euro area: Recent theoretical developments and changes in practices. European Central Bank. Occasional Paper Series. No. 25/March 2005.

(续表)

国家	债务管理目标
新西兰	以政府的财政战略为前提,提高长期经济发展对政府资本—负债的回报率,尤其要注意回避可能的风险
葡萄牙	以稳定的方式保证政府的借款需求,以政府已经定义的风险管理战略为基础,在实现政府长期目标的同时缩小债务成本
韩国	在中期和长期时间里,满足政府的资金需求,缩减政府债务成本,同时促进国内债券市场的发展
瑞士	在现有债务管理框架中和可控的风险水平上,缩减短期和长期借债成本
英国	实施政府债务管理政策,即在充分考虑风险的前提下,缩减长期融资成本;同时充分利用成本—收益法,有效管理国库对现金的需求
美国	通过借债来尽可能地满足政府对资金的需求,同时缩减联邦政府的债务成本

资料来源:Wheeler, Graeme. 2004. *Sound practice in government debt management*. Washington, D. C. : The World Bank. pp. 14 – 15。

可见,很多发达国家所设立的债务管理目标并不是单一的,而是同时列示多个目标。不过,根据这些国家的实际经验,他们通常都会选择其中一个作为重点目标。当这些目标之间发生冲突的时候,政府将主要以该重点目标为准来协调其他各种目标。

五、政府债务管理战略及其内容

由于政府债务与债务风险是孪生姐妹,因此政府必须对债务结构中潜藏的各类风险给予足够的重视。对于债务风险问题,政府不仅要辨清类型,而且还要通过评估等方法及时掌握债务风险的水平和程度。通常来讲,债务管理战略和债务结构等因素会影响债务风险的水平和程度。通过调整债务管理战略、合理规划债务结构、密切关注债务成本的变化等方法,政府可以有效控制债务风险,甚至降低债务风险水平。为了减少债务风险带来的负面影响,政府债务管理者需要充分考虑财政状况以及现金流动性引起的各类风险。

在设计债务管理战略的时候,政府债务管理者需要根据债务特点作出不同的选择①：

- 债务组合的理想货币结构，主要包括国债和外债的组合模式；
- 理想的债务期限结构和流动性；
- 恰当的债务发行时间和利率敏感度；
- 国债是否应该有一个名义价格，或者应该以通胀情况为标准设定价格，或者以某个指定价格为标准；
- 债务组合是否应该通过交换、对冲、回购等方式转换，或者通过发行新债的形式进行结构调整。

债务管理战略并没有统一的模式。管理者在确定债务管理战略的同时，也必然面临不同的交易风险。但是，不管债务管理者选择怎样的债务管理战略，都必须认真评估和管理可能由外债和短期债务或浮动利率债务引起的风险问题。② 比如，从债务组合的货币结构来讲，债务管理者必须确定比较合理的国债和外债比例。因为，在很多时候，外债很容易破坏借债方政府的预算平衡状态，甚至容易给债务方带来更高的债务成本。尤其是在借债方国内经济、政治和市场条件发生变化进而引发汇率变化的时候，偿付高额债务成本的风险就更高了。另外，债务组合中长期债务和短期债务的合理比例也是需要重点关注的。人们通常认为短期债务或者浮动利率债务的成本比长期债务成本低，因此在债务组合中会更多地选择短期债务形式。但事实却相反，过多的短期债务会因为增加服务成本的波动性而变得更加不安全。因为，短期债务的流动性很强，这就增加了政府的融资成本和风险，当政府不能够对市场作出及时、合理、正确的判断时，短期债务就更容易导致风险的产生。

同时，债务管理过程中可能会遇到各类陷阱，管理者必须时刻对此保持

---

① Wheeler, Graeme. 2004. *Sound practice in government debt management*. Washington, D. C.: The World Bank. p. 17.

② International Monetary Fund (IMF) & World Bank. 2001. Guidelines for public debt management. http://www.imf.org/external/np/mae/pdebt/2000/eng/.

警惕，只有这样才能减少债务成本，降低风险。专栏18-3介绍一些主要的陷阱。

> **专栏18-3　债务管理中隐藏的各类陷阱**
>
> - 即使一些债务风险在短期内能够为政府节省成本和债务，但是增加债务风险的方式还是存在很多潜在陷阱或危险，尤其容易增加政府财政状况的脆弱性。债务管理者应该尽量避免让各类潜在陷阱或危险与大规模、灾难性的损失同时发生，甚至这种同时发生的低概率事件也应该避免。目的是为了尽可能实现"低风险"的同时，实现边际成本的节约。
> - 扭曲了私人决策和政府决策的债务管理实践，这类工作没有对利息成本作真实的反映，而是采用少报利息成本的方式。
> - 错误地报告了或有负债或者政府担保债务的相关情况，这种做法可能隐藏了政府实际的债务水平。
> - 使用非市场化的融资渠道。在某些情况下，某些实际工作甚至会严重扭曲现实状况。
> - 对债务合同及其付款情况的监督和报告采用不恰当的方式，同时对债务持有者的监督和对其行为的报告方式也不恰当。
>
> 资料来源：International Monetary Fund（IMF）& World Bank．2001．Guidelines for public debt management．http：//www．imf．org/external/np/mae/pdebt/2000/eng/．

具体来讲，债务管理战略应该从债务发行规模、公债结构、发行方式和定价、债务收入和债务清偿等方面来设计和考虑。

- 发行规模

出于对政府自身偿债能力的考虑，政府必须关注债务的总体规模，使其保持在合理水平。控制政府债务的总体规模通常是防止债务危机的重要环节之一。政府债务的总体规模主要包括三个方面：一是当年政府计划发行的公债总额；二是政府历年累积债务的总规模；三是当年到期需还本付息的债务总额。一般来讲，当年政府债务的发行规模是最受关注的，因为当年债务的发行规模会直接影响到当时乃至以后的债务总规模和今后到期需要偿付的债务总额。所以，设立严格的债务发行程序和规则，严格管理发行规模更具有实际意义。

通过严格的程序限制发行规模的普遍做法，还有助于避免政治家以及官僚组织因追求自身利益最大化而造成的债务危机。假设在缺乏制度约束的环境中，当政府通过借债能够获得一定利益的时候，他们追逐这些利益的冲动可能就难以抑制。同时，民主国家的政治家也喜欢运用债务的方式来为自己偏好的支出提供资金。一旦政府无限制地发行公债或通过各种方式借款，而忽视了政府自身还本付息的能力，那么这种无节制、无约束的行为将可能导致严重的债务危机。为了保证政府债务的发行额与当年GDP、政府财政收入和支出之间的比重维持在安全的水平，避免各类债务危机，很多OECD国家都设立了比较明确的债务管理法案，明确规定各类机构在债务管理过程中应履行的义务和应承担的责任。多数国家都规定，政府当年可发行债务的总规模或债务规模上限应该由立法机构审核并最终确立，财政部门通常不能够突破这个规定，如果确实急需增加发债规模，财政部必须提请立法部门批准之后才能追加执行。同时，法案也明确规定了政府的职责，包括借款、投资以及各类与财政责任相关的工作，如担保、赔偿、衍生工具交易，以及分期偿还、赎回和回购政府债券等。换句话说，政府不能超越职能范围擅自改变发债规模和水平。比如，2008年8月，德国财政部在2009年的预算草案中向社会公布，计划连续第三年降低国债的发行规模。如果这一预算计划能够实施，2009年德国的国债发行目标将为2 264亿欧元，该规模小于2008年2 332亿欧元的发行规模。当然，该计划草案必须得到德国议会的批准后才能进入执行阶段。[①]

● 债务结构

债务结构主要指一个国家各种性质的债务互相搭配而形成的各类组合，

---

① 新华社：《德国2009年预算草案减少国债发行规模》，2008年8月13日，http：//www. chinamil. com. cn/site1/xwpdxw/2008 – 08/13/content_ 1417911. htm。

通常包括期限结构、借债主体结构和国债持有者结构等内容。①

政府债券按照期限可以分为三种：短期债券、中期债券和长期债券。一般来说，1年期以下的债券为短期债券；1—10年期的债券为中期债券；10年以上期的债券为长期债券，甚至可以长达30年之久。通常，政府发行长期债券是为了刺激经济发展、应付长期支出大于收入的情况；而发行中期或短期债券的目的是为了应对季节性收入波动情况，或短期支出大于收入的情况。由于不同期限的债券会随之带来债务的偿还期限问题，所以政府在发行债券的时候，必须认真考虑如何科学、合理地安排短期、中期和长期债券的组合结构，保证债务管理以促进财政职能的有效发挥。因为，科学的债券组合，有助于减轻政府还本付息的压力。② 如果政府发行债券都以中期和短期债券为主，那就很容易造成在一个时点或时段上集中偿还债务的情况，造成政府财政困难或债务危机。

借债主体结构主要指债券的发行方，可以分为两类：第一类是中央政府或联邦政府；第二类是地方政府。这两类借债者又可以被进一步细分：中央或国家层面的借债者又包括国家财政部门、其他国家政府机构，以及由国家发起成立的公司；地方层面的借债者又包括省（或州）级政府、省（或州）以下政府，以及那些在他们授权下运作的非营利组织等。③ 由第一类发行方发行的债券通常被称为国家公债，简称国债；由第二类发行方发行的债券通常称为地方公债或地方政府公债。国债是公债的重要组成部分，本节重点围绕国债展开讨论。

国债持有者是指那些已经购买或有意购买政府债券的个人或组织。一般来说，短期债券的认购者或者持有者主要是中央银行、商业银行和居民个人；长期债券的认购者主要有储蓄银行、保险公司，以及有养老金和靠养基金生活的人。西方国家国债的持有者主要是机构投资者。例如截至2007年6月30日，英国国债最大的投资者是保险公司和养老金，占比51.5%，其

---

① ［美］B. J. 里德、约翰·W. 斯韦恩：《公共财政管理》，朱萍等译，中国财政经济出版社2001年版，第221—223页。

② 同上书，第222页。

③ 同上书，第223页。

次是海外投资者，占比 32.33%，其他金融机构和家庭持有 18.64%。2005年，美国国债有 52.51% 为外国和国际机构持有，货币监管部门持有 17.67%，养老金持有 6.69%，共同基金持有 6.22%，州和地方政府持有 5.20%，保险公司持有 4.09%。

● 发行方式与定价

各国国债发行方式并不完全相同，并且一直处于不断变化中。按照国债发行中是否有金融中介机构参与出售来区分，可将国债发行方式分为直接发行和间接发行。

具体来看，直接发行是指由国债发行主体或财政部门面向全国，直接将国债券发行给特定的投资者。根据投资者的不同，直接发行又可以分为向个人直接发行和向机构投资者直接发行两种类型。由于直接发行均面临发行范围不大、发行品种单一、发行过程中的认购规模难以控制等问题，所以在发达国家使用直接发行方式发行国债的情况并不普遍，只是作为推销国债的一种辅助方式。[①]

国债间接发行方式主要包括承购包销、招标发行和拍卖等方式。承购包销是指国债发行主体与多个大规模投资者签订承销合同，由这些银行或金融机构共同向社会销售债券。这种方式的主要特点有三个：一是通过承销合同，明确发行主体（财政部）与承销方（主要指证券公司和银行等机构）之间的权利—义务关系，有助于降低委托—代理成本；二是对承销方有一定的激励机制，承销方如果通过协商过程，能够拿到比较低的国债发行价格和较高的发行利率，那就可以从中取得价差，获得收益；三是承购包销的方法初步体现了国债管理市场化的特点，国债发行中引入承销方，使得国债一级市场和二级市场实现衔接，对于国债二级市场的活跃有非常积极的作用。[②]

招标发行是指国债发行主体直接向银行或金融机构等大规模机构投资者进行公开招标，并按照一定的顺序（从高价到低价或从低利率到高利率）

[①] 钟兴文：《积极财政政策下的中国政府债务管理研究》（博士学位论文），浙江大学，2001 年，第 12—13 页。

[②] 同上书，第 13—14 页。

对投标人的标的进行排列和选择,直到达到发行额为止。[①] 这些投资者在中标后就变成了国债的直接认购者,拥有了直接持有国债的权利,当然他们也可以选择向社会销售。不过,与前面两种间接发行方式相比,招标发行方式进一步拉近了发行主体和认购方的距离,缩减了两者之间的环节。由于发行主体不需要向投标者支付佣金,不仅减少了委托—代理成本,而且通过公开竞争还有利于降低债券发行成本。所以,招标发行的方式既能够体现出公平合理的市场原则,招标结果也能反映出市场真实的供求状况。[②]

最后一种方式,也是现在很多西方发达国家都采用的方式——拍卖方式。国债拍卖同样遵从市场上例行的拍卖方式和程序,由发行主体主持,在拍卖市场上公开向投资者拍卖国债,国债的发行价格和利率完全由市场决定。通常,国债拍卖又被分为三类:一是多价格拍卖;二是单一价格拍卖;三是混合式拍卖。多价格拍卖方式,是指中标者按照自己投标价格购买国债,按照出价高低进行国债分配,即发行主体会先满足出价最高的投资者的需求,然后逐级分配。但此方式的弊端在于,容易在投标者之间形成恶性竞争从而造成赢家因购买价格过高而无利可图,进而打击投标者未来购买国债的积极性。单一价格拍卖方式,是指无论有多少投标者,中标价格只有一种,这个价格通常是所有中标者报出的最低价格,然后按照该价格在各投标者之间进行国债分配。尽管,单一价格拍卖可以降低购买者的风险,从而提高其积极性,却容易造成发行成本的增加,因为最终的发行价格是申标者报出的最低价格。一直使用混合式拍卖方式的国家比较少,但西班牙就一直使用该发行方式。混合式拍卖是多价格拍卖和单一价格拍卖方式的折中方法,在一定程度上可以避免前两种拍卖方式的弊端发生。该方法用加权平均法得到一个标准价格,高于该价格的投标者按此价格购买国债,低于此价格者按其出价购买。由于该分配方式更科学、合理、高效,也更符合市场化的要求,所以越来越多的西方发达国家开始采用此方式。[③]

[①] 钟兴文:《积极财政政策下的中国政府债务管理研究》(博士学位论文),浙江大学,2001年,第14页。

[②] 同上。

[③] 奚君羊、马永波:《三种国债拍卖方式的拍卖收入比较研究》,《财经研究》2006年第12期,第65—74页。

国债定价问题是一个十分复杂的课题，西方发达国家已经对此进行了多年的深入研究。通常来看，西方国家国债的价格主要以公式定价方法为基础，在一级市场的价格主要受二级市场上价格的影响，而二级市场上投资者和套利者对国债的估价已经使用很高端的金融工程技术，主要估价方法包括：未来现金流量贴现法、Black-Scholes公式法、梅克汉姆公式法，等等。[1]

● 发行收入的使用与债务清偿

与国债发行相关的发行主体、代理方或受托方都有责任承担债务管理的工作，其中重要的一项就是对国债发行收入进行严格管理。处理债务发行收入就是指以某种票据形式取得资金，将其存入公共组织的资金账户，并以可供选择的最有利的方式使用这笔资金。[2] 也就是说，当国债发行主体得到发行债券所得之后，必须用最快的速度、以最有效的方法使用这些资金，以期充分发挥这些资金的时间价值。在使用发行所得时，保证资金的安全是至关重要的。无论是将这些资金存入银行，还是利用这些资金进行投资或向卖主支付货款等，都必须充分考虑资金的安全。

国债是国家或政府向社会各类组织募集资金的一种方式，目的是为了推动经济增长、缓解财政赤字压力等问题，那么国债发行主体与认购者之间就形成了一种债权债务的关系，所以国债发行主体——主要指中央政府——就必须保证到期能够偿还所借的本金和利息。如何保证政府有足够的资金偿付债务，同时又不造成财政资金的紧张？这是西方国家多年来一直考虑的问题。为此，很多西方国家专门设立了偿债基金。比如，英国早在1716年就设立了专门的偿债基金。日本于1906年建立偿债基金，规定了国债处理基金特别会计法。法国的国债发行和偿还由预算以外的专门国库资金负责，每年的预算节余都补充进该基金。另外，偿还债务的时机也很重要，西方国家通常将偿债时机与经济周期保持基本一致，尽量保证政府现金流的稳定。也就是说，当经济形势比较好的时候，可以选择偿还债务；而当经济出现衰退

---

[1] 徐庄林：《我国国债期权定价法研究》，《财经政法咨询》2006年第3期，第36—38页。

[2] ［美］B. J. 里德、约翰·W. 斯韦恩：《公共财政管理》，朱萍等译，中国财政经济出版社2001年版，第241页。

或者萧条的时候，尽量选择利用国债调整政策来延迟偿付。[1]

六、审计与报告

政府债务管理不仅是政府的行为，还与宏观经济发展、金融市场稳定和社会政策的有效实施密切相关，因此必须增加债务管理的透明度，加强对政府及其行为的有效监督。在这种需求下，独立的、定期的审计就显得非常重要。对政府债务管理的审计可以分为两类：一是内部审计，即由政府内审机构对债务和管理行为进行审计；二是外部审计，即通过聘用独立的、私人的审计组织对政府债务管理进行审计。一般来说，外部审计的可信度会高于内部审计，因为存在一种普遍的观点，认为政府内审的水平和公信度不如外审好。

监督政府债务管理的另一个重要途径，就是让债务管理机构定期向财政部、国会、公民和相关利益群体提交报告。报告的内容涵盖政府债务管理的所有活动内容，包括债券组合的绩效；评估这些组合的风险以及与风险管理框架的依存度；讨论如何管理运营风险（operational risks）。[2]

为了保证债务管理战略的科学性和合理性，很多OECD成员国都设立了"专家库"或外部专家委员会。这些专家通常都具有很强的风险管理、定量分析和国别经验比较的知识和能力，他们通过实时监督并分析政府债务管理的政策和行为，向政府提供及时、有效的政策建议，以保证实现良好的债务管理目标。[3]

---

[1] 杨大楷、王天有、蒋萍、杨晔：《国债风险管理》，上海财经大学出版社2001年版，第314—315页。赵文玉：《中外公债管理比较与我国公债管理的改革方向》，《华北金融》1993年第12期，第16—19页。

[2] Wheeler, Graeme. 2004. *Sound practice in government debt management*. Washington, D. C.: The World Bank. p. 56.

[3] Ibid.

第十九章

政府会计

一个王国的建立就是一个算术问题。

——艾德蒙·伯克[①]

公共预算的两个基本内容是预算收入和预算支出。如果政府不能对预算收入的总规模、来源和类型作出准确且明晰的记录，那么有关合理分配预算资金的问题就无从谈起。同样，如果政府不能对支出规模、类型和资金流向作出明确记录，那么财政资金使用的效率、效果和效益就难以衡量。换句话说，为了明确政策制定的责任和实际效果，有必要采取一些能证明政策执行效率和效果的计量方法。[②] 政府会计就是这样一种工作和制度，即记录预算收支情况，为预算决策、执行和监督提供必要财务信息，并定期为相关主体提供财务报告。

一、政府会计及其演变

尽管政府会计早在封建社会就以官厅会计的形式而存在了，但它的重要性仅仅为国王/皇帝、皇室所知晓。因为，当时的政府会计主要为国王记录

[①] 转引自［美］伊安·夏皮罗：《政治的道德基础》，姚建华、宋国友译，上海三联书店 2003 年版，第 179 页。

[②] ［英］约翰·J. 格林：《公共部门财务管理》，杨世伟译，经济管理出版社 2002 年版，第 21 页。

他的地产、粮食、牲口以及其他资产,并对收入和支出保持精确而详尽的记录。① 直到18世纪末和19世纪初,各国在从封建君主制过渡到民主制的过程中,政府会计的重要性才逐渐被普通民众和相关利益群体所认识,由此财务报告的对象开始从国王/皇帝、皇室逐渐扩展到普通民众。并且,这种记录预算信息,并定期向民众发布财务报告的政府会计制度也被写入宪法和法律,同时,国王、立法机关、行政机关及其职能部门各自的职责也得到了进一步明确。② 进入20世纪后半期,随着自由市场经济发展的局限性越来越明显,以及现代民主社会要求政府必须担负相应责任的呼声越来越高,政府职责范围和活动领域不断扩展,公共资金有限性与社会需求无限扩大之前的矛盾愈见突现。于是,公共预算作为有效的工具,在分配有限财政资金、规划政府活动优先次序等问题上所起的作用越来越重要。公共预算的不断发展,同时也推动了政府会计的改革和发展,其重要性也逐渐被各国政府、议会和相关利益群体所认识。政府会计被要求为预算政策的制定提供及时、准确、详细的财务信息,包括收入、支出、资产、负债、成本、收益等内容,并能够识别、选择和分析、衡量、评价这些信息及其相互关系。所以,如今的政府会计已经成为财政政策公认的工具③,并且还将更多地反映民众与政府之间的委托—代理关系,记录政府的受托责任。

(一) 古代会计

政府会计的前身追溯到古巴比伦、埃及、中国、希腊和罗马出现的古代官厅会计,它们主要出现在复式记账法产生之前。早在7000多年前,巴比伦就出现了专门的记录官——现代会计师的前身,主要记录包括国库的收支与节余情况在内的会计信息;古代埃及的官厅会计还建立了严格的内部控制制度;古代中国从周王朝开始就形成了官厅会计,其主要作用是评价政府计

---

① [美] A. 普雷姆詹德:《有效政府会计》,应春子等译,中国金融出版社1996年版,第45页。
② 同上书,第2页。
③ 同上书,第3页。

划的成功程度和官吏的工作效率。① 尽管古代官厅会计在当时的社会背景下，有助于记录国家财政信息，并作为一种简单的分类工具可以对国家财物进行分类登记和简单统计，但由于受当时社会环境的影响和社会发展规律的制约，古代官厅会计一直没能形成完整的系统，也没有发展出一套完整的会计规则。不过，它们自身的发展还是为现代政府会计的产生和发展创造了一定的条件。

（二）复式记账法与现代会计

现代会计兴起于复式记账法产生之后。② 复式记账法大约起源于1250—1400 年间意大利商业和金融业的会计实务，完整的复式记账法创始于1340 年前后，并于16 世纪得到广泛普及。它的产生是核算记录技术发展的结果，是在会计人员希望创造一种自动检查记录的方法的要求下产生的，该方法的关键是引入了资本账户及货币计量假设。③ 具体来讲，复式记账法是指，每一笔业务事项或交易都必须用同一个金额在两个或两个以上有关账户中进行有联系的分类记录，按照借方或贷方进行记录，并保证同一笔业务事项在相关账户中的计算结果都能保持一致，即达到试算平衡。如果说13 世纪是复式记账法产生的第一个世纪，最初主要用于国民经济核算领域，那么随着社会的发展，该方法逐渐被推广到银行业、国家组织机构等领域和部门，直到今天发展为通用的基本账户记录方法。复式记账法在政府中使用，为政府科学和准确地记录公共财物的收支信息，明确借贷关系或债权、债务关系及数额奠定了坚实的基础。

（三）公共责任与会计发展

17—18 世纪，委托—代理关系及相关理论开始反映在政府会计中，这

---

① ［美］迈克尔·查特菲尔德：《会计思想史》，见许家林主编《西方会计学名著导读》，中国财政经济出版社2004 年版，第4 页。

② 同上书，第3 页。

③ ［荷兰］O. 腾·海渥：《会计史》，见许家林主编《西方会计学名著导读》，中国财政经济出版社2004 年版，第33 页。

种变化主要受中世纪初期英国封建制度的影响。① 中世纪初期，随着英国封建社会等级制的不断发展，土地所有权和实际使用权之间的界限越来越明晰，从而产生了主人和代理人之间的代理关系。② 与此同时，英国王室和早期政府的正常运转，也越来越多地依赖于受封者或代理人交纳的税款。于是，如何更有效、更清晰地反映这种关系，成为推动政府会计发展的重要原因之一。为了帮助王室管理征税收入和支出，早期政府内部逐渐形成了一些主管这些工作的国家部门，比如设有上下院的税务法庭：下院负责收支，成为财务主管部门；上院批准预算，称为国王评议会。③ 这种部门的设立充分体现了现代政府会计的思想基础，即会计信息必须能够充分反映委托—代理关系。然而，英国早期的这种初步体现委托—代理关系的政府会计制度，主要目的还是为了维护王室的利益，为了监督受封各州或领主按时向王室交纳税负，并接受王室对其支出的审查。随着商业的发展和资本的扩张，从17世纪开始，欧洲各国展开了各种宪政革命，王室和新兴资产阶级之间的斗争一直延续到19世纪中叶，直到代议制政治制度和公民权利在欧洲实现共识才真正结束。④ 这个时候，委托—代理的理念更明确地使用于公民与代议制政府之间的关系上，于是政府会计作为记录和反映政府收支情况和活动内容的工具，逐渐成为委托人（公民）监督代理人（政府）的媒介。政府或公共部门也被要求承担政治、管理和法律三个领域的相关责任。具体内容见下表19–1。⑤

---

① [美] 埃尔登·S. 亨德里克森：《会计理论》，见许家林主编《西方会计学名著导读》，中国财政经济出版社2004年版，第131页。

② 同上书，第5页。

③ 同上书，第5页。

④ 陈乐民、周弘：《欧洲文明的进程》，三联书店2003年版，第208、311页。

⑤ [英] 约翰·J. 格林：《公共部门财务管理》，杨世伟译，经济管理出版社2002年版，第20页。在此译本中，"accountability"一词被译成"责任"，不过，应译成"问责"。在此，为忠实引用本，未改动。

表19-1 公共部门责任的内涵

类别	再分类	
1. 政治责任	(1) 宪法责任	议会制度的特性
	(2) 分权责任	控制权和责任的转移,如向地方权威机构的转移
	(3) 咨询责任	受益方和压力集团的参与
2. 管理责任	(1) 商业责任	公共组织,其资金来源于使用者缴费而不是来源于预算拨款
	(2) 资源管理责任	采纳将会提高非商业团体效率和效益的管理惯例
	(3) 职业责任	公共部门雇用的职业团体的自我调节
3. 法律责任	(1) 司法责任	在受伤害的个人的鼓动下执行行为的评价,决议不应当超过法定的权限
	(2) 准司法责任	行政处理权的控制,如通过检查裁决
	(3) 诉讼责任	由一个外部的代理人,通常是由一个国会民间案情调查委员会所做的评论

资料来源:[英]约翰·J. 格林:《公共部门财务管理》,杨世伟译,经济管理出版社2002年版,第145页。

根据格林以上分析,现代政府的政治责任,主要体现在向议会、利益团体和承担分权责任的地方政府负责,这也意味着,政府必须向这些相关利益群体汇报受托责任的完成情况,为决策者提供充分的信息,以保证决策的科学与合理,实现有限资源的优化配置和组织管理。现代政府的管理责任,主要通过提高公共资金使用效率、效益、效果,以及改善政府内部人事管理等方面体现出来。这些都会对政府执行公共政策的实际效果产生影响。另外,美国联邦会计准则顾问委员会认为[1],政府应该承担的受托责任可以分为五个层次或类型(表19-2):

---

[1] 美国联邦会计准则顾问委员会编:《美国联邦政府财务会计概念与准则公告》,陈工孟等译,人民出版社2004年版。

表 19 – 2　公共部门的责任类型

层次	类型	内容
第一层次	政策责任	继续或放弃某政策的选择（价值）
第二层次	项目责任	确立及实现目标（结果）
第三层次	绩效责任	有效率地运作（效率性和经济性）
第四层次	过程责任	在执行需要的活动时采用足够的过程、程序或方法（计划、分配和管理）
第五层次	廉洁、守法的责任	按照批准的预算和/或批准的项目使用资金（符合性）

资料来源：美国联邦会计准则顾问委员会编：《美国联邦政府财务会计概念与准则公告》，2004 年，第 17 页。

事实上，现代政府需要用一种现代的财务计量和报告方法，将注意力集中于提供有价值的信息，而不仅仅关注于是否与已建立的程序相符等简单问题。[①] 现代政府会计就是利用账户来记录政府活动，最终目标是为了产生财务报表，向公众及相关利益群体提供必要的财务信息，保证受托任务的顺利完成。政府会计信息的使用者：一是资源提供者，如纳税人、服务费交款者、捐赠人等；二是立法机关和监督机构；三是上级主管机关和主管部门；四是其他相关人员，如分析家、新闻评论机构等。[②] 换句话说，政府会计通过记录财务数据来反映政府活动和交易行为，并利用不同的账户将政府行为进行分类，通过复式记账法实现相同信息在不同账户中的反应，从而实现数据之间的相互印证，最后通过财务报表的形式将所有信息反映出来。在这个过程中，政府会计记录下拨款、分配、应付款、实际付款和商品与劳务的交付等阶段的财务信息。[③] 因此，良好的政府会计可以帮助政府履行一些重要的职责：一是对财务资源的责任；二是遵守或坚持法律要求和行政政策的责

---

① [英] 约翰·J. 格林：《公共部门财务管理》，杨世伟译，经济管理出版社 2002 年版，第 51 页。
② 张雪芬：《政府会计发展与对策》，中国时代经济出版社 2006 年版，第 73 页。
③ [美] A. 普雷姆詹德：《有效政府会计》，应春子等译，中国金融出版社 1996 年版，第 50 页。

任;三是以高效、经济方式运营的责任;四是对政府项目和活动的结果应承担的责任,这可以通过完成情况、效果和效益来反映。①

二、四大会计模式与政府会计

会计有着悠久的发展历史,但是这个过程相当漫长,并且进度缓慢。尽管政府会计的本质与私营部门会计的本质完全不同,但是,政府主体采用企业会计处理方法的历史很久远。② 所以,各国企业会计的主要特点和模式直接影响政府会计及其处理方法的发展。

会计最早从商业活动中衍生、发展出来,为商业活动服务;随后因受工业、银行业发展的影响,开始不断吸纳新的计量内容和计算方法;会计在为企业和营利组织服务的过程中,逐渐演变成为一种记录信息、改进决策、提高管理的有效工具。所以,影响会计发展的主要因素是经济环境,如贸易、融资和公司的发展等;同时,军事、政治、文学、艺术等方面的发展也对会计体系的演变产生影响。③ 如果说复式记账法的产生和扩展是古代会计与现代会计的分水岭,那么现代政府会计的产生也以此为主要标志。19 世纪公司形式的产生和迅速发展,尤其是股份制公司的出现,不仅进一步推动了现代会计的发展,而且促使公众更多地关注委托—代理关系和相关的财务信息。20 世纪 80 年代,这种对商业活动中对委托—代理关系的普遍关注,逐渐扩展到对政府责任的关注,从而将政府会计及其准则的制定和发展推向了新的高潮。④ 因此,政府会计与其他实体会计相比,既具备会计的共性,又存在独特之处。政府会计必须遵从法律或准则的规定,记录其要求的内容和信息,并对相关信息进行分类;同时又必须考虑政府行为的公共性和非营

---

① 美国联邦会计准则顾问委员会编:《美国联邦政府财务会计概念与准则公告》,陈工孟等译,人民出版社 2004 年版,第 18 页。

② 财政部会计司编著:《欧洲政府会计与预算改革》,东北财经大学出版社 2005 年版,第 97 页。

③ [美] A. C. 利特尔顿:《会计理论结构》,见许家林主编《西方会计学名著导读》,中国财政经济出版社 2004 年版,第 89 页。

④ 陈立奇、李建发:《国际政府会计准则及其发展评述》,《会计研究》2003 年第 9 期,第 94—97 页。

利性。

一般来说，西方国家会计，尤其是企业会计主要分为四种类型，它们分别是盎格鲁—萨克逊会计、北欧地区以及荷兰会计、受日耳曼文化影响的德国会计、拉丁语系法国会计（表19-3）。[1] 这种分类主要以三方面为依据，一是对得到有效信息所持有的态度；二是披露信息的透明度、广泛度和开放程度；三是会计准则的法律化程度[2]。

表19-3 主要会计模式及其特点

	主要国家	信心度	透明度	准则的法规化程度	代表国家
盎格鲁—萨克逊会计	英国、美国、澳大利亚、加拿大、印度、爱尔兰、马来西亚、新加坡等国家	比较乐观	较高**	最早立法并确立"真实与公允"的会计基本原则	英国、美国
北欧会计	荷兰、丹麦、挪威、瑞典和芬兰等国家	比较乐观	较高*	20世纪70年代以前，没有明确的会计准则	荷兰
日耳曼会计	德国、奥地利、以色列、瑞士等国家	比较保守	较低**	会计准则由法律规定并受法律严格约束，准则制定不具备独立性	德国
拉丁会计	法国、比利时、阿根廷、巴西、西班牙和意大利等国家	比较保守	较高**	会计准则由法律规定并受法律严格约束，准则制定不具备独立性	法国

注：*数量表示程度高低，数量越多，程度越高。
资料来源：王松年主编：《国际会计前沿》，上海财经大学出版社2001年版，第44—86页。作者作了部分总结归纳。

---

[1] 王松年主编：《国际会计前沿》，上海财经大学出版社2001年版，第44—86页。
[2] 根据如下文献中的分类进行整理：王松年主编：《国际会计前沿》，上海财经大学出版社2001年版，第44—86页。

三、政府会计准则

政府会计的主要功能就是为利益相关各方提供及时、充分、可靠的财务信息和数据。因此，这些信息无论是外部的还是内部的，都应当具有客观性。从某一个角度来看，信息客观性依赖于会计准则的建立。[①] 一般的，政府会计准则要求政府公正地陈述和充分地披露财务状况，显示政府的公共受托责任，为政府会计主体提供一个公用标准，以保证会计信息的一致性、规范性和准确性。[②]

（一）国际公共部门会计准则[③]

政府会计准则应遵循公共部门会计准则的基本要求。各国政府会计准则的制定和执行主要受国际公共部门委员会的监督，其基本内容不得与国际公共部门会计准则相背离。公共部门委员会（PSC）是国际会计师联合会理事会成立的，旨在全世界协调一致的基础上解决公共部门财务报告、会计和审计所涉及的需求的常设委员会。[④] 委员会是制定国际公共部门会计准则的综合性机构，它的目标是制定旨在改进公共部门财务管理和受托责任的计划，包括制定会计准则并促进其被认可。[⑤] 到目前为止，公共部门委员会发布了20项基于权责发生制的国际公共部门会计准则，并将发布1项基于收付实现制的综合性国际公共部门会计准则。通常地，国际公共部门会计准则被视为代表在公共部门主体财务报告领域的国际最佳实务。在许多国家，应用国

[①] [英] 约翰·J. 格林：《公共部门财务管理》，杨世伟译，经济管理出版社2002年版，第33页。

[②] [美] 唐艾伦：《公共受托责任和政府财政报告》，见陈小悦、陈立齐主编：《政府预算与会计改革——中国与西方国家模式》，中信出版社2002年版，第3页。

[③] 根据国际会计师联合会的解释，此处的术语"公共部门"，指国家政府、地区性（如州、省、管区）政府、地方（例如，市、镇）政府和相关的政府主体（例如，政府机构、理事会、委员会和政府企业）。

[④] 国际会计师联合会：《国际公共部门会计文告手册（2003）》，东北财经大学出版社2004年版，第9页。

[⑤] 同上书，第15页。

际公共部门会计准则的规定都有助于改进政府及其机构的受托责任,提高他们编制的财务报告的透明度。[1]

国际公共部门会计准则主要推动权责发生制改革,以及要求提供整个政府层面的财务报告。尽管国际公共部门会计准则的发布,有助于推动各国政府会计的改革和规范,也有利于在政府部门内部强调财经纪律、诚信,以及推动政府行为更加高效。但是,该准则在最初设立的时候仍然受到国际会计准则委员会企业会计准则的影响。另外,国际公共部门会计准则对各国政府会计准则的实际指导效果也有待考察。通常地,它对英语系国家的影响会比较大,尤其那些设立了独立委员会的国家更容易接受该准则的要求,比如英国、美国等。

(二) 各国政府会计规范及会计准则的基本内容

尽管存在国际公共部门会计准则,但是各国通常还是根据自己国家的情况制定适合本国的会计规范和准则,并且在规范和准则的层次,制定的方式,以及具体表现形式等方面都不完全相同。从强制实施的国家法律到自愿执行的建议都可作为会计标准和规则采用的形式或工具。[2] 具体见下表19-4:

表 19-4 会计规范的层次

约束力特点	工具	机构
强制实施	国家法律	议会
	行政法规	内阁/部长
	行政规章	部门
自愿执行	指令、指示	部门
	建议、指导	部门、政府内部团体或政府外部团体

资料来源:财政部会计司编著:《欧洲政府会计与预算改革》,东北财经大学出版社2005年版,第22页。

---

[1] 国际会计师联合会:《国际公共部门会计文告手册(2003)》,东北财经大学出版社2004年版,第5页。

[2] 财政部会计司编著:《欧洲政府会计与预算改革》,东北财经大学出版社2005年版,第22页。

从西方国家政府会计准则及其制定委员会成立的时间来看,它们往往晚于私营部门,并受到私营部门会计准则和模式的影响。[①] 各国政府会计准则的制定方式不完全相同,有些国家受外界独立会计准则委员会的约束,比如英国、美国等;而有些国家则不受这种委员会的约束,比如德国。另外,各国对财务报告的内容和要求也不完全相同(表19-5)。

表19-5 西方国家会计准则的主要内容

国家	财政部门	会计准则委员会	财务报告	会计和审计职业团体
英国	各级政府财政部门有权制定政府会计准则,但是必须受独立的会计职业团体及其相关准则的约束	会计准则委员会(ASB):独立的、受法律授权的机构;负责颁布公司会计准则;对财政部门颁布的政府会计准则具有约束作用	独立的财务报告咨询委员会(FRAB),为报告准则和标准提供建议	存在独立的会计职业团体,专为各级政府会计准则的制定和内容提供建议
美国	无权制定会计准则	政府会计准则委员会(GASB)和联邦会计准则顾问委员会(FASAB);均有法定权力,分别为州和地方政府以及联邦政府制定会计政策	联邦财务报告必须能满足政府内部和外部信息使用者的需求;政府财务报告主要用于满足政府外部信息使用者的需求	对政府会计准则制定和执行具有比较大的影响力
德国	中央政府财政部长负责中央政府准则制定;地方当局内政部长负责各地政府会计准则的制定。制定准则的权力由法律授权	对政府会计准则的制定不具有约束力	财务报告并不涵盖各级政府所有内容	独立审计机构负责审查各级政府的财政管理状况,是主要的顾问机构,受基本法和州宪法保护;享有司法独立

[①] 王松年主编:《国际会计前沿》,上海财经大学出版社2001年版,第44—86页。

(续表)

国家	财政部门	会计准则委员会	财务报告	会计和审计职业团体
法国	2001年以前，财政部门负责制定准则，报委员会审批通过；2001年后，财政部门不再负责制定准则的工作。	成立于2001年8月1日，独立的会计准则委员会为全国公共部门制定会计准则		不涉足公共部门会计领域

资料来源：根据如下文献总结和整理：财政部会计司编著：《欧洲政府会计与预算改革》，东北财经大学出版社2005年版，第126—130，229—230，746—755页。美国联邦会计准则顾问委员会编：《美国联邦政府财务会计概念与准则公告》，陈工孟等译，人民出版社2004年版。

现在详细分析美国三个会计准则制定委员会的历史、特点和职责，以帮助我们更清楚地了解政府会计准则受私营部门会计准则影响的历程。财务会计准则委员会（FASB：Financial Accounting Standards Board），成立于1973年，是第一个独立的、职业化的会计准则委员会，目标是为商业和非营利性组织等私人部门制定会计准则。1984年，政府会计准则委员会（GASB：Governmental Accounting Standards Board）成立，它主要为50个州和87 000个地方政府制定会计准则。从80年代末，各州开始接受GASB制定的准则，主要原因是受到资本市场的鼓励和要求。[①] 州和地方政府不得不向资本市场融资，那就必须向债权人等其他利益相关者公布必要的财务信息；另一方面，政府财务官员也希望通过适时公布标准的财务信息，遵循公认的准则，向纳税人和上级领导展示良好的印象，并取得信任。1990年，联邦会计准则顾问委员会（FASAB：Federal Accounting Standards Advisory Board）成立，主要职责是为联邦政府推荐会计准则。美国是一个具有多层级和不同类型会计准则委员会的国家之一。一方面是因为私营部门的会计准则不能够完全适用于公共部门；另一方面，美国联邦制使得联邦政府缺乏对州和地方政府的

---

① ［美］陈立奇：《美国政府会计准则研究：对中国政府会计改革的启示》，陈穗红、石英华译，中国财政经济出版社2009年版，第35—37页。

管辖权，所以完全统一的政府会计准则是比较难以建立的。但是，由于对政府问责的观念不断强化，同时又必须加强对各级政府的问责力度，所以，为各级政府分别建立不同于私营部门的会计准则，就显得非常必要。

四、政府会计基础及会计模式演变

政府会计基础是会计实务工作中的准则。它主要规定了应该将什么样的信息记录和反映给相关人员，包括决策者、公民和相关利益群体。会计基础主要包括两类：一是收付实现制或现金制；二是权责发生制或应计制。收付实现制或现金制的假设前提是，商品和服务已交付并且正在清偿相关的负债，因此，只有当现金实际收到或支出时才作记录。相反，权责发生制或应计制的假设前提是，在记录负债时正在进行负债的融资安排①，因此，只要业务事项已经发生，不论是否同时发生现金收入或者支出，都必须记录在相关账户中。国际会计师联合会给权责发生制所下定义如下②：

> 权责发生制，指在交易和其他事项发生（不仅是收到或支付现金或现金等价物）时予以确认的会计基础。因此，交易和事项应当记入相关期间的会计记录并在相关期间的财务报表中确认。权责发生制下确认的要素是资产、负债、净资产/权益、收入和费用。③

20世纪70年代初开始，各国各级政府开始逐渐推动会计基础的改革，即将权责发生制循序渐进地引入习惯于收付实现制的政府会计实务工作中。事实上，20世纪70年代以前，人们还没有意识要给权责发生制会计下一个

---

① ［美］A. 普雷姆詹德：《有效政府会计》，应春子等译，中国金融出版社1996年版，第56页。

② 国际会计师联合会（IFAC）成立于1977年，它是会计职业界的世界性组织，旨在以协调的准则发展和提高会计职业界，使之能够本着公众利益提供始终如一的高质量服务。工作内容之一是，制定有关审计和鉴证服务、职业道德、职业教育和公共部门会计的国际准则。（引自《国际公共部门会计文告手册（2003）》，第4页）

③ 国际会计师联合会：《国际公共部门会计文告手册（2003）》，东北财经大学出版社2004年版，第23页。

精确的定义，因为它只是一种处理会计实务的方法之一。直到 1971 年，英国专业会计团体才决定规范权责发生制会计的定义，该定义强调在取得收入的基础上确认收入和在成本发生的基础上计量成本（而不是货币资金的收得和支付），并强调成本发生和收入取得的期间配比，同时该定义还允许实施不同程度的权责发生制会计。[1]

（一）为什么引入权责发生制？

20 世纪 70 年代之前，西方国家政府会计普遍使用收付实现制或现金制。但是，收付实现制或现金制不能够充分和有效地反应政府的短期、中期和长期负债；不能够及时反映已经发生的业务；或者因为存在歪曲财政决策的情况，收付实现制反而可能会要求立法机关给已经发生的开支款项提供形式上的批准程序。[2] 基于此，政府会计被要求引入权责发生制或应计制会计处理方法，以期尽可能避免收付实现制的缺陷，及其引发的各类问题。引入权责发生制会计，有助于决策制定者了解更长期的交易情况和信息，以及所有政府服务和项目的全部成本——既包括现金支出成本，也包括实物资产成本，这样可以帮助决策者决定应提供哪些服务，哪些服务应该承包给私人供应商。[3] 总之，政府会计以权责发生制为基础，有利于全面掌握政府资产和负债情况，并为评价政府政策执行的绩效提供比较全面的财务信息。

（二）各国权责发生制会计改革的进程

按照普雷姆詹德的观点，没有哪个国家实行完全的一种会计制度，从理论上来讲也没有必要完全偏废哪一种记账会计形式，而应同时利用两者的优势。[4] 所以，尽管收付实现制方法存在诸多不足，但从现实出发，很多西方国家并没有用权责发生制完全替代收付实现制。相反，更多国家正在尝试如

---

[1] 财政部会计司编著：《欧洲政府会计与预算改革》，东北财经大学出版社 2005 年版，第 9 页。
[2] ［美］A. 普雷姆詹德：《有效政府会计》，应春子等译，中国金融出版社 1996 年版，第 55 页。
[3] 同上。
[4] 同上书，第 56 页。

何将两者更好地结合运用,实现优势互补。

西方国家在引入权责发生制,推动政府会计改革的过程中,进度并不完全相同(表 19-6)。即使在各国内部,中央政府与地方政府推动改革的时间进程也不完全一致。一般来看,地方政府推动改革的时间通常会比中央政府早,或者至少两者在同一时间推动改革。

表 19-6 权责发生制会计改革阶段

	20 世纪 70 至 80 年代	20 世纪 90 年代	2000 年后	还没开始
地方政府	瑞士、荷兰、瑞典	西班牙、法国、芬兰、英国、澳大利亚	意大利、德国	
中央政府	新西兰、美国	西班牙、芬兰、瑞典、英国、澳大利亚	瑞士、法国、欧盟委员会	德国、意大利、荷兰

资料来源:据以下文献整理:财政部会计司编著:《欧洲政府会计与预算改革》,东北财经大学出版社 2005 年版,第 9 页。楼继伟主编:《政府预算与会计的未来——权责发生制改革纵览与探索》,中国时政经济出版社 2001 年版,第 209,252 页。徐玉德:《政府会计管理与改革的国际经验及启示》,《财务与会计》2007 年第 23 期,第 47—49 页。张璇、赵惠芳:《政府预算会计权责发生制改革的进程研究》,《会计之友》2007 年第 10 期,第 22—23 页。

从 20 世纪 70 年代至 21 世纪初期,是西方国家推动权责发生制会计改革最活跃也是最有成效的一段时期。1987 年,新西兰率先推动改革,明确政府各部门必须实行权责发生制会计和报告。[①] 并且,新西兰也是第一个在会计核算、财务报告和预算编制等环节全面实施权责发生制的国家,其改革在西方国家引起广泛的关注。[②] 随后,大多数欧洲国家的中央政府和地方政府都经历了从提出想法、建立概念、探索试验、建立标准到全面实施的改革阶段。从中央政府的改革来看,西班牙率先改变中央政府会计系统,时间早在 1996 年;20 世纪 90 年代,瑞典和英国的改革走在所有欧洲国家的前列,

---

① 陈良忠:《政府会计核算基础变革的国际趋势及借鉴》,《财务会计(A 会计)》2004 年第 3 期,第 17 页。

② 张璇、赵惠芳:《政府预算会计权责发生制改革的进程研究》,《会计之友》2007 年第 10 期,第 22—23 页。姚宝燕:《基于绩效治理的权责发生制政府会计改革问题研究》(博士学位论文),厦门大学,2008 年,第 38 页。

将权责发生制会计推向政府部门和整体政府两个层面。① 表19-7列示了英国政府推动权责发生制会计改革的时间表。法国的改革紧随其后,而德国和意大利中央政府的改革都比较晚。② 20 世纪 80 年代,美国政府会计准则委员会(GASB)开始致力于推动州和地方政府在政府会计领域的改革,希望将政府会计的基础从收付实现制逐渐过渡到权责发生制。③ 同时,美国联邦政府从 80 年代中期,也开始在个别的联邦政府财务项目中尝试使用权责发生制方法确认项目成本。④

表19-7 英国政府引进权责发生制基础的预算和会计系统的具体时间表

时间	改革进程
1993 年 11 月	发布公告,将实施权责发生制会计
1994 年 7 月	财政部开始公开征求意见(财政部,1994)
1995 年 7 月	财政部发布政策与项目公告(财政部,1995)
1997 年	中央政府资产登记公告(不包括金融资产价值)
2000 年 7 月	国会通过建立权责发生制会计的法案(不是微观预算)
2000 年 7 月	财政部通过权责发生制(和收付实现制)基础的三年期微观滚动预算(2001/02—2003/04)
2000 年 11 月	财政部第一次发布包括权责发生制微观预算的 2001—2002 财政年度宏观预算
2001 年 1 月	公布传统的收付实现制基础的财务报告(包括预算与实际的对比)
2001 年 1 月	各部门公布权责发生制基础的微观会计报表(不包括预算与实际的对比)
2001 年 3 月	财政部第二次公布包括权责发生制微观预算的 2001—2002 财政年度宏观预算

---

① 财政部会计司编著:《欧洲政府会计与预算改革》,东北财经大学出版社 2005 年版,第 8,31 页。
② 同上书,第 32—33 页。
③ 姚宝燕:《基于绩效治理的权责发生制政府会计改革问题研究》(博士学位论文),厦门大学,2008 年,第 7 页。
④ 张璇、赵惠芳:《政府预算会计权责发生制改革的进程研究》,《会计之友》2007 年第 10 期,第 22—23 页。

(续表)

时间	改革进程
2001年4月	各部门公布2001—2002财政年度的权责发生制基础的微观预算
2001年	中央政府资产登记公告（包括金融资产价值，截止到2000年3月31日）
2002年1月	各部门公布2000—2001财政年度权责发生制基础的微观会计报表（不包括正式的预算与实际的对比）
2003年1月	各部门公布2001—2002财政年度权责发生制基础的微观会计报表（包括预算和实际的对比）
日期待定	公布2003—2004财政年度权责发生制基础的整体中央政府的合并会计报表
时间	改革进程
日期待定	公布2005—2006财政年度权责发生制基础的整体公共部门的合并会计报表

资料来源：财政部会计司编著：《欧洲政府会计与预算改革》，东北财经大学出版社2005年版，第756页。

专栏19-1 新西兰权责发生制政府预算与会计改革

新西兰是OECD国家中最早推动权责发生制政府预算会计改革的国家，其改革模式被称为典型的"立法推动模式"。新西兰的改革始于20世纪80年代末和90年代初，其间颁布了五部重要法案。

1988年，新西兰颁布了《国有部门法案》，宣布彻底变革政府部门的财务管理方式。1989年，《公共财政法案》获得通过，其中该法案强调各政府部门需要按照一般公认会计原则以权责发生制基础编制年度和半年度财务报表，这标志着新西兰政府部门开始真正步入权责发生制为基础的会计改革进程。1933年，新西兰颁布了《财务报告法案》，该法案进一步明确了政府会计报告应遵循一般共认会计原则，从而通过正式的法律形式确定了"权责发生制"在政府会计中的合法地位。同年，新西兰中央政府提交了第一份完全合并的中央政府财务报表。1994年，《财政责任法案》获得通过，新西兰政府编制了第一份以权责发生制为基础的、整体的政府预算。

新西兰的权责发生制政府预算与会计改革，从政策制定到全面实施，经历了近七年时间。从1989年要求各部门推动权责发生制预算会计改革的《公共财政法》颁布以来，45个部门中绝大多数在一年内就成功实现了转型。1991年12月，新西兰政府整体的财务报告正式转为权责发生制为基础。1994年，第一份以权责发生制为基础的整体的政府预算的公布，标志着新西兰政府整个财务管理系统成功完成了以权责发生制为基础的改革。

资料来源：楼继伟主编：《政府预算与会计的未来——权责发生制改革纵览与探索》，中国财政经济出版社2001年版，第209—216页。徐玉德：《政府会计管理与改革的国际经验及启示》，《财务与会计》2007年第23期，第47—49页。

（三）政府会计四类模式

随着权责发生制被引入政府会计，它逐渐成为各国政府主要会计基础。与此同时，由于收付实现制政府会计在现实中还有其实际价值，在某些会计实务的处理方面还比较容易操作，加上政府会计完全改为权责发生制为基础的难度还比较大。所以，根据执行力度，目前西方国家的政府会计出现了四种主要的模式：完全的收付实现制，修订的收付实现制，修订的权责发生制，完全的权责发生制。见下表19-8。

表19-8 政府会计的四大模式

政府会计模式	主要特点	国家
完全的权责发生制会计	对披露信息的作用比较乐观；提交以权责发生制为基础的会计报告；编制权责发生制的部门预算等	英国（包括中央政府和地方政府）、新西兰、澳大利亚、加拿大等
修订的权责发生制	对披露信息的作用比较乐观；特别关注外部信息使用者的需求	美国、法国等

（续表）

政府会计模式	主要特点	国家
修订的收付实现制	对披露信息的作用比较保守	德国地方政府等
完全的收付实现制	对披露信息的作用比较保守	德国中央政府

资料来源：根据以下文献归纳整理：财政部会计司编著：《欧洲政府会计与预算改革》，东北财经大学出版社2005年版。么冬梅：《中外政府会计的比较研究》，《学习与探索》2006年第3期，第231—233页。

五、政府财务报告

预算执行中和预算执行的最后阶段，大多数国家的政府通常都要编制政府财务报告。各国一般都采用政府财务报告的形式向议会、利益相关者、公众等提供政府财务及预算执行的信息。审计机构也要对政府的财务报告和预算执行情况进行审计。在预算年度末或年中编制政府财务报告的主要目的是为各种使用报告的机构或个人提供详细和有价值的信息。不过，有一些国家，例如中国，并未采用政府财务报告制度。[①] 在预算制度发达的国家，政府财政报告可以有年度报告和中期报告。年度报告一般对外的。它向纳税人说明收入是如何用于提供各种服务，向债券人和投资者提供关于政府财务状况的信息以帮助他们判断是否可以购买某个政府债券。地方政府的年度报告还有助于企业选址或扩大现有设备投资等。中期报告以及短期报告（例如日、周报告）主要用于内部目的，即用于监督预算执行和预测哪些部门在财务年度中可能没有足够的资金来运行它们的项目。[②]

政府财务报告的使用者主要包括：

（1）立法机构及其他管理机构。这些机构需要利用政府财务报告来评

[①] 楼继伟主编：《政府预算与会计的未来——权责发生制改革纵览与探索》，中国财政经济出版社2001年版，第138页。

[②] ［美］罗伯特·D. 李、罗纳德·约翰逊：《公共预算系统》，曹峰、慕玲、张玉坤译，清华大学出版社2002年版，第340页。

估政府对资源的管理、政府预算执行与立法机构批准的预算的一致性、政府的财务状况和绩效。

(2) 公众。公众包括纳税人、选民、具体的利益集团以及政府供给的产品或服务的接受者。从根本上讲,他们主要是纳税人。他们需要政府财务报告来了解政府在当前和以前的预算年度是如何使用资金的,政府是否将征收的税收用于公共产品和服务的供给。

(3) 投资者和债权人。由于各国政府都发行债券来筹集收入,因此,政府债券的投资者和其他债权人有权了解政府的财务状况,以帮助他们评估政府能否在债券到期时及时偿还债务。

(4) 评估机构。许多国家的政府都在国内和国际资本市场上发行债券和其他金融工具来进行融资。为了方便投资,许多国家的评估机构都运用标准的评估体系对政府的资信进行评估。这些评估机构都需要政府财务报告来评估政府管理债务的能力和到期偿还债务的能力。他们需要了解政府其他债务的性质、程度、政府资产规模和状况、政府当前和未来的开支以及政府的税收能力。

(5) 其他政府和国际组织。这些使用者对于政府财务报告的需求与投资者和债权人一样。不过,由于他们的投资主要用于某一具体的项目,所以,他们主要要求提供与协议条款是否相符的信息和与项目直接相关的业绩方面的信息。国际组织一般关心各国的政府财务报告的可比性和完整的信息披露。

(6) 上级部门。上级部门一般是内部使用者,可以获得更加详细的内部报告。但是,一般性的对外财务报告也可以为之提供有用的信息。①

虽然不同的使用者对于政府财务报告的需求不同,但是,他们一般都需要政府财务报告来帮助他们评估收入来源与类型,评估资金的分配和使用,评估收入弥补营运成本的程度、预测现金流量和未来现金的调度和数量以及借款需求,评估政府对长短期债务的偿还能力,评估政府和公立单位主体的总体财务状况,评估政府和公立单位主体的资产状况、评估政府或其他的公立部门的财务业绩,评估政府在认购期权和优先权方面的开支,评估政府的

---

① 以上参见楼继伟主编:《政府预算与会计的未来——权责发生制改革纵览与探索》,中国财政经济出版社 2001 年版,第 139—140 页。

资源使用是否和批准的预算以及其他立法及相关授权例如法律与合同的条款相一致，评估政府或其他主体对资源进行监管和维护的能力等。① 根据会计师国际联合会的《公立单位委员会研究报告第 1 号—中央政府财务报告》的表述，政府财务报告的目标是阐明政府或其下属主体对财务事物和托管资源的责任，从而为决策者提供以下信息②：

- 指出是否取得并根据法定预算使用资源；
- 指出是否取得并根据法律和合约的要求（包括适当的立法机关制定的财务限制）有效地使用资源；
- 提供关于资源、配置及财务资源的使用等信息；
- 提供关于政府或其下属主体如何为其活动提供资金和满足现金需求的信息；
- 提供在评价政府或其下属主体为其活动提供资金和偿还债务及履行责任的能力方面的信息；
- 提供政府或其下属主体财务状况及变化情况方面的信息；
- 提供在评估政府或其下属主体业绩方面有用的信息，该业绩是根据服务成本、效率和业绩来确定的。

政府财务报告的具有这样一些特征：（1）它是财务报告，难以量化的项目不纳入财务报表，但是可以作为附加信息在财务报告中披露。（2）它提供关于编制报告主体的信息，报告主体可能是各级政府部门或某一类型的所有政府机构，它侧重于政府机构或某一具体类别的政府的活动。至于整个政府部门和国民经济的财务信息是由政府金融统计体系和国民账户体系（或其他相同的地方性体系）汇集。（3）它提供的是财务业绩方面的信息而不是服务业绩方面的信息。（4）它是对外报告而不是对内报告。（5）政府财务报告使用的会计基础可能与编制预算文件或报告的会计基础不同，两者

---

① 楼继伟主编：《政府预算与会计的未来——权责发生制改革纵览与探索》，中国财政经济出版社 2001 年版，第 140 页。

② 同上书，第 142 页。

之间使用的会计原则也可能不同。(6) 政府财务报告描述的是过去事件的影响。也就是说，它主要是提供报告期内财政交易和事项对主体的财务业绩和财务状况的影响。(7) 与预算和拨款是否保持一致的符合性报告可以纳入政府财务报告，也可以单独发表。①

政府财务报告一般包括一些重要的财务报表与统计数据。例如，美国政府会计标准委员会的综合年度财务报告包括三部分：序言、财务报表和统计数据。由于美国政府广泛采用基金制，因此，每一种基金都要提供不同类型的报表。在统计数据部分，各种表格提供了与前期财务报告结合在一起的趋势数据，例如，按照来源列出了最近 10 年的总收入数据。在财务报告中，最普通的财务报表是资产负债表，它提供了关于政府财务状况在某一时点的描述。另外一个重要的报表是营业报表，它反映在一个特定时期内收到和支出的资金。在美国州和地方政府称为"收入、支出和基金余额变动表"。现金流量表也是一个非常重要的财务报表，包括现金和现金等价物（短期投资，如短期国库券）。它反映了现金的流入和流出某一项基金如何影响一个实体的经营。除了这三个基础性的报表外，美国的联邦和地方政府还公布其他重要的财务报告（例如对证券的信息披露）。根据美国政府财务长协会的要求，当政府发行债券和其他证券时，它应提供各种信息以帮助未来的购买者明白什么是以证券背书方式销售要提供的收益以及所要承担的风险。②

六、预算会计

政府会计的部分职责是记录有关预算分配、预算执行等财务信息，并为评价预算执行结果提供可比数据。所以，这部分服务于预算预算编制和预算控制的职能，可以被称为预算会计。③ 政府的财务收支活动要受到预算的控

---

① 楼继伟主编：《政府预算与会计的未来——权责发生制改革纵览与探索》，中国财政经济出版社 2001 年版，第 141—142 页。

② ［美］罗伯特·D. 李、罗纳德·约翰逊：《公共预算系统》，曹峰、慕玲、张玉坤译，清华大学出版社 2002 年版，第 340—344 页。

③ 财政部会计司编著：《欧洲政府会计与预算改革》，东北财经大学出版社 2005 年版，第 18 页。

制，而预算控制是政府会计确认、计量和报告的基本要求，但也可以当作政府会计的基本前提。因为政府会计中有关预算会计是以经法律程序批准的预算作为基本依据的，而基本依据就是基本前提。①

在美国，政府预算是财务资源和政府绩效管理的基础，它为政府及其行政管理部门和机构进行年度财务管理奠定了基础。实际的预算估计数由联邦议会形成法律，对政府管理起到约束作用。预算的内容显示了联邦或州政府需要完成的财务指标。② 在英国，中央政府的预算管理和会计系统有着密切的联系，因此，预算管理和会计的大多数原则和实务指导是相同的③，会计处理和财务报告的许多原则都是预算原则。英国中央政府的预算和会计有年度型和三年期型两种循环：年度型预算和会计主要记录中央政府的当年支出项目；三年期型预算和会计主要处理中央政府跨年度的支出项目。④

---

① 张雪芬：《政府会计发展与对策》，中国时代经济出版社2006年版，第71页。
② 财政部会计司编著：《欧洲政府会计与预算改革》，东北财经大学出版社2005年版，第230页。
③ 同上。
④ 同上书，第762、763页。

第 二 十 章

政府审计

> 审计是对数据的合法、真实、可靠性进行分析与评价的过程，并且是一个完全独立的过程，它主要由完全独立的审计师来完成。……政府审计是三类审计（内部审计、政府审计和独立审计）中最复杂的一种。
>
> ——R. E. Schlosser[①]

政府审计是对政府预算执行进行的审计。如果说政府会计主要是收集、记录和准备与财务报告相关的各类信息和数据，那么政府审计的主要特点就是对这些数据的合法性、真实性、经济性进行独立的审查和监督。公民、政治家、公共管理者等都有权了解，也希望了解，同时更需要了解有关公共资金使用和管理质量的相关信息。这包括公共资金是否得到有效的管理并保证安全；资金使用和管理者是否依照有关法律、法规或法令从事各类活动，并保证活动被恰当记录和反映；人、财、物等资源的管理是否经济而有效，并且经营和管理是否有效率。[②] 在现代预算建立之时，独立审计体制就开始出现。随着社会的发展，从 20 世纪 20 年代开始，政府审计关注的重点开始发生变化。以前，政府审计仅仅关注公共资金使用的经济、效率，即以财务审计为主。目前，政府审计的视角已经从单一的财务审计扩展到绩效审计，并

---

① 转引自 Thai, Khi V. 1997. Governmental auditing. In Robert T. Golembiewski & Jack Rabin. Eds. *Public budgeting and finance*. New York: Marcel Dekker Inc. p. 585。

② ［美］彼得·威尔逊：《扩大政府内部审计与外部审计的合作》，孙宝厚译，《政府审计国际杂志》1988 年第 1 期。

努力实践着财务审计与绩效审计互相配合的时代理念。

一、政府审计的法律基础和基本原则

从审计原则来看,审计机构展开审计工作主要依赖三类尺度,即合法性原则、经济性原则、绩效原则。其中,合法性和经济性原则是为了回答"是否正确地做事",重点关注财务审计方面,关注行政行为的合理性、合法性问题;绩效原则是为了回答"是否做了正确的事情",重点对政府行为进行监督和控制,并衡量工作的实际效果和社会影响。[①] 20世纪20年代之前的政府审计,主要遵循和体现了合法性原则和经济性原则,通常被称为传统审计;而20年代之后,西方很多国家的政府审计逐渐引入绩效原则,开始试验绩效审计,不仅关注政府行为的经济性和效率,而且也开始关注行政行为能够为公民实际带来的好处。从政府审计的主要内容来看,遵循合法性、经济性原则的传统政府审计,主要包括财务审计、运行审计、合法性审计等。目前,欧洲多数国家审计机构还是秉承合法性和经济性原则展开工作,而真正实践绩效原则的国家并不多,所以绩效审计仍不是多数欧洲国家政府审计的主要内容。[②]

政府审计的第一个基本原则就是合法性,所以各类与政府审计相关的法律文件和条款就成为政府审计的基础和根本。表20-1列示了主要西方国家政府审计与法律基础的关系。按照法律或规定本身法律效力的大小,可以将法律基础按照由强到弱的原则分为四等:第一等是立法,由各国议会或国会审议通过,是一个国家的根本大法,具有最高法律效力,任何机构或个人不得违背;第二等是国家审计法案或预算法案,也由议会或国会通过,专门为某个领域而设立;第三等是国家审计署或联邦审计院颁布的审计标准,对具体审计工作具有一定的指导意义;第四等是针对审计机构自身而设立的条例或规定,法律效力和影响范围最弱。

[①] Damian, Gadzinowski. 2009. How to ensure that value for money really happens: From control to performance auditing. Working paper. EIPA: European Institute of Public Administration.

[②] Ibid.

表20-1 主要西方国家政府审计与法律基础的关系

国家	审计机构名称	法律基础（一）	法律基础（二）	法律基础（三）	法律基础（四）
美国	审计署（1921—2004）政府问责署（2004—）		预算和会计法案		政府机构、计划和职责审计准则
英国	审计署	大宪章、权利法案	国家审计法	国家审计署审计标准	
加拿大	审计长公署	宪法	审计长法		
澳大利亚	审计署		审计法		
法国	审计法院	宪法	审计法院法		
意大利	审计法院	宪法	审计法院法		
泰国	审计长公署	宪法	审计法		
日本	会计检察院	宪法	会计检察院法		
德国	联邦审计院	宪法	联邦审计院法	联邦审计院审计条例	联邦审计院工作条例
俄罗斯	联邦审计院	宪法	联邦审计院法		

资料来源：李季泽：《国家审计的法理》，中国时代经济出版社2004年版。

事实上，西方各国建立起比较完善的政府审计法律体系，并最终明确政府审计独立审查和监督的职责和内容，并非一蹴而就的事情。此过程往往经历了几十年甚至上百年的时间。以美国为例，尽管在1789年美国独立之初，美国国会就设立了包含审计职能的国库部门，但是直到1921年，审计员仍然没能摆脱行政部门的干扰或控制，未能真正实践完全独立的理想。[①] 1921

---

① Thai, Khi V. 1997. Governmental auditing. In Robert T. Golembiewski & Jack Rabin. Eds. *Public budgeting and finance.* New York：Marcel Dekker Inc. p. 586.

年，美国国会通过了《1921 年预算与会计法案》（The Budget and Accounting Act），从此以后，政府审计的角色才真正从行政机构转向立法机构，并且国会在内部还专设了审计总署（GAO，General Accounting Office），承担以前由财政部门审计总署和六个审计办公室转来的所有业务，其中包括政府审计工作；2004 年，由于绩效理念被引入政府审计，审计总署被改为政府问责总署（GAO，Government Accountability Office）。[①] 1982 年，美国国会公布了《1982 年联邦管理者财务诚实法案》，一方面要求联邦政府机构的行政首长必须按照会计和内控法所作的规定形成并提交年度报告；另一方面，从 1984 年开始，改变了一个机构必须按照资金来源接受多头审计的传统，开始将多次审计合并为一次性审计或唯一审计（single audit）。[②] 1984 年以来的改革，实际上提高了美国政府审计的效率，不但减轻了联邦政府机构的负担，而且也节省了不必要的审计成本。1990 年，美国国会又通过《首席财务长官法案》（CFOA，the Chief Financial Officials Act），继续推动 1982 年法案的实施，并要求政府各部门行政首长必须提高内部财务管理水平，在向国会提交财务报告的同时，必须接受审计。同年，美国又设立了联邦会计准则顾问委员会（FASAB），负责为联邦政府设立基本会计准则和标准。随后，1993 年，国会又通过《政府绩效管理改革法案》（the Government Performance Management Act）和《政府管理改革法案》（the Government Management Reform Act），明确规定了联邦政府绩效管理的运作标准和要求。[③] 这些法律规定不仅为政府绩效预算和管理提供了法律依据，也为政府审计从传统的经济、效益审计过渡到绩效审计奠定了良好的法律和制度基础。

二、政府审计的基本模式

目前，根据审计机关的隶属，世界各国的政府审计模式主要有四种：立

---

① Thai, Khi V. 1997. Governmental auditing. In Robert T. Golembiewski & Jack Rabin. Eds. *Public budgeting and finance*. New York: Marcel Dekker Inc. pp. 586–589.

② Ibid., pp. 589–590.

③ Ibid., p. 590.

法型审计、司法型审计、行政型审计和独立型审计。此外，在有些国家，最高审计机关隶属于国家元首、最高军事委员会等。① 随着各国经济和社会的发展，各国政府越来越注意到审计工作的重要性，尤其是维持审计独立性的重要性。这种独立性既包括国家最高审计机关独立于行政部门，也包括政府机构内部审计相对独立于其他工作。为保证最高国家审计机关的独立性，有些国家甚至对审计模式进行了根本改革。其中，瑞典 2003 年的改革最具代表性。通过改革，瑞典由原来典型的行政型审计模式变为立法型审计模式。

（一）立法型审计模式

在这种模式下，国家的最高审计机关隶属于立法机构，即议会，它根据法律所赋予的权力独立行使审计权，并对议会负责，向其报告审计结果；审计机关一般只有调查权、建议权，而没有处理权；审计机关相对于政府来说具有很高的独立性。这种模式最早由英国确立。目前，美国、加拿大、澳大利亚等国也采用这一模式。② 英国 1983 年颁布的《国家审计法》中规定，"总审计长应当因其职务而成为议会下院的一名官员"③。美国 1921 年颁布的《预算与会计法案》中规定：审计总署署长及其助理各 1 名，经参议院提名和同意，由总统任命；任期 15 年；按照署长的要求，所有部门和机构都应向其报告工作职权、职责、活动、组织、财务活动和运行方法等情况。④ 专栏 20-1 介绍了澳大利亚的审计体制。

---

① 闫革、李文良：《西方国家政府审计与完善我国政府审计制度》，《国际关系学院学报》2005 年第 1 期，第 43—47 页。
② 同上。
③ 审计署编译：《世界主要国家审计法规汇编》，中国时代经济出版社 2004 年版，第 260 页。
④ 同上书，第 307—309 页。

专栏 20-1　澳大利亚审计署与议会的关系

澳大利亚审计署成立于1901年，由联邦议会创建，因此议会是审计署最大的业务委托人。审计署由审计长和审计人员组成。审计署的职责是帮助审计长履行其职责。澳大利亚《审计法》第八条规定了审计长的独立性，"审计长是议会的一名独立官员"，审计长"受本法及其他联邦法律的约束，在履行自己职责时应保持自己的谨慎与独立。特别是审计长在以下事项中不受任何人的干涉。(1) 实施某项审计；(2) 如何开展审计；或 (3) 对某一特定事项给予优先考虑的权力"。可见，审计长既独立于政府又相对独立于议会，主要接受议会的工作委派并对议会负责，他通常不受来自政府及其行政部门部长偏好的影响。《审计法》第十条规定，"审计长对议会指定事项优先安排审计"。审计长的主要职责范围包括报表审计、绩效审计、委托审计等，审计对象主要是联邦政府各部门、联邦公司及其下属机构。

审计署中的审计人员主要配合审计长完成工作。他们成为审计人员的前提是必须符合《1922年公共服务法》中的相关规定。审计署的主要活动包括年度财务报表审计、绩效审计等。

澳大利亚审计署与议会之间有着不可分割的良好关系。一方面，审计署保持独立，有助于履行审计职责，维护审计报告的质量和可信度，向议会提供其所需的审计信息；另一方面，议会对审计署的支持可以确保审计工作的独立性和公正性。比如，澳大利亚议会拥有支持审计工作的豁免权。此豁免权指的是，审计报告中涉及财务内容时，审计长和审计署工作人员免于承担责任。这种规定可以减少审计署的后顾之忧，有利于审计长直率、公开、负责地报告审计中发现的各类问题。

资料来源：审计署编译：《世界主要国家审计法规汇编》，中国时代经济出版社2004年，第421—438页。审计署科研所编：《澳大利亚审计署与议会的关系》，选自《国外审计研究资料（2003—2004年）》，2005年，第108—109页。

（二）司法型审计模式

在这种审计模式下，国家的最高审计机关是以审计法院的形式存在的。这种审计机关具有非常大的权力，其中主要是司法权，而且有些国家的审计人员还拥有司法地位，所以，在这种审计模式下，审计机关的地位是非常高的。在这种审计模式下，审计机关是独立于政府和议会来的。这种审计模式主要起源于法国。目前，采用这种审计模式的国家包括意大利、西班牙等。[①] 从理论上看，这种审计模式下的审计机关应该具有很高的独立性。但是，影响审计独立性的因素是比较多的。在这种模式下，一些国家的审计机关的独立性也不是很充分的，例如意大利。不过，其审计机关仍然发挥着很高的约束力。[②] 专栏20-2介绍了意大利的审计体制。

专栏20-2　意大利审计法院的基本职责

意大利《宪法》第一百条规定，审计法院负责对政府行为的合规性进行事前审计，对国家预算的管理情况进行事后审计。第一百零三条规定，审计法院在处理与公共账目和法律规定的其他有关事务时，拥有司法审判权。

《审计法院组织法》中规定：审计法院由三个法庭组成，其中，一个法庭负责审计业务，两个法庭负责司法审判业务；审计法院的组成人员包括：1名院长，1名总检察长，22名庭长，560名顾问、副总检察长、审判长和审判员；审计法院院长、各庭庭长、顾问和总检察长由共和国总统颁令任命，任命之前必须经过内阁讨论通过并被政府首脑认可。

审计法院的基本职责包括审计职责和司法审判职责。

审计职责包括，根据法律和条例的规定，审计共和国总统颁布的法令（凡以总统名义发布的各种命令，无论该法令出自哪个部门，也无论其目的是什么，正式颁布之前都必须经过审计法院的合规性审核）；审计

[①] 闫革、李文良：《西方国家政府审计与完善我国政府审计制度》，《国际关系学院学报》2005年第1期，第43—47页。

[②] 李联合：《对西方国家审计独立性的思考》，《中国审计》2001年第9期，第60页。

国家支出；监督政府收入；依法审计国家的库存物资和其他国有资产；审计国家代理机构按要求发行的债券，监督国家代理机构的资金和物资情况，以保证他们按规定运行；审计国家资金平衡总表及相关会计报表，等等。司法审判职责包括，对有关政府部门账目、养老金事项等内容进行审理和判决；接受对负责会计事项的审计法庭所做决定提出的申诉，接受申诉的机构是审计法院的联合法庭；接受地方税务局对财政部拒绝返还无法征收的税额的申诉，等等。

资料来源：审计署编译：《世界主要国家审计法规汇编》，中国时代经济出版社2004年，第162—176页。

（三）行政型审计模式

在行政型审计模式下，国家的最高审计机关隶属于政府，是政府的一个职能部门，它根据政府赋予的权限进行审计并对政府负责。一般的，这种审计模式下的审计机关无论是在独立性和权威性上都比较低。实行这种审计模式的国家包括瑞典、中国等。[①] 专栏20-3介绍了瑞典的行政型审计模式。不过，2003年7月1日，瑞典建立了新的审计机构，将原来隶属于中央政府的审计署与议会审计委员会合并成新的国家审计署，目标是转向独立的审计机关，同时保留政府的内部审计机制。

专栏20-3　瑞典审计模式

瑞典早在1539年，古斯塔夫一世在位时期，就建立了政府审计的雏形，通过一个专门委员会来负责审查和组织政府账目和税收。1657年，一个特殊的审计办公室成立。随后，在18世纪至19世纪期间，瑞典的审计模式发生了很多变化。

1921年，瑞典正式设立了政府审计机构，主要负责对政府资金进行

[①] 闫革、李文良：《西方国家政府审计与完善我国政府审计制度》，《国际关系学院学报》2005年第1期，第43—47页。

监督和控制。根据宪法条文的规定，瑞典有两个审计机构：一个是隶属于中央政府的国家审计署，1998年，瑞典颁布了《关于国家审计署的相关法律条例》，明确规定国际审计署是中央政府审计机关。另一个是议会审计委员会，对议会负责，拥有自己独立的审计专家，主要对政府特殊事项进行审计和审查。

其中，国家审计署主要分为三个部门，即负责年度审计的部门、负责财政管理的部门、负责评估和绩效审查的部门。各部门的规模、大小和占用资源的数量不完全相同，这种区别主要根据部门职能重要性来划分的。负责年度审计的部门，占有审计署总资源的30%；负责财政管理的部门，占有总资源的40%，该部门主要管理公共账目；负责评估和绩效审查的部门，占用总资源的20%；其余10%的资源用于审计署内部的行政管理和日常开支等。

国家审计署主要针对中央机构进行年度审计，包括中央政府的所有行政部门、国有企业以及国有基金会等组织。同时，他们还重点关注被审计单位的行政管理情况，执行相关政策的质量和效果，以及财政信息的真实性和可靠性。

议会审计委员会主要由12名议员组成，任期四年，其中一位担任主席职务。该委员会的主要职责并不是审查中央政府及其行政部门的账目情况，而是关注公共部门的绩效。由于瑞典行政部门已经开始关注行政结果，所以议会审计委员会就必须更多地关注结果性评价指标和目标的实现情况。

资料来源：Petrei, Humbreto. 1998. *Budegt and control*: *Reforming the public sector in Latin American*. Washington, D. C.: Inter-American Development Bank. pp. 118－121。赵劲松：《浅析瑞典国家审计体制的改革》，《审计月刊》2005年第4期，第38—39页。

（四）独立型审计模式

在独立型审计模式下，国家的最高审计机关独立于三权之外，即独立于立法、行政和司法之外。审计机关根据法律赋予的权限和职责独立进行审计，一般采取会计检查院或审计院的组织模式。目前，实行这种审计模式的国家包括德国、日本等。在所有的审计模式中，这种模式下的审计机关的独立性和权威性都是最高的。[①] 专栏20-4介绍了德国的审计体制。

专栏20-4　德国审计模式

德国有16个州，共有17个审计署，包括国家审计署和16个州审计署。

从法律角度看，德国审计署享有很大的独立性，并且这种独立性在立法上是明确规定了的，无论是国家审计署，还是各州审计署，均不受立法、行政、司法三权的影响。所以，德国各级审计署的主要工作就是在遵循法规规定的基础上，保证法律条款的有效实施。它们不会也不应该受到任何外界因素的干扰，这种干扰既有来自立法机构的，也有来自行政部门的。

从审计系统的内部结构来看，德国各级审计署不仅独立于各级立法、行政、司法三权之外，而且国家审计署也不能随意干扰各州审计署的具体工作。各州审计署长由州长提名，议会任命。但是，审计署长一旦被任命，就不再受州长或议会的政治影响，而独立地展开工作。州审计署长的任期可以是终身的，比如莱法州；也可以是10—15年的期限，这种不同主要是由各州的立法规定的。各州审计署除了署长之外，一般还有副审计长和几位独立的审计委员。比如莱法州审计署，有一个副审计长，同样由州长提名，经议会投票通过任命。另外，还有7个独立的审计委员，他们由署长和副署长提名，由州长签字任命，但是一旦上任就具备法定的独立性。审计署各类重大事务均由独立审计委员会的两个以上成员协商而定。

---

① 闫革、李文良：《西方国家政府审计与完善我国政府审计制度》，《国际关系学院学报》2005年第1期，第43—47页。

> 审计署要编写年度审计报告，包括对财政部门预算规划的审计。该报告主要经由审计署独立的审计委员会内部成员协商达成。报告一旦形成，具备法律规定的有效性，不得修改。审计署将审计报告递交给议会，成为议会评价本届政府施政效果的主要依据之一。同时，审计署也可以将独立审计报告交给最高行政长官参考，但是行政长官没有权力对报告提出修订意见。最后，审计署将议会通过的审计报告，通过各种方式向新闻媒体和社会公众公布，保证公众的知情权。
>
> 资料来源：根据本书作者之一参加2009年2月中国发展基金会德国预算考察的资料整理。

三、政府审计的独立性

为了提高政府的公信度，增强公共资金使用信息的客观、公正和透明，就必须保证政府审计的独立性，这也是各国政府审计不断追求的目标。因此，无论各国使用的是什么类型的审计模式，审计的独立性永远是被强调的重点内容。有效的政府审计需要确保审计独立性，审计独立性是保证审计有效性的前提。审计独立性是为两个极其重要的目标而设立的。一是政治考虑，在权力之间建立一种制约平衡的机制。二是保护纳税人的利益，确保公共资金用于正确的目的。换句话说，审计的独立性本身不是目的，而是实现审计效力的一种手段，也是审计的本质特征。不过，不同的审计模式所具有的审计独立性是不同的。通常地，审计独立性会受到特定审计主体和审计环境的影响，包括审计权限、审计资源、审计人员的素质、审计技术方法、政治制度、社会舆论等因素。[①]

20世纪中期，各国为了更好地利用政府审计这一有力工具，并保证其应有的独立性，于1953年组建了非政府的国际性组织——最高审计机关国际组织（International Organization of Supreme Audit Institutions, INTOSAI），

---

① 李联合：《对西方国家审计独立性的思考》，《中国审计》2001年第9期。

并接受联合国经社理事会领导,它的成员均为世界各国最高一级国家审计机关。该组织每三年召开一次全体成员国会议,就审计的原则、方向、理论、方法和技术等方面的问题进行交流,以帮助各成员国研究、改进和加强政府审计工作。从第一次会议开始,该组织就一直关注着如何更好地维护政府审计独立性的问题。目前该组织有成员 189 个。这些组织及其所代表的国家,也一直积极地采取各种方式来维护政府审计的独立性[①]。

为保证审计的独立性,各国都做出了不同的努力。比如在英国,为了确保审计署的独立性,1983 年将审计署的审计总长正式转为议会官员,但不属于任何党派。此外,议院中专门负责审议审计报告的公共审计委员会(Committee of Public Accounts)也具备较高的独立性。该委员会成立于 1857 年。委员会由 16 个人组成,其中 6 人为法定人数。该委员会由不同党派的委员组成。1983 年改革之后,该委员会的工作重点转变为审查国家审计署的审计报告,并越来越关注于资金使用的绩效结果[②]。

审计的独立性和一个国家实行的审计模式密切相关。在四种审计模式中,行政型审计体制的独立性最小。因此,对于实行这种审计模式的国家来说,采用其他的审计模式,提高审计的独立性,就非常有必要。2003 年,为增强政府审计的独立性,代表行政型审计模式的瑞典也对原有的模式进行了彻底的改革(专栏 20 - 5)。

当然,仅仅独立性仍不足以实现有效地政府审计。为了保证政府审计的有效性,有必要同时加强政府的内部审计和外部审计工作。因为,每个机构内部审计系统的运作效率决定了审计部门实施外部审计的效果,同样也会影响审计署已颁布的相关规定的执行效果。[③]

---

① 详细介绍可参见最高审计机关国际组织官方网站,http://www.intosai.org。
② 详细介绍可参见英国公共审计委员会官方网站,http://www.parliament.uk/index.cfm。
③ Petrei, Humbreto. 1998. *Budegt and control*: *Reforming the public sector in Latin American*. Washington, D. C.: Inter-Americian Development Bank. pp. 119 – 120.

> **专栏20-5　瑞典的审计体制改革：从行政型审计向立法型审计的转变**
>
> 　　2003年，瑞典改革其审计体制，由行政型审计向立法型审计转变。瑞典成立了新的国家最高审计机构——国家审计署。该机构整合了原来隶属于中央政府的国家审计署和隶属于议会的审计委员会。新成立的机构完全听从议会的指令，向议会负责，完成议会委托的使命。新的瑞典国家审计署由四个部分组成：一是咨询委员会；二是3位审计长；三是具体业务部门；四是科学咨询理事会。其中，咨询委员会共有22名成员，11名正职人员和11名副职人员，全部为议会议员。该委员会只做咨询，听取审计长的汇报，而不负责做任何政治上和业务上的决策。3位审计长具体领导审计署的各类工作，分别负责三个领域：安全、协调、国民经济及资产管理；工作、健康及福利；增长、教育及发展。具体业务部门共有12个，其中6个负责绩效审计，6个负责财务审计。对于以上三个领域中的每一个领域，它既要接受2个绩效审计部门的审计，也要接受2个财务审计部门的审计。科学咨询理事会，其主要职责也是提供相关专业的指导和建议。
>
> 　　资料来源：Petrei, Humbreto. 1998. *Budegt and control*: *Reforming the public sector in Latin American.* Washington, D. C.: Inter-Americian Development Bank. pp. 118-121。赵劲松：《浅析瑞典国家审计体制的改革》，《审计月刊》2005年第4期，第38—39页。

四、外部审计：审计与外部控制

　　最早的政府审计或国家审计是国王控制王室财产、监督各级官员的重要手段之一。随着社会的发展，西方代议制政府的产生，政府审计逐渐被议会视为一种从外部监督政府及其行政机构行为的有效工具。尽管各国具体采用的审计模式并不相同，但除了行政型审计模式之外，立法型、司法型和独立型审计模式均具备较强的独立性。进入21世纪，审计模式的发展趋势已经变得非常明显。在四种审计模式中，最缺乏独立性的行政型审计模式正逐步被淘汰，其中瑞典的改革就是一例。各国的政府审计机构越来越成为议会监督、审查行政部门行为的独立机构。该机构所做的一项重要工作，就是向议会报告对政府预算项目及其执行情况的审计。在立法型、司法型和独立型审计模式中，无论国家审计机构是隶属于议会、依赖于议会或是独立于议会，它都保持着比较强的独立性。这种独立性则主要体现在审计机构与政府及其行政部门之间的关系上。例如，美国1921年《预算与会计法案》成立了作为联邦审计部门的审计总署（GAO），并将其归属于美国国会，其独立性就比较高。[1]

在这些审计独立性较高的国家，审计机构在协助议会监督政府预算执行的过程中发挥了巨大的作用。当然，随着社会的发展，政府审计的具体内容和方法也发生着变化。在早期，政府审计机构的审计工作量并不是很大，对政府及其职能部门的审计主要采用凭单审计（voucher audit）的方法，即以财务数据的可信性和真实性为主要考察对象，通过对财务凭证、具体账目的审查来监督政府行为及其预算执行情况。随着西方市场经济的发展，政府所承担的经济和社会责任越来越多，政府规模的不断扩大，政府预算项目及其执行的复杂程度也逐渐增加。于是，需要政府审计机构独立审查的账目、凭证等原始财务信息也呈几何倍增长。在这种背景下，如果政府审计机构仍然按照传统的凭单审计方法进行审计，不仅工作量巨大，而且效果也不甚理想。于是，抽样审计方法被引入政府审计工作中。同时，这一方法的广泛使用，还与内部控制管理制度的不断完善密切相关。政府建立有效的内部控制制度，有助于发现日常管理和预算执行中的风险点。而主要的风险点一旦明确，那么抽样审计的重点也就不难确定。所以，大多数现代国家的政府审计，都是通过抽样审计方法对政府预算执行过程和结果进行监督和控制的。一般来讲，政府审计具有协助议会对政府及其行政机构的预算执行实施外部控制的职能。尽管这一职能发生了改变，但是，这种外部审计仍然保持着一个主要的、传统的目标，即确保政府各个部门在支出过程中遵守法律和程序上的要求。在某些情况下，这些承担外部审计的机构在推动法律修改和行政

---

[1] Petrei, Humbreto. 1998. *Budegt and control: Reforming the public sector in Latin American.* Washington, D. C.: Inter-Americian Development Bank. p. 199.

实践中发挥着非常重要的作用。而在另一些情况下，它只是为立法机构提供信息。在某些国家，例如美国、加拿大和英国，这个外部审计机构在议会有一个体系，负责监督从前一年的财政年度中得出的建议。[①] 另外，这些审计机构还可以通过其他的方式协助议会实现外部控制，即不仅将审计报告提交给议会审查、批准，而且将其向社会、媒体、民众公开，寻求社会各界对政府行为的监督。表20-2总结了发达工业国家议会通过审计对政府预算执行实施的外部控制。

表20-2 发达工业国家议会的外部控制

国家	外部控制
美国	国会的审计总署（GAO）对联邦政府的预算执行进行审计。从1997年开始，政府要提供一个详细的财政审计报告
加拿大	总审计长办公室（OAG）作为一个独立的向议会报告的机构对中央政府部门进行审计。最近，大量的资源被用于货币价值的研究
英国	在对政府的外部控制方面，国家审计办公室（NAO）负有最高的责任。它审查近500个部委和机构的账户，并根据"三E"（经济、效率、效果）标准向议会准备报告。另一个机构，即议会的公共审计委员会，单独对卫生服务进行控制并向地方政府委派审计人员
瑞典	国家审计办公室和议会的审计人员负责外部控制，主要关注分析效率和效果。不过，在2003年以前，外部控制机构的归属不是特别清楚。2003年改革建立了一个新的审计机构，并明确其归属议会
澳大利亚	审计长负责外部控制，他负责领导国家审计办公室。每年，国家审计办公室都要就各个部门和机构的账户和记录向议会提交一个财政审计报告
新西兰	控制和审计长办公室（The Office of the Controllers and Auditor-General）负责外部控制，每一个规定时间都要根据部委和财政部准备的报告向议会提交一个审计报告。各个政府机构也可以使用这个机构或私人审计公司来准备报告
西班牙	会计法院（The Court of Accounts）负责对中央政府、自主实体或自主社区进行控制，并向议会报告。外部控制主要针对合法性和合规性

资料来源：Petrei, Humbreto. 1998. *Budegt and control: Reforming the public sector in Latin American.* Washington, D. C.: Inter-Americian Development Bank. p. 201。对瑞典的情况进行了更新。

---

① Petrei, Humbreto. 1998. *Budegt and control: Reforming the public sector in Latin American.* Washington, D. C.: Inter-Americian Development Bank. p. 200.

在许多情况下，议会对政府及其行政部门的外部控制主要依赖于审计机构。因为审计机构向议会提供的信息对于改进政策质量发挥了重要作用，而且它也为确保预算执行按照既定方向展开发挥着积极作用。但是，关于审计机构究竟应该在特定的政策议题中扮演什么角色的问题，社会上却一直存在不同意见。一些外部控制机构，例如美国国会的审计署（2004 年改名政府问责署），公开介入了许多政策讨论；而其他的一些外部机构则很少介入政策讨论，重点关心某个具体项目的预算执行情况以及预先设定的政策目标的完成情况。[1] 美国国会的审计署可能是这些外部控制机构中最活跃的，尤其在 20 世纪 70 年代美国国会重新夺回许多权力之后，审计署所发挥的外部控制作用更为显著。然而，这也经常引起一些争论，甚至引起司法裁决（参见专栏 20-6）。

专栏 20-6　美国联邦总审计长的权力：一个司法裁决

1985 年，美国国会通过"平衡预算和紧急赤字控制法"，旨在从 1986 年到 1991 年间通过限制支出来逐年削减联邦预算赤字，并于 1991 年最终消除赤字。如果允许的赤字上限被突破，则总统需要颁布一项扣押令以执行联邦总审计长关于削减赤字提出的报告。该法案要求总统管理与预算办公室（OMB）和国会预算办公室（CBO）的主任评估该财政年度的赤字并且判断计划中的赤字额是否会超过格兰姆-拉德曼-霍林斯法案为当年设定的最高赤字额。他们还需要向总审计长联合汇报他们的发现。而总审计长则需要对两位主任提供的信息做出评估，并以此为基础提出他自己的报告。对于该报告中的评估或提出的数额，总统无权做出任何的修改和重新计算。总审计长是经由参议院提议并同意而由总统任命的，他不但可能因遭到弹劾而被免职，也可能因为国会以某种特殊原因，包括无效率和渎职，而被免职。

---

[1] Petrei, Humbreto. 1998. *Budegt and control: Reforming the public sector in Latin American.* Washington, D. C.: Inter-Americian Development Bank. p. 200.

> 这在宪法上引起了争议：国会在该法案下赋予总审计长的职责在本质上是行政性的，这是否违背了权力分立的原则？1986年2月7日，地区法庭裁定总审计长在提出赤字报告过程中所扮演的角色是违宪的，因为它违反了权力分立的原则。法庭认为，既然将总审计长作为自动赤字削减过程中的一部分，其权力就是行政性的，它由一个从国会产生的官员来行使是不可能合乎宪法的，因此，这些权力不能得以运用并且它们所集中针对的自动赤字削减过程也无法得以执行。地区法庭裁决的结果就是将实现赤字削减的重担转移到该法案提供的应急条款上，即OMB和CBO主任提供的削减方案要生效，当且仅当它们以上下两议院的共同决议案的方式被采纳，也就是说以立法形式获得批准。
>
> 1986年7月7日，美国最高法院判定国会授予总审计长的职责违反了权力分立的原则，是违宪的。首席法官Berger写道，(1) 可以断定审计长隶属于立法机关，而且 (2) 可以断定在赤字控制法案下分配给审计长的职责实际上是对法律的执行，这就构成了对行政机关特权的侵犯。法院记录道："国会没有权力去执行法律，因此不能将其并不拥有的权力授予一个在它控制下的官员。"
>
> 资料来源：Lauth, Thomas. 2002. The separation of powers principle and budgetary decision making. In Aman Khan & W. Bartley Hildreth. Eds. *Budget Theory in the Public Sector*. Westport: Quorum Books。

五、内部审计：审计与内部控制

根据最高审计机关国际联合会2004年最新颁布的《公共部门内部控制标准指南》，"公共部门内部控制是公共机构管理部门和员工针对风险设置、合理保障机构履行使命并实现总体目标的过程，它是机构运作不可缺少的过程"。[1] 对于公共部门来讲，内部控制效果的好坏，不仅会影响单个政府部门或整个政

---

[1] 王戎：《公共部门内部控制——最高审计机关国际组织内部控制概念的更新》，《中国内部审计》，2005年第12期。

府目标的实施效果,而且还关乎政府履行社会责任时体现出来的社会效果。政府内部管理中总是隐藏着风险,如果这些容易产生风险的环节得不到有效控制和管理,那么风险一旦爆发,政府在公众中的形象就会大打折扣,公信度就会下降。因此,为了能够保证每个政府部门的良性运作,从而促进整个政府系统的良性运转,源于私营部门的内部控制原则、技术和方法被公共部门广泛使用。内部控制的主要目标是降低管理风险,而控制风险的有效手段之一,就是完善部门内部的财务系统,加强财务管理,保证财务信息的公开、透明、真实、可靠。主要发达国家在内部控制的主要内容方面存在一些差别,具体可参见第十六章预算执行中"预算执行中的控制"部分。

由于内部控制受到越来越多国家和国际组织的关注,与内部控制相关的内部审计工作,开始受到重视,并被视为一种评价财务信息状况的重要手段。这种发展趋势在20世纪70年代表现的越来越突出。2004年,国际内部审计师协会也发布了最新内部审计标准的定义,"内部审计是一项独立的、目标明确的活动,目的是为了增强组织自身的价值,提高组织运行效率。该活动应该运用系统化和严谨的方法去评价和帮助改善风险管理、控制和治理体系"[1]。在发达国家,政府内部审计被视为政府管理过程中的一部分,是一种管理活动。但是,内部审计的具体形式却因国家不同而有所差异。有些国家在行政系统内部设立内部审计系统,每一个行政部门内都设有内部审计,另由总统或者议会提名的总审计长来协调这些内部审计人员和系统,并设有内部审计标准,例如美国和西班牙;而有一些国家则采用分权的模式,国家内没有一个统一的内部审计协调机构,内部控制和审计主要根据会计准则执行,例如澳大利亚和新西兰。[2] 在一些西方发达国家中,内部审计甚至成为决策制定过程中的一种管理工具。内部审计的标准要求内部审计人员能够超越过程合法性,来分析公共资金支出本身的效率、效益和效果,即独立

---

[1] Institute of Internal Auditors. 2009. International Professional Practices Framework (IPPF) —NEW IN 2009, http://www.theiia.org/guidance/standards-and-guidance/.

[2] Petrei, Humbreto. 1998. *Budget and control: Reforming the public sector in Latin American.* Washington, D. C.: Inter-Americian Development Bank. p. 198.

地实施绩效审计。① 但是，从目前情况来看，绝大多数内部审计人员并不能达到绩效审计的要求。

六、政府审计的范围

在现代政府审计的早期，政府审计的范围主要局限于财务审计，即一种常规审计。但是，经过20世纪中期的历次改革，目前，各国政府审计的范围都在扩大，绩效审计逐渐被包括在审计范围内。例如，1946年，美国国会通过的《立法机构改组条例》明确规定，隶属于国会的总审计署的总审计长必须向国会提供充分的资料来判断公共资金是否获得了预期的经济效果和社会效果。加拿大《审计长公署审计准则》规定，在给众议院提交的年度审计报告中，审计部门除了要报告财务审计中发现的问题，还要指出没有适当考虑经济和效率而已经花费的款项，以及指出那些未能建立令人满意的程序来衡量项目效果的项目。澳大利亚则要求政府审计不仅要审查政府及其部门的财政交易并对部门遵守现行法律和规则的情况进行评价，而且要对管理活动的经济性和效率性进行总体评价，要审查资源的使用效率。②

● 合法性审计

合法性审计，合法性审计关注的是政府各部门是否重视并执行了相关法律，包括预算法、预算计划和有关规定；关注收支是否合理有据，会计财产记录是否正确，预算和财产结算是否符合规定以及其他管理工作是否正确合法。

● 财务审计

政府财务审计是一种常规审计，主要是审计各个部门所提交的财务数据之间是否相关，是否准确、完整、公平地反映相关信息。例如，根据《美国政府审计准则》，财务审计包括：(1) 财务报表审计，即审计被审计单位的财务报表是否符合公认的一般会计原则，是否公允地反映了财务状况，以

---

① Petrei, Humbreto. 1998. *Budegt and control: Reforming the public sector in Latin American*. Washington, D. C.: Inter-Americian Development Bank. p. 200.

② 闫革、李文良：《西方国家政府审计与完善我国政府审计制度》，《国际关系学院学报》2005年第1期，第43—47页。

及经营成果和现金流动是否有合理的保证。(2) 相关财务事项审计，主要审查部门提交的财务信息是否符合既定的准则，部门是否遵循了各种财务合规性要求，部门是否为了实现控制目标而建立了有效的内部控制体制。财务审计的主要目的是为了维护相关利益方的根本利益。通过对财务数据真实性、完整性的评估和审查，查找被政府各部门有意或无意漏掉的重要财务信息。为相关利益者及时、准确地获得有关决策型或参与型的信息提供保障。因此，实施财务审计的审计人员必须具备较强的独立性，而外部审计人员是开展财务审计最好的人选。

● 绩效审计

早在 20 世纪 60 年代，一些发达国家就开始实践绩效审计，其中，瑞典是最早推动本国绩效审计发展的发达国家之一。另外，英国、美国、加拿大、澳大利亚、新西兰、挪威等国家也都相继推动绩效审计。直到 20 世纪 90 年代，绩效审计的重心开始转移到英美两国。[①] 表 20-3 列示主要国家绩效审计的开始时间。

表 20-3 主要国家政府绩效审计法定起始时间表

国别	时间	法律依据	审计主体	定义内容	名称
英国	1982 1983 1984	地方政府财务法案 地方政府（苏格兰）法案 国家审计法（1983）	审计委员会 会计师委员会 国家审计署	经济性、效率性	货币价值审计
加拿大	1977	《审计长法案》	审计长公署	财务、人力资源和物质资源的3E，受托责任合理的履行	货币价值审查
澳大利亚	1979	《审计法》（1979年修订版）	效率审计部	经济性、效率性	效率审计

[①] 戚振东、吴清华：《政府绩效审计：国际演进及启示》，《会计研究》2008 年第 2 期，第 76—85 页。

（续表）

国别	时间	法律依据	审计主体	定义内容	名称
新西兰	1977	《公共财务法》	审计部	效果性和效率性	货币价值审计
美国	1972	《政府组织、程序、活动和职责的审计准则》	审计总署	管理实践的经济性和效率性、程序达成目标的效果性	绩效审计

资料来源：戚振东、吴清华：《政府绩效审计：国际演进及启示》，《会计研究》2008年第2期，第76—85页。

从2000年开始，最高审计机关国际组织经过近四年的努力，期间由30个成员国组成的审计标准委员会多次讨论，终于在2004年颁布了适用于各国最高审计机关的《绩效审计执行标准》。最高审计机关国际组织的此项成果，不仅为各国绩效审计提供了可供参考的标准，而且也是对以往各国绩效审计改革实践成果的肯定。

最高审计机关国际组织（INTOSAI）对绩效审计的定义是"对政府已经做的事情、组织和项目管理进行独立的评价，不仅评价政府工作的经济性，而且要重点关注政府工作的效率和效益，同时实现推动改革的目的"。[1] 具体来讲，绩效审计包括以下三个方面的内容：一是对行政管理行为经济性的审计，应该包括良好的行政管理原则和实践以及管理政策；二是对人力资源、财政资源和其他资源的效率审计，应该包括对信息系统、绩效测量和监督系统、履行程序的程度的审查；三是对绩效的审计，应该包括在被审计主体的原定目标与其实现效果之间进行比较，对行政行为所造成的实际影响与预设影响进行比较，并对这些比较结果进行审计。[2] 绩效审计是一种独立的审计方式，它的主要目的是为了保证委托人的利益不受侵害，监督代理方——政府——的行政行为。对于绩效审计来说，良好的政府治理才是绩效审计的最终目的，即维护最广大人民的最根本利益。如果说传统的财务审计

---

[1] INTOSAI. 2004. Implementation Guidelines for Performance Auditing: Standards and guidelines for performance auditing based on INTOSAI's Auditing Standards and practical experience, http://intosai.connexcc-hosting.net/blueline/upload/1implgperfaude.pdf. p. 11.

[2] Ibid.

基于经济性的考虑,那么绩效审计则根植于非经济性。① 绩效审计关注的两个主要问题:一是"如何正确地做事";二是"如何做正确的事"。前者关注的是决策之后的执行过程,而后者则主要关注决策及其过程本身。事实上,决策的正确与否会直接影响执行的效果,如果坏的或不正确的决策被严格且有效地执行,那么执行的结果有可能会更糟糕。所以,绩效审计从独立审计的视角出发,督促决策者不仅关注投入和产出的经济性,更应该关注政策执行的社会效果,关注政策对广大委托人利益的影响程度。具体来看,表20-4列示出绩效审计与传统审计之间的区别。

表20-4 绩效审计与传统审计之间的区别

比较项	绩效审计	财务审计/传统审计
目的	评价机构的资金是否用于实现3E(经济、效率和效益)	分析财政资金的使用是否符合财务合法性、合理性标准
重点	政策、项目、组织、行为和管理系统	与财务相关的事务、会计工作和关键的控制过程
理论基础	经济学、政治科学、社会学等	会计学和法律
方法、手段	为审计而审计	标准表格
审计标准	向审计机构和审计者更加公开信息;审计师进行个人审计的标准	对审计机构或审计者的公开程度不够;对所有审计者设立相同的法律、规范
审计报告	基于某些特殊原因而发布的报告;根据不同目标而调整审计报告的结构和内容	年度报告;或多或少具有标准化的特点

资料来源:Damian, Gadzinowski. 2009. How to ensure that value for money really happens: From control to performance auditing. Working paper. EIPA:European Institute of Public Administration。

其中,最高审计机关国际组织对经济、效率和效益的"3E"标准做了

---

① INTOSAI. 2004. Implementation Guidelines for Performance Auditing: Standards and guidelines for performance auditing based on INTOSAI's Auditing Standards and practical experience, http://intosai.connexcc-hosting.net/blueline/upload/1implgperfaude.pdf. p. 12.

明确定义：经济——保证成本最低；效率——充分利用现有资源；效益——实现既定的目标或标准。[1] 为保证绩效审计的独立性，实现对效率、效益和效果的有效审计，绩效审计需要符合以下标准：首先，绩效审计应该同时关注行政行为的效率、效益和效果，并通过独立审计，促使政府实现更好的治理，建立更好的问责制度，提供更好的公共服务；其次，对于有效的绩效审计来说，独立信息系统非常重要，因此要保证审计人员的独立性，保证其能够真实、准确地对现实状况做出判断和质问；第三，通过绩效审计的过程来督促政府改变不良行政行为，提高执政能力，激励政府改善决策环境，实现绩效目标。[2] 如果按照路径来划分，政府绩效审计可以分为两类：一类是结果导向型绩效审计（results-oriented approach），主要回答的问题是"政府行为主要产生的绩效是什么"，或者"是否实现了既定的结果和目标"；另一类是问题导向型绩效审计（problem-oriented approach），主要回答的问题是"这些问题是否真实存在"以及"什么原因引起了这些问题"[3]。根据各国最高审计机关关注的重点不同，政府绩效审计在分析单位、检查方式、评价范围和关注重点等方面都存在一定得差异，如表20-5。在实践中，效率性审计最普遍，绩效管理能力审计位列第二，效果性审计列第三位，绩效信息审计开展的相对比较少，但是增长却很快。[4]

绩效审计的最终结果需要通过绩效审计报告公布于众。按照最高审计机关国际组织的定义，良好的绩效审计报告应该包括以下内容：体现利益相关者的基本价值并关注预定目标的完成情况；提供必要的信息，推动进一步的改进和提高；报告的撰写必须易于理解，避免晦涩难懂的辞藻；审计发现要客观、公正；对发现和结论的陈述必须是彼此分开的，对实施的陈述必须中立而不能有所偏颇；所有的观点都应该有所体现，最终的结论应该是积极

---

[1] INTOSAI. 2004. Implementation guidelines for performance auditing: Standards and guidelines for performance auditing based on INTOSAI's Auditing Standards and practical experience, http://intosai.connexcc-hosting.net/blueline/upload/1implgperfaude.pdf. pp. 15-17.

[2] Ibid., p. 13.

[3] Ibid., pp. 26-27.

[4] 刘秋明：《国际政府绩效审计研究：一个文献综述》，《审计研究》2007年第1期，第15—19页。

地、具有建设性的。[①]

表 20-5　OECD 国家最高审计机关绩效审计比较表

类型	分析单位	检查方式	评价范围	关注重点
效率性审计	组织职能部门、过程或项目要素	检查	政府及第三方运行的各方面	在提供项目产出过程中，减少预算成本
绩效管理能力审计	政策、项目或主要项目要素	检查	项目设计和运行的某些方面	评价实现经济性、效率性和效果性等一般目标的能力
项目效果性审计	组织	检查	对绩效产生影响的管理部门	评价公共政策的影响和项目的效果性
绩效信息审计	组织	审计	绩效评价和报告系统产生的信息	验证组织提供信息的准确性
风险评价	项目	检查	项目设计和运行的所有方面	分析项目面临的风险及其原因
最佳实践评价	整个部门、一般过程和共同职能	研究	组织和项目运行的所有方面	形成具体最佳实践标准，分析部门参与者的绩效
一般管理评价	组织	检查	组织结构、系统和项目的某些方面	评价组织实现使命和政策的目标能力

资料来源：刘秋明：《基于公共受托责任理论的政府绩效审计研究》（博士学位论文），厦门大学，2006 年。

---

① INTOSAI. 2004. Implementation guidelines for performance auditing: Standards and guidelines for performance auditing based on INTOSAI's Auditing Standards and practical experience, http：//intosai. connexcc-hosting. net/blueline/upload/1implgperfaude. pdf. p. 73.

第五篇

财政问责

第 二 十 一 章

财政问责

只有当它与财政问责联系起来,政治问责才具有实质性内容。

——Funnell & Cooper[①]

公共预算与责任政府之间联系十分紧密。一方面,公共预算的最终目标是财政问责(financial accountability)。财政问责是政府在从事收支管理的过程中必须承担的一种受托责任,在政府内部每一层级的管理者需要就其财政行为对上级负责,政府也应该就其财政行为对立法机构负责,最终对公民负责。另一方面,要建立一个对公民负责的政府,必须建立一个运行良好的公共预算制度。财政问责对于政治问责来说是至关重要的[②],而也只有与财政问责联系起来,政治问责才具有实质性的内容。[③]

一、公共预算与政治问责

建立一个对公民负责的政府是现代国家的基本要求。从根本上讲,这需要建立制度来约束官员对权力的使用,以确保官员不会滥用权力来谋取私

---

① Funnell, W. & K. Cooper. 1998. *Public sector accounting and accountability in Australia.* Sydney: University of New South Wales Press. P. 10.

② Glynn, J. 1987. *Public sector financial control and accountability.* Oxford: Basil Blackwell. p. 20.

③ Funnell, W. & K. Cooper. 1998. *Public sector accounting and accountability in Australia.* Sydney: University of New South Wales Press. P. 10.

利，并对公民负责。实际上，对权力的使用进行监督也是两千多年来政治哲学中一个恒久的研究主题。在现代社会，政治问责已变成一个非常流行的概念。目前，政治问责已等同于"好的治理"的代名词。从根本上说，政治问责的概念包括两方面基本内涵：（1）述职：公职人员有义务知会其他人（议员、公民、社会等），政府正在开展、准备开展或已经完成的活动，并就这些活动的必要性和效果提供合理的、可以接受的解释。这就在应该负责的一方和问责的一方之间建立起一种政治对话关系；（2）奖惩：对官员的不当行为进行惩罚，同时对其恰当的行为进行奖励。这样定义的政治问责概念实际上包括三个基本的要素：信息、解释（或者辩护）、奖惩。[①]

问责（accountability）与预算的关系极其密切。一方面，公共预算必须履行相应的受托责任，这通常被称为财政问责。公共财政的一个基本特征是一些人在决定如何使用别人的钱，公共资金的使用者和供给者不是同一个人，公共资金的使用者或决策者是公共官员或民选代表，而资金的供给者是纳税人或者公民。这就存在一个委托—代理问题。公共资金的决策者和使用者（代理人）可能会根据自己的利益而不是根据公民或纳税人（委托人）的利益来决定如何资金的使用。为了使得公共官员负责地使用纳税人的资金，在公共预算中必须建立问责机制，以防止决策者将公共资金用于私人目的，并更进一步地确保公共资金的使用最大化地实现公共目的。另一方面，公共预算也是最重要的政治问责机制。正如有学者指出的，"从某个角度看，政府预算报告和预算过程或许可以看成实现问责最重要的工具"[②]。从问责的定义可知，要实现政治问责，首先需要向公民和公民的代表提供关于政府活动的各种信息。毫无疑问地，各种关于政府的信息都有助于我们建立责任政府。但是，最重要的信息是政府活动的信息。而这些信息最集中、最准确地反映在财政收支的信息中。因为，无论政府开展什么活动都必须花费资金，没有钱什么活动都不可能开展。然而，也并不是所有的财政收支信息

[①] Schedler, A. 1999. Conceptualizing accountability. In Schedler, A., L. Diamond, & M. Platterner Eds. *The self-restraining state*. Boulder, CO: Lynne Rienner.

[②] Justice, Jonathan. 2003. Budgets and accountability. In Jack Rabin. Eds. *Encyclopedia of Public administration and public policy* (117–121). New York: Marcel Dekker, Inc. p. 117.

都可以实现问责的目的。如果财政收支信息缺乏完整性或者全面性，或者信息不准确、不公开，那么，它的效果都会比较差。只有按照现代公共预算制度编制出来并向社会公开的政府预算才能有效地实现问责的目的。①

从本质上讲，公共预算是一个关于政府活动的财政计划。它反映了政府的政策选择或者在未来某一个时期将要开展的活动，以及政府最终将会提供什么样的公共服务，提供多少，提供给谁。一个按照现代公共预算制度编制出来的预算应能够全面、详细、准确地反映政府的活动。如果将这样的预算向公民的代表和公民公开，公民和公民的代表就能够详细、准确地了解政府准备开展的全部活动，进而就能够审查这些活动是否服务于公共目的，否决那些不合理的活动，批准那些合理的活动。如此，通过对预算的审查、批准，就能够防止决策者将公共资金用于私人目的，确保公共资金用于公共目的。在预算执行过程中，现代预算制度也建立起一系列的控制机制，确保批准的预算严格地得到执行，防止官员和管理者随意地改变资金用途，确保预算能够有效地约束政府及其机构的行动。为此，预算制度发达的国家一般都有一套政府会计体系将所有的财政交易记录下来，以备事后审查之用。最后，预算执行后，需要对预算执行情况进行审计。审计的目的是审查实际的资金使用情况，承诺提供的服务是否已经如实地提供了，服务的供给是否有效率或有绩效。总之，如果建立了有效的预算执行审计，尤其是绩效审计，并将之与奖惩联系起来，那么，公共预算就能成为一个有效的问责工具。

在过去 200 多年，许多国家都是通过一次又一次的预算改革将政府改造成一个负责的政府。美国进步时代的预算改革就是这样一个例子。在进步时代时期，美国面临的一个问题是，选举制度不能确保政府是负责的，民选产生的政治家同样也在滥用权力。在 20 世纪的前 20 年，通过预算改革，美国人建立了现代预算制度，重构了他们的政府，建立了一个基本上是对公民负责的政府。具体地，在这一时期，通过政府会计改革，建立行政预算体制，吸纳公民参与等方式，公共预算变成一个使得官僚机构更加对政府首脑负

---

① Ma, Jun. 2009. The dilemma of developing financial accountability without election. *Australia Journal of Public Administration* Vol. 68: 62 – 72.

责，政府更加对议会负责的工具。① 以行政预算体制为例，行政预算体制在政府内部将预算权力集中到政府首脑手中，这不仅确立了政府首脑在政府内部的预算权威，而且建立了一种"层级制的、控制取向的责任模式"。在这种责任模式下，由于在政府内部预算权力已经集中到政府首脑，那么，无论对于议会还是公民来说，他们需要其负责的代理现在就只有一个——负责编制整体政府预算的政府首脑。这显然比以前分散的、多个代理人（即各个政府部门）的问责模式更加有效。至少监督成本大大地下降了。同样地，在政府内部，行政预算体制显著地提高了议会和公民的代理人——政府首脑——在政府内部的权力，使得这个代理人变成政府内部各个部门的委托人，进而有助于落实财政责任。②

从19世纪到20世纪初的预算改革的重点是，通过实施各种形式的预算控制，确保公共资金全部用于公共目的，并减少浪费。在这一目标实现后，20世纪50年代以来的预算改革开始追求更高的目标，即公共资金不仅不能用于私人目的，而且还要使用得有效率和有绩效。这实质上是在一个更高的层次上通过预算改革建立一个更加对公民负责的政府。

二、财政问责的历史阶段

在过去两千多年中，财政问责的内容经历了许多变化。虽然很难非常准确地划分财政问责的历史阶段，但是，根据普雷姆詹德的研究，财政问责的历史可以粗略地划分为六个阶段。③ 在不同阶段，财政问责的重点是不同的。

---

① Justice, Jonathan. 2003. Budgets and accountability. In Jack Rabin. Eds. *Encyclopedia of Public Administration and Public Policy* (117–121). New York: Marcel Dekker, Inc. Ma, Jun & Yilin Hou. 2009. Budgeting for accountability. *Public Administration Review Supplement* (Dec.): 53–60.

② Justice, Jonathan. 2003. Budgets and accountability. In Jack Rabin. Eds. *Encyclopedia of Public Administration and Public Policy.* New York: Marcel Dekker, Inc.

③ Premchand, A. 1999. Public financial accountability. In Salvatore Schiavo-Campo Eds. *Governance, corruption and public financial management.* Asian Development Bank. Box 7. 1.

- 第一阶段（17 世纪以前）。在这一阶段，财政问责体系的委托方是君主，受托方则是财政官员。在此背景下，财政问责主要是指通过设计和实施各种控制机制来保护王室的财富安全，并实现增值。这种财政问责的重点是家产管理（estate managment）。这种财政问责是和君主政府的统治相联系的，它持续了一千多年，并被英国王室财政管理落实进各种标准的会计原则中，其后又影响了欧洲的内阁制政府。
- 第二阶段（17 世纪—18 世纪）。财政问责在 17 世纪的英国出现了新的变化，发展出新的内容。在这一时期，英国开始建立宪政体制。财政问责体系中的委托方由君主转变成纳税人，由纳税大户控制的议会自然成为确保财政问责得以落实的关键性制衡力量。为了更好地监督政府的收支，促使其履行对纳税人的财政责任，议会的财政权力得到了增强，一套控制"钱袋子"的程序逐渐被发展出来，议会任命了专门的委员会来审查政府是否"明智、忠诚和经济地"支出了议会拨给资金。在这一阶段，财政问责最强调的是政府支出要遵守经济原则。
- 第三阶段（19 世纪—20 世纪二战后）。在这一阶段，主要是归功于法国的国库改革以及议会对其监督，独立的审计机构被建立起来审查支出的合规性和经济性。此外，议会的专门委员会也开始审查关于政府预算的年度审计报告，作为对政府财政交易的最后确认。而且，这一时期正是现代公共预算体制确立的时期。在这一时期，经济性和合规性是预算原则中最重要的内容。
- 第四阶段（20 世纪尤其是二战后）。财政问责在 20 世纪尤其是二战后被赋予了新的内容。在这一时期，随着福利国家的兴起和发展，尽管公共支出的经济性仍然是财政问责的一个重要原则，但是，它已经不再像以前那样是决定性的和唯一的。由于公民参与逐步扩大，对公共交易的公众监督也逐渐加强。由于供给公共服务成为政府最主要的职能，财政问责开始越来越强调服务供给、支出的绩效，以及支出的效率和效果。
- 第五阶段。在第四个阶段的基础上，财政问责开始关注一个全新的内容，即审慎的宏观经济管理。这主要是因为从 20 世纪 50 年代开始，各国政府纷纷开始利用公共预算过程来对宏观经济进行微调。因此，人们开始要求政府承担起在宏观经济管理方面的财政责任。这一财政责任要求政府在使用资源和考虑以多少成本来实现何种目标时必须非常审慎，要求政府认真评估预算和经济之间的联系。在这一时期，财政问责开始包括三个方面的内容：（1）支出选择，应该明确审慎的程度；（2）项目管理，包括恰当性、经济管理和合适的供给体系；（3）定期发布信息。

• 第六阶段（主要从 20 世纪 80 年代以来）。在这一阶段，随着政府取向的变化以及各国财政实践出现的一些新变化，财政问责开始被赋予一些新的内容。除了原来的内容之外，这一阶段的财政改革开始要求政府在以下两方面承担起相应的责任：（1）确保建立恰当的体制来实现和改进支出的结果或者绩效；（2）维持国家的财政状况（包括经济可持续性、资源使用上的灵活性、降低财政脆弱性或提高财政可持续性）。

财政问责演变的历史表明，在过去两千多年中，尤其是过去一百年中，随着政治体制和政府职能的变化以及公民对政府预期的改变，财政问责的范围一直在不断扩大。这使得财政问责的内容变得越来越复杂和多样化。最根本性的变化是出现在 17—19 世纪。因为，在这一时期，财政问责体系中的委托人出现了根本性的变化，进而使得问责链条出现了根本性的改变。普雷姆詹德是这样描述这一根本性变化的：

> 从对国王的个人责任（为了国王和国家，在需要的时候，公务员应该牺牲自己的生命）转变到对人民选举出来的代表承担责任。现在，更进一步要求直接对人民负责。[1]

最近这 10 多年的改革，尤其是新绩效预算改革，对财政问责的影响也是非常根本性的。正如普雷姆詹德指出的，在财政问责演变和发展的这六个阶段的绝大部分阶段，财政问责机制的设计都基于这样一条原则：没有任何一个可能有权使用财政资金的官员是可靠的。因此，在这些阶段，财政问责的重点都是防止财政官员滥用职权，侵蚀公共资金，因而对于各种浪费和滥用资金的行为都设置了各种严格的审查和控制程序。然而，最近这 20 多年

---

[1] Premchand, A. 1999. Public financial accountability. In Salvatore Schiavo-Campo Eds. *Governance, corruption and public financial management.* Asian Development Bank. p. 152.

出现的管理主义则认为，为了将官员变成是创造性的管理者，必须信任他们，并赋予他们相应的自主权。当然，普雷姆詹德提醒到，自主性不等于独立，官员必须对结果负责。然而，不可否认的是，最近出现的结果导向的管理和预算模式的确与传统的财政问责理念分道扬镳，一种新的财政问责理念也许正在形成。①

三、财政问责的主要工具

自现代公共预算诞生以来，政府预算已是落实财政问责最主要的工具。具体地，财政问责是通过在整个预算过程中，就政府准备做什么、正在做什么、已经做了什么，展开公开的审查和讨论而得以落实的。政治问责通常是聚焦在政府和议会在预算过程中颁布的政府预算收支、年度会计报表、财政调查以及其他的由各种监督机构准备的报告。② 在整个预算过程中，不同的预算阶段和功能领域所运用的财政问责工具是不同的。

- 总额控制/一般财政状况

在这一阶段或领域，为了获致总额控制，防止政府和政治家过度开支与借债，通常所运用的问责工具包括：中期财政战略、发展计划、中期预算、年度资产平衡表、代际账户。表 21-1 描述了各种问责工具的特征，它们对于问责的贡献及其局限。

表 21-1 一般财政状况方面的主要问责工具

	特征	对于问责的贡献及其局限
中期财政战略	表明目前的经济状况和未来的方向	● 通常太广泛而不能成其为一种战略
发展计划	说明未来投资、相应的维持成本以及融资方式的各种计划	● 这些计划主要集中在投资和新项目，只具体说明了定量的方面

---

① Premchand, A. 1999. Public financial accountability. In Salvatore Schiavo-Campo Eds. Governance, corruption and public financial management. Asian Development Bank.

② Ibid.

（续表）

	特征	对于问责的贡献及其局限
中期预算	说明现在和将来政策在将来的财政影响	• 通常主要是为了向议会提交信息，而不能真正约束政府
年度资产负债表	说明政府的财政运作导致的资产与负债的变化	• 目前，许多国家还没有采用这种管理方式。此外，其中的一些技术问题仍然有待解决
代际账户	说明目前政府的运作及其融资方式给下一代人带来的负担	• 形成这种账户的技术以及它们是否有用仍然存在激烈的争议，而且，发展中国家对此兴趣比较低

资料来源：Premchand, A. 1999. Public financial accountability. In Salvatore Schiavo-Campo Eds. *Governance, corruption and public financial management*. Asian Development Bank. pp. 156–157。

● 年度预算

在年度预算领域，主要的问责工具通常有：年度预算草案、审批作为年度预算基础的政策、对于收入和新的税收提案的估计、支出估计、公共债务估计、捐助和外国援助估计。表21－2描述了这些工具的主要特征，它们对于问责的贡献及其局限。

表21－2　年度预算领域的主要问责工具

	特征	对于问责的贡献及其局限
年度预算草案	包括收支及债务估计	• 许多国家赋权给议会来批准或拒绝年度预算。在一些国家则不是，另一些国家已经建立起英国式或美国式的议会监督模式 • 在一些国家，比较流行对发展项目采用多年拨款的形式；在一些国家，预算外账户非常重要，但是，不需要经过议会审批
审批作为年度预算基础的政策	在一些国家，在提交年度预算之前，需要和议会讨论中期战略和政策	• 在一些国家，议会建立了咨询和分析委员会，在形成最后决定之前，提供建设性的、关键的政策建议

(续表)

	特征	对于问责的贡献及其局限
对于收入和新的税收提案的估计	说明现有政策和新政策提议中将产生的收入	• 这些估计通常被视为不必要的、乐观的。目前,在一些国家要提交审计机构审查(例如英国)。但是,这种审查的价值现在仍然难下结论。如果议会有权,那么,它是有自己的手段来对这些估计进行评估并修改的
支出估计	说明项目和规划导致的支出,并作为议会拨款的基础	• 如果议会有权,那么,它将对项目和规划的支出进行授权。议会的拨款对支出进行了法律上的授权,但会比政府所要的支出少。不过,政府首脑的自由裁量权也会决定项目的支出。在实践中,过低的拨款经常影响预算执行。在一些情况下,会存在一些不需要年度授权的法律性的专项,它们或许可以免受过低拨款的命运 • 支出项目的收益或许没有充分说明,而且,除了在绩效合同的情况下,或许也不能反映约束性的合同 • 在大多数情况下,一些支出成分,例如与公债有关的,不需要经过年度议会审批
公共债务估计	说明举债水平以及利息等成本	• 在大多数情况下,这些估计不需要议会审批。新的举债,包括对外举债,或许不需要议会审批 • 在一些国家,财政赤字控制目标没有以法律的形式体现。在这种情况下,它们就不是强制实施的。如果政府未能达成这一目标,可能会招致议会批评,但是没有任何惩罚。

资料来源:Premchand, A. 1999. Public financial accountability. In Salvatore Schiavo-Campo Eds. *Governance, corruption and public financial management*. Asian Development Bank. pp. 156–161。

● 总体的目标与政策

只有支出后实现了整体的目标和政策目的，才能真正履行财政责任。对此，尽管前面提到的各种工具都是有用的，但是，它们仍不能完全保证整体目标与政策的实现。在现实中，没有实现目标（例如宏观经济稳定、收入分配、服务供给、融资模式）会引起议会和其他问责机构广泛的关注，但是，除了来自选举方面的惩罚之外，是不会有别的惩罚的。实际上，政府首脑的活动余地或自由度是相当大的，很难就整体目标和政策的实现对之进行问责。而且，在上述的各种问责工具中，除了赋权型支出外，一般没有法律上的责任。[①]

● 预算执行

财政问责必须进一步延伸到预算执行过程。在这个领域，主要的问责工具通常有：向支出机构拨付资金、现金管理、合同认可、资金结转、向其他层级政府拨付转移支付以及拨付赋权型支出、人事限制与再拨款、绩效合同及其测量、追加预算、超支控制。表 21-3 描述了主要问责工具的特征，它们对问责的贡献及其局限。

表 21-3 预算执行领域的主要问责工具

	特征	对于问责的贡献及其局限
拨付资金给支出机构	分期用款计划	● 在一些建立了国库控制的国家，资金拨付或许需要提交一个财政总监或者审计长代表议会批准，在有些国家，议会将以立法的形式就通过的拨款明确拨款的时间。但是，许多国家没有类似的限制
现金管理	其目的是方便举债并确保资金平稳、顺利地流进和流出	● 这主要是行政的职能，经验表明，在某些情况下，这会伴随着恩惠制与裙带资本主义

[①] Premchand, A. 1999. Public financial accountability. In Salvatore Schiavo-Campo Eds. *Governance, corruption and public financial management.* Asian Development Bank. p. 161.

(续表)

	特征	对于问责的贡献及其局限
合同确认	说明将要完成的工作	• 合同不需要提交议会审批,其中的细节也不需要报告议会 • 在一些国家的地方政府,负责对合同进行确认的机构或委员会或许会在这个过程中吸纳社区代表参加
资金结转	资金被允许结转到下一个预算年度使用	• 为了解决年底突击花钱带来的浪费,一些国家选择性地允许结转 • 这违反了议会与政府之间在批准预算时达成的合同。尽管这样,在有些国家,这种财政交易不向议会报告
政府间转移支付及赋权型支出的拨付	显示了政府支出的资产负债	• 大多数这种资金都是以前的立法决定的,无需议会特别的批准
人事限制与再拨款	通常在这一领域,议会设置了各种限制	• 政府在这一限制方面有相当大的活动余地。政府常常采用各种手段违反这一限制,例如零时雇员、租用而不是购买、分类计价、采用法律手段等
绩效合同及其测量	这是最近这些年才出现的,旨在为服务提供一个法律基础,通过绩效测量来使得部门更加负责	• 绩效合同仍未获得广泛的接受;主要出于提供信息的目的提交议会,但是,这些合同不用议会批准 • 绩效测量主要针对一些选择的项目。这些测量主要是由政府首脑负责的,不具备约束力也不是议会要求的。不过,未能实现承诺的绩效至少需要提供解释或辩护
追加预算	对于配给的资金滥用之限制	• 在许多国家,追加预算都需要经议会批准。虽然有一个规定的时间表,但是,在需要时,立法机构是可以通过的。然而,政府可以预计议会将会通过审批而先支出 • 政府首脑可能会削减已经配给的资金,而不向议会报告

(续表)

	特征	对于问责的贡献及其局限
超支控制	支出超过预算授权的上限	• 在英联邦预算体制中，超支事后必须获得批准。在美国式的预算体制中，超支的官员必须负担这一资金 • 政府经常采取各种办法绕开超支方面的限制，例如，通过隐瞒债务——如一般不需向议会报告的拖欠

资料来源：Premchand, A. 1999. Public financial accountability. In Salvatore Schiavo-Campo Eds. *Governance, corruption and public financial management*. Asian Development Bank. pp. 162–165。

- 会计

政府会计是审查政府是否履行财政责任的重要工具。在这个领域，一般有两个重要的问责工具：拨款账户和定期的会计报告。表21-4描述了与会计账户相关的问责工具的主要特征，它如何对于问责的贡献及其局限。

表21-4 与会计账户相关的问责工具

	特征	对于问责的贡献及其局限
拨款账户	说明议会批准的资金是如何使用的以及预算目的的实现程度	• 审计过的账户需要提交议会审查和批准 • 各国的会计结构互不相同，但是大部分都太粗略，无细节，此外，也不向公众公布
定期的会计报告	说明年内政府财政的状况	• 直到最近，这些报告都不提交议会，也不向社会公布这些报告。最近，由于金融市场的压力，一些国家的政府开始定期公布这些数据 • 在一些财政绩效需要被外部评级（例如发行债务需要）的国家，政府定期公布财务数据

资料来源：Premchand, A. 1999. Public financial accountability. In Salvatore Schiavo-Campo Eds. *Governance, corruption and public financial management*. Asian Development Bank. pp. 164–167。

● 审计

在 19 世纪建立现代公共预算体制之日,定期的审计已经是一个最重要的问责方式。在这一领域,主要的问责工具有:年度审计报告、定期的调查报告、效率审计。表 21-5 描述了审计领域的这些问责工具的主要特征,它们对于问责的贡献及其局限。

表 21-5 审计领域的主要问责工具

	特征	对于问责的贡献及其局限
年度审计报告	● 说明政府在财政领域存在的问题	● 这是最传统、最基本的问责方式。不过,在许多国家,这个报告的提交经常被拖延。长期以来,这个报告主要集中在财政的常规审计,即审计政府及其部门是否严格依预算进行执行,是否违规 ● 长期以来,审计的范围不涉及政策。它的成功主要依赖议会的支持
定期调查报告	● 说明特定领域的滥用 ● 说明权力的使用或欺骗	● 目前,各国对于这一手段的使用仍然比较有限;然而,一旦使用将会导致惩罚
效率审计	● 说明资源使用过程中的效率	● 目前,由于政府在预算过程中仍未普遍使用约束力很高的绩效预算,所以,这一工具的使用仍然比较有限

资料来源:Premchand, A. 1999. Public financial accountability. In Salvatore Schiavo-Campo Eds. *Governance, corruption and public financial management.* Asian Development Bank. pp. 166-167。

● 评估

在实行新绩效预算改革的国家,对项目的评估也成为一个非常重要的落实问责的领域。具体地,政府需要定期制定、提交甚至发布关于项目效果的报告。表 21-6 描述了评估报告这种问责工具的主要特征,它对于问责的贡献及其存在的局限。

表 21-6 评估领域的问责工具

	特征	对于问责的贡献及其局限
定期的评估报告	说明项目实现的结果以及实施的成本与效果	• 评估主要是政府首脑使用的一个技术。目前,在世界范围内,这一技术的使用仍比较有限。这些报告,一旦公布,议会及公众就可获得关于政府支出绩效的信息 • 在一些国家,议会的委员会在审计机构或者它自己的专业机构的协助下已介入项目实现效果的评估 • 即使在上述两种情况下,未能实现承诺的效果并不会导致惩罚。不过,政府部门需要提供相应的解释和辩护

资料来源：Premchand, A. 1999. Public financial accountability. In Salvatore Schiavo-Campo Eds. *Governance, corruption and public financial canagement.* Asian Development Bank. p. 167。

当然，不是所有的国家在所有的时期都全面地采用了这些问责工具。首先，在这些问责工具中，议会对年度预算的审查批准、财政部门和议会在预算执行中对支出行为的监督、会计控制与审计是传统的问责工具。对一般财政状况领域的监督、对整体目标与政策实现程度的监督以及评估则是20世纪80年代开始出现的问责工具，与新绩效预算的实施密切相关。其次，虽然大部分问责工具都具有普遍性，至少在那些预算制度比较成熟的国家，大部分问责工具都不同程度地在被使用，但是，不是所有的国家都使用了所有这些问责工具。一些国家，主要是那些预算制度仍不成熟的国家，只有很少的问责工具，例如年度预算以及一些年度会计账户。目前，其他的问责工具在很多国家仍未得到充分的使用。第三，问责的许多方面仍未充分实现，这在一定程度上与预算制度的发展程度有关。在许多国家，对于项目的绩效及其与资源的联系缺乏明确的说明，即使是对于政府机构来说，也缺乏必须的成本信息，在这些情况下，要进行有效的监督就很难，问责也就比较难以落实。[1] 总而言之，这些问责工具都是确保政府在财政领域负责的重要手段。

---

[1] Premchand, A. 1999. Public financial accountability. In Salvatore Schiavo-Campo Eds. *Governance, corruption and public financial management.* Asian Development Bank.

一个国家的问责工具越完备，它在公共财政领域的问责程度也越高，反之则越低。2001年，世界银行根据四个问责工具对五个亚洲国家的财政问责程度进行了排序（表21-7）。

表21-7 亚洲五国的公共问责程度

	合理的公共财政体系的因素	老挝	中国	越南	泰国	韩国	柬埔寨
1	预算过程的质量与公开性	◆	◆	◆	○	○	◆
2	内部财政和绩效管理的合理性	◆	○	◆	○	◆	◆
3	公共部门会计和管理信息的质量	◆	◆	◆	○	●	◆
4	公共外部审计和评估功能的有效性	◆	○	◆	○	●	◆
	总体情况	◆	◆/○	◆	○	○/●	◆

注释：排序：低＝◆；中等水平＝○；高＝●

资料来源：World Bank. 2001. East Asia Update. 转引自 Barraclough, Katherine, & Bill Dorotinsky. 2005. *International practice on budget execution and control*. Public Financial Management Workshop, NOSPA, Vientiane, Lao PDR May 23-26. 有所修改。

四、财政透明

对于实现财政问责来说，财政透明是最基本的要求。财政透明的定义有很多。根据科彼茨和克雷格的定义，与预算过程相关的财政透明是指"最大程度地向公众公开政府的结构和职能、财政政策的意图、公共部门的账户以及项目。这需要方便、容易地获得可靠的、全面的、及时的、易懂的，而且可以进行国际比较的政府活动的信息，以便选民和金融市场能够准确地评估政府的财政状况以及政府活动的真实成本与收益，包括它们目前和将来的经济和社会影响"①。波特巴和冯·哈根指出，透明的预算过程是指预算过程能够提供有关政府财政政策各个方面的全部信息，因此，那种具有多个特殊账户并且不能将政府所有的活动完整地体现在一个统一文件的政府预算不能算是透明的预算，只有那种易为公众和决策者获取、并且能准确地反映政府全部活动的政府预算才是公开透明的预算。②

对于落实财政问责来说，财政透明是一个最基本的条件。首先，如果预算体系缺乏透明度，财政官员以及可以影响资金分配和使用的决策者就没有任何压力去考虑他们所应该承担的财政责任。其次，如果没有财政透明，议会就无法准确、及时地了解政府准备做什么、正在做什么、已经做了什么，以及活动的效率和效果如何，公民也同样没有这些信息，从而就无法判断政府是否负责。第三，缺乏财政透明度的预算体系很难进行总额控制和改进资源配置效率，因为，在这种预算体系中，决策者容易忽视政策成本，很多活动可以不经过预算程序就获得资金，各种债务可以非常隐蔽地累积。最后，财政问责需要监督决策者决定的支出是否有绩效，促使他们对绩效负责，然而，如果预算体系缺乏透明度，那么，监督是非常困难和成本高昂的。总而言之，财政透明度不仅是良好财政管理的一个前提，而且是落实财政问责的一个基本条件。一个缺乏财政透明度的政府，就是一个"看不见的政府"，也很难是一个负责的政府。

财政透明之重要是不言而喻的。这些年来，财政透明度越来越受重视。国际货币基金组织（IMF）、世界银行、经合组织等还专门制定了财政透明度最佳做法的指南或准则，指导各国的财政透明度实践。1998年，国际货币基金组织理事会先后通过了《财政透明度良好做法守则—原则宣言》和《财政透明度手册》，并于2001对之进行修订。表21-8介绍了国际货币基金组织的财政透明准则的基本框架。

---

① Kopits, G., & J. Craig. 1998. Transparency in government operations. IMF Occasional Paper No. 158. p. 1.

② Poterba, James M., & Jorgen von Hagen. 1999. Introduction. In James M. Poterba & Jorgen von Hagen. Eds. *Fiscal institution and fiscal performance*. Chicago: University of Chicago Press.

表 21-8　国际货币基金组织的财政透明准则

I. 明确角色与责任 • 政府部门应清楚地与经济的其他部分区分开来,政府内部的政策和管理角色应很好地进行界定; • 财政管理应该有一个清楚的法律和行政框架。
II. 公众可以获得信息 • 公众应能获得关于政府以前、现在和将来的财政活动的全部信息; • 政府应公开承诺它将及时地公布财政信息。
III. 预算准备、执行和报告公开 • 预算文件应该详细说明财政政策目标、宏观经济框架、预算的政策基础以及可识别的主要财政风险; • 预算估计应该以一种有助于政策分析和提高问责的形式进行分类和提交; • 执行和监督批准的支出的程序应该清楚而且详细地说明; • 财政报告应及时、全面和可靠,应指出偏离预算的事项。
IV. 在诚信问题上有一个独立的保证 • 财政信息的诚信应受公众和独立机构的审查。

资料来源:转引自 Schiavo-Campo, S., & D. Tommasi. 1999. *Managing government expenditure*. Asian Development Bank. Annex II。

奥特和拉森认为,一个公开透明的预算过程应具有四个特征[1]:

- 一个更加透明的预算程序能够提供更多的信息,在其他条件相同的情况下,在较少的预算文件中应包括尽可能多的预算信息。这意味着公开,以及获得信息和进行监督。
- 透明不仅依赖于公布信息,而且也与内容有关。因此,政府应该保证不采用随意的语言。预算文件中的语言和分类应该清楚、易懂,没有歧义。在这一方面,美国一些州政府使用一套普遍接受的会计原则就是一个很好的做法。

---

[1] Alt, James E., & David Dreyer Lassen. 2005. Fiscal transparency, political parties, and debt in OECD countries. *European Economic Review* Vol. 50, No. 6: 1403-1439.

- 对预算信息采用独立的审查（independent verification）有助于提高透明度，因为它可以使得信息的沟通具有说服力和可信度。
- 提供更多的解释和辩护有助于提高透明度，减少在上述活动中采取过于乐观的态度和进行策略性的捏造。

通过将这四大标准操作化成 11 个问题，他们发展了一套测量各国财政透明度的指标体系，最高分值 11 分，最低分值 0 分。然后，根据 1999 年 OECD 对各国财政透明度的问卷调查结果，他们计算了主要 OECD 国家的财政透明度指数。其中最低分是日本（0），最高分是新西兰（11 分）（图 21-1）。

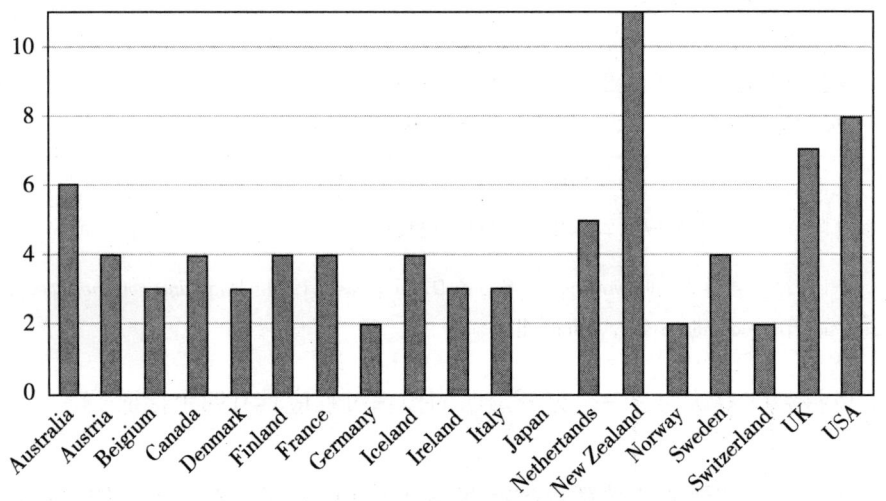

图 21-1　OECD 各国的财政透明度指数

资料来源：Alt, James E., & David Dreyer Lassen. 2005. Fiscal transparency, political parties, and debt in OECD countries. *European Economic Review* Vol. 50, No. 6: 1403-1439。

奥特和拉森还分析了债务规模与财政透明之间的关系。他们发现，财政透明度越高，中央政府债务占 GDP 的比重越小，反之则越大。[1] 这说明，财政透明度与财经纪律之间存在着密切的关系（图 21-2）。

---

[1] Alt, James E., & David Dreyer Lassen. 2005. Fiscal transparency, political parties, and debt in OECD countries. *European Economic Review* Vol. 50, No. 6: 1403-1439.

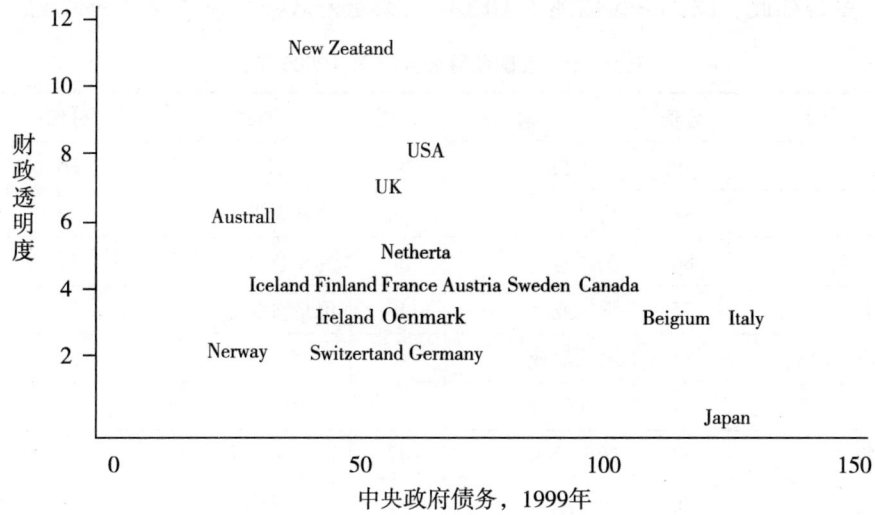

图 21-2　财政透明度与政府债务规模，OECD 国家数据 1999 年

资料来源：Alt, James E., & David Dreyer Lassen. 2005. Fiscal transparency, political parties, and debt in OECD countries. *European Economic Review* Vol. 50, No. 6: 1403-1439。

　　近年来，一些民间研究机构也对财政或预算透明度表现出极大的兴趣。1997 年，美国华盛顿特区的非政府组织 CBPP 组建了国际预算项目（Internation Budget Project，IBP）。1999 年 IBP 与南非的民主机构（Idasa）合作对南非的预算透明度和公众参与性进行了研究。2004 年，在吸收了 IMF 财政透明度准则的基础上，IBP 开发了一套测量预算透明度的指标体系，对预算全过程的预算透明度进行测量。2006 年，该组织运用这一标准首次对 59 个国家进行了预算透明度评级。[①] 测量结果如表 21-9 所表示。在该表中，得分越高表明财政透明度越高，反之则越低。

　　财政问责最终应该落到支出绩效。目前，新绩效预算改革已在 OECD 国家普遍实施。因此，形成的各种绩效信息是否向公众公开，公开范围和程度如何，也是财政透明应该考虑的问题。同时，新绩效预算改革也有助于提高预算透明，尤其是采用权责发生制会计模式，或者更发达的权责发生制预算

---

① 邓淑莲：《预算透明衡量标准的研究视角》，见马骏、王浦劬等主编《呼吁公共预算：来自政治学、公共行政学的声音》，中央编译出版社 2008 年版。

后，更是如此。图 21-3 描述了 OECD 国家向公众公布绩效信息的情况。

表 21-9 各国预算公开指数（2006 年）

国家	分值	国家	分值	国家	分值
法国	89	菲律宾	51	尼泊尔	36
英国	88	约旦	50	格鲁吉亚	33
新西兰	86	墨西哥	50	乌干达	31
南非	85	肯尼亚	48	厄瓜多尔	31
斯洛文尼亚	81	坦桑尼亚	48	阿塞拜疆	30
美国	81	保加利亚	47	喀麦隆	29
秘鲁	77	斯里兰卡	47	阿尔及利亚	28
瑞典	76	俄罗斯	47	萨尔瓦多	26
波兰	73	危地马拉	46	阿尔巴尼亚	24
巴西	73	哥斯达黎加	44	波尼维亚	20
韩国	73	哈萨克斯坦	43	尼日利亚	20
挪威	72	加纳	42	尼加拉瓜	20
罗马尼亚	66	克罗地亚	42	摩洛哥	19
博茨瓦纳	65	土耳其	41	蒙古	18
捷克共和国	64	马拉维	41	埃及	18
哥伦比亚	57	印度尼西亚	41	布基纳法索	11
印度	52	孟加拉国	40	乍得	5
巴布亚新几内亚	51	阿根廷	39	安哥拉	4
纳米比亚	51	洪都拉斯	38	越南	2
巴基斯坦	51	赞比亚	37		

资料来源：International Budget Project 网站，2008 年 6 月 22 日下载。

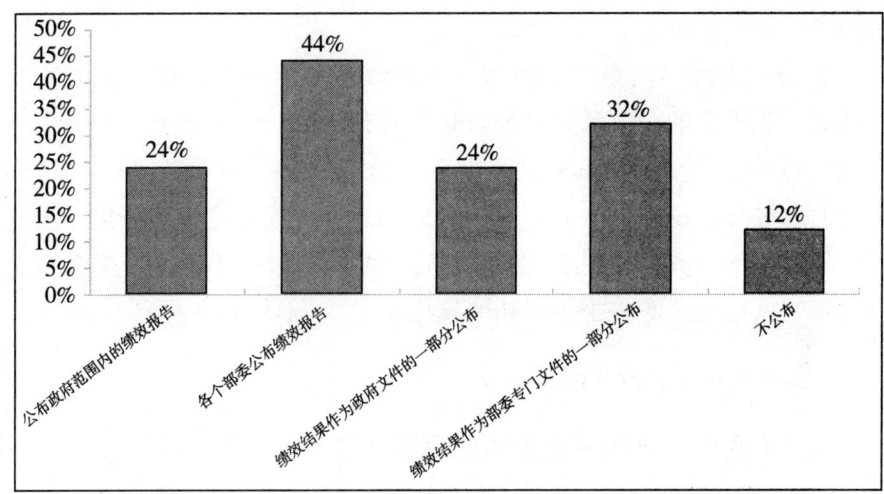

图 21-3 OECD 国家向公众公布绩效信息的情况

资料来源：OECD. 2007. Performance budgeting in OECD countries. Paris: OECD Publishing. p. 62。

五、阻碍财政问责的因素

根据各国的经验，阻碍财政问责的因素主要包括以下几方面[①]：

（一）支出未纳入监督

在许多国家，某些支出是在监督机构（议会和审计机构）的监督权限之外的。这就意味着某些活动是在监督之外的，从而极大地降低了财政收支负责的程度。这主要包括：

（1）在不少国家，预算外财政活动仍然比较普遍，许多财政交易都是通过预算外账户或者依靠政府首脑的法令而处理的。

（2）国防预算一直以"国家机密"的形式变成不透明的预算。尽管国防支出的绩效很难评估，但是，准确计算其成本是有助于实现问责的。目

---

① 参见 Premchand, A. 1999. Public financial accountability. In Salvatore Schiavo-Campo Eds. *Governance, corruption and public financial management.* Asian Development Bank。

前，一些发达国家已经开始了这方面的探索，取得了一些效果。但是，在发展中国家，进展甚少。

（3）公债在许多国家都是很重要的融资手段，但是，在很多国家，对债务的监督是很少的。尤其是各种隐蔽的或有负债。

（4）许多私有化活动也未纳入现存的监督体系。20世纪80年代以来，许多公共服务外包给私人企业或非营利组织，这些机构使用着公共资金，但是，在一种采购服务的逻辑下，它们对资金的使用过程不能纳入现有的支出控制体系。这给财政问责带来了新的挑战。

（二）监督机构的制度缺陷

传统的财政问责机制主要包括议会监督与审计监督。但是，在许多国家，这两大基本的监督机制都存在着制度上的缺陷。在议会监督方面，一些国家，过于强大的、不受约束的议会监督权力反而导致议会在预算领域采取不负责的行为，例如掠夺性支出，而不顾及财政健康[①]，但是，在许多地方，议会则无法进行真正有效的监督。在一些国家，特别是实行威斯敏斯特模式的国家，议会仅仅只能拒绝政府的政策或预算，而不能真正地修改预算。最近这些年，尽管这些国家的议会开始建立各种咨询委员会来加强议会在政策制定领域的能力，但是，效果仍是差强人意的。在不少国家，很大一部分支出都是由现存法律决定的，议会根本无法审查。在有些国家，债务以及政府运作的企业并不需要议会审批，与国际金融组织签订合同也不需要提交议会审批或向议会报告。在许多国家，宏观经济政策或者中期支出框架也不提交议会审查、讨论。

在许多国家，审计机构的发展程度和独立性仍然不够。即使在那些审计制度已经存在许多年的国家，如何更好地发挥审计的问责功能仍然是一个需要解决的问题。在大多数情况下，审计机构无权审查政策问题。在许多发展中国家，在资金支出之前，审计机构无权对之进行追踪。在大多数国家，审计机构的审计主要局限在常规性审计（主要关注是否违规），效率和绩效审

---

① Von Hagen, Jorgen. 1992. Budgeting procedures and fiscal performance in the European Community. Economic papers 96, Commission of the European Communities.

计仍然未发展起来。在一些专业性很强的领域，审计机构的审计能力也存在不足，面临挑战，例如债务和外汇管理。许多国家的审计机构很少进行针对性很强的具体领域的调查审计。即使已经开展这种审计的国家，如何将常规审计和专项调查审计结合起来仍然是需要探讨的问题。最后，审计监督的效果取决于它在多大程度上能获得议会的支持，但是，在许多国家，议会活动主要围绕政党政治和眼前的问题，而不关心制度发展。

（三）支出构成的变化

目前，许多国家中央政府的支出与以前相比都出现了很大的变化。一方面，各种赋权型支出的比重很大，这些支出是自动发生的，无论是核心预算机构还是议会都很难对之进行监督。另一方面，转移性支出的比重越来越大，政府财政越来越像一个资金柜台，只负责将资金转移支付到自主性的机构、非营利组织和地方政府。这就使得资金供给者和服务提供者之间的距离越来越大，这也给监督带来了新的挑战。

（四）层级制的问题

政治问责需要管理问责的支持。在公共管理中，需要建立一种机制使得管理者对其上级负责，最终在政府内部使得各个部门都对政府首脑负责。在此基础上，才能使得政府首脑作为政府的代表对议会和公民负责。政府内部的层级制作为一种对上负责的体制，层层明确了责任。但是，在许多国家，或多或少都存在一个责任模糊不清的问题。这就使得常常无法确定谁或者哪一个机构应该对糟糕的绩效承担责任。而且，在这种自上而下的问责体系中，常常需要建立各种控制体系，然而，过度的控制可能会降低政府运作的绩效。实行新绩效预算以来，一方面实行放权，另一方面通过层层签订绩效合同的方式明确责任。这似乎提供了一种解决问题的方案。但是，一些新的问题又出现，例如，下放的权力可能又被集中在部门领导手中，绩效合同很难全面，具体的活动的责任很难确定，实施和监督绩效合同需要支付成本，等等。

（五）联结绩效与资源的困难

财政问责，归根到底，需要在资金与实现的结果之间建立明确的联系。

但是，这是一个挑战性极大的任务。目前，即使在那些实行新绩效预算多年的国家，仍未真正地、完全地做到这一点，绩效信息与支出之间的联系仍然是松散的、间接的。而且，形成的绩效信息最后也需要向议会和公众公布。而在这一方面，也仍然存在一些需要解决的问题。

（六）公众审查的问题

财政问责的最终目标是，告知公民，政府如何筹集财政资源，这些资源是否被使用来满足公民的需要，满足程度如何。在许多发展中国家，即使年度预算也未向公众公布，或者没有向公众公布一个详细而全面的年度预算。即使在那些已经公布了年度预算、年度财务报告或者会计报告、审计报告等的国家，公众也很难进行仔细的审查。这主要是因为：

（1）年度预算或者会计账户很粗，只说明总体的效果或者总体的资金情况，无法让公众明白影响具体活动的各种因素。

（2）在很多情况下，政府公布的信息只是关于政府及其各个部门是否遵守各种规则和程序，而没有告知公民，政策目标是否实现，服务供给的绩效如何等，这使得公众无从真正判断政府是否负责，以及负责程度如何。

（3）政府实际掌握这些信息，它可能在这些信息上做手脚。

第 二 十 二 章

公民参与预算

参与民主是一个将直接民主和间接民主的成分结合起来的集体决策过程。

——Aragonès & Sánchez-Pagés[①]

长期以来,财政问责都是在代议制民主的制度框架内展开的。各种改革都将重点放在完善政府内部的预算约束机制,加强议会监督,完善审计制度,等等。在这种预算民主模式下,公共资源的配置决策主要是由政府和议会在不同的制度安排下做出的,公民一般没有直接介入预算决策。在这种模式中,财政问责进而政治问责的链条是这样的,各个政府机构在预算上对政府首脑负责,政府首脑通过向议会提交政府预算草案的形式对议会负责,而议会通过审查和批准政府预算、监督政府预算执行对公民负责。公民的角色只是选举议员或者政府首脑,然后将预算权授予这些政治家。按照"垂直问责"(vertical accountability)的理论,选举是公民制约政治家的基本手段,它使得公民能够通过定期的公开选举对政治家进行奖惩,从而确保他们对公民负责。而议会的监督加上审计监督进一步建立了一套"水平问责"(horizontal accountability)的制度对权力的行使进行制约,从而可以使得政治家

---

① Aragonès, Enriqueta & Santiago Sánchez-Pagés. 2009. A theory of participatory democracy based on the real case of Porto Alegre. *European Economic Review* Vol. 20, No. 1: 56–72.

更加对公民负责。① 然而，20 世纪 60 年代开始，随着对代议制民主的不满越来越大，一种新型的预算民主模式——公民参与预算——开始在美国等发达国家涌现。20 世纪 80 年代后期，公民参与预算在巴西出现，并在 90 年代后期逐步扩展到其他拉美国家，更进一步产生了巨大的国际影响。这就在全球范围内掀起了公民参与预算改革的高潮。

一、为什么会出现和需要公民参与预算？

目前积极推进公民参与预算的发达国家和一些发展中国家都已经建立了代议制民主制度。在这种制度下，公民通过选举产生的政治家来表达自己的意愿与偏好。具体地，民主选举产生的议员监督着政府的预算，直接由选民选举产生的政府首脑更直接介入各个部门所编制的预算。如果选举能对这些民选的政治家构成约束，为什么还需要公民参与预算？从根本上看，公民参与预算的出现主要是由于代议制民主本身存在着一些制度缺陷。②

（一）代议制民主下公民信任和政治参与下降

民主选举并不能确保公民的权利和利益得以实现，这导致公民对政府的信任越来越低。在代议制民主下，虽然政治家是民主选举产生的，但是，一旦选举结束后，公民是很难对这些政治家进行控制的。这些选举产生的政治家将他们自己与选民越隔越远，在政治活动中，他们经常关心的是其他的利益群体的利益而不是公民的利益。正如格雷德（Grieder，1992）批评的，美国的政治结构越来越倾向于为公司和有钱人的利益服务。在这种情况下，公民的角色越来越被限制为一种最狭窄地定义的"参与"，公民变成了民意测验的答卷人和利益集团的成员，公民变成了进入投票站投票的人。这使得

---

① Schedler, A. 1999. Conceptualizing accountability. In Schedler, A., L. Diamond, & M. Platterner Eds. *The self-restraining state.* Boulder, CO: Lynne Rienner. O'Donnell, Guillermo. 1999. Horizontal accountability in new democracies. In Andres Schedler, Larry Diamond & Marc Platterner. Eds. *The self-restraining state: Power and accountability in new democracies.* Boulder, CO: Lynne Rienner.

② Simonsen, William, & Mark D. Robbins. 2000. *Citizen participation in resource allocation.* Boulder: Westview Press.

公民对政府的信任越来越低。例如，根据美国"全国选举研究"的一项研究，在20世纪60年代，有60%多到70%多的美国人信任联邦政府。但是，到90年代，只有30%左右的美国人信任联邦政府。[1]

由于公民越来越不信任政府和政府所做的各种事情，公民的政治参与度就越来越低，这直接威胁到民主制度的基础。根据一项在美国进行的调查，从1968年到1996年，只有50%—61%的符合资格的美国投票人参与了总统投票。面对这种现象，一些学者例如巴伯（Barber，1984）将美国民主描述为"弱势民主"（thin democracy）。[2]

代议制民主不仅在第一波民主化的国家，例如美国，出现了这些问题，而且在20世纪的"新民主国家"实施的效果也不是很理想。例如，尽管拉美国家也实行了公开竞争的选举，建立了权力互相监督的体制，但是，各种研究都发现，拉美国家的民主政治并未有效地解决政治问责的问题。[3] 为了重建公民对政府的信任，激活民主制度所需要的公民参与和公民文化，美国等民主国家开始在地方政府层面引入公民参与预算。公民参与预算是一种社会问责模式（societal accountability），在这种模式下，公民社会积极地介入预算过程，影响资金分配，使得政府更加负责。[4] 不过，阿克曼认为，以巴西为代表的公民参与预算的意义远远超越了社会问责，它是一种"共同治理的问责"（co-governance accountability），因为，公民不再是从外部或只在社区基层影响政策，而是直接进入政府内部，自己来做决策，与政治家一起进行治理。[5]

---

[1] 以上转引自 Simonsen, William, & Mark D. Robbins. 2000. *Citizen participation in resource allocation*. Boulder: Westview Press. pp. xv, xiv.

[2] Ibid., p. xvi.

[3] Smulovitz, C., & E. Peruzzotti. 2000. Societal accountability in Latin America. *Journal of Democracy* Vol. 11, No. 4: 147 – 158.

[4] World Bank. 2006. *Social accountability: Strengthening the demand side of governance and service delivery*. Washington, D. C.: World Bank. Ma, Jun. 2009. The dilemma of developing financial accountability without election. *Australia Journal of Public Administration* Vol. 68: 62 – 72.

[5] Ackerman, John. 2003. Co-governance for accountability: Beyond "exit" and "voice." *World Development* Vol. 32, No. 3: 447 – 463.

（二）"免费午餐"的困境

通常地，公共预算会面临一个"免费午餐"的困境。由于公民对政府所面临的困难选择可能并不能真切地理解，公民常常会存在"免费午餐"的倾向，即要求政府减税但是增加公共服务或至少维持现有的公共服务。例如，一项研究（Citrin，1979）发现，在加利福尼亚州纳税人通过十三号修正法案来抗议政府税收的时期，一方面公民显然对政府提供的公共服务水平是满意的，另一方面，有38%的选民相信，州和地方政府可以在削减40%预算的条件下提供以前的服务水平。但是，另一些研究发现公民对于服务与税收组合的态度是不一致而且比较复杂。不过，一项研究（Welch，1985）发现，在受调查的地方居民中，只有很小一部分居民（7%）希望增加服务而不愿意缴纳税收。这意味着，虽然存在"免费午餐"的悖论，但它并不是绝对的。更为重要地，另一项研究（Wilson，1983）发现，为了获得更多的公共服务，公民是愿意交纳更多的税收的。[1] 这表明，在某些条件下，公民可能就不会采取"免费午餐"的倾向。而公民参与预算就是一种能够创造这种条件的机制。

公民参与预算让公民参与公共预算决策，这就使得公民能够真实地了解政府预算决策所面临的艰难选择。为什么有些时候公民愿意为更多的公共服务支付更多的税收或费用，而在更多的情况下不愿意缴税或者要求削减税收？这都与信任有关。如果公民不信任政府，不相信政府正在或能够有效率地做正确的事情，那么，他们就不愿意缴税，反之则可能愿意缴纳更多的税收。正如许多调查发现的，当问到公民是否他们偏爱维持或增加服务，减低税收或增加政府效率时，公民一般倾向于强调低的税收和更加有效率的政府而不是小的公共部门本身（Beck, et. al., 1987; Citrin, 1979; Ladd & Wilson, 1982; Welch, 1985）。总之，如果公民信任政府，公民是愿意支付税收的。要做到这一点，需要让公民参与预算，了解各种选择及其成本，获得公民的支持。这实际也正是美国等民主国家在地方政府的预算过程中引入

---

[1] 以上转引自 Simonsen, William, & Mark D. Robbins. 2000. *Citizen participation in resource allocation.* Boulder: Westview Press. p. viii。

公民参与预算的主要动机。①

(三) 公民参与预算的冲突

在实行代议制民主制度和日益专业化分工的社会中，引入公民参与预算必然会导致一些冲突。这些冲突影响着政治家和政府专业人员对公民参与预算的认识和态度，也是设计公民参与预算的具体制度时必须予以考虑的。因此，对于实行公民参与预算来说，理解这些冲突是极其关键的。根据西蒙森和罗宾斯的分析，主要有三种类型的冲突②（图22-1）。

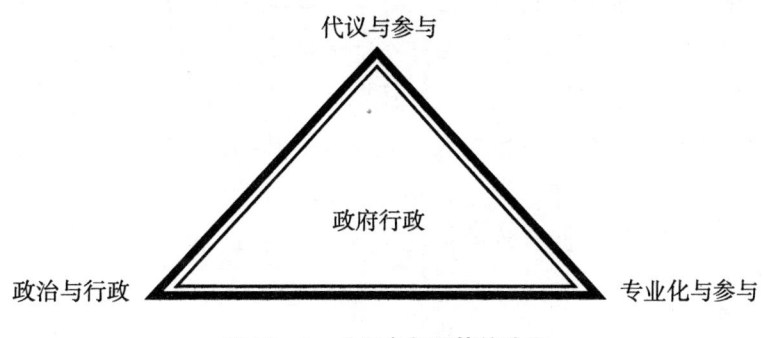

图22-1 公民参与预算的冲突

● 代议与参与之间的冲突

正如巴西的公民参与预算经验表明的，公民参与的确可能会导致公民与代议制机构之间发生冲突。但是，这并不能成为反对和抵制公民参与预算的理由。从民主的形式上看，公民参与预算是一种参与民主或者直接民主。直接民主与间接民主之间并不完全是互相排斥的，而是可以互相补充的。代议制民主的支持者倾向于认为公民参与预算是在攫取选举出来的议会的法定权力。然而，如果选举出来的议员真正地代表他们的选民，那么，在如何使用地方的资源这个问题上，直接和间接表达需要和偏好之间不应该存在根本性

---

① 以上转引自 Simonsen, William, & Mark D. Robbins. 2000. *Citizen participation in resource allocation*. Boulder: Westview Press. pp. viii–xix。

② Ibid.

的冲突。① 然而，问题恰恰就在于，代议制民主政治中的民意代表常常不能真正地代表他们的选民。

现代民主制度是建立在选举制度之上的，主要是采取间接民主的形式，代议制是这一体制的基础。这种制度设计隐含的一个信念是，如果政治家（议员和总统）都是公民选举产生的，那么，定期的选举制度本身能够确保这些选举产生的政治家去追求公共利益并对公民的需要做出回应。一些政治家，例如汉密尔顿，甚至主张，一旦政府建立之后，它的行政系统就应该是高度专业化的并且与公民隔离开来。② 的确，如果选举产生的政治家能够在政策制定过程中追求公共利益，公民参与预算就是多余的。但是，正如这些年的许多研究都发现的，选举制度并不能完成代议制民主赋予它的任务。一旦公民选举了政治家之后，公民就在任期内失去了对这些政治家的控制，政治家可能会用特殊的利益甚至私人利益取代公共利益。更进一步，虽然政府行政官员不是选举产生的，但是，他们可能是政治家自身也无法有效控制的，然而，他们实际上拥有政策制定权力，他们做出每一个决策都有可能会影响公民的生活。

应该强调的是，关于什么是公共利益实际上是一个非常复杂的问题。正如美国政治学家黑伦（Herring，1936）在其名作《公共行政中的公共利益》一书中指出的，无论是行政官员、公民还是其他希望从政府服务中获得满足的任何团体，都不能宣称只有自己才明白什么是公共利益，只有自己对公共利益的理解才是最正确的。③ 这实际上意味着，只有在纳入公民参与的真诚、平等的政治或政策对话中，我们才能真正明白公共利益是什么；只有在这样的对话中，公共利益才能"社会性地"确立下来。引入公民参与预算，

---

① Aragonès, Enriqueta & Santiago Sánchez-Pagés. 2009. A theory of participatory democracy based on the real case of Porto Alegre. *European Economic Review* Vol. 20, No. 1: 56 – 72. Medeiros, Janann Joslin：《财政分权背景下的公民参与：市政管理中的实践——公民参与政府预算：来自巴西的经验》，见马骏、侯一麟、林尚立主编《国家治理与公共预算》，中国财政经济出版社2007年版。

② 以上转引自 Simonsen, William, & Mark D. Robbins. 2000. *Citizen participation in resource allocation.* Boulder: Westview Press. p. 4。

③ Ibid., p. 5.

如果在制度设计上将参与建立在平等、真诚的"对话"之上，那么就能形成一种社会性地建构社区公共利益的机制，从而就能将直接民主与间接民主结合起来，创建新型的民主形式。

- 专业化与参与之间的冲突

尽管一些政治家——例如美国的杰克逊总统（1837年）——曾经争论说，公共服务没有什么特别的东西，公共服务可以而且也应该由全体公民中的一些主要成员来处理，但是，在所有国家（包括美国）公共行政越来越变成一个专业性很强的职业领域，而且，过去100多年的公共部门改革也越来越强调公共行政的职业主义。[①] 职业主义的产生是必需的，也是不可避免的。因为，公共行政的确是一个专业性很强的领域，而且，随着现代社会变得越来越复杂，对于这种专业性的要求也越来越强烈。但是，专业化程度的发展可能会阻碍公民参与，尤其是像公民参与预算这种在一个专业性很强的领域引入公民参与的试验。这主要是因为，在许多职业精英看来，预算是公共行政中最具专业性的领域，公民缺乏必备的知识来理解决策。

但是，公共行政对于专业性和职业主义的要求并不应该成为拒绝公民参与的理由。实际上，这种理由是不充分的。首先，在现代社会，随着教育的普及和通讯技术的进步，公民对公共服务的认识以及他们获取和分析信息的能力都大大地提高了，在很多情况下，如果公民参与预算是真正的而不是虚假的，那么，公民是会有充足的动机也有能力去发展必备的知识、收集必需的信息的。其次，在很多情况下，预算问题乃至许多公共事务问题之所以变得极端复杂，使得公民无法理解，主要是因为现代官僚体制发展了一套特殊的"官僚语言"，进而使得公民无法理解，也因为官僚体制倾向于将许多信息都视为机密，使得处于政府外部甚至政府内部的其他部门都无法获得相关的信息。

- 政治与行政之间的冲突

在一定程度上，公民参与预算也会引起所谓的政治和行政之间的冲突。如果政治完全与行政是隔离的，而行政意味着一种中立的专业技术，那么，

[①] 以上转引自 Simonsen, William, & Mark D. Robbins. 2000. *Citizen participation in resource allocation*. Boulder: Westview Press. pp. 10–11。

公民参与就应该尽量局限在政治领域，而不能拓展到行政过程。① 也就是说，在这种情况下，公民只应该向民主选举产生的政治家提出他们的要求，而不要去干扰一个中立的完全根据技术理性在进行管理的政府。

但是，如果这种政治和行政之间的区分是不存在的，如果一个中立的行政系统是根本不存在的，那么，公民参与的范围就比较广阔了。正如长期被忽视、但是这些年越来越受关注的美国早期公共行政学家福莱特女士（1924）指出的，那种关于行政官员是中立的进而是能够代表人民意志的观点是值得怀疑的，首先，与政治完全分离的行政系统是不存在的，行政过程实际上是一种政治。其次，公民是民主治理不能简约掉的基础，在行政过程的许多环节都应该吸纳公民的意见。②

二、公民参与预算的兴起

公共预算过程包括五个阶段：发展目标、形成预算申请和预算草案、在各种申请中进行选择、预算执行、评估与控制。从理论上讲，在其中的任何一个阶段，公民都是可以参与的。但是，长期以来，公民一直是被排除在所有或者至少是绝大部分过程的。③ 公民参与预算的兴起，彻底地改变了这一局面，公民开始从一个预算过程的旁观者变成了参与者和决策者。

尽管最近不少研究都倾向于认为公民参与预算是在巴西发起的，但是，在20世纪60年代，公民参与预算就在美国地方一级开始出现。不过，美国的公民参与预算存在多种形式，某些参与方式并未使得公民能够影响地方政府的资金分配，因而也不符合那些主要根据巴西经验而界定的公民参与预算的要求。此外，美国的公民参与预算也没有像美国其他的预算模式（例如零基预算等）那样在实践层面引起广泛的国际关注。20世纪80年代末，巴

---

① 以上转引自 Simonsen, William, & Mark D. Robbins. 2000. *Citizen participation in resource allocation*. Boulder: Westview Press. p. 7。

② Ibid., pp. 7-8.

③ Andrews, Matthew, & Anwer Shah. 2005. Toward citizen-centered local-level budgets in developing countries. In Anwer Shah. Eds. *Public expenditure analysis*. Washington, D. C.: The World Bank.

西开始在市政层面试验公民参与预算,将部分资金的决定权交给公民。巴西的参与预算引起了广泛的国际关注,不仅其他拉美国家纷纷引入巴西的公民参与预算,北美的加拿大,欧洲的英国、法国、西班牙、葡萄牙,亚洲的中国以及一些非洲国家的城市都在不同程度上借鉴和吸纳了巴西公民参与预算的经验。表 22-1 提供了各国实行公民参与预算的基本情况。总的说来,各国的公民参与预算主要都是在地方政府层面开展的,尤其是城市或县这一层面。这一选择主要是因为,一方面,只有在这个层面公民才有充足的兴趣以及足够的能力参与预算。地方政府直接面向公民,提供公共服务,公民的生活质量深受地方政府供给的公共服务影响,公民既是这些服务的消费者,也是这些服务的资金供给者,因此,他们既有动机也有必要的信息和体验来参与地方的预算决策。另一方面,在这一层面开展公民参与预算的参与成本比较低,也比较可行。

表 22-1　各国公民参与预算的情况

	国家	城市
拉美	巴西	Porto Alegre, Belo Horizonte, Rio das Ostras (RJ), patinga (MG), Dourados (MS), Olinda (PE), Santa Maria (RS), Natal (RN), Londrina (PR), Aracaju (SE), Cuiabá (MT), Concordia (SC), Serra (ES), Goianésia (GO)、São Luis (MA)、Dourados (MS), Teixeira (PB), Serra (ES), Concordia (SC), Aracaju (SE), Sobral (CE), Parademinas (MG) 等大约 180 个城市以及一个州政府
	阿根廷	Buenos Aires, Córdoba、La Plata, Rosario
	智利	San Joaquin
	多米尼加	Villa Gonzalez
	厄瓜多尔	Archidona, Cascales, Colta, Cuenca, El Pangui, Francisco de Orellana, Ibarra Montúfar, Morona, Nabón, Pindal, Quijos, Sigchos, Sucúa, Suscal、Taisha
	危地马拉	Quetzaltenango、San Juan Comalapa
	墨西哥	Gomez Palacio, San Pedro
	秘鲁	Villa El Salvador
	委内瑞拉	Caracas、Guacara (Estado Carabobo)、Libertador (Estado Carabobo)、Mérida

(续表)

国家		城市
欧洲	法国	Bobigny
	葡萄牙	Pamela
	西班牙	Albacete, Getafe, Cordoba, San Sebastian, Pilar de la Horadada, Algete, Cordoba, Sant Joan Dalacant
	英国	London Borough of Harrow, London , Puntagorda (Canary Islands)
北美	美国	60 年代开始出现在多个地方政府或城市
	加拿大	Guelph, Toronto Community Housing Corporation, Montreal
亚洲	中国	温岭（浙江）、无锡（江苏）、哈尔滨（黑龙江）

资料来源：参见"参与预算"网站：http://www.participatorybudgeting.org/examples.htm（2009 年 1 月 29 日下载）。中国和美国部分由作者增加。

尽管各国的进展不同，而且即使在一个国家内部，不同城市之间实施的公民参与预算也各有差异，但是，总的说来，真正的公民参与预算要求，公民能够真正地参与到预算决策过程中去，公民的意见能够影响预算资金的分配。[1] 正如一个专门收集全球范围公民参与预算信息的网站所定义的：

> 从根本上讲，参与预算是指将预算决策交给受预算影响的公民。绝大多数广为人知的参与预算的案例都涉及城市政府将市政预算的决策交给公民大会，例如整体的支出重点和选择新的投资。其他的案例则主要在学校预算、住房项目预算、合作组织和非营利组织的预算领域这样做。参与预算包括一个民主协商和决策的过程，在这个过程中，普通的城市居民通过一系列地方大会和会议决定如何分配一部分公共预算。[2]

---

[1] Inter America Development Bank. 2005. Assessment of Participatory Budgeting in Brazil. Downloaded on July 5, 2009, http://idbdocs.iadb.org/wsdocs/getdocument.aspx?docnum=995174.

[2] 该网站的地址是：http://www.participatorybudgeting.org/Whatis.htm。这是目前资料最丰富的公民参与预算的网站。

这就将公民参与预算与最近一些发展中国家实施的参与性计划区分开来。最近这些年，一些发展中国家通过制定法律和政策的方式要求地方政府在公共预算过程的前两个阶段吸纳公民参与。其中一个比较流行的方式就是公民参与计划过程，也就是说，通过公民参与的方式制定政府的经济和社会发展计划，然后在计划的基础上制定预算决策，开展预算执行。例如波利维利亚的《大众参与法》（Law of Popular Participation）规定："地方人民在市政层面参与……社会和经济项目的计划。"在南非的市政一级，公民参与一个完整的计划过程，以使得公民能够保护他们规划自己的未来的权利，并促成他们在这一领域的远景的实现。但是，许多研究都发现，即使法律和政府的政策进行了这方面的规定，公民实质上是被排除在预算过程之外的。其中的原因是多方面的，包括：（1）公民实质上并没有被真正地赋予参与的权利，政府也未帮助公民理解预算过程，反而使之显得非常神秘或费解；（2）参与机制的设计存在问题，例如，经常使用的公民会议没有定期化，而且是和预算过程相分离的，公民的需要并不能影响预算决策；（3）没有一种机制来保障公民参与形成的计划会对预算决策产生影响，如此，官员在进行预算决策时就没有动机去考虑公民参与形成的计划；（4）即使公民参与了预算过程的前两个阶段，但是，由于不能介入影响其他三个阶段，尤其是作出预算决策的阶段，公民参与形成的计划就不能对预算过程产生影响，公民参与也就不能影响地方官员的活动选择。①

三、公民参与的领域、阶段与方式

公共预算过程需要考虑收入如何筹集、支出如何安排，以及收支预算通过后的执行、评估与监督。而公共支出可以分成两类：经常性支出和资本性支出。前者主要用于维持公共部门的日常运行，包括人员经费和公用经费。后者原来主要用于固定资产投资，不过，最近以来，一个新的趋势是将投入到人力资本发展领域的支出也考虑为一种资本性支出。对于传统的资本性支

---

① Andrews, Matthew, & Anwer Shah. 2005. Toward citizen-centered local-level budgets in developing countries. In Anwer Shah. Eds. *Public expenditure analysis*. Washington, D. C.: The World Bank.

出，一些国家专门将其预算过程独立出来，编制单独的资本预算。例如，美国绝大部分的地方政府都采用一个相对独立的资本预算过程来做出固定资产投资决策。从理论上讲，公共预算各个领域的决策及其活动都是可以采用公民参与的。从各国的经验看，公民参与预算主要适用于公共支出的安排，即资金的分配，以及预算通过后的项目实施。不过，也有个别地方政府在收入预算领域实行公民参与预算。在支出决策领域，尽管有个别城市将公民参与预算适用于政府所有的支出，但是，绝大部分城市都主要在资本性支出领域实行公民参与预算。[①] 选择资本性支出作为公民参与预算的重点领域是有其道理的。一则这是与公民的生活质量息息相关的领域，公民的生活质量如何，深受政府资本性支出的影响。二则经常性支出多为维持性的，而且相对比较固定——尤其在预算制度已经很规范后更是如此，因此，也没有必要纳入公民参与。不过，基于两方面的考虑，经常性支出也可以纳入公民参与模式。一是政府在经常性支出领域的行为存在比较严重的不规范现象，例如浪费等；二是资本性支出经常会导致运作成本。此外，如果存在融资困难、资金紧张，或者出于总额控制的需要，或者为了解决免费午餐的问题，也可考虑将收入决策纳入公民参与，让公民来做出融资的决策。

如果将预算过程主要分为政府编制预算、议会审批、预算执行和评估，而且实行公民参与预算并不是要取消代议制预算民主，而是代议制预算民主的一种补充，那么参与式预算的核心应该是公民应该在什么环节参与预算。从各国经验看，绝大部分地方主要是在政府编制预算的环节实行公民参与预算，而不是在议会审批预算的环节参与，有一些地方还进一步在预算执行环节引入公民参与，让公民监督他们关心的项目的预算执行情况。各国作出这一选择是有道理的。首先，资金分配是预算过程的核心，因此，公民必须参与资金分配的过程，才能使得政府的活动选择反映公民的需求。如果公民仅仅只参与预算执行的监督，那么公民参与的效果就会大打折扣。因为，这实

---

① Calia, Roland. 2001. *Priority-setting models for public budgeting*. Chicago: Government Finance Officers Association. pp. 39–54. Inter America Development Bank. 2005. Assessment of Participatory Budgeting in Brazil. Downloaded on July 5, 2009 from http://idbdocs.iadb.org/wsdocs/getdocument.aspx?docnum=995174.

际上意味着，公民完全不能影响政府的活动选择。其次，对于资金分配来说，公民参与越早越主动，参与的效果也越好，引起的政治冲突也越少。许多研究都发现，如果参与是在预算过程的早期，而且参与是在一种双向的协商沟通而不是一种单向的信息分享中展开的，那么，参与的收获就会比较大，效果也比较明显。① 如果在议会审批的环节才引入公民参与，则会面临一个问题，即预算已经基本成型，如果公民不同意，公民大会或者类似的组织必须修改政府预算甚至否决预算——同时，议会也会修改预算。这一方面工作量巨大，另一方面会在政府与公民大会之间发生冲突，而且也可能与议会发生冲突。从根本上讲，预算决策的首要问题是：哪些事情是最紧迫的，需要尽快采取行动予以解决？政府在编制预算时已在考虑这一问题。如果此时引入公民参与，则效果最佳。公民的意见可以帮助政府编制出一个更加符合大部分公民需要的政府预算，再提交议会审批。

长期以来，无论是对日常预算还是资本预算，主要都是运用一些非正式的方式来确定支出重点、选择项目，通常主要由政治家和官僚根据个人的主观判断来做出选择。20 世纪 60 年代以来，在一些国家，例如美国，一个重要的转变是，地方政府越来越倾向于运用各种正式的支出重点确定模式来识别和选择项目。而且，在绝大多数情况下，主要是在资本性支出而不是经常性支出中使用这种支出重点确定模式，以此来识别和选择优先项目。② 正式的支出重点确定模式与非正式模式之间最大的差别是，在正式模式下，资金分配是"根据一个明确定义、一致的、（通常是）明文规定的过程"来进行的，例如资本改进计划、项目重要程度打分排序等。这实际上反映了地方政府将预算理性和职业主义引入资金分配过程的努力。③ 与此同时，在正式的、理性化的支出重点确定模式中加入公民参与，无疑将有助于在以职业主义和预算理性为核心的资源配置效率的基础之上增加民主的成分，进而建立

---

① Ebdon, Carol. 2003. Citizen participation in the budget process: Exit, voice, and loyalty. In In Jack Rabin. Eds. *Encyclopedia of public administration and public policy*. New York: Marcel Dekker, Inc.

② Calia, Roland. 2001. *Priority-setting models for public budgeting*. Chicago: Government Finance Officers Association. pp. 1–9, 32.

③ Ibid., p. 3.

一种新的地方治理模式。正如正式的支出重点确定模式主要用在资本性支出而不是经常性支出中识别和选择优先项目一样，公民参与预算也主要是资本预算领域实施的。① 在巴西的公民参与预算中，关于地方政府引入这一模式的目的或动机一直有争论，即引入公民参与预算是为了提高效率还是增进民主，巴西似乎主要偏重后者。② 不过，如果采用资本预算正式的理性程序，并将之与公民参与结合起来，是可以同时兼顾效率和民主的。③

公民参与预算的方式有很多种，但是，不同的参与机制，参与的结果也是不同的。在一些民主国家，在公民参与预算出现之前，就已经有各种形式的公民参与机制。例如，美国是先有公民社区才出现政府，公民参与在美国有着比较悠久的传统。在这些参与机制中，公民听证和公民咨询委员会是比较传统的公民参与公共决策的模式。在公民参与预算兴起之后，这些传统模式也被用于美国的公民参与预算。但是，这些传统的公民参与方式的参与面比较窄，参与程度也比较低。因此，过去几十年，涌现了一些新的公民参与预算方式，例如公民问卷、公民会议（public meeting）或公民大会（citizen assembly）以及常设的公民参与机构。这些方式扩大了公民参与的参与面和参与程度。当然，有些地方的公民参与预算同时采用上面的几种方式。④ 总之，美国的公民参与预算采取的形式是多种多样的，在不同参与方式下，公民参与的广度和深度及其对预算决策的影响都是不同的。相比之下，以巴西

---

① Calia, Roland. 2001. *Priority-setting models for public budgeting*. Chicago：Government Finance Officers Association. pp. 39–54.

② ［巴西］J. J. 梅德罗斯：《财政分权背景下的公民参与：市政管理中的实践——公民参与政府预算：来自巴西的经验》，见马骏、侯一麟、林尚立主编《国家治理与公共预算》，中国财政经济出版社 2007 年版。

③ Calia, Roland. 2001. *Priority-setting models for public budgeting*. Chicago：Government Finance Officers Association. pp. 39–54.

④ Simonsen, William & Mark D. Robbins. 2000. *Citizen participation in resource allocation*. Boulder：Westview Press. pp. 13–14. Calia, Roland. 2001. *Priority-setting models for public budgeting*. Chicago：Government Finance Officers Association. pp. 39–54. Ebdon, Carol. 2003. Citizen participation in the budget process：Exit, voice, and loyalty. In Jack Rabin. Eds. *Encyclopedia of public administration and public policy*. New York：Marcel Dekker, Inc.

为代表的公民参与预算则更倾向于采用公民大会或常设的公民参与机构。①

● 公民听证

这是一种非常传统的公民参与公共决策的制度，它可以让政府在决策前听取公民的意见。但是，无论政府还是公民都发现，这不是一种很好的参与模式。公民发现他们在听证会上发表的意见对于政府决策并没有任何影响，因而逐渐失去参与的兴趣。政府官员则发现，他们在听证会上碰见的是一批充满愤怒而且对于问题并未充分了解的公民或"行动组织"，因而越来越不愿意运用这种参与模式或不重视公民在听证中发表的意见。② 而且，公民预算听证一般都是在预算过程的末期采用，或者更准确地说，一般是在议会批准预算之前举行，效果不是很好。③

● 公民咨询委员会

这也是一种非常传统的公民参与模式。它可以在准备预算阶段使用（审查、评估提议的预算），或者专门用于某个项目的设计，或者用于社会服务的资金决策。这种形式能充分利用委员会中的公民在某个领域的专长，与公民大会和公民问卷相比，它形成的意见也更加专业和有深度。但是，这一机构的代表性至关重要。只有当咨询委员会成员的产生是民主的以及这个委员会具有明确公开的目标的情况下，它才能成为有效的公民参与预算的机制。④ 然而，这个委员会的成员通常是由政府任命的，政府在选择这些公民进入委员会时固然主要考虑这些候选人的专长和兴趣，但是，这同时也给政府控制这个委员会留下了空间。

相比较而言，这种委员会对预算的影响比公民听证会要大。咨询委员会不定期地开会讨论一些具体的问题并将意见推荐给政府，它能够在一些具体

---

① Inter America Development Bank. 2005. Assessment of Participatory Budgeting in Brazil. Downloaded on July 5, 2009 from http：//idbdocs. iadb. org/wsdocs/getdocument. aspx？ docnum = 995174.

② Simonsen, William, & Mark D. Robbins. 2000. *Citizen participation in resource allocation*. Boulder：Westview Press. pp. 13, 21.

③ Ebdon, Carol. 2003. Citizen participation in the budget process：Exit, voice, and loyalty. In In Jack Rabin. Eds. *Encyclopedia of public administration and public policy*. New York：Marcel Dekker, Inc.

④ Ibid.

的问题和范围有限的领域内将公民的意见引入政策过程。但是，它的参与程度仍然很低，并且很容易被政府控制，也容易被利益集团所操纵，不能有效地代表社区的利益。①

- 公民问卷

这是过去几十年发展起来的一种公民参与模式。它将现代社会科学的研究方法运用到公民参与领域。它可以被运用到预算过程的早期，获得公民关于服务的满意水平、服务需要、支出重点等方面的信息，有助于制定更加合理的预算决策。通常地，政府先设计问卷，然后以随机抽样的方式将问卷发放给公民来收集公民对于社区公共服务的态度、公民最关心的问题等。例如，在美国阿拉巴马州的奥本（Auburn）市，在政府形成预算之前，采用公民问卷的形式，让公民评估一系列城市的服务，然后要求公民回答，对于编制来年的预算来说，最重要的是什么服务。这种模式的最大优点是，如果问卷设计合理，抽样科学，那么就能获得公民对于公共服务满意水平的代表性意见。然而，它的缺点是成本太高，而且其有效性高度依赖于问卷的设计。② 不过，最大的问题是，在这种模式下，在公民与政府官员之间、公民之间缺乏面对面的对话与沟通，而且，问卷调查的结果是否能够影响政策制定也是不确定的。

- 公民会议

这种模式有许多名称，例如公民会议、公民论坛等，它既可以在形成预算之前也可以在形成预算的过程中使用。它提供了一个公民表达他们的观点和意见的机会，而且在预算过程的早期阶段创造了一种政府和公民的双向沟通。③ 在美国的一些地方政府，这种模式常常被采用来让公民对他们的社区的远景进行规划或者让公民在一些重要的议题上做出选择。在这种模式下，政府邀请公民召开会议，就远景或者某个问题进行讨论，形成共识。例如，

---

① Simonsen, William, & Mark D. Robbins. 2000. *Citizen participation in resource allocation.* Boulder: Westview Press. pp. 13–14.

② Ebdon, Carol. 2003. Citizen participation in the budget process: Exit, voice, and loyalty. In Jack Rabin. Eds. *Encyclopedia of public administration and public policy.* New York: Marcel Dekker, Inc.

③ Ibid.

1993年，肯塔基州莱克星顿城就用这种模式举行了89个镇公民会议（Town Meeting）来了解公民最关心的事情。在明尼苏达州的某个学区，运用一个公民协商程序削减了240万美元的预算，时间持续4个月，参加者包括教师、学生、管理人员和职员，超过2 000名公民参加了一系列的公民会议，最后形成了4 000份公民建议。学区的负责人研究了这些建议后，提出了最后的预算。这种模式的问题是，参与的公民一般不是随机抽取的，而且不能代表全体社区公民，公民参与度常常比较低，会议的时间比较短，参与的公民或许也不具备足够的知识来讨论涉及的问题。不过，最大的问题是，公民的意见是否能够影响政策制定也是不确定的。①

● 常设公民参与机构

在这种模式下，公民参与开始制度化，并具有一定程度的持久性。例如，美国一些地方政府设立了常设的公民陪审团（Citizen Jury）或者公民委员会（Citizen Board）来实行公民参与预算。在这种模式下，通过随机选择或者选举的方式选择出一些公民，由他们组成一个相对常设的组织，他们有时还获得酬金。作为公民的代表，这些公民就一些对于社区来说是至关重要的问题讨论一段时间，然后将他们的决定和建议提交给政府。这种模式发展出来的理由是，对于政府决策者面对的各种复杂问题，许多公民可能没有足够的信息和时间来形成理性的判断，从而使得他们在参与时提出的意见不被决策者重视。而这种模式选择了一小批代表性的公民并提供了相对充足的时间，这使得这些选择出来的公民可以深入地讨论和考虑各种信息。这种模式可以使得公民参与的组织获得影响政策制定的道德权力。② 巴西的参与预算主要采取这种模式，例如，作为巴西参与预算模板的阿雷格里港（Porto Alegre）市的公民参与预算就是通过公民大会选举的方式成立专门的参与委

---

① Simonsen, William, & Mark D. Robbins. 2000. *Citizen participation in resource allocation*. Boulder: Westview Press. pp. 22 – 23. Ebdon, Carol. 2003. Citizen participation in the budget process: Exit, voice, and loyalty. In Jack Rabin. Eds. *Encyclopedia of public administration and public policy*. New York: Marcel Dekker, Inc.

② Ibid., pp. 26 – 27. Calia, Roland. 2001. *Priority-setting models for public budgeting*. Chicago: Government Finance Officers Association. pp. 40 – 41.

员会，并由其代表公民提出预算提议。①

参与方式极其关键。这些参与方式各有所长，但不同的参与方式意味着不同的参与面与参与程度。不过，最关键的区别是，公民参与是否使得公民分享政策分析和制定，是否能够影响资金分配的决策。这是判断参与程度的基本标准。"政策分享的参与"这一概念是德隆（deLeon，1992）提出来的。在这种模式下，公民可以进入政府的计划和决策过程，公民的意见将被认真听取并予以考虑。当然，德隆并没有呼吁将决策过程完全对公民开放。②根据德隆的这一概念，可以区分出两种基本的公民参与预算："非政策分享"型的公民参与预算（弱公民参与预算）和"政策分享"的公民参与预算（强公民参与预算）。在前者，虽然公民发表了意见，但是，他们可能并不能进入决策过程，不能影响预算决策；政府虽然收集了公民的意见，但是并不一定会考虑这些意见。在后者，公民参与对政府决策产生的影响要更大和更有确定性。公民听证、公民咨询委员会、公民问卷和公民会议属于"非政策分享"的公民参与预算，公民陪审团、公民委员会等常设组织就属于"政策分享"的公民参与预算。

四、美国的公民参与预算

美国早期的民主是一种社区自治的民主，因此，在美国，直接民主的传统是非常强的。③ 这种直接民主的传统为20世纪60年代以来的公民参与预算奠定了一个坚实的基础。从参与的领域来看，尽管有些地方或者某些时候，也在收入或者经常性支出领域采用公民参与，但是，整体上看，美国的公民参与预算主要适用于资本性支出领域。单独编制的资本预算及其相对理性的资本预算程序也为公民参与提供了极大的帮助，在一定程度上，它方便

---

① Inter America Development Bank. 2005. *Assessment of Participatory Budgeting in Brazil*. Downloaded on July 5, 2009 from http://idbdocs.iadb.org/wsdocs/getdocument.aspx?docnum=995174.

② 以上转引自 Simonsen, William, & Mark D. Robbins. 2000. *Citizen participation in resource allocation*. Boulder: Westview Press. p. 26。

③ Box, Richard. 1998. *Citizen governance*. Thousand Oaks, CA: Sage Publication.

了公民参与。对于资本预算来说，最核心的工作是制定资本改进计划，识别和选择优先项目。在这一过程中，美国的地方政府积极地吸纳公民参与，从而使得资本预算成为公民参与的主要领域。从参与阶段来看，美国的公民参与预算主要是在预算过程早期，即政府编制预算之前或者编制预算的过程中。在参与方式上，美国的公民参与预算采取了多种多样的模式，包括公民听证、公民问卷、公民会议、公民大会、焦点议题公民会议、公民咨询委员会以及常设的公民陪审团或公民委员会等。在一些地方，公民参与预算只是为了政府更好地了解公民对公共服务的需要、公民对一些重要问题的意见，主要是咨询性质的，但是，有些地方政府则建立了政策分享型的公民参与，让公民直接参与有决策权的委员会的决策过程，使得公民参与能够影响政府的预算决策。在支出领域，针对不同的公共支出，美国地方政府对这些公民参与方式的使用情况也是不同的。例如，在美国的公民参与预算中，在日常预算的支出重点确定过程中纳入公民参与，主要采用"间接地"公民问卷、焦点团体或咨询委员会等方式。这都是一些政策分享程度比较低的公民参与方式。而在资本预算的支出重点确定过程中，许多地方政府吸纳公民代表"直接地"参与对资本项目进行排序和打分的具有决策权的委员会。[1] 此外，在某些地方，公民参与预算同时使用了多种参与方式。例如，在俄勒冈州的尤金（Eugene），在财政状况非常紧张的情况下，该地方政府设计了一个公民协商程序，采用了公民会议、预算平衡练习以及一个包括了许多层级的服务成本信息的公民问卷。佛罗里达州的希尔斯伯勒县（Hillsborough）的公民参与预算综合采用了预算决策阶段的公民听证、在整个预算年度中举行的社区公民会议、咨询委员会以及公民问卷。[2]

为了更好地理解在美国地方政府公民是如何参与资本预算中的优先项目选择，专栏 22-1 和 22-2 分别介绍了俄亥俄州戴顿市和北卡罗来纳州麦克

---

[1] Simonsen, William, & Mark D. Robbins. 2000. *Citizen participation in resource allocation*. Boulder: Westview Press. pp. 13-14, 26-27. Calia, Roland. 2001. *Priority-setting models for public budgeting*. Chicago: Government Finance Officers Association. pp. 39-54.

[2] Ebdon, Carol. 2003. Citizen participation in the budget process: Exit, voice, and loyalty. In In Jack Rabin. Eds. *Encyclopedia of public administration and public policy*. New York: Marcel Dekker, Inc.

伦伯格县的公民参与预算。

> **专栏22-1　俄亥俄州戴顿市**
>
> 　　1975年，戴顿市委员会正式成立了公民优先顺序小组（Citizen Priority Board），其主要职责是为市政府提供关于社区需要和优先顺序的反馈以及如何提供服务的信息。20世纪80年代以来，这个委员会越来越活跃，尤其在帮助确定城市的预算优先顺序方面。该城市有7个区，除了市中心的老区（downtown）外，每个区都有7到17个社区。每个区都有一个公民优先顺序小组，每个小组有26到45个席位，任期2到3年，包括选举产生的成员和社区团体代表。半数或三分之一的成员每年选举一次。市政府的人力和社区资源部门负责监督公民优先顺序小组的选举。每个公民优先顺序小组每月召开一到两次会议。公民优先顺序小组的预算由戴顿市的社区发展补助金和市资源来提供，并雇用专门的工作人员。每个小组都在戴顿市的社区发展补助任务小组中有一个席位，并且可以向市政府的部门一样申请资金。公民优先顺序小组作为它们所代表的社区利益的表达者，在识别和确定戴顿市预算的优先顺序中发挥的作用是非官方的，但是却非常有影响。每个公民优先顺序小组关心的事情一般体现在戴顿市的年度需求报告中。该报告列出了各区所确认的优先议题，并交给城市经理，对于戴顿市的预算编制有着重要的影响。各区的优先议题清单是在各个社区的需求报告的基础上形成的。
>
> 　　各个公民优先顺序小组通过公共问卷、听证、开放性会议、委员会和社区团体会议、行政理事会抱怨记录等形式来收集各个社区的需求。不同的提议、议题和需求一般都针对某个能在未来预算年度中具体解决这一问题的政府部门。在预算年度中，公民优先顺序小组通常会召集一个包括政府各个部门代表的行政理事会会议。在该会议上，各个部门要听取公民的意见，接受他们的请求，回应他们关心的事。当然，公民优先顺序小组还通过其他的正式制度来影响政府的优先选择。公民优先顺序小组主席会议每周开一次会来考虑和讨论各种议题。城市经理经常会

出席这个会议。各个小组都选举一些成员加入社区发展公司的任务小组和它的分委员会。这使得它们可以介入城市计划制定，为城市资本计划的一般性资金安排提供公民评估和意见。

1994年，随着公民财政任务小组（现在改名为公民财政审查小组）的建立，戴顿市的公民预算参与获得进一步的发展。目前公民财政审查小组由城市经理任命的12个成员组成。其中，每个公民优先顺序小组有一个代表。此外，有一个任命的主席，一个成员来自高等院校、一个来自非营利社区、两个来自商业社区。公民财政审查小组的作用是评估政府部门的预算申请并为城市经理准备市预算提供建议。一般的，公民财政审查小组的建议和城市经理的回应会发表在预算中。

资料来源：Calia, Roland. 2001. *Priority-setting models for public budgeting*. Chicago: Government Finance Officers Association. pp. 40–44.

专栏22-2　北卡罗莱纳州的麦克伦伯格县

麦克伦伯格县的资本改进计划程序使用一种双轨的资本项目优先顺序确定模式，包括（1）由政府部门进行的内部审查和优先顺序排序，（2）由公民委员会（即公民资本预算咨询委员会）进行的外部评估和排序。具体包括以下三个步骤：

● **资本预算申请准备**

政府各个部门准备资本预算申请。政府工作人员评估委员会审查、评估并对这些申请并确定优先程度。这个委员是一个由6个成员组成的部门间小组。它所确定的优先程度标明：（1）高度、中度、低度或可质疑的优先项目。（2）资助的时间（年）和类型。在确定优先程度时，这个小组一般考虑如下因素：政策因素（一个项目是否有法律要求，是否和县议会的计划有关系，是否与县的核心计划一致）、成本因素（一个项目节约资金的情况）、公共服务因素（增加效率或服务质量或回应对于服务的需求）、社区目标（保护公共卫生或安全、改进环境质量、稳定社区或促进经济发展）、分析因素（一个项目是否在执行某项州或联

> 邦的法律，改进土地使用计划目标等）。
>
> • 公民资本预算咨询委员会形成项目的优先顺序
>
> 通过内部审查确定了优先顺序的项目申请随后由各个政府部门转交公民资本预算咨询委员会讨论。这个委员会是由县议会任命的9位成员组成的，他们有两年的任期。该委员会审查、评估并对这些申请进行优先程度排序，然后向城市经理和县议会推荐一个资本计划。此外，在预算年度中，这个委员会每个季度还会收到关于在建项目的现状报告，以评估资本计划究竟如何以及资本维持项目的执行情况。
>
> • 县议会采纳三年期资本改进计划和资本项目
>
> 县议会先对公民资本预算咨询委员会提交的推荐进行初步审查，然后举行预算听证，随后采纳一个最后的资本计划。由于资本计划主要是通过债券进行融资，所以，最后还需要进行债券公投来获取投票人的支持。公民资本预算咨询委员会在协助县政府准备债券公投的过程中也发挥着重要的作用。
>
> 资料来源：Calia, Roland. 2001. *Priority-setting models for public budgeting*. Chicago: Government Finance Officers Association. pp. 44–47。

最近，随着新绩效预算的推行，美国的一些地方政府开始在绩效测量中引入公民参与。新绩效预算改革的目的是在资金与绩效之间建立一种因果联系。随着改革的推进，这一新的预算模式在一定程度上改变了政府的运作。例如，项目管理者开始关注项目的结果和公共责任。但是，在议会层面，许多议员在进行决策时很少关注绩效信息，推动预算决策的主要因素还是政治性的，例如特殊利益等。[1] 在这种情况下，"除非绩效信息具有更大政治权重，也就是说，信息对于那些将利用这些信息来使得政治家对结果负责的选民和主要的利益相关者是有意义的，绩效信息在政治的立法阶段只能有很有

---

[1] Ho, Alfred Tat-Kei. 2006. Citizen Participation in Performance Measurement. In Richard Box. Eds. *Democracy and public administration*. Armonk, NY: M. E. Sharpe.

限的影响"①。这就是说，只有通过让公民或其他主要的利益相关者参与绩效评估，政治家才会真正地在决策中使用绩效信息，并对结果负责，否则，结果导向的政府是不可能实现的。在一定程度上，缺乏公民参与也在政府内部阻碍了绩效信息的运用。然而，如果政府在绩效测量中纳入公民参与越多，那么，政府官员越有可能运用绩效测量的信息来进行管理变革。② 同时，如果新绩效预算的目标是资金的使用最后要实现社会希望达到的目标，那么，就应该让公民参与确定政府的目标，并让公民参与评价政府实际达成的绩效。因为，政府是否实现了承诺的结果，只有公民才最有发言权。总之，在新绩效预算中引入公民参与是非常必要的。

在最近的新绩效预算改革中，美国的一些地方政府开始在绩效评估的过程中引入公民参与。例如，一个公民组织，杰克森维尔社区理事会（The Jacksonville Community Council），已经开始与地方政府官员和社区领导一起制定年度生活质量报告，该报告根据战略远景和特定目标对卫生和社会服务的绩效与需要进行评估。纽约市基金（The Fund for the City of New York）开始引导公民介入焦点小组讨论以及监督和测量活动来处理一些基层问题，例如垃圾收理、道路损坏等，并对纽约市社区服务管理产生了积极的影响。西雅图可持续小组（The Sustainable Seattle Group）组织了一系列的公民和政府官员对话来分析社区的各种指数并重新思考社区的关键性问题。③ 为了更好地理解这种新的公民参与预算，专栏22-3介绍爱荷华的"公民倡议的绩效评估"项目。

> **专栏22-3　爱荷华的"公民倡议的绩效评估"项目**
>
> 从2001年到2004年，一些爱荷华城市开始启动"公民倡议的绩效评估"（Citizen-Initiated Performance Assessment）项目。在这些项目中，城市政府在推进绩效预算的过程中积极地发动公民来帮助政治家和公共

---

① Ho, Alfred Tat-Kei. 2006. Citizen Participation in Performance Measurement. In Richard Box. Eds. *Democracy and public administration*. Armonk, NY: M. E. Sharpe. p. 110.
② Ibid.
③ Ibid.

部门的管理者发展、选择和使用绩效指标，并用这些指标来提高公共服务的质量。在这些活动中，公民与政治家和管理者一起来设计绩效指标，帮助政府评估各种市政服务，例如垃圾处理、清除积雪、公共安全、消防、交通等社区事务。

在爱荷华城市的公民参与绩效评估的过程中，传统的公民参与手段（例如，公民委员会、公共听证、焦点小组讨论等）仍然继续被使用，而且也发挥了应有的作用。此外，爱荷华城市政府的公民参与绩效评估还使用了公民问卷和回应卡的手段来组织公民参与。在美国，许多政府每年或每两年进行议席公民问卷调查，了解公民对社区项目优先顺序的满意程度和感受。这主要是针对全体公民的，目的是为了收集具有很高代表性的公民意见。此外，还采用公民回应卡的方式来收集公民的意见。这种方式并不是针对社区的所有公民，而是针对特定服务的使用者。这种方式适用于社区图书馆、公共工程、水电服务等有具体明确的服务对象的公共服务。在爱荷华，一些社区将这种方式运用来评估消防和医疗紧急服务人员的回应性和职业精神。此外，互联网也被运用到各种公民参与中，这种方式提供了方便、快捷的公民参与方式。

资料来源：Ho, Alfred Tat-Kei. 2006. Citizen Participation in Performance Measurement. In Richard Box. Eds. *Democracy and public administration*. Armonk, NY: M. E. Sharpe. Ho, Alfred Tat-Kei. & Coates, P. 2004. Citizen-initiated performance assessment——the initial Iowa experience. *Public Performance & Management Review* Vol. 27: 29 - 50。

五、巴西的公民参与预算及其国际影响

巴西的公民参与预算不仅改变了巴西的预算与政治过程，而且影响了其他拉美国家，北美的加拿大，欧洲的英国、法国等国，以及亚洲和非洲一些国家的地方治理。1988 年，巴西的劳工党开始在市政层面推行公民参与预算。当然，在此之前，巴西已有公民参与预算的实践。不过，作为一种产生

了巨大国际影响的民主治理模式,则不得不归功于左翼的劳工党。这一模式让公民团体直接参与决定地方的公共资金将如何支出,并让它们监督公共工程的实施以及审查政府的账户。巴西的公民参与预算最先在累西腓(Recife)市开始,不过,最初不是很成功。1989 年,劳工党在阿雷格里港(Porto Alegre)市推开公民参与预算,取得了显著的效果。1990 年,阿雷格里港(Porto Alegre)的公民参与预算正式地获得了"参与预算"的称号,阿雷格里港(Porto Alegre)也开始逐渐发展成为参与预算的国际样板。从 90 年代早期开始,参与预算逐渐在劳工党控制的其他巴西城市推广。1992 年时,只有 12 个城市试点这一模式。1996 年,联合国伊斯坦布尔会议将阿雷格里港(Porto Alegre)的参与预算确认为全球 42 个城市治理的最佳实践。这极大地推动了参与预算在巴西的推广。2005 年,大约 180 个巴西城市已经实行了参与预算。在巴西,除了阿雷格里港(Porto Alegre)的参与预算之外,贝洛里藏特(Belo Horizonte)市的参与预算也是国际知名的参与预算模式。1996 年以来,巴西的参与预算,尤其是阿雷格里港(Porto Alegre)的参与预算日益形成国际影响,越来越多的国家开始吸收巴西公民参与预算的经验。目前,阿根廷、乌拉圭、秘鲁、厄瓜多尔、哥伦比亚、伯利维利亚、墨西哥和智利的一些城市也采用了公民参与预算,北美的加拿大,欧洲的英国、法国、西班牙、葡萄牙等也开始在地方层面引入公民参与预算(Inter-America Development Bank,2005;Gordonfrank,2007;Medeiros,2007;Aragonès & Sánchez-Pagés,2009)。为了更好地理解巴西的公民参与预算,现在重点介绍阿雷格里港的经验(专栏 22-4)。

专栏 22-4　阿雷格里港的公民参与预算

阿雷格里港是巴西 Rio Grande del Sul 州的首府,人口 130 万,人均收入稍微高于巴西的人均收入,有许多政治上活跃的社区组织和公民团体。目前,该市超过 10% 的年度预算的支出决策都是由公民作出的。每年,超过 14 000 名公民参与社区层面的各种公民会议,以及 16 个地区公民大会和 5 个主题公民大会,为政府的基础设施投资和基本社区服务确定重点。该市 1989 年开始实施公民参与预算。其参与预算体制是一个多层的结构，主要包括地区大会或主题大会、代表论坛和参与预算委员会。在召开地区大会之前，社区也会组织一些准备会议。从社区到地区再到城市，每一级的公民参与都通过密集的协商以及一个复杂的、设计出来确保资源分配公平的权重投票制来作出决策，决策和参与协商的重点或者目标是确定城市最急需关注的领域或者问题。

城市的16个地区都有地区大会，它是公民参与的主要场所，它是完全开放的，所有公民都可以参加。此外，还有5个主题公民大会。在其一系列的会议中，每个地区评估市长的绩效、确定自己的支出重点和需求，选举参加代表论坛的代表和预算委员会的委员，每个地区大会可选举出两名参与预算委员会的委员。在地区大会上，公民要审查政府对去年投资计划的实施情况，然后集中讨论本地区未来的重点事务，进行轻重缓急的排序，并需要在公民中达成共识，通常采取多数原则做出决定。每个地区在13个主要的议题领域中选出5个作为本地区的重点，这13个议题领域包括基本清洁卫生、土地使用管制（包括住房政策）、交通、社会服务、教育、卫生、铺路、城市组织、休闲、运动、文化、环境以及经济发展。

代表论坛由1 000名代表组成。它们是参与预算委员会和公民之间的中介。他们负责监督预算执行和向公民提供信息。这些代表通常都是社区组织的领袖，实际上，如果不是社区组织的领导，当选的可能一般不高。参与预算委员会由地区大会的公民选举出来的委员、阿雷格里港居民协会联盟和城市大厅参与者联盟组成。它的角色是根据地区大会确定的重点议题，向市政府提交一个详细的预算提议，监督批准的公共工程的实施。这是一种在市政层面将直接民主和代议制民主结合起来的参与民主。参与预算体制是与其他两个选举产生并具有正式的制度权力的机构——市长及市议会——共存的。参与预算委员会的预算提议最后提交给市议会（Camara de Vereadores）后，议会有权修改和拒绝。当然，由于这个预算提议是公民、地区大会、社区组织等同意的，对于议员来说，否决这一预算的政治成本是比较高的。尽管如此，正式的选举民主在第二年和公民参与之间的冲突一直是该市公民参与预算的一个主要问题。

的公民参与预算中，地区或者主题大会、公民参与预算委员会以及社区组织在讨论该年新的支出重点之前，先要对去年的协商过程进行评估，并要评估政府对去年预算中公民参与确定的预算的执行，也需要对其绩效进行评估与监督。

资料来源：Aragonès, Enriqueta, & Santiago Sánchez-Pagés. 2009. A theory of participatory democracy based on the real case of Porto Alegre. *European Economic Review* Vol. 20, No. 1: 56 – 72. World Bank. 2004. State-society synergy for accountability. The World Bank Working Paper No. 30. p. 14。

参与预算的实施显著地改变了阿雷格里港政治和预算过程及其结果。首先，公民参与预算造就了一大批掌握着很多信息和知识的公民和草根组织，这使得政治家和社区领袖不能再像以前那样热衷于恩惠主义的政治，在政治和预算决策中做互惠的"礼物交换"。其次，公民参与预算极大地提高了城市公民的政治参与，公民参与的数量在整个时期内保持上升，从1989年的780人上升到2003年的27,708人，尽管在某些会期参与的公民不到总人口的5%。最后，也是最重要的，阿雷格里港的参与预算给那些原来完全被排除在政治过程之外的、受教育程度低和不富裕的公民提供了影响政策的机会，从而在该市导致了一定的收入再分配。如表22-2展示的，在参与预算实施的早期，重要议题主要是当时劳工阶层最关心的基本需要方面的问题，所有的投资预算都被要求用于满足这些基本需要。随着这些基本的公共服务需要满足之后，到后期，公民希望政府解决的重点议题开始转向那些中产阶级也关心的问题，例如教育和社会服务。[①]

---

① Aragonès, Enriqueta & Santiago Sánchez-Pagés. 2009. A theory of participatory democracy based on the real case of Porto Alegre. *European Economic Review* Vol. 20, No. 1: 56–72.

表22-2　地区大会公民确定的重点议题（1992—2005）

年份	第一重点	第二重点	第三重点
1992	基本清洁卫生	教育	铺路
1993	基本清洁卫生	铺路	土地使用管制
1994	土地使用管制	铺路	基本清洁卫生
1995	铺路	土地使用管制	基本清洁卫生
1996	铺路	基本清洁卫生	土地使用管制
1997	住房政策	铺路	基本清洁卫生
1998	铺路	住房政策	基本清洁卫生
1999	基本清洁卫生	铺路	住房政策
2000	住房政策	铺路	医疗
2001	铺路	住房	基本清洁卫生
2002	住房	教育	铺路
2003	住房	教育	铺路
2004	住房	社会服务	教育
2005	住房	教育	社会服务

资料来源：Aragonès, Enriqueta, & Santiago Sánchez-Pagés. 2009. A theory of participatory democracy based on the real case of Porto Alegre. *European Economic Review* Vol. 20, No. 1: 56 – 72。

尽管阿雷格里港的公民参与预算是巴西参与预算的样本模式，其他城市的参与预算改革也的确受其影响，但是，巴西各个城市试行的参与预算也不尽相同，而且，大城市的实施效果要比小城市好。[①] 联合国发展项目（UNDP, 2005）将整个政策过程的五大任务分为政策设置（确认议题）、政策分析（确认其影响及选择）、政策决策（选择工具）、政策执行（实施项目、工程和服务）和政策评估（评估政策结果），而且认为在每个阶段都可以实

[①] ［巴西］J. J. 梅德罗斯：《财政分权背景下的公民参与：市政管理中的实践——公民参与政府预算：来自巴西的经验》，见马骏、侯一麟、林尚立主编《国家治理与公共预算》，中国财政经济出版社2007年版。

行公民参与。① 据此，梅德罗斯（Medeiros，2007）比较了巴西三个城市的公民参与预算（表23-3）。② 从这三个案例中，可以看出，巴西各个城市之间的参与预算共同点比较多，尤其是在前三个重要阶段存在明显的共同点。

表22-3 参与式预算程序中的参与机会

参与机会	阿雷格里港	贝洛奥里藏特	累西腓
确认议题	有	有	有
确认影响/选择方案	有，在政府的技术人员提供的可行性和成本分析的基础上形成	有，在政府的技术人员提供的可行性和成本分析的基础上形成	有，由政府提供技术支持，技术上的争论普遍存在
工具的选择（行动/项目）	有	有	有，但地方政府仅提供技术支持，由市长最后决定
项目、工程和服务供给	没有	没有	没有
监督及评估	有	有	书面规定上有，但因为信息和培训的缺乏，事实上难以实施

资料来源：[巴西] J. J. 梅德罗斯：《财政分权背景下的公民参与：市政管理中的实践——公民参与政府预算：来自巴西的经验》，见马骏、侯一麟、林尚立主编《国家治理与公共预算》，中国财政经济出版社2007年版。

与其他拉美国家的公民参与预算相比，巴西的公民参与预算有几个主要特点，这使得它与其他国家的公民参与预算不同。首先，巴西的公民参与预算更加关注当前需要解决的问题，而其他几个拉美国的公民参与预算要么是一个更加长期的发展计划过程的一部分要么是与之联系在一起。其次，与其他拉美国家的公民参与预算相比，巴西的公民参与预算结构的正式化程度比较低，是公民个人而不是各种社群组织或者非营利组织的代表更加踊跃地参

---

① 参见 [巴西] J. J. 梅德罗斯：《财政分权背景下的公民参与：市政管理中的实践——公民参与政府预算：来自巴西的经验》，见马骏、侯一麟、林尚立主编《国家治理与公共预算》，中国财政经济出版社2007年版。

② 同上。

与这个过程。第三，巴西的公民参与预算更加重视和依赖于协商与对话，协商民主的特色更浓。而在其他拉美国家，这种成分则比较少。例如，玻利维亚、危地马拉和尼加拉瓜将参与机构主要定位为咨询的，秘鲁的《参与预算法》要求官员占参与预算协调委员会成员总数的60%，危地马拉和尼加拉瓜过半的参与机构成员都来自政府。第四，巴西的市政府比其他拉美国家的城市在发布和传播信息上做得更好。[①] 表22-4描述了其他几个拉美国家参与预算的主要特征及其影响。

表22-4 玻利维亚、危地马拉、尼加拉瓜和秘鲁的参与预算

国家	城市	结构的正式化	决策权力	参与率	服务的扩张/再分配	透明度
玻利维亚	Curahuara de Carangas	正式	高	高	高	高
	El Alto	正式	中等	高	一些	改进了
	Tarabuco	正式	中等	高	一些	低
危地马拉	La Union	非正式	中等	低？	一些	改进了
	Panajachel	正式	中等	低？	一些	改进了
尼加拉瓜	Esteli	正式	中等	高	一些	改进了
	Nandaime	正式	低	低/中等？	低	低
	Santo Tomás	正式	中等	高？	一些	改进了
秘鲁	Huaccana	非正式	高	很高	高	高
	Ilo	非正式	高	很高	高	高
	Independencia	正式	高	中等	一些	改进了
	Limatambo	非正式	高	高	高	高
	Santo Domingo	正式	高	高	高	高
	Villa El Salvador	非正式	中等	很高	高	高

资料来源：Gordonfrank, Benjamin. 2007. Lessons from Latin America's experiences with participatory budgeting. In Anwer Shah. Eds. *Participatory budgeting*. Washington, D. C.: The World Bank. p. 115。

[①] Gordonfrank, Benjamin. 2007. Lessons from Latin America's experiences with participatory budgeting. In Anwer Shah. Eds. *Participatory budgeting*. Washington, D. C.: The World Bank.

六、成效与挑战

毫无疑问，公民参与预算极大地改变了地方治理的政治过程和与预算过程，并发展成一种新的地方治理模式和民主模式。这是一种直接民主形式。不过，它并不是要取消代议制民主，而是代议制民主的一种补充。针对巴西模式，许多研究都认为，参与预算的兴起使得许多激进民主和自由民主主义的民主理想得以付诸实践。这特别地表现在以下几方面：扩大了公民参与，将权力交给人民，使得资源可以重新配置去改进穷人的生活质量；扩展了服务供给；民主化了各种公民社会组织，激发了大量的公民组织的建立；增加了透明度，使得政府更加负责；减少了政治和政策及预算制定中的恩惠主义，控制了腐败；极大地提高了公民的政治参与，尤其是那些原来被排除在政治过程之外的人民政治参与。[1] 在阿克曼看来，对于问责来说，像巴西的这种实质性的公民参与预算将产生如下非常积极的影响：（1）极大地制约官僚的腐败的动机和机会；（2）通过开放让公民社会参与预算决策的方式，降低在预算过程中政治性使用公共资金的可能；（3）扩大了公民参与，限制了国家机器被富人控制，让那些长期实质上被排除在预算和政策过程之外的穷人和受教育程度的民众获得了影响预算与政策制定的机会。[2] 图22-2描述了五个巴西城市的公民参与人数。尽管各个城市的参与规模不同，但总体上绝大部分城市一直都在上升。

美国的公民参与预算同样也取得了积极的成效。一项针对美国地方预算官员的调查发现，77%的预算官员认为，公民参与预算后形成的意见对预算决策是有影响的。其他的一些案例研究也清楚地表明，这一影响是存在的。例如，在俄勒冈州的尤金市（Eugene），议会的确是根据公民参与形成的预算战略来行动的。在阿拉巴马州的奥本（Auburn），公民问卷确定的重点的

---

[1] Gordonfrank, Benjamin. 2007. Lessons from Latin America's experiences with participatory budgeting. In Anwer Shah. Eds. *Participatory budgeting*. Washington, D. C.: The World Bank.

[2] Ackerman, John. 2003. Co-governance for accountability: Beyond "exit" and "voice." *World Development* Vol. 32, No. 3: 447-463.

确影响着资本性支出的决策。而且，公民参与预算提高了公民对政府的信任。然而，在某些地方，公民参与预算实施的效果并不理想。例如，关于美国两个城市公民参与预算的一项研究发现，没有证据表明公民参与预算影响了预算决策。[①] 实际上，公民参与能否影响预算决策，从根本上取决于参与制度是如何设计的，例如，是咨询性的还是真正参与性或者政策分享型的公民参与预算。总之，参与制度的设计至关重要。

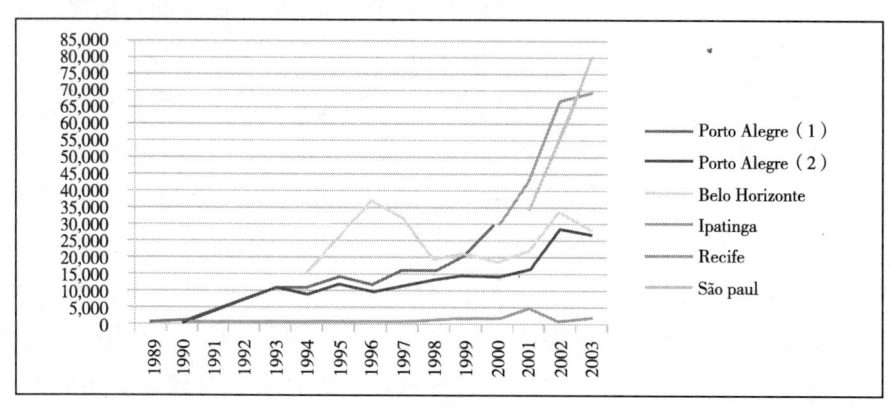

图 22-2　巴西五个城市公民参与的人数

资料来源：Porto Alegre (1) 的数据来自 Aragonès, Enriqueta & Santiago Sánchez-Pagés. 2009. A theory of participatory democracy based on the real case of Porto Alegre. *European Economic Review* Vol. 20, No. 1: 56-72. 其他数据来自 Wampler, Brian. 2007. A guide to participatory budgeting. In In Anwer Shah. Eds. *Participatory budgeting*. Washington, D. C.: The World Bank。

实行公民参与预算常常会面临一些挑战性的问题。首先，这需要改革预算和财政管理过程，改革预算格式。要实行公民参与预算，首先必须对公民开放预算过程，在预算过程中嵌入一个真正的公民参与制度。此外，还需要改革预算格式。在许多发展国家，即使预算过程已对公民开放，但是，公民参与后仍然不能发挥重要的作用。这主要是因为，许多国家的预算格式主要还是传统的分项列支预算，而不能反映政府的活动、项目或者产出，而这些

[①] Ebdon, Carol. 2003. Citizen participation in the budget process: Exit, voice, and loyalty. In Jack Rabin. Eds. *Encyclopedia of public administration and public policy*. New York: Marcel Dekker, Inc.

正是公民所关心的。① 其次是公民的参与积极性。公民是多样性的，有些政治上积极，有些不积极，有些有时间参与，有些没有时间参与，有些有很多的知识来参与，有些则没有。② 因此，在实行公民参与预算的过程中，需要设计真正参与性的制度，这样才能激发公民参与的动机与兴趣，然后，也许需要像巴西的一些城市那样，对公民进行培训，通过培训使得公民变成理性的而不是狭隘地只关心自己利益的公民。最后，合理地设计参与过程。只有开放的、政策分享型的、双向协商对话，只有以公民个体为主的公民参与预算，才能获得参与的效果，才能吸引公民参与。③

最后，需要强调的是，在地方层面，公民参与预算是可行的，公民也是有能力参与的。预算决策的第一个问题是，对于社区来说，什么事情是最紧迫的。对于这个问题，社区中的每个公民都是有能力和资格作出回答的。因为无论文化程度高低，社区中的每个公民都在感受政府提供的公共服务以及这些公共服务对其生活质量的影响。这就是说，对于地方政府预算决策来说，只有多倾听公民的需要，才能做最正确的事情，也才能将资金安排到最正确的方向上去。对于政府官员来说，与其坐在办公室想公民最需要的公共服务是什么，不如直接倾听公民最关心的问题，然后再做预算。

---

① Andrews, Matthew, & Anwer Shah. 2005. Toward citizen-centered local-level budgets in developing countries. In Anwer Shah. Eds. *Public expenditure analysis.* Washington, D. C.：The World Bank.

② Ebdon, Carol. 2003. Citizen participation in the budget process：Exit, voice, and loyalty. In In Jack Rabin. Eds. *Encyclopedia of public administration and public policy.* New York：Marcel Dekker, Inc.

③ Idid. Gordonfrank, Benjamin. 2007. Lessons from Latin America's experiences with participatory budgeting. In Anwer Shah. Eds. *Participatory budgeting.* Washington, D. C.：The World Bank.

参考文献

中文部分

［澳］杰佛瑞·布伦南、［美］詹姆斯·布坎南：《宪政经济学》，冯克利等译，中国社会科学出版社 2003 年版。

［美］维托·坦齐、［德］卢德格尔·舒克内希特：《20 世纪的公共支出》，胡家勇译，商务印书馆 2005 年版。

［美］艾伦·希克：《当代公共支出管理方法》，王卫星译，经济管理出版社 2000 年版。

［美］孙克姆·霍姆斯：《公共支出管理手册》，王卫星译，经济管理出版社 2002 年版。

（亚洲开发银行）萨尔瓦特罗·斯基亚沃－坎波、丹尼尔·托马西：《公共支出管理》，张通译，中国财政经济出版社 2001 年版。

［美］伊安·夏皮罗：《政治的道德基础》，姚建华、宋国友译，上海三联书店 2003 年版。

［美］A. 普雷姆詹德：《有效政府会计》，应春子等译，中国金融出版社 1996 年版。

［意大利］阿尔贝托·焦万尼尼：《论公债管理》，程敏、胡浩、廖芙秀译，《国外财经》1999 年第 4 期，原载《牛津经济政策评论》1997 年第 13 期。

[美] 唐艾伦：《公共受托责任和政府财政报告》，见陈小悦、陈立齐主编《政府预算与会计改革——中国与西方国家模式》，中信出版社2002年版。

[美] 迈克尔·查特菲尔德：《会计思想史》，见许家林主编《西方会计学名著导读》，中国财政经济出版社2004年版。

[荷兰] O. 腾·海渥：《会计史》，见许家林主编《西方会计学名著导读》，中国财政经济出版社2004版。

[美] 埃尔登·S. 亨德里克森：《会计理论》，见许家林主编《西方会计学名著导读》，中国财政经济出版社2004年版。

[美] A. C. 利特尔顿：《会计理论结构》，见许家林主编《西方会计学名著导读》，中国财政经济出版社2004年版。

[美] 怀特·L. D.：《行政学导论》，商务印书馆1947年版。

[美] 艾伦·鲁宾：《公共预算中的政治》，叶娟丽等译，中国人民大学出版社2001年版。

[英] 约翰·J. 格林：《公共部门财务管理》，杨世伟译，经济管理出版社2002年版。

[美] R. 亨德利克、J. P. 弗雷斯特：《预算执行》，见罗伊·T. 梅耶斯编《公共预算经典》，苟燕楠、董静译，上海财经大学出版社2005年版。

[美] 亚历山大·汉密尔顿、约翰·杰伊、詹姆斯·麦迪逊：《联邦党人文集》，程逢如等译，商务印书馆1980年版。

[美] 罗伯特·D. 李、罗纳德·约翰逊：《公共预算系统》，曹峰、慕玲、张玉坤译，清华大学出版社2002年版。

[美] 托马斯·林奇：《美国公共预算》（第四版），苟燕楠、董静译，中国财政经济出版社2002年版。

[美] 杰克·瑞宾、托马斯·林奇：《国家预算和财政管理》，丁学东等译，中国财政经济出版社1989年版。

[美] 斯蒂芬·施密特、马克·谢利、芭芭拉·巴迪斯：《美国政府与政治》，梅然译，北京大学出版社2004年版。

[美] 杰尔拉德·J. 米勒：《政府财政管理学》，谭新娇译，经济科学出版社2004年版。

［美］约翰逊·布鲁尔：《政府绩效与结果法案：以绩效预算为实施方向》，见刘昆主编《绩效预算》，中国财政经济出版社2007年版。

［美］安·布莱博格：《政府预算：实现权利的一个关键工具》，《权利与公共政策》2005年6月号（天则经济研究所）。

［美］B. J. 里德、约翰·W. 斯韦恩：《公共财政管理》，朱萍等译，中国财政经济出版社2001年版。

［美］普拉丹，S.：《公共支出分析的基本方法》，蒋洪等译，中国财政经济出版社2002年版。

［美］威廉·C. 加纳：《学校财政：战略规划和管理》，孙志军等译，中国轻工业出版社2005年版。

［巴西］J. J. 梅德罗斯：《财政分权背景下的公民参与：市政管理中的实践——公民参与政府预算：来自巴西的经验》，见马骏、侯一麟、林尚立主编《国家治理与公共预算》，中国财经出版社2007年版。

［美］约翰·罗伯特：《公共支出管理：案例与比较》，许安拓译，中国市场出版社2007年版。

［美］哈希姆、艾伦：《国库参考模型》，章彤译，中国财政经济出版社2001年版。

［美］彼得·威尔逊：《扩大政府内部审计与外部审计的合作》，孙宝厚译，《政府审计国际杂志》1988年第1期。

［美］伍德罗·威尔逊：《国会政体》，熊希龄、吕德本译，商务印书馆1986年版。

国际会计师联合会：《国际公共部门会计文告手册（2003）》，东北财经大学出版社2004年版。

美国联邦会计准则顾问委员会编：《美国联邦政府财务会计概念与准则公告》，陈工孟等译，人民出版社2004年版。

美国政府会计委员会编：《美国州和地方政府会计与财务报告准则汇编》，马如雪等译，人民出版社2004年版。

经合组织编：《比较预算》，财政部财政科学研究所译，人民出版社2001年版。

亚洲开发银行：《政府支出管理》，财政部财政科学研究所译，人民出版社

2002 年版。

财政部会计司编著:《欧洲政府会计与预算改革》,东北财经大学出版社 2005 年版。

财政部预算司:《澳大利亚,新西兰的权责发生制预算与政府会计》,http://yss.mof.gov.cn/zhengwuxinxi/guojijiejian/200810/t20081016 82398.html。

程汉大:《英国政治制度史》,中国社会科学出版社 1995 年版。

陈乐民、周弘:《欧洲文明的进程》,三联书店 2003 年版。

[美] 陈立奇:《美国政府会计准则研究:对中国政府会计改革的启示》,陈穗红、石英华译,中国财政经济出版社 2009 年版。

[美] 陈立奇、李建发:《国际政府会计准则及其发展评述》,《会计研究》2003 年第 9 期,第 94—97 页。

陈志斌:《公共受托责任:政治效应、经济效率与有效的政府会计》,《会计研究》2003 年第 6 期,第 36—39 页。

陈良忠:《政府会计核算基础变革的国际趋势及借鉴》,《财务会计(A 会计)》2004 年第 3 期,第 17 页。

邓淑莲:《预算透明衡量标准的研究视角》,见马骏、王浦劬等主编《呼吁公共预算:来自政治学和公共行政学的声音》,中央编译出版社 2008 年版。

侯一麟、马骏、吴建南:《中国试行绩效预算过程中预算机构的角色转换》,见刘昆主编《绩效预算》,中国财政经济出版社 2007 年版。

李红霞:《国际公共部门会计准则的回顾、基本框架及其启示》,《会计研究》2005 年第 4 期,第 88—93 页。

李建发:《政府会计论》,厦门大学出版社 1999 年版。

李季泽:《国家审计的法理》,中国时代经济出版社 2004 年版。

李联合:《对西方国家审计独立性的思考》,《中国审计》2001 年第 9 期,第 60 页。

刘秋明:《基于公共受托责任理论的政府绩效审计研究》(博士学位论文),厦门大学,2006 年。

刘秋明:《国际政府绩效审计研究:一个文献综述》,《审计研究》2007 年第 1 期,第 15—19 页。

刘尚希：《财政风险及其防范问题研究》，经济科学出版社2004年版。

楼继伟主编：《政府预算与会计的未来——权责发生制改革纵览与探索》，中国财政经济出版社2001年版。

马恩涛：《财政调整、机会主义与政府或有负债》，《财经论丛》2006年第4期，第25—30页。

马洪范：《地方政府债务管理：欧盟成员国的经验与启示》，《西部财会》2007年第4期，第7—9页。

牛美丽：《美国公共预算改革：在实践中追求预算理性》，《武汉大学学报》（哲学社会科学版）2003年第6期，第795—801页。

审计署编译：《世界主要国家审计法规汇编》，中国时代经济出版社2004年版。

审计署科研所编（2005）：《澳大利亚审计署与议会的关系》，选自《国外审计研究资料（2003—2004年）》。

王松年主编：《国际会计前沿》，上海财经大学出版社2001年版。

王绍光：《美国进步时代的启示》，中国财政经济出版社2002年版。

王戍：《公共部门内部控制——最高审计机关国际组织内部控制概念的更新》，《中国内部审计》2005年第12期。

戚振东、吴清华：《政府绩效审计：国际演进及启示》，《会计研究》2008年第2期，第76—85页。

奚君羊、马永波：《三种国债拍卖方式的拍卖收入比较研究》，《财经研究》2006年第12期，第65—74页。

新华社：《德国2009年预算草案减少国债发行规模》，2008年8月13日，http://www.chinamil.com.cn/site1/xwpdxw/2008-08/13/content_1417911.htm。

新华网：《美国救市"猛药"疗效难料》，2008年9月29日，http://aews.xihuanet.com/world/2008-09/29/content_10132129.htm。

徐玉德：《政府会计管理与改革的国际经验及启示》，《财务与会计》2007年第23期，第47—49页。

徐庄林：《我国国债期权定价法研究》，《财经政法咨询》2006年第3期，第36—38页。

闫革、李文良:《西方国家政府审计与完善我国政府审计制度》,《国际关系学院学报》2005年第1期,第43—47页。

么冬梅:《中外政府会计的比较研究》,《学习与探索》2006年第3期,第231—233页。

姚宝燕:《基于绩效治理的权责发生制政府会计改革问题研究》(博士学位论文),厦门大学,2008。

赵建勇:《政府会计目标的国际比较》,《财经研究》1998年第2期,第53—61页。

赵劲松:《浅析瑞典国家审计体制的改革》,《审计月刊》2005年第4期,第38—39页。

张淑林:《国家审计的发展史及其独立性研究》(硕士学位论文),天津财政学院,2001年。

张璇、赵惠芳:《政府预算会计权责发生制改革的进程研究》,《会计之友》2007年第10期,第22—23页。

张雪芬:《政府会计发展与对策》,中国时代经济出版社2006年版。

章江益:《美国北卡罗来纳州预算执行管理》,见财政部预算司编辑《预算管理:国际经验透视》,中国财政经济出版社2003年版。

翟钢:《现代国库制度的理论分析》,《财政研究》2003年第5期。

郑涌:《加拿大哥伦比亚省绩效预算操作指南》,见财政部预算司编辑《预算管理:国际经验透视》,中国财经出版社2003年版。

钟兴文:《积极财政政策下的中国政府债务管理研究》(博士学位论文),浙江大学,2001年。

周伟:《各国立法机关委员会制度比较研究》,山东人民出版社2005年版。

英文部分

Abney, Glenn, & Thomas P. Lauth. 1985. The line item veto in the states: An instrument for fiscal restraint or an instrument for partisanship? *Public Administration Review* Vol. 45 (May/June): 372 – 377.

Ackerman, John. 2003. Co-governance for accountability: Beyond "exit" and "voice." *World Development* Vol. 32, No. 3: 447 – 463.

Alesina, Alberto, Ricardo Hausmann, Rudolf Hommes, & Ernesto Stein. 1999. Budget institutions and fiscal performance in Latin America. *Journal of Development Economics* Vol. 59, No. 2: 253 – 273.

Anderson, Steven J. (1 June. 2006). Why zero-based budgeting had zero effect in Oklahoma. http://www.buckeyeinstitute.org/article/704 (retrieved on 2009 – 2 – 7).

Anderson, Barry. 2008. The value of a nonpartisan, independent, objective analytic unit to the legislative role in budget preparation. In Rick Stapenhurst, Riccardo Pelizzo, David M. Olson & Lisa von Trapp. Eds. *Legislative oversight and budgeting: A world perspective*. Washington D. C. : The World Bank.

Ahmad, Allaa-Aldin. 2007. Zero-base budgeting: Employees perceptions and attitudes in Brunei public sector organization. *Economy & Administration* Vol. 21, No. 1: 3 – 14.

Alt, James E. , & David Dreyer Lassen. 2005. Fiscal transparency, political parties, and debt in OECD countries. *European Economic Review* Vol. 50, No. 6: 1403 – 1439.

Andrews, Matthew, & Anwer Shah. 2005. Toward citizen-centered local-level budgets in developing countries. In Anwer Shah. Eds. *Public Expenditure Analysis*. Washington, D. C. : The World Bank.

Andrews, Matthew. 2006. Beyond "best practice" and "basic first" in adopting performance budgeting reform. *Public Administration and Development* Vol. 26: 147 – 161.

Andrews, Mathew. 2007. What would an ideal public finance management system look like? In Anwer Shah Eds. *Budgeting and budgetary institutions*. Washington, D. C. : The World Bank.

Ammons, D. N. 1996. Overcoming the inadequacies of performance measurement in local government: The case of libraries and leisure services. *Public Administration Review* Vol. 55, No. 1: 37 – 47.

Anton, Thomas. 1966. *The politics of state expenditure in Illinois*. Urbana: University of Illinois Press.

Appleby, Paul. 1957. The role of the budegt division. *Public Administration Review* Vol. 17 (Summer): 156 – 158.

Aragonès, Enriqueta, & Santiago Sánchez-Pagés. 2009. A theory of participatory democracy based on the real case of Porto Alegre. *European Economic Review* Vol. 20, No. 1: 56 – 72.

Aucoin, Peters. 1991. The politics and management of restraint budgeting. In Andre Blais and Stephane Dion. Eds. *The budgeting maximizing bureaucrat*. Pittsburgh: University of Pittsburgh.

Axelrod, Donald. 1988. *Budgeting for modern government*. New York: St. Martin's Press.

Ball, Ian. 1992. Outcome specification. In New Zealand society of accountants Public sector challenge: Defining, delivering, and reporting performance. Wellington: Convention Papers.

Barraclough, Katherine, & Bill Dorotinsky. 2008. The role of the legislature in the budget drafting process: A comparative review. In Rick Stapenhurst, Riccardo Pelizzo, David M. Olson & Lisa von Trapp. Eds. 2008. *Legislative oversight and budgeting: A World perspective*. Washington, D. C. : The World Bank.

Barraclough, Katherine, & Bill Dorotinsky. 2005. International practice on budget execution and control. *Public Financial Management Workshop*, NOSPA, Vientiane, Lao PDR May 23 – 26.

Bartle, John R. , & R. L. Korosec. 1996. Are city managers greedy bureaucrats?. *Public Administration Quarterly* (Spring): 89 – 102.

Bartle, John & Jun Ma. 2001. Applying transaction cost theory to public budgeting and finance. In John Bartle. Eds. *Evolving theories of public budgeting*. New York: JAI Press.

Bartle, John, & Jun Ma. 2004. Managing financial transactions efficiently. In Aman Khan & W. Bartley Hildreth. Eds. *Financial management theory in the public sector*. Westport, CT: Greenwood Publishing Group Inc.

Beckett-Camarata, Jane. 2003. Capital budgeting. In In Jack Rabin. Eds. *Encyclopedia of public administration and public policy.* New York: Marcel Dekker, Inc.

Bellone, C. 1988. Public entrepreneurship: New role expectations for local government. *Urban Analysis* Vol. 9 No. 1: 3 – 28.

Berry, William. 1990. The confusing case of budgetary incrementalism: Too many meanings for a single concept. *Journal of Politics* Vol. 52, No. 1: 167 – 196.

Biggs, S. , & P. Dunlevy. 1995. Chanaging organizational patterns in local government: A bureau-shaping analysis. In J. Lovenduski & J. Stanyer. 1995. Eds. *Contemporary political studies* Vol. 2. Belfast: Political Studies Association of the United Kingdom.

Blais, Andre, & Dion, Stephane. Eds. 1991. *The budget-maximizing bureaucrat: Appraisals and evidence.* Pittsburgh: University of Pittsburgh Press.

Bland, Robert L. & Irene Rubin. 1997. *Budgeting: A guide for local governments.* Washington, D. C. : ICMA.

Blendon, Robert J. , et al. 1997. Trends: What do Americans know about entitlements? *Health Affairs* Vol. 16, No. 5 : 111 – 15.

Blommestein, Hans J. 2005. Introduction. In OECD. Eds. *Advances in risk management of government debt.* Paris: OECD.

Boston, John, & J. Pallot. 1997. Linking strategy and performance: Developments in the New Zealand public sector. *Journal of Policy Analysis and Management* Vol, 16, No. 3: 382 – 404.

Botner, Stanley. 1989. Trends and developments in budgeting and financial management in large cities of the United States. *Public Budgeting and Finance* Vol. 9, No. 3: 37 – 42.

Bowsher, C. 1985. Government financial management at the crossroad. *Public Budgeting & Finance* Vol. 51, No. 1: 9 – 22.

Box, Richard. 1998. *Citizen governance.* Thousand Oaks, CA: Sage Publication.

Breul, Jonathan D. , & Carl Moravitz. 2007. The budget office of tomorrow. In Breul, Jonathan D. , & Carl Moravitz. Eds. *Integrating performance and budgets*. New York: Eowman & Littlefield Publisher.

Brixi, Hana Polackova. 1998. Government contingent liabilities: A hidden risk to fiscal stability. The World Bank Working Paper.

Brixi, Hana Polackova, & Allen Schick. 2002. Introduction: Government at risk: Contingent liabilities and fiscal risks. In Hana Polackova Brixi & Allen Schick. Eds. *Government at risk: Contingent liabilities and fiscal risk*. The World Bank.

Brixi, Hana Polackova, & Ashoka Mody. 2002. Dealing with government fiscal risk: An overview. In Hana Polackova Brixi & Allen Schick. Eds. *Government at risk: Contingent liabilities and fiscal risk*. The World Bank.

Burkhead, J. 1959. *Government budgeting*. New York: John Wiley and Sons.

Caiden, Naomi. 1978. Patterns of budgeting. *Public Administration Review* Vol. 38, (November/December): 539 – 543.

Caiden, Naomi. 1980. Budgeting in poor countries: Ten common assumptions re-examined. *Public Administration Review* Vol. 40, No. 1: 1 – 40.

Caiden, Naomi. 1988. Shaping things to come: Super-budgeters as heros (heorines) in the late-twentieth century. In Irene Rubin. Eds. *New directions in budget history*. New York: State University of New York Press.

Caiden, Naomi. 1989. A new perspective on budgetary reform. *Australia Journal of Public Administration* Vol. 48, No. 1: 51 – 58.

Caiden, Naomi, & Aron Wildavsky. 1974. *Planning and budgeting in poor countries*. New York: Wiley, John & Sons, Inc.

Calia, Roland. 2001. *Priority-setting models for public budgeting*. Chicago: Government Finance Officers Association.

Campbell, Colin, & Ronald Naulls. 1991. The limits of the budget-maximizing theory: Some evidences from officials' views of their roles and careers. In Andre Blais & Stephane Dion. Eds. 1991. *The budget-maximizing bureaucrats: Appraisals and evidences*. Pittsburgh: University of Pittsburgh Press.

CBO (Congressional Budget Office). 1993. *Using performance measures in the Federal Budget Office*. Washington D. C.: Congress of USA.

Cleveland, Frederick A. 1916. Budget making and the increased cost of government. *The American Economic Review* Vol. 6, No. 1: 50 – 70.

Cleveland, Frederick A. 1919. Popular control of government. *Political Science Quarterly* Vol. 34, No. 2: 237 – 261.

Christensen, J. G. 1992. Hierarchical and contractual approaches to budgetary reform. *Journal of Theoretical Politics* Vol. 4, No. 1: 67 – 91.

CIPFA (The Chartered Institute of Public Finance and Accountancy). Zero-base budgeting. http://www.cipfa.org.uk/pt/download/zero_based_budgeting_briefing.pdf (retrieved on Feb. 9, 2009).

Clarke, Wes. 2006. Capital budgeting and planning. In Howard Frank. Eds. *Public financial management*. Boca Raton, FL: Taylor & Francis.

Clynch, E. J., & T. P. Lauth. 1991. Eds. *Governors, legislature, and budgets: Diversity across the American states*. New York: Greenwood Press.

Cope, S. 1994. Making spending cuts in local government: Budget-maximizing or bureau-shaping. In P. Dunlevy & J. Stanyer. Eds. 1994. *Contemporary political studies* Vol. 2. Belfast: Political Studies Association of the United Kingdom, pp. 700 – 713.

Cope, S. 1995. Contracting-out in local government: Cutting by privatising. *Public Policy and Administration* Vol. 10, No. 3: 29 – 44.

Cothran, D. 1993. Entrepreneurial budgeting: An emerging reform? *Public Administration Review* Vol. 53, No. 5: 445 – 454.

Cowart, Andrew. 1989. The Machiavellian budgeter. *British Journal of Political Studies* Vol. 6: 33 – 41.

Cowart, Andrew, Tore Hansen, & Karl-Erik Brofoss. 1975. Budgetary strategies and success at multiple decision levels in the Norwegian urban setting. *American Political Science Review* LXIX: 543 – 557.

Cowart, Andrew, & Karl-Erik Brofoss. 1979. *Decisions, politics, and change: A study of Norwegian urban budgeting*. Oslo: The University Press.

Crecine, John. 1969. *Government problem-solving*. Chicago: Rand McNally.

Currie, E., J-J. Dethier, and E. Togo. 2003. Institutional arrangements for public debt management. World Bank Policy Research Working Paper No. 3021.

Curristine, Teresa. 2005. Performance information in the budget process: Results of the OECD 2005 Questionnaire. *OECD Journal on Budgeting* Vol. 5, No. 2: 87 – 131.

Curristine, Teresa. 2007. Experiences of OECD countries with performance budgeting. In Marc Robinson. Eds. *Performance budgeting: Linking funding and results.* New York: Palgrave Macmillan.

Curristine, Teresa & Maria Bas. 2008. Budgeting in Latin America: Results of the 2006 OECD survey. *OECD Journal of Budgeting* Vol. 7, No. 1: 83119.

Damian, Gadzinowski. 2009. How to ensure that value for money really happens: From control to performance auditing. Working paper. EIPA: European Institute of Public Administration.

Davis, James, & Randal Ripley. 1969. The bureau of the budget and executive branch agencies: Notes on their interaction. In James Davis. Eds. 1969. *Politics, programs, and budgets: A reader in government budgeting.* Englewood Cliffs: Prentice-Hall.

Davis, Otto A. M. A. H. Dempster, & Arron Wildavsky. 1966. A Theory of the budgetary process. *The American Political Science Review* Vol. LX, No. 3: 529 – 547.

Dempster, M. A. H., & Arron Wildavsky. 1986. From qualitative to quantitative models. In Aaron Wildavsky. 1986. *Budgeting: A comparative theory of budgeting processes.* Transaction Publishers.

Denhardt, Robert B. , & Joseph W. Grubbs. 1999. *Public administration: An action Orientation* (3rd). Harcourt Brace College Publishers.

Diamond, Jack. 2003. From program to performance budgeting: The challenge for emerging market economies. IMF Working Paper WP/03/169.

Dixit, A. 1996. *The making of economic policy.* Cambridge: The MIT Press.

Doe, Lubin, & Sailendra Pattanayak. 2008. Financial controls in African countries. IMF PFM Technical Guidelines Note No. 5.

Doraiswamy, P. K. 2009. Is zero-base budgeting feasible in Govt. ? http://www.

hinduonnet. com/thehindu/2000/03/15/stories/0615000f. htm（retrieved on Feb. 7, 2009）.

Dorotinsky, Bill. 2008. A note on what happens if no budget is passed before the fiscal year begins. In Rick Stapenhurst, Riccardo Pelizzo, David M. Olson & Lisa von Trapp. Eds. *Legislative oversight and budgeting: A world perspective.* Washington, D. C. : The World Bank.

Dos, C. Bradley. 1993. Capital budgeting practices. In Lych, Thomas D. & Lawrence L. Martin. Eds. *Handbook of comparative budgeting and financial management.* New York: Marcel Dekker, Inc.

Draper, Frank & Bernard Pitsvada. 1981. ZBB-Looking back after ten years. *Public Administration Review* Vol. 41.

Draper, F. , & P. T. Pitsvada. 1981. Limitations in federal budget execution. *Government Accountants Journal* Vol. 30, No. 3.

Duncombe, Sydney, & Richard Kinney. 1987. Agency budget success: How it is defined by budget officials in five western states. *Public Budgeting and Finance* Vol. 7: 24 – 37.

Dunlevy, P. 1989. The architecture of the British central state, Part I: Framework for analysis. *Public Administration* Vol. 67, No. 3: 249 – 275.

Dunlevy, P. 1989. The architecture of the British central state, Part II: Empirical findings. *Public Administration* Vol. 67, No. 4: 391 – 417.

Dunlevy, P. 1991. *Democracy, bureaucracy and public choice.* New York: Prentice Hall.

Dunsire, Andrew. 1987. Testing theories: The contribution of bureaumetrics. In Lane, Jan-Reik. Eds. *Bureaucracy and public choice.* London: Sage Publication, Inc.

Dye, Thomas R. 2006. *Understanding public policy.* 北京大学出版社2006年影印本, pp. 170 – 174。

Ebdon, Carol. 2003. Citizen participation in the budget process: Exit, voice, and loyalty. In In Jack Rabin. Eds. *Encyclopedia of public administration and public policy.* New York: Marcel Dekker, Inc.

Epstein, David, & Sharyn O'Halloran. 1999. *Delegating powers: A transaction cost politics approach to policy making under separate powers.* Cambridge: Cambridge University Press.

Fleischman, Richard, & R. Penny Marquette. 1986. The origins of public budgeting. *Public Budgeting & Finance* Vol. 6, No. 1: 71 – 77.

Forrest, John P., & Mullins, Daniel R. 1992. Rebudgeting: The serial nature of municipal budgetary process. *Public Administration Review* Vol. 52, No. 5: 467 – 473.

Forrest, John. 2002. The principal-agent model and budget theory. In A. Khan & W. Bartley Hildreth. Eds. *Budget Theory in the Public Sector.* Westport, CT: Quorum Books.

Frant, Howard. 1996. High-powered and lower-powered incentives in the public sector. *Journal of Public Administration Research and Theory* Vol. 6, No. 3: 365 – 381.

Funnell, W., & K. Cooper. 1998. *Public sector accounting and accountability in Australia.* Sydney: University of New South Wales Press.

GAO. 1993. *Performance budgeting: State experiences and implications for Federal government* (GAO/AFMD – 93 – 41). Washington, D. C.: U. S. Government Printing Office.

GAO. 1997. *Performance budgeting: Past initiatives offer insights for GPRA implementation* (GAO/AIMD – 97 – 46). Washington, D. C.: U. S. Government Printing Office.

Glynn, J. 1987. *Public sector financial control and accountability.* Oxford: Basil Blackwell.

Goldman, Frances, & E. Brasheres. 1991. Performance and accountability: Budget reform in New Zealand. *Public Budgeting & Finance* Vol. 11, No. 4: 81 – 92.

Gordon, George, & Michael Milakovich. 1998. *Public administration in America.* New York: Bedford/St. Martin's.

Gordonfrank, Benjamin. 2007. Lessons from Latin America's experiences with participatory budgeting. In Anwer Shah. Eds. *Participatory budgeting.* Washington, D. C. : The World Bank.

Gosling, James J. 1985. Patterns of influence and choice in the Wisconsin budgetary process. *Legislative Studies Quarterly* Vol. 10 (November): 457 – 482.

Gosling, James J. 1987. The state budget office and policy making. *Public Budgeting & Finance* Vol. 7 (Spring): 51 – 65.

Gosling, James. 2002. *Budgetary politics in American governments.* Routledge, Inc.

Grandjean, Burke D. 1981. History and career in a bureaucratic labor market. *American Journal of Sociology* Vol. 86, No. 5: 1057 – 1092.

Gurd, Bruce. 1993. Local government management accounting. Working paper No. 7 (Faculty of Business and Management, University of South Australia).

Hackbart, Merl, & James Ramsey. 1999. Managing public resources: Budget execution. *Journal of Public Budgeting, Accounting, & Financial Management.* Vol. 11 (2):. 258 – 275.

Hamilton, John, Jay John, & James Madison. 1937. *The Federalist: A commentary on the constitution of the United States.* New York: The Modern Library.

Hatry, H. P. , R. E. Winnie, & D. M. Fisk. 1981. *Practical program evaluation for state and local government.* Washington, D. C. : The Urban Institute.

Henry, Nicholas. 1998. *Public administration and public affairs.* Upper Saddle River: Prentice Hall, Inc.

Hillhouse, A. M. , & Kenneth Howard. 1961. *State capital budgeting.* Council of State Governments, Chicago.

Ho, Alfred Tat-Kei. , & Coates, P. 2004. Citizen-initiated performance assessment—the initial Iowa experience. *Public Performance & Management Review* Vol. 27: 29 – 50.

Ho, Alfred Tat-Kei. 2006. Citizen participation in performance measurement. In Richard Box. Eds. *Democracy and public administration.* Armonk, NY: M. E. Sharpe.

Hou, Yilin. 2004. Budget stabilization fund: structural features of the enabling legislation and balance level. *Public Budgeting and Finance* Vol. 24, No. 3

(September 2004): 38 - 64.

Howard, Kenneth. 1973. *Changing state budgeting*. Lexington: Council of State Government.

Hughes, Richard. 2008. Performance budgeting in the UK: 10 Lessons from a decade of experience. http://siteresources.worldbank.org/INTMEXICO/Resources/1 - 4RichardHughesFinal.pdf.

Hyde, Albeert. 1992. Budgeting systems and management: A instrument for securing administrative efficiency and economy. In Albeert Hyde. Eds. *Government Budgeting: Theory, Process, and Politics*. Pacific Grove, CA: Brooks/Cole Publishing Company.

Institute of Internal Auditors. 2009. International Professional Practices Framework (IPPF) —NEW IN 2009, http://www.theiia.org/guidance/standards-and-guidance/.

INTOSAI. 2004. Implementation guidelines for performance auditing: Standards and guidelines for performance auditing based on INTOSAI's Auditing Standards and practical experience, http://intosai.connexcc-hosting.net/blueline/upload/1implgperfaude.pdf.

International Monetary Fund (IMF). 1999. *Manual on fiscal transparency*. Washington, D. C.: International Monetary Fund.

International Monetary Fund (IMF) & World Bank. 2001. Guidelines for public debt management. http://www.imf.org/external/np/mae/pdebt/2000/eng/.

Inter-Parliamentary Union (IPU). 1986. *Parliaments of the world. A comparative reference compendium* (2nd Edition). Aldershot (Gower).

Jablonsky, Stephen, & Mark Dirsmith. 1978. The pattern of PPB rejection: Something about organizations, something about PPB. *Accounting, Organization and Society* Vol. 3 No. 3/4: 215 - 225.

Jacobs, Davina F. 2008 A review of capital budgeting practices. IMF Working Paper (WP/08/160).

James, O. 1995. Explaining the next steps in the Department of Social Security. *Political Studies* Vol. XLIII: 614 - 629.

James, Oliver. 1995. Explaining the next steps in the Department of Social Security: The bureau-shaping models of central state reorganization. *Political Studies* Vol. XLIII: 614 –629.

Jensen, Gwenda. 2003. Zen and art in financial management: The Newzealand treasury. In Wanna, John, Lotte Jensen & Jouke de Vries. Eds. *Controlling public expenditure: The changing roles of central budget agencies-better guardians?* Edward Elgar Publishing Ltd.

Inter America Development Bank. 2005. Assessment of participatory budgeting in Brazil. http://idbdocs.iadb.org/wsdocs/getdocument.aspx?docnum = 995174 (downloaded on July 5, 2009).

IMF Working Paper. http://www.imf.org/external/pubs/ft/wp/2010/wp10143.pdf.

Jensen, Lotte, & John Wanna. 2003. Conclusion: Better guardians? In Wanna, John, Lotte Jensen & Jouke de Vries. Eds. *Controlling public expenditure: The changing roles of central budget agencies-better guardians?* Edward Elgar Publishing Ltd.

Jones, Laurence R., & & G. C. Bixler. 1992. *Mission financing to relign national defense.* Greenwich, CT: JAI Press.

Jones, Laurence R. 1992. Public budget execution and control. In Jack Rabin. Eds. *Handbook of public budgeting.* New York: Marcel Dekker, Inc.

Jones, Laurence. R., & Fred Thompson. 1986. Reform of budget execution control. *Public Budgeting and Finance* Vol. 6, No. 1: 33 –49.

Jones, Laurence R., & Fred Thompson. 1994. *Reinventing the pentagon.* San Francisco: Jossey-Bass.

Johnson, John K., & Rick Stapenhurst. 2008. Legislative budget office: International experience. In Rick Stapenhurst, Riccardo Pelizzo, David M. Olson & Lisa von Trapp. Eds. *Legislative oversight and budgeting: A world perspective.* Washington, D. C.: The World Bank.

Johnson, Ronald N. & Gary D. Libecap. 1989. Agency growth, salaries and the protected bureaucrat. *Economic Inquiry* Vol. 27 (July): 431 –451.

Joyce, Philip. 1993. Using performance measures for Federal budgeting: Proposal and prospects. *Public Budgeting and Finance* Vol. 14, No. 1: 3 – 17.

Joyce, Philip. 1998. Budget reform. In Jay Shafritz. Eds. *International encyclopedia of public policy and administration*. Colorado: Westview Press.

Justice, Jonathan. 2003. Budgets and accountability. In Jack Rabin. Eds. *Encyclopedia of public administration and public policy* (117 – 121). New York: Marcel Dekker, Inc.

Kamensky, John. M. 1984. Budgeting for state and local infrastructure: Developing a strategy. *Public Budgeting & Finance* Vol. 4 (Autumn): 3 – 17.

Kane, Paul, & Shailagh Murray, Congress reaches stimulus accord, "*The Washington Post*", February 11, 2009. http://www.washingtonpost.com/wp-dyn/content/article/2009/02/11/AR2009021101836.html? nav = rss_email/components (downloaded on July 26, 2010).

Keating, M., & M. Holmes. 1990. Australia's budgetary and financial management reforms. Governance: *An International Journal of Policy and Administration* Vol. 3, No. 2: 168 – 185.

Keenan, Jones. 2000. Just how new is best value. *Public Money & Management* (July/Sept.): 45 – 49.

Kettl, D. 1992. *Deficit politics*. New York: Macmillan Publishing Company.

Kettl, D. 1994. *Reinventing government?* Washington, D. C.: The Brookings Institution.

Key, O. 1940. The lack of budgetary theory. *American Political Science Review* Vol. 34, No. 12: 1137 – 1144.

Khan, Aman. 2006. Working capital management in government: Basic concepts and policy choices. In Howard Frank. Eds. *Public financial management*. Boca Raton, FL: Taylor & Francis.

Khan, Jonathan. 1997. *Budgeting democracy*. Ithaca: Cornell University Press.

Kiewiet, Roderick. 1991. Bureaucrats and budgetary outcomes: Quantitative analysis. In Blais, Andre, & Stephane Dion. Eds. *The budget-maximizing bureaucrat: Appraisals and evidence*. Pittsburgh: University of Pittsburgh Press.

Kimm, V. 1995. GRPA: Early implementation. *The Public Manager* Vol. 24,

No. 1: 11 - 14.

Klucers, Ron. 2001. An analysis of introducing program budgeting in local government. *Public Budgeting & Finance* (Summer): 29 - 45.

Krafchik, Warren, & Joachim Wehner. 1999. The role of parliament in the budgetary process. Budget Information Service (The Institute for Democracy, South Africa, Idasa).

Kraft, 1989. Developing investment policies. In Ian J. Allan Eds. *Cash management for small governments*. Chicago: Government Finance Officers Association.

Kopits, G. & J. Craig. 1998. Transparency in government operations. IMF Occasional Paper No. 158.

Lauth, Thomas. 1978. Zero-base budgeting in Georgia state government: Myth and reality. *Public Administration Review* (September/October): 420 - 430.

Lauth, Thomas. 1985. Performance evaluation in the Georgia budgetary process. *Public Budgeting & Finance* Vol. 5, No. 1: 67 - 82.

Lauth, Thomas. 2002. The separation of powers principle and budgetary decision making. In Aman Khan & W. Bartley Hildreth. Eds. *Budget theory in the public sector*. Westport: Quorum Books.

Lee, Robert & Ronald W. Johnson. 1989. *Public Budgeting Systems* (4th edition). University Park Press.

Lee, Robert, Ronald W. Johnson, & Philip G. Joyce. 2004. *Public budgeting systems* (7th). Jones and Bartlett Publishers, Inc

Le Houerou, Philippe, & Robert Taliercio. 2002. Medium term expenditure frameworks: From concept to practice, preliminary lessons from Africa. The World Bank, Africa Region Working Paper Series No. 28.

LeLoup, Lance T. 1978. The myth of incrementalism: Analytical choices in budgeting theory. *Polity* Vol. 10, No. 4: 488 - 509.

LeLoup, Lance T. 1988. From microbudgeting to macrobudgeting: Evolution in theory and practice. In Irene Rubin, Eds. *New directions in budget theory*. Albany: State University New York Press.

Lewis, Verne B. 1952. Toward a theory of budgeting. *Public Administration Review* (*Winter*): 42 -54..

Lienert, Ian. 2005. Who controls the budget: The legislature or the executive? IMF working paper NO. 05/115.

Lienert, Ian, & Moo-Kyung Jung. 2004. The legal framework for budget system. *OECD Journal of Budgeting* Vol. 4, No. 3: 1 -479.

Lord, Guy. 1973. *The French budgetary process*. Berkeley: University of California Press.

Lu, Haoran. 1998. Performance budgeting resuscitated: Why Is It still inviable. *Journal of Public Budgeting, Accounting & Financial Management* Vol. 10, No. 2: 151 -72.

Lweis, Verne B. 1957. Toward a theory of budgeting. *Public Administration Review* Vol. 12, No. 1: 43 -54.

Lynch, Thomas, & Lawrence Martin. Eds. 1993. *Handbook of comparative public budgeting and financial management*. New York: Marcel Dekker, Inc.

Lynch, Thomas. 1990. *Public budgeting in America*. New Jersey: Prentice Hall.

Lynn, Laurence. 1991. The budget-maximizing bureaucrat: Is there a case? In Andre Blais, & Stephane Dion. Eds. *The budget-maximizing bureaucrats: Appraisals and evidences*. Pittsburgh: University of Pittsburgh Press.

Ma, Jun. 2002. Monitoring fiscal risks of subnational governments: Selected country experiences. In Hana Polackova Brixi & Allen Schick. Eds. *Government at risk: Contingent liabilities and fiscal risk*. The World Bank.

Ma, Jun. 2009. If you cann't budget, how can you govern? *Public Administration and Development* Vol. 29: 3 -15.

Ma, Jun. 2009. The dilemma of developing financial accountability without election. *Australia Journal of Public Administration* Vol. 68: 62 -72.

Ma, Jun, & Yilin Hou. 2009. Budgeting for accountability. *Public Administration Review* Supplement (Dec.): 53 -59.

MacManus, Susan. 1998. Budget format. In Jay Shafritz. Eds. *International Encyclopedia of Public Policy and Administration*. Colorado: Westview Press.

Marsh, David, M. J. Smith, & D. Richards. 2000. Bureaucrats, politicans and reforms in Whitehall: Analysing the bureau-shaping model. *British Journal of Political Studies* Vol. 30: 461 – 482.

Martin, Lawrence. 1997. Outcome budgeting: A new entreprenurial approach to budgeting. *Journal of Public Budgeting, Accounting & Financial Management* Vol. 9, No. 1 (Spring): 108 – 126.

Martin, L. 2003. Budgeting for outcomes. In Aman Khan & Bartley Hildreth. Eds. *Budget theory in the public sector*. Westport: Quorum Books.

Mascarenhas, R. C. 1996. Searching for efficiency in the public sector: Interim evaluation of performance budgeting in New Zealand. *Public Budgeting & Finance* (Fall): 13 – 27.

McCaffery, Jerry. 1999. Features of budgetary process. In Roy Meyers. Eds. *Handbook of Government Budgeting*. San Fransico, CA: Jossey-Bass Publishers.

McCaffery, Jerry & Donald Wolfgang. 1998. Performance budgeting. In Jay Shafritz. Eds. 1998. *International encyclopedia of public policy and administration*. Colorad: Westview Press.

McCaffery, Jerry & John E. Mutty. 1999. The hidden process of budgeting: Execution. *Journal of Public Budgeting, Accounting & Financial Management* Vol. 11, No. 2: 233 – 257.

McCaffery, Jerry, & L. R. Jones. 2001. *Budgeting and financial management in the Federal government*. Greenwich: Information Age Publishing.

McCaffery, Jerry, & L. R. Jones. 2005. Reform of program budgeting in the department of defense. *International Public Management Review* Vol. 6, No. 2: 141 – 176.

Meyers, Roys. 1996. Is there a key to the normative budgeting lock? *Policy Science* Vol. 29: 171 – 188.

Meyers, Roys. 1999. Legislatures and budget. In Roy Meyers. Eds. *Handbook of government budgeting*. San Fransico, CA: Jossey-Bass Publishers.

Migue, Jean-Luc, & Gerard Belanger. 1974. Towards a general theory of managerial discretion. *Public Choice* Vol. 17: 27 – 43.

Mikesell, John. 1996. *Fiscal administration*. New York: Harcourt Brace College Publishers.

Mikesell, John. 1999. *Fiscal administration*. New York: Hartcout Brace College Publishers.

Mikesell, John. 2007. *Fiscal administration*. Belmont, CA: Thomson Wadsworth.

Miller, Gerald. 1989. Investment tools and techniques. In Ian J. Allan Eds. *Cash management for small governments*. Chicago: Government Finance Officers Association.

Miller, Gerald. 1996. Productivity and the budget process. In Jack Rabin, W. Bartley Hildreth & Gerald Miller. Eds. *Budgeting: Formulation and execution*. Georgia: Carl Vinson Institute of Government, The University of Georgia.

Mills, Gregory B., & John Palmer. Eds. 1984. *Federal budget policy in the 1980s*. Washington, D. C. : Urban Institute Press.

Municipal Association of Victoria. 1993. *The pace of reform*. Melbourne: MAV Press.

Mylonas, Paul, Sebastian Schich, Thorsteinn Thorgeirsson & Gert Wehinger. 2000. New issues in public debt management: Government surpluses in several OECD countries, the common currency in Europe and rapodly rising debt in Janpan. Economics Department Working Papers NO. 239.

Niskanen, William A. 1971. *Bureaucracy and representative government*. Chicago: Aldine Atherton.

Niskanen, William A. 1991. A reflection on bureaucracy and representative government. In Blais, Andre & Stephane Dion. Eds. *The Budget – maximizing Bureaucrat: Appraisals and evidence*. Pittsburgh: University of Pittsburgh Press.

North, Douglass, & Barry Weingast. 1989. Constitutions and commitment: The evolution of institutional governing public choice in seventeenth-century england. *The Journal of Economic History* Vol. 49, No. 4: 803 – 832.

Novick, David. 1970. What program budgeting is and is not. In Albeert Hyde. 1992. Eds. *Government budgeting: Theory, process, and politics. pacific Grove*, CA: Brooks/Cole Publishing Company.

O'Donnell, Guillermo. 1999. Horizontal accountability in new democracies. In Andres Schedler, Larry Diamond & Marc Platterner. Eds. *The self-restraining state: Power and accountability in new democracies*. Boulder, CO: Lynne Rienner.

OECD. 1999. Survey of budgeting developments-country responses. *PUMA/SBO (98) 3/ANN*.

OECD. 2005. *Modernnising government: The way forward*. Paris: OECD Publishing.

OECD. 2007. *Performance budgeting in OECD countries*. Paris: OECD Publishing.

O'Toole, Daniel, & James Marshall. 1987. Budgeting practices in local government. *Government Finance Review* Vol. 3, No. 5: 11 – 16.

Ott, Attiat F. 1993. *Public sector budgets: A comparative study*. Edward Elgar Publishing.

Patashnik, Eric. 1996. The contractual nature of budgeting. *Policy Science* Vol. 29: 189 – 212.

Parry, Richgard, & Nicholas Deakin. 2003. Control through negotiated agreements: The changing role of the treasury in controlling public expenditures in Britain. In Wanna, John, Lotte Jensen & Jouke de Vries. Eds. *Controlling public expenditure: The changing roles of central budget agencies-better guardians*? Edward Elgar Publishing Ltd.

Pelizzo, Riccardo, & Rick Stapenhurst. 2008. Public accounts committees. In Rick Stapenhurst, Riccardo Pelizzo, David M. Olson & Lisa von Trapp. Eds. *Legislative oversight and budgeting: A world perspective*. Washington D. C.: The World Bank.

Perrin, Burt. 2007. Moving from outputs to outcomes: Practical advice from governments around the world. In Jonathan D. Breul & Carl Moravitz. Eds. *In-*

tegrating performance and budgets. New York: Rowman & Littlefield Publisher.

Perotti, Roberto, Rolf Strauch, & Jurgen von hagen. 1999. *Sustainability of public finances*. UK: Centre for Economic Policy Research.

Perrow, Charles. 1977. The bureaucratic paradox: The efficient organization centralizes in order to decentralize. *Organization Dynamics* (Spring): 3 – 14.

Petrei, Humbreto. 1998. *Budegt and control: Reforming the public sector in Latin American*. Washington, D. C. : Inter-Americian Development Bank.

Pitsvada, B. 1983. Flexibility in Federal budget execution. *Public Budgeting & Finance* Vol, 3, No. 3: 83 – 101.

Poister, Theodore & Robert McGowan. 1984. The use of management tools in municipal government: A national survey. *Public Administration Review* Vol. 44, No. 3: 215 – 223.

Poister, Theodore, & Gregory Streib. 1989. Management tools in municipal government: Trends over the past decade. *Public Administration Review* Vol. 49, No. 3: 240 – 248.

Poterba, James M. , & Jorgen von Hagen. 1999. Eds. *Fiscal institution and fiscal performance*. Chicago: University of Chicago Press.

Poterba, James M. , & Jorgen von Hagen. 1999. Introduction. In Poterba, James M. & Jorgen von Hagen. Eds. *Fiscal institution and fiscal performance*. Chicago: University of Chicago Press.

Potter, Barry H. , & Jack Diamond. 1999. *Guidelines for public expenditure management*. Washington, D. C. : IMF.

Premchand, A. 1983. *Government budgeting and expenditure controls: Theory and practice*. Washington, D. C. : IMF Publishers.

Premchand, A. 1993. *Public expenditure management*. Washington, D. C. : IMF Publisher.

Premchand, A. 1996. A cross-national analysis of financial management practices. In Thomas Rabin, Jack, W. Bartley Hildreth & Gerald J. Miller. Eds. *Budgeting: Formulation and execution*. Athens: Carl Vinson Institute of

Government, The University of Georgia.

Premchand, A. 1999. Public financial accountability. In Salvatore Schiavo-Campo Eds. *Governance, corruption and public financial management*. Asian Development Bank.

Premchand, A. 2000. *Control of public money: The fiscal machinery in developing countries*. New York: Oxford University Press.

Rabin, Jack, & Thomas D. Lynch. 1983. *Handbook of public budgeting and financial management*. Marcel Dekker Inc.

Rabin, Jack, & W. Bartley Hildreth, Gerald J. Miller. 1996. *Budgeting: Formulation and execution*. Anthen: University of Georgia, Carl Vinson Institute.

Reed, B. J., & J. W. Swain. 1997. *Public finance administration*. California: Sage Publication Inc.

Robinson, Marc. 2007. Performance budgeting models and mechanisms. In Marc Robinson Eds. *Performance budgeting: Linking funding and results*. New York: Palgrave Macmillan.

Rose, Aidan. 2003. Result-oriented budgeting practice in OECD countries. http://www.odi.org.uk/resources/odi-publications/working-papers/209-results-oriented-budget-practice-oecd.pdf (retrieved on Feb. 9, 2009).

Rubin, Irene. 1988. Introduction. In Irene Rubin Eds. *New directions in budget theory*. Albany: State University New York Press.

Rubin, Irene. 1989. Aaron Wildavsky and the demise of incrementalism. *Public Administration Review* Vol. 49: 78 - 81.

Rubin, Irene. 1997. *The Politics of public budgeting* (3th). Chatham: Chatham House Publishers, Inc.

Rubin, Irene. 1998. Target-based budgeting. In Shafritz, J. M. Eds. *International encyclopedia of public policy and administration*. Colorado: Westview Press.

Rubin, Irene. 1999. *The politics of public budgeting* (4th). Seven Bridges Press, LLC

Sailendra, Pattanayak, & Israel Fainboim. 2010. Treasury single account: Concept, design and implementation issues.

Schedler, A. 1999. Conceptualizing accountability. In Schedler, A., L. Diamond, & M. Platterner. Eds. *The self-restraining state.* Boulder, CO: Lynne Rienner.

Schick, Allen. 1966. The road to PPB: The stages of budget reform. *Public Administration Review* Vol. 26 (December): 243 –258.

Schick, Allen. 1969. System politics and system budgeting. *Public Administration Review* 29: 137 –150.

Schick, Allen. 1971. *Budget innovation in the states.* Washington, D. C.: The Brookings Institution.

Schick, Allen, and Keith Robert. 1976. *Zero-Base budgeting in states.* Washington, D. C.: Congress Research Service.

Schick, Allen. 1978. The road from ZBB. *Public Administration Review* Vol. 38: 177 –180.

Schick, Allen. 1980. *Congress and money: Budgeting, taxing and spending.* Washington, D. C.: the Urban Institute.

Schick, Allen. 1983. Incremental budegting in a decremental age. *Policy Science* Vol. 16: 1 –25.

Schick, Allen. 1986. *Crisis in the budget process: Exercising political choice.* Washington, D. C.: American Enterprise Institute.

Schick, Allen. 1987. Budgeting as an administrative process. In Allen Schick. Eds. *Perspectives on budgeting.* Washington, D. C.: The American Society for Public Administration.

Schick, Allen. 1988. An inquiry into the possibility of a budgetary theory. In Irene Rubin. Eds. *New directions in budget history.* New York: State University of New York Press.

Schick, Allen. 1990. *Capacity to Budget.* Washington, D. C.: The Urban Institute Press.

Schick, Allen. 1990. Budgeting for results: Recent development in five industrialized countries. *Public Administration Review* Vol. 50 (January/Feburary): 26

-34.

Schick, Allen. 1994. From old politics to budgeting to the new. *Public Budgeting & Finance* Vol. 14: 135 – 145.

Schick, Allen. 1998. *A contemporary approach of public expenditure management.* The World Bank.

Schick, Allen. 1998. Why most developing countries should not try New Zealand reforms? *World Bank Research Observer* 13 (1): 123 – 131.

Schick, Allen. 2001. The changing role of the central budget office. *OECD Journal of Budgeting* Vol. 1, No. 1: 9 – 26.

Schick, Allen. 2002. Does budgeting have a future? *OECD Journal On Budgeting* Vol. 2, No. 2: 7 – 48.

Schick, Allen. 2002. Budgeting for fiscal risk. In Hana Polackova Brixi & Allen Schick. Eds. *Government at risk: Contingent liabilities and fiscal risk.* The World Bank.

Schick, Allen. 2002. *Budgetary politics in American governments.* New York: Routledge.

Schick, Allen. 2002. Can national legislatures regain an effective voice in budget policy. *OECD Journal of Budgeting* Vol. 1, No. 3: 15 – 42.

Schick, Allen. 2003. The role of fiscal rules in budgeting. *OECD Journal of Budgeting* Vol. 3, No. 3: 8 – 34.

Schick, Allen. 2008. Getting performance budgeting to perform. the World Bank: http://siteresources. worldbank. org/MEXICOINSPANISHEXT/Resources/ConceptPaperAllenSchickFinal. pdf (retrieved on July 29, 2008).

Schiavo-Campo, S., & D. Tommasi. 1999. *Managing government expenditure.* Asian Development Bank.

Schwartz, Eli. 1996. Inventory and cash management. In Richard Aronson & Eli Schwartz Eds. *Management polices in local government Finance.* Washington, D. C.: The International City/County Management Association.

Scott, Graham, Peter Bushnell, & Nikiti Sallee. 1990. Reform of the core public sector: New Zealand experience. *Governance: An International Journal of Pol-*

icy and Administration Vol. 3 (April): 138 – 167.

Seckler-Hudson, Catheryn. 1953. Performance budgeting in government. *Adavanced Management* (March): 5 – 9, 30 – 32. Also In Albeert Hyde. 1992. Eds. *Government budgeting: Theory, process, and politics* (331 – 341). Pacific Grove, CA: Brooks/Cole Publishing Company.

Sharkansky, Ira. 1968. Agency requests, gubernational support, and budget success in state legislatures. *American Political Science Review* LXII: 1220 – 1231.

Sharkansky, Ira. 1968. *Spending in the American states*. Chicago: Rand McNally.

Shinn, Paul L. 1989. An overview of cash management. In Ian J. Allan Eds. *Cash management for small governments*. Chicago: Government Finance Officers Association.

Shugart, M. S., & S. Haggard. 2001. Institutions and public policy in presidential systems. In S. Haggard & M. D. McCubbins. Eds. *Presidents, parliaments and policy*. Cambridge: Cambridge Unversity Press.

Simonsen, William, & Mark D. Robbins. 2000. *Citizen participation in resource allocation*. Boulder: Westview Press.

Smith, Robert, & Mark Bertozzi. 1998. Principals and agents: An explanatory model for Public budegting. *Journal of Public Budgeting, Accounting & Financial Management* Vol. 10, No. 3: 325 – 351.

Smulovitz, C., & E. Peruzzotti. 2000. Societal accountability in Latin America. *Journal of Democracy* Vol. 11, No. 4: 147 – 158.

Sorensen, Rune. 1994. Improving government resource allocation: The impact of alternative budgetary methods. *International Review of Administrative Science* Vol. 60: 5 – 22.

Stapenhurst, Rick. 2004. *The leigsture and the budget*. Washington, D. C.: The International Bank for Reconstruction and Development /The World Bank.

Stapenhurst, Rick. 2008. The legislature and budget. In Rick Stapenhurst, Riccardo Pelizzo, David M. Olson & Lisa von Trapp. Eds. *Legislative oversight and budgeting: A world perspective*. Washington D. C.: The World Bank.

Starling, Grover. 1982. *Managing the public sector.* Homewood: The Dorsey Press.

Stewart, charles H. 1989. *Budget reform politics: The design of the appropriations process in the House of Representatives, 1865 – 1921.* Cambridge Cambridge University Press.

Straussman, Jeffrey. 1988. Right-based budgeting. In Irene Rubin. Eds. *New directions in budget history.* Albany: State University of New York.

Storkey, Ian. 2003. Government cash and treasury management reform. *The Governance Breif* No. 7, 2003 (A Quarterly Publication of the Governance and Regional Cooperation Division, http://www.adb.org/governance)

Sundelson, Wilner. 1935. Budgetary principles. *Political Science Quarterly* Vol. 1, No. 2: 236 – 263.

Taylor, Graeme. M. 1977. Introduction to zero-base budgeting. *The Bureaucrat* Vol. 6, No. 1: 33 – 55.

Thai, Khi V. 1997. Governmental auditing. In Robert T. Golembiewski & Jack Rabin. Eds. *Public budgeting and finance.* New York: Marcel Dekker Inc.

Thompson, Fred. 1996. Reforming the federal budgetary process. *Policy Science* Vol. 29, No. 3: 167 – 170.

Thurmaier, Kurt. 1992. Budegtary decisionmaking in central budgeting bureaus: An experiment. *Journal of Public Administration Research and Theory* Vol. 2, No. 4: 463 – 487.

Thurmaier, Kurt. 1993. Decisive decision making in the executive budget process: Analyzing the political and economic propensities of central budegt bureau analysts. *Public Administration Review* Vol. 55, No. 5: 448 – 460.

Thurmaier, Kurt. 1995. Execution phase budgeting in local governments: It's not just for control anymore! *State and Local Government Review* Vol. 27, No. 2: 102 – 117.

Thurmaier, Kurt. 2001. Budgeting rationality in Midwest state budget offices. *International Journal of Organization Theory and Behavior* Vo. 4 (1&2): 133 – 161.

Thurmaier, Kurt, & James Golsing. 1997. The Shifting roles of budget offices in the midwest: Gosling revisted. *Public Budgeting and Finance* Vol. 17, No. 4: 48 – 70.

Thurmaier, Kurt, & K. Willoughby. 2001. *Policy and politics in state budgeting.* New York: M. E. Sharpe.

Tomkin, Shelly Lynne. 1998. *Inside OMB.* Armonk, NY: M. E. Share.

Viibblewhite, Andrew, & Chris Ussher. 2001. Outcome-focused management in New Zealand. *OECD Journal on Budgeting* Vol. 1, No. 4: 85 – 110.

Vogt, A. John. 1996. Budgeting capital outlays and implementation. In Jack Rabin, W. Bartley Hildreth & Gerald Miller. Eds. *Budgeting: Formulation and execution.* Athens: Carl Vinson Institute of Government, The University of Georgia.

Von Hagen, Jorgen. 1992. Budgeting procedures and fiscal performance in the European Community. Economic papers 96, Commission of the European Communities.

Wampler, Brian. 2007. A guide to participatory budgeting. In Anwer Shah. Eds. *Participatory Budgeting.* Washington, D. C. : The World Bank.

Wang, X. H. 1999. Conditions to implement outcome-oriented performance budgeting. *Journal of Public Budgeting, Accounting & Financial Management* Vol. 11, No. 4: 533 – 552.

Wanna, John. 2003. Introduction: The Chanaging role of central budgeting agecneis. In Wanna, John, Lotte Jensen & Jouke de Vries. Eds. *Controlling public expenditure: The changing roles of central budget agencies-better guardians?* Edward Elgar Publishing Ltd.

Wanna, John, Lotte Jensen, & Jouke de Vries. Eds. 2003. *Controlling public expenditure: The changing roles of central budget agencies-better guardians?* Edward Elgar Publishing Ltd.

Webber, Carolyn, & Aaron Wildavsky. 1986. *A history of taxation and expenditure in the western world.* New York: Simon and Schuster.

Wheeler, Graeme. 2004. *Sound practice in government debt management.* The

World Bank.

Wehner, Joachim. 2008. Assessing the power of purse: An index of legislative budget institutions. In Rick Stapenhurst, Riccardo Pelizzo, David M. Olson & Lisa von Trapp. Eds. *Legislative oversight and budgeting: A World perspective*. Washington, D. C.: The World Bank.

White, Joseph. 1994. (Almost) nothing new under the sun: Why the work of budgeting remains incremental. *Public Budgeting & Finance* (Spring): 113 – 134.

White, Joseph. 1998. Entitlement budgeting vs. bureau budgeting. *Public Administration Review* Vol. 58, No. 6: 510 – 521.

Wildavsky, Aaron. 1964. *The Politics of the budgetary process* (1st). Boston: Little Brown.

Wildavasky, Aaron, & Hammond, A. 1965/1966. Comprehensive versus incremental budgeting in the department of agriculture. *Administrative Science Quarterly* Vol. 19.

Wildavsky, Aaron. 1966. The political economy of efficiency: Cost benefit analysis, systems analysis. *Public Administration Review* Vol. 26, No. 4: 292 – 310.

Wildavsky, Aaron. 1969. Recuing policy analysis. *Public Administration Review* Vol. 29, No. 2: 189 – 202.

Wildavsky. Aaron. 1978. Policy analysis is what information systems are not. *Accounting, Organization and Society* Vol. 3, No. 1: 77 – 88.

Wildavsky, Aaron. 1978. A budget for all seasons? Why the traditional budgets lasts. *Public Administration Review* Vol. 38, No. 6: 501 – 509.

Wildavsky, Aaron. 1979. *Speaking truth to power: The art and craft of policy analysis*. Boston: Little Brown.

Wildavsky, Aaron. 1979. *The politics of the budgetary process* (3rd edition). Boston: Little, Brown and Company. pp. 219 – 220.

Wildavsky, Aaron. 1986. *Budgeting: A comparative theory of budgeting processes*. Transaction Publishers.

Wildavsky, Aaron, 1988. *The new politics of the budgetary process.* Glenview, IL: Scott, Foresman and Company. pp. 7 – 12.

Wildavsky, Aaron & Naomi Caiden. 2001. *The new politics of budgetary process.* Pearson Education, Inc.

Williams, Mike. 2004. Government cash management: Good and bad practice. The Strokey & Co Management Consultant: , http://www.storkeyandco.com/Library/Cash_ Management/williams_ technote.pdf (downloaded on July 15, 2010).

Wolswijk, Guido, & de Haan, Jakob. 2005. Government debt management in the Euro area: Recent theoretical developments and changes in practices. European Central Bank. Occasional Paper Series. No. 25/March.

World Bank. 1998. *Public expenditure management handbook.* Washington, D. C.: The World Bank.

World Bank. 2001. *Public expenditure management and accountability: Evolution and current status of World Bank work.* PREM Network, Operation Policy and Country Services Network, Ms.

World Bank. 2004. State-society synergy for accountability. The World Bank Working Paper No. 30.

World Bank. 2006. *Social accountability: Strengthening the demand side of governance and service delivery.* Washington, D. C.: World Bank.

Young, Robert A. 1991. Budget size and bureaucratic careers. Blais, Andre & Stephane Dion. Eds. *The budget-maximizing bureaucrat: Appraisals and evidence.* Pittsburgh: University of Pittsburgh Press.

Young, E. H. 1915. *The system of national finance.* Smith Elder & Co.

后　记

　　本书是我 2002 年教育部重点项目的研究成果。从立项到结项、定稿，居然耗费了八年的时间。这是我当初申报这个项目时没有想到的。2002 年申报这个课题，是因为我发现自己尽管读了四年的公共预算，但主要知道美国的预算，而不太熟悉其他国家的预算。这也许是美国的公共行政学博士培养的一个问题。于是就想申报一个课题，学习更多的知识，了解更多的国家的预算实践。然而，在过去的八年中，我既深知比较研究的重要，也深知比较研究的难度。一方面，预算研究在许多国家并不像美国那样发达，而美国学者绝大多数只关心美国的预算，同时，我们又只能阅读英文文献；另一方面，现实世界又是如此的多样与复杂，而我们对之知之甚少。因此，在研究的过程中，一方面需要阅读的文献实在太多，另一方面有时文献又极其匮乏。例如，关于议会一章，如果不是世界银行最近开展了一个跨国调查，我们几乎不可能完成该章的写作。2009 年，为了尽快完成项目，我的学生赵早早博士加入此项目的研究，承担了政府债务、政府会计、审计、或有负债、赋权型预算这 5 章的写作。我完成了其他 17 章的写作。最后，我们共同校对了书稿。

　　这八年的研究，尽管艰辛，但我们从中学会了许多东西，我们对于现实世界更加了解。当然，对于这本书稿，我们仍然不是十分满意。面对着复杂而且不断在变化的预算实践，我们真的很肤浅。不过，我们相信，本书至少能够为研究者和实践者提供一些新的知识，或者至少提供一些资料。此外，我们希望，本书能够使得更多的人认识到比较预算研究的重要性。尽管这本书不完美，但对我们来说，它是一个不错的开始。我们将继续在比较预算领域耕耘。

本书即将出版之际，有许多的师朋需要感谢。首先，感谢已故著名政治学家王慧岩教授。2002 年 9 月，我刚从美国博士毕业，完全不知"江湖规矩"，居然一报课题就申报重点项目。事后遇见先生，才知道先生是评审组组长。记得先生告诉我，当初之所以决定给我这个很少给年轻学者的重点项目，是因为他一直认为政治学应该研究财政问题，但政治学界很少有人研究，看见我申报，而且论证得很好，就非常高兴。2006 年，我担任教育部人文社科重点研究基地—中山大学行政管理研究中心（现改名中国公共管理研究中心）主任之后，先生又担任基地的学术委员会主任。这些年，一直蒙先生垂爱与关怀，感激之情，铭刻在心。我曾答应先生，尽快写完这书，请他审阅。未想今日，书稿杀青，先生已去。追思前贤，既敬且憾。此外，非常感谢徐勇教授和王乐夫教授。他们也是当年评审组的成员。此课题是我回国后开始的第一项研究，实际上，我后来调研的一些费用就是从这个项目中"借支"的。如果没有这些前辈师长的支持，我这些年的研究不可能如此顺利。其次，感谢《国家哲学社会科学成果文库》评审组的同行，此次获得《文库》的支持，实在出乎意料。这是对我们过去八年研究的鼓励。特别感谢娄成武教授和周光辉教授。最后，非常感谢中央编译出版社，尤其感谢我的朋友贾宇琰女士。这些年来，宇琰几乎成了我的专职编辑。而且，我个人的书，凡经她之手编辑出版，必有好消息。此次，也是她帮助推荐到《国家哲学社会科学成果文库》。最后，感谢杨晖、石慧、邝艳华、王锦花、陈泽涛、宋琳在校对方面提供的帮助。

马骏

2010 年 12 月 31 日

图书在版编目(CIP)数据

公共预算:比较研究/马骏,赵早早著.
—北京:中央编译出版社,2011.3
(国家哲学社会科学成果文库)
ISBN 978-7-5117-0795-6

Ⅰ.①公⋯
Ⅱ.①马⋯②赵⋯
Ⅲ.①国家预算-对比研究
Ⅳ.①F810.3

中国版本图书馆 CIP 数据核字(2011)第 036302 号

公共预算:比较研究

出 版 人	和 龑
责任编辑	贾宇琰
封面设计	肖 辉 春天书装
责任印制	尹 珺
出版发行	中央编译出版社
地 址	北京西单西斜街 36 号(100032)
电 话	(010)66509360(总编室) (010)66509350(编辑室)
	(010)66161011(团购部) (010)66130345(网络销售)
	(010)66509364(发行部) (010)66509618(读者服务部)
网 址	www.cctpbook.com
经 销	全国新华书店
印 刷	北京瑞哲印刷厂
开 本	787 毫米×1092 毫米 1/16
字 数	750 千字
印 张	46
版 次	2011 年 3 月第 1 版第 1 次印刷
定 价	150.00 元

本社常年法律顾问:北京大成律师事务所首席顾问律师 鲁哈达
凡有印装质量问题,本社负责调换,电话:(010)66509618